Mª P. Vázquez

Economía mundial

Tránsito hacia el nuevo milenio

MANUELA A. DE PAZ BÁÑEZ
CATEDRÁTICA DE ECONOMÍA APLICADA DE LA UNIVERSIDAD DE HUELVA

Economía mundial

Tránsito hacia el nuevo milenio

EDICIONES PIRÁMIDE

Diseño de cubierta: C. Carabina

Realización de cubierta: Anaí Miguel

Juan Ignacio Luca de Tena, 15. 28027 Madrid
Teléfono: 91 393 89 89. Fax: 91 742 36 61
Depósito legal: M. 33.131-1998
ISBN: 84-368-1272-7
Printed in Spain
Impreso en Anzos, S. L. - Fuenlabrada (Madrid)

Relación de autores

María José Asensio Coto
Universidad de Huelva.

María de la O Barroso González
Universidad de Huelva.

Rafael Cáceres Carrasco
Universidad de Sevilla.

Manuela A. de Paz Báñez
Universidad de Huelva.

Emilio Fontela
Universidad de Ginebra.

Juan J. García del Hoyo
Universidad de Huelva.

Félix García Ordaz
Universidad de Huelva.

María Dolores González Galán
Universidad de Huelva.

Joaquín Guzmán Cuevas
Universidad de Sevilla.

Antonio Luis Hidalgo Capitán
Universidad de Huelva.

M. Carmen Lima Díaz
Universidad de Sevilla.

Francisco Liñan Alcalde
Universidad de Sevilla.

Rafael Martínez Cortiña
Universidad Complutense de Madrid.

Blanca Miedes Ugarte
Universidad de Huelva.

Pilar Moreno Pacheco
Universidad de Sevilla.

Gabriel Pérez Alcalá
Universidad de Córdoba.

Antonio Rallo Romero
Universidad de Sevilla.

Dolores Redondo Toronjo
Universidad de Huelva.

M. José Rodríguez Gutiérrez
Universidad de Sevilla.

Osvaldo Rosales
ILPES, NN.UU. Santiago de Chile

Francisco J. Santos Cumplido
Universidad de Sevilla.

José Vallés Ferrer
Universidad de Sevilla.

Índice

PARTE SEGUNDA
Subsistemas de la Economía Mundial

Prólogo

Como se pone de manifiesto en el libro que aquí presentamos, la economía mundial, una vez superado el enfrentamiento Este-Oeste, se encuentra en estos momentos con dos graves problemas. Las relaciones entre los países desarrollados y subdesarrollados, por una parte, y el deterioro del medio ambiente, por otra. A la vez, el cambio significativo en la importancia relativa de las distintas áreas económicas provoca la necesidad de un reajuste en el orden económico internacional.

Hace ya veinte años, en el informe sobre *El futuro de la economía mundial,* intenté indicar las vías alternativas que podía seguir el mundo en ese momento y señalé que dependerían en última instancia de la cantidad de capital que se moviera desde los países desarrollados hacia los subdesarrollados.

Hoy día, éste sigue siendo el problema fundamental. Sin embargo, en algunas áreas del mundo se está produciendo un desarrollo económico que excede ampliamente las previsiones que realizamos. Así, por ejemplo, Japón no era entonces exactamente el país menos industrializado, pero era un país modestamente desarrollado. Hoy es de los más avanzados del planeta. Otros países en el Sudeste Asiático, como Corea o Taiwan, han mostrado un crecimiento increíblemente rápido. No obstante, el caso más sorprendente en los últimos años es sin duda el de China. Está creciendo a tasas superiores al 10% anual, en un país donde la población supera los mil millones de personas. Incluso aunque esta tasa de crecimiento descienda ligeramente, China en veinte o treinta años será una de las primeras potencias mundiales.

Todo lo anterior está provocando un incremento considerable de la importancia de esta parte del mundo en el concierto internacional. Se observa así un claro desplazamiento del centro de gravedad a través del Pacífico, aunque éste no afecte a todos los países de la zona, sino sólo a algunos privilegiados. Otras zonas poco desarrolladas siguen un camino más lento. Es el caso de América Latina, que crece a niveles más bajos de los esperados, incluso en este momento donde parece que las tasas son más elevadas.

Los reajustes en la importancia relativa de las grandes áreas económicas a nivel planetario están incrementando las dificultades en las relaciones entre ellas, especialmente entre los países más desarrollados, y de éstas con los menos avanzados.

En relación al medio ambiente, hay que admitir que los países más avanzados —Europa, Estados Unidos, Japón— todavía son, con mucho, los mayores contaminantes, aunque creo que ya existe suficiente comprensión del problema e intención clara de controlarlo por su parte. Pero cuando Brasil o algunos de los países del Sudeste Asiático se desarrollen más, el problema puede resultar insostenible. Así, por ejemplo, China obtiene su energía del carbón y, afortunadamente para ella pero desafortunadamente para el mundo, cuenta con unas reservas prácticamente ilimitadas del mismo. No es necesario abundar en las consecuencias de ello, dado que, como es bien sabido, la producción de energía con carbón es muy contaminante.

Otro elemento fundamental aquí es la destrucción de la selva húmeda tropical. Actualmente existen grandes bosques que absorben anhídrido carbónico y así reducen la contaminación; pero estos bosque están desapareciendo a una velocidad excesivamente rápida. Durante la Conferencia Mundial del Medio Ambiente celebrada en Brasil, esto se convirtió en moneda de cambio en varios países, pero sólo si los países desarrollados ayudan a los subdesarrollados, éstos tendrán voluntad de controlar esta tala masiva. Éste es un elemento que deberá considerarse en el marco global de una organización internacional para impulsar el desarrollo y frenar la contaminación. Por su parte, Rusia y los demás países de la Europa del Este también están en una terrible posición, desde el punto de vista de la contaminación.

El cambio más relevante en los últimos años se ha producido en la antigua URSS. Rusia introdujo una rígida planificación central en la época de Stalin. La planificación centralizada se aplicaba sin piedad, imponiendo unos enormes sacrificios a la sociedad. De este modo, se pudo transformar una economía agrícola en una potencia industrial de primer orden. Pero al mismo tiempo destruyó el espíritu empresarial y lenta pero inevitablemente se redujo la eficacia de la economía. Este inimaginable decremento de la eficacia se produce por la disminución del espíritu empresarial, que funciona mejor en una economía de mercado. Pero la situación no es fácil para Rusia. Serán necesarios muchos años para cambiar de sistema y destruir la economía planificada comunista. Además, la economía rusa se enfrenta a una crisis económica desde hace más de quince años y, a la vez, a la destrucción del imperio soviético.

A pesar de todas estas dificultades, Rusia finalmente conseguirá levantar una buena economía de mercado basada en la empresa privada. Tiene recursos naturales y una sólida base científica y tecnológica, además de salarios muy bajos a corto plazo que será una gran ventaja para competir en los mercados internacionales.

Rusia no debe intentar imitar el capitalismo norteamericano, creo que cualquiera que lo intentara fracasaría. En principio sería mejor que siguiera el modelo japonés porque combina planificación racional y espíritu de empresa, pero creo que no puede imitarse una situación tan especial como ésta. Por tanto, considero que debería seguir más el modelo europeo en el que, con una legislación social adecuada, el gobierno intente evitar, sobre todo, que exista un gran contraste entre ricos y pobres.

Estas consideraciones generales sobre el elevado grado de complejidad de la economía mundial en estos momentos me sirven para introducir este libro, en el que mis amigos de Andalucía han concentrado sus esfuerzos, experiencia y conocimientos, con el deseo de ayudar a comprender una temática de indudable trascendencia.

WASSILY LEONTIEF

Agradecimientos

Un libro de esta naturaleza y amplitud siempre se realiza con una importante deuda a los autores especialistas en los distintos temas que recoge. A ellos se les da cumplido homenaje en estas páginas, en las citas bibliográficas correspondientes y reconocimiento general aquí. Sólo mencionar la deuda contraída con W. Leontief, Premio Nobel de Economía, que ha apoyado esta obra realizando el prólogo, y a Rafael Martínez Cortiña, por su epílogo, y a los autores de cada capítulo a los que agradezco muy sinceramente su paciencia y colaboraciones. También es necesario agradecer a aquellas personas que me han ayudado en las labores de coordinación y homogeneización de la obra. Concretamente quiero hacer reconocimiento público a María José Asensio, Blanca Miedes, Yolanda de Paz, Antonio Luis Hidalgo y María de la O Barroso; sin su ayuda no hubiera salido en tiempo y forma este manual.

MANUELA A. DE PAZ

Abreviaturas

AA PP	Administraciones Públicas.
ABM	Tratado de limitación en la construcción de sistemas defensivos anticohetes.
ACP	África, Caribe y Pacífico.
AGAAC	Acuerdo General sobre Aranceles de Aduanas y Comercio.
AID	Agencia Internacional para el Desarrollo.
AIF	Asociación Internacional de Fomento.
ALADI	Asociación Latinoamericana de Integración.
ALALC	Asociación Latinoamericana del Libre Comercio.
ALCA	Área de Libre Comercio de las Américas.
ANZCERTA	Zona de Libre Comercio de Australia y Nueva Zelanda (Australia New Zealand Commercial and Economic Trade Area).
AOD	Ayuda Oficial al Desarrollo.
APD	Ayuda Pública al Desarrollo.
APEC	Cooperación Económica de Asia y el Pacífico (Asia Pacific Economic Cooperation).
ASEAN	Asociación de las Naciones del Sudeste de Asia.
BAfD	Banco Africano de Desarrollo.
BAsD	Banco Asiático de Desarrollo.
BENELUX	Unión Aduanera y Económica de Bélgica, Holanda y Luxemburgo.
BID	Banco Interamericano de Desarrollo.
BIRF	Banco Internacional de Reconstrucción y Fomento.
CAD	Comité de Ayuda al Desarrollo.
CAC	Comité Administrativo de Coordinación (de las Naciones Unidas).
CAME	Consejo de Asistencia Mutua Económica (Council for Common Economic Assistance, COMECON).

CARICOM	Mercado Común del Caribe (Caribbean Common Market).
CARIFTA	Asociación de Libre Comercio del Caribe (Caribbean Free Tra de Area).
CCE	Comisión de las Comunidades Europeas.
CCG	Consejo de Cooperación del Golfo.
CE	Comunidad Europea.
CEA	Comunidad Económica Africana.
CEAO	Comunidad Económica de África Occidental.
CECA	Comunidad Económica del Carbón y del Acero.
CEDEAO	Comunidad Económica de los Estados de África Occidenta (ECOWAS).
CEE	Comunidad Económica Europea.
CEEAC	Comunidad Económica de Estados de África Central.
CEI	Comunidad de Estados Independientes.
CEPAL	Comisión Económica Para América Latina y el Caribe.
CESMA	Consejo de Seguridad Medioambiental de las Naciones Unidas
CFC	Clorofluorocarbonados.
CFI	Corporación Financiera Internacional.
CLU	Coste Laboral Unitario.
COMECON	Consejo de Asistencia Mutua Económica (Council for Common Economic Assistance).
DEG	Derechos Especiales de Giro.
EAU	Emiratos Árabes Unidos.
ECOSOC	Consejo Económico y Social de las Naciones Unidas (Econo mic and Social Council).
ECU	Unidad de Cuenta Europea (European Currency Unit).
EDA	Economías Dinámicas Asiáticas.
EEE	Espacio Económico Europeo.
EFTA	Asociación Europea de Libre Comercio, AELC (European Free Trade Association).
ELP	Ejército de Liberación Popular.
EM	Economía de Mercado.
EPC	Economía de Planificación Central.
ERM	Sistemas de Intervención de Tipos de Cambio (Exchange Rate Mechanism).
ETN	Empresas Transnacionales.
EURATOM	Comunidad Europea de la Energía Atómica.
EUROSTAT	Oficina de Estadística de la Comunidad Europea.
FADES	Fondo Árabe para el Desarrollo Económico.
FAO	Organización de las Naciones Unidas para la Agricultura y la Alimentación (Food and Agriculture Organization).
FECOM	Fondo Europeo de Cooperación Monetaria.
FED	Fondo Europeo de Desarrollo.
FEOGA	Fondo Europeo de Orientación y Garantía.

FMI	Fondo Monetario Internacional.
G-3	Grupo de los Tres.
G-5	Grupo de los Cinco.
G-7	Grupo de los Siete.
GAB	Acuerdo General de Préstamos (General Agreement to Borrow).
GATS	Acuerdo General sobre el Comercio de Servicios.
GATT	Acuerdo General sobre Aranceles de Aduanas y Comercio (General Agreement on Tariffs and Trade).
GRAN	Grupo Andino.
GSA	Gran Salto Adelante.
ICMM	Tratado de limitación de la fabricación de armamento estratégico ofensivo.
I+D	Investigación y Desarrollo.
IDH	Índice de Desarrollo Humano.
IDIS	International Data Information System.
IME	Instituto Monetario Europeo.
INDSTAT	Base de Datos de Estadísticas Industriales.
INE	Instituto Nacional de Estadística.
IPC	Índice de Precios al Consumo.
IPH	Índice de Pobreza Humana.
ISO	Acuerdo de Normalización Internacional.
KMT	Kuomintang.
LIBOR	London Interbanking Offered Rate.
MCCA	Mercado Común Centroamericano.
MERCOMÚN	Mercado Común Centroamericano.
MERCOSUR	Mercado Común del Sur.
MIGA	Organización Multilateral de Garantías de Inversiones.
MIT	Instituto Tecnológico de Massachusetts (Massachusetts Institute Technology)
MITI	Ministerio de Industria del Japón.
NAFTA	Zona de Libre Comercio de América del Norte (North America Free Trade Area).
NEP	Nueva Política Económica.
NOEI	Nuevo Orden Económico Internacional.
NPIA	Nuevos Países Industrializados de Asia.
NPI	Nuevos Países Industrializados.
NN UU	Naciones Unidas.
OCDE	Organización para la Cooperación y el Desarrollo Económico.
OCE	Organización de Cooperación Económica.
OECE	Organización Europea de Cooperación Económica.
OEI	Orden Económico Internacional.
OIC	Organización Internacional de Comercio.
OIT	Organización Internacional del Trabajo.
OM	Oriente Medio.

OMC	Organización Mundial del Comercio.
ONG	Organizaciones No Gubernamentales.
ONU	Organización de Naciones Unidas.
ONUDI	Organización de las Naciones Unidas para el Desarrollo Industrial.
OPEP	Organización de Países Exportadores de Petróleo.
OTAN	Organización del Tratado del Atlántico Norte.
PAC	Política Agrícola Común.
PAE	Programa de Ajuste Estructural.
PCCh	Partido Comunista Chino.
PCUS	Partido Comunista de la Unión Soviética.
PD	Países Desarrollados.
PESC	Política Exterior y de Seguridad Común.
PGB	Producto Global Bruto.
PI	Países Industrializados.
PIB	Producto Interior Bruto.
PMA	Países Menos Adelantados.
PMD	Países Menos Desarrollados.
PMN	Producto Material Neto.
PNB	Producto Nacional Bruto.
PNUD	Programa de las Naciones Unidas para el Desarrollo.
PNUMA	Programa de las Naciones Unidas sobre Medio Ambiente.
PTA	Área Comercial Preferencial (Preferential Trade Agreement).
PVD	Países en Vías de Desarrollo.
SADCC	Conferencia para la Coordinación del Desarrollo del Sur de África.
SDN	Sociedad de Naciones.
SEBC	Sistema Europeo de Bancos Centrales.
SME	Sistema Monetario Europeo.
SMI	Sistema Monetario Internacional.
SPARTECA	Acuerdo Regional de Cooperación Comercial y Económica en el Pacífico Sur (South Pacific Regional Treaty on Economic and Commercial Cooperation).
SPG	Sistema de Preferencias Generalizadas.
SSAL	Sociedades Sin Ánimo de Lucro.
TEC	Tarifa Exterior Común.
TGSPG	Tratado General de Sistemas de Preferencias Generalizadas.
TLC	Tratado de Libre Comercio.
TRIPS	Acuerdo sobre los Aspectos Comerciales del Derecho de Propiedad Intelectual.
UE	Unión Europea.
UEM	Unión Económica y Monetaria.
UEP	Unión Europea de Pagos.
UME	Unión Monetaria Europea.

UNCTAD	Conferencia de las Naciones Unidas para el Comercio y el Desarrollo (United Nations Conference on Trade and Development).
UNESCO	Organización de las Naciones Unidas para la Cultura y la Educación (United Nations Educational, Scientific and Cultural Organization).
UNICEF	Organización de las Naciones Unidas para la Infancia.
URSS	Unión de Repúblicas Socialistas Soviéticas.
ZEE	Zonas Económicas Especiales.

Introducción

La economía mundial hacia el tercer milenio: un programa para los economistas

Adoptando una perspectiva a muy largo plazo es posible llegar a la conclusión de que algunas de las preocupaciones tradicionales de los economistas se están quedando obsoletas y que será pronto necesario reorientar profundamente nuestra actividad investigadora.

En efecto, durante muchas décadas el conflicto ideológico entre socialismo y capitalismo, entre altruismo y egoísmo, entre la planificación y la mano invisible del mercado, estimuló el desarrollo de la ciencia económica. Hoy este conflicto parece resuelto: se ha impuesto el paradigma neoclásico; la economía de mercado ha confirmado la optimalidad de sus leyes, por lo menos en el mundo abstracto de las ideas.

Las abundantes críticas al Estado de Bienestar, tercera vía entre el socialismo planificador y el capitalismo salvaje (vía compartida por el llamado «socialismo democrático» y por el «liberalismo social» de la posguerra alemana), considerado como un Estado híbrido, desmotivador de la iniciativa privada, también se apoyan en la renacida fe de las virtudes del mercado y de la libre competencia. La desregulación de los mercados, las privatizaciones de actividades productivas colectivas, la liberalización total de los intercambios de bienes y servicios, o de los movimientos de capitales y de trabajadores, forman parte ya del recetario convencional de la ciencia económica aplicada. Las universidades en sus enseñanzas de micro y de macroeconomía, la OCDE, el FMI y la práctica totalidad de los ministros de Economía de los principales países del mundo, al Oeste, al Este, en el Norte y en el Sur, transmiten el mensaje neoclásico cada día con mayor fuerza e insistencia.

La nueva unidad doctrinal parece capaz de abordar sistemáticamente los más evidentes fallos del mercado y justifica en algunos casos las intervenciones correctoras de los agentes públicos para maximizar el bienestar colectivo. El aparente conflicto entre libertad de acción de los agentes económicos o intervención pública para preservar intereses colectivos, se resuelve sin distorsionar la racionalidad económica. La investigación teórica y aplicada avanza sin desmayo para incorporar al paradigma vigente las excepciones que confirman las reglas, o los desequilibrios que presiden la búsqueda del óptimo general, y también para extender la lógica de maximización de utilidades y beneficios a otras actividades humanas que no son de naturaleza económica. Así, lo social y lo político parecen converger hacia la lógica inapelable del *homo oeconomicus* neoclásico.

Cabría preguntarse si no nos encontramos en una situación parecida a la que se observó en 1876, cuando en un acto de conmemoración del Centenario de la Riqueza de las Naciones, en el Political Economy Club de Londres, R. Lowe indicaba: «Las controversias actuales de la Economía Política, aunque ofrecen amplias posibilidades para el ejercicio de la lógica, ya no tienen la apasionante importancia de los primeros debates; el gran trabajo de la elaboración de la ciencia económica ha concluido»[1].

Sin embargo, es evidente que el mundo se está enfrentando a fenómenos tecnológicos e institucionales que ya plantean nuevos retos a los economistas, y a los cuales no siempre será posible aportar respuestas coherentes con los presupuestos neoclásicos, sobre todo cuando estas respuestas implican dosis elevadas de altruismo o de solidaridad entre grupos sociales o entre generaciones; la emergencia de nuevas corrientes de pensamiento (el neoschumpeterismo, o la economía política evolutiva) es ya un signo evidente de esta nueva investigación económica orientada hacia los grandes retos del siglo XXI, entre los que cabe destacar:

— la revolución tecnológica de la Sociedad de la Información;
— la globalización de los agentes económicos y sociales, así como de las instituciones;
— y la problemática mundial, planetaria, de los recursos naturales y del medio ambiente.

1. LA REVOLUCIÓN TECNOLÓGICA

El nuevo paradigma tecnológico, caracterizado por la interacción sinérgica del desarrollo de los ordenadores, la microelectrónica y las telecomunicaciones[2], está consiguiendo que las profecías de Keynes en 1930 sean pronto realidad: «El problema económico, la lucha por la subsistencia, ha sido [...] el problema más acuciante del género humano. El problema económico puede resolverse o por lo menos puede es-

[1] R. Stone (1980).
[2] OCDE (1991).

tar a la vista de su solución en un plazo de cien años [...] En unos pocos años [...] podremos ejecutar todas las operaciones de la agricultura, minería y manufacturas con la cuarta parte de esfuerzo humano al que estamos acostumbrados»[3].

La evolución tecnológica está planteando serios problemas de desempleo tecnológico que la lógica del mercado no puede resolver en un sistema en el que intervienen negociaciones colectivas y oligopolios sociales; las fórmulas de reparto del trabajo, la terciarización de la economía, requieren nuevos análisis[4].

El carácter acumulativo del conocimiento tecnológico hace que la tecnología adquiera un poder explicativo importante a la hora de analizar las diferencias de tasas de crecimiento y de niveles de desarrollo de los países, y estimula la investigación económica en el sentido de la dinámica temporal de la acumulación («nueva» teoría del crecimiento[5] y «nueva» teoría del comercio internacional[6]).

Esta preocupación por los efectos del cambio tecnológico sobre el crecimiento económico también está promoviendo una renovación de las investigaciones sobre los ciclos económicos de largo plazo[7].

2. LA GLOBALIZACIÓN

La Revolución Tecnológica de la Sociedad de la Información constituye, junto con el progreso constante de las tecnologías del transporte, un elemento reductor de los costes de transacción que redimensiona los conceptos de entidades nacionales en el funcionamiento general de la división internacional del trabajo. Asistimos, y asistiremos cada día más, a la formación de empresas «globales», con estrategias planetarias; se estructuran redes de grandes ciudades que, interconectadas, ofrecen oportunidades para actividades «globales»; surgen instituciones que transitan de objetivos de cooperación internacional a objetivos de funcionamiento del sistema «global» mundial. De manera consciente o inconsciente, numerosos agentes económicos están abandonando estrategias, objetivos e instrumentos nacionales, para maximizar su utilidad en un mundo sin fronteras; los procesos de integración supranacionales, como el europeo, aparecen así como una respuesta de los sistemas nacionales al reto que plantean estos nuevos agentes económicos que renuncian progresivamente a la lógica competitiva del nacionalismo, para reemplazarla por una lógica competitiva planetaria.

La Finanza, actividad económica que realiza la transformación del ahorro en inversión, ya ha entrado totalmente en la globalización: los mercados financieros están conectados y la libertad de movimientos de capitales es total. Esta evolución conlleva una mayor eficiencia global, pero al mismo tiempo provoca situaciones que

---

[3] J. M. Keynes (1981).
[4] C. Freeman y L. Soete (1996).
[5] P. Romer (1990).
[6] G. Dosi, K. Pavitt y L. Soete (1990).
[7] E. Fontela (1997).

pueden afectar negativamente a la economía real (crisis monetarias y financieras en algunos países, políticas deflacionistas en otros, etc.). Los economistas se ven obligados a replantearse problemas de estabilización del sistema monetario mundial, a reconsiderar las bases de la fiscalidad y de su mundialización o a conceptualizar nuevos mecanismos financieros para la solidaridad internacional.

3. LA PROBLEMÁTICA MUNDIAL

Los planteamientos neomalthusianos del Club de Roma a finales de los sesenta contribuyeron positivamente a una concienciación pública de la existencia de problemas que requieren soluciones planetarias[8]. Nadie puede poner en duda que los recursos minerales y energéticos no renovables se enfrentan a límites físicos y que, de seguir aumentando el consumo neto, la economía mundial tarde o temprano se enfrentará a esos límites; también se sabe que la contaminación provocada por la producción y el consumo tendrá consecuencias graves sobre elementos climáticos y sobre la viabilidad ecológica del planeta. Todo parece indicar que la maximización de utilidad a corto plazo no puede aportar respuesta válida a estos retos; el redescuento de efectos futuros en términos de costes y beneficios carece de sentido práctico cuando el coste de la supervivencia humana es infinito; tampoco los mecanismos de precio pueden reflejar las demandas de generaciones que aún no han nacido. La gestión de la problemática mundial apela a otros valores éticos.

Las consecuencias que se deducen de estas tres grandes evoluciones de nuestra sociedad de cara al tercer milenio son bastante obvias: por una parte se necesita un poder de decisión planetario que pueda actuar de manera supranacional, o sea, se necesita pensar globalmente y actuar globalmente *(think globally, act globally);* por otra parte, en numerosos casos se trata de adaptar comportamientos locales a las restricciones planetarias, o sea, siempre pensando globalmente, también se necesita actuar localmente *(think globally, act locally).*

Esta doble tendencia redimensiona formal y fundamentalmente el concepto de Estado-Nación y de su soberanía; existe una soberanía mundial que se superpone a las soberanías nacionales, fruto de una evolución histórica que ahora entra en una nueva fase de transformación.

Para el economista esta transformación mundial, que es deseable se produzca durante los próximos siglos, quizá ya durante las próximas décadas, obligará a un replanteamiento de numerosos conceptos; nadie puede olvidar que Adam Smith escribió *La Riqueza de las Naciones* y que la nueva dinámica reclama «la Riqueza del Mundo».

La exploración (¿utópica?) de este futuro sistema de la economía mundial puede, por consiguiente, servir para plantear grandes temas de investigación económica, tanto a la escala de la acción global como a la más modesta de la acción local.

---

[8] E. Fontela y A. Gabus (1976).

a) *La mundialización de la economía*

El proceso detectado hacia la mundialización (con sus tres puntos de apoyo de la revolución tecnológica de la información, de la globalización de los agentes económicos y de la problemática planetaria) requiere a largo plazo una función de gobierno a escala mundial. Las principales características de esta función ya empiezan a delinearse:

— Institucionalización de la economía mundial

Por el momento este proceso tiene carácter «internacional», o sea, que se gestiona mediante acuerdos entre naciones soberanas; así funcionan las Naciones Unidas, el Fondo Monetario Internacional y el Banco Internacional de Reconstrucción y Desarrollo (aunque intente denominarse Banco Mundial). Por ahora ninguna de estas organizaciones tiene legitimidad democrática en relación con la población mundial, pero ya pueden empezar a contemplarse organismos más independientes de los poderes representativos nacionales con campos que se suponen son menos conflictivos políticamente (como el medio ambiente, la salud o el hambre). Los economistas institucionales tienen aquí un campo virgen y enriquecedor para sus investigaciones propositivas. Uno de los temas sin duda más interesantes al respecto es el del futuro del Fondo Monetario Internacional: en todos los países se confirma la mayor independencia de los Bancos Centrales en relación con los poderes políticos, y al mismo tiempo se observa una tendencia a una mayor cooperación entre estos Bancos Centrales (véase al respecto la solidez de la concertación de estos agentes en torno a la Unión Monetaria Europea), que podría desembocar naturalmente en una mayor independencia del FMI o de otros vehículos institucionales de la cooperación entre Bancos Centrales. Quedarían entonces pocos pasos para que una disciplina conjunta antepusiese los intereses monetarios «globales» a los intereses más directos «nacionales» (algo que se ha podido observar concretamente en España a principios de la presente década). Como las políticas monetarias constituyen el elemento más «nacional» de toda política económica, una política monetaria «global» sería sin duda un gran paso hacia un Gobierno mundial.

— Mercado Único Mundial

El Mercado Único de la Unión Europea constituye un primer prototipo generalizable de lo que podría ser un Mercado Único Mundial: libre movimiento de bienes, servicios y factores de producción; normas mínimas aceptadas por contrato en cuanto a seguridad y garantías de los bienes y servicios; reconocimiento mutuo de los sistemas de certificación y de autorización de circulación de bienes y servicios. De hecho, el Mercado Único Europeo constituye un modelo a escala reducida de lo que debería constituir la acción de la OMC (Organización Mundial del Comercio) una vez concluida (favorablemente) la Ronda Uruguay. Es importante señalar al respecto que el principio del «reconocimiento mutuo» tiene un carácter generalizable y universal tan valioso para la liberalización del comercio mundial como lo que fue en su día el principio de «la nación más favorecida» que inspiró las etapas iniciales del GATT, y que ha permitido prácticamente eliminar los contingentes comerciales y minimizar los niveles de protección aduanera. Es evidente que para las protecciones no arancelarias se necesitan otros principios directores y el conjunto de normas mínimas y reconocimiento mutuo que establece el Mercado Único Europeo parece aportarlos con mayor eficacia e imparcialidad que otros presupuestos basados en la reciprocidad y la negociación multilateral. El trabajo de normalización internacional (normas ISO) constituye hoy otro paso indispensable hacia el futuro Mercado Unico Mundial.

La perspectiva de un futuro Mercado Único Mundial se consolida si se observa la progresión reciente de las zonas de librecambio y los compromisos ya contraídos para reducir y barreras arancelarias entre grandes grupos de países (el Mercosur, el NAFTA el Pacto Andino prefiguran una zona de librecambio futura en toda América, la APEC contempla una evolución similar en el Pacífico, y son muchos los intereses en juego que promueven una zona de librecambio entre Estados Unidos y la UE.

— La redistribución mundial de la renta

Como la experiencia europea reciente demuestra, o como ya demostró en el pasado la experiencia americana, un funcionamiento adecuado de un Mercado Único requiere formas avanzadas de transferencias de rentas entre regiones («federalismo fiscal» americano, «fondos estructurales» o «fondos de cohesión» europeos) con vistas a mitigar los efectos de polarización y el reforzamiento por el mercado de los aspectos característicos de los modelos Centro-Periferia. A escala mundial esta necesidad está implícita en las relaciones Norte-Sur (definiendo como Norte esencialmente a la zona OCDE, y como Sur al resto de los países en vías de desarrollo, incluidos los de la antigua zona de influencia soviética), y el fracaso de las fórmulas de «ayuda al desarrollo» de los últimos años conlleva la necesidad de un replanteamiento solidario de estas relaciones. Es materia de estudio para los economistas la identificación de fórmulas fiscales (como, por ejemplo, impuestos mundiales con asignación específica para la protección del medio ambiente, la gestión de recursos naturales, incluyendo el agua, o la solución de problemas de hambre o de epidemias) que trasciendan los ámbitos nacionales, o la elaboración de proyectos de grandes infraestructuras que permitan una maximización del bienestar mundial. El estudio de la economía del desarrollo, como el de toda la ciencia económica contemporánea se ha visto limitado por la noción restrictiva de «nación» y se ha inspirado en el carácter soberano de esta última para elaborar sus principales recomendaciones (véase el neocolbertismo de la protección de la «industria naciente» o del «desarrollo basado en la exportación»); el modelo abstracto de desarrollo sin fronteras que requiere el concepto de mundialización está todavía por definir.

El contrato social que en el interior de cada nación estableció en el pasado la red de protección que necesita toda economía de mercado, no tiene por el momento ningún parangón a escala mundial. Se impone por ello la necesidad para el economista de plantear contratos sociales mundiales sobre la lucha contra la pobreza, la protección del medio ambiente o sobre otras temáticas globales[9].

b) La acción local

Atajar los grandes problemas mundiales no puede consistir únicamente en crear un aparato institucional «mundial»; es evidente que existen dos nociones indisociables de la problemática mundial: la noción de crecimiento y la noción de desarrollo, que implican esencialmente actuaciones locales (sin descartar obviamente las actuaciones «globales» tales como una política monetaria mundial adecuada para el crecimiento o una política de redistribución mundial de rentas adecuada para el desarrollo).

Crecimiento se identifica con el progreso positivo de la renta mundial, algo que parece indispensable cuando sabemos que la pobreza es una característica de la mayoría de la población mundial. Desarrollo se identifica con el progreso positivo de la plena utilización de los potenciales de creatividad de la Humanidad, en todas sus vertientes (productiva, artística, educativa, deportiva, de bienestar físico y espiritual, etc.), una meta que están lejos de alcanzar hasta las regiones más «avanzadas» del planeta.

Detrás de estas dos nociones se esconde un mundo complejo de interacciones culturales, económicas, sociales y políticas que el economista maneja con dificultades pero que le proponen un reto insoslayable para sus capacidades de investigación.

Entre los puntos de apoyo posibles para estas investigaciones existen algunas líneas que ya empiezan a ser exploradas sistemáticamente:

- La economía del crecimiento sostenible (o sustentable), o sea, el modelo de crecimiento que incorpora los costes de reciclaje de los recursos naturales, los costes de introducción de energías renovables y los costes de descontaminación y protección del medio ambiente; es el modelo de crecimiento en equilibrio ecológico, algo que podría conseguirse mediante una orientación adecuada de los mecanismos de mercado introduciendo impuestos o reglamentos que modifiquen los precios de la oferta y los precios relativos.
- La economía de la calidad, o sea, el modelo de crecimiento que incorpora la noción de crecimiento sostenible, y la completa con otras nociones de calidad de vida (calidad de los servicios colectivos y del entorno, construido o no), de calidad de los productos y de los servicios, de calidad en el trabajo humano, y de equidad entre grupos sociales y generaciones.

  Como en el caso del crecimiento sostenible, la introducción coherente de la calidad como fundamento del sistema económico requiere una adaptación del sistema de precios relativos y un control institucional del funcionamiento de numerosos mercados (mínimos de calidad de oferta, limitaciones al lla-

[9] Grupo de Lisboa (1996).

mado dumping social de productos elaborados en condiciones de trabajo que no ofrecen un mínimo de calidad, etc.) y plantea para el economista aplicado numerosos problemas de compensación entre objetivos sociales *(trade-offs)*.

— La economía de la diversidad, o sea, la conservación de modelos económicos diversos relacionados con tradiciones culturales, en el marco de una división del trabajo consecuente con la multiplicidad de los valores sociales que existen en el planeta.

El concepto de la diversidad es, sin duda, el que mejor responde a las necesidades del desarrollo y el único que puede ofrecer una respuesta equilibrada a largo plazo al problema del crecimiento sostenido y cualitativo.

Por el momento, el economista se ha concentrado en el estudio de la división internacional del trabajo y de los rendimientos crecientes de la producción que, sin duda, favorecen a largo plazo los procesos de concentración productiva y de uniformización cultural por la vía de la difusión de los modelos de consumo (efecto demostración de Nurkse), de los modelos de producción y de los sistemas operativos. La economía de la diversidad está todavía en un estado embrionario de elaboración y sin duda requiere un esfuerzo importante de investigación económica durante las próximas décadas.

Este recorrido impresionista por un escenario normativo de la investigación económica de cara a la preparación de un sistema económico «mundial» durante el siglo XXI y el tercer milenio que se avecinan, debe servir para disipar cualquier duda que pudiera existir sobre el futuro de la ciencia económica una vez aceptada la base conceptual del paradigma neoclásico. El camino que queda por recorrer es arduo y su temática es apasionante. El estudio científico de la economía mundial aún está en sus inicios.

4. EL CONTENIDO DE ESTE LIBRO

Realizar en estos momentos un manual de Economía Mundial parece una empresa cuanto menos atrevida dado los grandes cambios que se están produciendo y lo imprevisible de su evolución futura. No obstante, es un instrumento necesario para que los alumnos puedan preparar la materia y ésta es la razón fundamental del esfuerzo. Así, este libro está dirigido fundamentalmente a los alumnos de Ciencias Económicas y Empresariales, aunque podrá ser utilizado por alumnos de otras especialidades para los que la Economía Mundial es un instrumento necesario: Ciencias de la Información, Relaciones Laborales, Sociología y Ciencias Políticas, así como otros interesados en el tema.

El hecho internacional y mundial puede ser tratado desde muy diversos puntos de vista: legal, social, cultural, histórico, económico. Nos centraremos en este último, sin abandonar cuando sea necesario referencia a los demás enfoques. Dentro del ámbito económico también el hecho internacional puede ser considerado desde diferentes aspectos: desde la teoría económica internacional, es decir, considerando fundamentalmente las leyes y concepciones que desde la reflexión teórica han ido tomando cuerpo especialmente en este último siglo. Desde una concepción práctica o empírica; es decir, desde la observación directa de la realidad que nos permita resumirla y analizarla para que sea adecuadamente conocida. Nosotros optamos por esta segunda concepción. Es decir, lo que aquí nos interesa es *la realidad económica mundial,* sus elementos más destacables y sus problemas.

Pero a su vez, esta concepción real —no teórica— de la economía internacional o mundial puede ser analizada desde al menos tres puntos de vista. Desde un punto de vista histórico; es decir, desde la evolución de los acontecimientos económicos internacionales. Desde un punto de vista descriptivo/analítico (estructural); es decir, desde el estudio de sus relaciones, potencialidades y problemática. Y, por último, desde un punto de vista político económico; es decir, desde el análisis de aquellos objetivos e instrumentos que se producen a nivel económico internacional y que dan origen a organismos, instituciones, acuerdos y tratados, que hacen que la economía mundial siga un determinado sendero.

En este libro se intenta combinar los tres, aunque dando una especial importancia al segundo. La evolución histórica, de la que se trata especialmente en la parte primera, tiene el único propósito de entender mejor la realidad: la historia nos da la perspectiva de los problemas y las realidades que nos encontramos hoy; nos da pautas, por tanto, sobre sus causas; además, nos aporta la perspectiva evolutiva, dinámica en sí misma y que, por tanto, debe ser estudiada como un proceso. La tercera, la política económica internacional, se trata también de forma sucinta, por dos motivos fundamentales: está suficientemente tratada en la bibliografía al uso, incluso a nivel de manuales (bajo el nombre genérico de Organismo/Organizaciones Económica Internacional); y además, aunque en la actualidad se le está dando un impulso importante, aún hoy no existe un organismo que realice una verdadera política económica internacional en sus respectivos ámbitos y posibilidades. No existe, en definitiva, ese necesario Gobierno mundial que elabore y lleve a cabo una política mundial, un plan coherente e integrado.

Por último, si el objetivo central de este libro es la realidad de la economía mundial, ésta también puede verse desde distintos enfoques:

— Desde una perspectiva global, especialmente desde el reparto y la organización del poder económico (parte primera).

— Desde los distintos subsistemas que forman el sistema económico mundial: comercial, financiero, monetario y productivo (parte segunda).

— Desde los grandes problemas que tiene planteada la economía global (parte tercera): ecológicos/económicos, subdesarrollo/pobreza, falta de soluciones desde la Ciencia Económica.

— Y, por último, desde las grandes áreas económicas en las que se podría dividir el mundo y que adquieren una importancia cada vez mayor por encima de los países (parte cuarta).

Un anexo estadístico final descargará el texto de los inevitables datos estadísticos que, sin embargo, pueden tener un interés para ciertos estudios.

El libro está claramente destinado a los alumnos, por lo que se intenta que la exposición sea clara y breve; pero al final de cada capítulo figura una bibliografía recomendada y otra amplia al final del libro; a través de las cuales los interesados pueden ampliar sus conocimientos sobre los temas que se trata.

PARTE PRIMERA

Marco teórico, evolución histórica y visión general de la economía mundial

En esta primera parte pretendemos aglutinar todos los elementos globales que nos proporcionen una estructura mínima para luego integrar en ella las diferentes piezas que se vayan analizando a lo largo del libro.

Esta visión general la realizamos desde varios puntos de vista. En primer lugar (capítulo 1), desde un enfoque teórico o abstracto de la Economía Mundial. En él se pretende recoger algunas reflexiones que pueden ser útiles sobre lo que se entiende por Economía Mundial, cuáles son las líneas principales de estudio de esta disciplina, cuáles son las fuentes documentales y estadísticas más usadas... Se recoge un anexo de direcciones de Internet para un acceso rápido a la documentación que sobre estos temas están disponible en la red.

En segundo lugar (capítulo 2), pasamos a resumir desde una perspectiva histórica los orígenes o procedencia más remota de la situación en la que se encuentra en la actualidad la realidad económica mundial. Se intenta estudiar el proceso de formación de esa realidad que llamamos aquí «internacionalización» y «mundialización» de la economía desde los albores de la historia hasta la actualidad.

Un tema que hoy parece obsoleto, pero que creemos sigue siendo necesario en un manual de Economía Mundial es el de sistemas económicos, al que le dedicamos el capítulo 3. La desaparición casi total del sistema de socialismo real en la actualidad no es suficiente motivo para no tratarlo; bien por motivos de explicación de nuestra realidad más cercana, bien por la existencia aún de países con este sistema económico, bien por la posibilidad de su reactivación bajo nuevas formas, bien, en fin, por el análisis de alternativas al que parece hoy único sistema económico dominante y lo que éste puede aprender de aquél aún hoy.

Por último, para cerrar esta primera parte, se recoge un tema sobre Orden Económico Internacional o Mundial. En definitiva, se intenta dar en él una visión resumida de lo que sería la vertiente normativa de la Economía Mundial, muy de moda en este momento y que se ve ampliada en el capítulo 8, dedicado a sistemas de cooperación e integración.

1 Fundamentos de la economía mundial

Manuela A. de Paz Báñez
Juan José García del Hoyo
Félix García Ordaz

Quizá sea necesario comenzar este manual aportando algunas ideas básicas sobre lo que entendemos por Economía Mundial, sus líneas de estudio, su esquema de análisis e interpretación y las diferentes corrientes que la informan, además de aportar un resumen de las fuentes documentales y estadísticas más usadas. Todo ello de una forma sucinta y atendiendo a un objetivo estrictamente pedagógico.

1. CONTROVERSIA EN LA CIENCIA ECONÓMICA

La falta de acuerdo en las corrientes de pensamiento económico nos lleva a tener que empezar poniendo algunos acentos sobre la controversia entre las diferentes teorías o concepciones económicas actualmente en vigor. Controversia que creemos puede superarse con la emergencia de un nuevo paradigma relacionado con las ideas que surgen también en otras ciencias y que se recogen extensamente en el capítulo 11.

Como dice C. Berzosa[1], «la economía, aun cuando tiene un fuerte aparato analítico y un gran desarrollo empírico, no es una ciencia neutra y técnica sin más, aunque requiera de conocimientos técnicos. Tampoco es un cuerpo teórico cerrado y único. No hay una sola teoría, sino varias. No hay, por tanto, respuesta única frente a los problemas que se plantea».

Resumiendo mucho, podemos decir que la discusión se centra en el método de análisis que utilizan y la concepción de la realidad que defienden. Así, podemos distinguir entre los desarrollos abstractos que pretenden confeccionar modelos formales diseñados para enunciar las grandes leyes económicas (concepción convencional), y los análisis que parten de la realidad y pretenden dar una explicación directa

[1] C. Berzosa (1996), pág. 70.

de la misma a través de la observación, para en etapas sucesivas ir abstrayendo conclusiones cada vez más generales que lleguen a confeccionar un cuerpo teórico explicativo (concepción heterodoxa).

La primera, la línea ortodoxa o convencional, arranca de A. Smith y continúa a través de los clásicos hasta la teoría neoclásica y la síntesis entre clásicos y keynesianos, con los desarrollos más recientes del monetarismo y de las expectativas racionales. Es el análisis que se realiza fundamentalmente desde la Teoría Económica (tanto Micro como Macroeconomía). La realidad se considera aquí como un todo armónico que tiende al equilibrio. La concepción liberal de la economía es lo que predomina, la propia dinámica de la economía permitirá que se resuelvan los problemas económicos planteados (mano invisible). Es un error que intervengan fuerzas externas (el Estado por ejemplo), porque distorsionarán el funcionamiento económico y, lejos de resolverlo, empeorarán aún más los problemas.

La segunda corriente tiene sus raíces en los desarrollos analíticos de W. Petty, Cantillon, Quesnay... (mercantilistas y fisiócratas fundamentalmente). Posteriormente es desarrollada por las escuelas marxistas, historicistas, institucionalistas, postkeynesianos y estructuralistas. Considera la realidad económica, no como armónica y en equilibrio, sino como un fenómeno que avanza en el tiempo irreversible o histórico, en desequilibrio, crisis, contradicciones, concordias y antagonismos. Esto nos lleva a una concepción no liberal de la economía. Muy al contrario, parte de la idea de que la economía por sí sola no es capaz de resolver los problemas de desequilibrio y desigualdades que provoca o se provocan, al menos en el corto y medio plazo. Por tanto, es necesario ayudarla con mecanismos externos (intervención del Estado) para lograr los objetivos de estabilidad y de mejor distribución de la renta y del bienestar de la población. La realidad es terca y sólo una mirada a los últimos siglos nos permite ver que al menos en el corto, medio y largo plazo (no sabemos en el larguísimo plazo de siglos o milenios), la economía no ha sido capaz de resolver los problemas fundamentales planteados de desigualdad y movimientos cíclicos que crean inestabilidad y desequilibrios.

Nuestra disciplina se nutre básicamente de esta segunda corriente, pero pretende superar la controversia, porque considera que para comprender la realidad es necesario contar con ambas: con la teoría económica y con la economía aplicada, con la corriente liberal y con la corriente intervencionista, y dentro de cada una de ellas con las diferentes concepciones que la forman.

2. ANÁLISIS ESTRUCTURAL

Dado que el principal desarrollo conceptual sobre el que se basa esta disciplina es el estructural, dedicaremos un apartado a resumir en qué consiste. El concepto principal es el de «estructura». No existe unanimidad a la hora de definirla, dado que se trata de un concepto excesivamente amplio y ambiguo. Pero de forma muy sucinta podemos decir que es el conjunto de elementos y relaciones estables que definen un fenómeno o una realidad. J. L. Sampedro[2] define la estructura económica en esta línea como «un conjunto de elementos y relaciones que caracterizan, con cierta permanencia, a una determinada situación real. La Estructura Económica (con mayúsculas, es decir, la especialidad científica correspondiente) —continúa Sampedro— tendrá por objeto el estudio de las relaciones de interdependencia que están dotadas de una cierta permanencia y que enlazan los principales componentes de una realidad económica globalmente considerada».

De esta definición surgen los elementos más característicos del análisis estructural: globalidad, interdependencia y permanencia. La idea de globalidad hace referencia a que el análisis se hace desde la totalidad de la realidad, no desde segmentos aislados. Se tienen en cuenta los elementos que la componen, pero con la conciencia de que la totalidad no es la suma de las partes, sino que constituye una entidad en sí misma diferente. Estos elementos interactúan a través de relaciones que son también tenidas en cuenta en el análisis como partes esenciales del mismo.

Surge también aquí la idea de dinamismo y cambio, que son también elementos claves del análisis estructural. Dinamismo en contraposición a estatismo: los fenómenos/realidades económicas son en movimiento, no son estáticos. Y cambio o evolución, dado que se trata de fenómenos donde el tiempo irreversible, histórico, tiene fuerza explicativa clave. Esto no quiere decir que nos ocupemos de la realidad desde un punto de vista histórico; tenemos en cuenta la vertiente histórico-evolutiva de la realidad, pero la estudiamos desde un punto de vista actual; aunque actual aquí puede significar un intervalo grande de tiempo (varias décadas), desde que se formaron las estructuras permanentes que se están analizando. Nosotros en este libro tomamos como referencia los años setenta, pero para algunos temas nos retrotraeremos hasta la Segunda Guerra Mundial porque consideramos que es necesario para explicar la realidad que estamos analizando.

El análisis estructural así se configura con profundas diferencias en relación con la concepción convencional de la economía. Intenta superar sus limitaciones y en parte lo consigue; pero no tiene un desarrollo teórico tan elaborado y sofisticado. Los avances en esta línea han sido importantes, aunque las dificultades son mucho mayores que en Teoría Económica, por sus pretensiones de análisis global y partir de la realidad y de su explicación directa.

3. LA ECONOMÍA MUNDIAL EN LA CIENCIA ECONÓMICA

La Ciencia Económica, como sabemos, está integrada en lo que solemos llamar Ciencias Sociales en contraposición a las Ciencias Naturales (Física, Química, Biología...) y las Ciencias Formales (Matemáticas, Lógica...). La Ciencia Económica, por su parte, se divide en distintas ramas entre las que se encuentra, como veremos, la Economía Mundial.

---

[2] J. L. Sampedro y R. Martínez Cortiña (1973), pág. 29.

En la actualidad podemos decir que la Ciencia Económica se ha venido dividiendo en tres ramas: la Teoría Económica, subdividida a su vez en Micro y Macroeconomía, que pretende la construcción de modelos teóricos que enuncien leyes generales; la Estructura Económica, que pretende analizar y explicar la realidad económica directamente; y la Política Económica, que pretende analizar las formas de intervención de las diferentes administraciones públicas en la economía.

En la actualidad en España, con la nueva organización de las áreas de conocimiento y los planes de estudio, se ha optado por un modelo más anglosajón que distingue entre la teoría económica abstracta *(economics),* recogida en el área de conocimiento de Fundamentos Económicos; y los análisis aplicados *(applied economics)* integrados en el área de conocimiento de Economía Aplicada, que recoge las investigaciones y las enseñanzas de la Estructura Económica, de la Política Económica y de una parte importante de los estudiosos de las técnicas matemáticas y estadísticas relacionadas con estos estudios empíricos, incluida la Econometría.

No entraremos en la discusión sobre la oportunidad o no de esta nueva agrupación. Sí decir que dado que la realidad es una, la Ciencia, el análisis de esa realidad, debe ser una. Así, cualquier división de la Ciencia es artificial y sólo debe realizarse por motivos pedagógicos o por razones de oportunidad para la investigación.

En todo caso, la Economía Mundial es una rama de la Economía Aplicada. Es decir, no se ocupa de la construcción de modelos abstractos, a lo que se dedican los investigadores que se integran en la disciplina que se viene llamando «Economía Internacional» y que sería una rama de la Teoría Económica. Sí aglutinaría, sin embargo, los aspectos de análisis y explicación de la realidad (Estructura Económica Mundial o Internacional según los autores) y los que explican la intervención de los Estados y los Organismos o Agencias Intergubernamentales en esa realidad económica (Organizaciones Económicas Internacionales).

Así, este manual va dirigido a los estudiantes y estudiosos de aquellas disciplinas que se denominan en general «Economía Mundial», «Estructura Económica Mundial», «Estructura Económica Internacional» y, en menor medida, «Organización Económica Internacional», además de las disciplinas que analizan parte de estas materias, como por ejemplo «Economía de la Unión Europea», aunque para el estudio de estas últimas materias existen manuales más completos.

4. ESTUDIOS DE ECONOMÍA MUNDIAL EN ESPAÑA

En España el máximo exponente en el desarrollo de los estudios de Economía Mundial ha sido, sin duda, José Luis Sampedro, que ha dedicado parte de su vida al estudio y explicación de las realidades económicas mundiales, muy especialmente a los estudios de la pobreza y de las realidades de subdesarrollo; y todo ello siempre desde una perspectiva estructural, perspectiva que también ha desarrollado en sus publicaciones. Su libro *Realidad económica y análisis estructural,* publicado en 1959, y su manual *Estructura Económica. Teoría básica y estructura mundial,* elaborado con su discípulo y luego compañero Rafael Martínez Cortiña, han sido los libros básicos de la disciplina durante décadas, y aún hoy siguen siendo de referencia obligada. Podemos decir que todos los que nos hemos formado en Economía Mundial en los años sesenta y setenta fundamentalmente (e incluso en los ochenta y noventa) hemos sido formado bajo el ministerio directo o indirecto de J. L. Sampedro y sus colaboradores más inmediatos.

No obstante lo anterior, los estudios de Economía Mundial han tenido un desarrollo escaso en España en comparación a lo ocurrido en los países de nuestro entorno. La mirada hacia dentro durante toda la etapa franquista ha hecho que estos estudios hayan estado en un segundo plano. Los estudios más desarrollados han sido los de Economía Nacional, incluso una vez entrada la democracia. Sólo cuando se superaron, al menos en parte, los enormes problemas económicos internos y se planteó seriamente la integración en la Unión Europea y con ello nuestra inclusión en el contexto económico internacional, empezaron a proliferar los estudios en esta materia.

Los manuales han seguido esta tónica, aunque algo retrasados. No es hasta los años noventa que comienzan a publicarse un gran número de ellos. Esto cubre una necesidad importante como material básico de trabajo de los estudiantes, aunque de ningún modo deba entenderse como único material de uso en su formación. La consulta de otro material disponible en forma de libros, artículos, documentos de trabajo, documentación estadística... sigue siendo imprescindible. Hasta esta proliferación de manuales en los años recientes, donde se incluye éste como uno de los primeros que se editaron (en 1993 la primera edición), sólo se disponía de algunos que, o bien se habían quedado obsoletos por su contenido y/o por su estructura, o bien reflejaban aspectos parciales de la materia, estaban desarrollados desde planteamientos ideológicos únicos y/o eran inaccesibles para los estudiantes. Por el contrario, en la actualidad se dispone de un buen número de manuales que responden a las necesidades de los alumnos y recogen la diversidad de enfoques que existen en la actualidad en nuestra disciplina.

La nueva edición de este manual pretende seguir aportando a la nueva dinámica de publicaciones de este tipo, avanzando en el desarrollo cada vez más completo, comprensivo y objetivo de la materia. Hemos contado para su elaboración con las enseñanzas de las publicaciones recientes en el ámbito internacional y nacional, y con las nuevas circunstancias de la economía para que sean explicadas. Creemos que estas circunstancias nos han hecho mejorar el libro de forma importante.

5. UNA CUESTIÓN DE CONCEPTOS

Conviene aclarar, por último, ante de pasar a las fuentes documentales, algunos conceptos generales, aunque a medida que se desarrollen los diferentes temas se analizarán los específicos. En este manual distinguiremos los términos «internacional» e «internacionalización» de los de «mundial» y «mundialización». Los primeros ponen el acento en las relaciones entre países o naciones (internacional) y, por tanto, se utilizarán para los procesos de creación, desarrollo y consolidación de las relaciones entre países o naciones, y aquellos procesos y relaciones económicas donde la realidad nacional es determinante para la explicación del fenómeno en estudio. Por el contrario, utilizaremos los términos «mundial» y «mundialización» para aquellos fenómenos donde el acento no se ponga en las realidades nacionales y las relaciones entre las mismas, sino que lo importante a la hora de explicar el fenómeno en estudio sea las relaciones en el ámbito global de las empresas y otros agentes económicos que actúan cada vez más sin tener en cuenta o pasando por alto la idea de nación y sus fronteras. Se trata en realidad, como veremos en el capítulo siguiente, de dos etapas sucesivas de la intensificación de las relaciones a escala planetaria. Primero se produce un proceso de internacionalización de la economía que es superado y sustituido por un proceso más intenso de relación donde la entidad nación deja de ser relevante para ocupar su lugar la entidad mundo: es la mundialización de la economía.

Por otra parte, utilizaremos en general y preferentemente los términos «mundial» y «mundialización» y no los de «global» y «globalización». Estos últimos tienen en español un significado más amplio («global», según la Real Academia, significa «tomado en conjunto») y, por tanto, no precisa la realidad que queremos identificar[3]. Podemos hablar de economía global a escala mundial, pero también en el ámbito de la economía nacional como contraria a la economía sectorial o regional, por ejemplo; por otro lado, dentro de la economía mundial pueden hacerse estudios globales, pero también sectoriales o de aspectos concretos. En todo caso, si en algún momento se utiliza en este manual el término «globalización» de la economía, normalmente debe entenderse como sinónimos de «mundialización» de la economía o globalización de la economía mundial.

6. LA IMPORTANCIA DE LAS FUENTES ESTADÍSTICAS EN EL CONOCIMIENTO DE LA REALIDAD ECONÓMICA MUNDIAL

La información suministrada por las estadísticas resulta de vital importancia para el análisis de la situación en la que los asuntos económicos de un país se desenvuelven. El siglo XX ha visto cómo empiezan a proliferar estadísticas de diversos contenidos y que en cierta medida han ayudado a la consecución de un sistema que provee a gobernantes, administradores y, en general, a cualquier persona, de información precisa que permita analizar y comprender la naturaleza de los fenómenos que ocurren en la realidad cotidiana.

[3] «Global» y «globalization» en inglés sí tienen la connotación de mundial, pero su traducción correcta es mundial y mundialización; «global» y «globalización» en este sentido es un anglicismo.

El acierto de muchas medidas de política económica depende, en buena medida, de la información estadística que se recopile para tal fin[4]. La utilización de malas o no suficientes estadísticas incide, por tanto, en la idoneidad de dichas medidas de política económica. Entre los muchos efectos negativos que una deficiente fuente de información puede provocar en la adopción de tales medidas podemos destacar dos[5]:

— la mala adecuación de las mismas a los problemas que pretende solucionar,
— y su escasa incidencia en los colectivos sobre los que pretende incidir.

Lo que sí resulta una realidad constatable es que muchas personas vinculadas al estudio de la Economía analizan problemas y situaciones que necesitan forzosamente la utilización de estadísticas relevantes. Cuando estos problemas se analizan sin tener en cuenta las mismas se corre el peligro de realizar afirmaciones no constatables en la realidad. Podríamos preguntarnos entonces: ¿por qué no se utilizan las estadísticas de que disponemos? Entre las muchas razones que motivan esta deficiente utilización de nuestras estadísticas destacaremos cinco de ellas:

— En primer lugar, porque dichas estadísticas se publican con bastante retraso.
— En segundo lugar, no se corresponden con las necesidades reales, dado que normalmente son un subproducto de otras actuaciones más que una acción directa para conseguir un resultado.
— En tercer lugar, porque la calidad de las estadísticas es, en ocasiones, bastante escasa en cuanto a su fiabilidad.
— En cuarto lugar, porque los organismos encargados de elaborarlas se muestran reticentes a la hora de suministrar determinada información (sobre todo cuando ésta es muy específica).
— En quinto y último lugar, porque en algunos casos, incluso se desconoce la existencia de dichas estadísticas.

Las estadísticas económicas mundiales son un fiel reflejo de ello, ya que a los problemas anteriormente detectados debe sumarse la incidencia que las enormes mutaciones en las estructuras de los países y bloques de naciones han tenido en la producción periódica de estadísticas, y lo que resulta más grave, en la comparabilidad de fuentes estadísticas alternativas y en la dificultad de conseguir series homogéneas en el tiempo. Se hace necesario, además, un esfuerzo por parte de las autoridades de cara a normalizar los procesos de recogida de información y de utilización de conceptos que en muchos casos no son comparables.

En las líneas que siguen tratamos de proporcionar al lector algunas fuentes estadísticas fundamentales para la comprensión de la realidad de la Economía Mun-

[4] S. S. Zarkovich (1982), pág. 21.
[5] C. Muñoz Cidad (1988), pág. 1003.

dial. En el anexo estadístico que se recoge al final del libro se da cuenta de los principales datos que se pueden obtener de ellas. Las fuentes utilizadas han consistido, fundamentalmente, en las estadísticas que proporcionan diversos organismos internacionales tales como el Banco Mundial, el Acuerdo General sobre Aranceles Aduaneros y Comercio (GATT), el Fondo Monetario Internacional (FMI), la Organización de las Naciones Unidas (ONU), etc.

De todas las fuentes estadísticas la que proporciona datos más completos sobre la situación socioeconómica de los distintos países es, sin lugar a dudas, la ofrecida por el Banco Mundial en los sucesivos *Informes sobre el Desarrollo Mundial* que se edita anualmente desde 1978, y que además de las estadísticas señaladas realiza un análisis con profundidad sobre algún tema de interés cada año. Otras publicaciones de interés del Banco en cuanto a datos son: el *Atlas del Banco Mundial* y las *World Tables*. Recientemente, estos datos y otros procedentes del Banco Mundial se pueden consultar en soporte informático. Así, el *Social Indication of Development,* el *World Debt Tables*, el *World Development Indicators* y el *World Data.*

Otro informe anual de máximo interés es el publicado por el PNUD, titulado *Informe sobre desarrollo humano,* que se edita desde 1990 y que también recoge estudios monográficos anualmente. La labor estadística desarrollada por los diferentes organismos emanados de Naciones Unidas confluye en la División Estadística del Departamento de Información Social y Económica. Dicha división suministra información relevante sobre áreas como el comercio internacional, contabilidades nacionales, industria, medio ambiente, etc. Dos son las publicaciones que con periodicidad anual merecen especial atención: el *Anuario Estadístico sobre el Comercio Internacional* y el *Anuario sobre Contabilidades Nacionales,* aunque para el análisis global de la economía mundial también es imprescindible *el Estudio económico y social mundial. Tendencias y políticas en la economía mundial*, de periodicidad anual.

Además de lo dicho anteriormente, de las distintas instituciones que emanan de las Naciones Unidas debemos destacar la Conferencia de las Naciones Unidas sobre Comercio y Desarrollo (UNCTAD), que desde su fundación en 1964 ha ido incrementando su producción estadística sobre el comercio. Destaca su *Manual de estadística de comercio internacional y desarrollo* y el *Informe sobre comercio y desarrollo.*

Mención especial merece la FAO (Food and Agriculture Organization) creada en 1945 para mejorar los actuales niveles de producción agrícola, ganadera y pesquera mundiales, así como facilitar la cooperación y asistencia para el desarrollo de los países menos desarrollados. Muchas de estas funciones se instrumentalizan a través del Departamento Económico y Social, del que destacamos su División Estadística, la cual analiza y suministra información estadística sobre el estado de la alimentación y agricultura a escala mundial, prestando asistencia técnica a los países miembros en la mejora de sus respectivos sistemas estadísticos. Una de sus misiones es la recolección, evaluación y transmisión de estadísticas agrícolas sobre producción, comercio y uso de los diferentes resultados de las producciones agrícolas. Esta organización posee un Servicio de Análisis Estadístico, encargado de evaluar los diferentes índices sobre producción y precios y de construir estimaciones y predicciones de las diferentes variables relacionadas con la producción agropecuaria a escala mundial. Destacaremos entre las publicaciones más relevantes de la *FAO El estado mundial de la agricultura y la alimentación*, el *Anuario sobre Producción* y el *Anuario Comercial*.

Otra de las agencias especializadas de las Naciones Unidas es la Organización Internacional del Trabajo (OIT), fundada en 1919, encargada de «fomentar, entre todas las naciones del mundo, programas que permitan lograr el pleno empleo y la elevación del nivel de vida (Declaración de Filadelfia)». El intenso trabajo estadístico desarrollado por la OIT se plasma, entre otras publicaciones, en *el Anuario de Estadísticas Laborales,* referencia obligada para el análisis de las diferentes variables relacionadas con el empleo y la ocupación.

Con un carácter mucho más sectorial y especializado, surge en 1966 la Organización de las Naciones Unidas para el Desarrollo Industrial (ONUDI), dedicada a promover labores tendentes al logro de un mayor desarrollo industrial sostenible, sobre todo en países en vías de desarrollo, promoviendo la cooperación entre países. El principal resultado estadístico de dicha agencia es la *Base de Datos de Estadísticas Industriales* (INDSTAT) y el *Anuario Estadístico sobre Industria y Desarrollo*.

La Organización Mundial del Comercio (OMC), constituida el 1 de enero de 1995 y creada a partir de las negociaciones desarrolladas en la Ronda Uruguay, aglutina a 131 países miembros, y entre sus funciones destacamos la administración de los acuerdos comerciales y la supervisión de las políticas comerciales nacionales, suministrando asistencia técnica a los diferentes estados miembros. Esta organización es la encargada de suceder al Acuerdo General sobre Aranceles Aduaneros y Comercio (GATT). Su división estadística suministra información sobre el comercio mundial, así como de los principales resultados de la Ronda Uruguay, destacando el *Informe Anual de la Organización Mundial del Comercio*.

La OCDE (Organización para la Cooperación y el Desarrollo Económico) proporciona a sus 29 estados miembros un foro adecuado para el análisis conjunto de las diferentes políticas económicas con una finalidad muy concreta: lograr mayores niveles de excelencia en el crecimiento económico de dichos países y proporcionar soporte y cooperación a aquellos países no miembros con niveles inferiores de desarrollo económico. En otro sentido, también interviene en negociaciones de acuerdos multilaterales. En el anexo estadístico que acompaña esta obra se hace especial referencia a la labor estadística de uno de los comités especializados que emanan de la OCDE: el Comité de Asistencia al Desarrollo (CAD), encargado de coordinar las diferentes políticas de ayuda al desarrollo en países con economías en vías de desarrollo. Destacar aquí algunas de sus muy abundantes publicaciones se hace difícil, aunque por su globalidad podríamos mencionar *las Perspectivas económicas de la OCDE*.

Creado en 1945, el Fondo Monetario Internacional posee en la actualidad 182 países miembros, y una de sus finalidades básicas es la promoción en el ámbito internacional de políticas de cooperación monetaria, facilitar la expansión de forma equilibrada del comercio internacional y proporcionar asistencia en el establecimiento de los sistemas de cambio multilaterales. En la actualidad mantiene un extenso programa de sistematización y difusión de información estadística, siendo el responsable de las principales estadísticas sobre transacciones financieras internacionales y balanzas de pagos de las principales economías nacionales. Especial relevancia debe darse a la publicación *Estadísticas Financieras Internacionales* (International Financial Statistics) y al *Anuario Estadístico de Balanzas de Pagos* (Balance of Payments Statistics Yearbook), aunque también elabora una publicación bianual de carácter general titulada *Perspectiva de la economía mundial*.

Por último, para los estudios regionales hay que acudir a las publicaciones que las diferentes Comisiones Económicas de las Naciones Unidas desarrollan[6].

Finalmente, no debemos olvidar la importante labor estadística que a escala internacional están desarrollando una serie de organismos de naturaleza privada o no gubernamental, tales como Euromoney, Price Waterhouse y especialmente el World Resources Institute, configurado como organismo independiente dedicado a la investigación y asistencia técnica en asuntos vinculados con el desarrollo y el medio ambiente. Desde su creación en 1982, el WRI mantiene activas líneas de trabajo en áreas afines a los recursos naturales y al medio ambiente, y a los problemas relacionados con la definición de políticas compatibles con la explotación sostenible de los recursos.

En el anexo a este capítulo se suministran las direcciones de Internet de los servidores más relevantes en cuanto al suministro de información estadística a escala internacional y donde se recogen las direcciones de las instituciones y organismos anteriormente mencionados.

---

[6] Ver C. Berzosa (1996), pág. 33.

LECTURAS RECOMENDADAS

Berzosa, C. (1996): *Estructura Económica Mundial,* Síntesis, Madrid.
Madisson, A. (1995): *Monitoring the World Economy*, 1820-1992, OCDE, París.
Sampedro, J. L., y Martínez Cortiña, R. (1973): *Estructura Económica. Teoría básica y estructura mundial,* Ariel, Barcelona.
Vidal Villa, J. M., y Martínez Peinado, J. (1995): *Economía Mundial*, McGraw-Hill, Madrid.

Anexo

Servidores Internet relevantes para el análisis económico mundial[1]

El avance en los sistemas de información con el desarrollo de la informática moderna ha revolucionado el sistema estadístico, facilitando un rápido y más fácil acceso a la cada vez mayor corriente de información estadística suministrada por organismos nacionales e internacionales. Conscientes de la importancia de dichos medios en campos afines a la investigación y docencia en Economía, suministramos una relación muy amplia, aunque no exhaustiva, de las principales direcciones de servidores Internet que suministran información estadística. En dicho directorio se incluyen, por un lado, servidores eminentemente estadísticos y otros que cubren áreas afines, clasificados según el área geográfica que pretenden cubrir. Así, suministramos información sobre las direcciones de servidores estadísticos en el ámbito de la Unión Europea, otros específicos de cobertura nacional (servidores españoles y de otros países), los principales servidores norteamericanos (principalmente de Estados Unidos y Canadá), y una especial referencia a las direcciones de organismos americanos de habla hispana, reservando otro espacio para los de África, Asia y Oceanía.

Finalmente, suministramos información sobre los principales servidores de organismos internacionales (unos 300), con una especial referencia a los diferentes bancos centrales.

[1] La presente lista de servidores estadísticos ha sido elaborada por los profesores Francisco José Martínez López, José Luis Salmerón Silvera y Juan Carlos Roca Pulido, del Departamento de Economía Financiera, Contabilidad y Dirección de Operaciones de la Universidad de Huelva.

DIRECTORIO DE SERVIDORES ESTADÍSTICOS

A) Europeos

1. Unión Europa

WELCOME TO EUROSTAT
http://europa.eu.int/en/comm/eurostat/eurostat.html

Economic Commission for Europe (UN-ECE)
http://www.unicc.org/unece/50th/Welcome0.html

2. Españoles

Instituto Nacional de Estadística
http://www.INE.es/
Bienvenidos al Instituto de Estadística de Andalucía
http://www.iea.caan.es/

GOBIERNO DE ARAGÓN
http://www.aragob.es/eco/estadistica/espanol/iae.htm

Página principal del ISTAC (Instituto Canario de Estadística.)
http://www.istac.rcanaria.es/

IGE (Instituto Galego de Estatística)
http://www.ige.xunta.es/

Instituto de Estadística de la Comunidad de Madrid
http://www.comadrid.es/cmadrid/iestadis/index.htm

IVE - Informació Estadística / Información Estadística (Valencia)
http://www.gva.es/ive/indicas.htm

Web estadístico de Navarra
http://www.lander.es/~cerro/

3. Otros países

MAGNET HOME PAGES (Malta)
http://www.magnet.mt/

Statistics Netherlands
http://www.cbs.nl/indexeng.htm

National Commission for Statistics (Rumania)
http://www.kappa.ro/clients/cns/

Russian Securities Market News (English)
http://koiwww.fe.msk.ru/infomarket/ewelcome.html

Statistical Office of the Republic of Slovenia
http://www.sigov.si/zrs/index_e.html

Statistics Sweden
http://www.scb.se/indexeng.htm

Swiss Statistics
http://www.admin.ch/bfs/eindex.htm

Welcome to The Office for National Statistics (UK)
http://www.emap.com/ons97/

Office for National Statistics (UK)
http://www.ons.gov.uk/

Socio-Economic Statistics and Analysis Group (UK)
http://www.open.gov.uk/lmsd/lmsdhome.htm

Home Office Research and Statistics Directorate (UK)
http://www.homeoffice.gov.uk/rsd/rsdhome.htm

HM TREASURY'S HOME PAGE (UK)
http://www.hm-treasury.gov.uk/

dti internet service (UK)
http://www.dti.gov.uk/

DSS - Analytical Services Division (UK)
http://www.dss.gov.uk/asd/

MAFF statistical information (UK)
http://www.maff.gov.uk/esg/default.htm

General Register Office for Scotland (UK)
http://www.open.gov.uk/gros/groshome.htm

Federal Statistical Office of Yugoslavia
http://www.szs.sv.gov.yu/homee.htm

LDS BB (Alemania)
http://www.brandenburg.de/lds/

Landesamt für Datenverarbeitung und Statistik (Alemania)
http://www.lds.nrw.de/

Thüringer Landesamt für Statistik (Alemania)
http://www.th-online.de/tls/

NSSG (Grecia)
http://thales.iacm.forth.gr/esye/nssg.htm

Hungarian Central Statistical Office (HCSO)
http://www.ksh.hu/eng/homeng.html

NBH Home Page (Hungría)
http://www.mti.hu/mnb/mnbeng.htm

Statice (Islandia)
http://www.statice.is/

Central Statistics Office, Ireland
http://www.cso.ie/

Istat Home Page (Italia)
http://www.istat.it/

Central Statistical Bureau of Latvia
http://www.latnet.lv/ligumi/CSBL/

Statistikos Departamentas (Lituania)
http://www.std.lt/

STATEC - Service Central de la Statistique et des Études Économiques (Luxemburgo)
http://statec.gouvernement.lu/

Central Office of Statistics (Malta)
http://www.magnet.mt/home/cos/

Statistical Office of the Republic of Slovenia
http://www.sigov.si/zrs/index_e.html

Home Office Research and Statistics Directorate (UK)
http://www.homeoffice.gov.uk/rsd/rsdhome.htm

Tacis European Expertise Service. Belarus Economic Trends (Bielorrusia)
http://www.bettacis.minsk.by/

Drzavni zavod za statistiku (Croacia)
http://www.dzs.hr/

Eesti Pank Statistical Datasheets, 1997 (Estonia)
http://www.ee/epbe/datasheet/index.html

Federal Statistical Office of Germany
http://www.Statistik-bund.de/e_home.htm

Bayerisches Landesamt für Statistik und Datenverarbeitung (Alemania)
http://www.bayern.de/lfstad/

Statistisches Landesamt Hessen - Homepage (Alemania)
http://www.hsl.de/

Landesamt für Datenverarbeitung und Statistik (Alemania)
http://www.lds.nrw.de/

Statistisches Landesamt Baden-Württemberg (Alemania)
http://www.statistik.baden-wuerttemberg.de/

Statistisches Landesamt Bremen (Alemania)
http://www.bremen.de/info/statistik/

Welcome Hamburg (Alemania)
http://www.hamburg.de/Behoerden/StaLa/

Statistisches Landesamt M-V (Alemania)
http://www.mvnet.de/inmv/stala/

Statistisches Bundesamt Wiesbaden (Alemania)
http://www.statistik-bund.de/

Statistisches Landesamt Sachsen-Anhalt (Alemania)
http://www.StaLa.sachsen-anhalt.de/

Institut National de la Statistique et des Études Économiques (Francia)
http://www.insee.fr/

Institut National d'Études Démographiques (Francia)
http://www.ined.fr/

Welcome to The Office for National Statistics
http://www.emap.com/ons97/

Istat Home Page (Italia)
http://petra.istat.it/

Centraal Bureau voor de Statistiek/Statistics Netherlands
http://www.cbs.nl/

Instituto Nacional de Estatística (Portugal)
http://www.ine.pt/

Statistics Finland
http://www.stat.fi/tk/home.html

Statistics Sweden
http://www.scb.se/indexeng.htm

Statistics Norway
http://www-open.ssb.no/www-open/english/

Statistics Denmark Main Page
http://www.dst.dk/internet/startuk.htm

Norwegian Social Science Data Services - Homepage
http://www.nsd.uib.no/english/

NSI Home Page
http://www.acad.bg/BulRTD/nsi/index.htm

Czech Statistical Office (CzSO)
http://infox.eunet.cz/csu/csu_e.html

Russian Securities Market News (English)
http://koiwww.fe.msk.ru/infomarket/ewelcome.html

Central Statistics Office, Ireland
http://www.cso.ie/

Welcome at / Willkommen beim Österreichischen Statistischen Zentralamt
http://www.oestat.gv.at/index.htm

B) Norteamericanos

1. Estados Unidos

Fedstats: One Stop Shopping for Federal Statistics
http://www.fedstats.gov/

Bureau of Labor Statistics
http://stats.bls.gov/

U.S. Census Bureau Home Page
http://www.census.gov/

The National Center for Health Statistics Home Page
http://www.cdc.gov/nchswww/

Board of Governors of the Federal Reserve
http://www.bog.frb.fed.us/

BEA Home
http://www.bea.doc.gov/

Fedstats: One Stop Shopping for Federal Statistics
http://www.fedstats.gov/

Office of Research, Evaluation and Statistics Home Page
http://www.ssa.gov/statistics/ores_home.html

Economic Research Service
http://www.econ.ag.gov/

National Agricultural Statistics Service Home Page for U.S. Agriculture Statistical Information and Graphics
http://www.usda.gov/nass/

Bureau of Justice Statistics Home Page
http://www.ojp.usdoj.gov/bjs/

The Bureau of Transportation Statistics, US DOT
http://www.bts.gov/

STAT-USA/Internet Site Economic, Trade Business Information
http://www.stat-usa.gov/

Yukon Bureau of Statistics
http://www.yukonweb.wis.net/government/ybs/

The Economic Statistics Briefing Room
http://www.whitehouse.gov/fsbr/esbr.html

The Social Statistics Briefing Room
http://www.whitehouse.gov/fsbr/ssbr.html

USDA-NASS, Statistical Highlights
http://www.usda.gov/nass/pubs/stathigh/content.htm

NOAA National Oceanographic Data Center (NODC)
http://www.nodc.noaa.gov/

Automated Information Systems Records
http://www.defenselink.mil/locator/ais_index.html

National Center for Education Statistics (NCES)
http://nces.ed.gov/

Energy Information Administration
http://www.eia.doe.gov/

The National Center for Health Statistics Home Page
http://www.cdc.gov/nchswww/

Welcome to The U.S. Department of Housing and Urban Development
http://www.hud.gov/

U.S. Geological Survey
http://www.usgs.gov/

2. Canadá

Welcome To Statistics Canada
http://www.statcan.ca/start.html

Statistique Québec
http://www.bsq.gouv.qc.ca/bsq/ang/bsq.htm

Alberta Treasury Home Page
http://www.treas.gov.ab.ca/

BC STATS: home page
http://www.bcstats.gov.bc.ca/

NWT Bureau of Statistics
http://www.stats.gov.nt.ca/

Nova Scotia Department of Finance
http://www.gov.ns.ca/fina/stats.div/

Saskatchewan Bureau of Statistics
http://www.gov.sk.ca/bureau.stats/

Ontario Ministry of Finance Home Page
http://www.gov.on.ca/FIN/hmpage.html

Canadian Industry Statistics for Trade, Finance, Economics, Employment, Equity and Stock Investments
http://strategis.ic.gc.ca/sc_ecnmy/sio/homepage.html

C) Americanos de habla hispana

INDEC - Home Page (Argentina)
http://www.indec.mecon.ar/

Instituto Nacional Estadística Chile
http://ine.conicyt.cl:8020/

INSTITUTO NAL. DE ESTADÍSTICA GEOGRAFÍA E INFORMÁTICA (México)
http://www.inegi.gob.mx/paginamenu.html

Bases de Datos-Presentación
http://www.eclac.cl/espanol/bdatos/cepal9.html

Instituto Nacional de Estadística y Censos (Ecuador)
http://www4.inec.gov.ec/

Home Page Ocei (Venezuela)
http://www.ocei.gov.ve/

DANE COLOMBIA Home Page
http://www.sin.com.co/Clientes/DANE/

PERÚ - Instituto Nacional de Estadística e Informática - INEI
http://www.inei.gob.pe:8081/scripts/foxweb.exe/main/pobla

IBGE (Brasil)
http://www.ibge.gov.br/

OAS - Permanent Missions Directory
http://www.oas.org/EN/MSTATES/mission.htm#bar

D) África

Office National des Statistiques
http://ist.cerist.dz/sie/ons/ons.htm

Central Statistical Service (South Africa) - Home page
http://www.css.gov.za/

E) Asia y Oceanía

English//Eigo Home Page (Japón)
http://www.epa.go.jp/e-e/menu.html

MITI HOMEPAGE (Japón)
http://www.miti.go.jp/index-e.html

Home Page of the STATISTICS BUREAU & STATISTICS CENTER (Japón)
http://www.stat.go.jp/1.htm

JETRO HomePage (Japón)
http://www.jetro.go.jp/top/index.html

DGBAS Home Page
http://www.dgbasey.gov.tw/english/english.htm

Hong Kong Census and Statistics Home Page
http://www.info.gov.hk/censtatd/

Introduction Ministry of Economic Affairs, The Republic of China
http://www.moea.gov.tw/~meco/Intro_e/xmoe0.htm

NSCB Home Page
http://users.info.com.ph/~nscbrscs/

JPP
http://spl.pnm.my/~stat/

Statistics Singapore
http://www.singstat.gov.sg/

The BPS Web Site
http://www.bps.go.id/

Statsweb Database (Nueva Zelanda)
http://www.stats.govt.nz/statsweb.nsf

Trade Point Taiwan
http://www.tptaiwan.org.tw/

The BPS Web Site
http://www.bps.go.id/

F) Mundiales

UN/ECE STATISTICAL DIVISION
http://www.unicc.org/unece/stats/stats_h.htm

OCDE
http://www.oecd.org/

POPIN Home Page
http://www.undp.org/popin/

WAICENT : First component - FAOSTAT
http://www.fao.org/waicent/FAOSTAT.htm

INTERNATIONAL LABOUR ORGANIZATION
http://www.ilo.org/

International Monetary Fund Home Page
http://www.imf.org/

Instituto de Predicción Económica Lawrence R. Klein
http://www.uam.es:80/estructura/departamentos/Economicas/Econ.Aplicada/udiei/paginas/

International Tecommunication Union
http://WWW.itu.ch/

UNICC
http://www.unicc.org/unece/stats/cisstat/mainpage.htm

UNCTAD World Wide Web Homepage
http://www.unicc.org/unctad/

UNESCO - United Nations Educational, Scientific and Cultural Organization
http://www.unesco.org/

ISI Home Page
http://www.cbs.nl/isi/

World Resources Institute (WRI)
http://www.wri.org/wri/index.html

United Nations Children's Fund
http://www.unicef.org/

United Nations Environment Programme UNEP
http://www.unep.org/

UNIDO
http://www.unido.org/

World Health Organization
http://www.who.ch/

Welcome to the WTO Web Site
http://www.wto.org/

Euromoney Magazine
http://www.euromoney.com/

IRF
http://www.irfnet.org/

Moody's Investors Service
http://www.moodys.com/

Standard & Poor's Ratings Services
http://www.ratings.standardpoor.com/

World Conservation Monitoring Centre - Home Page
http://www.wcmc.org.uk/

SERVIDORES DE ORGANISMOS PÚBLICOS

Centros oficiales
http://www.upna.es/recursos/centrosoficiales.html

Servidores Institucionales de Información
http://www.cica.es/otrosS/instituciones.es.html

Mundiales

United Nations Home Page
http://www.un.org/

UNESCO - United Nations Educational, Scientific and Cultural Organization
http://www.unesco.org/

International Monetary Fund Home Page
http://www.imf.org/

Worldatom Main Page
http://www.iaea.or.at/

World Tourism Organization
http://www.world-tourism.org/

International Organizations Web Servers
http://www.usc.edu/Library/GovDocs/intl.html
gopher://peg.cwis.uci.e...welcome/peg/GOPHERS/gov

U.S. Copyright Office Home Page
http://lcweb.loc.gov/copyright/

US Patent and Trademark Office Home Page
http://www.uspto.gov/

INTERNATIONAL LABOUR ORGANIZATION
http://www.ilo.org/

United Nations Children's Fund
http://www.unicef.org/

OECD Online
http://www.oecd.org/

Foreign Government WWW Servers
http://www.usc.edu/Library/GovDocs/foreign_govt.html

The World Bank Group
http://www.worldbank.org/

Food and Agriculture Organization of the United Nations
http://www.fao.org/

IUFRO - International Union of Forestry Research Organizations
http://ifs.plants.ox.ac.uk/iufro/iufro.html

United Nations and other international organizations
http://www.undcp.org/unlinks.html

NATO Official Homepage
http://www.nato.int/welcome.html

Welcome To The White House
http://www.whitehouse.gov/WH/Welcome.html

Welcome to the WTO Web Site
http://www.wto.org/

Portada CEPAL
http://www.eclac.cl/

UN/ECE STATISTICAL DIVISION
http://www.unece.org/stats/

National Center for Education Statistics (NCES)
http://nces.ed.gov/

Food and Agriculture Organization of the United Nations
http://www.fao.org/

WTA /WTO & GATT 1994
http://itl.irv.uit.no/trade_law/documents/freetrade/wta-94/nav/toc.html

Unión Europea

Directorio de la Unión Europea
http://www.map.es/directorio/union.html

Parlamento Europeo: Oficina en España
http://www.europarl.es/

Publications, On line services, Statistics
http://europa.eu.int/en/publstat.html

Diario Oficial de las Comunidades Europeas
http://www.uv.es/cde/legislacion.html

Boletín Electrónico Info-Europ@ CDE - València
http://www.uv.es/cde/info-europa.html

EuroInfo página inicial
http://www.euroinfo.cce.es/

CORDIS Home Page (http://www.cordis.lu/...home.htm)
http://www2.cordis.lu/

Guía de Financiación Comunitaria
http://www.uv.es/cde/financiacion.html

Comission European (login ECHO)
telnet://158.64.1.51

Information Society Project Office
http://www.ispo.cec.be/

Welcome to the home page of the Esprit Programme
http://www.cordis.lu/esprit/home.html

Information Market Europe Home page
http://www2.echo.lu/

DGXIII
http://europa.eu.int/en/comm/dg13/dg13.html

IPTS/JRC (Sevilla) - Comisión Europea
http://www.jrc.es/welcome.html

IRAM Granada HOME PAGE
http://www.iram.es/irame_home.html

CESEAND: Centro de Enlace del Sur de Europa - Andalucía
http://www.ceseand.cica.es/

Eurydice HomePage
http://www.eurydice.org/

European Information Association
http://www.hull.ac.uk:80/php/lbsebd/eia_html/access1.htm

Citizens First Splash Page
http://citizens.eu.int/

Earthnet Online
http://gds.esrin.esa.it/

Euroinfo - Unión Europea ¡Dígame!
http://www.euroinfo.cce.es/digame/index.html

European Environment Agency
http://www.eea.dk/

EMEA
http://www.eudra.org/emea.html

Sócrates- Agencia Nacional de España
http://www.oei.es/socrates.htm

CEDEFOP HOME PAGE
http://www.cedefop.gr/

The European Training Foundation
http://www.etf.it/

Information Society Project Office
http://www.ispo.cec.be/

IRISI
http://www_iris.polito.it/

WELCOME TO EUROSTAT
http://europa.eu.int/eurostat.html

Office for Official Publications of the EC
http://europa.eu.int/comm/opoce/indexen.htm

Welcome to IDEA
http://158.169.50.70/idea/ideaen.html

EUR-OP's databases
http://europa.eu.int/comm/opoce/en/general/b2.htm

European Foundation for the Improvement of Living and Working Conditions
http://europa.eu.int/agencies/efilwc/index.htm

EIB: Welcome Page
http://www.eib.org/

JRC HOME (JOINT RESEARCH CENTRE)
http://www.jrc.org/jrc/

European Court of Auditors' Homepage
http://www.eca.eu.int/

Cour de Justice
http://europa.eu.int/cj/index.htm

Bienvenue au Conseil de l'Europe - Welcome to the Council of Europe
http://www.coe.fr/

Les moteurs de recherche
http://www.adit.fr/Recherche/Rech.htm

Gouvernement
http://www.adit.fr/GOUV/GOUV.html

ECHO Databases Index
http://guagua.echo.lu/echo/databases/en/dbindex.html

European Public Opinion - Opinion publique européenne
http://europa.eu.int/en/comm/dg10/infcom/epo/polls.html

United Nations Economic Commission for Europe (UN-ECE)
http://www.unicc.org/unece/

Españoles

Consejo Superior de Investigaciones Científicas: Principal
http://www.csic.es/

SECRETARÍA DE ESTADO DE UNIVERSIDADES, INVESTIGACIÓN Y DESARROLLO
http://www.seui.mec.es/

Centro de Comunicaciones CSIC/RedIRIS
http://www.rediris.es/

Puntos de Información Cultural. Ministerio de Educación y Cultura
http://www.mcu.es/pic/spain/home.html

Organismos Públicos Nacionales
http://www.uvigo.es/servidores/organismos_nacionales_G.html

Organismos e Instituciones del Estado
http://www.map.es/directorio/estado.html

Servidor WWW del Ministerio de Educación y Cultura
http://www.mec.es/

Directorio de Recursos de la Administración General del Estado
http://www.map.es/directorio/age.html

Directorio de las Comunidades Autónomas - MAP España
http://www.igsap.map.es/docs/cia/ccaa/ccaa.htm

Directorio de Recursos de las Comunidades Autónomas
http://www.map.es/directorio/ccaa.html

INCE: Instituto Nacional de Calidad y Evaluación
http://www.ince.mec.es/

Administración Pública
http://www.map.es/

COMISIÓN INTERMINISTERIAL DE CIENCIA Y TECNOLOGÍA
http://www.cicyt.es/

Centros del CSIC en Andalucía
http://eez4.eez.csic.es/~csicanda/

AGENCIA TRIBUTARIA
http://aeat.tsai.es/aeat/home.html

CDTI
http://www.cdti.es/

Bolsa de Madrid
http://www.bolsamadrid.es/

Comisión Nacional del Mercado de Valores
http://www.cnmv.es/

Aenor en línea
http://www.aenor.es/

DGIP
http://www.dgip.es/

Página principal del WEB-INIA
http://www.inia.es/inia/bdinia.html

Instituto de Estudios Turísticos
http://www.iet.tourspain.es/sintur.htm

SERVIDORES DE BANCOS CENTRALES

Bienvenidos a los Servicios interactivos del Banco de España
http://www.bde.es/

BANK OF FINLAND
http://www.bof.fi/env/startpge.htm

Board of Governors of the Federal Reserve
http://www.bog.frb.fed.us/

Bienvenue (Francia)
http://www.banque-france.fr/us/home.htm

Introduction - Bank of Canada Home Page
http://www.bank-banque-canada.ca/english/intro-e.htm

Welcome to the Homepage of Deutsche Bundesbank
http://www.bundesbank.de/index_e.html

Bank of Latvia
http://www.bank.lv/englishindex.html

Bank of Japan
http://www.boj.or.jp/en/index.htm

De Nederlandsche Bank
http://www.dnb.nl/english/index.htm

Riksbanken (Suecia)
http://www.riksbank.se/eng/

Welcome to The Bank of England Website
http://www.bankofengland.co.uk/

Banco Central de Costa Rica
http://www.bccr.fi.cr/

Bahrain Monetary Agency
http://www.bma.gov.bh/

Banco Central de Bolivia
http://www.bcb.gov.bo/

Banco Central de Chile Servidor Experimental WWW
http://www.bcentral.cl/

Página Principal del Banco Central de Honduras
http://www.bch.hn/

Banco Central de la República Argentina
http://www.bcra.gov.ar/

Banco Central de la República Dominicana
http://www.bancentral.gov.do/

Banco Central de Nicaragua
http://www.bcn.gob.ni/

Banco Central de Reserva / Lima - Perú
http://www.bcrp.gob.pe/

Banco Central de Venezuela
http://www.bcv.org.ve/

Banco Central del Ecuador
http://www.bce.fin.ec/

BCB - Banco Central do Brasil
http://www.bcb.gov.br/defaulti.htm

Banco de Guatemala
http://www.banguat.gob.gt/

Banco de la República de Colombia
http://www.banrep.gov.co/

Banco de México
http://www.banxico.org.mx/

Eesti Pank. Bank of Estonia
http://www.ee/epbe/

Bank of Israel
http://www.bankisrael.gov.il/

LIETUVOS BANKAS
http://www.lbank.lt/

Bank of Maritius
http://www.bankofmauritius.co.uk/

Bank of Russia
http://www.cbr.ru/eng/

Banka Slovenije — Bank of Slovenia
http://www.bsi.si/

Bermuda-inc.
http://www.bsx.com/cgi-win/bermuda inc.exe/monetary

Central Bank of Barbados
http://www.bajan.com/cenbnet/welcome.htm

Banco Central de China
http://www.cbc.gov.tw/ehome.htm

Central Bank of Cyprus
http://www.centralbank.gov.cy/

CBJ Home Page (Jordania)
http://www.cbj.gov.jo/docs/cbj_main.htm

Central Bank of Sri Lanka
http://www.lanka.net/centralbank/

The Reserve Bank of India
http://www.reservebank.com/

NBS (Eslovenia)
http://www.nbs.sk/RIGHT.HTM

Monetary Authority of Singapore
http://www.mas.gov.sg/

Croatian National Bank
http://www.nbh.hr/top1.htm

BANGKO SENTRAL NG PILIPINAS
http://www.sequel.net/CB/

HKMA (Hong Kong)
http://www.info.gov.hk/hkma/content.htm

Istituto di Credito Sammarinese
http://www.omniway.sm/ics/ics-eng.html

Banque Du Liban
http://www.bdl.gov.lb/

South African Reserve Bank
http://www.resbank.co.za/

Banka Slovenije — Bank of Slovenia
http://www.bsi.si/

Guide to EU institutions - European Monetary Institute
http://europa.eu.int/emi/emi.html

2 Génesis y evolución de la mundialización de la economía

Manuela A. de Paz Báñez

En este capítulo pretendemos realizar un recorrido rápido por los elementos qu han contribuido a la constitución de la economía internacional primero y mundia después. El elemento esencial ha sido el comercio exterior y, por tanto, es a él, a s historia, al que dedicaremos una atención especial. No obstante, también profundi zaremos en los otros aspectos que determinan lo que podríamos llamar hoy, ya si reparos, el sistema económico mundial. Nos remontamos para ello a los albores d la historia, pero el recorrido será sólo un pequeño recordatorio de ideas que son co nocidas o que pueden ser estudiadas detenidamente en la abundante bibliografía qu existe sobre el tema.

1. EL COMERCIO COMO ELEMENTO CLAVE DE LA MUNDIALIZACIÓN ECONÓMICA

1.1. El comercio nace como comercio exterior

La internacionalización/mundialización de la economía surge de la progresiv especialización que se produce en la actividad económica a medida que crece y s hace más compleja. Esta especialización o división del trabajo provoca la necesida del intercambio como medio para mejorar la satisfacción de las necesidades. Así, s consideramos el comercio como la primera forma pacífica de relación económica nivel internacional, hay que remontarse al origen de aquél para detectar el origen d ésta.

Podremos descartar, en este afán de llegar a los orígenes más recónditos, lo períodos Eolítico y Paleolítico, ya que la actividad comercial sólo surge cuand existe algo que puede ser intercambiado. Es decir, algo poseído, con un cierto valo económico y que constituya un excedente del que se pueda prescindir. En el perío do Eolítico el hombre se valía de instrumentos, pero éstos eran recogidos y utilizados tal como la naturaleza se los proporcionaba, sin ningún tipo de elaboración, cada vez que salían a cazar, pescar o recolectar. Por tanto, no tenía valor para ser intercambiados. En el Paleolítico, sin embargo, ya sí existía una cierta elaboración de las herramientas. Se tallaba la piedra para hacerla más útil para la caza, pesca u otra actividad necesaria para la provisión de alimento y vestido a la comunidad; no obstante, no existía la idea de apropiación y, sobre todo, no se producía un excedente que pudiera ser enajenado. Los instrumentos eran fabricados por los mismos miembros de la comunidad que luego iban a usarlo y una vez que dejaban de ser necesarios eran abandonados, especialmente cuando debían trasladarse a otro lugar en busca de alimentos, cuando cualquier exceso de peso podía resultar un estorbo. Lo mismo ocurría con los alimentos, que eran consumidos inmediatamente después de ser conseguidos y sólo se obtenían en la medida que eran necesarios, ya que no se habían desarrollado todavía técnicas de conservación satisfactorias, ni podían ser trasladados en los continuos cambios de territorio.

No fue hasta bien entrada la etapa neolítica (desde aproximadamente hace 10 o 15 mil años hasta el 4000 o 3000 a. de C.) cuando se produce por primera vez un incremento importante de productividad que hace surgir el excedente. En un primer momento sólo en los bienes alimenticios, únicos que tenían un valor real en esta época. Este excedente se produce por la conjunción de varios factores. Principalmente la aparición de la agricultura y la ganadería y como consecuencia de ello la rentabilidad de apropiarse del trabajo ajeno, dado que ya producía más de lo que necesitaba para su propio consumo. A partir de este momento, las guerras entre comunidades o tribus vecinas no se producen sólo para incrementar o mejorar los territorios de caza, sino también, y luego principalmente, para hacer prisioneros que puedan convertirse en esclavos que proporcionen con su trabajo un excedente extra. Todo esto, junto con la especialización en tribus eminentemente ganaderas frente a tribus agrícolas, es lo que proporciona el interés y la necesidad del intercambio entre ellas como forma de relación económica para momentos de paz, especialmente entre tribus con un nivel de fuerza parejo que hacía inseguro y/o no rentable el intento de apropiación por la fuerza.

Así surge la primera concepción del comercio que nace como comercio exterior[1], dado que el intercambio se realiza entre tribus o comunidades y no aún en el interior de las tribus, donde la propiedad es esencialmente común excepto algunos utensilios fabricados y usados por los mismos cazadores.

En esta época también comienza a surgir una cierta industria textil (con técnicas de hilado y tejido de tela muy avanzados en algunos lugares) y de cerámica que comienzan a ser incluidas en ese comercio junto con los bienes alimenticios (ganado por cereales principalmente) y los esclavos. Las herramientas, por último, empezaron a tener un mayor grado de elaboración (se pulía la piedra más que tallarse), fomentado por los asentamientos más prolongados que permitía y exigía fundamen-

[1] J. Kuczinski (1974), pág. 23.

talmente la agricultura. La especialización y, por tanto, el comercio empiezan a estar determinados por el conocimiento de la técnica para producir los distintos bienes y las posibilidades que ofrecía el medio natural.

El descubrimiento y uso de los metales (hacia el año 4000 a. de C.) supuso una nueva revolución productiva que incrementó los excedentes y con ello la especialización y el comercio. En esta época ya se puede hablar de un rudimentario sistema de comercio interior surgido con la segunda gran división social del trabajo; es decir, con la aparición de artesanos que producen bienes no dedicados directamente al consumo y que intercambian por bienes de consumo, una vez que se establece paulatinamente la idea de propiedad privada. Pero el efecto que más nos interesa aquí del uso de los metales sobre el comercio exterior y, por tanto, sobre las relaciones internacionales, es la aparición en forma rudimentaria de lo que luego será común: el intercambio de materia primas por productos elaborados. En efecto, era necesario extraer y/o comprar los metales (primero cobre, luego bronce —cobre y cinc— y, por último, hierro) de donde existían (el cinc de Persia, Bohemia, España y Britania principalmente; el cobre de Persia y del Sinaí), para ser usados donde se conocía la técnica para ello (Egipto y Mesopotamia primero, Grecia y Roma principalmente después).

1.2. Generalización del comercio: la Edad Antigua

La edad de los metales y la aparición de la escritura hace que salgamos de la prehistoria y nos introduzcamos en la historia, con la aparición de las grandes civilizaciones: Egipto, Mesopotamia, Micenia... Es la época del desarrollo del comercio, que se convierte en la primera actividad económica, relegando a un segundo plano (en cierta medida) a la agricultura y la industria.

Egipto será el primer gran imperio. Su poderío económico le llevará a establecer relaciones comerciales con todo el mundo conocido: a través del Mediterráneo con cretenses, fenicios y griegos, fundamentalmente; a través del Nilo con los territorios de África meridional y occidental; y, a través del desierto, con los pueblos de oriente hasta la India. A Egipto debemos el comienzo del comercio marítimo (ya en el siglo XXVIII a. de C. los barcos del faraón se aventuraban por el Mediterráneo y llegaban hasta Fenicia; además, hay pruebas de que existía considerable tráfico con Creta antes del año 2000 a. de C.). No obstante, serán los cretenses y fenicios quienes lo desarrollarán a lo largo de todo el Mediterráneo e incluso por las costas Atlánticas hasta Britania[2].

Pero, a pesar de su excelente situación en la confluencia de caminos del antiguo mundo, Egipto nunca llegó a ser un gran emporio comercial, como sí lo serían Mesopotamia y Siria. Egipto fue en gran medida una economía cerrada donde el comercio exterior tenía poca importancia en relación a su gran potencial económico

[2] Vid. H. Barnes (1955), págs. 23-25.

La época más floreciente de este comercio fue durante la época imperial (siglos XV y XIV a. de C.) y posteriormente en el reinado de Ramsés II (siglo XII). Las principales exportaciones eran trigo, tejido de hilo, escarabajos, cerámica y orfebrería. Se importaba oro, plata, plumas de avestruz, maderas olorosas, especies, cosméticos, artículos manufacturados de gran variedad, armas...

Será Mesopotamia quien instaure el comercio a gran escala. Efectivamente, es Babilonia quien perfecciona las técnicas comerciales y establece una red segura protegida por su ejército. La perfección de las técnicas y regulación comercial, incrementada posteriormente por los arameos, llegó a tal grado que no serán superadas hasta después del siglo XV de nuestra era con la aparición del capitalismo comercial. Además, será el que sostenga durante bastante tiempo la maltrecha economía romana de la última época.

El Imperio Persa se apropió y conservó los progresos económicos y comerciales del Próximo Oriente incrementándolo aunque sin progresos cualitativos importantes.

Pero si Babilonia y los arameos fueron los primeros en desarrollar un comercio terrestre a gran escala, los cretenses fueron los primeros en crear un comercio marítimo amplio y floreciente (aprendiendo de los egipcios el arte de construir barcos y de navegar en mar abierto). Éste fue desarrollado por los fenicios, pueblo de comerciantes que extendieron el comercio a todo el Mediterráneo y las costas atlánticas hasta Britania. Éstos, a su vez, preparan el camino a las luchas imperialistas de griegos, romanos y cartaginenses.

Los griegos fueron los primeros en constituir un verdadero imperio mediterráneo (económico, político, militar y cultural) y con ello dan una extensión mayor al comercio.

Éste, ya en el siglo VII a. de C., asume la forma de una fuente corriente de exportación de productos industriales (artesanales) desde la metrópolis hacia las colonias en primer término y a pueblos extranjeros más tarde. Aquí, al igual que en el inicio de la Revolución Industrial (guardando las distancias, por supuesto), el comercio fue uno de los motores del desarrollo económico, especialmente industrial, aunque el comercio mantiene su hegemonía sobre el resto de las actividades económicas.

Pero si el comercio exterior se generaliza con Grecia, fue con Roma cuando se ponen las bases del primer imperio mundial (especialmente a partir del 201 a. de C., con la «Segunda Guerra Púnica»), aunque con las limitaciones que tiene el término «mundial» en esta época. No obstante, el Imperio Romano nunca fue un imperio comercial o industrial, sino una construcción fundada en la agricultura y donde las exigencias militares desempeñaban un papel extraordinariamente grande. El comercio exterior sufre en esta época una evolución desigual. Si en un primer momento experimentó un creciente desarrollo, luego se estancaría y finalmente entraría en claro retroceso (a partir del siglo II a. de C.); evolución paralela a la del mismo imperio debido fundamentalmente a los grandes tributos que tenían que pagar las provincias, el relativamente bajo nivel de los transportes y los fuertes gravámenes financieros que se extendían a lo largo del Imperio. Como muy bien diría ya Sir Samuel Dill[3], el anticientífico e ineficiente sistema financiero unido a una organización poco avanzada precapitalista, agraria o campesina, Imperio Patricial, fueron los elementos que determinaron su estancamiento y después su decadencia y desaparición.

No es el momento de desarrollar aquí estos eventos, suficientemente tratados en la bibliografía disponible. Sí conviene decir, sin embargo, que las colonias tanto griegas como romanas desempeñaron un papel parecido a las posteriores: suministrar materia prima a precios asequibles a cambio de bienes manufactureros normalmente a precios muy elevados comparativamente hablando. Es decir, ya en esta época se establece una relación comercial y económica en general asimétrica entre la metrópolis y las colonias o países que no disponían de un poder parejo (aunque también se desarrolle la industria en algunas zonas como Gales).

1.3. La Edad Media: ¿compás de espera?

Durante los primeros siglos de la Edad Media continuó la evolución hacia una economía eminentemente agraria y natural, donde los aspectos comerciales y monetarios se mantuvieron bastante olvidados. Ni normandos, ni galos, ni siquiera los bizantinos consiguieron unos niveles de comercio parecidos a los desarrollados por griegos y romanos, aunque mantuvieron la actividad económica y las relaciones entre todo el mundo conocido.

Los musulmanes, bizantinos y judíos fueron los que más contribuyeron a la conservación de la economía monetaria del Próximo Oriente, que luego transmitirían a la economía de tipo agrícola de Europa Occidental. Precisamente fue la penetración comercial de estos pueblos en Occidente lo que hará posible el paso de una economía eminentemente natural a una economía capitalista y crediticia que caracterizaría a la Europa Occidental de finales de la Edad Media y permitiría posteriormente el paso —ya en el siglo XVI— a lo que se ha venido en llamar la Revolución Comercial.

Así, la situación de escaso peso del comercio tanto exterior como interior permanecerá a lo largo de todo el período feudal hasta la llegada de los cruzados en el siglo XII y la apertura con ello de las rutas comerciales con el Oriente. Además, se produce el relevo en la importancia relativa de los comerciantes árabes y bizantinos a mercaderes europeos vinculados a las grandes ciudades comerciales que empezaron a surgir. Estas ciudades llegan a constituir el núcleo fundamental de la articulación del comercio a escala «mundial». Rörig llega a decir que «el campo de actividad de la ciudad [medieval] no es el distrito inmediato, sino el mundo, el espíritu que vive en ella no es el de una política regionalista, sino un pensamiento que se extiende sobre grandes horizontes. "Vivir en pequeño, pensar en grande" es en todo caso el lema de los sectores dirigentes de la ciudad»[4]. Con la ciudad, el otro elemento

---

3 S. Dill (1906), pág. 229.

4 F. Rörig (1933), pág. 30.

fundamental de la «economía mundial» medieval es sin duda el comercio, y así también lo pone de manifiesto F. Rörig al decir que el «alma y sostén de la economía mundial medieval es el comercio y no el producto».

Este comercio fue claramente asimétrico. De hecho sirvió para la apropiación de gran parte del excedente productivo de las distintas actividades económicas (agrícolas, artesanales...) internas y externas en manos de los comerciantes. Esto fue funcional para la evolución que se produciría después, dado que la acumulación de riqueza que provocó facilitará la aparición del primer capitalismo (capitalismo comercial).

En efecto, la Edad Media se desvanece en los siglos XIV y XV dando origen a la Edad Moderna, gracias no sólo a la aparición y desarrollo de las ciudades, sino también y precisamente gracias a la actividad comercial de éstas y la acumulación de capital que propició. Las ciudades se convertirán en los verdaderos artífices de la Revolución Comercial. Venecia, Pisa, Génova y Amalf dominaban el comercio del mediterráneo ya en el siglo XIII; como Brujas, Colonia, en el norte. El dominio de estas ciudades en el comercio internacional se vio reforzado además por las ligas (Hansas) o federaciones de ciudades y las asociaciones de comerciantes de diferentes ciudades, que llegarán a constituir verdaderas experiencias de cooperación e integración internacional. Las más importantes fueron la Hansa Teutónica o Liga Hanseática, que llegó a reunir a 100 ciudades desde el norte de Francia hasta Polonia, y la Hansa Flamenca o Londinense.

Por tanto, aunque los primeros siglos de este período fueron de una actividad limitada, en la última parte del mismo se establecieron las bases que hicieron posible las evoluciones posteriores.

1.4. La revolución comercial

Pero lo que realmente permitió la revolución comercial fue el cambio de una economía natural, predominante en toda Europa hasta la última época de la llamada Edad Media, por una economía monetaria. En efecto, la aparición del capital y del crédito supuso una propulsión muy importante en la actividad económica en general y en el comercio en particular.

Además de esto, ayudó significativamente la inyección de riqueza, especialmente de oro y plata, que provino del descubrimiento y explotación de las Américas por los españoles y de África septentrional, India y China por los portugueses. Esta expansión fue seguida por franceses, holandeses e ingleses, completando un cuadro inevitable para poder por fin hablar, en pleno sentido de la palabra, de «comercio mundial». Efectivamente, el comercio alcanzó un volumen, una variedad y una extensión geográfica hasta ese momento desconocido. Todo ello provocaría un desarrollo monetario, industrial y de transporte acorde a esta civilización que empezaba a ser mundial.

«Evangelio, gloria y oro» fueron fundamentalmente la motivación de esta expansión mundial de los europeos. Todo el siglo XVI y XVII estuvo jalonado por la competencia y rivalidad entre los imperios comerciales emergentes. Primero Portugal y España, luego Holanda y Francia, para terminar, ya bien entrado el siglo XVIII y durante el siglo XIX, con la hegemonía indiscutible de Inglaterra. Los centros comerciales se trasladaron de Génova, Pisa, Venecia y Amalf a Lisboa, Sevilla, Cádiz, Burdeos, Nantes, Londres, Liverpool, Amberes, Amsterdam... El comercio exterior se multiplicó por cinco o seis a lo largo y ancho de todo el mundo.

Todo esto sólo fue posible gracias a la aparición y desarrollo de un sistema bancario moderno, aún muy rudimentario pero que facilitó y fomentó su revolución comercial. Otro elemento no despreciable es la aparición de las bolsas (o casas de contratación) de mercancías y valores. La primera en usar este nombre fue Brujas, creada a principio del siglo XV. La primera bolsa internacional, sin embargo, fue la de Amberes, creada después, pero que a final del siglo XV ya contaba con un volumen de negocio considerable (pimienta, cobre, aluminio eran los principales productos negociados). Éstas fueron desplazando a las lonjas ya existentes.

Los intercambios de valores comenzaron con empréstitos municipales y posteriormente la financiación de «acciones» gubernamentales. Hasta el siglo XIX los empréstitos públicos constituyeron la forma más aceptada de inversión. Pasada esta fecha, las sociedades bancarias y las compañías ferroviarias o de canalización comercial empezaron a enviar sus valores en gran cantidad. Las verdaderas bolsas de valores —tal como las entendemos hoy— no aparecen hasta final del XVII y durante el siglo XVIII: Londres (1698), París (1724), Nueva York (1817)... Todo esto favoreció mucho el comercio y el desarrollo económico, pero también la especulación, produciéndose por primera vez lo que se llamó «las pompas de jabón» que proliferaron en el siglo XVIII (la South Sea Bubble y la Mississippi Bubble fueron las más famosas y desastrosas), que arruinarán a mucha gente y concentrará la riqueza aún más.

Todo esto, junto a las concesiones de monopolios, constituyeron la base de las grandes compañías comerciales de los siglos XVII y XVIII (Compañía de las Indias Orientales, inglesa y holandesa, la Compañía del Mar del Sur, la Compañía de la Bahía de Hudson).

Además, la aparición de las ideas mercantilistas permitió incrementar el poder del Estado, propiciando una nueva rivalidad muy perjudicial para todos los países europeos. Esta rivalidad o guerras comerciales se extendió también a las colonias a las que se las redujo a meras suministradoras de materias primas para la metrópolis y en mercado para las exportaciones de sus productos industriales. Para ello se les prohibió la constitución de industrias manufactureras por miedo a que consiguieran hacer frente a sus propias necesidades y agotaran sus reservas de materias primas. Esto será clave para el posterior desenvolvimiento de lo que con el tiempo serán los países subdesarrollados.

Pero esta doctrina (el mercantilismo), si bien fue beneficiosa en un primer momento para las metrópolis, las sumió progresivamente en un «corsé» insoportable que restringía su capacidad de crecimiento, por lo que terminó estallando con la aparición de los fisiócratas y posteriormente de los liberales de los siglos XIX y XX. Todo ello propició y abrió las puertas a la Revolución Industrial.

1.5. La Revolución Industrial y el liberalismo económico

La Revolución Industrial supuso un cambio cualitativo y generalizado en todos los aspectos de la vida. Podríamos decir con Barnes[5] que «en el año 1750 el mundo occidental vivía aún en lo que puede ser llamado con gran exactitud una arcaica "cultura popular". Hacia el año 1900 la mayor parte de los occidentales habían pasado a una civilización urbana e industrial de tipo mundial...».

No nos ocuparemos de la Revolución Industrial aquí; sólo nos interesa su influencia en el comercio internacional. Las nuevas máquinas, el sistema fabril, el desarrollo de los ferrocarriles y los progresos de la navegación a vapor, determinaron un gran incremento de las mercancías e hicieron su transporte y distribución mucho más fácil y barato. Por tanto, era normal que se incrementase y diversificase el comercio. Pero lo que verdaderamente es extraordinario en esta época y diferente a las anteriores es la ola de librecambismo que fue extendiéndose por todo el mundo.

Esta nueva idea de liberar el comercio exterior (al igual que las transferencias de capital y de trabajadores) surgió como reacción al mercantilismo, que fue contestado duramente a principios del siglo XIX, especialmente a partir de 1820. Los primeros pasos se produjeron en Prusia. En 1819 el rey de Prusia quitó las barreras aduaneras interiores y transformó el Estado en una unidad fiscal. Bajo la forma de una Unión Aduanera hacia 1842 este sistema se extendía a todos los estados alemanes, a excepción de Austria (la mayor parte de ellas ingresaron en esta Unión en 1834). Muy poco después de su inicio en Prusia fue tomando forma este movimiento liberalizador en Gran Bretaña. En 1833 se ordenó una reducción muy extensa de las tarifas que gravaban las importaciones en el Reino Unido. Tal tendencia a la liberación del comercio continuó y en 1860 puede hablarse de Inglaterra como un estado librecambista.

Teniendo en cuenta la hegemonía de Inglaterra en todas las ramas de la industria, esta liberalización no le suponía un coste excesivo, sino todo lo contrario, siempre que la medida fuera secundada por los demás países, como así ocurrió. Francia lo hizo a mediados del siglo XIX y movimientos similares se extendieron por casi toda Europa, incluso en Estados Unidos, en ese mismo tiempo. Así, podemos decir que en 1860 había triunfado el liberalismo comercial al menos temporalmente. Estas medidas favorecieron la extensión y profundización del comercio mundial en la economía de los distintos estados, permaneciendo, sólo con algún altibajo a final del siglo, hasta la Primera Guerra Mundial.

Los datos son lo suficientemente elocuentes (aunque la fiabilidad no sea la más adecuada). En esta época, además, se produce una extensión geográfica del comercio hacia el interior de las nuevas tierras descubiertas y conquistadas. Como podemos ver en la tabla 2.1, se da un crecimiento espectacular, sin precedentes, pero no homogéneo: hay una verdadera explosión desde 1830 a 1880, hasta 1900 se da una

---

[5] H. Barner (1995), pág. 333.

sensible desaceleración, para recuperarse desde esta fecha hasta 1913, vuelve a tener un máximo en 1929, donde la crisis y el proteccionismo exacerbado divide po tres el comercio y no se recuperará hasta después de la Segunda Guerra Mundial

TABLA 2.1

Comercio exterior del mundo

Año	Comercio total (mill. dólares)	Comercio por personas (dólares)
1800	1.400	2,31
1820	1.600	2,13
1830	1.900	2,34
1840	2.700	2,93
1850	4.000	3,76
1860	7.200	6,01
1870	10.600	8,14
1880	14.700	10,26
1890	17.500	11,80
1900	20.100	13,02
1910	33.600	20,81
1913	40.400	24,27
1929	68.526	34,94
1931	39.300	19,65
1933	23.700	11,85

FUENTE: Day, *History of Commerce*, pág. 271, y Barnes (1973).

Las crisis internacionales que empiezan a producirse casi periódicamente a partir de la segunda mitad del siglo XIX tienen, como vemos, un efecto fundamental e la realidad del comercio exterior. Es fácil mantener una situación de librecambi cuando todos ganamos, pero no lo es tanto cuando estamos en un período de recesión donde cada gobierno quiere proteger su economía, aunque para ello tenga qu levantar de nuevo las barreras.

Lo más importante en el comercio internacional en todo este período es, en primer lugar, la lucha por las materias primas que empiezan a ser escasas y que es necesario controlar (en definitiva, las disputas por nuevas colonias tienen esencialment este origen). Y, en segundo lugar, la lucha por los mercados. La producción está creciendo mucho más que la demanda y, por tanto, esto llevaría a un agotamiento d los mismos tarde o temprano. Era necesario incrementar los mercados, crear nueva demandas fuera de las fronteras y proteger la demanda interna de las importacione incrementando los aranceles. Pero todos los países industrializados estaban haciendo lo mismo y ello dificultaba la empresa. Los que más se vieron perjudicados fueron, sin duda, los países menos desarrollados y las colonias, que fueron sistemáti camente esquilmados y alejados progresivamente de las posibilidades de desarrollo industrial.

En esta época se profundiza la especialización comercial. Haciendo el promedio de los años 1911 a 1913, más del 80% de las importaciones de los principales países industrializados (Gran Bretaña, Estados Unidos, Alemania y Francia) consistían en materias primas y productos alimenticios, mientras que las mercancías industriales alcanzaban el 60% de las exportaciones[6].

El comercio exterior se concentró cada vez más en las manos de los países desarrollados. En víspera de la Primera Guerra Mundial los intercambios mundiales se repartían del siguiente modo: 40% era comercio intraeuropeo, 21,5% corriente que va de países no europeos a Europa, 15,2% en sentido inverso y el 23,3% restante entre países no europeos, incluidos los intercambios de las colonias europeas con los estados no europeos. Este reparto geográfico se correspondía al intercambio de productos manufactureros entre los países industrializados y los intercambios entre productos manufactureros y materias primas entre Europa y otros países. No merece la pena entrar en la composición por producto de este comercio; baste decir que la importancia relativa del intercambio de los productos manufactureros fue creciendo en detrimento de los productos primarios, aunque la clara hegemonía de aquéllos sobre éstos (en cuanto a peso relativo) no se produce hasta después de la Segunda Guerra Mundial.

2. MUNDIALIZACIÓN MONETARIA

Si la mundialización de la economía comenzó y se desarrolló fundamentalmente por el comercio, éste se ha visto acompañado y ha dado origen a otros elementos que van tomando un carácter internacional a lo largo del tiempo, haciendo que en la actualidad prácticamente todos los aspectos económicos (así como los sociales, políticos y culturales) formen parte de esta tupida red de relaciones que podemos llamar, aún con algún reparo, Economía Mundial.

La mundialización de la economía más allá del comercio surge básicamente en el siglo XIX en plena Revolución Industrial y comienza por el elemento que había supuesto el freno fundamental de la economía ya en la época de los imperios griego y romano: la actividad monetaria y crediticia.

El dinero surge de una necesidad de intercambio que se intensifica a medida que se profundiza la división del trabajo. Esta última hace necesario una alternativa al trueque como forma primitiva de comercio. Esta necesidad se hace más aguda en el comercio exterior donde el transporte es más costoso. Por esto podemos decir que el «dinero» surge fundamentalmente para responder a una necesidad del comercio exterior, en una época donde el comercio interior seguía realizándose casi exclusivamente en forma de trueque.

---

[6] Según Sociedad de Naciones (1945), págs. 158 y 166.

La primera, muy rudimentaria, «economía monetaria» data de los tiempos primitivos de Egipto y Babilonia, aunque la acuñación de moneda fue bastante posterior: se atribuye a los lidios aproximadamente en el año 800 a. de C. Fue difundido por los persas y hasta los griegos no se le impuso inscripción o cuña grabada.

El término «dinero» *(denarium)* surge en el sistema monetario romano. Hacía referencia a la unidad de cuenta básica de este sistema, representada por una moneda de plata con este nombre. Los múltiplos también estaban regulados en sueldos (12 dineros) y libras (20 sueldos), vinculados al sistema de medida de la pureza de la plata (así como la pureza del oro se medía en quilates, la de la plata se estimaba en dineros; la pureza máxima, lo que en la actualidad se llamaría una ley de 1.000 milésimas, equivalía a 12 dineros —un sueldo—; cada dinero estaba dividido en 24 gramos). El sistema romano fue reformado por Carlomagno, que lo extendió por toda Europa, perdurando nominalmente en las monarquías bárbaras de la Alta Edad Media. Incluso en Gran Bretaña hasta 1971 su sistema monetario lo recordaba: el chelín y el penique correspondían respectivamente a los sueldos y dineros (manteniendo la «s» y la «d» en las abreviaturas de los mismos).

Las características necesarias para que un bien pudiera ser considerado como dinero eran fundamentalmente valor de cambio alto en relación a su volumen y peso, duración prolongada, valor relativamente estable en relación a los demás bienes y divisibilidad en unidades uniformes de fácil manejo. Así, aunque en un principio se utilizaron como tal una gran diversidad de bienes (distintos tipos de conchas, grano, ganado, sal y metales preciosos), pronto se generalizó el uso de estos últimos, concretamente del oro y la plata por sus ventajas sobre los demás, especialmente la posibilidad de ser acuñados sin perder parte de su valor.

No obstante, hasta el siglo XIX circularán de forma caótica diferentes tipos de dinero, con mayor o menor organización, incluso dentro de un solo país. Durante los siglos XVII y XVIII se generaliza una especie de bimetalismo (oro-plata) que, con oscilaciones y no bien definido, va integrando el sistema monetario internacional. La relación de valor, fija y teóricamente permanente, entre los diferentes tipos de dinero y el oro como patrón se generalizó en el siglo XIX.

Sólo en la segunda mitad de ese siglo se puede hablar de un verdadero patrón oro internacional; el primero que existió en puridad de sentido, es decir, con la mayor parte de los principales países manteniendo una convertibilidad de doble sentido entre el oro y su unidad monetaria nacional, mediante un cociente suficientemente estable y apenas sin poner obstáculos a las entradas y salidas de oro[7]. Este patrón oro internacional totalmente desarrollado predominó hasta la Primera Guerra Mundial.

Hubo, no obstante, intentos anteriores de crear un sistema internacional bimetálico (sin pretensiones mundiales): la Unión Monetaria Latina. Ésta fue formada en 1865 por Francia, Bélgica, Suiza e Italia (Austria entró en 1867 y Grecia en 1868). El objetivo era fomentar la estandarización interior de las monedas sobre una base bi-

---

[7] L. B. Yeager (1976), pág. 553.

metálica. Esto retrasó la instauración del patrón oro internacional hasta después de 1870. Aún en este año, además de esta unión y otros países con sistema legal bimetálico, Inglaterra (país clave) tenía un patrón oro; Alemania, Holanda, los países escandinavos (también integrados en una unión monetaria después en 1873-1875) y los de Oriente seguían con patrón plata; y otros, por último, debido a las guerras y revoluciones del período 1848-1871, tenían una moneda no convertible (Rusia, Austria-Hungría, Italia y Estados Unidos).

Pero a partir de esta década cobra impulso un movimiento hacia el establecimiento de un patrón oro internacional, paralelo e impulsado por el movimiento de librecambio antes analizado. Todo el mundo se movía en medio de una gran euforia de liberalismo, del *laissez faire* que debía reflejarse no sólo en el comercio, sino también en el movimiento de capitales, de población... Es el primer intento serio de la constitución de una economía mundial en su justo sentido sin barreras que frenaran su evolución.

El Imperio Alemán fue quien tomó la iniciativa pasándose al patrón oro (1871-1873). Los nuevos descubrimientos de plata en Nevada y la prohibición de acuñar monedas de plata en Estados Unidos en 1873 (el «crimen del 73»), desencadenó la sustitución de la plata por oro en los demás países. La Unión Monetaria Latina lo hizo en 1878 y fue seguida por los demás países bimetálicos y de patrón plata. Estados Unidos legalmente no se apuntó al patrón oro hasta la ley de 1900, aunque de hecho existía desde 1879. A partir de la década de 1890, los crecientes suministros de este metal facilitaron la transición mundial al patrón oro. Austria-Hungría lo hizo en 1892, Rusia en 1897. India se adhiere en 1898, Japón en 1897, etc. La peseta española, ligada a la plata e inflada hasta no ser convertible, también intentó establecer un patrón oro, aunque sin éxito.

Así, aunque no podemos especificar la fecha exacta en la que comenzó el patrón oro internacional, sí podemos decir que no existía en 1870 y que sí existía en 1900, siendo la década de los noventa la decisiva para su generalización. La Primera Guerra Mundial marcó su fin. Por tanto, el patrón oro internacional estuvo en pleno auge quizá sólo desde 1897 a 1914, menos de 20 años.

Este sistema monetario tenía un centro donde se coordinaban las transacciones: Londres, y una moneda internacional asociada: la libra (aunque también se consideraban monedas de reserva de menor importancia al franco francés y al marco alemán). Esto era debido a la preponderancia de Gran Bretaña como máxima potencia mundial en esta época y, ligado a esto, a la importante posición de este país como importador, exportador y fuente de capital a largo plazo. La libra era considerada casi «tan buena como el oro» y asociada casi naturalmente a él. Su dominio en los mercados y las continuas inversiones en el exterior de los superávit de balanza de pago obtenidos, mantuvieron bien surtido el mercado de forma que nunca se produjo una escasez de libras que restringiera las transacciones.

El funcionamiento del sistema, supuestamente automático, se basaba en este predominio de Inglaterra de dimensiones nunca vistas ni antes ni después, y en la aceptación de unas reglas del juego por parte de todos: libertad total de entrada y salida de oro, convertibilidad de doble sentido entre el oro y las monedas, con un coeficiente suficientemente fijo. Los desequilibrios se regulaban a través del tipo de interés fundamentalmente afectado por el Banco de Inglaterra, hasta cierto punto banco mundial en última instancia en esta época (aunque la idea de que el Banco de Inglaterra funcionara como un banco mundial administrado no parece en absoluto demostrada). Existían, no obstante, otros métodos de equilibrado que hacían al sistema no tan automático.

En definitiva, el patrón oro internacional fue un sistema hoy considerado idílico, que funcionó gracias a la reunión de una serie de circunstancias que lo favorecieron que nunca después se han repetido.

Además, junto a los efectos positivos que tuvo su implantación (el desarrollo y fomento del comercio nacional, el crecimiento económico, la mayor interacción general), hay que destacar los aspectos negativos de un sistema basado en tipos fijos. Los estados más débiles económicamente tuvieron que intervenir en gran cantidad de ocasiones para mantener su paridad, estas intervenciones eran a veces muy costosas para ellos y no está claro que recibieran compensación suficiente por las mismas. Otro hecho esencial aquí es la propagación no sólo del crecimiento, sino también de las patologías, especialmente crisis e inflación. Éste era un fenómeno que ya se producía con cambios flotantes, pero que se agravó con cambios fijos.

De todas formas, todo acabó con la Gran Guerra y los intentos posteriores por restaurarlo fueron inútiles. Las causas fueron múltiples, pero fundamentalmente hacen referencia a que las condiciones que existían en el mundo en esa época no volvieron a repetirse: la pérdida por parte de Gran Bretaña de su incontestable poder financiero y económico que empezó a desplazarse hacia Estados Unidos, el deterioro y destrucción de la propiedad en toda Europa, la erosión de la capacidad productiva, la Revolución Rusa, el desmembramiento de Austria-Hungría, la aceptación generalizada de una amplia intervención del gobierno en la economía, la hiperinflación alemana y, en general, la inestabilidad financiera, el proteccionismo económico, la recesión económica y la desconfianza generalizada.

De esta forma, el período de entreguerra se convirtió, como en los demás aspectos de la economía, en un compás de espera hacia tiempos mejores, hecho que no se produciría hasta después de la Segunda Guerra Mundial, cuando el mundo conoce el segundo sistema monetario internacional en sentido pleno, el de Bretton Woods, del que nos ocuparemos más adelante. El intento de vuelta al patrón oro (lingote-oro esta vez) de 1925 en Gran Bretaña fracasó. Sólo Estados Unidos pudo volver al patrón oro con garantías ya en 1919 y de hecho sirvió de base para el reajuste de otras monedas. No obstante, a lo largo de los primeros años veinte la mayor parte de las restantes monedas importantes (35 en total) entrarán en un proceso de estabilización con respecto al oro y su tipo de cambio se mantuvo estable durante todo un año. Podría decirse que en 1928 se había reconstruido el patrón oro internacional, al menos aparentemente. Pero en realidad este movimiento de estabilizaciones sucesivas no fue más que actos independientes de soberanía nacional. En realidad, los países estaban ligando sus monedas entre sí de una forma fragmentaria y no coordinada, hecho que contenía la semilla de la desintegración inevitable. En definitiva, podemos decir que la restauración del patrón oro de los años veinte no fue más que una fa chada, un dispositivo temporal de fijación de cambios. Algunos de ellos además equivocados, con lo que los desequilibrios se acumulaban o sólo se paliaban en parte, pero no se corrigieron de una forma continua. La crisis de 1929 firmó su definitiva acta de defunción.

La lección fue aprendida. En 1933 se intentó restaurar un patrón monetario internacional de forma coordinada. Se celebró una Conferencia Económica Mundial en Londres el 12 de junio a la que asistieron 64 países (casi todos los existentes en ese momento). Pero la distancia entre las posturas y el escaso conocimiento sobre las soluciones posibles hizo fracasar esta reunión. No obstante, sí es importante recordarla aquí, porque es quizá el primer intento de coordinación de la política monetaria mundial que se realiza desde los gobiernos implicados sin dejar en manos de la «mano invisible» la problemática —realmente grave— en la que estaban inmersos («sistema administrado»). El fracaso se precipitó por el exceso de «nacionalismo monetario y económico» de cada uno de los países, que pretendía resolver sus problemas aunque fuera a costa de los demás: proteccionismo en lo comercial, bilateralismo en todos los aspectos económicos, que imperará en todo el mundo en el período de entreguerra. De todas formas, podríamos decir que durante la década de los treinta funcionó una especie de sistema de cambios administrados aunque flexible. Después de la Segunda Guerra Mundial la situación cambiará como veremos en el capítulo correspondiente.

Al finalizar este punto podemos anotar al menos algunas consecuencias que se desarrollarán más adelante. En primer lugar, los primeros intentos de crear un sistema monetario internacional demostraron ser un fracaso o funcionaron sólo en un período corto de tiempo, bajo circunstancias muy particulares. Ninguno de los dos sistemas puros no administrados, ni el patrón-oro con tipos de cambio fijo, ni el de tipo libremente fluctuantes, ha funcionado con éxito[8]. Además, cualquier sistema de cambios que surja de una consulta internacional parece mejor que el que se determine por actos aislados de soberanía nacional o mercados sujetos a transferencias especulativas de fondos.

Por tanto, si se admite que es necesario una administración en el sistema, ésta no puede ser unilateral, porque nos llevaría o bien a aceptar un país como líder indiscutible que imponga un sistema o bien a una alianza internacional para que esto no ocurra, que nos conduciría necesariamente a la cooperación internacional en la administración de los tipos. Esto es lo que se hizo en 1936 con el Acuerdo Monetario Tripartito de Cooperación entre los fondos de cambio británico, francés y americano, que sin duda es el predecesor del Fondo Monetario Internacional (FMI).

Así, el sistema monetario se mundializa totalmente por primera vez en la historia a finales del siglo XIX, con la creación del patrón-oro como único para todos los intercambios monetarios a nivel mundial. A partir de este momento, los cambios no serían tan importantes; podría cambiar el sistema, podría cambiar la intensidad de intercambio, pero lo que no ha cambiado y parece que no cambiará al menos en el futuro

---

[8] Véase W. M. Scammell (1957), pág. 94.

cercano es que existe un solo sistema mundial con mayor o menor autonomía para ser adoptado por los distintos países o zonas. Esto, además, determina la integración mucho más estrecha de la economía debido a las mundializaciones inferidas: el nivel de precio pasa a depender de los cambios de oferta de oro mundial y, por tanto, se conectan los cambios de precio, las crisis comienzan a estar relacionadas, etc.

3. MUNDIALIZACIÓN FINANCIERA

Los orígenes del moderno sistema bancario pueden descubrirse en los cambistas judíos y sirios de las ciudades y ferias medievales que trabajaron y adoptaron las prácticas más complicadas del orden económico de la región oriental del Mediterráneo. El origen de estos últimos se remonta a la Antigüedad (especialmente Egipto y Mesopotamia). Una vez que la Iglesia y la legislación civil suavizaron el castigo moral al cobro de intereses, la actividad financiera comenzó a pasar a manos de los cristianos (italianos primero, ciudades del norte de Europa después). Los primeros tipos de bancos en la Edad Media fueron los comerciales, que hicieron su aparición en 1155. Se dedicaban fundamentalmente al tráfico, pero aceptaban también depósitos. Los bancos de depósitos rara vez se dieron en Europa antes del siglo XIII, aunque los había habido ya en Roma.

No obstante, a partir de esta época florecieron amparados en la profusa actividad comercial de las ciudades medievales, llegando a establecer sucursales en varias de ellas. El papado llegó a ser la institución financiera más importante. Se dice que los monjes fueron los primeros banqueros y que los obispos, arzobispos y la Santa Sede hicieron más que nadie por desarrollar el sistema bancario y las operaciones financieras en esta época (una vez, claro está, que adaptaron su doctrina de lucha contra la «usura» o interés, que en esta época era lo mismo).

El depósito de dinero y otros bienes con fines de protección en los bancos y los altos tipos de interés de esta época originaron que se comenzara a prestar sin conocimiento de sus dueños parte de estos bienes, dando origen a los bancos de depósitos actuales.

Pero el desarrollo crítico de los bancos modernos no se produjo hasta el siglo XVII. Muchos bancos importantes fueron fundados entre principios del siglo XVII y finales del XVIII. El desarrollo de estos bancos hizo posible la acumulación sistemática de capital para ser puesto a disposición de comerciantes y manufactureros emprendedores. Esto facilitó los préstamos y transferencias de dinero, inició el descuento de instrumentos comerciales e hizo más efectivas las diversas ayudas financieras propias de la industria y el comercio. El crecimiento de los bancos facilitó la aparición de los diversos tipos de instrumentos comerciales cuyo uso es indispensable para el tráfico moderno, nacional o internacional. Entre ellos figuran los pagarés, los giros, los cheques y las letras de cambio. Estas últimas fueron la más usada en esta época, no sólo como instrumento de transacción comercial, sino también de crédito e incluso de creación de dinero (primer tipo de billetes de banco).

Las entidades de seguro y las bolsas de valores son otras instituciones financieras que aparecen progresivamente en esta época y que contribuyen en gran medida al desarrollo de la economía monetaria al favorecer la reunión de grandes capitales para ser invertidos con provecho. No obstante, como ya señalábamos más arriba, también contribuyeron a la mayor inestabilidad o volatilidad de la economía.

Pero quizá la época reina de dominio del sistema financiero sobre la economía ha sido el final del siglo XIX y principios del XX, coincidiendo con lo que ha venido en llamarse el «capitalismo financiero». El desarrollo de esta actividad fue tan importante que prácticamente toda la industria, así como los demás sectores, estaban controlados por bancos u otras entidades financieras, dado que cada vez más las empresas dependían de los préstamos y los bancos controlaban las facilidades crediticias del país.

No es raro que en este caldo de cultivo aparecieran las primeras instituciones financieras eminentemente internacionales tal como las conocemos en la actualidad. En efecto, si durante los siglos XVII y XVXIII los bancos empiezan a crecer y desarrollarse, aún a principios del siglo XIX eran entidades básicamente locales o a lo sumo nacionales. Habrá que esperar a finales de este siglo y principios del siguiente para que el sistema financiero desarrolle su dimensión internacional hasta convertirse en un sistema cada vez más mundializado. Esta internacionalización se produce alrededor de una gran plaza: Londres, que se convierte en el centro financiero mundial, que aglutina y coordina casi la totalidad de las transacciones, tanto en las que está implicada Inglaterra (la mayoría) como en las que no. Más tarde (especialmente después de la Primera Guerra Mundial) aparecerá una segunda plaza que va a desplazar progresivamente a Londres: Nueva York, que comienza su apogeo en los años veinte.

La actividad financiera, que estaba estrechamente ligada a la comercial (especialmente en el ámbito internacional), empezó a independizarse de ella a lo largo del siglo XIX. Se plantea así un dominio económico diferente sobre las colonias y otros países. Este nuevo dominio se basó en las inversiones de capital que se hacían en ellos.

En efecto, se ha calculado que las inversiones en el extranjero hacia 1885 alcanzaron los 420 millones de libras, los 4.750 hacia 1900 y los 9.500 en 1913. Gran Bretaña colocó el 43%, Francia el 20%, Alemania el 13%, y Bélgica, Suiza y Holanda el 12%. Europa se ha llevado, pues, la mayor parte con un 88%; las inversiones de Estados Unidos sólo representaron el 7% del total. Estos capitales se dirigieron en un 27% hacia Europa, 24% hacia América del Norte, 19% hacia América Latina, 16% hacia Asia, 9% hacia África y 5% hacia Oceanía. Los países de población europea recibieron, por tanto, la mayor parte, mientras que los de población no europea sufrieron más bien una penuria de inversiones. La distribución de las inversiones en 1914 también revela el gran predominio del Reino Unido sobre los demás países europeos. De hecho, fue la primera en crear un mecanismo financiero internacional efectivo. Sólo Francia le seguía a cierta distancia (véase tabla 2.2)[9].

[9] P. León (1978), pág. 184.

TABLA 2.2

Distribución de las inversiones en el extranjero en 1914

País	Inversiones (en mill. de dólares)	Porcentaje sobre el total
Reino Unido	19.500	43
Francia	9.050	20
Alemania	5.800	13
Estados Unidos	3.500	8
Bélgica, Países Bajos y Suiza	5.500	12
Otros países incluidos España, Rusia, Portugal y Suecia	2.200	5

FUENTE: P. León (1978).

Podría decirse que a finales del siglo XIX y principios del XX el equilibrio de los intercambios internacionales descansaba en el déficit comercial de Inglaterra y en su capacidad exportadora de capital. En la misma época, este país exportaba el 7,8% de su producto nacional bruto (promedio de los años 1910-1914); este porcentaje representaba un máximo, pues los promedios anuales en un quinquenio habían oscilado después de 1860 entre un mínimo del 2% en 1900-1904 y un máximo de 5,8% en 1905-1909 y 1885-1889. Algunos autores han considerado que esta exportación podía explicar el reflujo del crecimiento inglés, del mismo modo que se acusaba a los banqueros franceses de «esterilizar» el ahorro nacional al prestarlo al extranjero. Existía, sin embargo, una interacción entre los movimientos de capital, los movimientos de personas y los movimientos de mercancías. La exportación de capitales sostenía la exportación de mercancías directamente, suministrando a los países receptores los medios para adquirir los bienes de equipo necesarios a su aprovechamiento, e indirectamente en la medida en que este aprovechamiento le permitía exportar al final los productos primarios y financiar así sus importaciones. Los movimientos de capitales son parte integrante, por tanto, de los mecanismos de la multilateralidad. Por ejemplo, las inversiones británicas en Canadá permitían financiar las importaciones de bienes de equipo provenientes de Estados Unidos. Entre 1907 y 1913 la mayor parte de las inversiones británicas se dirigían hacia Argentina, Brasil y Australia, con los que Gran Bretaña tenía un déficit comercial que compensaba gracias a sus excedentes con la India. Queda claro, entonces, que sin el mercado indio, que estaba ampliamente abierto para ella, Gran Bretaña no habría podido mantener su exportación de capital. Por su parte, las inversiones francesas en Rusia y en otros lugares financiaban a menudo las compras de equipo en Alemania, con gran furor de los socialistas y los industriales franceses, que lanzaron al comienzo del siglo el eslogan: «el dinero francés para el trabajo francés».

Los efectos de las importaciones de capital sobre las economías receptoras han sido exagerados por la mayor parte de los historiadores. La visión optimista, según la cual estas inversiones habrían bastado para asegurar su arranque, es ampliamente errónea. Incluso en naciones como Rusia, Japón, Canadá, Australia, Nueva Zelanda o los países escandinavos, no constituyeron el factor decisivo y tuvieron sólo un papel de apoyo, esencial ciertamente en el caso de Canadá, pero incapaz de dar cuenta del conjunto del proceso. El crecimiento de la capacidad exportadora, el desarrollo del mercado interior y el esfuerzo interno de formación de capital fueron las verdaderas bases del «despegue». No cumpliéndose este proceso, el país importador podía hallarse en una situación de dependencia peligrosa: ésta fue una de las razones de la extensión del poder colonial.

Aunque el capital europeo invertido en el exterior durante los cien años que preceden a 1914 no fue el factor más importante en el desarrollo del mundo moderno —medido frente al capital que proporcionaban los propios países extranjeros se trató sólo de una fracción limitada de la formación bruta de capital en el mundo—, sería sin embargo esencial para el nacimiento de una economía internacional. En términos de la cantidad de dinero prestado, de la naturaleza variada de las inversiones, de la eficiencia de las operaciones y del efecto económico global, las inversiones europeas en el exterior no tienen ningún paralelismo histórico, especialmente por lo que se refiere al período 1850-1914.

El dinero invertido por los europeos en el exterior procedía fundamentalmente de las mejoras introducidas durante el siglo XIX en la agricultura, la minería, el comercio, el transporte y la industria europeos; era también consecuencia de la creciente interrelación económica de Europa con otros continentes, sobre todo con ambas Américas.

La mayor parte de los fondos se dirigían hacia el mundo europeo y se utilizaron en casi todos los sectores de la economía de un país; las mayores sumas se invertían en obras públicas y en industrias primarias, particularmente (como en el caso de Sudáfrica) en la minería. El transporte se llevaba la palma por lo que se refiere a las inversiones en obras públicas, dejando pequeñas a todas las demás tenemos las inversiones en los ferrocarriles a vapor. Al estallar la guerra, la mayor parte de los aproximadamente cuatro billones de libras que los ingleses habían invertido en el exterior lo habían hecho en material ferroviario y en títulos de deuda (el 40% directamente en compañías ferroviarias y otra buena cantidad, de forma indirecta, por medio de bonos del Estado). Lo mismo podría decirse a propósito de las inversiones de todas las demás naciones europeas en el exterior. Así, durante el siglo XIX, los continentes se hallaban todos interpenetrados y en relación los unos con los otros. Pero todo esto también hizo más inestable la actividad económica internacional, sumergiéndola periódicamente en crisis provocadas por la cada vez mayor especulación financiera.

A medida que se perfeccionaron los medios de comunicación, se fueron adquiriendo un mayor conocimiento y capacidad de control. De esta manera es posible el desarrollo de la inversión directa. Ésta surge fundamentalmente en Estados Unidos, porque fue el país en el que primero aparecieron empresas industriales a gran escala y de unidades múltiples. En la década de 1880, el telégrafo, el cable, el ferrocarril y los barcos de vapor estaban lo suficientemente difundidos como para permitir el control de esas empresas. La inversión exterior directa era una consecuencia de los avances tecnológicos en comunicación y control. La empresa grande solía introducirse en el extranjero estableciendo primero delegaciones y almacenes exteriores. Luego, con la expansión de la demanda y la aparición de aranceles locales, la empresa construía fábricas que pronto empezaban a abastecerse de fuentes próximas. Con esto se inicia otro aspecto de la mundialización económica, la mundialización productiva, de la que nos ocupamos en el punto siguiente.

Después de la guerra, en los años veinte, el mercado internacional de capitales se hallaba en una situación diferente de aquella que había prevalecido antes de la guerra en, al menos, tres aspectos importantes: primero, el rápido y desordenado crecimiento de los movimientos de capital a corto plazo; segundo, la cada vez mayor importancia de la inversión directa en comparación con la inversión por cartera en el campo del capital a largo plazo, y, tercero, la aparición de los Estados Unidos como gran país exportador de capital (hasta 1914 había sido importador neto de capital).

Al finalizar la Primera Guerra Mundial, cierto número de países europeos, especialmente en la Europa Central y la zona balcánica, eran incapaces de financiar las importaciones, aun de productos del sector primario, alimentos incluidos; la cuestión inmediata era la de evitar el hambre, antes que la de elaborar programas económicos a largo plazo. Aun en países en que las condiciones eran menos dramáticas, la demanda reprimida provocó un aumento de las importaciones. Por tanto, no debe sorprendernos el que todos los países europeos, excepto Reino Unido, cuya balanza de pagos se cerró con superávit en 1920, fuesen importadores netos de capital en este período. En 1919 y 1920 tomados en bloque, las exportaciones de capital de Estados Unidos alcanzaron una cifra excepcionalmente elevada, cercana a los 6.000 millones de dólares, de los cuales unos 2.000 consistían en préstamos y anticipos del Gobierno norteamericano. Además de las emisiones de capital privadas, hubo una abundante retirada de fondos depositados en Estados Unidos antes y durante la guerra por cierto número de países europeos (en particular, Reino Unido, Francia, Países Bajos, Suecia y Suiza). Países exportadores de productos del sector primario, como Argentina, también concedieron créditos a Europa.

Los programas de ayuda llegaron virtualmente a su fin en 1920 y las exportaciones de capital de Estados Unidos se redujeron a menos de mil millones de dólares en 1921. Algunos países europeos, tradicionalmente dadores de créditos (Francia, Países Bajos, Suiza), volvieron a exportar capital. Pero el período transcurrido entre 1921 y 1923 se caracterizó por tensiones políticas e inflación desbocada y no condujo a grandes movimientos de capital —con la excepción del «dinero caliente» que buscaba refugio en los países considerados como más seguros—. Con la estabilización política y monetaria de 1924, se reiniciaron los movimientos internacionales de capital en gran escala. El capital británico siguió fluyendo fundamentalmente hacia los dominios o las colonias, pero su volumen se mantuvo muy por debajo del nivel de preguerra en términos reales. Las inversiones francesas a largo plazo se orientaron en parte hacia los territorios de ultramar y en parte hacia la Europa Central y los Balcanes. No obstante, la mayor corriente de capital internacional se volcó sobre Alemania y procedía principalmente de Estados Unidos. Una considerable porción de la misma era de vencimiento a corto plazo. Los demás países centroeuropeos (salvo Checoslovaquia) y los balcánicos eran también importadores netos de capital.

La lenta reducción de la afluencia de capital norteamericano hacia Europa y especialmente hacia Alemania, se inició ya en 1928; es decir, antes del comienzo de la Gran Depresión, y fue provocada por un sustancial aumento de los tipos de interés en el mercado de Estados Unidos. La Gran Depresión se vio acompañada y profundizada por movimientos de capital internacional a corto plazo, febriles y en gran escala. Alemania y los demás países centroeuropeos y balcánicos se vieron gravemente afectados por la interrupción de la afluencia de capital y por las continuas retiradas del mismo. Sin embargo, las inversiones directas se modificaron mucho menos que aquellas realizadas por cartera o a corto plazo. En 1930 la liquidez acumulada de algunos importantes centros financieros como Londres, París y Nueva York, facilitó la concesión de préstamos exteriores a una cantidad de países no europeos, pero se trató de un fenómeno efímero. Los movimientos de capital estaban en todas partes sujetos a reglamentaciones y controles más severos que el comercio exterior.

En la atmósfera proteccionista de los años treinta cabe señalar tres aspectos sobresalientes en el campo de los movimientos internacionales de capital. El primero se refiere a la «compartimentación» de los movimientos de capital. En el comercio exterior advertimos una característica similar. La telaraña de controles administrativos redujo gravemente las posibilidades de realizar acuerdos multilaterales; los movimientos de capital (como en el caso del comercio exterior) se concentraron en algunas áreas preferenciales, como por ejemplo en el área de la esterlina y en las colonias francesas. Un segundo aspecto es el concerniente a la creciente afluencia de capital europeo a Estados Unidos tras la devaluación del dólar de 1933, dictada por una combinación de razones económicas y políticas. Obviamente, las causas políticas fueron cobrando mayor importancia a medida que se aproximaba el estallido de la Segunda Guerra Mundial. El tercer aspecto afecta a un resultado en cierta medida paradójico de los controles administrativos del comercio y la transferencia de ingresos. Las medidas autárquicas en el campo del comercio y las dificultades para la exportación de beneficios de inversión dieron un impulso involuntario a la inversión directa en el extranjero, que se redujo menos o aumentó más de lo que cabía esperar a primera vista.

Los bancos y otras instituciones financieras, por su parte, siguieron un proceso de crecimiento y concentración similar y paralelo al que se producía en las empresas productivas, especialmente industriales, animados por las necesidades financieras de éstas y de los gobiernos. Muchos bancos pequeños se fundieron o fueron absorbidos por otros mayores. Ello dio estabilidad al sistema, pero también lo hizo más dependiente de las pocas (cinco o seis) grandes instituciones financieras que dominaban en cada país. De esta época (principios del siglo XX) es también la mayor reglamentación y control de los bancos y la aparición de los bancos centrales como última garantía de la estabilidad bancaria.

4. MUNDIALIZACIÓN PRODUCTIVA

El proceso de internacionalización de la actividad productiva sólo se produce cuando las empresas han adquirido un cierto grado de concentración y monopolio a nivel nacional. Las primeras empresas con estas características se remontan a 1655, la «Compañía de Moscú»[10] para el comercio de Rusia y las Compañías de Indias de los siglos XVI y XVII. Aunque, en realidad, sólo tenían establecimientos comerciales en los diferentes países o colonias y si tenían actividad productiva era mínima en relación a la comercial. Por tanto, están muy lejos de lo que entendemos hoy por empresas transnacionales, verdaderas artífices de la internacionalización y mundialización productiva que se caracterizan fundamentalmente por el establecimiento de factorías en distintos países.

Estas empresas transnacionales, a finales del siglo XIX y principios del XX (se suele considerar a la empresa norteamericana de máquinas de coser Singer como la primera en instalar una factoría fuera de su país, en 1865 en Glasgow, Escocia[11]) surgen de la propia evolución económica, especialmente de dos aspectos fundamentales: la progresiva concentración del capital en empresas cada vez más grandes que llegan, a finales del siglo XIX, a disfrutar de verdaderos monopolios nacionales y del incremento considerable del comercio internacional, con un alto grado de internacionalización al igual que el sistema monetario y financiero (etapa del liberalismo comercial y económico en general: monetario, financiero, de trabajadores...). En efecto, en el último cuarto del siglo XIX se produce una importante concentración nacional de las empresas manufactureras (etapa llamada del «capitalismo monopolista»). Mediante acuerdos *(carters),* fusiones *(trusts)* y absorciones, los sectores más relevantes de la actividad económica de cada país quedan en gran parte en una (monopolios) o pocas manos (oligopolios). Estas grandes empresas comienzan a mirar al exterior, no sólo como lugares de ventas (estableciendo agencias comerciales para colocar sus productos), sino también como posibles centros de producción (estableciendo fábricas).

Un elemento que también fue esencial es el adelanto que se produjo en las comunicaciones, que empiezan a hacer posible un control suficiente de las distintas plantas situadas a gran distancia. Todos estos elementos hicieron posible el establecimiento de este tipo de empresas, pero las motivaciones para ello fueron otras. Podríamos decir que existieron dos fundamentales que dieron origen a dos tipos de empresas transnacionales. La lucha por las materias primas, que empezaban a ser escasas y que, por tanto, debían controlarse en origen, que hizo que las empresas que más dependían de ellas establecieran factorías de extracción y primera separación de escoria en aquellos lugares y países donde se encontraban, especialmente colonias y países pobres. Y, en segundo lugar, la necesidad de acercarse a los lugares de demanda de los productos, principalmente para evitar los enormes gastos de transpor-

[10] Según L. B. Krause (1972), pág. 94.

[11] C. Tugendhat, pág. 33.

te, sobre todo cuando el producto tenía que atravesar el Atlántico[12]; y, posteriormente, cuando la ola proteccionista fue extendiéndose, para evitar los aranceles de entrada a los mercados nacionales. En estos casos se establecieron factorías que fabricaban los bienes de consumo que, a veces, simplemente montaban las piezas para hacer el producto final, como es el caso de los automóviles, que al principio eran transportados por piezas por las enormes dimensiones que ocupaban una vez montados.

El desarrollo y extensión de esta práctica se produce fundamentalmente en el período de entreguerras (por los altos aranceles y la escasez de materias primas), pero tiene su etapa de florecimiento después de la Segunda Guerra Mundial. No obstante, en 1914 ya 41 empresas estadounidenses, concentradas en las industrias alimentarias y de maquinaria, habían abierto dos o más servicios operativos en el extranjero. El mayor número de estas empresas estaban en Canadá, pero había ya 23 que tenían factorías en Gran Bretaña y 21 en Alemania, con un pequeño número esparcido por otros países. En Gran Bretaña la empresa a gran escala floreció en las áreas consumidoras de productos químicos y alimentarios, y en el procesado y distribución de productos perecederos (carne, productos lácteos y cerveza). No es sorprendente, pues, que cuando las empresas empezaron a establecer delegaciones en ultramar, lo hicieran en zonas con ingresos y gastos similares, donde la competencia era menor, como Australia, Canadá, Nueva Zelanda y África del Sur. En el siglo XX se aventuraron más en Estados Unidos y Europa Continental[13].

En el período de entreguerra, aparte del predominio de la motivación arancelaria, comienza a aparecer otro elemento que va a ser determinante para la proliferación posterior (especialmente después de la Segunda Guerra Mundial) de las empresas transnacionales: el cambio tecnológico. Comienzan a desarrollarse las cadenas de montaje, la producción y el consumo de masas, la productividad creciente del trabajador... Esto permite producir a coste cada vez más bajo gracias a la estandarización de piezas, productos, procesos de fabricación y la división del trabajo llevados a extremos antes insospechados. Aparecieron con ello las economías de escala que exigían unos tamaños adecuadamente grandes. Junto al ahorro de costes, además, empieza a ser clave el control de los mercados. Es el mismo proceso que se había dado a nivel nacional, dando origen a una monopolización progresiva de la producción y los mercados. Evitar la competencia y, en última instancia, conseguir la mayor cuota de poder (fundamentalmente económico, pero también político a nivel internacional) se convierten así en los motivos actuales, más importantes que el mismo de la economía de escala y el ahorro de costes. De hecho, gran cantidad de empresas transnacionales trabajan hoy con niveles de costes superiores y con rentabilidades y beneficios inferiores a empresas más pequeñas.

En la actualidad podríamos llegar a decir que la mayor parte de la actividad y poder económico está en sus manos y en las organizaciones de coordinación entre

[12] Caso de las empresas estadounidenses principalmente, pero también de las empresas inglesas, alemanas y francesas.

[13] J. Foreman-Peck (1985), pág. 144.

las mismas, en la que destaca la Trilateral, que ha sido calificada recientemente como el verdadero gobierno económico mundial.

La mundialización productiva supone el paso decisivo en el proceso, porque requiere otras internacionalizaciones que superan la misma realidad económica pasando a la social y la cultural: internacionalización tecnológica, de forma de trabajo, de demanda (modas), de gustos y costumbres... El punto de llegada de esta mundialización, aún no conseguido, es la formación de un mercado interior global. Es decir, que todas las decisiones de producción, consumo, etc. se tomen a nivel mundial como se hace normalmente en un mercado nacional. Muchas de las empresas transnacionales actuales lo hacen ya así.

En la actualidad este proceso está llevando a la verdadera mundialización de las empresas, produciéndose una pérdida de «nacionalidad» del capital. Si el siglo XIX vio cómo se producía una nacionalización de las economías, el siglo XX es espectador de la mundialización de la economía, haciendo que las mismas estructuras nacionales resulten obsoletas y sean consideradas como un estorbo a ese proceso.

5. OTRAS MUNDIALIZACIONES INDUCIDAS

Lo fundamental en cuanto al proceso de mundialización de la economía queda señalado en los puntos anteriores. No obstante, falta resaltar siquiera brevemente otros elementos que inciden en este proceso. Sólo nos referiremos a los aspectos económicos por el objeto de este libro, aunque a nadie debe escapársele la idea de que el proceso de mundialización también se produce en las demás facetas físicas y sociales que tienen relación con el hombre: ideológica, política, cultural, religiosa, ética, militar, física y medio ambiental, etc.

Los agruparemos en dos bloques de fenómenos: la población, cuyos procesos migratorios se generalizan como respuesta principal a las necesidades de mano de obra, que también empieza a organizarse internacionalmente, y los transportes y comunicaciones, aspecto infraestructural absolutamente básico para que se produzca todo lo desarrollado anteriormente. En él consideraremos también la tecnología, el bien más preciado y más guardado por las grandes empresas, que también escapa al control nacional y que incluso su producción es ya internacional.

5.1. Internacionalización de la población

El fenómeno de las migraciones de población ha sido una tónica generalizada a lo largo de toda la historia de la humanidad, normalmente propiciado por la necesidad de encontrar mejores condiciones de vida. En efecto, siempre que se han dado unas condiciones que no permitían una supervivencia mínima, o grandes diferencias entre las posibilidades de unos lugares con respecto a otros, ha habido migración. Por supuesto, existen otras motivaciones que pueden provocar los movimientos de población, pero los más importantes son éstas. Además, se da una causación inversa, los movimientos migratorios han originado normalmente cambios en la evolución económica.

Los fenómenos de internacionalización de la población se producen debido a los procesos de colonización de los diferentes imperios que han existido a lo largo de la historia y que siempre han ocasionado una mezcla —más o menos intensa— de la población. El fenómeno de internacionalización que más nos interesa aquí es el que se produce en los dos últimos siglos. Es un proceso muy complejo, pero de forma muy resumida podríamos reducirlo a dos aspectos fundamentales. El primero, predominantemente a lo largo del siglo XIX y principio del XX, consiste en un movimiento desde Europa a las demás zonas del globo (especialmente las colonias). El segundo, más reciente (última mitad del siglo XX), es de sentido inverso desde los países más pobres a los más ricos (especialmente Europa y Estados Unidos) con el fin de mejorar sus condiciones de vida. Ambos procesos provocan esta internacionalización. El primero porque establece la hegemonía de la población europea en casi todo el mundo; el segundo, porque provoca la relación, convivencia y mezcla (más o menos pacífica) de las distintas razas, fundamentalmente en el interior de los países más desarrollados.

Migraciones europeas

Las migraciones masivas europeas al resto del mundo fueron posibles no sólo por la colonización de estas zonas, sino fundamentalmente por el espectacular crecimiento de su población a lo largo del siglo XIX. La población europea se multiplicó por más de tres en el período 1800-1920 (pasó de 144 a 486 millones); aumentó con una tasa de crecimiento más elevada que la de Asia o África. Si se toma también en consideración el número de europeos dispersos por el mundo, incluida la Rusia asiática, entonces el incremento fue aún mayor (de 158 a 703 millones). En 1750 los habitantes de las áreas colonizadas por europeos suponían aproximadamente el 21,8% de la población mundial; en 1920 esa cifra era del 38,9%[14]. El descenso de la tasa de mortalidad fue el factor más importante para explicar este crecimiento, principalmente debido al incremento del nivel de vida y las mejoras higiénicas y sanitarias. Nunca una civilización había conseguido extender sus establecimientos como hicieron las europeas tanto en Europa como fuera de ella en el breve período de tiempo que comienza a finales del siglo XVIII y acaba con la Primera Guerra Mundial. Lo más característico de estas emigraciones, a diferencia de otras grandes migraciones, fue que se dirigían sobre todo a vastos espacios lejanos y relativamente poco poblados de ambas Américas, Oceanía y Siberia; mucho menor fue la migración hacia África, donde el movimiento principal era la «extracción» de esclavos para ser trasladados fundamentalmente a las grandes plantaciones americanas.

[14] W. Woodruff (1971), pág. 349.

Se calcula que en el período 1851-1920 emigraron de Europa más de 40 millones de personas, aunque el crecimiento poblacional era tal que esta migración no hizo aminorar el número total de europeos. El punto más alto de emigración se produjo a principios del siglo XX. La corriente anual llegó a ser de 1,5 millones de emigrantes entre 1909 a 1914, por lo que grandes países como Estados Unidos, Canadá, Australia y Argentina se convirtieron en una proyección de Europa. Por todas partes de América Latina, África y Asia aparecía la identidad europea con la de otras razas y culturas.

La motivación para esta migración masiva fue muy variada: el deseo de hacer fortuna o el escapar de malas cosechas y situaciones de hambre fueron las más relevantes; pero no faltaron las ansias de gloria, los motivos religiosos, el evitar el peso de la ley, o incluso para escapar del prolongado servicio militar de esa época.

La colonización de América del Norte y de Australia fue sobre todo obra de anglosajones, y la de América del Centro y del Sur de los latinos; los eslavos fueron los que colonizaron otros lugares tales como la Rusia asiática. Sin embargo, serían los tres grupos los que contribuirían a la colonización de ciertas partes de África y Asia. Toda esta migración contribuyó de forma importante al desarrollo de una economía mundial con centro en Europa, y supuso de hecho la primera colonización mundial que conoció la humanidad, la primera internacionalización de la población aunque con limitaciones. Con ella, por supuesto, se produjo una gran colonización cultural (idiomática, de costumbres, de gustos, de religiones...). Esta migración no ha cesado, aunque en la actualidad se ve compensada y sobrepasada por el otro gran movimiento de sentido inverso que estudiaremos a continuación.

Migraciones al norte

El otro gran fenómeno que se va produciendo durante el siglo XIX, pero que tiene su apogeo a lo largo de la segunda mitad del siglo XX, es la migración de los países pobres o subdesarrollados a los desarrollados con el objeto prácticamente único de mejorar las condiciones de vida.

Los primeros movimientos vinieron ocasionados por la descolonización. Gran número de europeos (o de origen europeo) abandonaron las zonas que iban siendo descolonizadas para volver a sus lugares de origen, especialmente en África e Indonesia. Estados Unidos, no obstante, no vio reducido su proceso migratorio con la independencia, que continuó creciendo hasta nuestros días, uniéndose los dos procesos aquí estudiados: la migración de europeos y, la corriente más intensa, la migración de los países más pobres, especialmente de Centroamérica, pero también de países asiáticos.

Uno de los motores esenciales de la emigración de los países menos desarrollados a los más desarrollados fue la coincidencia de interés entre la población que buscaba desesperadamente un trabajo para subsistir y que no lo conseguía en su país y la necesidad de los países más desarrollados (Europa y Estados Unidos fundamentalmente) de mano de obra para continuar su expansión económica[15]. El problema

[15] La inmigración neta a Europa entre 1960 y 1966 fue de 1,7 millones de habitantes.

surgirá cuando en los años setenta se produzca la crisis económica en todo el mundo y los países más desarrollados no sólo dejen de demandar mano de obra foránea, sino que además les sobre parte de la suya propia (incremento del desempleo). Esto hará que endurezcan las condiciones de entrada de emigrantes, mientras que para la población de países subdesarrollados se hace más acuciante que nunca emigrar. Pero este problema será tratado en un capítulo posterior. Lo que importa aquí es la mezcla de razas y culturas que provoca esta internacionalización poblacional que corre pareja a las demás internacionalizaciones y que ayuda a profundizarla.

5.2. Transporte y comunicaciones

Se trata de elementos infraestructurales sin los cuales hubiera sido imposible realizar el proceso de internacionalización/mundialización de la economía, como venimos poniendo de manifiesto en estas páginas. De hecho, la mejora de los transportes y comunicaciones durante el siglo XIX permitió el desarrollo de la industria y el comercio a nivel internacional. Hasta el año 1800 se seguían utilizando en todo Occidente los medios de transportes ligados a civilizaciones pasadas. Sólo a partir de la aparición de la máquina de vapor y del ferrocarril se produjo la revolución en este campo. En vísperas de la Primera Guerra Mundial, los europeos fundamentalmente habían construido por todo el globo una extensa red de ferrocarriles; habían reducido las distancias y la inseguridad de los océanos con los barcos transoceánicos movidos a vapor. Como dice W. Woodruff, «en el transcurso de una generación quedó alterada la vieja relación entre tiempo y distancia y se rompió la calma que el hombre había conocido durante milenios»[16].

Además, ya a principios del siglo XX el globo estaba circundado por una extensa red de cables marítimos y terrestres que hacían casi inmediata la comunicación, se construyeron y mejoraron las condiciones de los puertos, se construyeron carreteras, túneles y puentes, y se firmaron acuerdos internacionales para favorecer este tráfico tanto de mercancías como de información[17].

La radio, el teléfono, el automóvil y el avión empezaban en el inicio del siglo XX a hacer su aparición en distancias cortas. Éstos son los elementos, junto con los teletipos, la televisión y luego los satélites, que van a producir la verdadera mundialización de la información. En la actualidad cualquier noticia que se produzca en cualquier lugar del mundo puede ser conocida al instante en el resto del globo, viéndolo incluso en directo. Además, se produce no sólo la mundialización de la información, sino también de las agencias que la controlan (multinacionales con agentes en prácticamente todo el mundo). «La red» Internet no ha hecho más que profundizar este proceso.

[16] W. Woodruff (1971), pág. 338.

[17] La Unión Telegráfica Internacional (1865), la Unión Postal Universal (1875), el Tribunal Internacional de La Haya (1899), establecimiento de un idioma común para el lenguaje postal (francés) y para el comercio internacional (inglés), acuerdo que regula el tráfico en alta mar, el Tratado de Medidas de 1875, acuerdo sobre patentes, etc. (véase W. Woodruff, 1971, pág. 338).

Así, podemos decir que la mundialización de la información ha sido quizá la última en producirse, pero la que más hondo ha calado en la unificación de la cultura y de la civilización.

Por último, la tecnología, que efectivamente también se ha estado mundializando. Con dificultades mayores o menores, en la actualidad es posible comprar cualquier tecnología en el comercio internacional, lo cual hace que esté al alcance de cualquiera que tenga el dinero suficiente para ello. Es decir, la tecnología, antaño reservada para algunos, es hoy un bien más que se intercambia en forma fundamentalmente de *know how* a nivel internacional. E incluso suele ser generada por equipos de investigación también de carácter internacional que trabajan fundamentalmente para empresas transnacionales. No obstante, el acceso a la tecnología, dado sus altos precios, sigue estando vedado a una mayoría de los países más pobres del globo que, como veremos, tienen una conexión sólo relativa y totalmente marginal en esta economía mundial que describimos.

6. RESUMEN Y CONCLUSIONES

El objeto de este capítulo ha sido poner de manifiesto que algunas de las ideas y realidades que hoy están vigentes tienen un origen tan remoto como hemos visto aquí. Las ideas de intercambio internacional, así como la de relaciones comerciales y económicas, se remontan a los albores de la historia. El comercio asimétrico es la norma habitual desde el inicio del intercambio.

Además, vemos cómo la evolución, aunque podía haber sido otra, tiene una lógica, tiene un camino racional explicable por las mismas necesidades que van surgiendo y que al ser solucionadas crean nuevas necesidades en su camino hacia la complejidad.

El comercio se convierte en el elemento básico de interrelación y creación de la economía internacional, pero se queda en el comienzo hacia la mundialización de la economía. Ésta se desarrolla gracias a otros elementos que se convierten en básicos, dando lugar a finales del siglo XIX y durante todo el XX a ese paso de la internacionalización a la mundialización al que venimos haciendo referencia. Parece claro que el proceso de mundialización de la economía se produce fundamentalmente en esta fecha. No obstante, aún está lejos de ser consumada hasta llegar a un funcionamiento parecido a las economías nacionales. No hemos tratado aquí dos temas adicionales que completan este desarrollo histórico: los sistemas económicos, que serán tratados en el capítulo siguiente, y la mundialización de los distintos organismos económicos que regulan la marcha de esta actividad económica internacional, que dejaremos para el capítulo 8. Además de un aspecto esencial para entender los fenómenos económicos actuales, que es fruto de todo lo que venimos desarrollando aquí: el orden económico internacional, al que dedicamos el capítulo 4. Sólo después de desarrollar estos aspectos y de profundizar sobre la situación actual, podremos obtener una idea más exacta de la economía mundial en la actualidad, desde una perspectiva global.

LECTURAS RECOMENDADAS

Barnes, H. E. (1955): *Historia de la Economía del Mundo Occidental,* Unión Tipográfica Editorial Hispano Americana, México.

Cameron, R. (1989): *Historia económica mundial. Desde el Paleolítico hasta el presente,* Alianza, 1992 (2.ª ed.), Madrid.

Cipolla, C. M. (u.a.): *Historia Económica de Europa.* 6 volúmenes. Ariel, Barcelona, varios años. Vol. 1: La Edad Media. Vol. 2: Siglos XVI y XVII. Vol. 3: La Revolución Industrial. Vol. 4: El nacimiento de las sociedades industriales (I-II) (1969-73). 1987 y 1989. Vol. 5: El siglo XX (I-II) (1974-76). 1981. Vol. 6: Economías Contemporáneas (I-II) (1972-76). 1985 (2.ª ed.).

Cipolla, C. M. (1962): *Historia económica de la población mundial,* Crítica, Barcelona, 1974.

Fischer, W. (et alia) (1986): *Historia Económica Mundial del siglo XX,* Crítica, Barcelona, 6 tomos.

Foreman-Peck, J. (1983): *Historia de la economía mundial,* Ariel, Barcelona, 1985.

Kuczinski, J. (1972): *Breve historia de la economía,* Castellote Editorial, Madrid, 1974 (3.ª ed.).

León, P. (1978): *Historia Económica y Social del Mundo (4). La dominación del capitalismo 1840-1914,* Encuentro, Madrid, 1980.

Piero, M. J. y Sabel, C. F. (1990): *La segunda ruptura industrial,* Alianza, Madrid.

Yeager, L. B. (1976): *Relaciones monetarias internacionales.* 2 tomos, Alianza, Madrid, 1984 (2.ª ed.).

3 Formación y desarrollo de los sistemas económicos

Manuela A. de Paz Báñez

1. INTRODUCCIÓN

Contrariamente a lo que se suele pensar, a lo largo de la historia han coexistido una gran variedad de sistemas económicos que se han ido sucediendo en un proceso de complejización, adaptándose en cada momento a la situación, necesidades y posibilidades de cada época y cada lugar. A pesar de esta diversidad, normalmente ha existido un sistema que respondía a una organización cultural, social y política determinada, que ha dominado en una zona de influencia más o menos amplia.

Las ideas y problemáticas en torno a los sistemas económicos parece que han caído en una especie de letargo más o menos generalizado, especialmente una vez que se ha puesto de manifiesto la caída del socialismo real. Éstos han sido sustituidos por la de orden económico internacional, que es hoy el tema estrella de discusión. Pero existe una diferencia básica entre ambos. Cuando hablamos de sistemas económicos nos referimos fundamentalmente a las reglas de funcionamiento, es decir, es un concepto eminentemente técnico. Sin embargo, cuando hablamos de orden económico internacional hacemos referencia al reparto del poder económico a nivel internacional, es decir, es un concepto fundamentalmente político.

Precisamente esta caída del socialismo debería volver a poner de actualidad estos temas, dado que el «triunfo» del capitalismo como único sistema hegemónico está poniendo de manifiesto con mayor intensidad sus defectos y carencias, que reabren el debate sobre la necesidad de un nuevo sistema económico capaz de constituir una alternativa al «viejo» sistema capitalista, o, por el contrario, la posibilidad de que este sistema, como otras veces ha hecho, logre evolucionar y adaptarse a las nuevas circunstancias y resuelva los problemas que con él se producen. Esta discusión se plantea en el capítulo 11; aquí nos limitaremos a hacer un breve recorrido histórico.

Es imposible que en estas pocas páginas hagamos un desarrollo detallado de los distintos sistemas económicos que han existido e incluso existen. Nos centraremos casi exclusivamente en aquellos que han representado la tendencia dominante en los dos últimos siglos. Pero antes debemos aclarar sucintamente qué es un sistema económico.

2. CONCEPTO DE SISTEMA ECONÓMICO

Como ocurre con casi todos los conceptos con una cierta complejidad en economía, se han dado muchas definiciones sobre sistema económico y la comunidad científica no se ha puesto de acuerdo aún sobre cuál es la más adecuada. No obstante, creemos que no es difícil entender, siquiera de forma descriptiva, qué queremos decir cuando hablamos de sistemas económicos.

Quizás la definición más completa sigue siendo la aportada por J. L. Sampedro[1], que es la única que vamos a recoger de momento:

> Sistema económico es el conjunto de relaciones estructurales básicas, técnicas e institucionales, que caracterizan la organización económica total de una sociedad y determinan el sentido general de sus decisiones fundamentales, así como los cauces predominantes de su actividad.

Es decir, se trataría de:

- Un conjunto de relaciones estructurales, en definitiva una estructura donde coexisten e interactúan todo tipo de relaciones, especialmente dividida en técnicas e institucionales o sociales, es decir, la característica de interdependencia debe estar presente.
- Estas relaciones se refieren a una organización económica global, no sectorial o regional, que tiene sus propios mecanismos de autocontrol. Es decir, puede determinar y controlar ella misma su propia evolución.
- Por último, la determinación de su evolución viene dada por las mismas relaciones estructurales básicas de su organización, que además definen los cauces predominantes a través de los cuales se realiza su actividad.

En definitiva, se trata de distintas formas de organizar la satisfacción de las necesidades, deseos y aspiraciones de una sociedad, según unas relaciones que fundamentalmente podemos clasificar en técnicas (en sentido amplio), porque ellas determinan las posibilidades (no es lo mismo una sociedad que utiliza unas técnicas basadas en energía eléctrica que una cuya tecnología está basada en energía animal o muscular únicamente), y en institucionales (también en sentido amplio), actitudes, valores, comportamiento, organización; en definitiva, todos los aspectos culturales

[1] Sampedro, J. L., y Martínez Cortiña, R. (1975), pág. 271

que determinan el tipo de organización de la sociedad que influye poderosamen en la forma de organización económica y, por tanto, en el sistema económico.

Pero si difícil es la definición, más difícil es la *clasificación* de sistemas econ micos. Prácticamente cada estudioso del tema aporta la suya propia. Aquí sí cre mos que puede ser de interés recoger algunas de ellas, porque aclaran el concep de sistema económico, aunque sólo sean las que consideramos más importantes que mejor pueden ejemplarizar los distintos tipos de economías.

La realizada por Marx y seguida con algunas variaciones por los marxistas basa fundamentalmente en un criterio histórico o evolutivo y toma como variab básica de diferenciación la forma de propiedad de los medios de producción y l distintos grados de desarrollo de las fuerzas productivas. Así, distingue cinco tip fundamentales de organización económica: la comunidad primitiva, el esclavism el feudalismo, el capitalismo y el socialismo.

Esta clasificación es un modelo explicativo del desarrollo de la sociedad hum na basada en la llamada ley de correspondencia necesaria entre las fuerzas produ tivas y las relaciones de producción. Esta ley afirma que un sistema económico co serva su vigencia hasta que el nivel de desarrollo alcanzado por las fuerzas productiv no entra en contradicción con la organización social de la producción. Cuando es ocurre se hace necesario un cambio de las relaciones de producción, para adapta las a las nuevas necesidades. De esta ley se deriva la afirmación de que todo sist ma económico nace en el seno del sistema precedente. Marx hizo hincapié en q no han existido modos de producción en sentido puro, sino que junto a un tipo organización social predominante en cada época han subsistido formas perten cientes a épocas anteriores.

Por otra parte, Sombart formula su clasificación basada en tres elementos fu damentales: la base histórica (recordemos que se trata de uno de los últimos repr sentantes de la Nueva Escuela Histórica), la técnica y el móvil predominante en actualidad económica. Según estos elementos, distinguía cinco sistemas econ micos principales: sistema de economía cerrada (la economía feudal), sistema d economía artesanal (Francia en los siglos XIV y XV), sistema económico capitalis (Europa Occidental a partir del siglo XVIII), sistema de economía colectiva (la ant gua URSS), sistema corporativo (la Italia fascista, la Alemania nazi). Además, de tro del capitalismo distingue entre capitalismo incipiente, maduro y tardío.

Eucken, por su parte, adopta como criterio de diferenciación la toma de decisione de forma que distingue sólo dos grandes tipos de organización económica: sistema d economía centralizada (el Estado toma las decisiones) y sistema de economía de centralizada (el mercado coordina las decisiones de los sujetos económicos). De t dos modos, para Eucken no existen formas puras de organización, sino que todo si tema económico tiene una cierta mezcla de ambos y, además, existe una cier graduación. En la economía de planificación central puede diferenciarse entre caso extremo de economías de dirección central total hasta aquellas que introduce algún elemento de libertad (libertad de intercambio de bienes de consumo, lib elección de consumo y libre elección del puesto de trabajo). De la misma forma, e la economía de tráfico puede distinguirse desde el caso también extremo de la con petencia perfecta hasta diversos grados de monopolios y oligopolios totales o parciales, tanto por el lado de la oferta como de la demanda que concentran las decisiones dando origen a una gran variedad de posibles sistemas.

Wagemann distingue dos variables básicas: la «forma de organización» y el «grado de intensidad». Según el primer criterio distingue entre economía libre y economía intervenida. Además, cada uno de estos dos tipos pueden dividirse en consuntiva y lucrativa, según sea el consumo o el lucro el motor de la economía. Por otra parte, según el grado de intensidad, Wagemann distingue de menor a mayor intensidad entre economías «capitalistas», «neocapitalistas», «semicapitalistas» y «supercapitalistas». Con el término «capitalismo» aquí se quiere expresar la cantidad de equipo disponible y no el modo de organización, que queda reflejada en el criterio anterior.

Podríamos seguir casi indefinidamente, pero no consideramos que sea de interés. J. L. Sampedro recoge todos estos y otras muchas aportaciones en dos enfoques principales. Las tipologías de base histórica: Marx, en parte Sombart, y también Rostow (con sus etapas de crecimiento económico), las clasificaciones de las Naciones Unidas, y también en parte Marchal y Lajugie. Y las clasificaciones de componentes morfológicos, con criterios sociológicos (Eucken, Röpke, Gurvitch y Alemann, entre otros), técnicos (Wagemann, Fisher-Clark, Kindleberger) o de otra índole: estructural (A. Marchal), estilos (Spiethoff), sectores dominantes (Nicolaï), impulso del desarrollo (Baerwald), etc.[2]

En definitiva, se trata de las diferentes formas de contestar a las preguntas básicas de las economías: qué, para quién y cómo producir, que depende en última instancia de los recursos —físicos y humanos— disponibles (directamente o a través del comercio si se dispone de recursos financieros o de atracción de capital suficiente), del estado de la técnica (también directamente o disponible en el mercado), y, por último, de las decisiones de la colectividad sobre sus preferencias según unas estructuras de poder dadas que dependen de variables económicas, pero también de variables sociales y culturales. Las distintas combinaciones de estos elementos darán origen a distintas formas de resolver los problemas clave: qué producir, para quién y cómo, y ello ocasionará diferentes sistemas económicos. De forma que aunque podemos aportar clasificaciones diversas (como lo hemos hecho anteriormente), cada economía exhibirá un sistema económico diferente con similitudes y diferencias con el resto.

Además, estos diferentes países se integran más o menos estrechamente en bloques económicos que ocasionan una confluencia cada vez más pronunciada de los sistemas económicos, los hacen equiparables y moverse al unísono aunque mantengan sus diferencias (por ejemplo, los países de la UE, los países de la OCDE, algunos países del Tercer Mundo...). La progresiva mundialización de la economía, por último, está ocasionando que cada vez se homogeneicen más los modos de responder a las preguntas clave dadas, además de la técnica y la cultura. Esto da lugar a que cada vez se hable más del sistema económico mundial en contraposición de los

[2] J. L. Sampedro y R. Martínez Cortiña (1975), pág. 275

sistemas económicos nacionales o regionales. No obstante, las diferenciaciones aú son lo suficientemente importantes como para ponerlo de manifiesto.

Aquí analizaremos sólo los dos grandes tipos: capitalista y socialistas, aunqu este último parezca que ha desaparecido prácticamente. No obstante, sigue teniendo un interés indudable tanto desde el punto de vista histórico como teórico.

3. GÉNESIS Y DESARROLLO DEL SISTEMA CAPITALISTA

El capitalismo como sistema económico diferenciado surge con la revolución comercial, fruto de la evolución que se había producido a lo largo de los últimos siglos de la Edad Media y apoyado en el incremento asombroso del comercio durante el siglo XVI. No obstante, podemos descubrir indicios de este régimen en l Babilonia y Siria antiguas, así como en las grandes ciudades del oriente alejandrin y del Imperio Romano. Además, las ciudades mahometanas de Asia, África y España, así como los centros mercantiles bizantinos, lograron una cierta aproximació a él. No obstante, el espíritu de la búsqueda individual del máximo beneficio económico y de la iniciativa privada sin restricciones (salvo las impuestas por la libr competencia regulada en el mercado) del sistema capitalista, necesitaba una mayo acumulación de capital, que sólo fue posible con las grandes fortunas amasadas gracias al comercio al final de la Edad Media y muy especialmente durante el siglo XVI Este gran desarrollo del comercio y el incremento de los metales preciosos transcurrieron parejos, además, al desarrollo del sistema financiero propiciado por las enormes necesidades financieras de los Estados en rápido crecimiento, así como de la empresas con una dimensión cada vez mayor (véase capítulo 2).

La cambiante concepción de la naturaleza del capital, la lucha por la libertad d negocio, la desamortización de la Iglesia, la aparición de una economía monetaria la despersonalización de las fuerzas e instrumentos de los negocios, el increment de la población dispuesta a trabajar por un sueldo, fueron otras tantas causas de est evolución.

Los siglos XVI y XVII conocieron un capitalismo que podríamos llamar primitivo y que coexistía en gran medida con el sistema feudal. El capitalismo propiament dicho, perfeccionado y desarrollado, no aparece hasta finales del siglo XVIII en Europa básicamente. Entonces se hicieron más claras las características de la economía capitalista, y los rasgos adicionales adquiridos durante ese tiempo pudieron se enumerados. La vida económica se había racionalizado por completo en busca d mayores beneficios. El papel moneda, los bancos de crédito, la producción de carácter especulativo y sus consecuencias, las crisis, hicieron su aparición. El empresario se apoderó del control de la demanda. Las compras a distancia tuvieron luga de acuerdo con muestras y tipos. El capitalismo se extendió a todos los campos d la vida económica: a la agricultura, al comercio al por menor y hasta a los tallere locales de los artesanos. La posición estratégica en la vida económica fue pasand de la (orgánica) industria textil a la (inorgánica) industria metalúrgica. Una clase trabajadora hereditaria hizo su aparición. A un lado estaban ahora los capitalistas y a otro los proletarios. Europa comenzó a dejar de ser campesina para convertirse en industrial[3]. Para ello fue necesario un cambio muy profundo en la ética de las sociedades de esta época, que sobrevino por los cambios ideológicos de la Edad Moderna y el triunfo de las ideas protestantes en la mayor parte de la Europa Occidental.

Así, podemos decir que tras varios siglos de preparación y experiencia más o menos extendida, la generalización del sistema se produce a lo largo del siglo XIX coincidiendo con la Revolución Industrial. Si la Revolución Comercial hizo posible su aparición, la Revolución Industrial lo consolidó y generalizó como sistema económico dominante en Europa y, por tanto, dado el dominio que ejercía ésta sobre el resto de los países en esta época, en el mundo.

Este primer capitalismo, que podríamos llamar liberal, se caracterizó fundamentalmente por el *laissez-faire,* la no-intervención del Estado, la atomización tanto de oferta como de demanda, la libre concurrencia. En definitiva, podríamos decir que fue la época donde el capitalismo real más se aproximó al capitalismo teórico preconizado por los ortodoxos desde A. Smith.

La Revolución Industrial, facilitada e impulsada por esta forma de organización, trajo grandes beneficios, especialmente en cuanto a los incrementos de venta y la industrialización generalizada en Europa. No obstante, también ocasionó graves problemas. Fundamentalmente la miseria de amplias capas sociales urbanas, el desempleo periódico y el sentimiento creciente de alienación en el trabajo. Todo esto provocó la aparición de diversos grupos ideológicos contrarios a este sistema que intentaron reformarlo o derribarlo desde distintos frentes.

Esta oposición, aunque importante, dado el enorme éxito del sistema en cuanto al desarrollo económico, no logró tambalear al régimen capitalista, que continuó su evolución hacia una cada vez más amplia concentración. En efecto, el mismo éxito del sistema permitió que las empresas triunfantes en las disputas competitivas fueran absorbiendo cada vez más la riqueza que ellas mismas generaban o las que dejaban vacantes las empresas perdedoras. Así, a finales del siglo XIX principios del XX el capitalismo imperante se había transformado en un sistema monopolístico u oligopolista a nivel nacional. Ello distorsionó sensiblemente uno de los principios básicos del sistema: la libre competencia. Se hacía cada vez más difícil la entrada de productores en el mercado por las enormes necesidades financieras que se requerían para poner en marcha o permanecer en una industria de dimensiones competitivas.

Esta creciente necesidad financiera hizo que el dominio del sistema fuera trasladándose desde las empresas industriales a los bancos y otras entidades financieras (lo que se ha venido en llamar el capitalismo financiero), que al estar más interesado en el rápido beneficio financiero mediante manipulación especulativa, que por la productividad y el servicio, hizo que se incrementara el grado de volatilidad de la economía y con ello las crisis se hicieron más profundas y las desigualdades de rentas mayores.

El momento más crítico del sistema capitalista se vivió, sin duda, con la crisis del 29 y se prolongó hasta después de la Segunda Guerra Mundial. Ya se había pro-

[3] W. Sombart: *El moderno capitalismo* (citado por Barnes, 1973).

ducido un fuerte impacto con la Primera Guerra Mundial que frenó el proceso de internacionalización económica que venía produciéndose (véase capítulo 2), y que dio origen a la primera experiencia real de un sistema alternativo (véase punto siguiente).

La crisis del 29 hizo tambalearse los mismos cimientos del sistema y muchos preconizaron la muerte del capitalismo. Pero si algo caracteriza al sistema capitalista es sin duda su gran flexibilidad y capacidad de adaptación. Ya durante el siglo XIX y en pleno dominio del *laissez-faire,* se habían promulgado algunas leyes que suavizaron los perniciosos efectos sobre niños y adultos que provocaba el sistema, así como normas de sanidad pública y educativa (son los primeros bosquejos de la política del Estado del Bienestar posterior). Efectivamente, una serie de acontecimientos acaecidos entre 1929-1930 y 1945-1950 dieron origen a un sistema capitalista renovado y hasta cierto punto diferente al anterior: el capitalismo del Estado del Bienestar[4]. Quizá sea ésta la transformación más importante sufrida por el sistema en toda su historia. Después de la Segunda Guerra Mundial la gran preocupación era poner las bases para que no se volviera a producir tanto una depresión como la del 29 como otra guerra mundial.

Keynes había publicado en 1936 su *Teoría General* que ponía las bases teóricas para un cambio sustancial en el capitalismo. Esta teoría fue acogida por la práctica totalidad de los países capitalistas del momento haciendo que el gasto público se incrementara considerablemente, para asegurar una demanda efectiva que mantuviera a la economía en crecimiento constante, sin crisis. Al éxito de estas medidas contribuyó la era de prosperidad y desarrollo que siguió a la Guerra Mundial en todo el mundo. Ello hizo, por un lado, no demasiado gravoso la obtención de los ingresos públicos necesarios para esta política, y, en segundo lugar, se confundió en gran medida el crecimiento económico normal después de tantos años de depresión con las medidas de política económica que se estaban implementando. La relación fue real pero lo que no está suficientemente estudiado es hasta qué punto uno es consecuencia del otro y/o viceversa. Lo que sí parece claro es que sin estas medidas que incrementaran la demanda efectiva no se hubiera salido tan rápido del *impasse* en que se encontraba la economía mundial.

A todo esto contribuyeron, además, los enormes avances técnicos y organizativos de esta época que propiciaron una productividad cada vez mayor y una producción de masas a precios reducidos acorde con esos incrementos de sueldo de las masas trabajadoras que ahora tenían acceso a aquellos bienes que hasta entonces estaban reservados a las capas altas de la sociedad (automóviles, electrodomésticos, etc.).

El gran éxito de la nueva fórmula capitalista hizo soñar con el crecimiento ilimitado y el final de los problemas económicos. Las empresas crecían y se internacionalizaban adquiriendo cada vez más cuotas de poder y provocando una nueva situación, el oligopolio esta vez internacional. El poder económico del mundo se concentraba en pocas y gigantescas empresas, alejándonos paulatinamente de ese idílico sistema de competencia perfecta donde tanto la oferta como la demanda esta-

[4] Dalton, C. (1974), pág 61.

ban atomizadas. Las empresas se internacionalizan, los sindicatos también, y los consumidores tienen que buscar nuevos instrumentos de defensa a través de asociaciones que presionen a los gobiernos para que establezcan normas de protección de la calidad de los productos.

Además, empiezan a aparecer en esta época otros dos problemas fundamentales: el subdesarrollo (efectivamente, las rentas dentro de los países más desarrollados no se están distanciando, pero sí a nivel internacional entre países ricos y pobres) y el medioambiental. El increíble desarrollo de los años cincuenta y sesenta se produjo con un desprecio casi absoluto por la naturaleza, despilfarrando recursos energéticos y materias primas y provocando grandes emisiones de contaminación a la atmósfera, los ríos y el suelo. Todo ello sin un control dada la falta de una conciencia ecológica. Esto, unido al agotamiento del sistema productivo y económico, provoca las crisis de los setenta y principios de los ochenta, que estudiaremos más adelante.

Esta crisis da origen paradójicamente a una vuelta atrás, a un rejuvenecimiento de viejas ideas liberales que vuelven a ponerse de moda (neoliberalismo) y que no se ponen seriamente en entredicho hasta la actualidad (años noventa), donde de nuevo comienzan a aflorar los grandes desajustes y diferencias de renta del siglo XIX y principios de este siglo provocando reacciones más violentas en la actualidad. No parece que esta marcha atrás resuelva los problemas actuales, pero nos encontramos con una crisis de ideología, de soluciones, como hace mucho no se producía una vez fracasado los intentos de implantación comunista (véase capítulo 11).

Pero los problemas se agravan y el sistema capitalista se ve incapacitado (al menos por ahora) para resolverlos. Parece que ya no va a ser posible adaptarse con meros cambios secundarios, porque los problemas y sus posibles soluciones apuntan a un cambio en la misma esencia del capitalismo: la búsqueda del beneficio a corto plazo independientemente de las consecuencias que se puedan producir a largo y medio plazo y cada vez más en ese mismo corto plazo. ¿Habrá llegado el momento, ahora que ha «triunfado» sobre su rival, de plantear la sustitución de este sistema por otro que mejore sustancialmente las condiciones de vida de toda la humanidad? ¿O será capaz el sistema capitalista de volver a provocar un cambio en su interior que lo mantenga aún ahí?

Todo este proceso, especialmente la sucesiva mayor intervención del Estado en la economía, ha provocado un acercamiento a las concepciones del sistema socialista sin llegar a confundirse con él. Lo que sí parece claro es que ya no existe un único sistema capitalista como tampoco un único sistema socialista sino que son posibles diferentes implementaciones y de alguna forma ha habido un sucesivo acercamiento entre las dos posturas antaño tan antagónicas.

4. GÉNESIS Y DESARROLLO DEL SISTEMA SOCIALISTA

Ya hemos hecho algunas alusiones a este sistema al hablar del capitalismo. Como en el caso anterior, aquí lo que nos interesa es la formación y ulterior desarrollo de este sistema desde una perspectiva real, no teórica.

La idea del socialismo surge como contestación al sistema capitalista. En un primer momento, siglo XIX, bajo el término muy ambiguo de «socialismo» se van aglutinando un gran número de movimientos diferentes que tenían en común la crítica al sistema capitalista, especialmente debido a las grandes diferencias de rentas que provocaba y las situaciones de indigencia que se podían observar en la clase trabajadora.

Igual que en el capitalismo, podíamos rastrear los orígenes o los rasgos de éste en las épocas anteriores. Algunos se remontan para ello a las tribus primitivas que vivían una especie de comunismo, donde la propiedad era común. Otros ven rasgos típicamente comunistas en las doctrinas de Jesucristo y las primeras comunidades cristianas («lo tenían todo en común»), pero si admitimos que el origen del socialismo moderno está en la contestación al sistema económico capitalista imperante (por las injusticias, las desigualdades y falta de humanidad que provocaba), aunque podemos escuchar las voces que se levantaron en siglos anteriores y recordar personas que elaboraron esquemas de sociedades perfectas, no es hasta el siglo XIX cuando este sistema (aún de forma teórica) comienza a tomar forma y consistencia.

Lo característico —junto con la crítica al sistema capitalista— de las distintas concepciones y movimientos socialistas del siglo XIX fue la aspiración a una sociedad humana, donde imperara la justicia, la igualdad, la fraternidad, la cooperación, la comunión social y la camaradería, es decir, una sociedad concebida como una gran familia, aunque sin olvidar el progreso material[5]. Saint-Simón, Fourier y Owen serían los máximos representantes.

Estas concepciones utópicas, esencialmente humanistas, no se van a mantener cuando se produzca la posibilidad de poner en práctica este sistema en el siglo XX. Al contrario, serán sustituidas por aspiraciones fundamentalmente económico-materialistas. Se busca y se logra en cierta medida una mejora económica, no una comunión nueva entre los hombres. No será hasta muy entrado el siglo XX cuando vuelva a surgir en algunos ideólogos esta preocupación humanista olvidada desde el socialismo primitivo.

La concepción más elaborada de este sistema aún sólo teórico la debemos a Marx y Engels en la segunda mitad del siglo XIX. Estos autores agruparon y racionalizaron las distintas corrientes y realizaron la primera aproximación teórico-científica basada en un análisis del proceso histórico. Así, establecen unas etapas de evolución hacia el comunismo. Esta evolución gradual comenzaría en los países con capitalismo avanzado donde se produciría una revolución (dictadura del proletariado) y el proletariado se impondría como clase dominante sobre la burguesía o clase capitalista. Ello daría paso al socialismo, que a su vez abriría el camino a la sociedad sin clases o comunismo. No obstante, Marx y Engels se dedicaron fundamentalmente al análisis de la sociedad capitalista y sus contradicciones, y no a la elaboración de una teoría de las etapas posteriores, por lo que el sistema socialista adolecerá ya desde el principio de una falta de adecuada elaboración teórica. No obstante, sus prin-

[5] G. Dalton (1974), pág. 75

cipios fundamentales parecen claros: el interés social y común por encima del interés individual como objeto fundamental, la propiedad social de los medios de producción gestionados a través de la planificación, la desaparición de la clase capitalista y la eliminación de las diferencias de rentas.

Durante todo el siglo XIX, aunque no se consiguió implantar el sistema en una realidad concreta relevante, la concepción de la ideología socialista fue eficaz en la transformación —aunque no en el cambio— del sistema capitalista. Se implantaron gran cantidad de medidas que suavizaban los efectos negativos del sistema aun a costa de limitar el *laissez-faire;* se crearon los sindicatos obreros y las cooperativas de consumidores, se redujo la jornada laboral y se mejoraron las condiciones de trabajo. De forma que hoy en día podríamos llegar a decir que todos somos socialistas de alguna forma, que todos los países tienen una alta dosis de elementos, consensuados por toda la población, que tienen un origen socialista: «educación gratuita para todos los niños en la escuela pública», un fuerte impuesto sobre la renta de carácter progresivo o gradual[6], medicinas subvencionadas, jornada laboral de ocho horas, pensiones de ancianidad... En definitiva, hicieron posible las sucesivas transformaciones y adaptaciones del sistema capitalista hasta llegar al Estado de Bienestar.

Pero no será hasta el siglo XX cuando se realice el primer experimento real y a gran escala de este sistema (Rusia a partir de 1917). Lenin, junto con algunos teóricos convencidos, intentaron adaptar las concepciones de Marx y Engels a la sociedad rusa de principios de siglo, aún poco desarrollada, en gran medida feudal y que, por tanto, no reunía las condiciones requeridas para dar paso al socialismo. Además, no se produce una revolución del proletariado tal como la describía Marx. No fue la revolución la que hizo al comunismo y a Lenin, sino éstos los que hicieron la revolución, para lo cual el campo estaba perfectamente abonado (estado de guerra, hambre, desorden...). Esto debe ser tenido muy en cuenta cuando se analiza el sistema y se le considera como la realización práctica del socialismo; la experiencia rusa es *una* realización práctica, no *la* realización práctica, de hecho no siguió las recomendaciones de los máximos exponentes teóricos del sistema. Pero en todo caso la Revolución Rusa dio la posibilidad de una alternativa al hasta entonces «orden natural» capitalista.

Después de este primer intento que estudiaremos extensamente en el capítulo 14, se produjeron otros, especialmente después de la Segunda Guerra Mundial, donde se consolida el sistema socialista como bloque competidor y en ciertos aspectos equiparables al sistema capitalista. Los intentos fueron muy diversos, pero prácticamente todos se dieron en economías poco desarrolladas amparadas generalmente por la fuerza militar de la Unión Soviética y sólo en algunos casos gracias a un proceso revolucionario previo (China, Cuba), o por la lucha profunda contra un poder colonial (Albania, Corea, Vietnam del Norte); en los demás, gracias a un proceso de conquista del poder político por parte del partido comunista.

---

[6] *Manifiesto Comunista* (programa resumen de 10 puntos).

Esta falta de desarrollo económico en los países que iban accediendo al régimen socialista ha hecho que los primeros objetivos de estos gobiernos no sean puramente socialistas, sino que hayan ido dirigidos a la consecución de una base material lo suficientemente sólida para poder dar en el futuro el paso definitivo al socialismo. Esta preferencia por el crecimiento es común a todas las experiencias e implica una debilidad evidente de los intentos, perjudicados además por bloqueos comerciales internacionales, que hicieron necesario buscar la sustitución de importaciones y la autosuficiencia en materias primas que lo hacían más difícil.

Así, las bases fundamentales de este proceso han sido:

— La política económica autárquica, posible por la extensión y variedad de las distintas repúblicas de la URSS primero, y el desarrollo de una integración económica con los demás países socialistas, después.
— Una rápida industrialización, a través de la inversión masiva en industria pesada dejando el consumo y la industria de consumo en un segundo plano con lo que supone de esfuerzo para la población.
— La planificación económica que regulará y controlará todo el proceso productivo desde la consecución de materias primas, pasando por la elaboración de bienes de inversión y de consumo, hasta su distribución eliminando total o casi totalmente la acción del mercado y la iniciativa privada. Todos los extremos de la actividad económica quedan regulados y fijados por el plan.

Este sistema permitió un amplio y rápido desarrollo económico a los distintos países que lo adoptaron; pero, al igual que el sistema capitalista, adoleció de graves defectos que lo han debilitado hasta hacerlo inviable.

El desarrollo preferencial de la industria pesada ha provocado graves desequilibrios en la agricultura y el consumo privado. La planificación excesivamente centralizada ha provocado claras ineficiencias del sistema, despilfarros de recursos, desánimo de directivos y trabajadores que no encontraban una motivación clara para ser eficaces, grandes distorsiones de precios en la asignación de recursos al ser fijados administrativamente, falta de adecuación entre la producción de bienes de consumo y las necesidades, bajo nivel de vida de la población, tensiones inflacionistas, la posición de una burocracia privilegiada con mucho poder que favorecía la corrupción no controlada suficientemente.

Todo ello ha hecho evolucionar las realizaciones socialistas (especialmente a partir de los años sesenta) hacia una mayor descentralización y un incremento de la capacidad de decisión de las unidades productivas que aumenta la flexibilidad y estimula la eficacia. No obstante, esta evolución fue demasiado tímida para provocar cambios eficaces en el sistema que fue degenerando hasta llegar a una situación insostenible que explotaría a partir de 1985 en la URSS y los demás países de Europa del Este (véase capítulo 14).

Uno de los elementos fundamentales que ha hecho fracasar estos intentos de construcción socialista es la falta de motivación de la población. En un primer momento, esa motivación fue ideológica y económica (todos pensaban que en el futuro estarían mejor), pero cuando las motivaciones ideológicas fallaron y las económicas tardaban demasiado en producirse, la motivación se fue debilitando hasta casi desaparecer. Esto hizo que se incrementara la ineficacia y la corrupción del sistema. Este es quizá el principal problema no resuelto por el sistema socialista, unido, claro está, a la excesiva burocratización que paraliza toda creatividad y flexibilidad del sistema y sus componentes.

Existen otras prácticas reales que no suelen ser consideradas por su carácter mixto. Nos referimos a las realizaciones de los partidos socialistas y comunistas democráticos en las sociedades occidentales: Partido Laborista inglés que accedió al gobierno después de la Segunda Guerra Mundial, el socialismo-nacionalismo de Hitler, el gobierno compartido del Partido Comunista de Italia en varias ocasiones, la socialdemocracia alemana, francesa, nórdica, que construyeron cada una a su manera el Estado de Bienestar con más o menos connotaciones socialistas. Todos ellos también han entrado en crisis a partir de los setenta y muy especialmente después de la caída del llamado «socialismo real».

En la actualidad podemos decir que no existe un sistema económico socialista real. Las concepciones teóricas siguen estando ahí y pueden dar origen a nuevos intentos —distintos— de llevarlos a la práctica; pero de momento todos los países que militaban en un régimen socialista están experimentando una transición al capitalismo más o menos evolucionado.

5. ¿HACIA QUÉ SISTEMA VAMOS? ALGUNAS IDEAS PARA LA REFLEXIÓN

Podíamos haber estudiado aquí otros intentos de organización económica especialmente protagonizados por los países llamados del Tercer Mundo o no alineados; no obstante, en realidad a escala económica cada uno de ellos ha optado por un sistema eminentemente capitalista o socialista, aunque con diferencias importantes debido a su menor desarrollo económico o por la mezcla que muchos de ellos —especialmente los más pobres— tienen como sistemas precapitalistas. El grupo como tal existe y está diferenciado con el «primer» y «segundo mundo», pero no por el sistema económico o forma de organización precisamente, sino por sus niveles de desarrollo y sus altos índices de pobreza. Serán estudiados como uno de los grandes problemas de la humanidad (por no decir el más grande) en la parte tercera, y como zonas concretas en la cuarta.

En el momento actual tenemos que partir de la realidad de que sólo existe un sistema económico imperante en la economía mundial. Ese sistema —capitalista— es el heredero no sólo de los sistemas económico anteriores a los que sustituyó por evolución, sino también —¿por primera vez en la historia?— de su teórico sucesor, dado que surgió para evitar sus errores y fallos. Además, después de la crisis de los setenta-ochenta, como ya hemos dicho, existe una clara tendencia hacia posiciones más liberales, o neoliberales, hacia el desmantelamiento del Estado de Bienestar; es decir, la aparente victoria del sistema y la crisis han hecho que se retroceda hacia concepciones claramente decimonónicas, neoliberales, que comienzan a producir sus efectos perniciosos.

Este sistema aparece en la actualidad como un gran sistema dual en el ámbito mundial, donde a una zona (la más pequeña) con un alto nivel de vida y de despilfarro, se le contrapone otra (la más extensa) de niveles de vida muy bajos y economía poco desarrollada. Nos encontramos con un sistema que ha trasladado los graves problemas que padecían en el siglo XIX, resueltos en los niveles nacionales de las sociedades más desarrolladas, a niveles internacionales. Parece claro, por tanto, que se hace necesario una nueva evolución para resolver esas graves injusticias y problemas de indigencia exportados a otros países, a través de una mayor solidaridad y control a estos niveles. Será necesario crear los mecanismos del Estado de Bienestar esta vez a niveles mundiales con un «Gobierno Mundial» que controle las graves injusticias que se producen y que se encargue de redistribuir la renta de una forma más eficaz.

Quizá para ello sea de nuevo necesario la actividad de los movimientos socialistas o/y otras corrientes que pongan de manifiesto los nuevos problemas planteados; ecologistas, por ejemplo, que están ejerciendo una gran presión no sólo a escala nacional, sino también internacional (recordaremos el papel del Foro Global, sesión paralela a la de Río celebrada en junio de 1992) (véase capítulo 9), ellos también renovados para evitar alguno de sus errores fundamentales.

Quizá uno de los mayores errores del sistema socialista fue eliminar (o casi eliminar) el *mercado* como elemento importante de su organización económica (hoy, sin embargo, se habla cada vez más de socialismo de mercado). Hay que recordar que el mercado no es «invento» del sistema capitalista, sino que existe desde los tiempos más primitivos, desde que comienzan las primeras divisiones del trabajo más allá de la familia o tribu. Por tanto, parece que el mercado en sus diversas formas es uno de los elementos más estables de la organización económica a lo largo de la historia y no hay razones para pensar que no siga siendo así. Otra cosa, sin duda, es la forma en que se realiza ese mercado (los grados de monopolización de la oferta o la falta de una información veraz, por ejemplo).

Por otro lado, un sistema alternativo —socialista o no— no puede limitarse, como se ha venido diciendo recientemente, a «corregir» las desviaciones del sistema dominante —en este caso capitalista—; a apuntalar un sistema a través de «parches» que lo mantienen aunque no sea ya eficaz. Es más fecundo poner de manifiesto las carencias, los problemas del sistema y las posibles vías de evolución del mismo para que se resuelvan esas carencias.

Sería necesario volver a la consideración de que lo que es importante no es mantener un sistema determinado (normalmente por motivos ideológicos), sino resolver los problemas que tiene planteados la humanidad de la mejor forma posible. Lógicamente, para no ser ingenuos, aquí chocamos con un obstáculo ¿insalvable?: el reparto del poder. Para cambiar las cosas, no sólo se tiene que tener los instrumentos, incluso la razón, sino también, y quizá sobre todo, el poder para hacerlo.

De todas formas, hoy las soluciones a los problemas son tan urgentes, que tenemos que ir al terreno práctico olvidando de forma definitiva viejas rencillas ideológicas hasta cierto punto irracionales (ya no podemos usar el pretexto ideológico para no abordar los grandes problemas). Y ello nos hará irremediablemente cambiar o realizar reformas profundas en el sistema económico imperante que ha demostrado su ineficacia para resolver los dos graves problemas actuales: el ecológico y la pobreza, que parecen inherentes a la propia esencia del mismo.

¿Qué transformación tendría que sufrir el sistema capitalista? Quizá una posibilidad es la inclusión sucesiva de las *sociedades sin ánimo de lucro*. Éste es un elemento que ha absorbido el sistema capitalista, pero que lo contradice en su misma esencia. Además, está siendo atacado por las mismas catedrales del sistema: las ETN que empiezan a poner otros objetivos por encima del máximo beneficio a corto plazo: la supervivencia, la búsqueda de un poder no ya económico, sino político, de imagen...

Las sociedades sin ánimo de lucro (SSAL) pueden hacer, y de hecho así lo hacen, una actividad que no es rentable, que desde el prisma del máximo beneficio a corto plazo, nadie lo llevaría a cabo, pero que es o bien muy necesario para la población o bien proporciona satisfacciones no económicas tanto al que lo hace como para los que se hace. Esta fórmula podría incrementar la eficacia de la acción social de los gobiernos (de hecho así ocurre en gran número de casos).

Con ello se respeta la iniciativa privada, quien realiza estas actividades lo hace porque quiere, se incrementa la eficacia de algunas actividades sociales del Estado y, además, es fácilmente controlada por éste, que puede —si no cumple los objetivos— rescindir el contrato y con ello la financiación pública. Además, satisface otras necesidades y objetivos de la población en general que no se mueve fundamentalmente por el lucro económico, sino que en su mayor parte funciona por otro parámetro y satisfacciones (las necesidades económicas, según Maslow, en definitiva sólo son necesidades primarias que, una vez cubiertas, su incremento no crea satisfacción sino hastío: es necesario satisfacer los demás estadios de necesidades humanas).

Estas sociedades pueden estar simplemente «parcheando» el sistema capitalista, es verdad; pero ello deja de ser cierto cuando empiezan a competir con las grandes multinacionales en calidad. Ejemplo claro, aún incipiente, es la industria de productos agrícolas ecológicos que empiezan a introducirse en los mercados compitiendo con las grandes empresas de la alimentación; o también la realización y venta de artesanías.

En realidad, los dos sistemas —capitalista y socialista—, aunque tienen elementos que los distancian —forma de organización y decisión de los medios de producción fundamentalmente—, tienen una tecnología parecida y una filosofía de utilización de recursos similar. Despilfarro y contaminación son elementos comunes. Por tanto, parece que el sistema que sustituya al actual no será ninguno de los dos, sino una síntesis evolucionada que considere e intente resolver los problemas actuales. Pero conseguir un sistema eficaz para resolverlos es precisamente el otro gran problema que tiene planteado la economía, como veremos más adelante.

Existe aún una pregunta no contestada: ¿es el sistema capitalista el heredero de la evolución natural de la economía, mientras que el socialismo es un sistema im puesto?

Sería bueno aclarar varias cosas antes de intentar contestar. Por ejemplo, ¿qu entendemos por «evolución natural»?, porque toda evolución o revolución, tod cambio es impuesto de alguna manera por los interesados en el mismo. Otro punt que hay que aclarar es qué entendemos por sistema socialista: ¿el que se puso en prác tica en Rusia en 1917 (totalitario), los intentos socialdemócratas de algunos paíse del norte de Europa, o algo más impreciso aún no puesto de manifiesto en la reali dad? ¿No será que el sistema socialista es realmente el sucesor natural del capita lismo pero no impuesto por la fuerza y con unas características concretas como e Rusia y sobre todo no el sucesor de un sistema feudal? Queden estas reflexiones com elementos para el debate.

LECTURAS RECOMENDADAS

Castro y Lessa (1973): *Introducción a la Economía,* Siglo XXI, Madrid.
Dalton, G. (1974): *Sistemas económicos y sociedad,* Alianza, Madrid.
Halm, G. N. (1964): *Sistemas Económicos,* Rialp, Madrid.
Sampedro, J. L., y Martínez Cortiña, R. (1975): *Estructura Económica. Teoría básica y estructura mundial,* Ariel, Barcelona (4.ª ed.), capítulo 15.
Tamames, R. (1989): *Fundamentos de Estructura Económica.* Alianza, Madrid, (10.ª ed.) capítulo 9.
Terceiro, J. B. (1976): *Estructura económica: teoría general y técnicas básicas*, Pirámide, Madrid, caps. 9-11.

4 Orden Económico Internacional

Manuela A. de Paz Báñez

1. INTRODUCCIÓN

Justificar la inclusión de este tema en un libro de Economía Mundial parece algo absolutamente innecesario, dado que actualmente se ha convertido en el tema estrella de los análisis internacionales en general. La razón es fundamentalmente doble a nuestro entender: es obvio que se han trastocado los equilibrios de fuerza a escala internacional y ello trae como consecuencia un replanteamiento de la organización económica; y, en segundo lugar, cada vez parece más evidente la necesidad de algún tipo de organización que regule y controle la marcha de la economía en el ámbito mundial, que la lleve por unos cauces determinados en un ambiente cada vez más inestable e incierto. Como se verá cuando tratemos expresamente los organismos económicos internacionales, a medida que las relaciones internacionales se hacen más tupidas y adquieren importancia creciente, se hace más necesario regular esas relaciones para no dejar al azar o en manos privadas temas que son cada vez más importantes.

Hablar de Orden Económico Internacional es hablar de política económica internacional, es hablar de poder y de reparto de poder a escala internacional, es hablar, en definitiva, de los mecanismos que regulan la economía mundial, del «conjunto de normas que regulan las relaciones económicas internacionales».

Este tema, por tanto, está estrechamente relacionado con el de los organismos económicos internacionales que, en definitiva, hacen posible la existencia de un orden económico. Pero éste, a su vez, está determinado por una cierta filosofía cultural, política y económica, y un cierto reparto del poder en el ámbito internacional.

Ésta es la cuestión fundamental que aquí abordamos, dado que los temas concretos de funcionamiento dentro de los distintos organismos económicos internacionales se estudiarán en el capítulo 8.

En última instancia, la organización económica internacional lo que pretende es conseguir y mantener unas condiciones de paz y de estabilidad que permitan el ejercicio lo más seguro posible del comercio y de otras actividades económicas y no económicas dentro de una zona concreta o de toda la humanidad. Para ello es necesario que esta organización tenga muy presente el poder real de cada uno de los actores internacionales, porque en caso contrario, o la organización no tendrá efectos reales (no logrará imponer sus criterios) o se disolverá sin más. Es el caso de la Asamblea General de las Naciones Unidas, donde cada país es un voto independientemente de su dimensión y peso internacional; sus resoluciones tienen un efecto muy limitado cuando los que deben ponerlos en práctica y tienen el poder para ello no están de acuerdo.

En un primer momento las razones que se establecieron para considerar la existencia de una organización internacional fueron la consecución y mantenimiento de un estado de paz entre los pueblos. Esta razón, que sigue estando vigente hoy en el trasfondo de cualquier organismo internacional, fue imperante en los tratados y acuerdos entre países prácticamente hasta el siglo XIX, aunque por supuesto en esos acuerdos pudiera haber razones económicas: explotación de ciertos recursos, comercio y la consecución de vías seguras de transporte, etc.

A partir del siglo XIX las razones económicas comienzan a imperar sobre las políticas, sociales, e incluso religiosas. La necesidad de reducir y eliminar los obstáculos al comercio, a la libre circulación financiera y de trabajadores y al libre establecimiento de empresas y factorías, a medida que las relaciones económicas internacionales se hacen más importantes para el funcionamiento económico, pasan a un primer plano y los tratados «de paz» se cargan de contenido económico. Llega un momento en el cual, al igual que en el ámbito nacional se ve la necesidad de una intervención progresivamente mayor de los poderes públicos en la economía para evitar los desequilibrios que espontáneamente ocasionan, en el ámbito internacional también se considera que sin una regulación y control el orden económico puede convertirse en desorden y provocar graves perjuicios para todos, especialmente en algunos temas: comercio y finanzas fundamentalmente.

En la actualidad, las motivaciones son muy complejas. No sólo existen razones de seguridad (mantener la paz) y razones económicas; además, las razones culturales, sociales y medioambientales están reclamando más regulación que permita una solución institucionalizada de los problemas que se plantean en el ámbito mundial. Todo esto parece reivindicar un «Gobierno Mundial» que se ocupe de forma continua de la resolución de problemas que se vayan planteando, sin entrar aún aquí en qué forma debería tener ese Gobierno Mundial que se está reclamando desde cada vez más ámbitos, especialmente —como ocurrió también con la creación de los Estados Nacionales— por los sectores más desfavorecidos de la situación actual: países subdesarrollados.

El problema es que, al menos hasta ahora, el orden mundial se ha utilizado casi exclusivamente para los intereses nacionales, dado que son éstos los que aún hoy tienen el máximo de competencias y poder de actuación[1]. Claro que esta búsqueda

[1] Véase I. J. Jr. Claude: expresión «International Organization. The Process and the Institutions», *Encyclopedia of the Social Sciences*, Londres, 1968, pág. 35. Citado por M. Varela (1991).

del interés nacional, en un marco cada vez más interdependiente, hace que el orden resultante sea cada vez más complejo y problemático porque dependerá del equilibrio de fuerzas entre esas naciones. Queda aún un largo camino para llegar a conseguir que se luche por los intereses globales sin distinciones miopes de ámbitos inferiores; por ejemplo: ¿cómo diferenciar en lo ecológico si ello nos puede llevar a la desaparición del planeta?, ¿cómo es posible que incluso con una amenaza así aún los países no logren ponerse de acuerdo a excepción de ciertos documentos excesivamente vagos y generales con una evidente falta de compromiso (como ocurrió con «Río 92»)?

En resumen, hay cuatro bloques de razones para la existencia de organismos internacionales:

— Preservar la paz.
— Intereses nacionales: incremento de poder e influencias, imperialismo, incremento del beneficio económico, etc.
— Intereses particulares: especialmente grandes empresas productivas, financieras, comerciales, etc.
— Intereses internacionales/regionales o mundiales.

Las razones estrictamente internacionales/mundiales son realmente pocas y sólo se producen cuando hay o bien un peligro grave (guerra, catástrofe ecológica) o bien cuando coinciden los intereses nacionales de los países en cuestión (bajadas de aranceles, regulación de tipos de cambios...); y, por tanto, estamos aún muy lejos de la motivación de un mayor bienestar mundial, que implicaría plantearse unos objetivos globales (mejora y/o solución de problema) y unos medios acordes para conseguir esos objetivos comunes desde todos los rincones del mundo. ¿Se estará empezando a producir esto, aunque con muchas limitaciones, para ciertos aspectos como el ecológico, o para ciertas regiones como la UE?

Lo que parece claro, al menos, es que la mundialización progresiva que hemos analizado en capítulos anteriores necesita una regulación más intensa a medida que se intensifican las relaciones. De forma que si llegamos a hablar de una economía mundial como las economías nacionales actuales, necesitaremos un gobierno mundial como los gobiernos nacionales actuales que realice la política económica necesaria, aunque con niveles de descentralización muy acusados.

2. ALGO DE HISTORIA

La evolución de la economía internacional a lo largo de la historia ha estado sustentada en diferentes formas de organización. Podemos decir que cada época tiene su orden social, político, cultural y también económico determinado por el reparto de poder correspondiente.

En la época primitiva, donde los contactos internacionales eran muy escasos, el

Orden Económico Internacional (OEI) prácticamente no existía; a medida que se profundizan esas relaciones internacionales va tomando carta de ciudadanía y se hace cada vez más importante. Hasta llegar a la actualidad donde la existencia de un determinado OEI se hace, no sólo inevitable, sino también imprescindible para la convivencia en este mundo tan profusamente interconectado.

El estudio del OEI, como ya hemos dicho, es el estudio del poder, de la distribución del poder en la esfera internacional. Normalmente, es impuesto por aquel pueblo o país que ostenta la hegemonía internacional. Los primeros OEI, en cierto sentido al menos, serían los impuestos por Grecia y especialmente por Roma (ejemplo para las organizaciones posteriores, no vamos a entrar en ello). En la Edad Moderna el primer orden expresamente mundial sería el establecido por España y Portugal después del descubrimiento de América y las nuevas rutas a Oriente (siglo XVI principalmente).

Los grandes descubrimientos geográficos de esta época permitieron medir de forma aceptable el mundo (primeros *mapas mundi*) y comienza una veloz carrera de conquista y colonización. Se hace necesario, y así se realiza, el primer reparto del mundo, entre España y Portugal (Tratado de Tordesillas de 1494, que rectificaba las bulas papales *Inter Caetera* y *Examine Devotionis* de 1493 claramente favorables a España)[2]. Pero este tratado, por una parte, no eliminó las disputas entre españoles y portugueses, y, por otra, tuvo una vigencia limitada al surgir otras potencias marítimo-coloniales: Holanda, Inglaterra, Francia. De todas formas, estos acontecimientos cambiarían la forma de pensar medieval (Orden de la Cristiandad) y permitió que surgieran nuevas formas de organizar el orden conocido.

En esta época —edad moderna— comienzan los estudios teórico-filosóficos sobre cómo debería organizarse las relaciones internacionales y la necesidad de un Gobierno mundial. Los más relevantes serían los de Emeric Crucé en su libro *Nouveau Cynèe;* Maximilian de Béthune (duque de Sylly), con su idea de *República Europea;* William Peun en su *Ensayo para la paz presente y futura de Europa;* Saint Piene que publicó ya en el siglo XVIII su *Projet de traité pour rendre la paix perpétuelle entre les sonverains Chrétiens,* con la idea de crear una *Liga de las Naciones,* coincidiendo con el tratado de la *Paz de Utrecht* (1712-1714) que hizo nacer la teoría del equilibrio de poderes; Jeremy Beutham *(Plan para una paz universal y perpetua);* y, por último, y más importante, la de Immanuel Kant sobre la paz perpetua con las ideas ya más elaboradas de un Estado mundial que evitara toda posibilidad de guerra[3] con una influencia profunda en los estadistas de los siglos XIX y XX, incluso en la creación de la Sociedad de Naciones.

Después de estas concepciones filosóficas, los siglos XIX y XX estarán marcados por las realizaciones prácticas, por los intentos reales de conseguir un orden mundial, con mayor o menor fortuna como veremos, que garantizaran unas relaciones políticas y económicas satisfactorias.

---

[2] Como recoge R. Tamames (1991), pág. 224, éste fue el primero, el segundo sería entre Napoleón y Alejandro I de Rusia (Erfurt, 1808), el tercero en Berlín (1885) y el cuarto el de Yalta (1945).

[3] Véase R. Tamames (1991), págs. 224 y ss.

El primer acuerdo mundial de protección del orden internacional fue el Tratado de Viena en 1815 (una vez superada la crisis de Napoleón), que fundamentalmente sentó las bases de un sistema de seguridad europeo y dos principios básicos y universales: la libertad de navegación y la abolición de la trata de negros. A ello se le unió el acuerdo entre el rey de Prusia, el emperador de Austria y el zar de Rusia y una serie de encuentros y tratados (lo que se llamó la política de congresos). A todo este sistema fue a lo que se le llamó la política de la Santa Alianza (llamada así por el origen de un pacto «en torno a un ideal cristiano común»). Pero se trataba de un acuerdo excesivamente débil, fácil de ser roto por cualquier desavenencia como así ocurrió; a partir de 1830 dejó de tener efectividad y fue vencida definitivamente por las revoluciones de 1848. Pero ya no era necesario el pacto dada la hegemonía indiscutible de Gran Bretaña, que fue imponiendo sus normas: librecambio, patrón-oro (véase capítulo 2). Fue la llamada «Pax Britannica», donde Inglaterra era la capital económica del mundo. La idea del liberalismo económico no permitía, sin embargo, regular el sistema para que respondiera a unos objetivos determinados, por lo que algunos han venido en llamar a este orden de carácter privado por la escasa actuación del Estado (los Estados) en él. No obstante, Inglaterra tenía de hecho la responsabilidad de administrar la economía mundial. Con ello se produjo un período de estabilidad y progreso, pero tampoco duró mucho; volvieron a surgir potencias (especialmente Alemania, pero también Francia) que rivalizaron con Gran Bretaña sobre todo a partir de 1870 y que provocarían la Primera Guerra Mundial[4].

Se trata de una época donde el equilibrio entre los distintos imperios coloniales (Inglaterra, Francia, Alemania, Austria-Hungría, Rusia) era inestable y sujeto a negociaciones y deliberaciones casi continuas. Estados Unidos y Japón también se habían convertido ya en grandes potencias que empezaban a desempeñar un papel internacional, mientras España se convertía en un país de tercera y China caía en una situación semicolonial[5].

Pero la Gran Guerra removería los cimientos del inestable orden haciendo imposible su continuidad. El miedo a una nueva guerra, la amenaza socialista y el caos financiero, económico y social hicieron prosperar la idea de la creación de una organización internacional que preservara el orden y la paz. Así surgió la *Sociedad de Naciones* (SDN). Ésta no respondía al reparto real del poder después de la Primera Guerra Mundial (Estados Unidos no entró a formar parte de ella, por ejemplo) y, por tanto, no podía prosperar. Fue usada fundamentalmente por Inglaterra y Francia para incrementar sus colonias a costa de los Imperios Alemán y Otomano. Realizó algunos intentos para mantener la paz (Conferencia de Desarme en 1932) y la estabilidad económica (Conferencia Económica Mundial de 1933), pero fue incapaz de conseguir uno y otro objetivo hasta su desaparición con la Segunda Guerra Mundial. Se trata de una etapa de desorden económico internacional más que de orden.

---

[4] Claro que hubo intentos de resolver los problemas antes de llegar a ello. El congreso de Berlín (1884-1985) fue una muestra.

[5] R. Tamames (1991), págs. 238-239.

En este período fue evidente el desplazamiento del centro económico y político hacia el oeste. Ya Inglaterra no ejercía el máximo poder que lo había pasado a manos de Estados Unidos. La URSS se estaba convirtiendo en una gran potencial rival y Japón disponía de un gran crecimiento económico. La idea de una economía mundial basada en Europa (mantenida por la SDN) no tenía ya apoyo suficiente.

3. EL OEI DE POSGUERRA: LA BIPOLARIDAD

Sólo con la Segunda Guerra Mundial se consiguieron aclarar las ideas internacionales y crear un orden más estable, aunque con tensiones. El liderazgo indiscutible de Estados Unidos en el área occidental se hizo patente, y la creación de una serie de organismos económicos permitió instrumentalizarlo en la organización de la economía mundial.

Se modificaron profundamente las intenciones y la moral económica. A diferencia de 1918 —momento en que los europeos occidentales se esforzaban por retornar a la «normalidad» anterior a la guerra, mientras los rusos lograban cambios revolucionarios en el aislamiento—, casi toda Europa emergió de la guerra en 1945 decidida a mejorar y cambiar la economía. En lugar de conflictos económicos entre americanos, ingleses, franceses y alemanes, se produjo la cooperación internacional para establecer una economía mundial liberal. En vez de drenar a Alemania con indemnizaciones, se prestó ayuda para que los alemanes se levantaran. En lugar de estancamiento y desintegración en Europa Occidental, hubo resurgimiento económico y un deseo de unificación política. Y dejando de construir su sistema en un país aislado, la Unión Soviética lo extendió a casi la totalidad de Europa Oriental.

La guerra demostró ser el nadir del fracaso económico y político. Se lograron los grandes ajustes necesarios. Con una mejor administración de las economías nacionales e internacionales, los europeos alcanzarían un resurgimiento económico increíble en la segunda mitad del período que nos ocupa[6]. Estados Unidos no elude su responsabilidad como primera potencia mundial, como había hecho después de la Primera Guerra Mundial, y establece una serie de medidas para ayudar a la reconstrucción y hacerse cargo de la defensa occidental. A cambio, los instrumentos del nuevo orden económico serán absolutamente favorables para este país y sus intereses.

Era necesario buscar una instrumentalización del orden que estaba surgiendo más concreto que los que se habían producido con anterioridad. Ni el llamado orden privado del siglo XIX bajo la tutela real aunque tácitamente de Gran Bretaña, ni el de los acuerdos y congresos, ni el surgido de la Primera Guerra Mundial alrededor de la Sociedad de Naciones tuvieron efectividad. Era necesario un orden económico —también político, social y militar— que interviniera más y con mayor poder para resolver los posibles problemas. Que evitara efectivamente el advenimiento

---

[6] J. Pinder (1976), págs. 354-535.

de otra guerra, que permitiera el diálogo entre los países, especialmente entre las grandes potencias, que regulara el comercio y lo llevara de la mano de nuevo hacia la libertad comercial, que estableciera normas concretas sobre el sistema monetario y financiero y que tuviera poder de controlarlo y hacerlo cumplir. Es decir, se trataba de hacer un *orden administrado.* Se respetaría la libertad económica pero no ya el *laissez faire* de antaño. Como en las economías nacionales, a escala internacional también se observa la necesidad de intervenir en la economía (la doctrina de Keynes hacía furor en esta época) y así se hizo. Se crea un gran número de organizaciones económicas internacionales alrededor también de una gran organización madre: las Naciones Unidas, que coordinará todo el sistema (véase capítulo 8).

No obstante, el acuerdo no fue a gusto de todos. La controversia se centró entre Gran Bretaña y Estados Unidos. Gran Bretaña quería mantener en el orden económico internacional una cierta proporción del amplio poder económico que había disfrutado con anterioridad. Estados Unidos no estaba dispuesto a ello. Como veremos en el capítulo 8, en la creación de cada una de las organizaciones internacionales estuvo presente esta controversia que resulta siempre a favor de Estados Unidos. Esto hizo que muy pronto se pensara en Europa en la creación de una organización de integración para incrementar el poder de negociación y la capacidad de acción en el mundo. Pero tampoco aquí fueron fáciles los acuerdos. Por supuesto, se tendrían que realizar en el interior de cada área europea: oriental y occidental. En la parte occidental había dos tendencias claras: los que pretendían una integración basada sólo en el libre comercio capitaneada por Gran Bretaña y seguida por la mayoría de los países nórdicos, y los que querían llegar más lejos, incluso a la unidad política, liderado por la RFA y Francia. No se llegó a un acuerdo y provocó una nueva división en Europa con sendas organizaciones, CEE y EFTA (véase capítulo 8), pero sí se consiguió aunque parcialmente el objetivo: incrementar el poder y el papel de Europa en el juego económico mundial.

El mundo que surge de la Segunda Guerra Mundial es un mundo *bipolar* basado en el «equilibrio de poderes». Estados Unidos se convierte en el líder indiscutible del mundo occidental, pero no del mundo entero. La URSS surge reforzada de la guerra, los países de la Europa del Este y Central acogen de una forma más o menos forzada el régimen comunista, con lo que la URSS abandona su aislamiento creando su propia zona de influencia que va creciendo con el tiempo. Comienza una nueva disputa imperialista entre los dos grandes colosos por anexionarse países y territorios de su órbita. No se trata ya de anexiones coloniales, sino de países más o menos libres que abrazan una u otra «religión» (capitalismo o socialismo) y que con ello entran a formar parte de uno de los dos bloques. Comienza así lo que se vino a llamar la «guerra fría», que no es otra cosa que la administración más o menos pacífica de esta tensión a través de las manifestaciones de fuerza que provoca la carrera armamentista y la conciencia de «equilibrio de poder». Todo ello demostrado en escenarios concretos (Corea, Vietnam...) que eviten la guerra total que acabaría con el mundo conocido. Se trata, lógicamente, de un equilibrio inestable basado fundamentalmente en el terror a una confrontación global que esta vez nos llevaría a la destrucción total.

Pero en estos primeros lustros después de la Segunda Guerra Mundial se produce, además, un fenómeno a destacar: la descolonización política de gran parte de los territorios que aún estaban bajo el dominio colonial en África y Asia. Surge así un gran número de países nuevos, antiguas colonias que van entrando en las Naciones Unidas y que comienzan a presionar (especialmente en la Asamblea General) para que se tengan en cuenta sus problemas. Las características de estos países van a ser su pobreza extrema y su incapacidad de conseguir una organización interna que les permita salir de su situación (véase capítulo 10). Por otro lado, ambos bloques pretenderán mantenerlos o conseguirlos para sus áreas de influencia dada la riqueza en materias primas que tienen la mayor parte de ellos. Mientras, ellos optarán en su mayoría por mantenerse al margen de sus disputas; «Países No Alineados», «Tercer Mundo» son expresiones que hacen referencia a estos temas.

Así, el mundo se organiza en esta época de una forma bipolar, dos grandes potencias con sus áreas de influencia, pero con un «tercer bloque o mundo» en discordia formado por los países más pobres y que comienzan a presionar —casi sin poder— a los otros dos mundos. Está forma de ver el mundo es absolutamente desconocida antes de la Segunda Guerra Mundial. Los países luego llamados subdesarrollados no eran considerados, el bloque socialista se limitaba a un solo país y las disputas se establecían entre potencias coloniales hoy ya despojadas casi totalmente de dichas colonias. Desaparece el colonialismo político (excepto a pequeños territorios casi anecdóticos) pero no la dependencia económica.

Son años de bonanza, la economía mundial está en rápido crecimiento. Europa se reconstruye rápidamente y empieza a crecer por encima de la media mundial y de Estados Unidos. Japón lo hará a un ritmo aún mayor. Esta diferencia de tasas de crecimiento va provocando un cambio de la situación. Europa sobre todo, aunque también Japón, comienza a intervenir más activamente en el escenario económico mundial. En el bloque socialista también se aprecia un crecimiento importante que lleva incluso a prever que se superará el nivel de vida de Estados Unidos, cosa que luego no ocurrió, pero que influyó en el juego de poderes. A medida que esto ocurría se hacía menos acorde las instituciones creadas para la organización económica mundial con la realidad y, por tanto, comenzaban a surgir disfuncionalidades.

Se produjo además, en esta época, otro cambio importante que incorporaba un nuevo poder que iba a desempeñar un papel preponderante en el escenario económico mundial: las empresas transnacionales. Se trata de un elemento privado a diferencia de los anteriores que, si no tenían apenas importancia antes de la Segunda Guerra Mundial, después de ésta se desarrolló de forma impresionante, hasta llegar a controlar gran parte de la producción y el comercio mundial, así como las finanzas. Además, se produce también aquí un fenómeno importante de integración y cooperación o acuerdo que centraliza aún más el poder económico privado en pocas manos, y que comienza a presionar, ya en los años setenta, para que disminuya el poder público e incremente el privado controlado por ellas.

En cierto sentido, el OEI de posguerra se parecía al del siglo XIX, pero con una mayor intervención de los estados —tanto a nivel nacional como internacional— y una mayor concentración del capital. A pesar de sus deficiencias que se pondrán más claramente de manifiesto en los puntos siguientes, el OEI de posguerra disfrutó de un gran éxito durante dos décadas (hasta finales de los sesenta). La estabilidad económica conseguida hizo posible un enorme crecimiento productivo, comercial y tecnológico así como el aumento asombroso del bienestar de amplios conjuntos de población. No obstante, no consiguió disminuir los desequilibrios de renta internacionales ni los riesgos de una guerra mundial devastadora.

4. CRÍTICAS AL ORDEN ECONÓMICO INTERNACIONAL DE POSGUERRA

La organización surgida de la Segunda Guerra Mundial fue funcional y sirvió más o menos a sus propósitos durante aproximadamente veinte años. De hecho, podemos decir que fue el primer orden económico realmente *mundial*, y como tal no puede ser rebajado su mérito. No obstante, tenía algunos problemas de base que luego iban a pasar factura; además, los cambios que se producirían en la realidad harían incrementar su disfuncionalidad. En este punto analizaremos las críticas al orden económico internacional de posguerra y en el siguiente la evolución de la realidad que lo hizo disfuncional.

El equilibrio político-militar estaba basado en una tensión que hacía que creciera de forma hasta cierto punto descontrolada la creación de instrumentos de guerra haciendo cada vez más peligroso cualquier conflicto entre los grandes (apretar el «botón» podía destruir la vida de todo el planeta). Es decir, era un equilibrio basado en el miedo y, por tanto, tremendamente peligroso. Además, provocaba una enorme sangría económica hacia la industria relacionada con ello: industria armamentística que se convirtió en una de las más poderosas de esta época.

Los intentos para resolver este problema no fueron suficientes. Las conversaciones de reducción de armamento a partir de 1958 con la doctrina de la coexistencia pacífica propiciada por Nikita Kruschev no consiguieron su propósito. Hubo que esperar al final de la guerra de Vietnam y a la crisis tanto del sistema capitalista como comunista y con ello a la imposibilidad de mantener los exorbitados gastos militares en ambas potencias, para que las conversaciones de desarme empezaran a dar fruto. Estas conversaciones empezaron en Helsinki el 17 de noviembre de 1969 y su primer resultado fue la firma de los tratados de limitación en la construcción de sistemas defensivos anticohetes (ABM) y de la fabricación de armamento estratégico ofensivo (ICMM) firmados el 26 de mayo de 1972. La situación empeoró a principios de los ochenta y no comenzó el camino recto hacia la solución real hasta 1986 (Conversaciones de Reikiavik) y todos los acontecimientos de desmantelamiento del bloque socialista posteriores que han significado de hecho el fin del mundo bipolar. Estos acuerdos fueron, no obstante, tímidos, hasta el producido entre George Bush y Boris Yeltsin en el Kremlin el 3 de enero de 1993 que permitía reducir a sólo un tercio los arsenales nucleares de ambas potencias, eliminando las armas consideradas como las más peligrosas (el acuerdo START II). Aunque esto sólo suponga que en el año 2003 alcanzaremos el nivel de finales de los años sesenta.

En el ámbito económico la situación se basaba en el crecimiento ininterrumpido de las economías y del comercio. Era necesario crecer ininterrumpidamente para mantener la estabilidad, para que todos estuviéramos de acuerdo con el OEI imperante. Pero era un crecimiento basado en el despilfarro sistemático de recursos naturales. Es decir, era un crecimiento que tenía un límite, porque el planeta y, por tanto, sus recursos tienen límite. Este despilfarro suicida se produjo de la misma manera en los dos sistemas económicos imperantes, porque ambos utilizaban la misma tecnología y para ambos el precio de los recursos era artificialmente barato (energía), insignificante (agua) o, incluso, inexistente (aire). El gran error era utilizar como ilimitado algo que era limitado (véase capítulo 9).

Además, ambos sistemas cometieron errores específicos que luego tendrían consecuencias importantes y que les llevarían a la crisis e incluso a la desaparición de uno de ellos. Vamos a analizarlo aunque sea brevemente.

4.1. Bloque socialista

El bloque socialista partía de dos problemas de principio que no serían resueltos adecuadamente a lo largo de su historia: no comenzó como estableció Marx en países con un capitalismo avanzado y no tenía un acervo teórico suficiente.

En relación al primero, efectivamente, Marx establecía en las etapas que nos llevarían al comunismo que el inicio se debería producir en los países que ya tuvieran un capitalismo avanzado, que sería el caldo de cultivo para la revolución que llevaría a la «dictadura del proletariado»; de ahí al socialismo que propiciaría el comunismo como paraíso último a conseguir. Esto no ocurrió en ninguno de los países que accedieron al sistema socialista. No ocurrió en Rusia, que en 1917 tenía una estructura económica pseudofederal, no ocurrió en los distintos países europeos (quizás con las excepciones parciales de Checoslovaquia y la RDA), no ocurrió en China, ni en los intentos africanos. Ello ha hecho que los regímenes comunistas hayan tenido que dedicar sus mayores y primeros esfuerzos a crear esa estructura económica lo suficientemente sólida como para después construir el socialismo. Todo ello ha distorsionado sin duda la implementación de este régimen.

En segundo lugar, es cierto el déficit teórico que a lo largo de la historia ha tenido este sistema. Los esfuerzos fundamentales de Marx y Engels no fueron orientados a la creación de una teoría socialista, sino a la crítica sistemática del sistema capitalista[7]. Los teóricos posteriores sólo han resuelto en parte este problema. Ello nos lleva a una ingenuidad excesiva en cuanto a la evolución hacia la sociedad sin clases y una improvisación en cuanto a la resolución de problemas que no ha favorecido la consecución de una trayectoria adecuada.

Además de estos dos elementos de origen, el sistema socialista no ha logrado resolver otros problemas básicos en los que no podemos entrar aquí, aunque son de

[7] La razón fundamental parece ser el miedo que tenían Marx y Engels a que se tacharan de «no científicos» sus trabajos.

una importancia radical. Por ejemplo, el problema del poder y su administración. El poder debe estar en el proletariado según la teoría marxista, pero debe ser administrado por un ente (el Estado) que represente adecuadamente al proletariado. Pero para ello el único sistema que parece que ha dado resultado ha sido la democracia y no la dictadura como de hecho ha ocurrido. Además, habría que estudiar la detentación real del poder que distorsiona cualquier organismo.

Un segundo problema no resuelto es el de la motivación de la población. En un primer momento fue fácil entusiasmar a las masas hambrientas con promesas, pero esto no se puede mantener eternamente, es necesario cumplir, al menos a cierto nivel, estas promesas, cosa que no ha ocurrido dado el esfuerzo en la industrialización y los gastos armamentísticos que detraían recursos que podían ir destinados al incremento del bienestar. Ello ha ido provocando un desánimo traducido en falta de productividad, fraudes, robos, mafias organizadas, etc., a todos los niveles. Esto se convierte en un círculo vicioso que puede acabar con la destrucción del sistema. Quizá todo ello se podía haber resuelto manteniendo una mayor participación del mercado y una cierta incentivación económica en relación con la productividad, así como una mayor descentralización de las decisiones, que es otro problema grave en estos países. La excesiva centralización de las decisiones ha hecho en muchos casos totalmente inviable la aplicación de los planes y ha provocado despilfarros y disfuncionalidades que han rayado a veces con lo patético, provocando, además, la aparición de una clase privilegiada: los burócratas.

Por último, aunque por supuesto hay más elementos y problemas, está la falta de flexibilidad para adaptarse a los cambios que se han ido produciendo y que han hecho que no se resuelvan las crisis de forma adecuada. Los desequilibrios entre sector industrial y agrario, los bajos niveles de vida, las tensiones inflacionistas y la aparición del «mercado negro» con cada vez más peso en la economía, los desajustes entre producción y consumo, los despilfarros de recursos, etc., son consecuencia de estos problemas. Todo ello hizo que el sistema entrara en crisis en los años sesenta y que se buscaran ciertas soluciones: descentralización, mayor atención al consumo, flexibilización y autonomía a las empresas con incentivos a la producción, los precios se ponen en relación con los costes, se recoge como indicador del plan los beneficios de las empresas. Es decir, se suavizan las medidas socialistas y se produce una cierta evolución a una economía mixta con elementos capitalistas, como también está ocurriendo en esta época con el sistema capitalista. Pero parece que las transformaciones del sistema no fueron suficientes, sino que la situación fue empeorando a lo largo de los años setenta y se hizo insoportable en los ochenta hasta llegar a su desintegración y desmantelamiento (véase capítulo 14).

4.2. Bloque capitalista

El bloque capitalista no se librará tampoco de la acumulación de errores que no permite resolver los problemas más graves planteados en su área de influencia, aunque sí lógicamente resolvió otros.

En efecto, logró que durante más de veinte años no se notaran de forma importante los efectos de la evolución cíclica y evitó con medidas de control que se incrementaran las diferencias de rentas en el interior de los países más ricos. Lo que no consiguió fue evitar que sí se incrementaran esas diferencias entre países ricos y pobres, entre el Norte y el Sur y sus relaciones, que se convierte en el problema más grave que tiene planteado hoy la humanidad.

Otro error que no supo evitar fue el exceso de poder acumulado en manos de un solo país: Estados Unidos, alrededor del cual basculaba la economía occidental. Los organismos económicos internacionales, que en un principio casi reflejaban el verdadero reparto de poder existente (Europa y Japón estaban destruidos por la guerra), pronto dejarían de hacerlo al producirse la reconstrucción y el incremento paulatino del poder por parte de estos bloques. Es verdad que esta variación en la situación fue en parte recogida por la cambiante importancia de los organismos. La OCDE y el Grupo de los Siete se convirtieron en el verdadero foro de discusión de los ricos, es decir, de los que tenían el poder, pero la organización occidental seguía manteniendo en una posición muy privilegiada a Estados Unidos cuando ya eso no reflejaba la realidad.

Por otra parte, si al sistema socialista se le achaca la falta de motivación privada, al sistema capitalista debe objetársele la falta de una verdadera preocupación social, dado que se basa quizá en exceso en la iniciativa y el interés privado. No obstante, esto se resolvió en parte después de la Segunda Guerra Mundial por el advenimiento del llamado Estado del Bienestar. Sin embargo, éste sólo fue eficaz durante las «vacas gordas» que permitía detraer de los presupuestos públicos amplias partidas de gasto social. Cuando esto no fue posible, el Estado del Bienestar entró en crisis y comenzó a cuestionarse su eficacia que no había sido de hecho una preocupación durante años. No obstante, el Estado del Bienestar se ha aplicado a niveles nacionales y no internacionales, con lo que los países subdesarrollados escasamente han disfrutado de esta compensación por el incremento de las desigualdades.

Dado que los países socialistas se aislaron del contexto internacional organizando entre ellos sus propias relaciones, pero evitando en lo posible la relación con los demás, quedó prácticamente en manos del sistema capitalista la responsabilidad de organizar el OEI, por lo que este orden respondió a sus necesidades y entró en crisis cuando no se supo adaptar a las circunstancias cambiantes y resolver los problemas que se iban planteando. Por esta razón, nos dedicaremos fundamentalmente a estudiar la crisis en el sistema capitalista y su efecto en el OEI, aunque los acontecimientos de los últimos años en los países socialistas (o ex socialistas) son los que más han propiciado los cambios y el desmantelamiento total de un orden que ya estaba muy tocado por la crisis ininterrumpida desde finales de los años sesenta.

5. CRISIS DEL OEI DE POSGUERRA

Podríamos realizar aquí una labor de análisis sistemático y pormenorizado de las diferentes crisis que, unidas, han provocado la necesidad de un cambio en el OEI. No obstante, esto se realizará en los capítulos correspondientes a lo largo de esta obra. El objetivo de este punto, por tanto, es algo más global, de síntesis y no de análisis.

Es difícil poner fecha exacta al inicio de las crisis del orden económico de posguerra. Si nos fijamos en los primeros síntomas podríamos retrotraernos a los inicios de la década de los sesenta; si nos fijamos en sus causas aún nos podríamos alejar más, como hemos visto en el punto anterior. Pero si nos fijamos en los hechos y más concretamente en los detonantes definitivos de la crisis nos tenemos que situar en los primeros años setenta: 1971 (15 de agosto), con la declaración de la no-convertibilidad del dólar en oro, y 1973, con la crisis del petróleo que provocó la reacción en cadena de las demás crisis y que —sobre todo— hizo tomar conciencia de la situación. Pero si el principio de la crisis es impreciso, también lo es o lo será su finalización. El desmantelamiento de los regímenes socialistas y la desaparición de la URSS han provocando la defunción definitiva del OEI sin que se haya sustituido aún por otro. Ello hace aún más imprevisible su configuración futura.

Por tanto, nos situamos en un período de tiempo amplio que va desde principios de los años setenta hasta hoy y quizá dure algunos años más. La situación, no obstante, ha cambiado mucho desde el principio de la crisis y la perspectiva a futuro es que seguirá cambiando aún más.

Quizá lo mejor sea dividir este período en tres grandes etapas, un poco artificialmente, es verdad, pero nos servirá a efectos pedagógicos. La primera, el inicio de la crisis y las primeras tomas de conciencia (1971-1978); la segunda, el recrudecimiento de la crisis económica del petróleo y de la guerra fría (1979-1985); por último, la tercera, se caracterizaría por la caída del sistema socialista y de la bipolaridad que, dado que era el elemento esencial del anterior orden, supone la muerte definitiva del mismo. Por debajo de todas estas etapas existe la búsqueda de la definición de un nuevo orden que sustituya al anterior y resuelva sus problemas. Las concepciones de ese nuevo orden han ido evolucionando con los acontecimientos, pero manteniendo ciertas líneas claras que serán —suponemos— la base del orden realmente emergente. Esas concepciones y su evolución, así como las perspectivas de futuro, serán desarrolladas en los siguientes puntos de este capítulo.

5.1. Primera etapa (1971-1978)

El peso relativo de las grandes potencias había cambiado sensiblemente una vez reconstruidas Europa y Japón. De hecho, Europa Occidental, unida en dos organizaciones: CEE y EFTA, y gracias a su gran crecimiento económico (muy superior al de Estados Unidos), había adquirido un gran peso económico de forma que no dependía de éste, sino que negociaba a niveles de mayor igualdad (interdependencia económica). Japón también había tenido una evolución parecida y se había convertido en una gran potencia. Otras economías de segundo orden seguían el mismo camino. De esta forma ya no era posible la hegemonía absoluta de Estados Unidos, que por otra parte estaba sumida en una cierta decadencia relativa debido a sus problemas económicos internos (déficit y pérdida de competitividad).

Esto hizo que, aunque nominalmente parecía que Estados Unidos seguía dominando, alrededor de 1970 realmente estábamos ya en una verdadera economía mundial policéntrica en la que ninguna de las economías sobresalientes en el mundo podía dominar a las demás. La crisis del petróleo y el incremento del precio de las materias primas hicieron, además, que apareciera una división clara en los países subdesarrollados entre aquellos que tenían materias primas que les permitía tener una posibilidad clara de salir de su situación (Tercer Mundo) y los que no disponían de ellas y que, por tanto, tenían muy pocas esperanzas (Cuarto Mundo, los desheredados, los que no cuentan). A su vez, algunas potencias de segundo orden entre los países subdesarrollados emergían con fuerza (China, Brasil, India, los países de la OPEP).

De alguna manera estábamos pasando de la época de dependencia económica (primero de Europa y luego de Estados Unidos) a la era de la interdependencia, donde las relaciones se hacen más complejas por la cantidad de países y zonas que deben tenerse en cuenta y por los distintos grados de asimetría que dentro de la interdependencia se producen: desde la simetría casi total entre los grandes (UE, Japón y Estados Unidos) hasta la dependencia total de los países del Cuarto Mundo hacia las grandes potencias. Además, comienza una cierta redistribución de las áreas de influencia con una tendencia clara a los grandes usos económicos.

La importancia creciente del comercio entre todas estas zonas, de las inversiones y traspaso de capital y de la actuación de las empresas transnacionales, va a ser decisiva para instrumentalizar esta interdependencia como veremos en los capítulos siguientes. Sólo decir aquí que el dominio del dólar en las transacciones económicas internacionales y de las ETN norteamericanas seguía dando una cierta ventaja a Estados Unidos en los equilibrios de poder económico, pero esa ventaja estaba parcialmente contrarrestada por la mayor participación de la UE en el comercio mundial (24% frente al 16% de Estados Unidos en 1970 y el incremento sucesivo de Japón (9% del comercio mundial en 1970).

Pero lo más importante es el incremento de la densidad de las relaciones que hacía muy profunda la interdependencia entre los tres grandes fundamentalmente (véanse capítulos correspondientes para cada elemento). Esta interdependencia también se incrementará entre los países del Este y del Oeste, hasta entonces bastante aislados entre sí (el crecimiento del comercio Este-Oeste fue muy superior al crecimiento del comercio mundial en los años sesenta y setenta).

Una de las realidades que se pondrá claramente de manifiesto en esta época es la debilidad de los organismos internacionales para imponer ciertas medidas correctoras o establecer un cierto orden, especialmente contra los estados más poderosos. Esto hizo que se generalizaran otros instrumentos de control o de coordinación: el Grupo de los Siete (constituido en 1975) comienza a tener fuerza dado que reunía a la mayoría de los países más ricos y, por tanto, a la mayoría del poder económico. Este grupo se empieza a convertir en una especie de gobierno económico mundial o al menos en el foro fundamental de coordinación de las políticas económicas internacionales. También la OCDE amplía sus funciones e influencias. Se hacía necesario —¿urgente?— alguna medida de este tipo para evitar que el caos generalizado nos llevara de nuevo a la situación vivida en los años treinta, de políticas nacionales que intentaran por separado resolver sus propios problemas; esto sólo conseguiría agravarlos en una espiral de proteccionismo y diminución de relaciones, de desintegración.

Las ETN se convierten también en un gran poder a escala mundial. Su proliferación y crecimiento hace que en los años setenta controlen al menos un tercio de la producción mundial. Además, se organizan en torno a la Trilateral para conseguir unos objetivos concretos comunes. La crisis financiera, a su vez, incrementará el poder de actuación de los bancos privados internacionales.

En definitiva, crece la competencia en todos los sentidos, especialmente por incrementar o mantener las cuotas de poder económico de cada uno de los agentes económicos en litigio. Ello hace que se incrementen los costes para mantener una hegemonía mundial, especialmente para Estados Unidos, para unos beneficios que comienzan a ser menores, y que obligará a este país —ya en la segunda y tercera etapa— a replantearse su responsabilidad internacional y a pedir que sea compartida lo mismo que se compartía ya de hecho el poder.

5.2. Segunda etapa (1979-1985)

En 1979 se produce la segunda crisis del petróleo, que aunque es menos intensa que la de 1973 («sólo» se multiplica por dos el precio del crudo), «llueve sobre mojado», ya que aún no nos habíamos recuperado de la anterior. Los países desarrollados —especialmente Estados Unidos— comienzan a establecer medidas duras de ajuste para reducir sus déficit: proteccionismo comercial, subida de los tipos de interés... Se trata de medidas al más puro estilo neoliberal monetarista. Se olvida lo ocurrido en la crisis de los años treinta y se comienza a desmantelar el muy desprestigiado entonces Estado del Bienestar. Comienzan la privatización de servicios públicos y la reducción de los presupuestos de prestaciones sociales; la doctrina Reagan-Thatcher culpaba al exceso de protección social y al sector público superdesarrollado de todos los males económicos que se venían sufriendo durante todos los años setenta. Se trata de un típico «pendulazo» cuando no se tienen soluciones nuevas. Si el liberalismo económico había fracasado y se había adoptado la doctrina keynesiana como salvadora de la situación planteada en los años treinta, se consideraba ahora que esta última también había fracasado y los defensores del liberalismo o neoliberalismo económico pudieron hacerse fuertes a falta de una doctrina alternativa mejor, aun conociéndose su fracaso anterior.

La crisis de los primeros años ochenta se dejó notar especialmente en los países subdesarrollados, que habían salvado la situación en los años setenta gracias a los créditos excepcionalmente baratos que la banca internacional ofrecía y que suscribieron quizá demasiado alegremente; ahora, sin embargo, los tipos de interés crecían espectacularmente y con ello la sangría económica de los países que se habían endeudado a tipos de interés incluso negativos en términos reales. Comienza el problema de la deuda externa y sus implicaciones internacionales que estudiaremos en su momento.

Comienzan también las dificultades en algunas de las potencias emergentes, especialmente en los países árabes ricos en petróleo. Estos países habían amasado una gran fortuna desde los años sesenta, pero especialmente desde 1973 que les había servido, no para desarrollar sus pueblos, sino fundamentalmente para adquirir un potencial bélico importante, fomentado por la industria de armamento de los países ricos, con el beneplácito de los gobiernos que veían ahí una forma de aliviar sus graves problemas económicos. Con ello llegará la inestabilidad política de la zona, a la que contribuyó de forma muy especial el florecimiento del fundamentalismo islámico y la siempre hostigadora nación israelí. Esto provoca un recrudecimiento de la guerra fría con la invasión de Afganistán en 1980, el momento más delicado de esta época. La cruenta guerra Irán-Irak (1981-1988) es otra muestra de ello. El error de fortalecer militarmente a Irak en esta contienda, viendo a Sadam Hussein un hombre moderado que pudiera servir de contrapeso al fundamentalismo, provocaría ya en plena tercera etapa el conflicto del Golfo (1990-1991), aunque, por supuesto, éste es un acontecimiento mucho más complejo que no puede ser tratado adecuadamente aquí.

Sólo al final de este período (1984-1985) comienzan a dar fruto los ajustes. La economía mundial tiene una tímida recuperación, pero a un coste excesivamente elevado; la pobreza se extiende no sólo por los países subdesarrollados, sino también en los desarrollados, que además cuentan con una protección social decreciente que no mitiga los efectos de la misma. Ello hace que la inestabilidad social empiece a crecer en la mayoría de los países.

Son años difíciles para todos, pero sobre todo para Estados Unidos, que ve cómo su hegemonía económica se debilita cada vez más en relación con una UE cada vez más fuerte y con más miembros y un Japón que mantiene récords de crecimiento sostenido.

Además, las diferencias entre los países ricos y pobres se incrementan sumiendo a una gran cantidad de países del Sur en una desesperanza radical bajo la indiferencia de los países del Norte. La división y jerarquización del Sur se profundiza y ello hace más difícil la integración en un frente común que luche por unos intereses determinados, que sí había existido durante los años sesenta y setenta en el Grupo de los 77 o Países No Alineados. La estrategia desde el Norte era clara: el Sur es una amenaza, no es posible eliminar por completo la pobreza para evitar el problema; lo que sí se puede hacer es dividir el Sur entre países con posibilidades —con poco esfuerzo— de salir de su situación de pobreza e inestabilidad y aquellos que sería muy costoso sacarlos de su situación. Se ayudará especialmente a los primeros por varias razones: primero por el coste inferior, segundo porque servirán de «tapón» para los demás países y tercero porque supondrá un incremento importante del mercado potencial de los productos del Norte.

Los organismos internacionales siguen siendo —en general— inoperantes y los acuerdos de coordinación se siguen realizando en el seno del G-7 y la OCDE como foros de coordinación de políticas internacionales.

5.3. Tercera etapa (1986-?)

A partir de 1985 se produce un hecho sorprendente que distorsionará todo el plan teamiento. La subida de Gorbachov al poder en la URSS va a desencadenar una se rie de acontecimientos. El anuncio de la reestructuración del sistema *(perestroika* y la liberalización de la información *(glasnost),* desde su mismo discurso de tom de posesión, puso todos los sentidos alerta en la esfera internacional. Se comenzó hablar abiertamente de la crisis profunda del sistema socialista real y la necesida de transformarlo. Se inicia una tímida reforma que no resolvería nada mientras e el exterior se desconfía de la estrategia de la URSS. Nadie, en estos primeros años podía imaginar la evolución posterior de los acontecimientos: la desaparición de l URSS y del bloque socialista por absorción o asimilación al capitalista; el final d la guerra fría y con ello la resolución progresiva de los conflictos bélicos que dis persos por el mundo tenían una relación con ella, Centroamérica, Afganistán, Irán Irak, etc. No obstante, se crearon o vieron la luz nuevas inestabilidades: Yugoslavia el sur de la CEI, las nuevas carreras nucleares entre países emergentes (por ejem plo, la disputa y las pruebas de India y Pakistán).

Esta etapa es la que más ha transformado las condiciones para un nuevo or den. Ha provocado la eliminación definitiva de la bipolaridad. Todo ello coincid con un amplio período de crecimiento económico (1984-1989) para los países de sarrollados, mientras los subdesarrollados viven la década más negra de su histori reciente («década perdida»), agobiados por la deuda externa y los desequilibrios in ternos.

Se produce también un nuevo reparto de influencia entre los grandes. A Europ Occidental le corresponderá tutelar los países de Europa del Este en su transición a capitalismo y a África, mientras que a Japón se le permite tener más influencia e Asia, y a Estados Unidos en América Latina. Se establecen nuevos organismos o pac tos que faciliten esta labor. En definitiva, se profundiza la nueva jerarquización eco nómica a escala mundial, donde Rusia aparece como una potencia de segundo or den con graves problemas para superar su crisis y transformación, y China que v escalando puestos en el contexto internacional y también se consolida como una po tencia a tener en cuenta, de segundo orden todavía pero con claras posibilidades d convertirse en una de las grandes. El resto de los países socialistas se dividen entr países con posibilidades de salir de su situación y llegar a un cierto desarrollo eco nómico dentro de la órbita de la UE, y otros que directamente formarán parte de lo países del Tercer Mundo. Terminología que comienza a ser anacrónica una vez de saparecido el Segundo Mundo como tal.

Esta profundización de la jerarquización económica se complementa con una su cesiva *regionalización* de la economía mundial a lo largo de los años noventa. A l cada vez más estrecha integración dentro de la UE y su ampliación a nuevos paíse le responde Estados Unidos con la creación de una zona de libre cambio con Cana dá primero y México después (NAFTA) con vocación de extenderse por Améric Latina bien directamente (para aquellos países con un mercado potencial importan te y una economía lo suficientemente equilibrada: Chile, Brasil, Argentina) o bie a través de la Iniciativa para las Américas para el resto de los países americanos, que recibirían ayuda de Estados Unidos pero con una consideración menor.

Así, en América tendríamos una primera potencia —Estados Unidos— con Canadá casi a su nivel de desarrollo y con una muy estrecha relación. Varias potencias de segundo orden con una relación también privilegiada con las primeras (México, Chile, Brasil, Argentina...). Y, por último, todos los demás países de América, con diferencias y jerarquización entre ellos. A su vez entre los países de América Latina se producen varios intentos de integración con mayor o menor éxito como veremos en el capítulo 15; destacamos aquí por su importancia y posibilidades MERCOSUR, que puede convertirse en una potencia con gran influencia en la zona y que desarrolla sus propias relaciones en el contexto mundial (recuérdense los convenios de cooperación con la UE, por ejemplo).

Pero es en Europa donde se puede ver el ejemplo más desarrollado y exitoso de regionalización/integración económica (se estudiará detenidamente en los capítulos 12 y 13). Aquí las relaciones basculan en torno y dentro de la UE. La sucesiva integración en la misma de los países europeos no incluidos ha hecho que desaparezcan otras realidades como la EFTA, que casi ha perdido su razón de ser, la llamada Casa Común Europea que aglutinaba a través de acuerdos de cooperación o de asociación a todos los países europeos del este en transición hacia el capitalismo, y hoy en día también en transición a la integración en la UE a distinto ritmo cada uno. Aquellos países europeos que no se integren en la UE quedarán, no obstante, ligados a ella a través de acuerdos más o menos estrechos. Lo mismo ocurrirá, aunque a otro nivel, con el resto de países mediterráneos. De alguna manera se les considera «tapón» a la emigración desde el resto de África. A ellos se destina buena parte de la ayuda al desarrollo de la UE. El resto de los países llamados ACP (África, Caribe y el Pacífico) están vinculados a la UE por su antigua relación colonial, actualizada a través de los acuerdos de Lomé. Son países que prácticamente no cuentan en el contexto internacional y que la relación con la UE casi se reduce a la ayuda asistencial que reciben de ella y al relativamente escaso, aunque preferente, intercambio comercial.

Por último, Japón, como primera potencia en Asia, está desarrollando un programa de acercamiento e integración con los países del Sudeste Asiático, especialmente con los nuevos países industrializados (NPIA), que se han desarrollado muy rápidamente pero no de una forma muy equilibrada y a costa de un trato casi esclavista de los trabajadores, por lo que no es raro que se produzcan crisis como la que están sufriendo en la actualidad, de dimensiones aún no fáciles de delimitar. La situación en esta zona está en general menos clara que en el resto. No sólo por la situación de crisis, sino también porque las relaciones no se encuentran suficientemente articuladas, y, además, existen potencias de segundo orden aún que muy probablemente accedan a un liderato mayor en no mucho tiempo (China e India fundamentalmente).

Rusia, por su parte, tiene un futuro incierto. En las más de década y media de transformaciones no ha sido capaz de poner orden en su economía y depende de las financiaciones del FMI para conseguir los equilibrios inestables en los que se mueve cuando no cae en los desequilibrios más sonoros (ejemplo, lo ocurrido a mediados de 1998). De momento, en el mejor de los casos, no pasará de ser una potencia de segundo orden en el tema económico, aunque no así en el político-militar por el enorme arsenal nuclear que mantiene. Australia, líder indiscutible en Oceanía, también debe ser considerada como potencia aunque secundaria, con buenas relaciones tanto con la UE como con Estados Unidos y Japón y los NPIA.

En cuanto a la situación de los organismos económicos internacionales que coordinan este orden, no parece que haya cambiado mucho en esta última década. Siguen estando en segundo plano, excepto los que tienen como finalidad la integración económica que parece que ha tomado nuevo impulso con el éxito de la UE y su moneda única. Esto pone de manifiesto una vez más que la tendencia en el tránsito entre los dos milenios es la mundialización regionalizada que parece va a caracterizar el Orden Económico Mundial de esta primera parte del siglo XXI. Por otra parte, sigue el incremento en importancia de las reuniones o «cumbres» periódicas entre los máximos mandatarios de los países más poderosos (Grupo de los Siete) a la hora de coordinar las políticas económicas. No obstante, como veremos en el punto siguiente, se trata de intentos excesivamente tímidos, pero que quizás no se pretende más, dado que esta ausencia de regulación y de orden favorece a ciertos agentes económicos internacionales, como son las ETN y los grandes agentes financieros, que abogan por la liberalización total de las finanzas y los mercados, sin organismo ni leyes reguladoras.

No parece que en el futuro inmediato pasemos a una situación diferente. La UE con el euro y su Unidad Económica y Monetaria y con sus sucesivas ampliaciones recabará aún más peso relativo en relación con los otros dos bloques, Estados Unidos se mantendrá en una situación estable y Japón sigue debilitándose debido a la crisis de finales de los noventa que parece tiene un calado superior al que en principio se pensaba. China, India y otras zonas seguirán contando cada vez más en el contexto internacional, y los desheredados de la tierra parece que lo seguirán siendo. No obstante, en el punto siguiente recogemos a modo de resumen las tendencias más destacadas para ese nuevo orden económico internacional o mundial que la mayoría esperamos y nunca llega, quizá porque a los agentes más poderosos no les interese.

6. PERSPECTIVAS DE FUTURO

Como hemos dicho anteriormente, la incertidumbre domina ampliamente a la hora de mirar el futuro e intentar vislumbrar hacia qué orden económico mundial vamos. No es posible aventurar un estado final en esta transformación a ritmo vertiginoso.

No obstante, parece que algunas ideas sí pueden perfilarse al menos tímidamente:

— Se ha incrementado y continúa el proceso de mundialización de la economía y con ello la intensificación y complejización de las relaciones. Es claro que sea el que sea el orden económico resultante será *mundial*.

— La interdependencia creciente entre los centros está ayudando a unas relaciones más multipolares y menos jerarquizadas en la cumbre.

— Los tres grandes centros económicos mantendrán sus relaciones cada vez más estrechas de cooperación, pero con conflictos y contradicciones que podrían llegar a ser importantes. Sobre ellos bascülará todo el juego económico mundial concentrando cada vez más el poder y reestructurando de alguna manera sus áreas de influencia.

— La concentración del poder alrededor de estos tres centros junto con alguno más de segundo orden, no elimina la posibilidad de una descentralización jerarquizada en niveles: primero mundial coordinado bajo un único ente decisor o coordinador, lo que se viene en llamar «Gobierno Económico Mundial», más o menos explícito y reglamentado (G-3, G-7, G-8, OCDE..., servirán a estos efectos mientras no se cree alguno más apropiado); segundo, regional, en grandes áreas de influencia ante señaladas —efectivamente, se observa un proceso de *regionalización* de la economía mundial demostrado por los cada vez más abundantes y exitosos procesos de integración económica—, y, por último, el nacional, que mantendrá algo de su importancia aunque cada vez más mermada. En definitiva, en palabras de J. L. Sampedro pronunciadas hace casi tres décadas, «vamos hacia una mundialización regionalizada».

— Se observa un cambio en el papel que en todo esto desempeña el Sur, mucho más fragmentado, donde, por una parte, los países con mayor estabilidad económica y política y mejores posibilidades de salir de su situación de pobreza serán incorporados al sistema como suministradores de una amplia demanda potencial que resuelva los problemas de exceso de oferta a las grandes empresas del Norte, mientras los países que aquí aún calificamos «Cuarto Mundo» desempeñan un papel aún más marginal con dificultades para su propia supervivencia. La fuerza militar, especialmente la nuclear, que están adquiriendo cada vez más países del Sur, hace que la situación pueda ser muy inestable (recuérdense los ensayos nucleares de India rápidamente contestados por Pakistán).

— El único sistema imperante será el capitalista, aunque tendrá que sufrir transformaciones importantes para adaptarse a la realidad cambiante y para dar una respuesta a los graves problemas planteados a nivel universal (deterioro ambiental, pobreza generalizada en más de la mitad de los países del mundo, etc.).

— Existe la convicción generalizada entre los grandes de que sólo es posible salir de esta incertidumbre de equilibrios cada vez más inestables con una coordinación estrecha de las políticas económicas nacionales o regionales establecida por el consenso entre los bloques. Lo que no parece tan aceptado es que esa coordinación se realice en organismos mundiales que tengan encomendada esa misión y que impongan una regulación de la actividad económica según los intereses mundiales y no nacionales o de bloque. Parece que los países más industrializados del mundo se encuentran cómodos con la forma de coordinación actual entre ellos sin dar participación ni a más países ni a la población de sus países, es decir, sustrayendo estas decisiones de lo que sería cualquier juego democrático.

— Los organismos económicos internacionales surgidos después de la Segunda Guerra Mundial, por tanto, ya no son adecuados y se hace necesario un replanteamiento global de la cuestión.
— El nuevo orden deberá resolver o al menos aportar iniciativa sobre dos de los más graves problemas planteados en la actualidad a largo plazo y de forma global: la pobreza generalizada en la mayoría de los países del mundo y el deterioro ecológico.
— Existe una crisis no sólo económica, sino también de ideas a la hora de resolver los graves problemas planteados.
— Es necesario ayudar a la integración de las economías del Este en este orden económico, especialmente a Rusia, que podría convertirse en un foco de inestabilidad mundial insostenible.

LECTURAS RECOMENDADAS

Cipolla, C. (1985): *Historia económica de Europa (6): Economías contemporáneas (1),* Ariel, Barcelona.

Leontief, W. (1977): *El futuro de la economía mundial,* Siglo XIX, México.

Pinder, J. (1976): «Europa en la economía mundial. 1920-1970». En Cipolla (1985), *Historia económica de Europa (6): Economías contemporáneas (1),* Ariel, Barcelona.

Tamames, R. (1991): *Un nuevo orden mundial,* Espasa Calpe, Madrid.

Varela, M. (1991): *Organización Económica Internacional,* Pirámide, Madrid.

Wallace, I. (1992): *The Global Economic System,* Onwin Hyman, Londres.

PARTE SEGUNDA

Subsistemas de la Economía Mundial

5 Sistema productivo. De la edad de oro a la paradoja de los años noventa

Dolores Redondo Toronjo

Cuando me preguntan a dónde voy, contesto de dónde vengo.

Proverbio negro norteamericano

1. INTRODUCCIÓN

El sistema internacional relativamente estable y coherente que el mundo ha conocido tras la Segunda Guerra Mundial comenzó a cambiar radicalmente en la segunda mitad de la década de los setenta, entrando en una fase de inestabilidad y de incertidumbre. Las certezas sobre las cuales los actores económicos y los estados basaban sus decisiones se vinieron abajo.

Esa situación hizo que en la euforia de los años sesenta, Paul Samuelson, premio Nobel de Economía, se dejase llevar por el optimismo reinante y calificó a la economía de «ciencia alegre del crecimiento». En esa época, la mayoría de los economistas pensaban que habían descubierto unas recetas que permitían reducir o amortiguar las fluctuaciones o posibles recesiones (mediante políticas económicas keynesianas), y ello en torno a una tendencia permanente de crecimiento. Las crisis cíclicas y las fases duraderas de recesión habían finalizado.

Con estos planteamientos se olvidaba que no existe una teoría económica única que es lo que pretenden exponer la mayoría de los manuales tanto de microeconomía como de macroeconomía, aunque exista en algunas ocasiones un lenguaje común. A la hora, no obstante, de analizar grandes cuestiones se establecen diferencias notorias. Por supuesto, la economía tiene un fuerte aparato analítico y un gran desarrollo empírico, no es una ciencia neutra y técnica (aunque requiera de fuerte conocimiento técnico). No hay una sola teoría, sino varias. No existe, por tanto, una respuesta única a los problemas que se plantean[1].

[1] C. Berzosa et alia (1996).

Hoy todo el mundo es consciente de que profundos cambios cualitativos están afectando a las relaciones económicas internacionales y, por tanto, a la economía mundial. La rapidez e intensidad de los cambios políticos, económicos, tecnológicos y sociales, es sin duda una de las características destacadas de los últimos veinte años. De ahí la dificultad en el estudio del sistema productivo a nivel mundial.

Pero cuando se analiza la economía mundial de manera general, los verdaderos protagonistas son las economías capitalistas desarrolladas que ocupan la posición central en la dinámica capitalista. El capitalismo es hoy el modo de producción dominante en el mundo y se desenvuelve a escala planetaria, de manera que el desarrollo y el subdesarrollo son interdependientes. A principios del siglo XIX, la industria capitalista era un caso aislado en medio de un mundo de campesinos y artesanos. En la actualidad, la riqueza material sólo se ha incrementado de forma significativa en los países capitalistas avanzados, habiendo aumentado la desigualdad que se da a escala mundial y la polarización social y económica.

El análisis del escenario internacional pasa, por tanto, por los estudios de estas economías desarrolladas, ya que éstas son hegemónicas, y se convierten en el marco determinante del proceso de acumulación y reproducción ampliada del sistema capitalista.

La estructura económica de las formaciones capitalista centrales se ha modificado profundamente durante el proceso de quiebra del modelo de acumulación configurado al concluir la Segunda Guerra Mundial.

En este trabajo no vamos a realizar un amplio estudio de los distintos sectores productivos, sino que presentamos algunas cuestiones que nos parecen de gran interés y que normalmente no aparecen en los manuales clásicos de economía mundial. Nuestra reflexión se enmarca en el papel que han interpretado dos aspectos básicos en el estudio del sistema productivo mundial y que ha marcado toda la economía de los países de capitalismo avanzado durante todo el siglo XX: el fordismo como modo de producción determinante para el crecimiento económico y la consolidación del Estado de Bienestar como estado garante de esta fase de acumulación del capital. Posteriormente nos centraremos en algunos factores de gran interés para el debate y la reflexión en los países ricos en el umbral del siglo XXI. Por un lado el aumento de la exclusión social y por otro la crisis del empleo y, por tanto, la pérdida de éste como factor esencial de cohesión social en los países capitalistas avanzados[2]. Nos centramos en la hipótesis de que el sistema capitalista es un sistema dinámico (bajo los efectos de la acumulación del capital, de los conflictos sociales y del cam-

[2] Muchos de nuestros análisis se han basado en los estudios que han realizado distintos autores heterodoxos (Michel Aglietta y Robert Boyer, entre otros) pertenecientes a la Teoría de la Regulación. Estos economistas fueron de los primeros en pronosticar la crisis estructural de la configuración económica, social e institucional del modelo de crecimiento que se desarrollaba tras la Segunda Guerra Mundial. Éstos centran sus análisis en los determinantes de la acumulación de capital en un largo período, pero también buscan una articulación entre los análisis históricos, entre lo económico y lo social. Esta referencia a la historia, lleva a negar el postulado neoclásico sobre la existencia de leyes económicas universales y atemporales y centran sus estudios en la variabilidad en el tiempo y el espacio de las dinámicas económicas y sociales. Además, analizan las diferencias existentes entre los agentes, sin olvidar los pactos, los convenios o las reglas que les permiten interactuar y ajustar sus comportamientos.

bio tecnológico) que sólo llega a reproducir sus relaciones sociales mediante la adaptación continua a las transformaciones y desequilibrios que él mismo impulsa.

Pretendemos, pues, con este apartado acercar al lector a los temas que han centrado los debates en esta última mitad del siglo: organización del trabajo, estrategias empresariales, terciarización de la economía, internacionalización y cuestionamiento de la intervención económica y social del Estado. Se debe leer como una síntesis, por supuesto en estrecha relación con los demás capítulos de este manual, pero también creemos que debe ser leído como una aproximación al contexto donde se deben estudiar las tendencias de la economía del siglo XXI.

2. ALGUNOS ANTECEDENTES HISTÓRICOS. DE LA RECESIÓN DE LOS AÑOS TREINTA AL CRECIMIENTO DE LOS AÑOS DE ESPLENDOR

El capitalismo en el mundo occidental ha tenido una gran capacidad de progreso y de mejora de la situación material de toda la población, incluida la clase trabajadora, aunque se haya producido de un modo desigual en los países desarrollados. Hoy el Producto Interior Bruto mundial se ha multiplicado por sesenta. Su renta es hoy catorce veces mayor que en 1820[3].

El capitalismo representa, por tanto, frente a otros modos de producción anteriores, una gran capacidad para impulsar la acumulación de capital y el progreso técnico. Ahora bien, el capitalismo, incluso en los lugares en los que ha tenido éxito, no está exento de contradicciones importantes. Una de las más significativas es la que viene motivada por la existencia de las crisis que sacuden el sistema económico.

Una de las más importante es la crisis de 1929. No existe consenso entre economistas e historiadores sobre cuáles fueron los principales factores desencadenantes de esta crisis. Entre las causas, no obstante, que llevaron a la Gran Depresión, seguramente la principal consistió en el hecho de la sobreproducción creada especialmente en Estados Unidos entre 1925 y 1929[4], aunque repercutió en el ámbito mundial. El factor generalizador de esta crisis proveniente de los Estados Unidos al resto del mundo fue el hecho de que el *crack* bursátil de Nueva York alteró profundamente el circuito de fondos que mantenía el nivel de intercambio y de la actividad económica en los países occidentales.

En Europa, la crisis provocó un aumento en la defensa de los sistemas productivos nacionales frente a la caída de precios en el mercado internacional. El régimen liberal de comercio y cambios hacía altamente vulnerables los sistemas productivos. El resultado fue la defensa, cada uno a su manera, de su economía nacional.

---

[3] C. Berzosa et alia (1996).

[4] R. Tamames (1995).

Por supuesto, hubo intentos de resolver la crisis a nivel global[5]: la mayoría de los países industrializados habían optado por un sistema de aranceles altos, restricciones cuantitativas en fronteras, controles de cambio y acuerdos para liquidar los pagos internacionales. El proteccionismo vencía y no habría de ceder hasta 1948.

Habría que esperar a 1947 para apreciar la aplicación de las políticas keynesianas para el mantenimiento del pleno empleo a través de un mejor uso de las medidas monetarias, fiscales o de gasto público entre otros. Para la teoría keynesiana, el aspecto de gran importancia es la revolución que se desarrolla tras 1945 en materia de concepción de política económica, sobre todo en materia de intervención y de mejora en el conocimiento de la naturaleza del proceso que está en el origen del crecimiento.

3. CARACTERÍSTICAS DEL MODELO DE DESARROLLO TRAS LA SEGUNDA GUERRA MUNDIAL

El final de la Segunda Guerra Mundial plantea un verdadero trastorno tanto del régimen internacional como de los compromisos sociopolíticos internos. En efecto, las economías capitalistas no se reconstruyen como anteriormente, sino que conocen verdaderas mutaciones en sus formas de organización. Por una parte, los dirigentes políticos, tanto americanos como europeos y japoneses, toman conciencia de la concatenación de los acontecimientos que implicaron la Segunda Guerra Mundial y que se debía ahora evitar a toda costa. Por otra parte, la urgencia en la reconstrucción implicaba descartar a políticos y financieros que habían tenido gran importancia entre 1920 y 1945. Es así como se crearía un espacio para una nueva generación de empresarios, responsables políticos y sindicalistas. Es en este ambiente donde se va a desarrollar una serie de compromisos que permitirían un crecimiento sin precedentes.

En los años cincuenta y sesenta el crecimiento económico registrado en países como Alemania, Francia o Japón echaron por tierra las teorías económicas dominantes en los años cincuenta. Las tasas de crecimiento alcanzadas por Japón fueron impresionantes. Este fenómeno se prolongó hasta principios de los años setenta.

Este modelo de desarrollo denominado como fordismo se construyó sobre la base de varios aspectos importantes[6].

a) *Nuevo orden internacional*

Tras la Segunda Guerra Mundial, son los Estados Unidos los que van a concentrar lo esencial del poder en materia de relaciones internacionales: al poder militar

[5] Para ello se convocó la Conferencia Económica Mundial en Londres, que se desarrolló entre abril y julio de 1933.

[6] R. Boyer (1996).

y diplomático se añade la tecnología, el poder económico y financiero y hasta la ideología que asocia americanización y modernización.

El Plan Marshall de ayuda a la reconstrucción de Europa permite lanzar el proceso de reconstrucción y la adopción-adaptación de la producción y consumo de masa.

b) *Nueva relación salarial*

La organización del trabajo lo que pretende es conseguir el aumento de la productividad del trabajo industrial mediante una mayor racionalización que evite en lo posible las pérdidas de tiempo en el horario laboral, por lo que el rendimiento de la fuerza de trabajo es el eje en el que descansa.

El fordismo se puede considerar como una superación del taylorismo[7] y significa la articulación del proceso de producción con el modo de consumo debido a que instaura un incremento importante de la productividad (posibilidad de aumento de los salarios reales y beneficios) y la producción de bienes de consumo en masa (como consecuencia del aumento de los salarios y del crédito al consumo).

Este segundo cambio es de suma importancia y afecta, por tanto, directamente a la organización de la producción, la codificación del contrato de trabajo, la formación de los salarios y la cobertura social.

Y ello va a provocar grandes cambios según las modalidades ligadas al contexto social y político de cada país, donde los asalariados van a imponer y obtener una institucionalización de su estatus. Éste es un punto de ruptura importante en relación a la fuerza de los mercados en los años anteriores a la Segunda Guerra Mundial, y que provocó la grave crisis social de esa época.

c) *Una nueva forma de competencia*

La competencia es la forma específica que adoptan las relaciones entre los diferentes capitalistas. Se define a ésta como el lugar en el cual se confrontan entre sí las distintas mercancías. De ahí que normalmente la competencia haya adoptado la forma de competencia en precios y calidades.

Desde finales del siglo pasado, el ámbito de la competencia es el mercado nacional, aunque, no obstante, el desarrollo capitalista ha ido modificando la situación. La tendencia a la concentración y centralización del capital llevó al desarrollo y difusión de las grandes empresas. La expansión de las sociedades anónimas, que en la mitad del siglo XIX eran la excepción, ha hecho ahora que sean la regla. Además, se fueron desarrollando los trusts, holdings y sociedades multinacionales.

---

[7] El taylorismo alcanzó su auge en Estados Unidos en las industrias de transformación de metales, a finales del siglo XIX, y debe su nombre a F. W. Taylor, que expuso sus teorías en distintas obras. El taylorismo se caracteriza por el estudio sistemático de todas y cada una de las tareas que realiza un trabajador para descomponerlas en operaciones simples, estableciendo normas precisas para su ejecución y asignando tiempos en las mismas. Consiste, pues, en la introducción de la norma y el cronómetro en el proceso de trabajo.

Este proceso de concentración de las unidades productivas es, por consiguiente, consecuencia de la acumulación de capital, del incremento del progreso tecnológico y de la economía de escala.

d) *Nuevas relaciones moneda-crédito*

Todos los cambios anteriores no podían haberse desarrollado si no se hubiera producido un cambio profundo en las relaciones entre moneda y crédito.

La competencia y el crédito han incrementado la concentración: la competencia ha favorecido las inversiones a gran escala debido a los menores costes de producción, mientras que el sistema de crédito ha permitido la intensificación de la concentración.

e) *El intervencionismo estatal*

La acumulación de capital no se puede llevar a cabo sin el apoyo del Estado. Siempre ha sido así en el desarrollo del capitalismo. No obstante, el intervencionismo estatal tras la Segunda Guerra Mundial va a tener dos pilares básicos: Keynes y Beveridge. A partir de estos dos autores, el Estado va a ejercer un apoyo importante en la forma en que funciona la economía, en su poder y en su tamaño. Más adelante profundizaremos sobre la importancia del Estado denominado de Bienestar en el desarrollo del modelo de crecimiento fordista.

Las principales formas de intervención fueron las siguientes[8]:

- La regulación de la demanda cuyo fin era esencialmente la estimulación de la demanda efectiva y estabilización del ciclo económico.
- El crecimiento del Estado de Bienestar, es decir, el desarrollo de la legislación y servicios sociales y cuyo rasgo básico es la universalización de las prestaciones sociales y el establecimiento de mecanismos de redistribución de la renta. En otro apartado señalaremos los aspectos más relevantes en relación a este tipo de Estado.
- La reglamentación estatal de la actividad económica. El gran cambio, sin embargo, se hará en materia de las relaciones Estado-economía. El Estado moderno se introduce en todas las áreas de la vida económica. Aparte del campo de la política social, reglamenta la esfera de las empresas mercantiles, interviene en el mercado de trabajo y en las relaciones laborales e industriales, etcétera. Muchas de estas intervenciones se dieron siempre, pero lo característico de esta época de economía mixta es que la intervención se incrementó notablemente.
- La nacionalización de empresas. Uno de los elementos esenciales es la conversión del Estado en un productor directo de bienes y servicios para la ven-

[8] C. Berzosa et alia (1996), pág. 119.

ta. Es, sin duda, uno de los aspectos más complejos de la intervención estatal; además existen diferencias notables entre países, que han respondido a causas diversas.

El Estado se convirtió así en *regulador, demandante y productor,* de manera que sus actividades produjeron importantes beneficios, los cuales contribuyeron al impresionante crecimiento económico que se produjo entre los años cincuenta y sesenta y que los distintos autores franceses han denominado «Les trente Glorieuses».

Pero para comprender este fenómeno de fuerte crecimiento, dos factores son básicos en esa fase de acumulación del capital. Por una parte, el modo de producción que se ha venido a denominar como fordista, que ha sido más que un proceso y una forma de organización del trabajo[9], y un segundo aspecto que en los últimos tiempos se está estudiando con profundidad, y es el papel del Estado de Bienestar en esta fase de acumulación.

3.1. El fordismo: un modo de desarrollo sin precedentes

Por sistema productivo «fordista» se entiende el sistema productivo que predomina tras la Segunda Guerra Mundial y que se configura alrededor de unos grandes objetivos que permitían la complementariedad entre unos principios, una organización empresarial y una relación salarial (figura 5.1).

Cuatro objetivos estaban en la base de este modelo:

a) La reducción de los tiempos operativos mediante la racionalización y una fuerte mecanización.
b) La organización de una estricta jerarquía entre la concepción y la fabricación y comercialización.
c) El incremento del consumo de masas.
d) La consolidación del modelo empresarial de gran empresa.

Este sistema manifestaba, con estas articulaciones, una coherencia fuerte y dinámica, puesto que permitía amortiguar los conflictos y reconvertirlos en elementos estabilizadores del modo de regulación[10] en vigor. Además, este sistema podía insertarse en prácticas y tradiciones nacionales variadas.

Distintos estudios han mostrado que los distintos países pertenecientes a la OCDE han desarrollado este modelo de manera diferente: fordismo impulsado en los Estados Unidos por las grandes corporaciones, en Francia es el propio Estado quien lo

[9] E. Palazuelos et alia (1987).

[10] La Teoría de la Regulación entiende por regulación el proceso dinámico de adaptación del capitalismo que se lleva a cabo en cada fase de desarrollo, así como las formas históricas que aseguren este proceso.

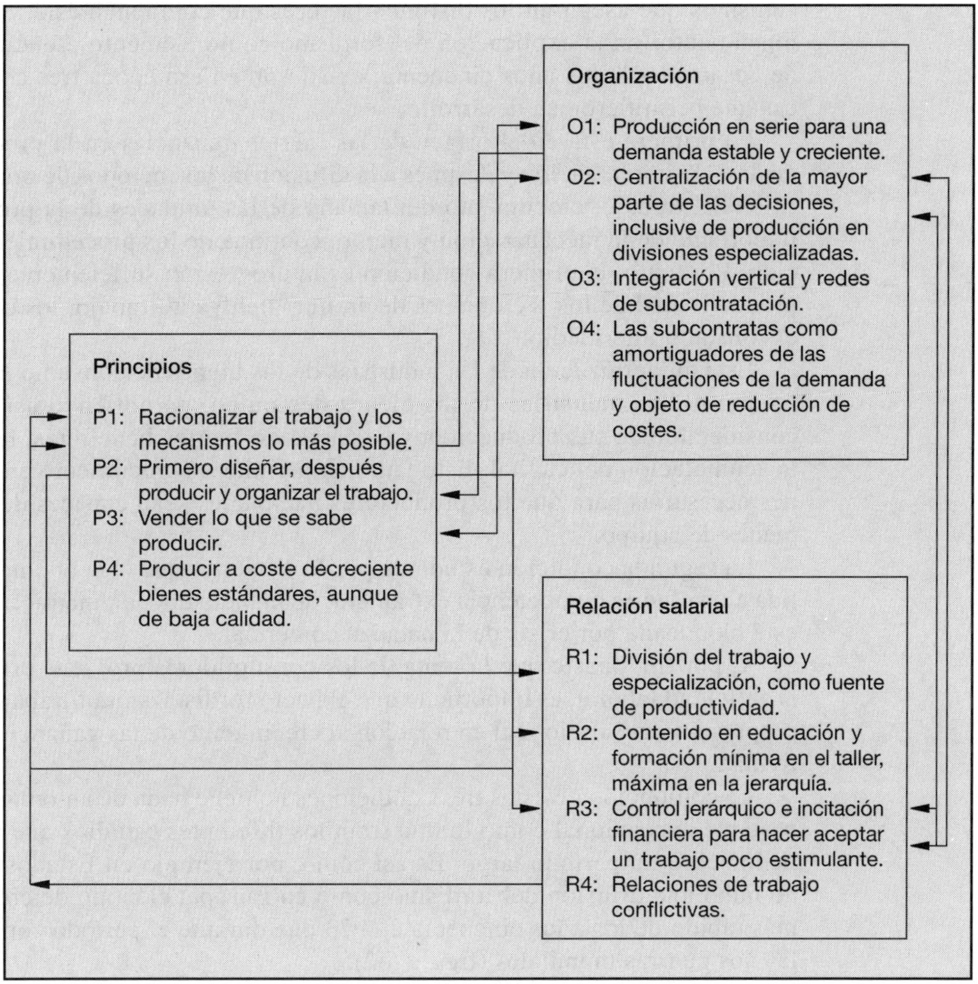

Figura 5.1. Sistema productivo fordista.

impulsa, en el Reino Unido los sindicatos tienen un papel importante, en la República Federal Alemana el sistema de formación permitía calificaciones elevadas y polivalentes en contraposición con el modelo puro fordista. Finalmente, los diferentes estudios existentes muestran desde distintos enfoques la existencia de fuertes diferencias nacionales alrededor de un modelo general dotado de una gran estabilidad. Además, como señala R. Boyer[11] en distintos trabajos la idea misma de un sistema productivo presupone la persistencia en un período relativamente largo de los me-

[11] R. Boyer (1996).

canismos que aseguran los distintos factores que componen éste. Siguiendo a este mismo autor en la explicación del fordismo como elemento esencial en el modelo de desarrollo de los años cincuenta, existieron en esa época tres condiciones básicas que permitieron su desarrollo.

La primera está en el origen de las fuertes ganancias en la productividad asociadas a la implantación y después a la difusión de los métodos de organización científica del trabajo: crecimiento del tamaño de las unidades de la producción, ritmo importante de la mecanización y mejora continua de los procedimientos de producción. Por tanto, la primera condición es la progresión suficientemente rápida de la productividad de los factores, es decir, que incluya al trabajo, los equipamientos y el consumo intermedio.

Esta modernización de las industrias de los bienes de consumo implica el crecimiento de las industrias de los bienes de equipo, permitiendo así un incremento considerable de sus producciones y generando fuertes beneficios, lo que consolida la acumulación del capital. Esto también permite un crecimiento en las calificaciones necesarias para que los productores nacionales sean capaces de desarrollar los bienes de equipo.

La segunda condición estudiada por R. Boyer es que la economía no esté sometida a una fuerte competencia extranjera, de manera que la dinámica de inversión no esté bloqueada por crisis de la balanza comercial.

Y, por fin, puesto que la renta de los consumidores proviene principalmente de la actividad laboral, es importante que el pacto fordista capital/trabajo codifique una progresión del salario real en relación al crecimiento de las ganancias de la productividad.

La conjunción de estas tres condiciones no tiene nada de automática; además, es bastante excepcional como lo muestran los diferentes estudios que se han desarrollado sobre un período largo. Es así cómo, por ejemplo en Estados Unidos, donde no hubo una difusión del fordismo como en Europa, el ritmo de crecimiento no es más rápido de los años cincuenta a 1973 que durante el período comprendido entre las dos guerras mundiales (figura 5.2).

No obstante, también tenemos que señalar que el impulso tecnológico de la posguerra se convirtió así en uno de los elementos decisivos del modelo de acumulación, ya que éste incidía sobre variables fundamentales como la productividad, la industrialización del proceso científico, las relaciones intraestructurales y las condiciones de jerarquización a escala nacional e internacional[12].

Por ello, una posible desaceleración del impulso tecnológico tendría importantes consecuencias sobre la dinámica de acumulación de las economías capitalistas.

No obstante, como recoge B. Coriat:

> «A partir de 1974-1975, cuando en Occidente la recesión tomaba las características de una crisis profunda y duradera, se habló, y mucho, de la ener-

[12] E. Palazuelos et alia (1987).

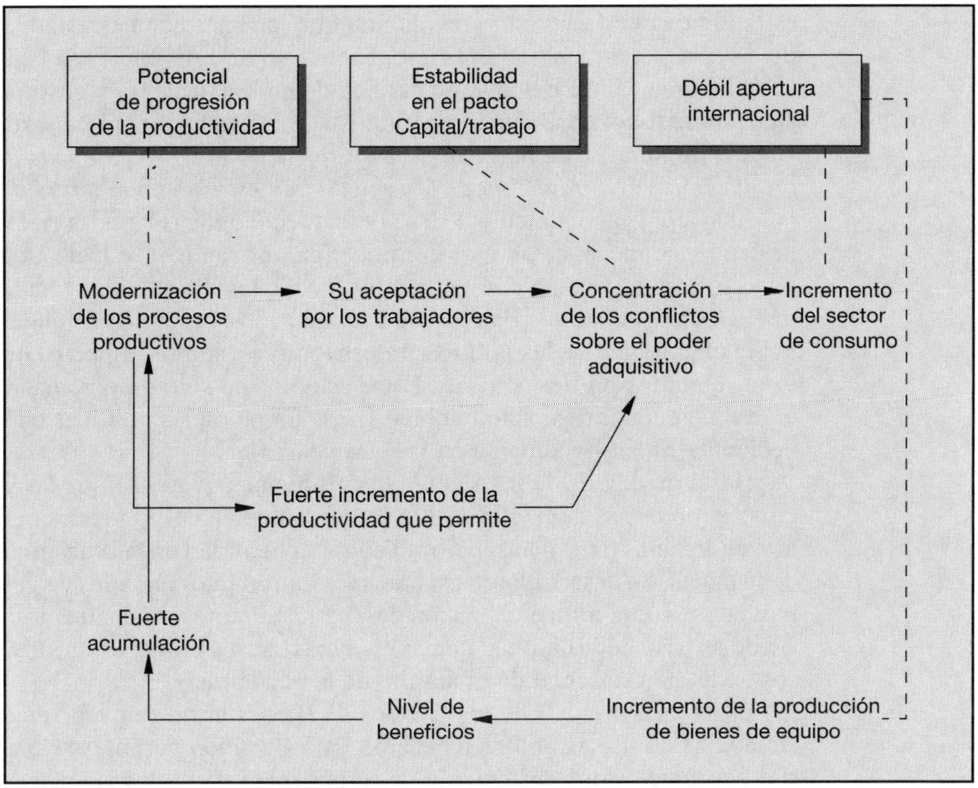

Figura 5.2. Círculo de crecimiento fordista y sus tres condicionantes.

gía, del dólar, del redespliegue internacional del capital y, por supuesto, del desempleo... Pero paradójicamente, bastante poco del trabajo, de las técnicas, del espacio productivo mismo que, sin embargo, constituyen el fundamento mismo de toda la sociedad. Crisis del trabajo o, más exactamente, la crisis y el trabajo, la crisis y las técnicas»[13].

3.2. La importancia del Estado de Bienestar en el desarrollo del fordismo

Uno de los temas que en estos últimos años recorre con más interés el campo de las Ciencias Sociales es el de las transformaciones y cambios del Estado Moderno. Estudiosos de distintas disciplinas (historiadores, economistas, sociólogos) vinculados a paradigmas diferentes, cuando no opuestos, tratan de explicar y describir cuál

[13] Citado por E. Palazuelos (1988), pág. 50.

es la lógica del desarrollo y evolución que las instituciones estatales están sufriendo en esta segunda mitad del siglo. El motivo de este interés se centra no solamente en la importancia del aparato del Estado en la estructura y gestión de la sociedad, sino, sobre todo, en el papel protagonista que éste ha tomado a partir de la Segunda Guerra Mundial. *El Estado se ha transformado en el agente más importante de la producción y reproducción de la sociedad en esta segunda mitad del siglo XX.*

El aparente agotamiento de las políticas económicas basadas en el paradigma keynesiano y su incapacidad para continuar garantizando etapas de crecimiento económico sostenido y estable, así como las crecientes dificultades financieras del sector público en los distintos Estados de Bienestar, y sobre todo, las dudas planteadas sobre la efectividad de las políticas redistributivas, son los aspectos más relevantes de los diferentes estudios actuales. Estos estudios no sólo protagonizan la discusión en el terreno económico, sino también en el campo de las políticas en las democracias occidentales, especialmente en las europeas.

Hasta mediados de los setenta los problemas de gestión de las economías capitalistas modernas se habían reducido a problemas de tipo técnico, capaces de promover disputas partidistas, pero sin entrar en realidad en las cuestiones políticas fundamentales. Se desarrollaron así nuevos e importantes modelos de gestión económica basándose sobre todo en la visión de Keynes. Frente a esta situación aparece una serie de análisis alternativos, que si bien existían ya con anterioridad, en muchos casos no habían trascendido el ámbito de lo académico.

Es así que la crisis de los Estados de Bienestar no se puede desvincular de esta situación de crisis económica general. Esta situación permite así la aparición de teorías alternativas que sustentarán de forma «científica» los ataques a la intervención pública y a través de ello —o directamente— a los gastos en política social (Hayeck, Friedman).

Sin embargo, y frente a los enfoques convencionales de explicación de las economías capitalistas de mercado donde se analizan los fenómenos actuales como simples perturbaciones exteriores que pueden solucionarse mediante una buena gestión, surgen también una serie de enfoques muy interesantes pero considerados como heterodoxos por parte de la Economía convencional.

Autores como Hirschman, Dahrendorf, Harris, Offe o Rosavallon, así como una serie de economistas y sociólogos que profesan materias relacionadas con la política de bienestar, se reiteran en la necesidad de ahondar en la perspectiva sociológica como instrumento imprescindible para la comprensión de los fenómenos económicos y especialmente de los grandes cambios que se están produciendo en el último tercio del siglo.

El nexo que une las aportaciones de estos autores es la voluntad de explicar la crisis del Estado de Bienestar desde una perspectiva en la que ocupen un lugar privilegiado los argumentos sociológicos, culturales y políticos, evitando así la tentación de reducir su análisis en un mero encadenamiento de relaciones causales. Se trataría, por tanto, de introducir en la perspectiva del análisis de los Estados de Bienestar las características de *multidisciplinariedad* que distintos autores consideran básicos en el estudio de las sociedades complejas modernas.

Esta realidad compleja denominada Estado de Bienestar que ha ido abriéndose paso, ha surgido en el contexto de fuerzas políticas, económicas y sociales de Occidente desde los años veinte a los treinta. El Estado social, como una forma de Estado, con objetivos de redistribución e igualdad, ha presentado numerosos problemas de conceptualización y determinación.

Debido a ello, consideramos necesario poner de manifiesto cuáles, desde nuestra perspectiva, son las razones socioeconómicas y los objetivos básicos y fundamentales de la implantación del llamado Estado de Bienestar, forma de Estado que interpreta un papel fundamental en el desarrollo del fordismo.

Siguiendo al profesor G. Therborn[14], el desarrollo de los sistemas estatales de bienestar fue parte de cuatro procesos históricos.

1. El nacimiento del capitalismo industrial. El Estado de Bienestar es parte de una cultura industrial de fábricas, movimientos de clase obrera, producción de gran escala de bienes homogéneos, planificación social y económica.
2. La construcción de los Estados nacionales.
3. El proceso de secularización. La asistencia y cuidados sociales estatales sustituyeron a la caridad de la Iglesia y a sus servicios.
4. Proceso de democratización, triunfo de los derechos cívicos y de las prestaciones sociales.

Siguiendo a Rosavallon[15] y ya en el análisis de los últimos cuarenta años, la ampliación del Estado de Bienestar se ha llevado a cabo bajo los auspicios de la «ecuación keynesiana». Esta ecuación se basa en el principio, establecido por Keynes, de la correspondencia global entre el imperativo del crecimiento económico y las exigencias de una mayor equidad social en el marco de un Estado económico y socialmente activo.

Para el profesor Muñoz de Bustillo[16], el Estado de Bienestar es un concepto estrechamente vinculado al pensamiento, a la obra keynesiana y a la ruptura del techo de la intervención pública de la economía. El Estado de Bienestar es un concepto funcional en el crecimiento de la economía de mercado que requiere cada vez en mayor medida integrar a una clase obrera sana y defenderla ante la incertidumbre.

Las aportaciones de D. Anisi[17] en relación al pacto keynesiano se centran en el *acuerdo social implícito* que permitió la construcción en Occidente del Estado de Bienestar. De acuerdo con su diseño, se permitiría el crecimiento de los salarios reales y del tipo de beneficio, de la masa salarial global y de los beneficios totales en un marco general de seguridad y sobre todo de pleno empleo, sin cuestionar las libertades, profundizando y extendiendo la democracia. Y todo ello desde un peso importante del sector público.

---

[14] G. Therborn (1990).

[15] P. Rosavallon (1995).

[16] R. Muñoz de Bustillo (1987).

[17] D. Anisi (1988, 1989, 1995).

El análisis del sector público como agente económico, en general, y del Estado de Bienestar, en particular, no se puede realizar sin asumir de partida que la intervención estatal en la economía es una de las características básicas del capitalismo avanzado y tan producto del propio desarrollo del sistema de producción capitalista como lo son las grandes corporaciones industriales.

En este sentido, F. Esteve[18] también analiza el Estado de Bienestar desde el punto de vista económico, planteando de una forma inevitable el nombre de Keynes. Y ello, ya que a la hora de justificar la intervención del Estado en la economía, siempre se toma la obra de Keynes en su análisis de la política fiscal expansiva en situaciones de desempleo de recursos. Sin embargo, y siguiendo a este autor, no se puede obviar que la política keynesiana de gestión pública de la demanda agregada es una política macroeconómica que por sí misma no pretende orientar en un sentido u otro. Por otra parte, tras la crisis que han padecido los Estados de Bienestar se ocultarían las críticas a la Teoría Económica Keynesiana, así como las críticas a la eficiencia del sector público en su actuación económica, achacando a las políticas de bienestar la responsabilidad de esta crisis. Cuando se habla de Estados de Bienestar se está hablando de diseños alternativos de sociedad y, por tanto, introduciendo un importante componente normativo en el debate.

Otros autores, como G. Rodríguez Cabrero[19], no obstante, sostienen que las razones y objetivos no han sido, en primera instancia y de forma prioritaria, los de procurar y defender el bienestar general de toda la población mediante una distribución y redistribución más justa e igualitaria de la riqueza. Han sido, por el contrario, *recrear y mantener,* por un lado, las condiciones adecuadas para la acumulación creciente de capital en un capitalismo que, debido al desarrollo de las fuerzas productivas que él mismo ha generado y potenciado, ya no puede ser capitalismo mercantil, y por otro, *organizar* el malestar de las clases subalternas, inevitablemente creado por ese desarrollo capitalista, necesaria y preferentemente de forma positiva, procurando la colaboración de éstas en la consecución del establecimiento de las condiciones adecuadas para la acumulación de capital.

Desde esta perspectiva, el salto cualitativo y cuantitativo en la intervención del Estado que se produjo en los países capitalistas desarrollados se realizó más sobre la base de criterios *productivos que distributivos.* Pero dado el nivel de desarrollo de las fuerzas productivas alcanzado, el problema de la producción sólo se podía solucionar si se trabajaba también sobre la distribución y, más concretamente, si se creaban las condiciones que hicieran posible el consumo.

3.3. La importancia de las empresas transnacionales

Las empresas transnacionales no son un fenómeno nuevo en la historia. Nacieron como consecuencia de un proceso de ampliación de los mercados. Pero fue a finales del XIX y principios del XX cuando una serie de empresas se vieron en la necesi-

[18] F. Esteve (1990).
[19] G. Rodríguez Cabrero (1991).

dad de construir factorías más allá de sus fronteras. A partir de ese período, al analizar las características del comercio internacional y el desarrollo, se subrayó la participación de éstas y su influencia creciente en el comercio, la inversión privada y en la transmisión de tecnología.

No obstante, este proceso tiene que estar íntimamente ligado al proceso de internacionalización del capital. Y este proceso se inicia desde los mismos orígenes del capitalismo. «Surge como internacionalización del *capital-mercancía,* a través del comercio exterior; continúa mediante la exportación de capitales y la internacionalización del *capital dinero* en la fase del imperialismo capitalista y concluye en nuestros días con la internacionalización del *capital-productivo*»[20].

Las características básicas de las empresas transnacionales se pueden sintetizar en torno a tres fenómenos especialmente relevantes:

1. La existencia de empresas *multinacionales* como agente activo del proceso de internacionalización del capital.
2. La generalización de la *propiedad internacional,* de tal manera que la propiedad sobre los medios de producción no es de un solo origen nacional. Éste pierde sentido ya que solo existe un sólo capital.
3. La rentabilización del capital es *extranacional.* El campo de actuación no se limita al marco de un solo Estado.

Siguiendo a R. Tamames[21], podemos destacar los rasgos más característicos de este tipo de empresas:

- Un número importante de plantas en distintos países y, por tanto, ninguna de ellas es decisiva para los resultados finales. La quiebra de una de sus filiales no tiene por qué motivar la suspensión de sus actividades.
- La penetración de estas empresas en los más diversos mercados, aprovechando así la fuerza de trabajo más ventajosa en los distintos países y las condiciones financieras locales más beneficiosas.
- El empleo de forma sistemática de las técnicas más avanzadas en materia tanto de organización industrial como de gestión de personal, marketing, publicidad, etc.
- Una fuerte inversión en investigación y en desarrollo y por supuesto en su aplicación.
- Una política agresiva en la colocación de sus recursos industriales y otros activos financieros de ámbito mundial.
- Un fuerte conocimiento de la estructura y del funcionamiento de los mecanismos políticos de los países en que actúan. Y por tanto, y haciendo uso de su pode-

[20] J. M. Vidal Villa (1994), pág. 74, en C. Berzosa et alia (1994).

[21] R. Tamames (1991).

río económico, pueden influir en el marco legislativo y operacional presionando sobre las autoridades locales.

Distintos autores han realizado distintas clasificaciones de estas empresas transnacionales señalando tres categorías: *etnocéntricas, policéntricas y geocéntricas*[22].

Las empresas *etnócentricas* se basan en una fuerte centralización con base en el país de origen y donde todas las decisiones importantes son tomadas en la casa matriz. Las empresas *policéntricas,* al contrario, buscan la descentralización, transfiriendo mayor libertad a sus filiales. En cuanto a las empresas *geocéntricas,* son las que llevan al máximo la descentralización de modo que cada filial desarrolle su propia política e introduzca toda clase de innovaciones.

4. LA RUPTURA DEL MODELO DE CRECIMIENTO DE LA EDAD DE ORO

Desde los años setenta se dice que la economía mundial está en crisis. Existen numerosos estudios sobre los síntomas económicos de esta crisis: descenso de las tasas de crecimiento, paro, inflación, atonía de las inversiones y problemas en las balanzas de pago[23]. No obstante, la economía mundial ha conocido en el período 1975-1990 un crecimiento. De manera global, el conjunto de la humanidad en la década de los noventa produce en un año casi dos veces más bienes que en el inicio de los setenta. No obstante, este progreso no ha permitido resolver los graves problemas que padece la humanidad. Además, desde los comienzos de los años setenta ha resurgido y con más fuerza el problema económico y social que se creía ya superado: *el desempleo masivo*. La euforia de los años cincuenta y sesenta había hecho creer que se había acabado con esa lacra, que había caracterizado al sistema capitalista desde sus orígenes (véase la tabla 5.1).

A principios de los años setenta, por tanto, se inicia un nuevo período en la evolución económica, que supone una ruptura con el orden económico anterior, implantado desde el final de la Segunda Guerra Mundial. En este período, el fin del pleno empleo, la ineficacia de las políticas keynesianas para afrontar el problema del desempleo masivo, la inflación y el desgaste del Estado de Bienestar, son algunos de los elementos básicos que sirven para determinar que la economía mundial entró entonces en una fase que se puede diferenciar claramente de la anterior. Y el dato más significativo lo constituye el frenazo que experimenta el incremento del crecimiento de la economía mundial.

En 1973 se acaba un período de crecimiento sostenido y estable que había tenido lugar desde 1950 en los países capitalistas desarrollados. En 1973 se entra en una

---

[22] H. Perlmutter (1970), citado por R. Tamames (1991), pág. 342.

[23] C. Berzosa et alia (1996).

TABLA 5.1

Cuatro ciclos en la evolución del crecimiento del PIB

	1960-1968	1969-1973	1973-1979	1979-1990
Alemania	4,0	4,9	2,3	2,0
Australia	5,0	5,3	2,6	3,1
Bélgica	4,6	5,6	2,3	2,2
Canadá	5,5	5,4	4,3	2,8
Francia	5,4	5,5	2,8	2,1
España	7,5	6,6	2,2	2,8
Estados Unidos	4,5	3,0	2,6	2,6
Holanda	5,0	4,7	2,6	1,7
Italia	5,7	4,6	3,7	2,4
Japón	10,1	8,8	3,6	4,1
Reino Unido	3,0	3,3	1,5	1,5
Suecia	4,4	3,8	1,8	1,9
Suiza	4,4	4,6	–0,2	2,3
CE	4,3	4,7	2,4	2,2
OCDE	5,2	4,2	2,8	2,7

FUENTE: OCDE (1997).

fase de ruptura y en una fase de onda larga de estancamiento (fase donde el auge es de corta duración y el desempleo elevado). Tres factores supusieron la entrada en esta fase: la crisis de la productividad, la desestabilización del régimen internacional y el desmantelamiento del fordismo.

4.1. Crisis de la productividad

Uno de los factores más decisivo fue sin duda el descenso de las ganancias de productividad. Conviene recordar que la ganancia es el verdadero motor del sistema capitalista. Esta ganancia necesita de la mejora continua de la productividad. La mejora de la productividad en los años de esplendor se debió esencialmente a las mejoras tecnológicas y a los métodos de organización del trabajo. Las tasas de crecimiento de la productividad del trabajo fueron altas.

Los sectores que tuvieron las tasas más altas de crecimiento en el período 1960-1973 fueron aquellos relativamente más intensivos en tecnología y las industrias (química, equipos eléctricos, bienes duraderos de consumo, productos farmacéuticos) cuya producción satisfacía la nueva demanda de los consumidores. Estos sectores contribuyeron decisivamente al crecimiento económico de los países avanzados. Por el contrario, los sectores en declive (productos agrícolas, textil, confección, etc.) tuvieron tasas de crecimiento de la producción por debajo del promedio de la economía. No obstante, a finales de los años sesenta hubo un descenso en las ganancias de la productividad esencialmente en los Estados Unidos, que se extenderá a los países de vieja industrialización.

Distintos autores explican esta situación tanto por la pérdida de eficacia en los métodos fordistas (la inversión es llevada a límites más allá de una optimización de la progresión de la productividad global), como por una subida de los conflictos sociales en relación a la organización del trabajo y el aumento de los costes de control que de ello se deduce. Así, uno de los factores esenciales que permitía reconvertir los conflictos sobre la base de una distribución de las rentas estimulando el crecimiento se encontró bloqueado. Al contrario, a partir de los años setenta se incrementa la inflación, índice por el que se empieza a manifestar la crisis del fordismo.

En 1973, la tasa de crecimiento de los precios al consumidor ascendió en todos los países desarrollados. Su ritmo fue muy desigual según el país. Al mismo tiempo, este incremento se acompaña a su vez por un fuerte incremento del desempleo. Su crecimiento y las disparidades internacionales en relación al mismo se producen a partir de entonces.

Muchas interpretaciones de la recesión ocurrida en los años 1973-1975 ponen el énfasis en la excesiva intervención keynesiana en la economía, que ha causado inflación como consecuencia de políticas fiscales y monetarias relajadas, así como la fuerza sindical que ha generado un alto nivel de salarios. Otros, sin embargo, plantean que los problemas que acucian las economías avanzadas no sólo son el resul-

TABLA 5.2

Crecimiento de la productividad. Cuatro ciclos mundiales. Tasa de crecimiento anual en el PIB real por trabajador

	1960-1968	1969-1973	1973-1979	1979-1990
Alemania	4,1	4,3	2,8	1,4
Australia	2,4	2,6	1,8	0,8
Bélgica	4,0	4,9	2,3	2,2
Canadá	2,3	2,4	1,4	1,0
Francia	4,9	4,3	2,5	2,1
España	6,9	5,7	3,2	2,5
Estados Unidos	2,6	0,7	0,0	0,9
Holanda	3,8	4,1	2,3	1,4
Italia	6,2	4,9	2,8	2,0
Japón	8,5	7,7	2,9	3,0
Reino Unido	2,7	3,1	1,3	1,6
Suecia	4,0	3,0	0,5	1,1
Suiza	2,9	3,1	0,7	1,4
CE	4,1	4,2	2,3	1,7
OCDE	4,1	2,9	1,6	1,7

FUENTE: OCDE (1997).

tado de estas políticas económicas practicadas, sino que responden a los efectos que ha generado el propio desarrollo de postguerra que ha tenido como consecuencia una sobreacumulación de capital[24]. Para muchos autores, el crecimiento sostenido destruye las propias condiciones básicas que le sustentaron, incluyendo el sistema monetario internacional.

4.2. Desestabilización del régimen internacional

Como las tasas y el ritmo de inflación difieren según los países, el sistema de cambios fijos, heredado del acuerdo de Bretton Woods, es sometido a fuertes presiones. Desde los años sesenta, la desconfianza se acrecentaba por el crecimiento del peso del dólar dentro del patrón de cambio-oro. Entre los años 1949 y 1968 hubo una fuerte expansión del dólar, debido esencialmente a un incremento de acuerdos bilaterales de los Estados Unidos y bancos centrales de numerosos países, en virtud de los cuales estos últimos renunciaban a reclamar la convertibilidad de sus reservas de oro, lo que permitió así una fuerte penetración norteamericana en todo el mundo capitalista a lo largo de los años sesenta y setenta.

A partir de los años setenta, aparece en escena una crisis del sistema internacional que debilita las regulaciones nacionales: los productores no tienen en cuenta ya sólo el mercado nacional, sino los mercados a la exportación, permitiendo así unas economías de escala creciente.

Es así como las economías nacionales son cada vez más interdependientes, de tal manera que en algunos casos el imperativo de la competitividad, ligada a la aparición de déficits exteriores crónicos o duraderos, bloquea el dinamismo de los años sesenta. Se observa así un divorcio entre las formas institucionales que permanecen nacionales y una dinámica de la producción y de la inversión que son internacionales.

4.3. Desmantelamiento del fordismo

El pacto capital-trabajo va a ser fuertemente cuestionado a partir de los años setenta. La competitividad internacional y una nueva división de trabajo que permite la introducción de las nuevas tecnologías de la información van a ser los ejes esenciales en los que se van a basar las críticas.

Dos situaciones se desdibujan. Una en Europa, donde el nivel de paro reduce el poder de negociación de los sindicatos que tienen que aceptar numerosas concesiones en materia de salario, de derechos sociales o de la intensidad del trabajo. Sin embargo, en América del Norte las desigualdades se acentúan según las categorías de los asalariados que requieren métodos de organización alternativos al fordismo. Por tanto, se está frente a una quiebra del modelo fordista, sin que aparezcan nuevos regímenes coherentes susceptibles de aportar un crecimiento alto y el pleno empleo.

[24] C. Berzosa et alia (1996).

5. LA PARADOJA DE LOS AÑOS OCHENTA Y NOVENTA

En realidad, las causas de la crisis son profundas y tiene bases estructurales, pero lo que se demuestra en la actualidad es el agotamiento del modelo de acumulación de la edad de oro.

5.1. La mundialización y el empleo

La evolución de la economía mundial desde hace decenios ha repercutido a la vez en el nivel y en la estructura del empleo en todo el planeta. La producción mundial ha progresado en más del 3% anual desde 1960. Entre 1966 y 1973, las tasas de crecimiento fueron casi del 5%, mientras que entre 1974 y 1980 estas tasas descendieron al 3,5% y ya en la década de los ochenta tuvimos una media de 3,3%. En la década de los noventa, y debido esencialmente a la crisis que han padecido los grandes países industrializados, sólo se llegaron a unas tasas de crecimiento del 1,1%. Estas tasas de crecimiento[25] han sido más fuertes que el crecimiento demográfico, con el consiguiente aumento constante de la producción. No obstante, el mundo tiene hoy pendientes graves problemas de desempleo, subempleo, desigualdad y pobreza.

TABLA 5.3

La producción en el mundo de 1966 a 1993

	1966-1973	1974-1980	1981-1990	1991-1993
Total mundial	4,9	3,5	3,3,	1,1
Países desarrollados	4,7	3,2	3,2	1,2
Europa Oriental y Asia Central	7,0	4,5	2,3	–9,8
Países en desarrollo	6,4	4,8	3,6	4,6
Asia Oriental	8,0	7,0	7,9	8,3
China	8,9	6,3	9,9	11,2
Asia Meridional	3,6	3,9	5,6	3,5
África Subsahariana	5,0	3,0	1,9	1,7
América Latina y Caribe	6,8	4,8	2,0	3,2
Oriente Medio y África del Norte	7,0	4,6	0,4	3,0

FUENTE: OIT (1995).

[25] OIT (1995).

La estructura de la producción también ha cambiado radicalmente. En 1960, el 10,4 % correspondía a la agricultura, el 28,4% a la industria y el 50,4% al sector de los servicios. En 1990, las proporciones se han modificado: la agricultura con 4,4%, la industria con 21,4% y el sector servicio con 62,4%. Por consiguiente, la estructura del empleo también ha cambiado parecidamente.

TABLA 5.4

Estructura del empleo en el mundo (1965 y 1989-1991)

	Agricultura		Industria		Servicios	
	1965	**1989-1991**	**1965**	**1989-1991**	**1965**	**1989-1991**
MUNDO	57	48	19	17	24	35
Países industrializados	22	7	37	26	41	67
Países en desarrollo	72	61	11	14	17	25
Asia Oriental y Sudoriental	73	50	9	18	18	32
África Subsahariana	79	67	8	9	13	24

FUENTE: OIT (1995).

5.2. Crisis estructural del empleo en los países industriales

El núcleo del pacto keynesiano que algunos autores plantean como el punto central que permitió la construcción en Occidente del Estado de Bienestar mediante *el acuerdo social* implícito, era el pleno empleo: base sobre el que se asentó el Estado de Bienestar. El pleno empleo durante los años de fuerte crecimiento era completamente compatible con la innovación tecnológica. El conjunto de los trabajadores tenían asegurado su empleo, aunque esto no significó que el trabajador individual tuviera siempre el mismo puesto de trabajo. El miedo a no encontrar trabajo, a ser inútil en la vejez, a no poder educar a los hijos o a no tener medios para enfrentarse con la enfermedad parecía haber desaparecido en los países ricos.

El pleno empleo y unos salarios relativamente elevados aseguraban la demanda de consumo. La confianza internacional, el propio clima general permitían la confianza en el futuro. Los años de crecimiento en los países de capitalismo avanzado, así como el papel primordial que desempeñó el Estado dieron la impresión de que la reducción de las desigualdades era un movimiento irreversible paralelo al desarrollo de la economía.

No obstante, las últimas investigaciones realizadas en los distintos países occidentales han mostrado que las desigualdades han ido aumentándose en la segunda mitad de la década de los ochenta. Los cambios económicos, consecuencia de la crisis y de la mundialización de la economía, implicaron una forma de distribución más desigual de las rentas, traduciéndose en un recrudecimiento de la exclusión social. En la actualidad estamos frente a una economía donde la mundialización es preponderante, y donde los costes salariales se han convertido en un obstáculo en materia de competitividad. Así, en los años ochenta las empresas que han finalizado la fase de modernización en el modo de producción reivindican cada vez más libertad en la gestión de la mano de obra. En esta lógica del mercado redescubierta, el desempleo es considerado como un mal necesario para el retorno del dinamismo económico. Desde esta perspectiva, las políticas de *desregulación* y la *dualización* del mercado de trabajo están fomentando los sistemas de individualización de los salarios. Esta tendencia individualista entra directamente en conflicto con las pretensiones del sistema redistributivo. En este sentido el Estado de Bienestar estaría atravesando no una crisis de legitimidad a nivel de los programas que tiene asignados (liberar a la sociedad de la necesidad y del riesgo), sino en el principio de igualdad que la estructura.

En este sentido, P. Rosavallon[26] se cuestiona si el Estado de Bienestar debe sólo interpretarse desde el punto de vista de la regulación de los equilibrios económicos que lo rigen. Sus causas no son sólo la amplitud del Estado o el peso de los gastos sociales. Tiene una raíz más profunda: *lo que está en cuestión son las relaciones de la sociedad con el Estado.* ¿Y por qué aparecen ahora? Según el autor citado, existen tres explicaciones:

1. Incluso teniendo un programa de «liberación de la necesidad» ilimitado, el Estado Providencia ha producido ya importantes reducciones de las desigualdades. La cuestión de los objetivos (la igualdad, el bienestar colectivo) se plantea ahora de manera más precisa. En este contexto, se formula la duda sobre la igualdad como objetivo social. Paralelamente, la producción de seguridad y solidaridad a través de grandes apartados estatales resulta cada vez más opaca, lo que abre un interrogante sobre los límites de la solidaridad mecánica.
2. En un contexto de crisis económica, la sociedad está menos exteriorizada: el crecimiento no ejerce su función de lubricante social.
3. El Estado Providencia siempre ha sido atacado y criticado por ciertos intereses. Pero su existencia y su crecimiento estuvieron presididos por un compromiso social[27].

La crisis actual del empleo centra una parte importante de los trabajos e investigaciones actuales en relación a la redefinición del Estado de Bienestar. Actualmente el desempleo aparece como una realidad objetiva: nadie plantearía hoy que éste no existe. El desempleo es considerado como una variable estructural, casi podríamos decir que «natural», de la vida contemporánea. No se define sólo por una condición

[26] P. Rosavallon (1992, 1995).
[27] P. Rosavallon (1995), págs. 46-47.

social objetiva (el estar privado de empleo), es una situación subjetiva (se vive de manera distinta por los individuos), pero es también un estatus reconocido (enmarcado por instituciones y reglas).

Las evoluciones recientes de este fenómeno implican retomar las causas tradicionales del desempleo, priorizándose en la actualidad la *fragilización* de las distintas categorías estadísticas y sociales heredadas del período de crecimiento.

Investigadores como R. Boyer y M. Aglietta describen de una forma sintética la dinámica de crecimiento que ha funcionado en los países industrializados tras la Segunda Guerra Mundial, permitiendo así una comprensión global del encadenamiento de los diferentes factores de desestabilización que están en el centro de la crisis del empleo. Estos pensadores no sólo estudian el porqué en un momento determinado una formación económica pasa de un estado de crecimiento a otro, sino también identifican las condiciones históricas que han permitido una sinergia sin precedente entre lo económico y lo social.

Las más recientes estimaciones y proyecciones de los diferentes organismos mundiales, pero esencialmente la Organización Internacional del Trabajo (OIT), sobre la población económicamente activa indican que cada año se incorporan a la fuerza de trabajo mundial, sobre todo en los países en desarrollo, unos 43 millones de nuevos trabajadores, lo cual contrasta singularmente con los niveles sin precedentes que han alcanzado el desempleo y el subempleo. Si a ello añadimos las características del desempleo en los países industrializados miembros de la OCDE, especialmente en Europa Occidental, se nota el empeoramiento del empleo en la mayoría de los países del mundo, cualquiera que fuese su grado de desarrollo o la etapa de transición que atraviesan.

Durante la fase de crisis que se ha conocido a partir de los años setenta la participación de la población activa en el total de la población se ha incrementado. No obstante, el estancamiento económico y la reestructuración productiva están determinando una reducción de la población ocupada y un incremento en el desempleo.

El incremento del PIB de las economías de la OCDE se ha basado fundamentalmente en el aumento de la productividad y apenas en el aumento del empleo. Aunque existe una clara asimetría entre la evolución de las distintas economías desarrolladas, sí que podemos señalar que en la mayoría de los países desarrollados el nivel de empleo ha estado estancado.

La tasa de desempleo se elevó desde niveles mínimos del 1-2% en los años sesenta hasta cifras próximas al 10% al comenzar los años ochenta e incluso estas cifras están siendo superadas por las economías europeas en la década de los noventa. Distintos autores distinguen tres grupos de países en relación al desempleo. En el primero se encuentran países como Japón o Suecia, que iniciaron la fase de crisis con tasas bajas y han tenido una tendencia creciente relativamente suave. En el segundo grupo están países como los Estados Unidos o Canadá, que partían con un nivel de desempleo mayor y cuya tendencia también ha sido creciente hacia tasas del 7-10%. Y por último, están países como Alemania, Gran Bretaña o Francia, que registraban tasas bajas pero que han experimentado un fuerte crecimiento hasta niveles de desempleo que superan el 10%.

Otro aspecto importante es la desigual distribución de las cifras de paro entre lo distintos grupos de la población, quedando más afectados los desempleados de lar ga duración, los jóvenes, las mujeres y los trabajadores extranjeros.

La profundización del nivel de desempleo está provocando en esta última déca da del siglo XX una creciente *fractura social* que está condicionando múltiples va riaciones en el mercado de trabajo con relación a los salarios, al control de los deso cupados, al debilitamiento de los sindicatos, a las condiciones de la negociació colectiva o a la contratación temporal. El elevado desempleo en los países desarro llados y las formas precarias de empleo se relacionan directamente con el aument de la economía sumergida, donde se sumergen grandes contingentes de trabajado res en actividades ignoradas, paralelas o ilegales relacionadas con los sectores de l industria y los servicios (véanse las tablas 5.5 y 5.6).

TABLA 5.5

Evolución del desempleo por ciclos mundiales

	1964-1967	1968-1973	1974-1979	1980-1989	1990
Alemania	0,6	1,0	3,2	5,9	5,1
Australia	1,6	2,0	5,0	7,5	6,9
Bélgica	2,0	2,5	6,3	10,8	7,3
Canadá	3,9	5,4	7,2	9,3	8,1
Francia	1,7	2,6	4,5	9,0	8,9
España	2,4	2,8	5,2	17,5	15,9
Estados Unidos	4,2	4,6	6,7	7,2	5,4
Holanda	0,8	1,5	4,9	9,7	7,5
Italia	5,1	5,7	6,6	9,5	9,9
Japón	1,2	1,2	1,9	2,5	2,1
Reino Unido	2,5	3,3	5,0	10,0	6,9
Suecia	1,6	2,2	1,9	2,4	1,5
Suiza	nd	nd	nd	0,8	0,6
CE	2,3	2,9	4,8	9,6	8,4
OCDE	2,7	3,2	4,9	7,3	6,3

FUENTE: OCDE (1997).

5.3. La reestructuración productiva y cambio tecnológico

Uno de los aspectos esenciales para el proceso de mundialización es la existen cia de una infraestructura. Y va a ser la tecnología moderna el soporte de este pro ceso. La reestructuración en curso afecta a la estructura industrial. Se amplía la fle xibilidad y la especialización flexible, lo que tiene implicaciones en las relacione laborales e industriales.

TABLA 5.6

Desempleo de larga duración

	1981-1989	1989
Alemania	45,0	49,0
Australia	26,8	23,0
Bélgica	70,9	76,3
Canadá	8,3	6,8
Francia	43,6	43,9
España	55,4	58,5
Estados Unidos	9,1	5,7
Holanda	51,0	49,9
Italia	64,6	70,4
Japón	16,1	18,7
Reino Unido	44,4	40,8
Suecia	9,1	6,5
Suiza	nd	nd
CE	52,8	53,7
OCDE	33,3	33,7

FUENTE: OCDE (1997).

El debate sobre las tendencias de los cambios en la organización de la producción y sobre sus interrelaciones con las demás transformaciones de la vida económica y social no es un debate cerrado. Existe un campo relativamente amplio de configuraciones posibles y serán las fuerzas sociales las que determinen cuáles de ellas serán las que predominen.

Las nuevas tecnologías son un componente fundamental en el desarrollo de la crisis estructural de finales del siglo XX, en la medida en que introducen cambios y contradicciones en el sistema, en sus mecanismos de regulación, a diversos niveles: inciden en las pautas de consumo y de los mercados, modifican las condiciones de productividad y de determinación de los beneficios e introducen contradicciones a un nivel más global entre las relaciones de producción y las fuerzas productivas.

A pesar de la importancia económica y social del cambio tecnológico como elemento dinamizador de las fuerzas productivas, los economistas no le han prestado una atención significativa. La problemática de los ajustes de las grandes macromagnitudes dominó el mundo académico y sólo fue capaz de contemplar el cambio tecnológico como «progreso técnico» en el esquema de la función de producción. La problemática del cambio tecnológico quedó en manos de otras disciplinas y de algunos economistas, moviéndose éstos en los márgenes de un marco esencialmente neoclásico, continuando una parte de la problemática subrayada por Schumpeter. Las corrientes alternativas centraron más su atención en las condiciones de intercambio internacional de las tecnologías, con la esperanza de romper el círculo del subdesarrollo.

La crisis actual y el fracaso de los modelos de desarrollo económico han levantado el problema y han impulsado un esfuerzo de búsqueda de nuevos instrumentos teóricos en un contexto de crisis de los paradigmas dominantes de la Ciencia Económica. La crisis de los años setenta provocó en un número creciente de economistas la necesidad de estudiar la problemática de las relaciones entre la innovación y la dinámica económica.

Durante los años ochenta aparece una serie de estudios empíricos y analíticos teóricos que cuestionan la trascendencia real del modelo de la producción flexible como alternativa al fordismo y relativizan su pretendida flexibilidad[28]. Muchos estudios coinciden con la teoría de la regulación, al señalar los límites de los métodos fordistas de organización de la producción como uno de los orígenes esenciales de la crisis estructural actual.

Los trabajos de Hollard y Margirier entre otros señalan la importancia adquirida por la variedad de productos consumidos tanto en la reproducción social como en la dinámica del crecimiento económico. A lo largo del siglo XX los objetos han adquirido una importancia creciente en la estratificación social. La difusión masiva de los objetos fue factor de homogeneización de la sociedad. Estos mismos autores plantean las diferencias existentes entre los comienzos del «fordismo» y el período actual, sobre todo en lo que afecta a las pautas del consumo:

> «La relación entre necesidad y producción se modifica. En un principio, el desarrollo de la producción y del consumo de masas se hizo sobre la base de la unicidad de producción alrededor de un valor de uso a través de una dialéctica producción-consumo: los rendimientos crecientes incitaban a la normalización de los productos por una parte y, por la otra, la naciente y rápida expansión del consumo no imponía la diferenciación, lo que reforzaba la tendencia a la normalización. Progresivamente esta dialéctica se transforma. Los objetos se convirtieron, a veces más allá de sus propiedades y uso, en signos de distinción social. El sistema de necesidad adquirió una cierta autonomía respecto a la esfera productiva y recibe sobre todo determinaciones de orden sociológico y cultural»[29].

5.4. La exclusión social en los países ricos

El modelo de política económica desarrollada en los países industriales a lo largo de los años ochenta, aunque parece que funcionó, aparentemente bien, durante el período de 1985-1989, se ha revelado incapaz de resolver algunos problemas crónicos y ha hecho aparecer otros que se han considerado como nuevos.

La crisis puso de manifiesto las limitaciones del modelo de crecimiento seguido para dar respuestas eficaces al problema del empleo y del desarrollo. Y esto

---

[28] A. Pollert (1988).

[29] M. Hollard y G. Margirier en X. Vence Deza (1995), pág. 367.

no sólo desde aspectos cuantitativos, sino —lo que es más importante— desde una perspectiva de progreso para ser *socialmente distributivo y territorialmente equilibrado.*

Hasta ahora cuando se ha hablado de pobreza sólo se ha realizado desde una perspectiva de dimensión económica. Normalmente, los escasos estudios —aunque cada vez van siendo más numerosos— se han limitado a fijar el umbral estadístico de la pobreza, sin tomar en consideración las raíces que tiene la pobreza en los procesos de marginación y exclusión, así como su ubicación en una estructura social de desigualdad.

A menudo se ha obviado la comprensión de la desigualdad, y por tanto sus efectos de pobreza y marginación, como un elemento indisociable de las estructuras económicas, políticas e ideológicas que imponen su lógica en nuestra sociedad.

Para numerosos autores, la supresión del vínculo entre crecimiento y eliminación de la pobreza revela la modificación estructural del modelo de desarrollo económico que se ha manifestado durante los años gloriosos del Estado de Bienestar, tras la Segunda Guerra Mundial. Este cambio de crecimiento, con el paso de una economía «taylorizada» a un crecimiento por «especialización más flexible» crea en un mismo movimiento «riquezas en un polo de la sociedad y exclusiones en otro»[30]. Este análisis pone de relieve que la exclusión económica no es consecuencia principalmente de las características individuales (déficit de calificación, minusvalías sociales...), sino que aparece como un subproducto del funcionamiento mismo de la economía.

En la mayoría de los países de capitalismo avanzado, las autoridades nacionales pensaron siempre que la pobreza era una realidad residual, llamada por tanto a desaparecer con el progreso y el crecimiento. Esta concepción cambia a finales de los años setenta con la aparición de nuevas formas de pobreza y marginación. Dos factores influyeron de una forma decisiva:

- La crisis económica que provoca un fuerte crecimiento del desempleo, así como una precarización en todos estos países de la situación salarial.
- Y las profundas mutaciones económicas, tecnológicas y sociales que han caracterizado a las sociedades industriales.

La exclusión social no se limita a la no participación en el empleo ni a la insuficiencia de recursos financieros, sino que se hace patente y se manifiesta en otros ámbitos como la vivienda, la educación, la salud, el acceso a los servicios, etc. Al insistir en los «riesgos de las brechas en el cuerpo social», esta noción apunta aún más allá de la desigualdad social y a los riesgos de *dualización o de fragmentación social.*

---

[30] S. Wuhl (1991), pág. 9.

5.5. Los movimientos migratorios

Toda la historia de la humanidad está atravesada por intensos movimientos migratorios. Si hacemos referencia al desarrollo del capitalismo y su etapa previa, encontramos que los movimientos adoptan una forma novedosa[31]: «Se mueven masivamente trabajadores, mano de obra e incluso sectores de la clase dominante; en esa etapa, de casi cuatro siglos de duración, este movimiento se realiza en dirección Norte-Sur».

Pero a partir de la Segunda Guerra Mundial, la tendencia ha cambiado de signo, la corriente principal de las migraciones es ahora Sur-Norte. Y esta emigración en el período de auge capitalista de posguerra ha tenido características diferentes. Éstas son claramente de signo capitalista (asalariados), no se asientan en el lugar de destino ni se mezclan con la población del país de destino.

Las grandes desigualdades económicas del mundo actual ocasionan que el fenómeno de la emigración, lejos de decrecer, se incremente y esté dando origen a situaciones en las que el racismo vuelve a surgir con vigor.

En la actualidad se está produciendo una contradicción entre el incremento de productividad, la disminución del empleo y el consumo de masas. Pero para consumir lo producido hay que tener con qué pagarlo. Y ya conocemos la situación de la mayor parte de los países en vías de desarrollo. Esta contradicción produce, por tanto, una fuerte presión a la emigración en los países periféricos y un incremento notable de la marginalidad en los países centrales. Esta situación da lugar a dos fenómenos importantes:

— Migración masiva de los pueblos periféricos en búsqueda de mejores condiciones de vida aunque sea en los empleos peor pagados y precarios en los países capitalistas desarrollados.
— Freno a la inmigración, mediante restricciones legales, con un aumento al mismo tiempo del racismo y xenofobia en amplias capas de población de los países capitalistas desarrollados.

6. A MODO DE CONCLUSIÓN: ¿HACIA UN NUEVO MODELO DE DESARROLLO?

La historia del siglo XX, y más concretamente tras la Segunda Guerra Mundial, ha sido el círculo fordista basado en la producción de masa y consumo de masa. Más aún, se podría plantear que la fase de acumulación del capital en esa época se enmarca forzosamente en una forma concreta que toma el Estado —el Estado de Bienestar—, el sindicalismo reivindicativo y el crédito al consumo. Estos factores per-

---

[31] J. M. Vidal Villa (1997).

mitieron así la relación entre producción y consumo, que fueron esenciales en la explicación del modelo de desarrollo de los años de oro.

No obstante, a partir de los años setenta los distintos análisis han señalado los cambios profundos en los resultados del modelo de crecimiento: el avance del desempleo, la precariedad y la exclusión se convertirían en los aspectos más importantes y no sólo en los países no industrializados, sino de los industrializados. Como señalan distintos informes, éstos tuvieron altas tasas de crecimiento entre los años 1973 y 1987, pero también en esa época se conocieron las mayores tasas de desempleo. El motivo es que la mayor parte de la producción de los países industrializados procedió de incrementos de la productividad total y el resto de un aumento de las inversiones de capital, sin que se crearan nuevos puestos de trabajo.

La crisis de la acumulación en esta fase ha llevado así a una cierta reestructuración financiera en las actividades económicas en general y un reajuste en la relación empresarios/asalariados.

Desregulación, desreglamentación, menos Estado, mercado, libertad económica, éstas son las soluciones que en estos últimos tiempos se han impuesto, tanto en los países desarrollados como en los subdesarrollados, para lograr el crecimiento económico. El bienestar social queda sacrificado a los intereses y exigencias de la libre empresa, que puede generar altos índices de eficacia, pero nos preguntamos: ¿Éstos coinciden realmente con las necesidades de la sociedad? ¿No estamos asistiendo a una agudización del dualismo a escala mundial?

CONCEPTOS

- Producto Interior Bruto
- Relación salarial
- Sistema productivo fordista
- Teoría de la Regulación
- Productividad
- Estado de Bienestar
- Reestructuración productiva
- Nuevo orden internacional
- Intervencionismo estatal
- Universalización de las prestaciones sociales
- Acuerdo social
- Pacto capital-trabajo
- Progreso técnico
- Fuerzas productivas
- Exclusión social
- Intervención keynesiana
- Empresa transnacional
- Internacionalización del capital
- Capital mercancía
- Capital dinero
- Capital productivo
- Empresa etnocéntrica, geocéntrica y policéntrica
- Balanza de pagos
- Fordismo
- Desregulación.
- Dualización del mercado de trabajo
- Sistema de individualización de los salarios
- La reestructuración productiva
- Cambio tecnológico
- Crisis estructural
- Mecanismos de regulación
- Producción flexible
- Economía taylorizada
- Fragmentación social

ACTIVIDAD RECOMENDADA

Comentar los siguientes textos:

Texto 1

«Si debe considerarse que los problemas actuales de las economías capitalistas occidentales se deben a cambios institucionales y otros cambios sociales (en oposición al Informe McCracken, que hace hincapié en las perturbaciones exógenas), parece lógico considerar que el éxito de estas economías en los años de la posguerra se debió, asimismo, a alguna forma de orden social o de «acuerdo», que sentó bases favorables para conseguir unos resultados económicos mejores que los actuales. De este modo queda claro que es necesario entender la naturaleza de este orden de la posguerra, tal como se aplicó tanto internacionalmente como —en diferentes versiones— en cada una de las sociedades industriales occidentales, para comprender la naturaleza de su fracaso posterior y, a su vez, las posibilidades de un nuevo derrumbamiento o de su reconstrucción o superación.»

R. O. Keohane en «La economía política mundial y la crisis del liberalismo dirigido» en J. Golthorpe (1991): *Orden y conflicto en el capitalismo contemporáneo,* Ministerio de Trabajo y Seguridad Social, Madrid, pág. 37.

Texto 2

«Oponerse a una mundialización dominada por las lógicas de guerra y de conquista propias a la economía de mercado capitalista, liberalizada, desreglamentada, privatizada y con una fuerte intensidad de tecnocracia y de competitividad, no es al contrario oponerse a otras formas cooperativas de gobierno y de mundialización. Más aún cuando numerosas organizaciones en todo el planeta se esfuerzan por poner en marcha nuevos principios y nuevas formas cooperativas de gobierno mundial. Estas organizaciones son activas en todos los campos de la seguridad humana: militar (contra la proliferación de armas nucleares y el desarme general), medioambiental (para el desarrollo sostenido conforme a las recomendaciones de la Conferencia de Río de 1992), alimenticio, para poner fin al escándalo de la desnutrición y el hambre de 800 millones de individuos. Están también presentes en el diálogo entre las culturas y las civilizaciones, en el desarrollo de una investigación científica y tecnológica orientada a fines humanitarios y sociales, etc. Y el obstáculo más importante que encuentran es precisamente la mundialización actual, basada en la primacía de los intereses y de la libertad de acción sin fronteras de la empresas privada, y sobre la soberanía de un mercado que se pretende autorregulador.»

Ricardo Petrella en «Une machine infernale», *Le Monde Diplomatique,* junio 1997.

LECTURAS RECOMENDADAS

Berzosa, C.; Bustelo, P., y de la Iglesia, J. (1996): *Estructura Económica Mundial,* Síntesis Economía, Madrid.

Berzosa, C. (coord.) (1994): *La economía mundial en los noventa: tendencias y desafíos,* Icaria, Barcelona.

Berzosa, C. (1996): *Crisis económicas y retrocesores del Estado de Bienestar,* en AA.VV., Tecnos, Madrid.

Fontela, E. (1996): *Desigualdad, desempleo y protección social,* en AA.VV., Tecnos, Madrid.

Heilbroner, R. (1996): *El capitalismo del siglo XXI*, Península, Barcelona.

Muñoz de Bustillo, R. (comp.) (1990): *Crisis y futuro del Estado de Bienestar,* Alianza, Madrid.

Palazuelos, E. (1988): *Dinámica capitalista y crisis actual,* Akal, Madrid.

Rosavallon, P. (1995): *La crisis del Estado Providencia,* Civitas, Madrid.

Vence Deza, X. (1995): *Economía de la innovación y del cambio tecnológico*, Siglo XXI, Madrid, página 367.

6 Relaciones comerciales internacionales

María José Rodríguez Gutiérrez

1. INTRODUCCIÓN

El comercio exterior o internacional se refiere al conjunto de transacciones comerciales realizadas entre residentes de diversos países que da lugar a un proceso de ajuste a causa de las variaciones que se dan en las compras o importaciones y en las ventas o exportaciones de algunos de estos países. Este comercio exterior —que se lleva a cabo entre espacios caracterizados por instituciones diferenciadas desde todo punto de vista: monetario, jurídico, social y fiscal— conduce a una progresiva especialización y división del trabajo que hace necesario el intercambio para satisfacer todas las necesidades de una economía.

A lo largo de la historia se ha producido un aumento importante de las relaciones comerciales entre países, lo que ha influido notablemente en la mundialización y globalización de la economía. Este crecimiento de los intercambios comerciales entre distintas economías se produce por las ventajas que las mismas aportan a los países que en ellas participan, y al mismo han contribuido la firma de acuerdos y tratados para reducir la protección de los mercados, las necesidades de las empresas multinacionales, el desarrollo de los medios de transporte y la mejora de las comunicaciones.

Para un país determinado el comercio internacional presenta varias ventajas, como, por ejemplo, obtener aquellas materias primas de las que carece o que posee de manera insuficiente, obtener bienes a un coste menor al de producción propia gracias a la división internacional del trabajo, y, también, favorecer la competencia. Sin embargo, desde el principio, el comercio exterior ha sido un comercio asimétrico porque ha beneficiado en gran parte a los países industrializados. Esto es así porque las manufacturas han ido ganando peso en el total de exportaciones mundiales en detrimento de los productos primarios, que son los que producen los países menos desarrollados. No obstante, desde un punto de vista global son indudables las ventajas del desarrollo del comercio por producir una ampliación de los mercados y un aumento de la producción, de la renta y del empleo. Además, la necesidad de ser más competitivos induce a la incorporación de una tecnología más avanzada a los sistemas productivos que permita reducir costes, por lo que también se produce una transmisión de tecnología.

La creciente complejidad de estos intercambios hace necesario buscar un sistema comercial que permita una cierta fluidez en los mismos. Este sistema se va a basar en una serie de acuerdos comerciales entre países y en unas instituciones creadas con el objetivo de avanzar en la liberalización de los intercambios. No obstante, el miedo a la competencia externa hace que se busquen determinados mecanismos que, sin vulnerar los acuerdos y tratados comerciales, produzcan una eficaz protección de los mercados internos. Es por ello que estos organismos se preocupan de regular los intercambios comerciales para evitar en lo posible aquellas actuaciones de países o áreas económicas que puedan suponer una amenaza al desarrollo del comercio exterior.

Por otro lado, los adelantos tecnológicos han reducido los costes de transporte, informática y comunicaciones, permitiendo una mayor integración mundial con la participación de un número creciente de países en el mercado mundial. El comercio exterior va a necesitar en este nuevo entorno de una estructura interempresarial, localizándose las distintas fases de producción de una empresa en diferentes países.

Actualmente, el comercio internacional representa un porcentaje creciente de la actividad económica de casi todos los países. El peso de los bienes acabados y servicios producidos dentro de un país que se vende en el exterior crece cada vez más, lo que refleja una interdependencia internacional y una red de comercio mundial muy compleja que abarca no sólo bienes de consumo finales, sino también bienes primarios, intermedios y servicios comerciales.

2. ESTRUCTURA DEL COMERCIO INTERNACIONAL

En la segunda mitad del siglo XX se produce un fuerte crecimiento del comercio mundial, mayor que el aumento de la producción. Esta favorable evolución de los intercambios está muy relacionada con el ciclo expansivo de la economía que se está viviendo en este período. El incremento de las relaciones comerciales exteriores por encima del aumento de la producción se mantiene a pesar de las prácticas proteccionistas empleadas en los últimos tiempos, por lo que el nivel de apertura comercial sigue aumentando (véase la figura 6.1).

El comercio internacional se va a concentrar en las áreas de mayor desarrollo económico, ya que los intercambios entre los países industrializados y los subdesarrollados son cuantitativamente una proporción muy pequeña del total de intercambios internacionales. Los países subdesarrollados tienen un escaso peso en el total de flujo comercial mundial. Esto es lógico si se piensa que los países del Norte son los de mayor nivel de renta, por lo que forman los grandes mercados internacionales. Por tanto, los países industriales serán los que dominen los intercambios a nivel mundial, ya que comercian principalmente entre sí. Dentro de los países industria-

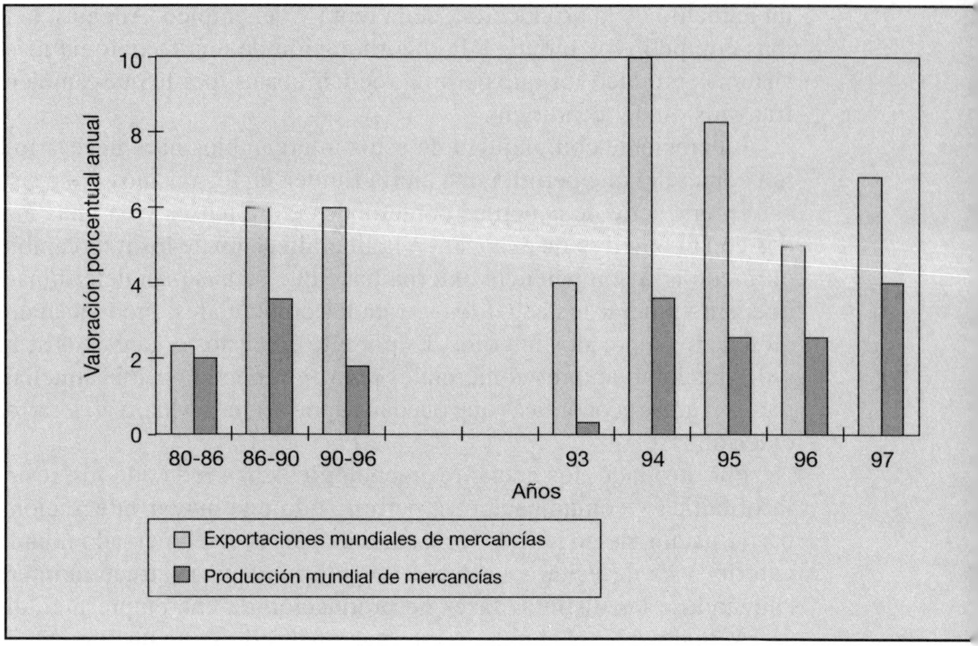

Figura 6.1. Crecimiento del volumen de las exportacines y la producción mundiales de mercancías, 1986-1987.

lizados los tres bloques de mayor importancia son Estados Unidos, Japón y la UE. En el área de países en desarrollo, los del Sudeste Asiático son los que más participación tienen en el comercio mundial. Por tanto, se puede concluir que en este período se produce una concentración del intercambio en un grupo reducido de comerciantes grandes.

Es la expansión del comercio de productos manufacturados la principal causa del aumento del volumen de transacciones comerciales, aunque en los últimos años ha aumentado la importancia del comercio de servicios. Al analizar la composición de las mercancías objeto de comercio se observa que el 70% del comercio se refiere a productos industriales, de los cuales los de mayor presencia son maquinaria y equipo de transporte, productos automovilísticos, productos químicos y textiles. El resto de comercio son productos primarios, fundamentalmente combustibles, alimentos, minerales y metales (véase tabla 6.1).

El aumento del peso del comercio de servicios es consecuencia de la terciarización de las economías más avanzadas. Los intercambios de servicios se intensifican en la década de los setenta, acelerándose en los ochenta, siendo entonces el crecimiento de los intercambios de servicios mayor que el de mercancías. Los servicios que se intercambian a nivel mundial son los servicios comerciales a empresas privadas, el turismo, los de capital e inversiones y los servicios gubernamentales. Este comercio también se concentra en los países industriales. Es decir, que los princi-

TABLA 6.1

Principales exportadores e importadores mundiales de mercancías. 1995

Exportadores Participación en total		**Importadores Participación en total**	
Estados Unidos	11,6	Estados Unidos	14,9
Alemania	10,1	Alemania	8,6
Japón	8,8	Japón	6,5
Francia	5,7	Francia	5,3
Reino Unido	4,8	Reino Unido	5,1
Italia	4,6	Italia	3,9
Países Bajos	3,9	Hong Kong	3,8
Canadá	3,8	Países Bajos	3,4
Hong Kong	3,5	Canadá	3,3
Bélgica-Luxemburgo	3,3	Bélgica-Luxemburgo	3,0
China	3,0	República de Corea	2,6
República de Corea	2,5	China	2,6
Singapur	2,3	Singapur	2,4
Total Mundial	100	Total Mundial	100

FUENTE: OMC (1996).

TABLA 6.2

Principales exportadores e importadores de servicios comerciales. 1995

Exportadores Porcentajes sobre total		**Importadores Porcentaje sobre total**	
Estados Unidos	16,1	Estados Unidos	11,2
Francia	8,1	Japón	10,3
Italia	6,0	Alemania	10,1
Alemania	5,9	Francia	6,5
Reino Unido	5,7	Italia	5,8
Japón	5,5	Reino Unido	4,7
Países Bajos	4,0	Países Bajos	3,8
España	3,4	Bélgica-Luxemburgo	3,0
Hong Kong	3,2	Canadá	2,5
Bélgica-Luxemburgo	3,1	República de Corea	2,3
Austria	2,8	Austria	2,0
Singapur	2,4	Taipe Chino	2,0
Total Mundial	100	Total Mundial	100

FUENTE: OMC (1996).

pales comerciantes de mercancías en el mundo también son los principales comerciantes de servicios.

Por otro lado, asistimos a una creciente importancia del comercio intraindustrias o comercio de bienes similares, que comienza a desarrollarse en el seno de la Unión Europea y luego se extiende al conjunto de los países industriales. Los países industrializados intercambian bienes sustitutivos que emplean los mismos factores de producción en su fabricación. Este tipo de intercambio se explica por la diferenciación de productos y las economías de escalas por especialización. Pero como estos productos sólo se demandan por las rentas altas, el destino de los mismos son los países de renta y dotación factorial similar al país de producción.

Se va a producir un aumento de la competencia en las relaciones comerciales por la concurrencia en los mercados de nuevos países exportadores de manufacturas como son Japón y los países del Sudeste Asiático. Este aumento de la competencia internacional en el área de las relaciones comerciales con el exterior junto con las crisis económicas de los setenta y principios de los noventa desembocan en un aumento de las medidas proteccionistas que amenazan el sistema comercial establecido. Nos encontramos con tres áreas económicas que están aplicando, dentro del mundo industrializado, medidas proteccionistas:

1. La economía norteamericana, menos competitiva que en épocas anteriores por la necesidad de desviar fondos desde la inversión hacia la financiación del déficit público, se ve inducida a aplicar medidas protectoras de sus productos manufacturados.
2. La economía japonesa, cuyo comercio exterior está en manos de grandes empresas comerciales ligadas a grupos industriales que dominan la distribución y que en la práctica dan lugar a un modelo económico escasamente abierto al exterior, a pesar de no aplicar ninguna barrera al comercio de otro tipo.
3. Los países de la Unión Europea en lo que se refiere al sector agrícola, por aplicar una política protectora del mercado interno y a través de las subvenciones a la exportación de estos productos a terceros países, lo que hace que sean muy competitivos en los mercados externos.

En los últimos años, desde la finalización de los acuerdos de la Ronda Uruguay, se produce una reactivación en el comercio entre naciones, de forma que en 1995 el valor del comercio transfronterizo total de mercancías y servicios superó los 6 billones de dólares. Tras dos años de crecimiento muy rápido del comercio mundial, en el que el volumen de las exportaciones mundiales creció en torno al 10% anual el crecimiento del comercio mundial se redujo en 1996 en todas las regiones del mundo. Esta desaceleración de los flujos de intercambios es un poco inusual en el sentido de que no va acompañada de reducción en el crecimiento de la producción. No obstante, esta ralentización se considera pasajera, pronosticándose que el volumen de las transacciones comerciales volverá a crecer. Lo que se está produciendo no es una contracción del comercio mundial, sino un retorno a un crecimiento más normal.

3. REGULACIÓN DEL COMERCIO INTERNACIONAL

Desde 1944 se han realizado grandes esfuerzos para desarrollar e instaurar un nuevo orden económico internacional más liberal, basado en la cooperación entre naciones como mecanismo para resolver los problemas económicos entre los países. Esta cooperación se realiza en el marco de unos organismos económicos internacionales. Con el fin de cuidarse de los problemas creados por la acción unilateral de un país en materia de relaciones comerciales, provocados por la aplicación de mecanismos de protección de los mercados internos, se empiezan a pensar en realizar acuerdos comerciales entre varios estados o tratados de comercio. Desde la ONU se quería promover una organización que interviniese en el campo de las relaciones comerciales a nivel mundial. Para ello se celebró el 21 de noviembre de 1947 la Conferencia Internacional sobre Comercio y Empleo de la que surge la *Carta de La Habana*, documento en el que se regula el comercio internacional a partir de unas políticas comerciales, acuerdos internacionales y la creación de la Organización Internacional del Comercio, que funcionaría como agencia de las Naciones Unidas.

El objetivo de esta organización era avanzar en el crecimiento económico, pleno empleo y utilización eficaz de los recursos a través de la libertad de comercio conseguida con acuerdos recíprocos y mutuamente ventajosos dirigidos a reducir los aranceles y otras barreras al comercio. Pero Estados Unidos, que tenía la primacía en las relaciones económicas entre países, se negó a ratificar ese documento por opinar que limitaba su plena libertad de decisión en materia comercial. Este país era partidario de establecer rápidamente el librecambio multilateral, posición con la que no estaba de acuerdo Europa, que adoptó una postura más proteccionista para tener tiempo de recuperarse de los efectos de la Segunda Guerra Mundial. De esta manera quedó aplazada la creación de la OIC.

Al mismo tiempo, Estados Unidos, que quería reorientar su política comercial preferentemente hacia Europa Occidental, había iniciado una serie de negociaciones arancelarias con vistas a disminuir las barreras al comercio. De esta manera, el 30 de octubre de 1947 se firma, el Acuerdo General sobre Aranceles de Aduana y Comercio —GATT— en el que los países firmantes se comprometen a reducir de manera progresiva y multilateral sus barreras al comercio. Este acuerdo entra en vigor de manera provisional y se basa en tres principios:

1. Principio de no discriminación, instrumentalizado a través de la cláusula de nación más favorecida, por la que cualquier preferencia que un país firmante del acuerdo concediese a otro se extiende inmediatamente a todos los países participantes del GATT. Las excepciones a este principio son tres:

   a) Los acuerdos o ventajas concedidas entre países con anterioridad a la firma del GATT.

   b) Los procesos de integración que se inicien o avancen con posterioridad a la firma del GATT —zonas de libre comercio y uniones aduaneras—

con la salvedad de que la protección exterior del espacio integrado no podrá perjudicar los derechos adquiridos con anterioridad con los países firmantes.

c) Por último, el Sistema de Preferencias Generalizadas acordado por la Conferencia de las Naciones Unidas sobre Comercio y Desarrollo en 1968, por el que los países desarrollados conceden una serie de ventajas aduaneras a los países menos desarrollados en relación con determinados productos, manufacturas sobre todo, para contrarrestar los posibles perjuicios que el comercio internacional tenía para los países subdesarrollados.

2. Principio de reciprocidad, por el que el país que se beneficia de unas reducciones arancelarias debe ofrecer a su vez concesiones similares.
3. Principio de transparencia o publicidad de toda la normativa de comercio internacional.

Los acuerdos del GATT prohíben las prácticas restrictivas del comercio de carácter no arancelario: contingentes, dumping, etc., promoviéndose el uso de los derechos arancelarios para permitir que los precios sean los que regulen el comercio y no las normas y medidas administrativas. Hasta la firma de la Ronda Uruguay en 1994 existen varias excepciones a esta norma, como son las que se refieren al comercio de productos agrícolas de los países industrializados y al comercio de fibras textiles y prendas de vestir.

Las negociaciones entre países se realizan a través de reuniones o Rondas, habiéndose celebrado ocho reuniones, de las cuales la última, la Ronda Uruguay, es la más importante.

3.1. Ronda Uruguay

Hasta la década de los sesenta el GATT fue más o menos eficaz para la negociación de acuerdos comerciales, de forma que la mayoría de los países miembros podían adaptar su política comercial a las normas del acuerdo. Pero en esta década se inicia una serie de cambios en la estructura de los intercambios internacionales que van a dar lugar a un orden económico más interdependiente y complejo. El crecimiento del poder productivo de algunos países en desarrollo, la aparición de nuevas potencias económicas en el panorama internacional, el desarrollo de la producción agropecuaria de los países industrializados, el agrupamiento de los países menos desarrollados en un solo bloque a la hora de defender sus derechos y la adhesión al GATT de numerosos países en desarrollo y economías de planificación central, son transformaciones que van a dificultar las negociaciones y la adopción de acuerdos comerciales. Esto provoca la firma de acuerdos unilaterales y la aparición de unas tendencias proteccionistas generalizadas que obligan a reforzar las normas reguladoras del comercio internacional y mejorar el sistema de negociación de acuerdos.

Con esta idea se celebra en Uruguay, en 1988, la octava ronda de negociaciones del GATT, incluyendo entre sus objetivos los siguientes:

1. Mejorar el acceso a los mercados mediante la reducción y eliminación de aranceles y la eliminación de restricciones cuantitativas y otros obstáculos no arancelarios. Con ello se quiere avanzar en la liberalización y expansión del comercio mundial de forma que beneficie a todos los países, especialmente a los países subdesarrollados.
2. Someter un área más amplia del comercio mundial a las normas del GATT. Se va a regular todo el comercio internacional, incluyendo productos como los agropecuarios o textiles que hasta ahora estaban excluidos de la normativa GATT y el comercio de servicios.
3. Potenciar la relación del GATT con las organizaciones multilaterales internacionales para mejorar la capacidad de respuesta y adaptación del GATT a los cambios del entorno internacional.
4. Fomentar el crecimiento y desarrollo de las distintas economías mediante el fortalecimiento de las interrelaciones entre la política comercial y el resto de políticas económicas.
5. Favorecer la cooperación a nivel nacional e internacional mejorando el flujo de recursos financieros y reales hacia los países en desarrollo.
6. Se pretende crear una organización supranacional que administre y reglamente la normativa multilateral en materia de relaciones comerciales internacionales —la Organización Mundial de Comercio—, dando un mejor acceso a los mercados, evitando las restricciones proteccionistas a las importaciones y el crecimiento de las exportaciones no competitivas o de mercancías falsificadas.
7. También se va a establecer un proceso de solución de diferencias que permita exigir el reconocimiento y cumplimiento de los compromisos asumidos y derechos negociados. Al mismo tiempo, se quiere reforzar la disciplina del Acuerdo.

La valoración de los resultados de la Ronda Uruguay es bastante positiva pues va a dar un impulso considerable a la liberalización de los intercambios en un momento en el que parecían resurgir con fuerza los movimientos proteccionistas. Esta mejora del sistema multilateral de intercambios va a influir favorablemente en el volumen y valor de los intercambios y, por consiguiente, en el crecimiento económico mundial.

3.2. Organización Mundial de Comercio

La Organización Mundial de Comercio (OMC) nace, con varios años de retraso, tras la firma del Acta Final de la Ronda Uruguay en abril de 1994 en Marrakech. Es una organización interestatal basada en el principio de cooperación. Se regirá por las decisiones, procedimientos y prácticas del GATT de 1947, pero sus competencias serán más amplias al asumir todos los acuerdos negociados en la Ronda Uruguay. Los principios básicos de la OMC son los de transparencia, no discriminación, trato nacional, solución negociada de diferencias, trato especial y diferenciado para los países en desarrollo, especialmente para los países más atrasados, y cooperación para actualizar la normativa existente.

Los acuerdos se materializan en una serie de documentos:

1. GATT 94: Acuerdo sobre el comercio de mercancías que actualiza y mejora los compromisos del GATT de 1947 más todos los acuerdos y compromisos negociados en las diferentes rondas, incluidos los de la Ronda Uruguay. Este GATT 94 es aceptado a título definitivo y no provisional como el anterior.
2. GATS: Acuerdo general sobre el comercio de servicios. Intento de disciplinar el intercambio de servicios aplicando los principios utilizados en el GATT para el comercio de mercancías.
3. TRIPS: Acuerdo sobre los aspectos comerciales del derecho de propiedad intelectual. Se trata de garantizar que los derechos de propiedad intelectual son respetados en el marco de las transacciones comerciales: respeto de las patentes, diseños y marcas y lucha contra las mercancías falsificadas.
4. Cuatro acuerdos plurianuales sobre aviación civil, productos lácteos, carne de bovino y contrataciones públicas. Estos acuerdos sólo se aplicarán a aquellos países que los firmen.

La OMC va a ser el sustituto del GATT de 1947, pero su ámbito de actuación es mucho más amplio al administrar acuerdos asumidos por los países miembros en el área de servicios, propiedad intelectual, inversiones relacionadas con el comercio, etcétera. También se incluye en esta organización una serie de compromisos referentes al comercio de productos agrícolas y textiles que antes estaban fuera del GATT. Además, la OMC va a actuar en el campo de la protección del medio ambiente y en las políticas de desarrollo sectorial o de productos que puedan distorsionar el comercio internacional. También será función de la OMC cooperar con otros organismos de la ONU como el FMI y el BIRF para lograr una mayor coherencia en la formulación de las políticas económicas a escala mundial.

La OMC ha contribuido a la estabilidad y seguridad de las relaciones comerciales internacionales, continuando con la liberalización del comercio sobre la base de una serie de normas que se materializan en una política económica más coherente con un entorno mundial cada vez más globalizado, integrado. Pero su actuación tiene una serie de limitaciones, porque no abarca todos los campos de las relaciones comerciales, muchos de ellos comprendidos en el área de los negocios privados, y porque reacciona siempre después de que se presenten los problemas.

3.3. Cumbre de Singapur

La OMC funciona a través de Conferencias Ministeriales compuestas por representantes de todos los países miembros que deben reunirse, al menos, una vez cada dos años. Las diferencias surgidas en el cumplimiento de los acuerdos asumidos se dirimirán a través de un sistema que permite, con los controles necesarios, la posibilidad de represalias cruzadas. Además, se establece un acuerdo sobre el mecanismo de examen de las políticas comerciales.

El 9 de diciembre de 1996 se celebró en Singapur la primera cumbre ministerial de la OMC con poco contenido en cuanto a la formulación de nuevos propósitos por quedar todavía mucho por hacer de lo acordado en la Ronda Uruguay. Ha sido una cumbre complicada por participar en las negociaciones un número muy elevado de países, lo que dificulta la adopción de un acuerdo comercial satisfactorio para todos.

Los principales temas tratados en esta cumbre se refieren a la continuación de la liberalización comercial de bienes y servicios, fundamentalmente en el sector de telecomunicaciones y en los productos agrarios y textiles. Se van a discutir los términos para la posible admisión de China en la OMC y la posibilidad de incluir nuevas cuestiones dentro de las competencias de la OMC, como la relación de comercio y derechos fundamentales de los trabajadores, comercio e inversiones extranjeras directas, efectos de la interacción entre comercio y política interna de garantía de la competencia y transparencia en la contratación pública.

Uno de los principales logros de esta cumbre es la reafirmación de los ministros de exteriores en la confianza en un sistema de comercio multilateral que tiende a una mayor libertad de comercio. Se comprometen en un sistema basado en normas más equitativas, en el que se integran los países en desarrollo, los países más atrasados y las economías en transición, un sistema que rechaza toda forma de proteccionismo y quiere avanzar en la liberalización del comercio de mercancías y servicios. Se llegan a firmar acuerdos para la eliminación o reducción sustancial antes del año 2000 de los aranceles que gravan los productos derivados de las tecnologías de la información y se forman grupos de trabajo para examinar las relaciones entre comercio e inversiones extranjeras, comercio y política de la competencia y transparencia en la contratación pública. En lo referente a la admisión de China no se avanza por la oposición de Estados Unidos, entre otros.

Otro de los temas discutidos es la inclusión o no de la Cláusula Social en los principios de la OMC. Esta cláusula se refiere a los derechos fundamentales de los trabajadores y pretende la abolición del trabajo infantil, la eliminación de la esclavitud y trabajos forzados, salarios justos y libertad de sindicación. La OMC se desentiende de esta cláusula al proponer a la Organización Internacional de Trabajo como el organismo al que compete velar por las normas internacionales en materia laboral.

4. COMERCIO Y DESARROLLO

Muchos estudiosos del comercio internacional se preguntan si el libre comercio beneficia por igual a todos los países que lo practican o a qué países beneficia más. De las respuestas a estas cuestiones surgen diferentes teorías sobre las causas y efectos del comercio internacional en las economías de los países que lo practican.

Las primeras teorías sobre el comercio internacional se preocupan por los efectos del mismo y no por sus causas. Durante los siglos XVI, XVII y principios del XVIII el pensamiento mercantilista va a considerar que el poder y progreso económico de una nación está vinculado a su riqueza, entendida como el volumen de oro y plata, de dinero. El único camino para aumentar esta riqueza es a través del comercio exterior, siempre que los ingresos por exportaciones superen a los gastos por importaciones. Con este objetivo el Estado interviene en la economía protegiendo los mercados nacionales de las importaciones y promocionando las exportaciones. En un mundo dividido en metrópolis y colonias, las primeras sobre la base de estas ideas, impondrán una serie de trabas al comercio de las segundas, relegándolas a un papel secundario en los intercambios comerciales de los que saldrán seriamente perjudicadas.

En la segunda mitad del siglo XVIII, los clásicos analizan los efectos reales del comercio internacional, señalando que al aumentar el tamaño del mercado por medio del comercio con el exterior, podría crecer la producción, especializándose los países en aquellos bienes para los que están más capacitados (ventajas competitivas absolutas). Todas las naciones pueden obtener beneficio de los intercambios internacionales en función de sus diferencias. A través del comercio exterior se estimula el crecimiento y desarrollo económico de los sectores de la economía que poseen ventajas competitivas. Por medio de la división internacional del trabajo cada país producirá los bienes en los que tengan menores costes e importará todos aquellos cuyo coste en el exterior sea menor que el de producción interior. Esta especialización conduce a un aumento de la productividad del trabajo y de la renta nacional, lo que permitirá generar un mayor volumen de ahorro y capital que impulsará la actividad económica. Pero, ¿qué ocurre si un país es capaz de producir todos los bienes con menores costes que sus competidores?, ¿no le interesa mantener relaciones comerciales con el exterior? Los efectos del comercio son siempre beneficiosos, aun cuando un país sea capaz de producir todos los bienes de forma más eficaz que el resto. Esto se explica por el principio de la ventaja comparativa, según el cual una nación deberá especializarse en la producción de la mercancía para la que está más capacitado pero que además es capaz de hacer comparativamente mejor, de manera más productiva, intercambiándose posteriormente esos bienes por la producción de otro país. El precio al que deben realizarse los intercambios para que éste sea beneficioso a todos debe estar comprendido entre los costes relativos de producción de los bienes en cada país, que serán distintos por tener los países diferentes productividades. En concreto deberá ser aquel que iguale la demanda de importación de un país con la oferta de exportación de otro. Esta división internacional del trabajo permite consumir una cantidad de bienes que el país sólo no puede producir, amplía las posibilidades de consumo, y produce un desarrollo del comercio y de la economía del conjunto y de cada uno de los países implicados en los intercambios. De acuerdo con esta teoría, se desarrolla un período de libertad en los intercambios internacionales sin precedentes que impulsaron la extensión geográfica del comercio mundial.

A finales del siglo XIX, la teoría neoclásica fija el precio internacional del intercambio en función de los factores de producción trabajo y capital, considerando que el valor de los bienes depende de la utilidad que proporcionen y no de la cantidad de trabajo que incorporan. El coste relativo de un bien será, en estas circunstancias, el coste de oportunidad, cantidad de un bien a la que hay que renunciar para producir una unidad de otro bien, que es creciente. El precio relativo de dicho bien dependerá del coste relativo y de la demanda de los diferentes bienes, de forma que se tendrá muchos precios relativos distintos, pero sólo uno maximiza el valor de la producción. Estas teorías nos dicen que el comercio beneficia más a los países cuanto mayor sea la diferencia entre sus precios relativos nacionales y más lejos estén del precio internacional. Por tanto, los beneficios del comercio serán mayores cuando el intercambio se realiza entre países desarrollados productores de manufacturas y países subdesarrollados productores de bienes básicos, porque en este caso las productividades serán muy diferentes, por utilizarse técnicas de producción distintas, y las diferencias de precios serán mayores por la desigual dotación factorial. Además, los países subdesarrollados obtendrían un porcentaje superior de ese beneficio, porque el precio relativo internacional estaría más próximo al precio nacional de los países desarrollados, que son lo que tienen una mayor demanda de importación y oferta de exportación.

Hasta ahora, las causas del comercio internacional se establecían en la diferente productividad del factor trabajo y capital en cada país que explicaban las diferencias de costes y de precios. Pero, ¿qué explica la diferencia de productividad de los factores entre países? Para Heckscher-Ohlin la respuesta estaría en la distinta escasez relativa de estos factores en cada país, que se manifiesta en diferentes precios relativos de cada factor. En función de esta hipótesis, cada país tiene ventajas comparativas y debe exportar el bien que emplea de manera más intensiva el factor de producción más abundante en dicho país, que será el de menor coste relativo. De esta conclusión se deduce que cada país intercambia por medio del comercio internacional el factor de producción abundante por el escaso. Esto implica que, a largo plazo, todos los países tendrán la misma dotación factorial y, por tanto, la misma posibilidad de desarrollarse.

Esta teoría neoclásica del comercio internacional fue aceptada durante bastante tiempo, hasta que Leontief, en 1947, utilizando el modelo de Keynes, descubrió que las importaciones de Estados Unidos eran más intensivas en capital que las exportaciones, cuando lo lógico hubiese sido lo contrario, ya que este país tenía una mayor dotación de factor capital que trabajo. De este resultado, contrario a la teoría de Heckscher-Ohlin, surge la paradoja de Leontief, según la cual se realizaron posteriores estudios sobre el comercio internacional. Todos ellos reconocen que los supuestos de partida de la teoría clásica y neoclásica no son correctos y de ahí se deriva la paradoja. En primer lugar se invalida el supuesto de existencia de dos únicos factores de producción y de igualdad de productividad de los mismos en todo el mundo. El mismo Leontief señaló que no se había considerado el nivel de cualificación del factor trabajo que deriva en una mayor productividad. La diferencia de cualificación conduce a un nuevo factor de producción: el capital humano. Además, hay que tener en cuenta los recursos naturales como un factor de producción más. En segundo lugar, el comercio no es totalmente libre, existen obstáculos a los intercambios que son contrarios a los supuestos de partida de la teoría clásica y neoclásica. Por otro lado, por efecto de la actuación de las empresas multinacionales se produce una movilidad internacional de los factores de producción, por lo que la dotación factorial de cada país es variable y, por tanto, aparecen y desaparecen ventajas comparativas nuevas. En la actualidad tampoco se cumple el supuesto de competencia perfecta por la existencia de un número reducido de grandes empresas que son las que imponen sus condiciones en determinados sectores, por la existencia de economías de escala y economías externas, que permiten a las empresas grandes competir en mejores condiciones que las pequeñas y localizar la producción en determinadas zonas geográficas. En definitiva, se discute el principio clásico de que el comercio beneficiaba a todos los países que participan del mismo, permitiendo que todos ellos alcancen un nivel de desarrollo similar.

Dado este estado de la cuestión, dos economistas de la ONU —Singer y Prebisch— elaboran una teoría basada en la decreciente relación real de intercambio[1] entre los productos elaborados, exportados por los países desarrollados, y los productos básicos, exportados por los países subdesarrollados. La evolución de los precios relativos de los productos primarios y productos industriales muestra que el precio de los últimos crece más que el de los primarios, lo que favorece a los países industriales en los intercambios comerciales entre ambos grupos de países. ¿Por qué se produce un empeoramiento de esta relación de intercambio? Según estos autores existen varias causas:

1. El diferente comportamiento de la demanda para cada tipo de producto. Los productos primarios tienen una elasticidad-renta inferior a la de los productos industriales, lo que significa que a medida que crece la renta la demanda de producto primario se ralentiza, mientras que la de productos elaborados se acelera. Esto influye en los precios de los dos grupos de productos.
2. En los países industriales se desarrolla un proceso de sustitución de las tradicionales materias primas, importadas de los países subdesarrollados, por otros productos conseguidos a través del progreso técnico y de la innovación. Al mismo tiempo las manufacturas cada vez incorporan menos cantidad de productos básicos provenientes de dichos países.
3. El progreso técnico permite incorporar mayor valor añadido a los productos manufacturados, mientras que en los productos primarios lo que provoca es una disminución de precios. Esto se debe a la existencia de instituciones en los países desarrollados que presionan para que los aumentos de productividad se trasladen a los salarios. En los países atrasados la alta tasa de paro y la mano de obra sin cualificación impiden el aumento salarial, trasladándose los incrementos de productividad a los precios.

[1] La relación real de intercambio es el cociente entre el índice de precios de las exportaciones de un país y el índice de precios de sus importaciones.

¿Cómo se ha llegado a esta situación? Para estos autores la especialización de los países subdesarrollados en la producción de bienes básicos ha sido favorecida por los propios países industrializados, que buscaban fuentes de aprovisionamiento de materias primas y alimentos y un mercado para sus excedentes de productos elaborados. Esta división internacional del trabajo condena a los países subdesarrollados a una actividad económica que no les permite aprovechar todos los beneficios del progreso técnico, limitando sus oportunidades de obtener economías de escala internas y externas. El libre comercio no contribuye al desarrollo de todos los países, sino que condena a un grupo a una posición desventajosa que agranda cada vez más las distancias entre los dos tipos de países.

Esta tesis elaborada por Singer-Prebisch es el origen del pensamiento heterodoxo del comercio internacional en el que se incluye a otros autores como Myrdal, quien denunció en 1957 los efectos perjudiciales del libre comercio para los países en desarrollo. Para este autor el librecambio producía un «proceso causal acumulativo» por el desplazamiento de las inversiones productivas y de la población activa a las áreas que poseían industrias desarrolladas y que estaban en expansión, empobreciendo las zonas de desarrollo industrial reducido. El resultado de todo esto sería un agravamiento de los desequilibrios regionales.

Otras escuelas de pensamiento también han hecho referencia a los inconvenientes del intercambio comercial para los países menos desarrollados. Dentro del marxismo, Enmanuel elabora una «teoría del intercambio desigual» que afirma que a través del comercio exterior es posible la explotación de los países subdesarrollados, los cuales se encuentran en una situación de dependencia por sus menores recursos financieros y deficiente producción. La causa de la desigualdad no estaría en la exportación de capital y en la inversión extranjera, como señalan otros autores marxistas, sino en el comercio entre países. El bajo coste de la mano de obra en la periferia se traduce en un menor precio de los bienes producidos que da origen a un intercambio desigual. Las diferentes interpretaciones a la tesis de Enmanuel han contribuido a profundizar en este tema, abriendo un interesante debate sobre la influencia del comercio en el crecimiento o estancamiento de las economías subdesarrolladas. Según algunos autores latinoamericanos que trabajaron sobre la tesis de Enmanuel, no son los bajos salarios la causa de los menores precios de producción, sino las barreras que los países industrializados mantienen para el comercio de los países dependientes. Al tener precios más bajos los países menos desarrollados podrían introducir sus mercancías en los mercados de los países industrializados, pero esto no ocurre porque éstos, que han liberado gran parte del comercio entre sí, mantienen restricciones a las exportaciones de los países dependientes. Como consecuencia de esto se produce un déficit estructural de la balanza de pago en estos países que es la causa de su atraso.

En la década de los ochenta hay una vuelta a las teorías clásicas y neoclásicas, recomendándose a los países del Sur liberalizar sus intercambios para expandir las exportaciones, puesto que se considera que el comercio es beneficioso para todas las partes que en él intervienen. Este resurgir de las teorías ortodoxas se produce a partir de la controversia generada en el análisis de los datos en los que se fundamentaba la teoría del deterioro del intercambio de Prebisch-Singer. El éxito obtenido por la estrategia de industrialización orientada hacia la exportación que se aplica en los países del Sur y Sudeste Asiático contribuye a esta rehabilitación de la teoría neoclásica.

Muchos autores consideran que el comercio es en parte responsable de la marginación económica de los países subdesarrollados, pero este fenómeno debe considerarse desde un punto de vista más general, siendo necesario elaborar una teoría de desarrollo económico. El caso de los países asiáticos contradice las tesis básicas de la teoría de la dependencia y del intercambio desigual, pero sugiere también que estas experiencias son difíciles de generalizar. «La salida del subdesarrollo debe implicar reformas internas en los países atrasados, pero también cambios a escala mundial». La teoría neoclásica parte del supuesto de mercados competitivos y estables, cuando la realidad es que existen unas grandes diferencias entre mercados, «segmentados y con inestabilidad, en los cuales se producen tendencias hacia la concentración y centralización del capital[2]».

En la década de los noventa surgen otras teorías sobre la influencia positiva del comercio internacional en el crecimiento económico de los diferentes países. Paul Romer señala cómo un país que realiza inversiones en capital humano que generan innovaciones, que destina recursos a la investigación y desarrollo de tecnología más eficiente, puede alcanzar una diferenciación que incrementa los beneficios de la liberalización comercial. La innovación genera externalidades positivas al hacerse pública y poder todos beneficiarse de las implicaciones de la misma. La acumulación de conocimientos acelera el ritmo de crecimiento de la economía. Se pueden alcanzar ventajas comparativas derivadas de la especialización en la producción de bienes intensivos en capital humano y en tecnologías que aumentan la eficiencia productiva.

La liberalización comercial permite incrementar los beneficios de esta especialización al hacer más rentable las inversiones en generación de nuevos productos o tecnologías por aumentar las expectativas de ventas en un mercado de mayor tamaño. Además, facilita la difusión internacional de estas nuevas tecnologías o productos, lo que influye en el crecimiento económico global. El problema es que el resto del mundo puede acceder gratuitamente a estas innovaciones resultados de las inversiones en conocimientos, lo que puede frenar la realización de las mismas. De ahí que en la Ronda Uruguay se regule sobre los aspectos internacionales de la propiedad intelectual.

En este contexto el coste de aplicar medidas proteccionistas no se limita a las estimaciones tradicionales, que afectan principalmente a los consumidores por el encarecimiento de los bienes existentes en el país que eleva los aranceles, sino que podrían ser mucho más elevados al impedir el acceso a bienes nuevos y a tecnologías más eficientes.

Parece evidente que las características de las relaciones comerciales establecidas hasta ahora entre países industrializados y países más atrasados son un obstáculo

[2] C. Berzosa et alía (1993).

TABLA 6.3

Participación de los países en desarrollo en el comercio mundial

Años	Exportaciones (%)	Importaciones (%)
1967	25,94	26,7
1970	25,26	25,9
1980	34,41	30
1990	27,36	25,77
1996	32,44	34,30

FUENTE: OMC (1996).

para el desarrollo de los últimos. Los países menos desarrollados se ven perjudicados en este sistema comercial al ver reducidas las posibles ventajas derivadas de los intercambios internacionales y situarse en una posición marginal dentro del comercio mundial. Esto se debe, en parte, a su escaso peso en el total de flujo comercial mundial y en parte a la estructura de sus exportaciones, ya que, en general, estos países exportan productos básicos, los cuales han ido perdiendo peso en el total de exportaciones mundiales.

Además, los países exportadores de productos primarios tienen una relación real de intercambio desfavorable en relación a los países exportadores de manufacturas, por lo que sus importaciones sufren un incremento de precios mayor que sus exportaciones desequilibrando sus balanzas comerciales. Por otro lado, los productos primarios tienen una menor elasticidad-renta. Esto supone que los aumentos de renta a nivel global se traducen en un aumento de la demanda de productos elaborados en detrimento de los productos básicos que se consideran bienes inferiores. Las exportaciones de los países subdesarrollados dependen de las fluctuaciones de la demanda externa de los países consumidores, que son fundamentalmente los desarrollados. Se genera una relación de dependencia sobre la base de esa estructura económica dual.

TABLA 6.4

Intercambio por zonas geográficas y productos. 1995.
Exportaciones totales (%)

	Países industrializados	NPI. Asia	Economías en desarrollo	Total Mundo
Alimentos	82,57	0,6	16,83	100
P. energéticos	62,71	0,64	36,66	100
Mat. primas	85,19	2,25	12,56	100
Manufacturas	77,16	3,43	19,41	100

FUENTE: Elaboración propia a partir de datos de la Dirección General de Aduanas (1996).

Estos países denunciaron que las bases sobre las que se asentaba el comercio internacional, GATT, les perjudicaba, ya que en este escenario de negociación de acuerdos comerciales entre países sólo se preocupaban de los problemas de los países ricos.

Por ello surge en 1964 la UNCTAD, la Conferencia de las Naciones Unidas para el Comercio y el Desarrollo, que pretendía fomentar el comercio internacional, pero teniendo en cuenta el diferente grado de desarrollo de los países, y basar el intercambio internacional sobre la preferencia y no sobre la igualdad (véase la tabla 6.5).

Sin embargo, esta situación ha ido cambiando por la industrialización de algunos de los países del Sur y por la especialización en otros productos derivados del petróleo. Nos encontramos con tres grupos de países: los exportadores de petróleo, los exportadores de manufacturas, servicios, y los exportadores de productos primarios. Los más dinámicos son los segundos, no sólo son los que más exportan dentro de los países del Sur, sino que sus exportaciones son las de mayor valor económico.

TABLA 6.5

La asimetría de los intercambios comerciales

Período	Porcentajes de las exportaciones de los países industrializados destinados a los países en desarrollo	Porcentajes de las exportaciones de los países en desarrollo destinados a los países industrializados
1969-1971	18,8	73,3
1972-1974	19,3	73,7
1975-1977	23,5	70,7
1978-1980	23,0	70,7
1981-1983	24,6	64,6
1984-1986	19,7	63,7
1987-1989	18,3	64,7
1990-1992	19,8	62,0
1993	24,5	58,6

FUENTE: UNCTAD (1993).

5. PERSPECTIVAS DE FUTURO

Tras la desaceleración del comercio mundial en 1996 por la menor demanda de los países desarrollados, el futuro presenta unas perspectivas de crecimiento y expansión del comercio a escala mundial satisfactorio. Los últimos años de la década de los noventa se van a caracterizar por un crecimiento no muy intenso pero sí estable en los países industrializados, con baja inflación y moderados tipos de interés. Va a continuar el progreso en materia de liberalización comercial y financiera, de manera que se mantendrá el flujo de capital hacia los mercados emergentes de los países en desarrollo. Todo esto influirá en una rápida recuperación del volumen de exportaciones mundiales ayudado fundamentalmente por el crecimiento de las importaciones en América del Norte y los países en desarrollo.

En los años venideros asistiremos a una ampliación del fenómeno de regionalización de la economía mundial. La formación y profundización de bloques comerciales de alcance regional tendrá efectos importantes para los flujos comerciales y la especialización de las diferentes áreas y países. Se espera una intensificación de los intercambios entre los países de un área integrada, creación y expansión del comercio en la terminología de J. Viner, pero existe el temor de que el tratamiento discriminatorio entre países pertenecientes a zonas de integración y países no miembros conduzca a una desviación de comercio. Por otro lado, la ampliación de los mercados internos, que va unida a todo proceso de integración, permitirá reducir costes al aumentar las posibilidades de aprovechar las economías de escala. No obstante, estas economías de escala pueden permitir que sobrevivan empresas, que en otras circunstancias no soportarían la libre competencia. Desde otro punto de vista, la integración económica puede favorecer la ampliación de estrategias de crecimiento económico de base proteccionista, como la estrategia de sustitución de importaciones.

Los procesos de integración económica entre países industrializados impulsarán las economías de los países en desarrollo a través del aumento de las importaciones de los primeros. Efecto que será mayor dado que la integración inducirá a un aumento de la renta y de la demanda.

En relación a los países en desarrollo el Banco Mundial señala que se ha producido un crecimiento generalizado que ha estado acompañado de una mayor estabilidad de precios. En este sentido, considera que en los años venideros estos países van a tener un mayor peso en el PIB mundial y en el comercio a nivel internacional, siempre que continúe el buen comportamiento de la economía. Aunque el comercio mundial seguirá estando dominado por las economías más desarrolladas, los países periféricos verán aumentar su participación en los mercados. Para el Banco Mundial esto es consecuencia de la creciente integración de los países en desarrollo en la economía mundial a través de una mayor participación en los acuerdos de liberalización comercial a nivel regional o multilateral, lo que ha propiciado que su participación en el volumen del comercio internacional aumente hasta el 7%. Según las proyecciones del Banco Mundial, el crecimiento medio anual de los países en desarrollo para la década que va de 1997 al 2006 es del 5,4%, cifra relativamente alta en comparación con el crecimiento del 2,6% que experimentaron estos países en la década anterior. Las áreas que experimentarán mayor crecimiento son: África Subsahariana, Asia Central, Oriente Medio y Norte de África. Se estima que para el año 2020 los actuales países en desarrollo podrán incrementar su participación en el PIB mundial hasta el 29,1% y su participación en la exportación hasta el 48,4%. Estos países se convertirán también en grandes importadores, con una tasa media anual de crecimiento de las importaciones por encima del 10%, llegando a alcanzar en el año 2020 alrededor del 3,2% de las importaciones mundiales. Para la UNCTAD, la mayor integración de los países en desarrollo en el comercio va a tener efectos positivos sobre sus economías, pero no suficiente para reducir la distancia que separa a los países en desarrollo de los industrializados.

Este crecimiento de los países en desarrollo, unido a la entrada en el escenario económico mundial de países como China, Rusia, Brasil o India, producirá importantes cambios en la especialización tanto de los países industrializados como en los menos desarrollados, sobre todo por la participación en el comercio de países con una mano de obra barata y no cualificada

Por otro lado, la OMC estima que para mediados de la próxima década los países en desarrollo tendrán un mayor peso en la producción mundial de los países industrializados, como consecuencia principalmente del aumento acelerado del comercio entre ellos mismos. Este incremento de las relaciones comerciales entre los países en desarrollo impulsará el crecimiento económico de estos países y de los países desarrollados.

CONCEPTOS

Comercio asimétrico
Comercio de servicios
Comercio intraindustrias
Especialización
Liberalización-proteccionismo
Organización mundial del comercio
Relación real de intercambio
Ronda Uruguay
Ventajas comparativas

ACTIVIDAD RECOMENDADA

Comentar la siguiente tabla:

Obstáculos al comercio

Obstáculo		África al sur del Sáhara	América Latina y Caribe	Asia oriental y meridional	Oriente Medio y norte de África	CEI	Europa Central y Oriental	Países de ingreso alto de la OCDE
Derechos de propiedad	Corrupción	1	1	3	2	3	5	5
	Delincuencia y robo	5	3	8	8	4	6	6
Política	Reglamentación	8	8	7	7	8	4	4
	Impuestos	2	5	2	3	1	1	1
	Financiación	6	4	5	4	5	2	2
	Inflación	4	7	4	6	6	8	8
	Inestabilidad	7	6	6	5	2	7	7
Inversión Pública	Infraestructura deficiente	3	2	1	1	7	3	3

FUENTE: Banco Mundial.

1: Obstáculo más importante. 8: Obstáculo menos importante.

LECTURAS RECOMENDADAS

Carderera Soler, L.: «La Organización Mundial del Comercio», *Boletín Económico del ICE,* número extraordinario.

Berzosa, C. (1993): «El comercio internacional, ¿beneficioso o perjudicial para los países del Tercer Mundo?», en *Temas de Organización Económica Internacional,* McGraw-Hill, Madrid.

Oyarzun de la Iglesia, J. (1993): «Los modelos de comercio internacional: un resumen histórico», en *Temas de Organización Económica Internacional,* McGraw-Hill, Madrid.

Krugman, P. (1994): *Vendiendo prosperidad,* Ariel, Barcelona.

Talavera Déniz,, P., y Martínez Peinado, J. (1995): «La Estructura Económica Mundial (I): El Comercio Centro-Periferia», en *Economía Mundial,* Coord. Martínez Pinado, J. y Vidal Villa, J., McGraw-Hill, Madrid.

Tugores Ques, J. (1997): *Economía Internacional e Integración Económica,* McGraw-Hill, Madrid.

7 Sistema monetario y financiero internacional

Joaquín Guzmán Cuevas

1. INTRODUCCIÓN

El título de este capítulo engloba deliberadamente dos esferas de estudio que con mucha frecuencia suelen ser objeto de utilización sinónima. Nos estamos refiriendo a los términos «monetario» y «financiero». En realidad, en economía internacional como en cualquier otra rama de la ciencia económica y de las ciencias sociales en general, cada vez se hace más difícil establecer con nitidez fronteras estrictas de separación entre términos conceptuales relativamente cercanos entre sí. Las relaciones de interdependencia entre las variables económicas e incluso la exigencia frecuente del enfoque multidisciplinar en el campo de las ciencias sociales, hacen que no siempre se pueda definir con precisión el alcance y contenido de los términos económicos.

No obstante, aunque sólo sea en aras de la claridad expositiva, en este capítulo vamos a diferenciar claramente la vertiente monetaria de la financiera en el ámbito internacional. Con esta distinción, en una primera parte, abordaremos los mecanismos del Sistema Monetario Internacional (SMI) concebido como un conjunto de normas que, a modo de reglas de juego, tratan de regular los mecanismos de cambio entre las monedas o divisas de los diferentes países. En una segunda parte nos ocuparemos, no de los mecanismos monetarios, sino de la realidad reciente en lo que respecta a los movimientos internacionales de capital, poniendo especial énfasis en la estructura de los mercados y la evolución de las principales instituciones financieras: la banca internacional.

2. EL SISTEMA MONETARIO INTERNACIONAL

2.1. La necesidad de un mecanismo de cambios

Como acabamos de apuntar, el término «monetario» en nuestro contexto hace referencia a los mecanismos de cambio entre las distintas monedas de los diferentes países. Sin embargo, para el estudiante o para el no iniciado es fácil tropezar con definiciones complicadas o conceptos revestidos de una buena carga teórica. Así, si por ejemplo el interesado acude a un diccionario de economía, se puede encontrar la siguiente acepción ante la voz «sistema monetario internacional»: «Sistema para promover la especialización y el comercio internacional y, al mismo tiempo, asegurar la estabilidad de las balanzas de pagos de los países»[1].

Sin entrar en profundidades excesivamente teóricas, es necesario, para entender bien el alcance de una definición de este tipo, asumir primero la necesidad de que exista algún mecanismo de cambio entre las divisas nacionales y analizar después la evolución de esos mecanismos de cambio monetario en los últimos tiempos.

Así, desde una perspectiva muy elemental, es obvio que la mayoría de los países están en un régimen de comercio multilateral, en el cual cada país persigue compensar globalmente su balanza comercial. Ese comercio multilateral no sería posible sin que exista «convertibilidad» entre las distintas divisas, es decir, la posibilidad de realizar pagos entre países que poseen diferentes monedas nacionales. Las raíces del comercio multilateral se encuentran en la teoría de las «ventajas comparativas», según la cual los países se especializan en aquellas actividades productivas (de bienes o servicios) que pueden alcanzar algún tipo de ventaja relativa (como consecuencia de menores costes, mejores posibilidades de producción, etc.) respecto al resto de los países (véase capítulo 6).

Junto al comercio multilateral, también existen transacciones monetarias como consecuencia de los movimientos de capitales que realizan los inversores individuales o institucionales —empresas, entidades financieras, administraciones públicas, etc.—, al objeto de alcanzar mayores niveles de rentabilidad en los distintos mercados o simplemente para alcanzar una mayor diversificación de riesgos. Obviamente, para la realización de estas transacciones internacionales es necesario que exista igualmente algún tipo de mecanismo que haga posible «convertir» una moneda nacional en otra.

2.2. El Sistema Monetario Internacional: desde Bretton Woods hasta nuestros días

En el capítulo 2 ya se analizó el proceso de mundialización monetaria desde épocas anteriores hasta el nuevo orden creado a raíz de la Segunda Guerra Mundial. Retomando y resumiendo lo explicado en dicho capítulo, se puede decir que desde

[1] Collins (1988).

el siglo pasado se han sucedido dos regímenes de funcionamiento en los intercambios monetarios:

- — El patrón oro (hasta la Primera Guerra Mundial fundamentalmente).
- — El sistema de flotación dirigida (en el período de entreguerras).

Con la finalización de la Segunda Guerra Mundial, se materializan en Bretton Woods, localidad del estado norteamericano de New Hampshire, las disputas soterradas que desde tiempo atrás mantenían Londres y Washington por la hegemonía del poder económico. En efecto, celebrada en el mes de junio de 1944, la Conferencia Monetaria y Financiera de Naciones Unidas reúne a 44 países con el objeto principal de establecer un nuevo orden monetario internacional que acabara con los grandes problemas anteriores en esta materia. Estos problemas se centraban fundamentalmente en dos: los abusos en el recurso a la devaluación y la escasez de fluidez en los pagos internacionales.

En Bretton Woods —con la presencia de los países del bloque socialista, pero sin la firma final de éstos— se produce la confrontación de las conocidas propuestas norteamericana (Plan White) y británica (Plan Keynes), cuyas diferencias eran más técnicas —derivadas fundamentalmente de la condición de país deudor que potencialmente iba a asumir el Reino Unido en el período de la posguerra— que de fondo, pues, en realidad, como siempre ocurre en todos los foros económicos internacionales, la verdadera confrontación se plantea básicamente entre el mundo desarrollado y el subdesarrollado.

Ciñéndonos estrictamente al contexto monetario, hay que decir que el sistema recogido en el Tratado de Bretton Woods refleja un híbrido compromiso entre las propuestas de Keynes y White, aunque con un mayor peso de las ideas de éste. Esquemáticamente, el nuevo sistema monetario internacional surgido en Bretton Woods se puede concretar en los siguientes puntos:

- — Se crea un mecanismo monetario de cambio fijo, pero los cambios fijos de las distintas divisas no tenían como punto de referencia el oro, sino el dólar norteamericano. A su vez, el dólar norteamericano debería mantener una paridad respecto al oro, en un principio a razón de 35 dólares la onza.
- — El dólar se constituía así en la única moneda convertible directamente en oro, pero la Federal Reserve Norteamericana asumía el compromiso de convertibilidad en oro del resto de las monedas a través del dólar. Nacía así el sistema conocido como «patrón oro» o «patrón cambios-oro» *(gold exchange standard).*
- — Para evitar al abuso de las devaluaciones artificiales o competitivas por parte de los países miembros, se imponía un sistema por el cual sólo se podría variar libremente el 1 por 100 de la paridad inicial fijada a cada moneda.

— Para ayudar a los países miembros a mantener esa paridad, se creó el Fondo Monetario Internacional (FMI), que se concibe en un principio como órgano de ajuste y autoridad monetaria a nivel internacional. El FMI se encargaría de financiar los desequilibrios temporales que se pudieran producir en las balanzas de pagos de los países miembros y de autorizar las variaciones de las paridades más allá del límite permitido. El FMI se financia a través de un sistema de cuotas de los países miembros calculadas en función de su grado de desarrollo (nivel de renta nacional, nivel de reservas y volumen de comercio exterior). Este sistema de cuotas conlleva proporcionalmente un sistema de control de votos; así, Estados Unidos controla el 17,38% de los votos y un país intermedio como España, el 1,31%. De otra parte, el poder de veto de las grandes potencias sobre la gestión y el funcionamiento del FMI queda reforzado por la necesidad de alcanzar un nivel de consenso mínimo del 85% en las decisiones consideradas trascendentales por el directorio ejecutivo (compuesto éste por los representantes de los cinco países con mayores cuotas).

— Paralelamente al FMI, se crea el Banco Internacional de Reconstrucción y Fomento (BIRF). Aunque su objetivo principal, como su nombre indica, se centra en la financiación de los países devastados por la Segunda Guerra Mundial y los países del Tercer Mundo, también se le asigna una función complementaria al FMI en el campo de los reequilibrios de las balanzas de pagos, especialmente en los casos en los que las alteraciones no sean «temporales», sino estructurales o a largo plazo.

Con estos acuerdos fundamentales, el nuevo sistema monetario internacional basado en el patrón de cambios-oro se pone en marcha lentamente y sufre un buen número de vicisitudes antes de llegar a su parcial desaparición en los primeros años de la década de los setenta. Muy esquemáticamente, podríamos dividir en las siguientes etapas la vida del sistema acordado en Bretton Woods:

1. En una primera fase, hasta finales de los años cincuenta, el sistema funciona con relativa corrección, si bien aún predominan los cambios múltiples —los cambios fijos basados en el patrón dólar-oro se van imponiendo poco a poco— y hasta 1958 no se consigue la libre convertibilidad.
2. Durante la década de los sesenta, comienzan a aparecer los primeros problemas graves del nuevo sistema. Estos problemas presentaban un doble diagnóstico: *a*) de carácter técnico, y *b*) de carácter político.

   Las dificultades técnicas se centraban básicamente en el crecimiento del precio del oro (en 1960, en la Bolsa de Londres, el oro alcanzó los 40 dólares la onza) y en las insuficiencias de la liquidez internacional frente a las necesidades del comercio mundial. Para afrontar estos problemas se tomaron diversas medidas conjuntas como eran la creación en 1962 de los créditos *swaps*, del GAB (General Agreement to Borrow) y la instauración en 1968 de los DEG (Derechos Especiales de Giro).

Los créditos *swaps* tenían carácter bilateral entre bancos centrales nacionales y se concibieron para corregir desajustes a corto plazo de las balanzas de pagos, sin necesidad de utilizar dólares norteamericanos ni de elevar las cuotas del FMI.

El Acuerdo General de Préstamos (GAB) lo firmaron los once países con mayores reservas (Estados Unidos, Reino Unido, República Federal de Alemania, Francia, Italia, Japón, Holanda, Canadá, Bélgica, Suecia y en 1984 se adhirió Suiza), al objeto de financiar préstamos al FMI para casos de emergencia, es decir, para desajustes temporales en las balanzas de pagos de otros países.

Los Derechos Especiales de Giro (DEG) se conciben como activos de reserva expresados en dólares a través de los cuales los países miembros, mediante el pago de intereses, aceptan y entregan DEG a cambio de monedas convertibles. El volumen inicial de los DEG y su distribución entre los países los realiza el FMI en función de cuotas.

De otra parte, los problemas de carácter «político» comienzan a aparecer a partir de la desconfianza internacional en el dólar norteamericano. El compromiso de convertibilidad en oro adquirido en 1944 se hace cada vez más difícil debido a los problemas deficitarios de la balanza de pagos de Estados Unidos y, por consiguiente, a la «inundación» de dólares en los mercados internacionales. El déficit exterior norteamericano encuentra tres grandes razones para su explicación en esa época: *a*) los fuertes gastos militares en el exterior, como consecuencia de la guerra fría en general (bases militares) y de la guerra de Vietnam en particular; *b*) el notable nivel de inversión productiva alcanzado por las empresas transnacionales en las economías exteriores, y *c*) la creciente competencia que las industrias japonesa y europea empiezan a mostrar en el comercio internacional, y que afecta negativamente al tradicional superávit comercial norteamericano.

3. Las dificultades del sistema, tanto «técnicas» como «políticas», llegan a su punto álgido el 15 de agosto de 1971, en que el presidente norteamericano Richard Nixon decide unilateralmente suspender la convertibilidad formal del dólar en oro, con lo que desaparecía de facto el «patrón de cambios-oro», produciéndose con ello una situación no regulada en la que algunas monedas flotaban libremente en los mercados de divisas y otras mantenían su paridad con el dólar.

Durante los años posteriores, hasta 1974, se intentó recomponer la situación mediante algún acuerdo multilateral. Así, el llamado *Smithsonian Agreement* intentó instaurar un sistema de patrón-dólar con una banda de fluctuaciones de hasta el 2,25% para cada paridad. También en 1972 se constituyó el denominado «Comité de los 20» al objeto de revisar las bases del FMI y acometer la reforma del SMI. Después de varios borradores y propuestas de reforma, en la Asamblea del FMI de Washington en 1975 se toma conciencia de las dificultades para asumir alguna fórmula basada en un patrón de cambios fijos.

2.3. La situación actual: El mercado de divisas

Así pues, de lo señalado anteriormente se puede afirmar que a partir de mediados de la década de los setenta no existe ninguna regulación específica que comprometa globalmente a los países miembros del FMI. Este organismo, al igual que el Banco Mundial (BIRF), se encuentra inserto en un contexto funcional que tiene poco que ver con los fines asignados en la asamblea de Bretton Woods de 1944. En concreto, el FMI, mutilado de su función de «autoridad monetaria internacional» y conservando la original estructura interna de poder, se desenvuelve sin una orientación fija y única, si bien a la altura de la década de los noventa está cumpliendo un importante papel «financiero» en la reconversión de las economías de los países del Este.

Desde la quiebra del *gold exchange standard,* las relaciones de valor entre las divisas han seguido mecanismos diferentes a nivel mundial. Así, la mayor parte de los países subdesarrollados mantienen alguna fórmula de cambios fijos respecto a una moneda —generalmente el dólar— o grupo de monedas. Sin embargo, los países industrializados, con una importancia mucho mayor en el volumen total de comercio internacional, mantienen un sistema de «flotación» en los mercados de divisas.

Estos mercados de divisas están lógicamente localizados uno en cada país, aunque debido a la elevada interconexión tecnológica y el fuerte peso específico de las principales plazas (Nueva York, Tokio, Londres, París, Frankfort, Hong Kong y Singapur), cada vez son menos independientes. Esta independencia se ve también notablemente reducida por el comportamiento lucrativo de los principales agentes actuantes en esos mercados de divisas, pues en ellos no sólo intervienen los bancos centrales —al objeto de incidir en la cotización de su moneda nacional al alza o a la baja, según las orientaciones de la política económica—, sino también las entidades financieras privadas —en nombre de sus clientes y en el suyo propio— y las grandes empresas transnacionales. Se puede decir, pues, que el mercado de divisas consiste hoy día en una red, a escala mundial, de mercados que manejan el intercambio de las distintas monedas.

El tipo de cambio, al ser simplemente el precio de una moneda en términos de otra, viene determinado, como todo precio, por la interacción normal de oferta y demanda de esa moneda. Así, cada día se determinan simultáneamente en esa red de mercados centenares de tipos de cambio y lógicamente se produce una gran cantidad de transacciones internacionales de divisas.

¿Cuáles pueden ser las razones por las que una persona o empresa puede demandar una determinada moneda? Básicamente, se pueden señalar tres tipos de razones:

En primer lugar, la compra de bienes o servicios de otro país. Por ejemplo, si un individuo quiere importar cualquier mercancía producida en otro país o simplemente quiere hacer turismo a ese país, generará una demanda de la moneda del país donde se producen esos bienes o servicios.

Una segunda razón proviene de la compra de activos financieros de otro país. Es el caso, por ejemplo, de la adquisición de bonos o acciones en una bolsa extranjera o la realización de cualquier otro tipo de inversión en el exterior.

Por último, una tercera razón para la compra de moneda extranjera puede derivar de las expectativas en las valoraciones del tipo de cambio. Así, por ejemplo, un agente cualquiera puede comprar una divisa extranjera si cree que su tipo de cambio va a aumentar su valor en el futuro. Ante esa posibilidad, el agente, normalmente especializado y conocedor de las tendencias del mercado, compra esa divisa hoy a un precio bajo para venderla dentro de un tiempo a un precio alto y así obtener ganancias sin esfuerzo. Esta actividad, que supone siempre alguna dosis de riesgo, se conoce como «especulación» en divisas.

Naturalmente, en el lado de la oferta se producen también las mismas razones genéricas para la alteración del tipo de cambio. Es decir, se puede incrementar la oferta de la divisa nacional si se produce una exportación de bienes y servicios, si un agente extranjero invierte en activos financieros nacionales o si una operación especulativa conlleva vender divisa nacional ante la expectativa de que su precio o tipo de cambio se abarate.

El enfrentamiento de estas fuerzas por el lado de la demanda y por el lado de la oferta, a las que hay que añadir la intervención de los bancos centrales para «controlar» la cotización de sus respectivas monedas («flotación sucia»), da lugar a la formación diaria del tipo de cambio de cada moneda nacional respecto al resto de las divisas participantes en el mercado.

La alteración de ese precio o tipo de cambio de la moneda nacional respecto a otra divisa extranjera puede ser al alza o a la baja. Existe una apreciación de la moneda nacional cuando su precio o tipo de cambio respecto a la otra divisa extranjera aumenta. Este aumento de precio es consecuencia lógica de que ha existido un incremento de la demanda de la divisa nacional. Inversamente, se produce una depreciación, cuando la oferta de la divisa nacional se incrementa por encima de la fuerza de demanda.

Los términos «devaluación» y «revaluación» se suelen utilizar para las modificaciones en los tipos de cambios en el mismo sentido que el de «depreciación» y «apreciación», pero no como consecuencia de la tendencia del mercado, sino cuando existe una intervención no gradual de la autoridad monetaria respecto al cambio oficial de su divisa. Por otro lado, se puede producir una fuerte modificación de los tipos de cambio como consecuencia de las fuerzas especuladoras, dando lugar a una situación de aguda inestabilidad en donde ni siquiera la intervención de los bancos centrales es a veces suficiente para frenar lo que comúnmente se conoce como «tormenta monetaria».

En este complejo escenario, el tipo de cambio resultante diariamente en los principales mercados de divisas es obviamente consecuencia de una gran multitud de factores incidentes en cada país: evolución de los tipos de interés y de los movimientos de capitales, comercio exterior, objetivos de política monetaria, compromisos internacionales, etc., de tal modo que el tipo de cambio se ha convertido en una variable fundamental de la política económica de los distintos países. No obstante, en la actualidad las fluctuaciones de las principales divisas se ven notablemente afectadas por las orientaciones marcadas por el «Grupo de los Siete» (los siete países occidentales más poderosos: Estados Unidos, Japón, Reino Unido, Francia, Alemania, Italia y Canadá) y a nivel comunitario, por la existencia del Sistema Monetario Europeo, antes de la entrada en vigor del régimen de moneda única.

3. EL SISTEMA FINANCIERO INTERNACIONAL

Siguiendo con la distinción ya señalada en la introducción de este capítulo y una vez analizadas las reglas de juego del funcionamiento «monetario» en el ámbito internacional, toca ahora abordar el examen de la vertiente «financiera», es decir, la referente a las actuaciones de los agentes económicos a escala mundial que conllevan algún tipo de relaciones crediticias. Desde esta perspectiva, cabe distinguir dos esferas fundamentales: los mercados y las instituciones financieras.

3.1. Los mercados financieros internacionales

3.1.1. *Características funcionales*

Desde una óptica internacional, los mercados financieros se vienen caracterizando desde los años setenta por una serie de tendencias en su comportamiento que podríamos sintetizar en los siguientes cinco puntos:

a) *Globalización*

Hoy día, y fundamentalmente como consecuencia del gran desarrollo de los euromercados —en el que han incidido poderosamente el crecimiento del comercio internacional y los mecanismos de financiación de la deuda exterior—, desde los años setenta se viene produciendo una creciente globalización o internacionalización de la actividad financiera. Esta internacionalización de los flujos de capital está íntimamente ligada al desarrollo explosivo de la tecnología de la información y propicia, entre otros efectos, una mayor conexión entre las bolsas de valores (especialmente las más importantes, como la de Tokio, Hong Kong, Londres, Frankfurt, Nueva York, etc.) y una mayor penetración de las entidades e intermediarios financieros fuera de sus países de origen.

Este fenómeno de la globalización financiera está dando lugar, por otro lado, a una creciente vulnerabilidad de los equilibrios económicos nacionales e internacionales. Téngase en cuenta que los flujos financieros en los mercados internacionales suponen a diario un volumen de capitales varias veces superior al producto interior bruto español, mientras que sólo una mínima parte (menos del 5%) de esas cantidades corresponde a intercambios reales de mercancías. De ahí que se afirme, con razón, que la economía financiera está sustituyendo crecientemente a la economía real.

Por lo que se refiere al caso específico de los intercambios de divisas, la vulnerabilidad internacional adquiere especial relevancia —muchas veces plasmadas en las denominadas «tormentas monetarias»—, al representar las reservas conjuntas de los bancos centrales de los diez países más poderosos menos de la cuarta parte de la cantidad de divisas que son cambiadas en un solo día en los mercados mundiales.

b) *Liberalización*

El anterior proceso de globalización está propiciando una creciente desregulación o liberalización financiera en la que se tiende a una progresiva reducción de las diferencias y barreras legislativas existentes entre los países.

Esta liberalización de capitales en los mercados internacionales facilita la orientación de flujos de inversiones a los denominados países emergentes o en vías de desarrollo. De hecho, el volumen de estas inversiones se ha multiplicado varias veces desde principios de la actual década, habiéndose destinado, además, no a la mera especulación, sino a proyectos reales de obras empresariales e infraestructuras.

Sin embargo, frente a este indudable efecto positivo de la liberalización financiera, hay que señalar también la elevada volatilidad de esas inversiones. Lógicamente, las distintas coyunturas económicas o las distintas tesituras sociales y políticas o cualquier otro tipo de contingencia nacional o internacional afectan poderosamente a la percepción que tienen los agentes financieros respecto al destino de sus inversiones. De esta manera, las economías excesivamente dependientes de la inversión exterior adquieren unos niveles de vulnerabilidad financiera realmente elevados.

c) *Desintermediación*

Poco a poco se va imponiendo el modelo financiero anglosajón, en el que el papel tradicional de los intermediarios financieros (especialmente banca privada) va siendo sustituido por un mayor protagonismo de éstos en los mercados de valores y de capitales.

Son varias las razones que están produciendo un proceso hacia la desintermediación entre el ahorro y la inversión:

- El aumento de la cultura financiera, tanto en lo que respecta al ahorrador privado o doméstico como a las propias empresas.
- El ahorro de costes de intermediación.
- El alto grado de garantía ofrecida en la actualidad por las grandes empresas y la administraciones públicas.
- El desarrollo, por razones demográficas, de nuevos activos, como son los fondos de pensiones.

Lógicamente, esta desintermediación financiera está produciendo un proceso paralelo de mayor «securitización» que obliga, por un lado, a una profunda reorganización de las bolsas de valores (como es el caso del Big Bang inglés) y, de otro lado, a una mayor homogeneización e integración de las bolsas europeas a través del Comité de Bolsas de la CE (un ejemplo de ello es la puesta en marcha del International Data Information System —IDIS—).

d) *Innovación*

Como consecuencia de la mayor dosis de competencia introducida en gran medida por los factores antes señalados, se viene experimentando en los mercados financieros nacionales e internacionales un notable incremento de la innovación tecnológica, referida tanto a la aparición de nuevos productos —como es el caso de los «futuros», «swaps» u «opciones», que han dado lugar a nuevos mercados especializados— como a la aplicación de las nuevas tecnologías informáticas y electrónicas al campo de las finanzas.

e) *Liquidez*

Con motivo principalmente de las implicaciones inflacionistas y, en general, de la mayor dosis de incertidumbre en todo lo que rodea al campo económico y financiero, desde mediados de los años setenta se viene produciendo un gran desarrollo de los mercados monetarios en todos los países industrializados y semiindustrializados. Este proceso de búsqueda de tipos a corto plazo se ha visto reforzado por las sucesivas crisis bursátiles desde 1987, en las que la lógica preocupación de los inversionistas por la liquidez ha promovido el desarrollo de los «Europagarés», «Euro-Commercial Paper», «Euronotes», «letras del Tesoro» y otros activos a corto plazo que están satisfaciendo las necesidades no sólo de las entidades bancarias, sino también de las tesorerías de empresas, fondos de inversión, fondos de pensiones y otros organismos públicos nacionales y supranacionales.

3.1.2. *Clasificación*

Sobre estos rasgos actuales de funcionamiento y en aras a la mayor clasificación posible, cabe tipificar los mercados financieros en el ámbito internacional, primero desde una perspectiva formal y, después, desde un punto de vista funcional.

Así, aunque no exista, ni mucho menos, una tipificación única y universal de los mercados financieros, desde un criterio formal, en el escenario internacional se puede distinguir:

a) *Mercados de divisas*

Se insertan dentro de los mecanismos actuales que, según se explicó anteriormente, configuran los tipos de cambios en el Sistema Monetario Internacional. Existe uno en cada país donde rige el sistema de cambios flotantes.

b) *Mercados de valores*

El funcionamiento de las Bolsas o mercados de valores se inserta formalmente dentro de los límites nacionales, pues su regulación normativa pertenece exclusivamente al marco jurídico de cada país, no existiendo, por lo demás, ningún organismo económico que ejerza de autoridad internacional en esta materia. Sin embargo, el hecho de que citemos a los mercados bursátiles en esta clasificación de los mercados financieros internacionales se debe a tres grandes razones que *de facto,* aunque no *de iure,* hacen que la problemática funcional de estos mercados secundarios esté sujeta cada vez más a los fenómenos y circunstancias internacionales, adquiriendo por tanto en este ámbito su mayor relevancia y protagonismo.

La primera de estas razones hace referencia al notable aumento de la cotización de títulos extranjeros en las respectivas bolsas nacionales. En concreto, en las dos bolsas más importantes del mundo, Nueva York y Tokio, el incremento de títulos extranjeros cotizados desde principio de la actual década ha sido superior al cien por cien. Naturalmente, la presencia de acciones y otros activos pertenecientes a grandes empresas y entidades de otro país, constituye una vía de permeabilidad de la coyuntura económica internacional en el funcionamiento y tendencia del mercado bursátil nacional.

En segundo lugar, hay que tener en cuenta que mediante la contratación continua, gracias a los modernos medios informáticos, las bolsas más importantes del mundo están de hecho parcialmente interconectadas aprovechando el solapamiento horario. Así, siendo la Bolsa de Tokio la primera en apertura horaria, siguiendo las bolsas europeas poco después de que termine la jornada japonesa y, a su vez, abriendo Wall Street antes de que cierre Frankfurt, Londres o París, se produce en la práctica una cuasiinterconexión Tokio-Europa-Nueva York (sin olvidar a los influyentes mercados del Sudeste Asiático como Hong Kong o Singapur) en la que la globalización financiera-bursátil adquiere una relevancia ciertamente notable.

Finalmente, la internacionalización de los mercados de valores se fundamenta también en el carácter no exclusivamente nacional de los inversores bursátiles. Aunque es cierto que los pequeños ahorradores están adquiriendo un nivel de participación cada vez mayor, en términos absolutos, en los montantes totales de contratación, no es menos cierto que, en términos porcentuales, la hegemonía de la inversión en bolsa sigue estando en manos de los llamados inversores institucionales, entre los cuales no sólo están las tradicionales entidades bancarias, sino también, y cada vez con mayor protagonismo, los fondos de pensiones, fondos de inversión, compañías de seguros, sociedades de inversión colectiva, etc.

Lógicamente, las actuaciones de estos inversores institucionales, con un alto grado de profesionalización, son los que vienen a determinar fundamentalmente la evolución, al alza o a la baja, de los índices de Bolsa. Al existir una fuerte y lógica sintonía en la percepción de las variables económicas por parte de estos inversionistas, se produce un ambiente o atmósfera psicológica en la que es frecuente y normal el desencadenamiento de un efecto-contagio a través del cual se homogeneizan notablemente las tendencias alcistas o bajistas de la práctica totalidad de las bolsas del mundo.

c) Mercados monetarios

Como consecuencia de la ya mencionada inclinación de los principales inversionistas por los activos de gran liquidez, la mayor parte de los mercados de capitales internacionales viene a identificarse con las transacciones a corto plazo (menos de un año). Al existir diversas modalidades de esta clase de activos financieros, se puede hablar de mercados de letras, bonos, futuros, pagarés, certificados de depósitos, swaps, europapel comercial, euronotes, etc. Por otro lado, al constituir el alto grado de liquidez el rasgo fundamental de este tipo de mercados, se puede afirmar que parcialmente se localizan en los mercados secundarios y/o bolsas de valores.

Dentro de estos mercados monetarios destacan por el gran volumen adquirido en las dos últimas décadas los mercados interbancarios y los mercados de derivados. Conviene señalar siquiera sea los rasgos más importantes de estos dos grandes mercados de las finanzas en la esfera internacional.

Los mercados interbancarios

Como su nombre indica, estos mercados reflejan la conexión mediante las transacciones de activos entre las entidades de carácter bancario (bancos privados y públicos, cajas de ahorros, cooperativas de crédito, etc.). De este modo, las entidades bancarias se convierten entre sí en prestamistas o prestatarios de transacciones que, en general, toman la forma de depósitos a plazo muy corto (de semanas o incluso de días) o de certificados de depósitos que a su vez constituyan títulos negociables en los mercados secundarios.

Por su volumen, las transacciones interbancarias en el plano internacional constituyen el núcleo fundamental de los denominados «euromercados», a los que posteriormente haremos referencia, siendo Londres la plaza principal de este tipo de intercambios. De ahí que el tipo de interés de ese mercado interbancario londinense (LIBOR: London Interbank Offered Rate) sirva la referencia fundamental para multitud de operaciones financieras nacionales e internacionales.

Los mercados derivados

Como consecuencia del ya mencionado proceso de innovación financiera, en los últimos tiempos han surgido nuevos activos financieros que básicamente están diseñados para reducir el riesgo inherente a otros activos previos. Son fundamentalmente los casos de los llamados futuros financieros, opciones y contratos swaps.

Desde finales de la década de los ochenta, los mercados derivados han experimentado un espectacular crecimiento, pasando de un billón de dólares a más de 20 billones en la actualidad. Lógicamente, este fuerte crecimiento tiene mucho que ver con el riesgo de toda inversión financiera o cualquier otra operación de transacción a plazo, especialmente cuando conlleva un cambio de divisas. Es por ello que los derivados más importantes están referidos a los tipos de interés, de cambio o índices bursátiles de otros títulos.

Desde una perspectiva más funcional, en los mercados financieros internacionales se pueden distinguir, aunque no siempre con absoluta nitidez, los siguientes tipos:

a) Mercados *offshare*. En ellos se producen transacciones financieras entre agentes económicos ajenos al país sede del mercado. Ni los prestatarios ni los prestamistas de las operaciones practicadas suelen tener relación alguna con la economía nacional y, de otra parte, la legislación en materia de control de cambios, impuestos, etc., es bastante flexible. Entre los centros *offshore* más significativos están Hong Kong, Singapur, Mónaco, Gibraltar, Zurich, Ginebra, Islas Cayman, Panamá e Islas Vírgenes.

b) Mercados *entrepôt*. Se suelen caracterizar, a partir del anterior, por la proyección interna que sobre el país sede tienen las transacciones producidas. No sólo intervienen los no residentes, sino también los residentes. Los mercados *entrepôt* más importantes son los de Nueva York, Londres, Frankfurt, Tokio y París.

c) Euromercados. Englobando los dos anteriores, el desarrollo de los euromercados está muy vinculado a una de las causas que hicieron fracasar el sistema monetario de Bretton Woods: la gran afluencia de dólares norteamericanos que a partir de los años sesenta se dio fuera de las fronteras de ese país.

Aunque sus orígenes parecen ligados a circunstancias políticas relativas a las consecuencias de la Segunda Guerra Mundial (guerra fría, aplicación del Plan Marshall), lo cierto es que el término «euromercado» deriva de la proliferación de «eurodólares», los cuales vienen a identificarse con los dólares depositados fuera de Estados Unidos, especialmente en los bancos de Europa Occidental —de ahí el prefijo «euro»—. Durante la década de los setenta, este tipo de mercados recibe un notable impulso como consecuencia de los eurodólares procedentes de los grandes excedentes de los países árabes exportadores de petróleo, los cuales los solían depositar en bancos o sucursales bancarias europeas. No obstante, en la actualidad, los euromercados no se restringen al ámbito estrictamente europeo, sino que se extienden por todo el mundo, especialmente por América y el Sudeste Asiático.

No existe una única definición de los euromercados, pero su naturaleza puede perfilarse en función de una serie de características principales:

— No forman parte de ningún sistema financiero a escala nacional.

— No están excesivamente regulados, por lo que los operadores financieros los aprovechan para eludir las normativas de las economías nacionales: coeficientes de caja, seguro de depósitos, costes fiscales, etc.

— Se utilizan divisas diferentes según interese: no sólo dólares, sino también, y de forma creciente, yenes y marcos.

— No suelen negociarse medios de pago, sino deudas o créditos en sus diversas modalidades. Este rasgo funcional, a juicio de algunos economistas, da origen a un efecto multiplicador crediticio que, al igual que ocurre a escala nacional, aumenta la masa monetaria a nivel mundial, constituyendo por ello una de las fuentes de la inflación mundial.

— En ellos participan bancos y otros intermediarios financieros tanto por cuenta propia *(dealers)* como en nombre de grandes compañías y grupos empresariales *(brokers)*.

Para terminar, y puesto que, como se ha señalado, las distintas modalidades de mercados financieros están entrelazadas entre sí, formando un complejo conglomerado de flujos financieros, cabe proponer, a modo de resumen, la siguiente tipología en aras a la máxima clasificación:

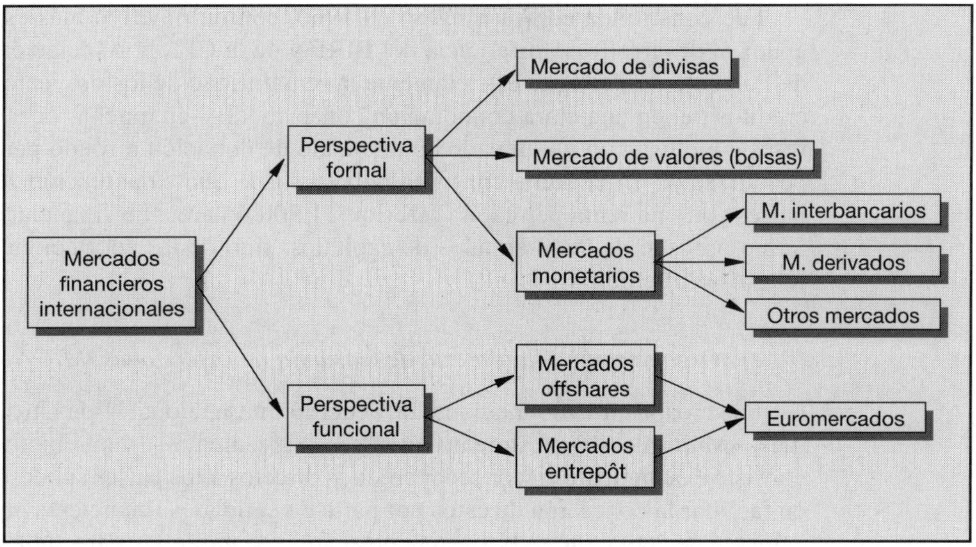

FUENTE: Elaboración propia.

Figura 7.1.

3.2. Las instituciones financieras internacionales

De los epígrafes anteriores se desprende que en el ámbito internacional operan muy diversos agentes financieros que persiguen distintos objetivos. Si queremos ordenar de alguna manera esos agentes financieros, cabría distinguir entre los que poseen un carácter oficial o público y los que pertenecen al ámbito privado.

En la esfera de los primeros se hallan las dos instituciones que nacieron en Bretton Woods, pues tanto el Fondo Monetario Internacional (FMI) como el Banco Mundial (BIRF) poseen en la actualidad una clara función «financiera» y no tanto de reajuste «monetario». Posteriormente, dentro de lo que se conoce como Grupo del

Banco Mundial, y con el objetivo fundamental de ayuda a los países subdesarrollados, se crearon las siguientes instituciones:

a) *Corporación Financiera Internacional (CFI)*

Fue creada en 1956, consistiendo su objeto primordial financiar o cofinanciar proyectos de desarrollo emprendidos por el sector privado de los países del tercer mundo. Al obtener la mayor parte de sus recursos en los mercados de capitales internacionales, la financiación que presta está sujeta en gran medida a las condiciones de mercado.

b) *Asociación Internacional de Fomento (AIF)*

Fue constituida en Washington en 1960, con un objetivo más especializado de ayuda al desarrollo. A diferencia del BIRF y de la CFI, la Asociación Internacional de Fomento no persigue estrictamente la rentabilidad de los proyectos, sino que sus créditos tienen una clara connotación concesional —en muchas ocasiones, sin intereses e incluso con un elevado componente de donación a fondo perdido—. Su especialización en la lucha contra la pobreza hace que su actuación se centre en los países con una renta per cápita inferior a 1.200 dólares. Su financiación fundamental no procede de los mercados de capitales, sino de las aportaciones de cuotas de los países miembros.

c) *Organización Multilateral de Garantía de Inversiones (MIGA)*

Fue creada en 1988 mediante un acuerdo internacional —de ahí sus siglas en inglés: «Multilateral Investment Guarantee Agreement»— y su objetivo principal no consiste exactamente en conceder créditos directos a los países subdesarrollados, sino en facilitar la concesión de éstos por parte de entidades financieras privadas. Su mecanismo de actuación se basa en la prestación de garantías para cubrir los riesgos de la inversión privada. Al tener ésta un carácter internacional, especialmente referida a los países con escasa estabilidad política, las garantías prestadas por esta organización incluyen los riesgos políticos y no estrictamente financieros.

Al margen de las entidades pertenecientes al grupo del FMI y BIRF, existen también otras entidades financieras públicas de carácter internacional con una proyección específica sobre un área geográfica determinada. En este sentido, cabe mencionar los casos del Banco Asiático de Desarrollo, Banco Africano de Desarrollo, Banco Interamericano de Desarrollo, y dentro del ámbito europeo-comunitario, el Banco Europeo de Inversiones y el Banco Europeo de Reconstrucción y Desarrollo, orientado este último a los países de la Europa del Este.

Pero en los grandes mercados internacionales a que antes hemos hecho referencia, la presencia de estas entidades oficiales es mínima o nula. El movimiento de los grandes volúmenes de capitales en los circuitos internacionales corre a cargo de los grandes grupos bancarios que, en su mayoría, pertenecen a los países económicamente más potentes. Dentro de éstos, destaca el caso de Japón, Estados Unidos y Alemania que, en conjunto y según los datos que periódicamente publica la revista especializada *The Banker,* agrupan a casi la mitad de los quinientos bancos multinacionales más importantes del mundo, tanto desde el punto de vista de los depósitos como de los activos controlados. A su vez, dentro de este grupo de países líderes en las finanzas internacionales destaca con nitidez el caso de Japón, cuyos bancos y entidades financieras gestionan alrededor del 40% de los activos internacionales desde comienzos de la década de los noventa.

No obstante, en un horizonte temporal del medio plazo, la correlación de fuerzas en el escenario financiero internacional no tiene por qué ser necesariamente estable. Hay que tener en cuenta que, al contrario de lo que ocurre en el marco nacional, las instituciones que actúan en los circuitos financieros internacionales no tienen obligación de mantener coeficientes de cajas, ni ratios de solvencia, ni, como es sabido, ninguna autoridad monetaria que vigile sus actuaciones. Ello hace que cualquier crisis bancaria pueda alcanzar dimensiones insospechadas y, por tanto, transformar en mayor o menor medida, los vértices hegemónicos del sistema financiero internacional.

LECTURAS RECOMENDADAS

Bergés, A., et alia (1990): *Internacionalización de la Banca, El caso español,* Espasa-Calpe, Madrid.

Cecco, M. (1991): *El sistema financiero internacional,* Oikos-Tau, Barcelona.

Copper, R. N. (1987): *The International Monetary System,* MIT Press, Cambridge.

Corbi, B. (1993): *Financiación Internacional,* AC., Madrid.

Gadner, R. (1994): *La diplomacia del dólar y la esterlina,* Círculo de Lectores, Barcelona.

Hawkins, E. K. (1974): *Los principios de la ayuda al desarrollo,* Alianza Editorial, Madrid.

Lewis, M. K., y Davis, K. T.(1987): *Domestic and International Banking,* Philip Allan, Oxford.

Ontiveros, E. et alia (1991): *Mercados Financieros Internacionales,* Espasa Calpe, Madrid.

Torrero, A. (1989): *Estudios sobre el sistema financiero,* Espasa Calpe, Madrid.

Varela, M. (1994): *El Fondo Monetario Internacional, el Banco Mundial y la economía española,* Pirámide, Madrid.

Varela, M., y Varela, F. (1996): *Sistema monetario y financiero internacional,* Pirámide, Madrid.

8 Cooperación e integración económica

Pilar Moreno Pacheco

1. FORMAS DE RELACIÓN ECONÓMICA ENTRE LAS NACIONES

La diversidad de situaciones que presentan los países que conforman la economía mundial no supone un obstáculo para el desarrollo de los intercambios. Al contrario, dichas relaciones vienen dándose de forma prácticamente ininterrumpida desde finales del siglo XVIII. De hecho, la existencia de economías cerradas, caso extremo donde no existe ninguna relación con el exterior, no ha sido lo habitual en la historia moderna; sólo se ha dado en países o áreas geográficas más bien reducidas del mundo, y en circunstancias también muy excepcionales (podrían servir como ejemplos el Japón de antes de 1853 o la España del período autárquico, 1939-1959). Por tanto, se puede afirmar que las relaciones económicas entre las naciones no sólo son convenientes, sino completamente indispensables.

Siguiendo al profesor Tamames, se puede afirmar que las posibilidades de llevar a cabo las relaciones económicas entre países responden a cuatro formas básicas: librecambio, bilateralismo, cooperación económica e integración económica, siendo estas dos últimas las modalidades realmente vigentes en la actualidad. Se puede observar en dichas formas un orden cronológico pues se han venido sucediendo en el tiempo, si bien es frecuente encontrar etapas en las que pueden coexistir entre sí una forma como predominante y otra en extinción o declive. A continuación, las analizamos brevemente:

— *Librecambio* (siglo XIX-Primera Guerra Mundial). Surge como reacción al período mercantilista anterior de los siglos XVII y XVIII, etapa en la que se había recurrido a fuertes prácticas proteccionistas al objeto de crear naciones poderosas económica y militarmente. Como resultado, los intercambios comerciales entre países se veían fuertemente obstaculizados.

La Revolución Industrial de finales del siglo XVIII propugnó las ideas de liberalismo económico, que en el ámbito de las relaciones internacionales se va a plasmar en el denominado librecambio o libre comercio, con el cual se pretende demostrar que las ventajas que proporciona el mecanismo de libre mercado a nivel nacional, se pueden hacer extensibles al comercio internacional.

De este modo, el librecambio va a consistir en aquella forma de relación económica en la que es posible el libre comercio de mercancías y factores de producción, sin trabas arancelarias ni comerciales verdaderamente significativas. El siglo XIX va a ser la Era del Librecambio, siendo otro rasgo fundamental de este período la hegemonía de Gran Bretaña.

— *Bilateralismo* (período de entreguerras). El librecambio, que favorecía principalmente los intereses británicos, no podía durar eternamente. Desde otras potencias europeas, como Francia y Alemania, se empezaron a adoptar políticas comerciales más proteccionistas, con el objetivo de impulsar la propia industria nacional y defenderla de la competencia externa. El punto álgido en esta polémica librecambio-proteccionismo fue el Congreso de Berlín de 1884-1885, donde las potencias europeas se repartieron África, soslayando los límites geográficos naturales y los lazos culturales y lingüísticos existentes[1].

A partir de este momento, el declive del librecambio fue progresivo. El auge del nacionalismo y el proteccionismo terminaron desembocando en la confrontación entre los estados europeos, originando las dos guerras mundiales de la primera mitad del siglo XX. Con la Gran Depresión (1929-1939), el librecambio quedará sustituido definitivamente por el bilateralismo.

Esta forma de relación económica entre las naciones se basa en el uso de fuertes obstáculos al comercio internacional, desde los aranceles de aduanas hasta otros instrumentos que suponen un nivel de protección mucho más radical, como las restricciones cuantitativas o contingentes al comercio exterior, el control de cambios y el comercio de Estado. De forma simple, se puede definir el bilateralismo como aquella situación en la cual las barreras al libre comercio son tan intensas, que los intercambios económicos entre los países se desarrollan preferentemente mediante acuerdos de carácter bilateral. En el comercio internacional, el período de entreguerras se caracterizó por una fuerte tendencia hacia la regionalización. Frente a la tradicional estructura de relaciones multilaterales, aparecieron los acuerdos comerciales compartimentados (la Commonwealth británica, creada en 1932, puede servirnos de ejemplo)[2].

---

[1] «Las fronteras arbitrarias o mal definidas impuestas para beneficiar a las potencias coloniales dejaron una herencia de conflictos potenciales entre muchos de los nuevos estados-naciones de África». Comisión del Sur (1991), pág. 37.

[2] A. Calvo Hornero (1994), pág. 19.

— *Coooperación económica* (tras la Segunda Guerra Mundial y hasta nuestros días). Si bien los primeros intentos de poner en marcha la cooperación económica internacional datan del período de entreguerras, no sería hasta más tarde cuando dichos esfuerzos se vieran recompensados. Al término de la Segunda Guerra Mundial, el principal objetivo era reducir la posibilidad de nuevos enfrentamientos bélicos, para lo que se entiende fundamental fomentar la cooperación multilateral y aproximar las economías. De este modo se estableció una ordenación económica basada en la cooperación internacional, que a su vez se instrumentalizó en la creación de la ONU y de todo un conjunto de agencias especializadas.

  La cooperación puede definirse como aquella forma de relación económica entre naciones que pretende la reducción de las barreras para conseguir una mayor flexibilidad en las transacciones económicas, y cuyo fin último es favorecer el crecimiento económico de los países participantes.

— *Integración económica* (desde finales de los años cincuenta y con renovada fuerza desde la década de los ochenta). Es la forma más habitual de relación económica entre naciones en la actualidad, consistente en la eliminación de las barreras entre las diferentes naciones con el objetivo de crear un mercado único, sin trabas fronterizas. Aunque a simple vista, pudiera parecer que la diferencia entre los procesos de cooperación e integración económicas es meramente cuantitativa —supresión absoluta de las barreras a las transacciones económicas, y no sólo reducción—, verdaderamente se produce un salto cualitativo entre ambos conceptos. De hecho, mientras la cooperación es perfectamente posible entre países con estructuras económicas muy heterogéneas (diferentes sistemas monetarios, fiscales, de seguridad social...), la integración sólo es factible cuando se ha llegado a una armonización muy profunda de los marcos institucionales de las economías de los países participantes[3].

2. ORÍGENES DE LA COOPERACIÓN A NIVEL MUNDIAL

Durante el período de entreguerras va a tener lugar el primer intento serio de poner en marcha la cooperación internacional, con la creación de la Liga o Sociedad de las Naciones (SDN) (organismo internacional instituido por el Tratado de Versalles en 1919, cuya finalidad era ofrecer al mundo un instrumento de progreso que, al propio tiempo que tuviese autoridad para recomendar la resolución de las dificultades resultantes de la ejecución del tratado de paz, fuese una garantía contra el abuso de la fuerza militarista entre los pueblos).

[3] A pesar de que la diferencia entre ambos procesos es intensa, es indiscutible que un proceso anterior de cooperación de un conjunto de países facilita la posterior integración económica de dicha área. Tal es el caso de la Unión Europea, proceso de integración que se asienta sobre una sólida base de cooperación económica previa, la proporcionada por el Plan Marshall y la OECE.

En la práctica, la SDN se limitó a ser un foro de las naciones europeas (una especie de Club Europeo), pues Estados Unidos no entró finalmente a formar parte de ella. De este modo, se van a discutir en ella los conflictos políticos europeos, pero no se trataron problemas reales tan importantes como las crisis económicas o el colonialismo. Puede afirmarse que la Sociedad de las Naciones no respondía al reparto real del poder después de la Primera Guerra Mundial y, por tanto, no podía prosperar. La idea de una economía mundial basada en Europa no tenía ya apoyo real. Aunque su vida oficial abarcó desde 1920 a 1946, sólo tuvo vigencia efectiva hasta 1939. Ni tan siquiera consiguió su objetivo fundamental, promover el orden y la paz. De hecho, la Segunda Guerra Mundial, que supuso la desaparición de la SDN, fue la evidencia de su fracaso.

Durante la Segunda Guerra Mundial ya se puso de manifiesto el interés de las potencias aliadas por constituir una verdadera organización internacional neutral que instrumentalizara la cooperación mundial. Las motivaciones para ello eran tanto de índole político —necesidad de prevenir un nuevo conflicto bélico— como económico —evitar la repetición de una crisis económica similar a la Gran Depresión de los años treinta—. Pero no será hasta finalizada la guerra cuando se inicien las conversaciones para crear un marco institucional multilateral de cooperación, que va a regular las relaciones económicas internacionales. Este marco institucional es el Sistema de las Naciones Unidas, compuesto por la ONU y los organismos especializados.

En la Conferencia de San Francisco, celebrada en 1945, las naciones asistentes firmaron por unanimidad la Carta de las Naciones Unidas, que da vida a la Organización de las Naciones Unidas, más conocida por sus siglas, ONU, y que entró en vigor el 24 de octubre de ese mismo año.

Entre sus rasgos fundamentales, destacan los siguientes[4]:

— *Carácter intergubernamental.*
— *Composición universal:* pueden formar parte de ella todos los países reconocidos oficialmente que acepten cumplir las obligaciones contenidas en su carta fundacional.
— *Finalidad general:* sus funciones son mantener la paz y la seguridad internacionales; fomentar relaciones de amistad entre las naciones; promover la cooperación internacional para la solución de problemas internacionales de carácter económico, social, cultural y humanitario (es en esta función donde sus competencias fueron las no asignadas a los organismos especializados desde un primer momento, se le asigna a la ONU un papel secundario en el área de la cooperación), y servir de centro que armonizase los esfuerzos de las naciones por alcanzar estos propósitos comunes.

Los objetivos finales que pretendía alcanzar la organización eran muy ambiciosos: promover niveles de vida más elevados, trabajo permanentes para todos, pro-

[4] J. M. Revuelta Lapique (1991), págs. 64 y ss.

greso y desarrollo económico, así como la solución de los problemas internacionales económicos.

Para el desempeño de sus funciones, la ONU cuenta con una estructura organizativa amplia y compleja, en la cual cabe señalar seis elementos fundamentales: Asamblea General, Consejo de Administración Fiduciaria o de Fideicomiso, Consejo de lo Económico y lo Social (ECOSOC), Consejo de Seguridad, Secretaría General y Tribunal Internacional de Justicia. Aunque uno de los principios de actuación de la ONU es la «igualdad soberana de todos los estados miembros», sólo la Asamblea General de las Naciones Unidas está integrada por todos los países miembros y en ella el criterio seguido es el de un país un voto. Por el contrario, en el Consejo de Seguridad, encargado de mantener la paz y la seguridad internacionales (es el verdadero corazón de las Naciones Unidas), las cinco grandes potencias tras la Segunda Guerra Mundial, —Estados Unidos, URSS, China, Francia y Reino Unido—, se reservaron el derecho de veto[5]. El ECOSOC es el principal órgano director y coordinador de los esfuerzos de cooperación realizados por las organizaciones de la familia de las Naciones Unidas, para hacer que avance el bienestar económico y social.

Los organismos o agencias especializadas del Sistema de Naciones Unidas son organismos autónomos, con sus propios órganos legislativos, ejecutivos, secretaría y presupuesto. Para lograr una mayor cooperación internacional, mantienen una estrecha colaboración con la ONU a través del ECOSOC, que lleva a cabo una labor de coordinación mediante consultas con ellos y haciéndoles recomendaciones. Su composición suele ser muy amplia, superando en la mayoría de los casos el centenar de países miembros. Sin embargo, el criterio seguido en los principales organismos no es el de un voto por país, sino que el poder de voto es proporcional a sus cuotas financieras. De esta manera, el poder real de los países subdesarrollados en las agencias especializadas del Sistema de Naciones Unidas es muy escaso.

De estos organismos, algunos tienen un papel relevante en el orden económico internacional de postguerra. En concreto, los tres pilares fundamentales sobre los que se asienta dicho orden van a ser el financiero, el monetario y el comercial, instrumentalizados respectivamente en el Banco Internacional de Reconstrucción y Fomento (BIRF), en el Fondo Monetario Internacional (FMI) y en el Acuerdo General sobre Aranceles de Aduanas y Comercio (GATT), organismos todos ellos tratados en otros capítulos de este libro.

Para finalizar, convendría hacer una valoración del Sistema de Naciones Unidas y, más concretamente, de la ONU, tras más de cincuenta años de funcionamiento. No existe consenso a la hora de enjuiciar la labor realizada por esta organización: algunas propuestas son partidarias de su desmantelamiento, proponiendo la creación de una nueva organización (al igual que ocurrió con la desaparición de la Sociedad de las Naciones); no obstante, la mayoría de los planteamientos convienen en defender la supervivencia de la ONU, aunque sensiblemente mejorada. De este modo, se apos-

[5] Una idea esencial en las conversaciones preeliminares a la firma de la Carta de Naciones Unidas fue la idea de que el órgano para la conservación de la paz en el mundo habría de ser el Consejo de Seguridad, y que la base de una paz duradera sería la unanimidad de las grandes potencias.

taría por una reforma basada en la revitalización y en la adaptación a los nuevos desafíos[6].

En esta segunda línea se parte de la consideración del Sistema de Naciones Unidas como indispensable. Ya en 1980, el Informe de la Comisión Brandt afirmaba lo siguiente: «Una organización que abarca tantas naciones como puntos de vista tan diferentes y que representa un marco de cooperación y comunicación entre ellas, es de un valor único, así como decisiva para acciones internacionales. La ONU es el único sistema de ese tipo del cual disponemos; va en interés de todos no sólo mantenerla viva y activa, sino también fortalecerla como elemento indispensable para la paz y el desarrollo»[7]. En ese mismo informe se señalaba que el sistema de la ONU debía fortalecerse y hacerse más eficaz.

Con motivo de la celebración del cincuenta aniversario de Naciones Unidas[8], estas afirmaciones sobre la necesidad de una profunda reforma vuelven a cobrar una renovada vigencia. En dicha conmemoración se plantearon las principales carencias y problemas por los que estaba atravesando la organización, a saber:

- La falta de eficacia motivada, fundamentalmente, por la complejidad burocrática del Sistema de Naciones Unidas. El entramado de agencias especializadas en torno a la ONU se ha convertido en un obstáculo que imposibilita su efectividad.
- El escaso carácter democrático de la organización, con cinco países con derecho a veto en el Consejo de Seguridad. Es urgente la reforma en este órgano para que refleje la naturaleza universal de la organización, transformación cuyos principales parámetros serían la ampliación de los miembros permanentes (carece de toda lógica que a estas alturas estén ausentes en dicho Consejo países como Alemania y Japón, así como ciertos países en desarrollo de peso específico importante, para no hacer mayor el desequilibrio a favor de los países industrializados), la posible creación de una categoría de miembros semipermanentes, y el incremento de los no permanentes para asegurar una participación más representativa[9].
- La situación de bancarrota provocada por el impago de las cuotas, ya que sólo uno de cada cuatro países cumple sus compromisos financieros con las Naciones Unidas (siendo el principal moroso Estados Unidos, con una deuda acumulada de más de 1.200 millones de dólares a finales de 1995). Sin duda alguna, el aspecto más apremiante del proceso de reforma es el que se refiere a la situación financiera.

Aunque todos los estados miembros coincidieron en la necesidad de reformas, no hubo acuerdo sobre cuales debían ser los cambios concretos a efectuar. Sin em-

[6] F. Martín-Valenzuela, págs. 91 y ss.
[7] Comisión Brandt (1981), págs. 291 y ss.
[8] Nueva York, 22 al 24 de octubre de 1995.
[9] F. Martín-Valenzuela, pág. 103.

bargo, al final de la Sesión se recogieron las ideas maestras que deberían guiar en el futuro tales esfuerzos: *a*) revitalización de la labor de la Asamblea General; *b*) ampliación del Consejo de Seguridad y revisión de sus métodos de trabajo para reformar su capacidad y su eficacia, fortalecer su carácter representativo y mejorar la eficiencia y transparencia de su actuación; *c*) fortalecimiento del papel del Consejo Económico y Social; *d*) robustecimiento de la base financiera de la ONU y prorrateo de las aportaciones según criterios convenidos y que los estados miembros hayan considerado justos, y *e*) incremento de la eficiencia y eficacia por parte de la Secretaría en la administración y gestión de los recursos que se le confían[10].

3. COOPERACIÓN NORTE-NORTE

Lejos de agotarse los esfuerzos de cooperación en la creación de la ONU y de las diferentes agencias especializadas, se asistió desde finales de los años cuarenta y hasta la década de los sesenta a un auge de la cooperación entre los países más industrializados. Esta cooperación Norte-Norte ha impulsado, a su vez, los organismos universales de cooperación ya existentes, facilitando y promoviendo su labor.

El punto de partida en el análisis de la cooperación Norte-Norte se articula en torno a dos ejes fundamentales: la puesta en funcionamiento del Plan Marshall y la creación de la Organización Europea de Cooperación Económica.

Tras la Segunda Guerra Mundial, Estados Unidos se consolidó como una potencia económica, política y militar en la esfera capitalista, lo cual va a ser aceptado tanto formalmente como de hecho por el resto de las economías industrializadas[11]. Dicha supremacía norteamericana va a reflejarse en la creación de una superestructura mundial formada por una red de instituciones y acuerdos, tanto de carácter económico (FMI, BIRF, GATT), como de carácter político y militar (OTAN). Este entramado institucional actuaba de reflejo al tiempo que de apoyo a la hegemonía de Estados Unidos.

A su vez, las consecuencias de la guerra no podían ser más devastadoras para Europa: destrucción material, falta de alimentos y materias primas, desmembramiento de la estructura productiva, fuerte endeudamiento financiero... La pérdida de fuerza frente a las dos grandes potencias, Estados Unidos y la URSS, se reflejó en el paso de la Europa Oriental a la esfera soviética.

La recuperación de Europa Occidental era necesaria para el país americano tanto por razones de índole política como económica: por una parte, una Europa atrasada era muy vulnerable a una creciente influencia soviética (el objetivo era evitar el avance del comunismo en Europa); por otra parte, Europa debía mantener un alto nivel de actividad económica pues el mercado europeo era una fuerte baza para la economía estadounidense y su expansión (al final de la contienda bélica, Estados Uni-

[10] A. Viñas (1996), pág. 297.

[11] E. Palazuelos (ed.) (1986), pág. 155.

dos estaba en plena etapa de crecimiento económico —hacia finales de los años cuarenta, el PIB de este país equivalía a la mitad del producto mundial—).

Como resultado, en 1947 Estados Unidos se propuso poner en marcha un proyecto de gran envergadura destinado a impulsar la recuperación europea, conocido como *Plan Marshall.* Éste constituía una inyección masiva de capital norteamericano, aproximadamente unos 5.000 millones de dólares anuales, para proceder a la reconstrucción de Europa y a su relanzamiento económico. El requisito a cumplir por los países europeos para recibir dichas ayudas era llevar a cabo políticas antiinflacionistas y apoyar la Guerra Fría iniciada ese mismo año.

Para organizar la ayuda se consideró fundamental la necesidad de establecer una agencia norteamericana, creándose al efecto la Administración de Cooperación Económica (ECA), así como una agencia europea, que articulara la cooperación necesaria entre los países destinatarios y supervisara la distribución de las ayudas. De este modo, en 1948 se firmaba en París el Convenio constitutivo de la *Organización Europea de Cooperación Económica (OECE),* compuesta por los países de Europa Occidental, con la excepción de España y Finlandia.

El funcionamiento de la OECE perseguía los siguientes objetivos:

1. Promoción de la cooperación entre los países participantes para la reconstrucción de Europa.
2. Desarrollo del comercio intraeuropeo, mediante la reducción de aranceles y otras barreras al comercio.
3. Estudio de la posibilidad de crear una unión aduanera o área de libre comercio y la multilateralización de los pagos.
4. Realización de las condiciones necesarias para una mejor utilización del trabajo.

El principal objetivo de la organización fue preparar el Programa de Reconstrucción Europea. Entre sus principales características podríamos destacar que el monto final estuvo en torno a 24.000 millones de dólares, el doble de la cantidad inicialmente prevista; que la duración se prolongó hasta 1967, aunque la parte fundamental de la ayuda se concedió en los cuatro primeros años; y por último, que los principales países destinatarios fueron Gran Bretaña, Francia, Italia y Alemania, utilizándose las ayudas para la adquisición de materias primas, ayuda militar, trigo, otros alimentos, energía...

En el otoño de 1949, la agencia norteamericana ECA reclamó a la OECE que no estaba haciendo lo suficiente para liberalizar el comercio, forzando a una gradual liberalización por parte de Europa. El resultado no se hizo esperar: hacia finales de los años cincuenta, el 60% del comercio privado intraeuropeo estaba liberalizado gracias a la acción de la OECE, cifra que en 1959 se situaba en torno a un 90%.

Otro de sus logros más relevantes fue la creación en 1950 de la Unión Europea de Pagos (UEP), cuyo principal objetivo era la eliminación del obstáculo que suponía la no convertibilidad de las monedas europeas, al tiempo que suprimir las restricciones cuantitativas y las prácticas bilaterales en el comercio intraeuropeo. Se disolvió en 1958, cuando las monedas europeas fueron declaradas convertibles al dólar.

La cooperación político-económica en el mundo occidental tuvo su respuesta en el área soviética. La consecuencia fue la construcción de una red de alianzas ofensivo-defensivas que delimitaron las respectivas áreas de influencia, consolidándose de esta forma la división Este-Oeste (figura 8.1).

	BLOQUE OCCIDENTAL	BLOQUE SOVIÉTICO
PLANO ECONÓMICO	Plan Marshall (1947) OECE (1948)/OCDE (1961)	COMECON (1949)
PLANO POLÍTICO/MILITAR	OTAN (1949)	Pacto de Varsovia (1955)

Figura 8.1. División Este-Oeste.

El *Consejo de Ayuda Económica Mutua* (más conocido por las siglas COMECON) se constituyó como una organización intergubernamental con funciones de consulta y coordinación entre sus países miembros, la URSS y los países del Este de Europa. Creado en enero de 1949 como respuesta al proyecto del Plan Marshall y a la OECE, por considerarlos un instrumento de penetración del capitalismo norteamericano en Europa. A partir de este momento, la división Este-Oeste alcanzaba su punto álgido, abandonándose la posibilidad de cualquier clase de acción conjunta de los bloques soviético y norteamericano[12].

El declive de la OECE se produjo a principios de los años cincuenta, una vez finalizada la tarea de la reconstrucción europea. Puesto que el principal objetivo para el que había sido creada esta organización se había culminado con éxito, se planteó el debate sobre la necesidad de reformarla. El 14 de diciembre de 1960 se firmó el convenio constitutivo de su sucesora, la *Organización para la Cooperación y el Desarrollo Económico (OCDE)*. A los dieciocho países europeos miembros de la anterior organización se sumaron inicialmente Estados Unidos, Canadá y, más tarde, Japón, Australia y Nueva Zelanda. De este modo, van a formar parte de este organismo los países más industrializados del mundo. Entró en vigor el 30 de septiembre de 1961.

---

[12] En el plano político-militar destaca la firma en abril de 1949 del Pacto de la Organización del Tratado del Atlántico Norte (OTAN), que tuvo respuesta en la esfera soviética con el Pacto de Varsovia de 1955.

Este organismo venía a representar una ampliación y transformación de la OECE, convirtiéndose en el coordinador de la cooperación internacional entre los países del Norte. Entre sus objetivos, destacan los siguientes:

1. Conseguir el máximo crecimiento económico y empleo, así como el mayor nivel de bienestar posible en los países miembros.
2. Subrayar la importancia del mantenimiento de la estabilidad financiera.
3. Enfatizar las metas de liberalización del comercio internacional de mercancías y capitales.
4. Coordinar la ayuda internacional hacia los países en desarrollo.
5. Mantener contactos con los gobiernos, organismos internacionales como el FMI y el GATT.

La OCDE funcionó con éxito a lo largo de los años sesenta, perdiendo protagonismo a partir de la crisis de los setenta. De este modo, pasará de ser una organización donde se toman decisiones a un foro de las naciones del Norte donde se estudian y debaten los principales problemas planteados.

La crisis económica que afectó a todos los países industrializados en los años setenta vino a alterar profundamente los esquemas de cooperación vigentes. El Orden Económico Internacional surgido de Bretton Woods va a empezar a tambalearse: Estados Unidos estaba perdiendo peso relativo en la escena internacional, teniendo que compartir su liderazgo con dos nuevas potencias, Japón y Europa Occidental. Al mismo tiempo, era evidente la falta de eficacia de los organismos internacionales de cooperación ya existentes para resolver los problemas. Todo ello dio lugar a la aparición de nuevos instrumentos de control y coordinación, en concreto, la *Comisión Trilateral* y las Cumbres anuales del *Grupo de los Siete*.

En 1972 se creaba la Comisión Trilateral, constituida por el conjunto de los políticos, intelectuales, empresarios y financieros más relevantes e influyentes de Estados Unidos, Japón y Europa Occidental, y cuya finalidad era incrementar la cooperación económica entre las economías dominantes para evitar la repetición de nuevas crisis.

Fue la propia Trilateral la que inspiró las reuniones Cumbres del Grupo de los Siete. En 1975, los jefes de Estado y de Gobierno de los países más ricos del mundo[13] se reunieron en Rambouillet (Francia) para discutir las cuestiones globales que les preocupan, fundamentalmente de tipo económico. Las reuniones, de carácter anual, se realizan en un marco muy informal. «La razón de este ámbito restringido se encuentra en el convencimiento de que los problemas económicos actuales requieren un nuevo liderazgo compartido que difícilmente puede lograrse en los foros internacionales, ni tampoco en el seno de la OCDE, ya que agrupan a un mayor número de países»[14]. Se puede afirmar que el G-7 se ha convertido, con el paso del tiempo, en un auténtico directorio económico mundial.

---

[13] Inicialmente, Estados Unidos, Japón, Alemania, Francia, Italia y Reino Unido. Al año siguiente se incorporó Canadá, y a partir de 1977 asiste el presidente de la Comisión Europea.

[14] Milet Soler (1991), pág. 159.

4. COOPERACIÓN NORTE-SUR: LA AYUDA AL DESARROLLO

A comienzos de la década de los sesenta se inició una acción mundial en favor del desarrollo, denominada cooperación Norte-Sur, por la cual los países que disfrutan de unos niveles de desarrollo más elevados se comprometieron a ayudar a aquellos más desfavorecidos. Dos razones de peso obligaban a la puesta en marcha de dicha cooperación en estas fechas:

— En primer lugar, los países industrializados habían experimentado una reactivación económica muy intensa desde finales de la Segunda Guerra Mundial, lo que había acrecentado las diferencias de los países ricos con los países pobres. El resultado fue que a la división existente entre el Este y el Oeste, se superponía otra partición, la del Norte con el Sur. Un mundo dividido de esta manera era altamente inestable.

— En segundo lugar, tuvo lugar la generalización y consolidación de los procesos descolonizadores (entre 1945 y 1965 lograron la independencia más de cincuenta países de Asia, África y el Caribe). Las antiguas colonias de las potencias del Norte, que ahora alcanzan el estatus de nuevos países en el escenario internacional, van a pasar a ser miembros de la ONU, constituyendo en su seno un numeroso grupo de presión. Un hecho significativo fue la Conferencia Afroasiática celebrada en Bandung en 1955, por la que se constituyó el denominado grupo de los Países No Alineados. Significó, a la vez, una expresión de la creciente confianza del Sur en su fuerza colectiva y una afirmación de su determinación de influir en las relaciones mundiales[15].

La consecuencia de todo lo anterior fue el progresivo reconocimiento en el plano internacional de que la pobreza y el atraso eran cuestiones que merecían la atención mundial, así como la existencia de una corresponsabilidad de los países del Norte en la situación en que se encuentran los países del Sur.

El primer hecho de relevancia en este sentido tiene lugar cuando en 1961 el ECOSOC planteó la posibilidad de declarar la década de los años sesenta como el Primer Decenio del Desarrollo[16]. Teniendo en cuenta que los problemas de desarrollo están claramente ligados a los del comercio internacional, a iniciativa de los países subdesarrollados se consiguió de la ONU la convocatoria en 1962 de una Conferencia de las Naciones Unidas sobre el Comercio y el Desarrollo, más conocida por sus siglas inglesas UNCTAD. Dicha conferencia se celebró finalmente en Ginebra en 1964, con la finalidad explícita de promover el desarrollo y el comercio,

---

[15] Comisión del Sur (1991), pág. 40.

[16] El objetivo era fijar como meta global un crecimiento del 5%, siendo esta cifra mayor para los países menos desarrollados, de tal manera que la economía mundial creciera considerablemente y, además, disminuyera la brecha entre países ricos y pobres.

aumentar la cooperación económica entre los países en desarrollo y contribuir a eliminar las desigualdades en las relaciones económicas Norte-Sur.

La UNCTAD se reúne con carácter periódico, aproximadamente cada cuatro años, y viene a ser el organismo especializado de la ONU donde se plantean las relaciones económicas Norte-Sur. El contenido de las sucesivas conferencias de la UNCTAD es muy amplio: básicamente, el comercio internacional entre el Norte y el Sur; pero además, la conferencia sirve para canalizar las numerosas reivindicaciones que los países menos favorecidos plantean al Norte. En concreto, piden un trato de favor en relación con materia arancelaria, asistencia técnica y ayuda financiera. Los países participantes en esta conferencia se agrupan en función de que sus intereses sean homogéneos, con el fin de adoptar posturas comunes y, de este modo, hacer las reuniones lo más operativas posibles. En la práctica, el debate se establece entre el Grupo de los 77 (países de África, Asia, América Latina y el Caribe, resultado de la consolidación del bloque de los Países No Alineados) y el grupo de los países desarrollados.

La creación de la UNCTAD y la celebración de sus dos primeras reuniones vienen a ser la instrumentación del primer decenio del desarrollo. En la segunda UNCTAD (Nueva Delhi, 1968), se sentaron las bases para la puesta en marcha del Sistema de Preferencias Generalizadas (SPG), en virtud del cual los países del Norte concedían un tratamiento arancelario preferencial a la importación de determinadas manufacturas del Sur.

El segundo hecho de relevancia en el campo de la cooperación Norte-Sur tuvo lugar en la década de los setenta, cuando la Asamblea General de la ONU declaró los años 1971-1980 como Segundo Decenio del Desarrollo. Ante el fracaso de la década anterior en relación con la cooperación Norte-Sur (los logros conseguidos en el seno de la UNCTAD no habían sido los esperados), se va a poner en marcha la idea de diseñar un Nuevo Orden Económico Internacional (NOEI), y para ello se celebró en 1974 una sesión extraordinaria de la Asamblea General de Naciones Unidas para establecer sus líneas básicas. El resultado fue la aprobación de la *Declaración y el Programa de Acción del NOEI,* a través de los cuales se canalizaron las principales reivindicaciones de los países subdesarrollados: necesidad de reformar los principales organismos de cooperación especializados en orden a hacerlos más democráticos, favorecer las exportaciones de productos básicos e industriales de los países en desarrollo, estabilizar los mercados y precios de estos productos, fortalecer el papel del sistema de Naciones Unidas en la esfera de la cooperación internacional e incrementar la asistencia técnica y financiera del Norte al Sur.

Las dos resoluciones adoptadas en 1974 reflejaban claramente la posición de los países en desarrollo frente al orden económico internacional de posguerra y la necesidad de llevar a cabo importantes reformas en las normas que lo regulaban al objeto de potenciar el desarrollo de sus economías. Sin embargo, lo que finalmente se hizo fue adaptar las normas a las nuevas circunstancias, para que se reconociera el descenso relativo del peso de los Estados Unidos y la aparición de dos nuevos pesos pesados en el contexto internacional, la CEE y Japón[17].

[17] J. M. Revuelta (1993), págs. 167 y 168.

4.1. Cooperación y ayuda al desarrollo

La cooperación al desarrollo aparece con fuerza a partir de la Segunda Guerr Mundial y, en especial, tras la culminación de los procesos independentistas y el ini cio de la guerra fría entre los bloques estadounidense y soviético.

En primer lugar, es necesario distinguir dos conceptos utilizados con frecuenci de forma indistinta, la cooperación al desarrollo y la ayuda al desarrollo.

La *ayuda al desarrollo* consiste en la transferencia de recursos (ya bien sean fi nancieros, técnicos o alimenticios) desde los países del Norte a los del Sur. Los flu jos de recursos pueden canalizarse de formas muy diversas: pueden proceder de u país o de un organismo multilateral, pueden ser públicos o privados.

La *cooperación al desarrollo* puede definirse como «un segmento de la coope ración internacional, que persiguiendo el beneficio mutuo, pone en contacto a paí ses de distinto nivel de desarrollo»[18]. Es un concepto más amplio que el de ayuda a desarrollo, pues implica además un cambio de mentalidad y actitudes por parte d los países donantes. Como ejemplo de cooperación al desarrollo que no sea ayuda podemos hablar de la política comercial preferente. Por tanto, no es sólo ayuda, au cuando ésta sea una parte esencial de lo que se entiende por cooperación, hasta e punto de que se identifican ambos términos en muchas ocasiones.

Cuando se analiza la ayuda al desarrollo es de obligada referencia el Comité d Ayuda al Desarrollo, más conocido por sus siglas CAD, órgano especializado de l OCDE. A través del CAD se coordina la cooperación Norte-Sur de los países d la OCDE. Su principal objetivo es aumentar los recursos puestos a disposición de lo países en desarrollo y lograr que se asignen de forma eficaz[19]. Si en relación a s principal finalidad cabe hacer serias objeciones en cuanto a los logros conseguidos no cabe duda en cuanto al éxito del Comité como organismo centralizador de tod la información referente a la ayuda al desarrollo.

Dentro de la ayuda al desarrollo, el CAD distingue tres grandes rúbricas:

- Financiación pública al desarrollo, concedida por el sector público y con u alto grado de concesionalidad.
- Créditos a la exportación.
- Aportaciones privadas, que engloba operaciones privadas de muy diversa ín dole, desde las inversiones directas, pasando por los créditos o préstamos d la banca internacional, hasta las donaciones de las Organizaciones No Gu bernamentales.

---

[18] Definición de C. Camino y J. A. Nieto Solís, citada en C. Berzosa (1994), pág.13.

[19] Como señala Irene Maestro Yarza, para cumplir esta finalidad los países pertenecientes al CAD se reúnen con carácter periódico para revisar sus programas de ayuda al desarrollo y poder realizarse consulta sobre esta materia. No obstante, las decisiones adoptadas por el comité no tienen carácter vinculante para lo países miembros, por lo que su cumplimiento depende de que sean o no convenientes para sus intereses na cionales I. Maestro Zarza (1995), pág. 393.

En la tabla 8.1 se puede observar la evolución de la ayuda al desarrollo y de sus principales partidas a lo largo de los años noventa. En primer lugar, destaca el hecho de que la Ayuda al Desarrollo en términos globales se ha incrementado considerablemente desde 126.300 millones de dólares en 1990 hasta 239.300 millones en 1995, es decir, prácticamente se ha duplicado en tan sólo media década. Por otra parte, la financiación pública al desarrollo desciende en términos absolutos y, muy especialmente, en términos relativos, pasando a significar desde un 55,3% a un 29% del total de la ayuda, en favor de las aportaciones privadas (principalmente, préstamos bancarios internacionales a corto plazo e inversiones directas).

Una de las partidas más relevantes de la financiación pública al desarrollo es, precisamente, la *Ayuda Oficial al Desarrollo* (AOD), termino acuñado por el Comité de Ayuda al Desarrollo y que, en un intento de simplificar, puede definirse como las transferencias de recursos de un país más desarrollado a otro menos desarrollado que proceden del sector público del país donante, ha de contar con un grado de concesionalidad de al menos el 35%[20] y debe buscar como objetivo central el desarrollo económico y la mejora de las condiciones de vida del país de destino. De este modo, partidas como las donaciones de las ONG, los préstamos a través de los bancos comerciales y los créditos privados a la exportación, quedarían excluidos de la ayuda oficial al desarrollo.

Una vez definido el concepto de Ayuda Oficial al Desarrollo, realizaremos una valoración, por ser el principal instrumento utilizado en la cooperación Norte-Sur. Dicho balance puede hacerse atendiendo a las vertientes cuantitativa y cualitativa, en definitiva, analizando tanto la cantidad como la calidad de la Ayuda Oficial al Desarrollo.

Desde un punto de vista cuantitativo[21], hay que hacer referencia, en primer lugar, al volumen total de recursos destinados a la AOD por los países miembros del CAD. Como puede verse en la tabla 8.2, se pueden establecer varias etapas desde 1960. En una primera etapa, que se extiende hasta principios de los setenta, el incremento de la AOD es moderado (de 4.700 millones de dólares pasaron a 6.810 millones). La segunda etapa, que se prolonga hasta comienzos de los años ochenta, se caracteriza por una elevación muy notable de los flujos de ayuda (de 6.810 millones en 1970 a 27.300 millones). La tercera etapa abarca hasta los primeros años noventa, y en ella se produce nuevamente una lenta progresión de los flujos (de 27.300 millones a 52.960 en 1990 y 60.420 en 1992). Por último, una última etapa en la cual vienen disminuyendo las corrientes totales de AOD (desde 1992-1993 se ha iniciado una preocupante tendencia decreciente en los flujos de ayuda).

Si atendemos al volumen total de recursos destinados por cada país industrializado en concepto de AOD, observamos que se ha producido un cambio notable en

[20] El grado de concesionalidad o liberalidad mínimo exigido era de un 25% hasta 1988, año en que se elevó al 35% (y al 50% para los países más pobres o atrasados). Cabe aquí recordar también que el grado de concesionalidad viene medido por la diferencia entre las condiciones en que se otorga la ayuda con las de mercado.

[21] Véase J. A. Alonso Rodríguez (1994), págs. 249 y ss.

TABLA 8.1

Transferencias a los países en desarrollo (1990-1995)

Conceptos	1990		1991		1992		1993		1994		1995	
	M. mill. dólares	%	M. mill. dólares	%	M. mill. dólares	%	M. mill. dólares	%	M. mill. dólares	%	M. mill. dólares	%
I. Financiación Pública al Desarrollo (FPD)	69,8	5,3	69,7	7,0	69,8	47,2	70,1	45,0	71,6	33,3	69,4	9,0
1. Ayuda Oficial al Desarrollo (AOD)	52,9	1,9	58,6	7,9	58,9	39,8	56,4	36,2	60,5	28,1	60,1	5,1
Ayuda bilateral	39,4	1,2	42,4	4,7	41,4	28,0	39,6	25,4	41,3	19,2	40,6	7,0
Ayuda multilateral	13,5	0,7	16,2	3,2	17,5	11,8	16,8	10,8	19,2	8,9	19,5	0,1
2. Otra FPD	16,9	3,4	11,1	9,1	10,9	7,4	13,7	8,8	11,1	5,2	9,3	0,9
Ayuda bilateral	6,7	5,3	4,4	3,6	7,4	5,0	6,4	4,1	7,5	3,5	5,0	0,1
Ayuda multilateral	10,2	8,1	6,7	5,5	3,5	2,4	7,3	4,7	3,6	1,7	4,3	0,8
II. Total de créditos a la exportación	4,7	3,7	1,8	1,5	1,3	0,9	–0,6	–0,4	9,3	4,3	11,0	0,6
1. A corto plazo	4,5	3,6	–0,8	–0,7	0,5	0,3	–1,5	–1,0	0,2	0,1	0,8	0,3
III. Aportaciones privadas	51,8	41,0	50,8	41,5	76,8	51,9	86,4	55,4	134,1	62,4	158,9	6,4
1. Inversiones directas (países OCDE)	26,4	20,9	22,6	18,5	27,3	18,5	38,6	24,8	48,5	22,6	53,6	2,4
Inversión *offshore*	7,1	5,6	6,5	5,3	9,5	6,4	9,5	6,1	9,1	4,2	9,0	0,8
2. Préstamos bancarios internacionales (2)	15,0	11,9	11,0	9,0	31,0	21,0	9,0	5,8	42,6	19,8	70,0	9,3
A corto plazo	7,0	5,5	12,0	9,8	25,0	16,9	7,0	4,5	44,0	20,5	50,0	0,9
3. Préstamos obligatorios	0,9	0,7	6,5	5,3	11,1	7,5	29,0	18,6	29,0	13,5	19,3	0,1
4. Otras aportaciones privadas	4,4	0,5	5,3	4,3	1,4	0,9	4,0	2,6	8,0	3,7	10,0	0,2
5. Donaciones de las ONG	5,1	4,0	5,4	4,4	6,0	4,1	5,8	3,7	6,0	2,8	6,0	0,5
Total	126,3	100,0	122,3	100,0	147,9	100,0	155,9	100,0	215	100,0	239,3	100,0

FUENTE: CAD (OCDE) (1996).

TABLA 8.2

Recursos dedicados a la AOD por los países del CAD (miles de millones de dólares)

Países	1960			1970			1980			1990			1995		
	AOD	(%)	AOD/ PNB (%)	AOD	(%)	AOD/ PNB (%)	AOD	(%)	AOD/ PNB (%)	AOD	(%)	AOD/ PNB (%)	AOD	(%)	AOD/ PNB (%)
Alemania	0,24	5,1	**0,33**	0,6	8,8	**0,28**	3,57	13,1	**0,44**	6,32	11,93	**0,42**	7,53	12,81	**0,31**
Australia	0,6	1,3	**0,38**	0,2	2,9	**0,59**	0,67	2,5	**0,48**	0,96	1,8	**0,34**	1,19	2,03	**0,36**
Austria	—		**—**	0,02	0,3	**0,05**	0,18	0,7	**0,23**	0,39	0,74	**0,25**	0,77	1,31	**0,33**
Bélgica	0,1	2,1	**0,88**	0,12	1,8	**0,46**	0,60	2,2	**0,50**	0,89	1,67	**0,46**	1,03	1,76	**0,38**
Canadá	0,08	1,7	**0,19**	0,35	5,1	**0,42**	1,08	4,0	**0,43**	2,47	4,66	**0,44**	2,07	3,52	**0,38**
Dinamarca	0,01	0,2	**0,09**	0,06	0,9	**0,38**	0,48	1,8	**0,74**	1,17	2,21	**0,94**	1,62	2,76	**0,96**
España	—		**—**			**—**	0,16		**—**	0,96	1,81	**0,20**	1,35	2,29	**0,24**
EE.UU.	2,7	57,5	**0,53**	3,05	44,8	**0,29**	7,14	26,2	**0,27**	11,39	21,51	**0,21**	7,37	12,6	**0,1**
Finlandia	0		**0**			**0**	0,11	0,4	**0,22**	0,85	1,59	**0,63**	0,39	0,66	**0,32**
Francia	0,85	18,1	**1,38**	0,95	14	**0,63**	4,16	15,2	**0,63**	7,16	13,52	**0,6**	8,44	14,37	**0,55**
Irlanda	0		**0**			**0**	0,03	0,1	**0,16**	0,06	0,1	**0,16**	0,15	0,26	**0,29**
Italia	0,08	1,7	**0,22**	0,15	2,2	**0,14**	0,68	2,5	**0,15**	3,39	6,41	**0,31**	1,62	2,76	**0,15**
Japón	0,11	2,3	**0,24**	0,46	6,8	**0,21**	3,35	12,3	**0,32**	9,07	17,12	**0,31**	14,49	24,67	**0,28**
Luxemburgo	—		**—**			**—**			**—**	0,02	0,04	**0,21**	0,07	0,11	**0,36**
Holanda	0,04	0,9	**0,31**	0,2	2,9	**0,6**	1,63	6,0	**0,97**	2,54	4,79	**0,92**	3,23	5,49	**0,81**
N. Zelanda	0		**0**			**0**	0,07	0,3	**0,33**	0,1	0,18	**0,23**	0,12	0,21	**0,23**
Noruega	0,01	0,2	**0,11**	0,04	0,6	**0,32**	0,49	1,8	**0,87**	1,21	2,27	**1,17**	1,24	2,12	**0,87**
Portugal	0,04	0,9	**1,45**	0,03	0,4	**0,58**			**0**	0,15	0,28	**0,25**	0,27	0,46	**0,27**
Reino Unido	0,41	8,7	**0,56**	0,45	6,6	**0,32**	1,85	6,8	**0,35**	2,64	4,98	**0,27**	3,16	5,37	**0,28**
Suecia	0,01	0,2	**0,05**	0,12	1,8	**0,38**	0,96	3,5	**0,78**	2,01	3,79	**0,91**	1,70	2,9	**0,77**
Suiza	—		**0,04**	0,03	0,4	**0,14**	0,25	0,9	**0,24**	0,75	1,41	**0,32**	1,08	1,85	**0,34**
Total	4,7	100	0,52	6,81	100	0,32	27,3	100	0,37	52,96	100	0,33	58,74	100	0,28

FUENTE: OCDE (1994) y elaboración propia.

el peso relativo de los países donantes. Al principio, la ayuda provenía fundamentalmente de EE.UU. (57,5% en 1960) y Francia (18,1%), seguidos a bastante distancia por Reino Unido y Alemania. Con el paso de los años, el peso relativo del país norteamericano ha descendido significativamente hasta situarse en el 12,6% en 1995. Este proceso de declive se produce también en el caso de Francia y Reino Unido, aunque la tendencia parece cambiar para estos dos países en los últimos años. Por el contrario, Alemania y Japón han experimentado una progresión muy notable de su cuota, hasta el punto de que el país nipón se ha convertido en el principal país donante en términos absolutos (representa el 24,67% de toda la ayuda oficial de los países del CAD para 1995).

Más importante aún que el volumen total de recursos transferidos por cada país es el esfuerzo realizado en relación a los recursos que posee. En relación al grado de cumplimiento del objetivo del 0,7% del PNB (compromiso ratificado en 1970, al iniciarse la Segunda Década del Desarrollo), se observa que son muy pocos los países que cumplen con dicho deber. Destaca el caso de dos países nórdicos, Noruega y Suecia, que junto a Dinamarca y Holanda son los únicos países que alcanzan e incluso sobrepasan dicho porcentaje. En relación al esfuerzo realizado, de nuevo son Estados Unidos, Reino Unido y Francia los países que han visto descender más notablemente su coeficiente de AOD.

A nivel global, el nivel de esfuerzo de los países industrializados deja mucho que desear, como puede observarse en la tabla 8.2. En la actualidad, los países industrializados otorgan AOD equivalente aproximadamente a un 0,30 % de su PNB, muy por debajo del compromiso del 0,7% asumido a principios de la década de los setenta. Además, la tendencia para este indicador es decreciente.

Desde un punto de vista cualitativo, la valoración no puede ser más crítica[22]. El balance de la ayuda oficial al desarrollo puede hacerse atendiendo a tres cuestiones clave: asignación, previsibilidad y condicionalidad.

— *Asignación:* la ayuda se asigna de forma arbitraria. Algunas regiones tan necesitadas como el sur de Asia reciben cantidades insignificantes en comparación con la ayuda recibida por regiones como el Medio Oriente (donde el ingreso per cápita es tres veces superior). Por países, sólo una cuarta parte de la ayuda se destina a los diez países que, en conjunto, albergan cerca de las tres cuartas partes de las personas más pobres del mundo (tabla 8.3). De hecho, el 40% más rico de la población del mundo en desarrollo recibe más del doble de ayuda per cápita que el 40% más pobre. Por otra parte, se observa que los países que invierten grandes sumas en el sector militar son recompensados con una mayor ayuda al desarrollo. Por último, las necesidades humanas elementales a las cuales se les debería conceder la más alta prioridad (educación básica, atención médica primaria, agua potable, plani-

[22] PNUD (1992), págs. 101 y ss.

TABLA 8.3

AOD para los más pobres (1992)

Diez países en desarrollo con mayor número de pobres	Cantidad de pobres (millones)	Pobre como % del total de pobres del mundo	AOD per cápita (dólares)	AOD como % de la AOD total
India	410	34,2	1,8	3,5
China[1]	120	9,9	1,8	4,7
Bangladesh	99	8,3	18,0	4,7
Indonesia	70	5,8	9,3	3,9
Pakistán	37	3,1	8,8	2,5
Filipinas	36	3,0	20,3	2,9
Brasil	33	2,8	1,1	0,4
Etiopía	30	2,5	17,7	2,0
Myanmar	17	1,4	4,7	0,4
Tailandia	17	1,4	14,1	1,8
Total	869	72,4	4,2	26,8

[1] El Banco Mundial calcula que en China hay cerca de 100 millones de pobres, en las áreas rurales únicamente. Aquí se toma una estimación aproximada de 120 millones para todo el país, sobre la base de que la tasa de pobreza rural es dos y media veces superior a la de la pobreza urbana.

FUENTE: PNUD (1992).

ficación familiar y nutrición), reciben una pequeña proporción de la ayuda. En relación a esto último, cabe señalar que la reducción de la pobreza ha adquirido un papel prioritario en la ayuda de los noventa. Destaca el Pacto 20:20 propuesto por el PNUD en 1994, por el cual se vincula la ayuda al desarrollo al descenso de la pobreza. La novedad de este planteamiento es que conlleva un doble compromiso que vincula tanto a los países receptores como a los donantes. Este pacto fue ampliamente debatido en la Cumbre de Desarrollo Social celebrada en Copenhage en 1995.

— *Previsibilidad*: la AOD está determinada no por las necesidades de los países en desarrollo, sino de acuerdo con la buena voluntad fluctuante de las personas y los parlamentos de los países ricos. En consecuencia, es poco predecible.

— *Condicionalidad:* la ayuda suele concederse condicionada a que el país receptor acepte algunas exigencias impuestas por parte del donante. Se pueden diferenciar varios tipos de condicionalidad: en primer lugar, condicionar la ayuda a la ejecución de un programa o proyecto concreto para impulsar el desarrollo del país receptor; en segundo lugar, supeditar la ayuda a la adquisición por parte del receptor de bienes y servicios procedentes del país donante (en este caso, se trata en realidad de un crédito a la exportación); por último, es posible que el país donante exija que la ayuda ponga en marcha ciertas reformas estructurales o de política económica (este tipo de condicionalidad ha sido muy frecuente en los préstamos del FMI y del Banco Mundial a los países en desarrollo a lo largo de la década de los ochenta)[23]. En general, la condicionalidad puede darse tanto si la ayuda es bilateral como multilateral, pero muy especialmente en el primero de los casos. En este sentido, es significativo que la mayor parte de la ayuda oficial al desarrollo sea bilateral (tabla 8.1), lo cual se explica «por la preferencia de los países donantes de controlar directamente los destinos y los usos de su ayuda, en lugar de canalizarla a través de organismos internacionales (modalidad multilateral), en los cuales los países en desarrollo tienen representación, pudiendo influir de este modo en las decisiones adoptadas[24]. El hecho de que la ayuda al desarrollo suela estar condicionada es polémico «dado que implica el derecho al ejercicio de la coerción por parte del grupo de países donantes —normalmente ricos y del Norte— sobre los países receptores —pobres y del Sur—. En otras palabras, la condicionalidad se asienta sobre unas relaciones de poder asimétricas y con frecuencia es percibida por las naciones receptoras como una invasión de su soberanía»[25].

5. DIFERENTES FORMAS DE INTEGRACIÓN

Al comenzar este capítulo, definíamos la integración económica como el proceso por el cual se suprimen totalmente las barreras para la consecución de un mercado único. Partiendo de dos o más mercados nacionales, previamente separados y de dimensiones que se estiman poco adecuadas, se pretende la creación de un solo mercado de una dimensión más idónea.

Las principales formas de integración vienen a ser las diferentes graduaciones o etapas que puede presentar este proceso, como puede apreciarse en la figura 8.2. Estas formas de integración económica abarcan desde la simple liberalización del comercio de mercancías, hasta la integración de las diferentes políticas, haciéndose necesario a medida que se profundiza en el proceso la creación de instituciones supranacionales comunes y el traspaso a estas instituciones de determinadas parcelas de la soberanía nacional.

Todas las modalidades de integración económica suponen una excepción al principio de no discriminación y reciprocidad del GATT, que se refleja en la aceptación de la «cláusula de nación más favorecida», en virtud de la cual los países firmantes del acuerdo se comprometen a extender al resto cualquier concesión comercial otorgada a uno de ellos.

---

[23] J. Sevilla Segura (1994), pág. 71.

[24] I. Maestro Yarza (1995), pág. 400.

[25] Un amplio análisis sobre la condicionalidad de la ayuda al desarrollo puede verse en A. Rodríguez-Carmona (1995).

De ellas, vamos a destacar las siguientes:

a) *Área de preferencias aduaneras*

Un conjunto de territorios se conceden entre sí una serie de ventajas arancelarias, no extensibles a terceros. Las principales áreas de preferencias aduaneras han ido desapareciendo en el tiempo, como consecuencia de que han evolucionado hacia otros niveles más avanzados del proceso de integración, así como por imperativo del GATT, que mantenía una actitud muy restrictiva con respecto a este tipo de procesos, ya que congelaba los existentes hasta 1947, pero no permitía la creación de ninguno más. De entre las principales áreas preferenciales existentes al suscribirse el GATT, se pueden destacar la Commonwealth Británica y la Unión Francesa:

— La Commonwealth Británica o Comunidad Británica de Naciones entró en vigor en 1932. Consistía en un acuerdo preferencial entre la Gran Bretaña y los territorios del antiguo imperio británico (Canadá, Australia, Nueva Zelanda, la India y demás colonias de África y Asia). Tuvo una gran importancia durante los años treinta y cuarenta, pero con la transformación del comercio internacional y la culminación de los procesos descolonizadores perdió importancia. En 1949 pasó a denominarse Comunidad de Naciones, ante la independencia política de sus antiguas colonias, pasando a ser una asociación política y económica de la Gran Bretaña con sus ex colonias y actuales territorios dependientes todavía.

— La Unión Francesa se estableció al finalizar la Segunda Guerra Mundial. Es un área preferencial que implicaba a Francia y a sus colonias africanas. En 1958, tras la entrada en vigor de la CEE, se transformó en la Comunidad Francesa, pasando a ser una asociación entre Francia y sus ex colonias[26].

b) *Zona de libre comercio*

Área formada por dos o más países que, de forma gradual o inmediata, proceden a la eliminación de todas las restricciones, aranceles y otras barreras al comercio (desarme arancelario y comercial), con el objetivo de promover la libre circulación de bienes y servicios por toda el área de integración. En dicho proceso, cada país mantiene frente a terceros su régimen de comercio, así como su propio arancel de aduanas[27]. Las zonas de libre comercio, al igual que las áreas de preferencias aduaneras, son formaciones con carácter transitorio, que terminan desapareciendo o bien

---

[26] R. Tamames (1993), págs. 212 y 213.

[27] La principal desventaja de la zona de libre comercio es que los países terceros intentaran exportar al área de integración a través del país miembro con menor protección exterior. Esto hará necesario mantener vigilados los intercambios comerciales entre los países del área de integración, para asegurarse del origen de los bienes intercambiados (exigiendo certificados de origen en las aduanas de los países miembros).

avanzan hacia uniones aduaneras. En la actualidad, como principal exponentes de la zona de libre comercio podríamos citar la NAFTA (Zona de Libre Comercio de América del Norte), constituida por Estados Unidos, Canadá y México en 1992; ANZCERTA (Zona de Libre Comercio de Australia y Nueva Zelanda), y la EFTA (Asociación Europea de Libre Comercio), creada en 1959 y que en la actualidad, tras perder a muchos de sus miembros en favor de la CEE, tiene un carácter residual, integrada por Islandia, Noruega, Suiza y Liechtenstein.

c) Unión aduanera

Siguiente paso en el proceso de integración, la unión aduanera implica la supresión de las restricciones al libre comercio de bienes y servicios entre los países de la unión, así como la adopción de un arancel común frente al resto del mundo. En un intento de ejemplificar esta etapa de la integración económica, podríamos señalar la Convención Aduanera del BENELUX, creada en 1944, y la CEE (Comunidad Económica Europea), que alcanzó el rango de unión aduanera en 1968.

d) Unión económica

Significa, con respecto a la etapa anterior, ampliar el ámbito de integración a los mercados de factores de producción, capitales y trabajadores. De este modo, la unión económica culmina la integración de los mercados, logrando el ambicionado mercado único, en el cual circulan libremente bienes, servicios, capitales y trabajadores. Pero para hacer realidad el mercado único, va a ser necesario la armonización de los marcos institucionales de las economías integrantes, pues en caso contrario comenzarán a aparecer obstáculos al libre comercio, derivados de la existencia de diferentes sistemas monetarios, fiscales, financieros, de transportes, de seguridad social... Para solucionar estos problemas será necesario coordinar las políticas económicas de los países miembros, por lo que el avance en la constitución de un mercado común no sólo será un proceso económico, sino también político. Como ejemplo de unión económica consolidada podemos citar la Unión Económica del BENELUX, constituida en 1958, y la Unión Europea, que logró este objetivo el 1 de enero de 1993. De todos modos, prácticamente la mayoría de los procesos de integración en curso tienen como fin último la consecución de un mercado único.

e) Unión monetaria

Este nivel del proceso de integración supone adoptar una moneda única y la unificación de la política monetaria para toda el área de integración. Para la creación y puesta en circulación de una moneda única, es necesario fijar de manera irrevocable los tipos de cambio entre las divisas de los países miembros, mientras que la existencia de una política monetaria supranacional presupone la existencia de una autoridad monetaria con dicho rango. Es imposible alcanzar esta fase tan avanzada de la integración sin contar previamente con un mercado único y políticas macroeconómicas coordinadas, por lo cual conseguir la unión monetaria supone la existencia de una unión económica previa. En la actualidad, el proceso de la Unión Europea está en el camino hacia una unión económica y monetaria.

f) *Unión política*

El progreso de la integración impone una coordinación cada vez más estrecha de las políticas económicas de los países miembros, que puede desembocar a largo plazo en una unión política. De hecho, es prácticamente inconcebible la existencia de procesos de integración sin implicaciones políticas. Como ya se ha apuntado anteriormente, en sus grados más avanzados (Unión Económica y Monetaria), la integración requiere la cesión de la soberanía nacional a unas instituciones supranacionales y, por tanto, necesita de una fuerte voluntad política. Una vez completada la unión política, los países miembros pasarán a formar parte de un estado supranacional.

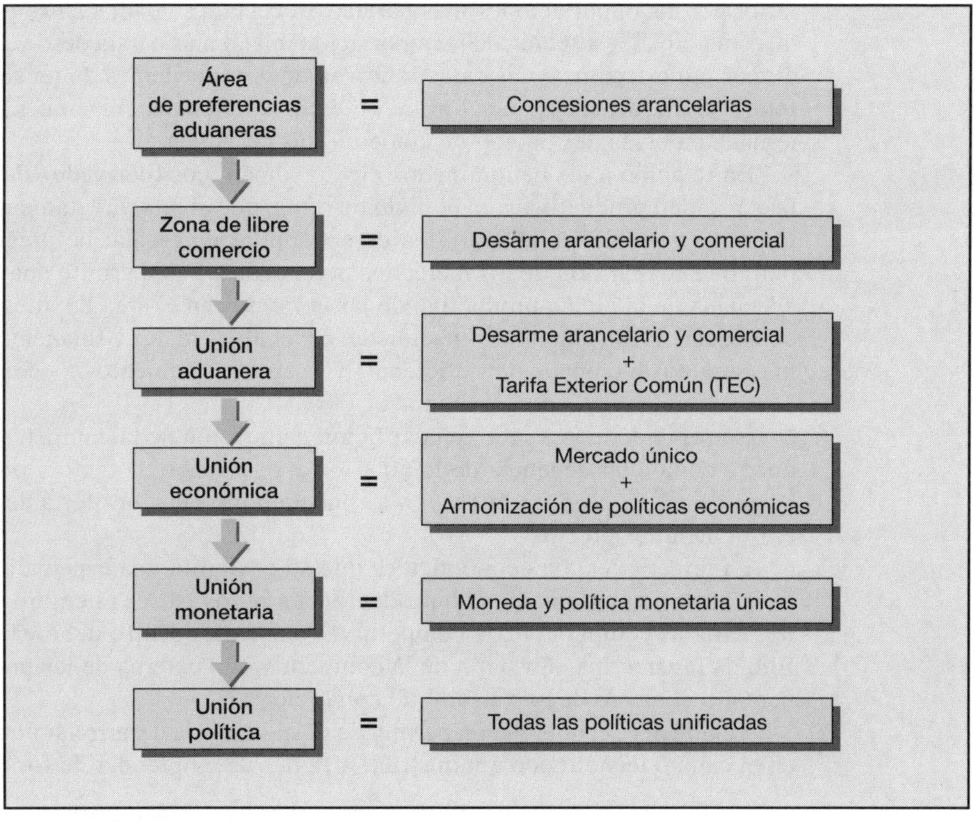

FUENTE: Elaboración propia.

Figura 8.2. Principales formas de integración.

5.1. Ventajas e inconvenientes de la integración

Todo proceso de integración entraña una serie de beneficios y costes, que es conveniente tratar, aunque sea de forma breve. Con respecto a las ventajas de la integración, hay que distinguir las económicas y las políticas:

Ventajas económicas

A su vez, dentro de éstas, podemos distinguir entre efectos estáticos y efectos dinámicos.

Con respecto a los efectos estáticos (derivados de una reasignación de los recursos), se puede afirmar que las ganancias más evidentes de los procesos de integración proceden de la intensificación de los flujos comerciales entre los países asociados como consecuencia de la reducción de las trabas al comercio. Este efecto sobre la evolución en los términos de intercambio es el resultado de la diferencia entre dos efectos de signo contrario, la «creación de comercio» (sustitución de la producción interior por las importaciones más baratas procedentes de un socio), y la «desviación de comercio» (sustitución de la importación inicial más barata desde el resto del mundo por importaciones más caras relativamente, procedentes de un socio del área de integración). Mientras que el primer efecto beneficia las relaciones comerciales internacionales, la desviación de comercio las perjudica.

En relación a los denominados efectos dinámicos (derivados de una mejora en la capacidad productiva y en el nivel de renta, que afecta directamente al bienestar), la primera ventaja es la aparición de economías de escala: la integración regional permite la expansión de los mercados potenciales. Esto permite una dimensión más adecuada de la planta productiva de las empresas en el área de integración y, como consecuencia, una mejor asignación de los recursos reales y financieros. De esta forma, será posible una mayor eficiencia y el aprovechamiento de economías de escala en el nuevo mercado ampliado.

En segundo lugar, cabe señalar la intensificación de la competencia que se producirá como consecuencia de lo anterior, y que beneficia tanto a productores (menores costes de producción) como a consumidores (mayor oferta de bienes y servicios a menores precios).

La tercera ventaja económica es que se posibilita una especialización por producto y una complementación productiva entre los países miembros, en función de las ventajas comparativas y competitivas existentes dentro del área de integración. Ello da lugar a una elevación de la competitividad externa de las producciones, generando el efecto de expansión del comercio[28].

Finalmente, la integración permite la posibilidad de desarrollar nuevas actividades en el campo tecnológico e industrial, difíciles de emprender de forma aislada.

---

[28] J. M. García de la Cruz y D. Gayo Lafée (1996), págs. 24 y ss.

Ventajas políticas

Desde el punto de vista político, uno de los aspectos más beneficiosos que se derivan de un proceso de integración es la consolidación de un mayor poder de negociación de los países que se integran frente a los otros países, bloques regionales y organismos internacionales. A medida que el proceso de integración avance, el poder de negociación del bloque que se integra crecerá más que proporcionalmente con respecto al poder de los países miembros por separado.

Por otra parte, la integración promueve la interdependencia institucional y política, generando una actitud participativa ante la formulación de políticas económicas más coherentes con los objetivos democráticos a la vez que se obtiene una mayor estabilidad política y una reducción de los conflictos internos y externos. De hecho, la unión de los intereses económicos termina por unir los intereses políticos.

Inconvenientes

Al final de un proceso de integración, las ventajas suelen ser muy superiores a los inconvenientes, pero estos últimos pueden aparecer incluso antes que los beneficios. Por ello, los inconvenientes deben ser valorados y, en la medida de lo posible, afrontados. Las principales consecuencias negativas son las que se derivan de la desigual incidencia sobre países, sectores y grupos, así como los costosos ajustes que conlleva la reordenación del aparato productivo. Pueden agruparse en cuatro bloques:

- En primer lugar, en cualquier proceso de integración existen ganadores y perdedores. La integración económica beneficia más a quien esté más preparado. El incremento de la competencia genera elevados beneficios pero sólo a aquellas actividades más competitivas. De esta forma, los sectores y empresas más fuertes serán los ganadores, y los más débiles los perdedores.
- Por otra parte, en la medida en que el crecimiento económico tiende a polarizarse, la integración genera mayores desequilibrios regionales y disparidades sociales, las cuales influirán más en las regiones más pobres y en las clases sociales más pobres. Este inconveniente puede paliarse mediante la utilización de medidas correctoras de carácter financiero, organizativo y de formación. En el caso de la UE, los Fondos Estructurales y los de Cohesión serían un claro ejemplo de política redistributiva.
- En tercer lugar, ya hemos visto anteriormente que el avance en la integración no es posible si no se lleva a cabo un proceso de coordinación de las políticas económicas. Pues bien, en este proceso suele seguirse el criterio del país más fuerte, que termina por imponerlo.
- Por último, en las fases finales de la integración se requieren mayores cesiones de soberanía, lo que puede dar lugar a reacciones nacionalistas y proteccionistas, que complicarán el proceso.

Concluyendo, no siempre se puede inferir de la integración económica sólo consecuencias beneficiosas, pues no es seguro que conlleve mejoras sensibles en la distribución del ingreso y, por tanto, mejoras en el bienestar social.

6 PANORÁMICA DE LOS PROCESOS DE INTEGRACIÓN ECONÓMICA EN LA ACTUALIDAD

La integración viene cobrando una creciente importancia desde finales de los años cincuenta. En la actualidad, prácticamente todos los países se encuentran inmersos dentro de algún proceso de integración, independientemente del grado de perfeccionamiento alcanzado. Como señala el profesor Tugores, «frente a un regionalismo de primera generación en los años sesenta (sólo se consolidó la CEE), desde hace una década asistimos a una revitalización o segunda oleada de regionalismo»[29]. Por razones económicas y políticas, los procesos de integración tienen lugar de forma parcial (implican a un número reducido de miembros) y suelen afectar a países de un mismo ámbito geográfico: se dice entonces que asistimos a procesos de *regionalización*[30].

Los procesos de integración proliferan tan rápidamente que cualquier intento de esquematización corre el riesgo de quedar pronto anticuado. Pese a ello, en la figura 8.4 se muestran los principales acuerdos de integración vigentes en 1998.

En el *continente americano* se perciben claramente la primera y la segunda oleada de acuerdos regionales. De los años sesenta son el Mercado Común Centroamericano (MCCA), la Asociación de Libre Comercio del Caribe (CARIFTA) y la Asociación Latinoamericana de Libre Comercio (ALALC) y el Grupo Andino (GRAN). Estos primeros procesos respondían a un modelo cerrado de sustitución de importaciones, que pretendía lograr la industrialización regional. Posteriormente, el modelo de desarrollo se ha transformado radicalmente hacia la industrialización orientada a la exportación, entendiéndose la integración como un instrumento flexible al servicio de la competitividad internacional de las economías latinoamericanas. Como resultado, el modelo de integración también ha variado sustancialmente desde la década de los ochenta: reactivación y transformación de los antiguos acuerdos, y surgimiento de nuevos procesos, como el Mercado Común del Sur (MERCOSUR), creado en 1991, y el Área de Libre Comercio de América del Norte (NAFTA), de 1992.

Con respecto a *Europa*, en 1957 se firmaba el Tratado de Roma por el cual se creaba la Comunidad Económica Europea (CEE), con Alemania, Bélgica, Francia, Italia, Holanda y Luxemburgo como países fundadores. En 1992, el proceso alcan-

[29] J. Tugores Ques (1995), pág. 144.

[30] Puede verse una diserción muy interesante sobre la compatibilidad entre el mantenimiento de los compromisos de liberalizar las relaciones económicas internacionales con la proliferación de acuerdos regionales de integración en J. M. García de la Cruz y D. Gayo Lafée (1996), págs. 23-31.

TABLA 8.4

Principales esquemas de integración en la actualidad

Subregión o zona*	Países miembros	Objetivos finales
América:		
Área de Libre Comercio de América del Norte (NAFTA) 1992.	Canadá, Estados Unidos y México.	Área de libre comercio.
Mercado Común Centroamericano (MCCA) 1960	Costa Rica, El Salvador, Guatemala, Honduras y Nicaragua.	Mercado común.
Comunidad del Caribe (CARICOM). 1967 (CARIFTA), 1973 (transformación en CARICOM).	Antigua y Barbuda, Anguila, Bahamas, Barbados, Belice, Dominica, Granada, Guayana, Jamaica, Montserrat, San Vicente, Santa Lucía, Trinidad-Tobago.	Mercado común.
Asociación Latinoamericana de Integración (ALADI). 1960 (ALALC), 1980 (transformación en ALADI).	Argentina, Bolivia, Brasil, Colombia, Chile, Ecuador, México, Paraguay, Perú, Uruguay y Venezuela.	Promoción y regulación del comercio recíproco, complementación y cooperación económicas A largo plazo, un mercado común.
Mercado Común del Sur (MERCOSUR) 1991.	Argentina, Brasil, Paraguay y Uruguay.	Mercado común.
Grupo Andino (GRAN) 1969.	Bolivia, Colombia, Ecuador, Perú y Venezuela.	Mercado común.
Europa:		
Unión Europea (UE). 1957 (CEE), 1992 (transformación en UE)	Alemania, Austria, Bélgica, Dinamarca, España, Finlandia, Francia, Grecia, Holanda, Irlanda, Italia, Luxemburgo, Portugal, Reino Unido y Suecia.	Unión Económica y Monetaria.
Asociación Europea de Libre Comercio (EFTA) 1960	Islandia, Liechtenstein, Noruega y Suiza.	Área de libre comercio.
Espacio Económico Europeo (EEE) 1992.	UE + EFTA.	Área de libre comercio.
África:		
Comunidad Económica del África Occidental (CEAO) 1972.	Benin, Burkina Faso, Costa de Marfil, Mali, Mauritania, Níger y Senegal.	Mercado regional unificado para productos de origen local no procesados industrialmente, régimen preferencial arancelario para productos manufacturados y establecimiento de un arancel exterior común.
Comunidad Económica de los Estados del África Occidental (CEDEAO o ECOWAS) 1975.	Países CEAO + Cabo Verde, Ghana, Gambia, Guinea, Guinea-Bissau, Liberia, Nigeria, Sierra Leona y Togo.	Mercado común.

TABLA 8.4 *(continuación)*

Subregión o zona*	Países miembros	Objetivos finales
Comunidad Económica del África Central (CEEAC) 1983.	Congo, Gabón, República Centroafricana, Chad, Camerún, Zaire, Ruanda, Burundi, Santo Tomé y Príncipe, y Guinea Ecuatorial.	Mercado Común. A largo plazo, Unión Económica.
Área Económica Preferencial para los Estados del África Oriental y Meridional (PTA) 1981.	Angola, Botswana, Burundi, Comores, Sudán, Djibouty, Seycheles, Kenia, Lesotho, Madagascar, Malawi, Mauricio, Uganda, Namibia, Ruanda, Somalia, Etiopía, Tanzania, Mozambique Swazilandia, Zambia y Zimbabue.	Mercado común.
Comunidad Económica Africana (CEA) 1991.	Países CEEAC + ECOWAS + PTA (todos los estados africanos).	Unión Económica.
Oriente Medio:		
Mercado Común Árabe (MCA) 1964.	Egipto, Irak, Jordania, Libia, Mauritania, Siria y Yemen.	Mercado común.
Consejo para la Cooperación en el Golfo (CCG) 1981.	Arabia Saudí, Bahrein, Emiratos Árabes Unidos, Kuwait, Omar y Qatar.	Mercado común.
Organización de Cooperación Económica (OCE) 1985.	Afganistán, Irán, Pakistán, Turquía y algunas repúblicas ex soviéticas.	Cooperación regional.
Asia y Pacífico:		
Asociación de Naciones del Sudeste Asiático (ASEAN) 1967.	Brunei, Filipinas, Indonesia, Malasia, Singapur, Tailandia y Vietnam.	Favorecer la estabilidad y paz de la región e impulsar el crecimiento económico: asistencia mutua y establecimiento de acuerdos comerciales preferenciales. A largo plazo, área de libre comercio.
Cooperación Económica de Asia y Pacífico (APEC) 1989.	Países ASEAN + Canadá, Estados Unidos, Australia, Nueva Zelanda, Japón, China, Taiwan, Hong Kong, Corea del Sur, México y Perú.	Promover la liberalización comercial y de inversiones, así como la cooperación económica y técnica.
Zona de Libre Comercio de Australia y Nueva Zelanda (ANZCERTA) 1983.	Australia y Nueva Zelanda.	Área de libre comercio.

* Las fechas que aparecen en esta primera columna son las de creación de los acuerdos de integración.

FUENTE: J. M. García de la Cruz y D. Gayo Lafée, pág. 28, y elaboración propia.

zó la fase de mercado único, pasando a transformarse en la Unión Europea, cuyo objetivo a corto plazo es la consecución de la unión económica y monetaria, y a largo plazo, la unión política. Otro proceso paralelo a la CEE ha sido la Asociación Europea de Libre Comercio (EFTA), creada en 1960 y formada inicialmente por Austria, Dinamarca, Noruega, Portugal, Reino Unido, Suecia y Suiza. En la actualidad tiene un carácter residual como consecuencia del paso progresivo de sus miembros a la CEE. En tercer lugar, el Espacio Económico Europeo (EEE) de 1992, en virtud del cual los países se comprometieron a crear un área de libre comercio para los productos industriales.

Los acuerdos regionales en *África Subsahariana* han sido múltiples. Sin embargo, dada la evolución de los mismos, los pilares de la integración regional africana son la Comunidad Económica de los Estados del África Occidental (ECOWAS) en el oeste, la Comunidad Económica del África Central (CEEAC), en el centro, y el Área Económica Preferencial para los Estados del África Oriental y Meridional (PTA) en el sudeste. Además, desde 1991 existe un proyecto de integración más amplio, la Comunidad Económica Africana (CEA), que se superpone a los acuerdos ya existentes. Aunque la cuestión prioritaria es la autosuficiencia de la región, la integración económica debe plantearse como un objetivo fundamental de cara al futuro.

En *Oriente Medio* los proyectos de integración ambiciosos, como el Mercado Común Árabe (MCA) de 1964, no han tenido éxito, en tanto que aquellos acuerdos más modestos y basados en la cooperación, están teniendo un mayor progreso y relevancia, como el Consejo para la Cooperación en el Golfo (CCG) y la Organización de Cooperación Económica (OCE), creados en 1981 y 1985, respectivamente. En el caso del CCG, el proceso de integración más fructífero de esta área, los objetivos son tanto políticos (persiguen una mayor coordinación política entre los estados miembros) como comerciales, económicos y sociales (para integrar las economías de forma gradual hacia el establecimiento de un mercado común).

En el área del *Asia y Pacífico,* son tres los proyectos que destacan. En primer lugar, la Asociación de Naciones del Sudeste Asiático (ASEAN) de 1967, cuyo principal logro hasta la fecha es la notable influencia que ha venido ejerciendo en la estabilidad política del área integrada (reducción de los conflictos políticos), mientras que ha tenido un efecto mínimo en la liberalización comercial, por el uso desmesurado de excepciones. El segundo proyecto de envergadura es la Cooperación Económica de Asia y Pacífico (APEC), organización fundada en 1989, no institucionalizada y basada en los encuentros periódicos. Sirve de foro de encuentro a los países ribeños del Pacífico para la promoción del diálogo y la cooperación. Una última iniciativa de interés es la Zona de Libre Comercio de Australia y Nueva Zelanda (ANZCERTA), creada en 1983. Otras iniciativas existentes en esta parte del mundo reflejan el giro producido en la relación de los países asiáticos con Estados Unidos, ahora que la paz de Asia ya no depende exclusivamente del país norteamericano.

CONCEPTOS

Cooperación
Integración
Organización de Naciones Unidas (ONU)
Sistema de Naciones Unidas
Plan Marshall
Organización Europea de Cooperación Económica (OECE)
Organización de Cooperación y Desarrollo Económico (OCDE)
Cumbres de los Siete Grandes
Conferencia de Naciones Unidas para el Comercio y el Desarrollo (UNCTAD)
Ayuda Oficial al Desarrollo (AOD)
Área de preferencias aduaneras
Zona de libre comercio
Unión aduanera
Unión económica
Unión monetaria
Unión política

ACTIVIDAD RECOMENDADA

PACTO 20:20 DEL PNUD

Uno de los medios más importantes para vincular la ayuda a la reducción de la pobreza exige, según el PNUD, negociar un pacto mundial de desarrollo humano. Todos los países quedarían comprometidos a suministrar a la población los medios para satisfacer las necesidades más básicas de desarrollo humano: la *enseñanza básica,* la *atención primaria de salud,* el *agua apta para el consumo,* el *saneamiento adecuado,* los *programas de planificación familiar* y la *nutrición*. Este esfuerzo requeriría un gasto adicional de 30.000 a 40.000 millones de dólares por año.

Una forma de aplicar el pacto sería la fórmula 20:20, en virtud de la cual el 20% del presupuesto de los países en desarrollo y el 20% de la ayuda de los países industrializados se asignarían a los gastos de prioridad humana. Los *países donantes* presentaban, como promedio, un índice de gasto en prioridad humana de tan sólo un 7% en el período 1989-1991. El problema en este caso no es tanto el porcentaje del gasto que se dedica al sector social, que ascendía a un 16,1% (un 19,2% según el CAD), sino en la composición dispar de dicho gasto. La concentración en esferas prioritarias aseguraría que los países podrían alcanzar niveles decorosos de desarrollo humano con la proporción establecida.

Los *países en desarrollo,* por su parte, destinaban sólo un 13% de su presupuesto nacional (57.000 millones de dólares), pero cuentan con un margen de maniobra para reestructurar las prioridades del gasto y alcanzar los 88.000 millones estimados. Muchos de estos países pueden alcanzar estos objetivos por sus propios medios. Otros países necesitarían ayuda externa. Algunos países extremadamente pobres no estarían en condiciones de realizar ese esfuerzo y en algunos casos las condiciones de pobreza pueden ser tan severas que se requeriría un porcentaje superior al 20%. La ayuda externa podría servir para cubrir la diferencia.

En consecuencia, el pacto podría basarse en la responsabilidad compartida y en la condicionalidad recíproca, que supondría las siguientes medidas de funcionamiento:

1. Elaboración de sistemas de información nacional que permitan medir los avances en desarrollo humano.
2. Fijación de prioridades de gasto mediante un diálogo con participación de la sociedad civil.
3. Realización conjunta de exámenes anuales del 20:20.

FUENTE: PNUD. *Informe sobre el Desarrollo Humano 1994.*

LECTURAS RECOMENDADAS

Alonso Rodríguez, J. A. (1994): «La ayuda oficial al desarrollo española», en VV.AA.: *La cooperación internacional para el desarrollo: ámbito y configuración.*

Berzosa, C. (1994): «La cooperación en el sistema de las relaciones internacionales», en VV.AA.: *La cooperación internacional para el desarrollo: ámbito y configuración.*

Calvo Hornero, A. (1994): *Integración Económica y Regionalismo. Principales acuerdos regionales*, Centro de Estudios Ramón Areces, Madrid.

Maestro Yarza, I. (1995): «La Estructura Económica Mundial (III): Cooperación y Ayuda al Desarrollo», en Martínez Peinado, J. y Vidal Villa, J. M. (coords.): *Economía Mundial*, McGraw-Hill, Madrid.

PNUD (1992): *Informe sobre el Desarrollo Humano,* PNUD, Naciones Unidas.

Revuelta Lapique, J. M. (1991): «Evolución de la Economía Mundial: los organismos económicos internacionales», en Varela Parache, M. (coord.): *Organización Económica Internacional. Problemas actuales de la economía mundial*, Pirámide, Madrid.

Tamames, R. (1993): *Estructura Económica Internacional*, Alianza Universidad, Madrid.

PARTE TERCERA

Problemas de la Economía Mundial

9

El problema ambiental en la economía

María Dolores González Galán
Juan José García del Hoyo
Félix García Ordaz

1. INTRODUCCIÓN

En los últimos años, la agudización de los problemas ambientales globales ha contribuido decisivamente a la aceptación social de la existencia de una verdadera crisis ecológica. Basta con echar un vistazo a los indicadores globales en materia ambiental para comprobar el continuo y generalizado empeoramiento en las condiciones físicas de la Tierra:

— La capa de ozono protectora ubicada sobre las latitudes densamente pobladas del hemisferio norte disminuye dos veces más rápidamente de lo que los científicos pensaban apenas unos pocos años atrás.

— Como mínimo, 140 especies animales y vegetales son condenadas a la extinción diariamente.

— Los niveles atmosféricos de dióxido de carbono, el gas que retiene el calor, son un 26% más elevados que en su concentración preindustrial y continúa aumentando.

— La temperatura de la superficie terrestre durante 1990 fue la más elevada desde que se comenzaron a guardar registros de estas mediciones a partir de mediados del siglo pasado: seis de los siete años más calurosos registrados hasta ahora han ocurrido desde 1980.

— Los bosques van desapareciendo a un ritmo de alrededor de 17 millones de hectáreas por año, aproximadamente la mitad de la extensión de Finlandia.

— La población total de la Tierra crece a razón de 92 millones de personas por año, lo que equivale a añadirle al planeta otro México anualmente; de este total, 88 millones son incorporados al mundo en vías de desarrollo[1].

[1] Tomado de L. R. Brown (1992), págs. 15-16.

No obstante, los problemas de calidad ambiental y agotamiento de recursos naturales no son nuevos. De hecho, la historia está llena de ejemplos desoladores de degradación ambiental. Entre otros, encontramos registros de los historiadores de la antigua Roma sobre el insoportable olor que prevalecía en la capital imperial; y más recientemente, disponemos de una amplia documentación del nocivo *smoke*, ruido y olores que plagaban las nuevas ciudades industrializadas de la Inglaterra victoriana. Sin embargo, la particularidad de la situación actual se debe a que los impactos ambientales han dejado de ser localizados y fácilmente corregibles, para convertirse en impactos a escala mundial con efectos diseminados que podrían convertirse en hechos irreversibles.

Esto no ha pasado inadvertido en los países desarrollados, donde muchas personas, después de haber alcanzado grandes niveles de bienestar material, están comenzando a cuestionarse la utilidad de tal comodidad si ésta se obtiene a costa de los grandes desequilibrios del ecosistema sobre el que se asienta la actividad biológica y económica del hombre. Más preocupante es la lista de necesidades humanas aún sin satisfacer en los países en desarrollo:

- Uno de cada tres niños se halla en estado de malnutrición.
- Unos 1.200 millones de personas carecen de agua potable limpia.
- Casi tres millones de niños mueren anualmente víctimas de enfermedades que pudieron haber sido evitadas mediante inmunizaciones.
- Cada año muere un millón de mujeres a causa de problemas relacionados con la maternidad que pudieron haber sido previstos.
- Alrededor de mil millones de adultos no pueden leer ni escribir.
- Más de cien millones de niños en edad escolar primaria permanecen alejados de la escuela[2].

Todo ello ha impulsado la aparición de movimientos sociales, políticos e ideológicos, especialmente en los países desarrollados, que han inducido a numerosas instituciones y organismos nacionales e internacionales a reconocer la necesidad de un *nuevo orden económico mundial*. La Conferencia Mundial de Río (1992) es una muestra expresiva de este proceso de creciente sensibilización internacional.

En el terreno científico, los problemas de degradación y deterioro ecológico se han convertido en el punto central para químicos, biólogos, ingenieros y otros profesionales. Los economistas, por su parte, no han permanecido ajenos a estas cuestiones y dentro de la economía se han venido desarrollando diversas propuestas que con mayor o menor éxito tratan de aportar soluciones a los problemas planteados. No obstante, el avance en estas cuestiones no ha llegado hasta que dichos problemas han adquirido tintes trágicos que amenazan a la propia humanidad, siendo hasta entonces meros temas subsidiarios. En este sentido, un hecho sorprendente para muchos economistas estudiosos de la materia fue la ausencia del problema ambien-

[2] Ibídem, págs. 17-18.

tal en un informe general sobre el estado de la economía realizado por C. Kayser y R. Solow por encargo de la National Academy of Sciences y el Social Research Council de los Estados Unidos. Estos autores encargaron en 1967 a otros diecisiete prestigiosos economistas una evaluación sobre el estado de la economía en todos sus campos. El informe final fue discutido en el 83 Congreso de la *American Economic Review*[3], donde fue criticado duramente, entre otros por economistas como C. L. Schultze, para quien el hecho de que no aludiese en nada al tema indicado, ponía en evidencia la reducida importancia que dichos economistas le dieron al mismo. En los últimos tiempos, no obstante, se ha originado un enorme volumen de bibliografía sobre estos temas.

El objetivo de este capítulo es realizar un breve recorrido sobre el problema ambiental, más allá de la cuestión planteada en este punto, que adquiere no sólo dimensiones mundiales, sino también de extrema gravedad. Para reflexionar sobre ello, conviene en primer lugar realizar un estudio sobre aquellos hechos destacables que han conformado el actual modelo de desarrollo (apartado 2); en segundo lugar, analizaremos los graves problemas medioambientales fruto de tal estilo de vida (apartado 3). En el apartado 4 haremos un repaso de las distintas soluciones aportadas desde el ámbito internacional, para centrarnos en el apartado 5 en la política medioambiental actual a nivel mundial. Por último, en el apartado 6 aportamos algunas reflexiones y conclusiones finales.

2. ALGUNOS HECHOS DESTACABLES

A partir de la segunda mitad del siglo XX se advierte un formidable desarrollo de la industria y el urbanismo junto a una gran explosión demográfica. Este ritmo de cambio va unido a un determinado modelo de desarrollo económico basado en el consumo y la producción en masa y en la utilización intensiva de materias primas y energías no renovables. Ello ha dado lugar a grandes logros en el terreno del bienestar social y a un crecimiento de la economía mundial sin precedentes; sin embargo, también ha contribuido a la degradación del medio ambiente, a la esquilmación de su capital ecológico básico a un ritmo alarmante y al empobrecimiento de crecientes masas de población, generando en la actualidad graves problemas medioambientales como el agotamiento de los recursos naturales, el adelgazamiento de la capa de ozono, la intensificación del efecto invernadero, la reducción de la biodiversidad, la deforestación, la desertización, la progresiva contaminación de las aguas, el incremento de los desechos de todo tipo, etc. Problemas todos ellos interrelacionados que ponen en peligro la conservación del planeta. Analicemos en este apartado la explosión demográfica y el desarrollo formidable de la industrialización y la urbanización.

---

[3] Tal documento, junto con opiniones que sobre el mismo han realizado otros autores, se recoge en *The American Economic Review*, vol. 1, LXI, mayo 1971.

2.1. La explosión demográfica

El crecimiento desorbitado de la población, a partir principalmente de la segunda mitad del siglo XX, está generando graves problemas medioambientales que llevan al planteamiento de qué volumen máximo de población podría soportar nuestro planeta. Según estimaciones de Naciones Unidas, en el año 1 de la Era Cristiana la población mundial ascendía a unos 250 millones de habitantes. Esta cifra se duplicó en dieciséis siglos y medio, alcanzando los 500 millones en 1650. Un siglo y medio después volvió a duplicarse, y de nuevo al siglo siguiente. En 1972, la población ascendía a 3.840 millones de habitantes y veinte años después, en 1992, era de 5.470 millones. Según las proyecciones demográficas incluidas en el «Informe sobre el estado de la población mundial» del Fondo de las Naciones Unidas para las Actividades de Población, se prevé una población de 10.000 millones para el 2050 (estimaciones más probables).

La tasa de crecimiento anual de la población mundial fue de 1,73% durante el período de 1985-1990. Ahora bien, este ritmo de crecimiento no ha sido igual en todos los países. Conviene hacer la distinción entre los países desarrollados (PD) y los países en vías de desarrollo (PVD). Para los primeros, la explosión demográfica tuvo lugar durante el siglo XIX, coincidiendo con la Revolución Industrial, lo cual permitió mejoras en la sanidad que hicieron disminuir la mortalidad. Posteriormente, el desarrollo de la industria y de la urbanización dieron lugar a un descenso de la natalidad lográndose así el equilibrio demográfico. Actualmente, se observan unas tasas de crecimiento anual inferiores al 1% (para el período 1985-1990). En los PVD la explosión demográfica tuvo lugar en la segunda mitad del siglo XX, debido a una caída de la mortalidad coexistente con una natalidad muy elevada. Aún no se ha logrado para estos países el equilibrio demográfico, alcanzándose unas tasas de crecimiento anual entre el 2 y el 3% para el mismo período antes mencionado.

Sin embargo, si bien es en los PVD donde se dan las mayores tasas de crecimiento de la población, son los PD los mayores causantes de los graves problemas ambientales; sirva como dato que el 20% de la población mundial (que engloba a los países más ricos) consume el 80% de la riqueza mundial y generan el 75% de la contaminación. Estas minorías más ricas, debido al consumo superfluo, al despilfarro de recursos y la degradación del capital natural resultado de su modelo de vida, generan grandes presiones sobre la biosfera que ponen en entredicho la capacidad de mantener sus equilibrios ecológicos básicos.

Para las minorías más desfavorecidas los bosques son aún la principal fuente de energía, y así, en su lucha desesperada por la vida los destrozan para obtener leña, explotan tierras marginales provocando consiguientemente erosión y contribuyen a la superpoblación pues carecen de medios de planificación familiar y porque la familia numerosa es una especie de seguro para la vejez. Se observa cómo la degradación ambiental debida a la pobreza y al subdesarrollo aumenta a un ritmo elevado, generando peligros ecológicos globales que, si bien están originados en el Sur, también amenazan al Norte. De ahí que la lucha contra la pobreza y el subdesarrollo se convierta en requisito indispensable en la lucha por la conservación de la naturaleza y por alcanzar un desarrollo sostenible.

Unido al problema del crecimiento demográfico y medio ambiente está el desarrollo de la urbanización. En los PD más de las tres cuartas partes de la población reside en ciudades; en los PVD la población es todavía mayoritariamente rural, coexistiendo con algunos grandes enclaves urbanos. Se observa en éstos una tendencia a una creciente urbanización. Estos centros urbanos, a diferencia de las ciudades de los PD que se desarrollaron ligadas a un proceso creciente de industrialización, son ciudades que surgen como una necesidad para el control y canalización de los productos coloniales hacia la metrópolis, y de ahí su estructura de aglomeraciones costeras, contrastando con un interior despoblado. Las ciudades son uno de los principales focos de contaminación. Entre los principales problemas medioambientales que generan, destacamos los de saneamiento y depuración de aguas residuales, los de eliminación de residuos sólidos y el ruido y la contaminación atmosférica debidos a la congestión del tráfico.

2.2. El desarrollo de la industria

Otro de los cambios importantes que han tenido lugar durante este siglo ha sido en el ámbito del sistema productivo, pasando a partir de la Revolución Industrial, de una economía basada en el reciclaje a otra basada en el uso descomunal de recursos no renovables, favorecedora de la degradación del medio ambiente.

Así, si bien nuestro sistema industrial nació en el siglo XVIII con la Primera Revolución Industrial, fue la Segunda Revolución Industrial, acaecida a finales del siglo XIX, la que dio lugar al desarrollo acelerado de técnicas como la turbina de vapor, el motor de gasolina, el motor de combustión interna, el desarrollo de la electricidad y de sus aplicaciones industriales, la sustitución del hierro por el acero, las primeras aplicaciones del hormigón armado en construcción y el desarrollo de la gran industria química; técnicas que han permitido multiplicar por muchas veces el esfuerzo humano, y en consecuencia, su capacidad de trabajo. Este desarrollo de la industria se aceleró a partir de la segunda mitad del siglo XX. Como promedio, el incremento del producto económico global alcanzado en cada una de las últimas cuatro décadas, ha sido superior al crecimiento económico acumulado desde los orígenes de la civilización hasta el año 1950. La economía mundial se ha quintuplicado desde esa fecha. A pesar de ello, los niveles de pobreza y de degradación ambiental jamás habían llegado a los alarmantes niveles actuales. Ello es debido a que sus bases han sido la explotación de fuentes de energía de carácter fósil, no renovables, y la producción y consumo de masas.

Este descomunal uso de recursos naturales es consecuencia de una concepción, originaria y unívoca, del medio ambiente como un bien libre, cuyo uso no implica coste alguno, sólo el de extracción del recurso y a una casi nula penalización de los residuos; de este modo, se ha considerado un medio ambiente aparentemente inagotable, que al carecer de precio de mercado se ha consumido de manera ilimitada en la búsqueda de minimizar costes, lo cual ha dado lugar al despilfarro de recursos, la generación de desechos y la contaminación ambiental. Este desarrollo de la sociedad industrial del Norte ha sido posible gracias a los mecanismos del mercado mundial que posibilitan el saqueo de las materias primas del Sur y la exportación de todo género de tóxicos y desechos inservibles[4].

Junto al desarrollo de la industria, también se ha producido un importante desarrollo de la agricultura con la llamada «Revolución verde», consistente en una agricultura intensiva basada en técnicas de mejora genética, fuertes dosis de abonado, pesticidas, prácticas agronómicas, manejo de riego, etc., técnicas que en definitiva han permitido obtener variedades comerciales de plantas cultivadas que han duplicado o triplicado los rendimientos. A pesar de ello, son técnicas que han recibido fuertes críticas por su alto poder contaminante debido al uso intensivo de pesticidas y fertilizantes, pues una gran parte de los fertilizantes químicos alcanzan el subsuelo, las aguas subterráneas y, por último, los ríos y los mares.

3. CONSECUENCIAS: LA DIMENSIÓN DEL PROBLEMA

El desarrollo económico y técnico comentado en el punto anterior, así como la explosión demográfica, han permitido la conquista de importantes logros en el terreno del bienestar social, pero también han tenido graves efectos sobre el medio ambiente al empezar a desbordar la capacidad de los sistemas naturales como soportes de vida y como receptores de todo tipo de desechos sin verse dañada irreversiblemente. Como consecuencia de ello, actualmente existe toda una serie de problemas ambientales que preocupan seriamente a la comunidad internacional, como son el agotamiento de los recursos naturales, la sobreexplotación de los caladeros marinos, la intensificación del efecto invernadero, la disminución de la capa de ozono, la lluvia ácida, la pérdida de biodiversidad, la deforestación, la desertización, la progresiva contaminación de las aguas, el destino final de los residuos industriales, etc. Este deterioro ecológico está dañando cada vez más la salud humana, ralentizando el crecimiento de la producción mundial de alimentos y revirtiendo el progreso económico en muchos países (en los años ochenta, 49 países han reducido su PNB). Analicemos detalladamente algunos de los problemas existentes.

3.1. Intensificación del efecto invernadero

De entre todos los problemas medioambientales el problema global por excelencia es la intensificación del efecto invernadero. Es un fenómeno que si bien viene observándose desde inicios de la Revolución Industrial, sus graves resultados se están acentuando en las últimas décadas. Se debe al hecho de que determinadas emisiones de

[4] Citado en L. Marmora (1992), pág. 61.

gases (como el dióxido de carbono, los clorofluorocarbonados —CFC—, el metano, el óxido nitroso) que el hombre vierte a la atmósfera, retienen la radiación del sol reflejada por la superficie terrestre, produciendo un calentamiento global del planeta; es decir, estos gases actúan de pantalla como el cristal de un invernadero impidiendo que el calor del sol se escape. De este modo, generan un calentamiento global de la tierra que según los científicos, para el año 2000, si no se toman fuertes medidas que frenen su efecto, el mundo elevará la temperatura entre 2 y 4 °C de media.

En 1990, la temperatura media de la superficie terrestre fue la más elevada desde que comenzó a registrarse en el siglo XIX; seis de los siete años más calurosos de los últimos 140 años han ocurrido a partir de 1980. Este calentamiento del planeta genera cambios climáticos causantes de desastres como precipitaciones catastróficas y sequías prolongadas en zonas no habituadas a ello, la fusión del hielo polar, el aumento del nivel del mar, con las consiguientes inundaciones y desertización. Estos profundos cambios perturbarán los ecosistemas, con el peligro de que si la adaptación de los cultivos, especies, asentamientos y actividades humanas no puede seguir el ritmo adecuado provocará importantes daños a las poblaciones afectadas y en consecuencia, a la economía mundial. Los factores causantes del calentamiento de la atmósfera son, entre otros, los siguientes:

- La quema de combustibles fósiles, lo cual genera emisiones de dióxido de carbono, principal gas causante del efecto invernadero. La concentración de dióxido de carbono en la atmósfera ha pasado de 280 partes por millón (ppm) hace un siglo a 340 ppm actualmente, y sigue creciendo. Ha aumentado el nivel de dióxido de carbono un 26% desde la Revolución Industrial.
- La deforestación, pues los árboles absorben dióxido de carbono en el proceso de fotosíntesis y utilizan el carbono para fabricar madera, de modo que su destrucción agrava el efecto invernadero.
- Procedimientos agrícolas y ganaderos que emiten metano.
- Procesos de refrigeración y aerosoles que emiten CFC a la atmósfera, los cuales además de afectar a la capa de ozono afectan al calentamiento mundial.

La tabla 9.1 suministra las estimaciones de la contribución de cada gas y sector al calentamiento global que es probable se produzca entre 1980 y el 2000. El dióxido de carbono es responsable del 50% de las emisiones que intensifican el efecto invernadero y el sector más importante es el de la producción y consumo de energía. Estados Unidos produce el 25% de los gases causantes del efecto invernadero del mundo, de ahí que fuese este país el que más se opusiese en las duras negociaciones del Convenio sobre Cambio Climático firmado en Río en junio de 1992 (tabla 9.2).

Entre las medidas que se prevén para mitigar los impactos del cambio climático distinguimos dos tipos: aquellas tendentes a impedir las emisiones mediante un ahorro de energía, el cambio de combustibles fósiles y el desarrollo de energías renovables (solar, eólica, geotérmica, etc.) y las que se establecen para absorber las emisiones, como la repoblación forestal.

TABLA 9.1

Contribución al efecto invernadero

Sectores y gases (1990) (%)	CO_2	CFC	CH_4	O_3	N_2O	Total
Energía	35		4	6	4	49
Deforestación	10		4			14
Agricultura	3		8		2	13
Industria	2	20		2		24
Total	50	20	16	8	6	100

FUENTE: WRI.

TABLA 9.2

Principales países emisores de carbono por el uso de combustibles fósiles en 1994

País	Total de emisiones (millones toneladas)	Emisiones por persona (toneladas)
Estados Unidos	1.371	5,26
China	835	0,71
Rusia	455	3,08
Japón	299	2,39
Alemania	234	2,89
India	222	0,24
Reino Unido	153	2,62
Ucrania	125	2,43
Canadá	116	3,97
Italia	104	1,81
Francia	90	1,56
Polonia	89	2,31
Corea del Sur	88	1,98
México	88	0,96
Sudáfrica	85	2,07
Kazajstán	81	4,71
Australia	75	4,19
Corea del Norte	67	2,90
Irán	62	1,09
Brasil	60	0,39

FUENTE: L. Brown (1996), pág. 67.

3.2. Disminución de la capa de ozono

Las concentraciones de ozono en la estratosfera protegen a la Tierra no dejando pasar un elevado porcentaje de los rayos ultravioletas. El uso de aerosoles, el aislamiento de espumas rápidas, los disolventes y los agentes refrigeradores, entre otras actividades humanas, generan una serie de gases (CFC principalmente) que en contacto con la capa de ozono provocan una disminución de ésta, permitiendo que los rayos ultravioletas del sol alcancen la superficie de la tierra dando lugar a la destrucción de ecosistemas marinos al perjudicar su plancton, perjuicios a la agricultura disminuyendo el rendimiento de las cosechas y afectando a la salud humana provocando cáncer de piel y cegueras, entre otras enfermedades.

En 1979 se descubrió el conocido «agujero de ozono» situado sobre la Antártida, que precedió al descubrimiento de otro situado sobre el Ártico. Ante este grave problema, en 1987 el Protocolo de Montreal, que establece la reducción al 50% de la producción y el uso de los CFC para 1999 en relación a las cantidades de 1986, fue firmado por veinticuatro países, entre ellos Estados Unidos, Canadá, Japón y la Comunidad Europea. Posteriormente, en 1990, noventa y tres naciones acuerdan detener la producción de los CFC y otras sustancias químicas que destruyen la capa de ozono para el año 2000. Sin embargo, debido a los altos niveles de concentración de agentes químicos destructores de la capa de ozono, el Protocolo debería haberse reformado, prohibiendo totalmente la producción de CFC en una fecha anterior. Para los países en vías de desarrollo esa fecha podría mantenerse hasta el 2000, para lo cual deberían obtener la tecnología adecuada y los recursos financieros necesarios para poder aplicar las medidas medioambientales necesarias.

3.3. Deforestación

Afecta principalmente a los bosques tropicales de Brasil, Ecuador e Indonesia. Actualmente, han desaparecido el 85% de los bosques de África, el 70% de los de Asia y el 50% de los de Latinoamérica. Cada año desaparecen sólo en los trópicos 17 millones de hectáreas de bosque, el equivalente a dos veces Andalucía. Destacamos los casos de Brasil, donde se destruyen anualmente unos cien mil kilómetros cuadrados de selva para extender las vías de comunicación o para habilitar terrenos para el desarrollo de cultivos, y el de Malasia, principal exportador de madera tropical.

Los bosques cumplen importantes funciones: protegen contra la erosión conservando el suelo, impiden la desertización, convierten el dióxido de carbono en oxígeno y ayudan a mantener y mejorar la fertilidad del suelo. Además, son la base de la biodiversidad. Su destrucción contribuye al calentamiento del planeta, agravando el efecto invernadero, a la pérdida de biodiversidad, a la desertización y altera el balance hídrico en relación directa a la superficie deforestada. La deuda externa, la injusta distribución de la renta, la lluvia ácida, la exportación en uso no sostenible de madera y el crecimiento demográfico que requiere más zonas para ocupar, son algunas de las causas.

3.4. Desertización

Es otro de los graves problemas medioambientales, que si bien no es nuevo, sí se ha observado un aumento considerable en las últimas décadas. Se trata de un problema a escala global, aunque cerca del 65% de las tierras seriamente erosionadas están en África y Asia. Sus efectos son la disminución de la productividad de la tierra, lo cual implica una erosión de la base económica, generando una nutrición deficiente y enfermedades e incrementando la pobreza. La vulnerabilidad a la desertización y su gravedad se deben en parte al clima. También afectan otros agentes naturales como la estructura y textura del suelo, la topografía y los tipos de vegetación reinantes. Ahora bien, esta vulnerabilidad se acentúa por la actividad humana basada en la sobreexplotación de los suelos pobres debido a la presión demográfica, en el pastoreo excesivo, la deforestación masiva y las prácticas inadecuadas de irrigación que terminan salinizando las tierras agrícolas.

Se prevé que para finales de siglo el mundo habrá perdido la tercera parte de sus tierras cultivables. Si unimos a ello las previsiones sobre el crecimiento demográfico, auguramos graves catástrofes en cuanto al abastecimiento de alimentos a la población. De ahí la necesidad de tomar medidas como programas de reforestación adecuados y técnicas agrícolas no agresivas como el medio que mitiguen esos efectos.

3.5. Pérdida de biodiversidad

En los últimos años se están produciendo gran cantidad de extinciones de especies, la mayoría aún sin estudiar. Del total de especies de la tierra cifrado entre cinco y treinta millones, sólo se conocen cerca del millón y medio. Se estima que cada día se extinguen, como mínimo, 140 especies de animales y vegetales en todo el mundo. De seguir el ritmo actual, en 20 o 30 años la cuarta parte de los animales de la Tierra pueden quedar extinguidos. La conservación de la diversidad biológica y el uso sostenible de las especies que la componen es de gran interés para la población humana tanto por su valor intrínseco como por su valor potencial como fuente de medicamentos y alimentos. La actividad humana generadora de contaminación, el daño a los hábitats, el mal uso de los recursos y la deforestación ponen en peligro su conservación.

La destrucción del bosque tropical no sólo tiene importancia para la estabilidad del clima, sino también para el mantenimiento de multitud de especies biológicas, ya que cubriendo sólo el 7% de las tierras emergidas, albergan más de la mitad de las especies actuales. De ahí que la creación de zonas protegidas para la vida silvestre sea una de las medidas necesarias para garantizar la diversidad biológica y la conservación del medio ambiente. En esta línea, en el IV Congreso Mundial de Parques celebrado en Caracas (Venezuela) en febrero de 1992, se acordó la necesidad de ampliar las áreas protegidas así como repartir entre las potencias mundiales los costos de mantenimiento de las reservas y parques naturales.

3.6. Contaminación de aguas

El agua es un recurso natural básico, ya que sin él no hay vida. Ha dejado de considerarse un bien libre para constituirse en uno de los recursos más valiosos, cuya administración se convierte así en una cuestión nacional para muchos países con amplias superficies áridas. En lo referente a las aguas saladas, en la actualidad, todos los mares del mundo están afectados por los vertidos de petróleo. Basta recordar, como ejemplos, la marea negra causada en Galicia por el petrolero griego *Mar Egeo* en el año 1992 y el desastre ecológico causado en el Golfo Pérsico debido a la guerra de 1991. Hay que añadir que los mares se han convertido en vertederos donde van a parar residuos domésticos, agrícolas, industriales y de plantas nucleares, lo cual está afectando directamente a los recursos pesqueros. Así vemos cómo en el Mediterráneo y en el Adriático están desapareciendo los bancos de pesca. Otros mares altamente contaminados son el mar Negro y el mar del Norte.

Respecto al agua dulce, las necesidades hídricas no dejan de crecer. El consumo mundial de agua se ha triplicado desde 1950, alcanzando los 4.340 kilómetros cúbicos por año. Su tasa de incremento es superior a la de crecimiento de la población. Son 26 los países más afectados por la escasez de agua, de los cuales buena parte se encuentran en África. Aunque el balance hídrico mundial es positivo, pues la población mundial dispone de un volumen aprovechable de precipitaciones de unos 9.000 kilómetros cúbicos anuales, la desigual distribución de las precipitaciones tanto temporal como regionalmente da lugar a zonas con grandes volúmenes de pérdidas y derroche contrastando con otras con graves problemas de escasez. Si unimos a lo anterior la actual tendencia hacia estilos de vida que exigen mayor cantidad de agua al tiempo que deteriora su calidad mediante vertidos de residuos urbanos e industriales, en no muchos años el primer problema de escasez de nuestra sociedad será el agua. El problema se agrava si consideramos las previsiones sobre el crecimiento demográfico. Este aumento previsto de la población aumentará su demanda. La presión será mayor en aquellas zonas que tengan escasa disponibilidad de agua per cápita y fuerte crecimiento de la población.

En relación a los usos del agua, el capítulo más importante es el de la irrigación (figura 9.1). La tecnología en este campo avanza permitiendo mayor disponibilidad de agua. Sin embargo, mal dirigida la irrigación da lugar a graves problemas como la salinización de los suelos y el agotamiento de los acuíferos. Como solución a este grave problema, la agricultura, industria y ciudades deberían aplicar medidas rigurosas que impliquen un uso más eficiente de los recursos hídricos existentes. Así, entre otras medidas, debe promoverse un ahorro del consumo, la implantación de tecnologías de regadío más eficientes y la reducción de la contaminación, depurando y reutilizando las aguas residuales.

3.7. El agotamiento de los recursos pesqueros

A finales del pasado siglo aún podía defenderse con firmeza la tesis de la inexistencia de límites a la explotación de los recursos marinos. Pero a partir de 1919

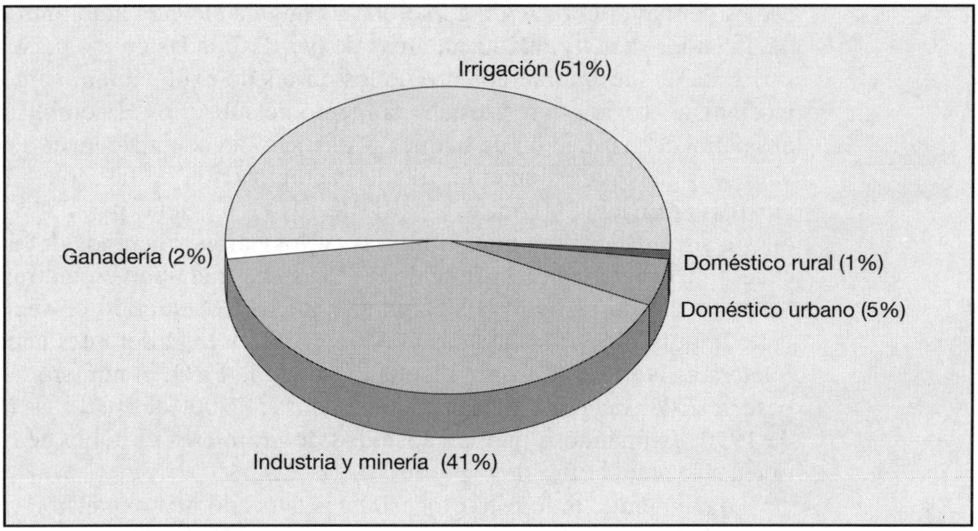

FUENTE: M. Holy, 1971.

Figura 9.1. Previsiones sobre utilización de agua para el año 2000 fracción del total utilizado.

tiene lugar una incorporación masiva de buques impulsados con motor a las principales pesquerías y comienzan a detectarse reducciones significativas en las capturas. Es entonces cuando se inician los primeros intentos de abordar científicamente el problema de la sobrepesca desde el ámbito de la biología, dando lugar a la aparición de las primeras regulaciones modernas.

No obstante, la recuperación de la mayor parte de los stocks tras la práctica interrupción de la actividad extractiva durante la Segunda Guerra Mundial, provocó un exceso de confianza sobre los efectos de los sistemas de gestión y, lo que fue aún peor, en las posibilidades reales de aplicación de las medidas impuestas. El resultado fue el hundimiento paulatino de las principales pesquerías tradicionales tales como la de arenque del mar del Norte, la de bacalao de Terranova, la de platija del Atlántico nordeste y las de fletán y salmón del Pacífico nororiental. El interés renovado sobre una gestión racional de los recursos pesqueros se manifestó en la aparición de diferentes organismos internacionales para el desarrollo del conocimiento científico de las pesquerías y el establecimiento de medidas restrictivas sobre la actividad pesquera en aguas que, por aquel entonces, eran de libre acceso. Pero también impulsó el desarrollo del análisis económico de la problemática de la pesca y la cuantificación de medidas de gestión bajo criterios combinados de carácter biológico y económico.

En la práctica —en un escenario mundial de creciente demanda de productos pesqueros y de expansión económica— la reducción de las capturas en los caladeros habituales provocó en los PD durante la década de los sesenta la construcción de grandes flotas, dotadas de modernas tecnologías, especializadas en la captura de las es-

pecies de mayor cotización comercial y con una elevada autonomía, que les permi
tía extender su actividad hacia áreas de pesca situadas en los países del hemisferi
sur. Ante el enorme incremento de los costes de explotación, surgen políticas pro
teccionistas basadas en el establecimiento de subsidios al combustible, subvencio
nes para la construcción de buques —que han llegado a alcanzar hasta el 70% de s
valor— y más recientemente, tras la generalización de las Zonas Económicas Ex
clusivas (ZEE) de 200 millas a partir de 1974, en primas para la exportación de bu
ques a sociedades conjuntas o mixtas en los países ribereños del área de pesca. E
exceso de capacidad de la flota de los PD se ha traducido en un trasvase del mism
hacia los caladeros de los PVD, donde, además, ha surgido un sector pesquero pu
jante impulsado por las ayudas contempladas en los diferentes acuerdos y tratado
bilaterales Norte-Sur. Como resultado, según la FAO, el número de embarcacione
pesqueras de gran tamaño ha crecido desde las 585.000 de 1970 a las más de 1.200.00
de 1990, estimándose que la capacidad de la flota es el doble de la necesaria par
obtener la actual cifra de capturas.

Lógicamente, todo este proceso ha provocado una expansión tremenda del vo
lumen de los desembarcos pesqueros mundiales. En los últimos cuarenta años la pro
ducción se ha multiplicado por cuatro, situándose en torno a los 80 millones de tone
ladas, pero sin alcanzar la emblemática cifra de 100 millones de toneladas anuale
que en 1970 estimaba la FAO que podrían capturarse antes de finalizar el siglo
A pesar de ello, la pesca supone en la actualidad para la alimentación humana u
aporte proteínico semejante al de la suma de la carne de vacuno y de ave. El ritm
de crecimiento medio de las capturas fue hasta 1988 cercano al 3%, mientras qu
desde dicho año éstas se han estabilizado. De las 17 principales áreas de pesca, cua
tro se encuentran claramente sobreexplotadas, otras nueve están actualmente explo
tadas al máximo de su capacidad, y tan sólo dos —las localizadas en el Océano Índi
co— se encuentran aún en crecimiento. Las pesquerías más tradicionales (mar de
Norte, Terranova, Mediterráneo, etc.) alcanzaron su máxima producción en la dé
cada de los setenta, y desde entonces las capturas no han hecho más que disminui
El mantenimiento de la producción global es resultado del crecimiento de la producció
acuícola de aguas continentales (que se ha duplicado en diez años) y la explotació
intensa de nuevos caladeros situados en el Pacífico y el Índico.

Pero también otros factores están incidiendo de forma decisiva en la crisis pes
quera. La contaminación de las aguas y la desaparición de gran parte de los hume
dales litorales y estuarios, donde se localizan la mayor parte de las áreas de cría, h
sido una de las causas fundamentales de la reducción de los stocks. La construcció
de grandes presas reduce sensiblemente el aporte de nutrientes al litoral y ha supuest
en algún caso (la desembocadura del Nilo) una reducción notable de la productivi
dad marina. El progresivo calentamiento de la atmósfera se ha convertido en un obs
táculo insalvable para algunas especies cuyos procesos reproductores son muy sen
sibles a las fluctuaciones térmicas, como parece haber ocurrido en el caso de l
anchoa de la costa californiana o como podría estar pasando con los stocks de sa
dina atlántica. La conjunción de condiciones atmosféricas desfavorables y una ex
cesiva presión pesquera puede provocar catástrofes como la de la anchoveta perua

na, que pasó de proporcionar unas capturas de 12,27 millones de toneladas en 1970 a menos de 2 millones en 1973, a causa de «El Niño» de 1972 y la presión ejercida por 1.400 embarcaciones de cerco. Finalmente, el derroche de las modernas flotas especializadas constituye un atentado contra la biodiversidad. Las unidades de cerco suelen desechar un 7% de las capturas; las de palangre un 13%; las de arrastre pelágico un 25%, y las de arrastre de fondo, las más numerosas, hasta un 47%, extendiéndose al 90% para las flotas especializadas en crustáceos. Estos descartes, que suelen incluso estar compuestos por especies de indudable valor comercial, multiplican por dos o por tres la mortandad causada sobre los recursos por las flotas, de forma que su rendimiento en términos biofísicos (biomasa capturada/consumo energético) ha descendido exponencialmente desde 1945.

El consumo de pescado fresco va siendo sustituido paulatinamente en los PD por los productos congelados de la pesca. La cotización de los productos del mar no cesa de crecer, y el flujo de exportaciones pesqueras desde los PVD a los PD, que absorben el 80% de total mundial, está convirtiendo a estos productos en verdaderos artículos de lujo, situados lejos del poder adquisitivo de los habitantes de los países productores.

4. INTENTOS DE SOLUCIÓN

El análisis realizado sobre el estado actual del planeta nos permite apreciar la magnitud del deterioro ambiental fruto de estilos de vida insostenibles destructores de sistemas ecológicos. Ello ha dado lugar, desde finales de los años sesenta, a una creciente sensibilidad por el deterioro del medio ambiente que ha tenido reflejo tanto en el ámbito social y político, con el aumento de partidos verdes, de grupos ecologistas y de foros internacionales sobre estos temas, como en el campo económico, en una doble vertiente: por un lado, en el campo de la economía aplicada y política económica, al aparecer programas y políticas de gobierno donde se contemplan los impactos ambientales derivados de la actividad humana; y por otro, en el campo de la teoría económica, al ponerse en cuestión las teorías clásicas convencionales. Así, las bases de la economía estándar se sustentan en un sistema económico que funciona como un *sistema cerrado* al medio ambiente, ocupándose sólo «de aquello que siendo de utilidad directa para los hombres, resulte además apropiable, valorable y productible»[5]; resaltando el papel primordial del mercado como mecanismo de asignación eficiente de los bienes y servicios económicos y eliminando cualquier preocupación en relación a la escasez de recursos como restricción al crecimiento económico debido al mecanismo de los precios, según el cual la escasez relativa de los recursos se refleja en sus precios de mercado, de forma que a medida que un recurso particular se va convirtiendo relativamente escaso y se eleva su precio, induce a su sustitución y otras mejoras tecnológicas. De este modo, los re-

[5] J. M. Naredo (1992), pág. 91.

cursos naturales así como los servicios y funciones ambientales, caracterizados por ser de libre acceso, de propiedad común y/o bienes públicos, han permanecido externos al sistema monetario, carentes de precio, y sólo algunos recursos han sido considerados por su costo de extracción. Por consiguiente, los bienes y servicios ambientales han sido tratados como *bienes libres,* ajenos al mecanismo del mercado, lo cual les ha llevado a la sobreexplotación y, en consecuencia, a la degradación.

Sin embargo, la creciente preocupación por los problemas ambientales derivados de la gestión del medio ambiente y los recursos naturales dio lugar al nacimiento de la Economía Ambiental. Se sitúa sobre todo en el campo de la microeconomía, tratando de estudiar cómo y por qué las personas toman decisiones que tienen consecuencias ambientales y diseñar los incentivos económicos adecuados que cambien aquellos comportamientos nocivos con el entorno. Esencialmente, opera tratando de aplicar a los recursos naturales los conceptos e instrumentos analíticos propios de la economía convencional, restringido explícitamente a los *valores monetarios o de cambio.*

En términos generales, considera que los problemas ambientales se producen como consecuencia de la existencia de *externalidades, recursos de propiedad común y bienes públicos* que impiden el perfecto funcionamiento del mercado como mecanismo de asignación eficiente de los factores de producción. *Partiendo del supuesto de que toda externalidad, y por extensión, todo recurso o servicio ambiental puede recibir una valoración monetaria suficientemente justificada,* proponen en primer lugar, atribuir un valor monetario a los bienes y servicios ambientales para, posteriormente, introducirlos en el mercado, lo que garantizaría su asignación eficiente a través de distintos instrumentos políticos, entre otros, los impuestos, sistemas de regulación y/o la emisión de permisos negociables. En definitiva, esta «nueva» teoría, tal como señala Romero, puede considerarse como un programa «a lo Lakatos», cuyo núcleo básico estaría formado por las aportaciones del análisis marginal de Jevons y Marshall, más la conceptualización paretiana de eficiencia y la pigouviana de externalidad[6].

Por el contrario, como un frente crítico y alternativo a la economía convencional, surge la Economía Ecológica, que, entre otras cuestiones, rechaza la universalidad del valor de cambio como unidad de medida aplicable a la totalidad del mundo físico y sociocultural, de modo que en consecuencia rechaza la posibilidad de que por medio de la asignación de valores monetarios a las externalidades ambientales se obtenga un método eficiente para afrontar el problema del análisis ambiental. Se configura como un campo de estudio *transdisciplinar* que analiza las interrelaciones entre los ecosistemas y los sistemas económicos en un sentido más amplio, tratando de desarrollar una profunda comprensión de dichas interacciones que sirvan de base para diseñar una política efectiva que nos conduzca a la *sostenibilidad.* Decimos que es transdisciplinar en el sentido de que pretende diseñar nuevos instrumentos y técnicas a través del estudio de diferentes disciplinas para resolver un pro-

---

[6] C. Romero (1997).

blema dado. Utiliza tanto las aportaciones y desarrollos derivados de las ciencias físicas y de la ecología, en especial los estudios energéticos y de materiales que nos ayuden a una mejor comprensión de los problemas ecológicos derivados del impacto de las actividades humanas de producción y consumo en los ecosistemas, así como las aportaciones de las ciencias sociales y morales, en especial, la economía y la ética. Plantea la necesidad de nuevos sistemas contables con los cuales estimar la actividad en su conjunto, los cuales además de los flujos productivos incluyan la utilización del capital medioambiental y sus recursos a largo plazo, considerando su amortización o depreciación; así como el sustituir los viejos indicadores económicos (PIB, PNB, etc.), que sólo recogen el incremento de la producción por nuevos indicadores del bienestar socioeconómico que incorporen los costos ecológicos ligados a los procesos económicos, tanto los gastos de defensa del medio ambiente como la depreciación del patrimonio natural. (Para un análisis más detallado de la crisis de la teoría convencional para dar solución a la degradación ambiental remitimos al lector al capítulo 11.)

En resumen, podemos destacar dos ideas básicas: la existencia de una interdependencia global entre los problemas que afectan a la biosfera, lo cual exige soluciones a nivel mundial, considerándose imprescindibles la solidaridad y cooperación mundial, ya que ningún país o región puede bastarse a sí mismo en este tema; y la consagración del concepto de «desarrollo sostenible o sustentable», como un modelo de desarrollo alternativo, capaz de garantizar las necesidades del hombre sin destruir su entorno ni los medios de sustento de las generaciones futuras. Así, frente a las políticas de desarrollo y cooperación que consideran la sociedad industrial moderna como modelo a seguir, «el elemento nuevo en la idea de desarrollo sustentable es que incluye una crítica de ese modelo y apunta a la reconversión social y ecológica en los centros mismos de la modernidad. En tanto que las estrategias de desarrollo anteriores iban dirigidas a la periferia (las sociedades industrializadas eran consideradas ya como desarrolladas o modernas), el concepto de «sustainability» es de alcance global y procura conjugar tres aspectos: 1) en el Sur, compatibilizar con criterios de protección ecológica la necesidad de combatir la pobreza y crecer económicamente; 2) lograr mayor democratización y justicia en las relaciones Norte-Sur, y 3) reconversión ecológica de la economía y la sociedad en las naciones industrializadas[7].

Vista la necesidad de abordar estos problemas de la biosfera de manera global, organismos económicos internacionales han realizado una serie de estudios y celebrado una serie de conferencias para la búsqueda de soluciones al problema del medio ambiente. Sin pretender ser exhaustivos destacamos la publicación en 1969 del informe «Recursos y Hombre» por la Academia Nacional de Ciencias Norteamericana, donde se quiso llamar la atención sobre el agotamiento de los recursos y la explosión demográfica.

---

[7] L. Marmora (1992), pág. 58.

En 1972 se publicó el Primer Informe del Club de Roma sobre «Los límites del crecimiento». En él se incluyeron dos modelos: el WORLD-2 de Forrester y el WORLD-3 de Meadows, en los cuales, teniendo en cuenta las actuales tendencias de la población, de los recursos y del medio ambiente, se establecía toda una serie de medidas correctivas que evitaran el final caótico previsto del planeta. La idea que quedó de este informe fue que no es posible un crecimiento infinito con recursos finitos. La doctrina que propaga es la del *crecimiento cero,* consistente en que es necesaria una limitación del crecimiento económico para hacer compatible la actividad económica con la calidad medioambiental. Ese mismo año tuvo lugar en Estocolmo la primera Conferencia de las Naciones Unidas sobre Medio Ambiente, en donde representantes de 113 países lanzaron la voz de alarma sobre las perspectivas de supervivencia de la Tierra. Sirvió para sensibilizar, aunque insuficientemente, a los gobiernos y a la sociedad civil de las graves consecuencias que para el desarrollo económico, así como para la supervivencia misma de los habitantes de la Tierra, tenía la progresiva destrucción del entorno. El énfasis estaba puesto en la búsqueda de soluciones técnicas a los problemas de la contaminación provocados por la industrialización acelerada, por la explosión demográfica y por la intensificación del proceso de crecimiento urbano[8]. Todo ello daba un carácter primermundista a la reunión, y de ahí el alto grado de resistencia mostrado por los países en desarrollo. Se decidió la creación del Programa de las Naciones Unidas sobre el Medio Ambiente (PNUMA), que ha actuado como estimulador y coordinador de planes y programas y como promotor de acuerdos internacionales. Así, colaboró junto con dos organizaciones no gubernamentales, la Unión Internacional para la Conservación de la Naturaleza y el World Wildlife Fund, lanzando la «Estrategia Mundial para la Conservación de la Naturaleza», publicada en 1980, donde se destaca la dependencia del futuro de la humanidad de una correcta gestión de los recursos naturales, al tiempo que propugna la necesidad de un desarrollo adecuado dirigido a aliviar la pobreza de gran parte de la población mundial. En este documento se mencionan como objetivos esenciales mantener los procesos ecológicos y los sistemas vitales esenciales, preservar la diversidad genética y coordinar el aprovechamiento sostenido de las especies y los ecosistemas. Fue uno de los primeros documentos que propuso el término sostenible, tan en boga en la actualidad.

En el año 1987 se publica el informe «Nuestro Futuro Común», más conocido como el Informe Brundtland, elaborado por la Comisión Mundial para el Medio Ambiente y Desarrollo. Los debates se centraron en el análisis de los estilos de desarrollo y sus repercusiones para el funcionamiento de los sistemas naturales, considerando la relación medio ambiente-desarrollo como un binomio indisoluble. Establece un nuevo modelo de desarrollo económico, el desarrollo sostenible, que frente a la doctrina del crecimiento cero permita una nueva era de crecimiento de la economía mundial basada en políticas que sostengan y amplíen la base de los recursos naturales. Es decir, un desarrollo que permita a la generación actual satisfacer sus

[8] R. Guimaraes (1992), pág. 88.

necesidades sin perjudicar la capacidad de las generaciones futuras para satisfacer las suyas. Al mismo tiempo, reconoce como requisito indispensable para materializar el desarrollo sostenible la lucha por eliminar la pobreza y el subdesarrollo. Por tanto, se presenta como un nuevo estilo de desarrollo solidario intergeneracional e interregional, que requiere de nuevas formas de cooperación internacional basadas en la solidaridad entre naciones frente a los conceptos tradicionales del interés nacional y de la seguridad estratégica que aseguren la consolidación de un Nuevo Orden Mundial.

Basado en este informe, la Asamblea General de las Naciones Unidas acordó la celebración de una segunda conferencia internacional sobre temas medioambientales. Ésta se celebró en Río de Janeiro (Brasil) en junio de 1992, conocida como la «Cumbre de la Tierra». Además de todo esto, se producen desde hace algunos años informes periódicos que mantienen la actualidad sobre el tema. El más importante es el que publica anualmente el Worldwatch Institute bajo el título «State of the World». El estudio, coordinado por Lester Brown, se publica en numerosos países y en más de 27 idiomas con una tirada millonaria. En ellos se hace una revisión de la situación actual de la problemática ambiental, de las relaciones entre desarrollo y medio ambiente y de su previsible evolución en los últimos años.

5. POLÍTICA AMBIENTAL ACTUAL A NIVEL MUNDIAL

La Conferencia de la ONU sobre Medio Ambiente y Desarrollo (la Cumbre de la Tierra) contó con delegados de 178 países y la asistencia de 117 jefes de Estado o Gobierno, el mayor número reunido hasta ahora. Bajo el lema de «Solidaridad para salvar el planeta», el objetivo de esta reunión era intensificar el esfuerzo de los países en la protección del medio ambiente, haciéndolo compatible con un desarrollo sostenible a nivel mundial. Se trata, en definitiva, de lanzar una estrategia mundial formulada sobre las bases del desarrollo sostenible. Así, con palabras de Jiménez Beltrán, «sólo un desarrollo continuado pero compatible ambientalmente, basado en la solidaridad mundial e intergeneracional y en el uso más racional de los recursos naturales, hará posible la mejora de la calidad de vida, aun en los países desarrollados»[9]. En definitiva, la realización de la Cumbre de la Tierra significó el reconocimiento de que la crisis actual representa nada menos que el *agotamiento de un estilo de desarrollo* que se ha revelado ecológicamente depredador, socialmente perverso y políticamente injusto[10].

Además, se reconoció por parte de los países desarrollados su deuda ambiental del pasado, bajo el principio de la responsabilidad compartida pero diferenciada, así

---

[9] D. Jiménez Beltrán (1992).

[10] R. Guimaraes (1992), pág. 89.

como que son éstos los que poseen los recursos financieros y la tecnología necesaria para contrarrestar el deterioro ambiental. Se adoptaron una serie de resultados concretos no vinculantes: la Declaración de Río y la Agenda 21, y otros sí vinculantes: los Convenios sobre Cambio Climático y Biodiversidad.

La Declaración de Río es un documento que contiene veintisiete principios interrelacionados entre sí, en los que se establecen las bases para alcanzar el desarrollo sostenible, fijando el marco para los derechos y obligaciones individuales y colectivas en el campo del medio ambiente y desarrollo. Plantea la necesidad de un cambio en los modelos de consumo y de producción hacia estilos de vida sostenibles, así como el fomento de políticas demográficas adecuadas para reducir el crecimiento de la población. Recoge, entre otros, los principios de «quien contamina, paga», cuyo objetivo es internalizar los costes ambientales mediante el establecimiento de unas tasas por unidad de residuos vertidos o de patrimonio natural consumido o degradado, y el principio de la responsabilidad común pero diferenciada, comentado anteriormente. Recomienda a los estados desarrollar leyes nacionales donde se establezcan las responsabilidades y compensaciones para las víctimas de la contaminación y los desastres ambientales, así como la obligación de los estados en reconocer y preservar la identidad cultural de las comunidades nativas nacionales.

La Agenda XXI es un plan de acción donde se establecen de forma detallada las acciones a emprender por los gobiernos y organizaciones internacionales para integrar medio ambiente y desarrollo en el horizonte del siglo XXI. Consta de cuarenta capítulos estructurados en cuatro secciones. La sección I, titulada «Dimensiones sociales y económicas», incluye materias como la lucha contra la pobreza, nuevas formas de consumo más racionales y una política de población más operativa. La sección II, bajo el título de «Conservación y Gestión de Recursos», analiza temas como la protección de la atmósfera, la biodiversidad, la deforestación, las sequías y, muy especialmente, el de los residuos. La sección III, bajo el epígrafe «Reforzamiento del papel de los grupos principales», resalta la importancia de la emancipación plena de la mujer y la mejora de las condiciones de la infancia, así como destaca la importancia de la actuación de las organizaciones no gubernamentales en la lucha por la protección del medio ambiente y eliminación de la pobreza. La sección IV, titulada «Medios de aplicación», incluye las materias de financiación, transferencia de tecnología, fomento de la educación ambiental y la cooperación internacional. El tema de la financiación ha sido uno de los más discutidos en Río. Los países en desarrollo han estimado en 125.000 millones de dólares/año, de aquí al año 2000, la ayuda necesaria para la puesta en marcha de la Agenda XXI. Estos fondos provendrían de la Ayuda Oficial al Desarrollo (AOD), de los bancos y fondos multilaterales de desarrollo, de los fondos privados y de nuevos mecanismos de financiación, entre otros. En lo referente a la AOD, se reafirmó, por parte de los países desarrollados, el compromiso adoptado en Estocolmo de incrementar su ayuda hasta alcanzar el 0,7% de su PIB «lo antes posible». Otro tema conflictivo es el quién y cómo administraría esos recursos debido al fortalecimiento del Banco Mundial como organismo administrador frente a la fuerte resistencia de los países del Sur.

En Río se aprobó la creación de la Comisión de Desarrollo Sostenible, en el seno del Consejo Económico y Social de la ONU, para el seguimiento y vigilancia de la Agenda XXI. No obstante, aún no se ha destinado ninguna partida presupuestaria para su puesta en marcha. Ya hemos manifestado la importancia de la diversidad biológica. La firma en Río del Convenio sobre Biodiversidad tiene como objetivo principal el mantenimiento de la diversidad biológica para el desarrollo sostenido y la participación equitativa en los beneficios derivados de la utilización de los recursos genéticos. Para ello reconoce explícitamente la soberanía de cada país respecto al patrimonio biogenético existente dentro de sus fronteras, con lo cual ambos países, el poseedor y el que quiera utilizar la biodiversidad, tendrán que compartir los beneficios de su uso.

También tuvo lugar en Río la firma del Convenio sobre el Cambio Climático, que contiene compromisos de acción de los países industrializados para mitigar el calentamiento global (efecto invernadero) y ayudar a las naciones en desarrollo a hacer otro tanto. Así, se establece el compromiso de los países industrializados de limitar sus emisiones de dióxido de carbono y otros gases del efecto invernadero, y de incrementar los bosques que los absorben, con la vaga meta de retornar para finales de la década a los niveles de 1990. En esta línea, en diciembre de 1997, se celebró en Kioto la Cumbre de la ONU sobre Cambio Climático con el objetivo de reducir las emisiones a la atmósfera de gases de efecto invernadero que inciden en el cambio climático. El protocolo de Kioto fija una reducción media del 5,2% de las emisiones de gases de efecto invernadero en los países desarrollados respecto a los niveles de 1990 y 1995, entre el 2008 y el 2010. El acuerdo afecta a seis gases (dióxido de carbono, metano, óxido nitroso, hidrofluorocarbono, perfluorocarbonos y hexafluoruro de carbono) y la reducción hace diferencias entre países, de forma que se fija una reducción del 8% para los 15 miembros de la Unión Europea, Suiza y otros países europeos; del 7% para Estados Unidos y Canadá, y del 6% para Japón.

La Cumbre de la Tierra ha recibido fuertes críticas desde distintos sectores, principalmente con referencia al tema financiero por la vaguedad de los compromisos financieros asumidos por los países desarrollados. También se le acusa de la falta de un convenio sobre bosques, de la desatención por el tema de las extracciones y el bajo precio de los recursos frente a la mucha preocupación por atajar la contaminación y la pérdida de biodiversidad. En lo positivo, los acuerdos adoptados reflejan un consenso mundial por la protección del medio ambiente y la promoción de desarrollo sostenible y la necesidad de soluciones globales. Como resultado de la Cumbre, contamos con un marco estructural y unos instrumentos legales cuya puesta en práctica y profundización depende del empuje de la sociedad.

Paralela a la Cumbre de la Tierra tuvo lugar también en Río el llamado Foro Global de ONG y Movimientos Sociales. Reunió a mas de 25.000 ONG de todo el mundo con el firme propósito de hacer un seguimiento de la conducta efectiva de los estados en cuanto a la observancia de los resultados alcanzados con la Cumbre. Al mismo tiempo, elaboraron una serie de tratados como alternativas a las declaraciones oficiales, contemplando los temas ausentes en Río y con el objetivo de asumir posturas en favor de los menos desarrollados.

En el ámbito comunitario, el desarrollo de la política ambiental tuvo lugar en los años setenta y ochenta con el reconocimiento claro de que la polución no tiene fronteras y, por tanto, era necesario intensificar la cooperación con otros países. Tras la Conferencia de Estocolmo, unido a graves problemas y accidentes ambientales, más la mayor concienciación del público europeo y presión de grupos ecologistas y organizaciones conservacionistas, la política ambiental se ha convertido en una de las más importantes de la UE.

Desde principios de los años ochenta, Alemania ha impulsado la política ambiental, acompañada de otros países como Holanda y Dinamarca. Esta política se ha desarrollado mediante Programas de Acción. Se han aplicado cuatro Programas (1972-1992) que crearon toda una base de preocupaciones y actuaciones sobre el medio ambiente aunque no consiguieron plenamente la preservación y conservación del entorno en la Comunidad. El Quinto Programa (1993-2000), presentado bajo el título «Hacia la sostenibilidad», presenta un nuevo enfoque respecto a los anteriores. Se centra en los conceptos de crecimiento y desarrollo sostenible, tratando de integrar la dimensión ambiental en las políticas económicas de diversos sectores clave como energía, transportes, industria, agricultura y turismo. Para ello contiene un amplio abanico de instrumentos, entre los que destacamos los basados en el mercado, que tratan de evitar la polución y el vertido de residuos mediante la internalización de los costes externos medioambientales (respecto a esto, la adopción por parte de la UE de la propuesta de la Comisión de introducir un impuesto combinado sobre el CO_2 y la energía reviste una gran importancia).

6. ALGUNAS REFLEXIONES Y CONCLUSIONES

En las páginas anteriores se ha puesto de manifiesto la magnitud del proceso de degradación que sufre la biosfera. Desde Estocolmo a Río, la percepción de la crisis ambiental ha cambiado significativamente: ya no se trata de buscar soluciones técnicas a los problemas de la contaminación que nos permitan adaptarnos a la capacidad de sustento del planeta, sino que es necesario un cambio drástico en la forma de organización social y de interacción con las leyes de la Naturaleza. Los estilos de vida de los países industrializados, insostenibles y destructores de sistemas ecológicos, necesitan de una reforma urgente hacia nuevos patrones de consumo y producción respetuosos con el medio ambiente. En este sentido, es bastante elocuente una analogía sugerida por Norman Myers al describir un experimento de escolares con una rana: cuando la sumergieron en una olla hirviente, ella saltó inmediatamente —rechazo instantáneo a un ambiente que le era hostil—. Pero cuando los escolares la echaron en una olla con agua fría, y calentaron el agua de poco a poco, la rana se puso a nadar, adaptándose a la subida gradual de temperatura e hirviéndose tranquilamente hasta la muerte[11].

[11] Citado en R. Guimaraes, pág. 100.

Como solución, desde las distintas instituciones estatales y no estatales ocupadas de la política de desarrollo, se defiende la idea del desarrollo sostenible. Ahora bien, si no queremos que se reduzca a una mera declaración de buenas intenciones, para materializar el desarrollo sostenible se requiere en primer lugar la lucha por eliminar la pobreza y el subdesarrollo. No olvidemos que la pobreza es la peor forma de contaminación. En segundo lugar, es necesario por parte de los países industrializados un cambio hacia nuevas estructuras de producción, estilos de vida y patrones de consumo sostenibles a largo plazo, ya que éstos tienen la capacidad técnica y económica para una reconversión ecológica, así como el facilitar a los países en desarrollo el acceso a tecnologías compatibles con el entorno, preservadoras de energías y recursos. Por su parte, el Sur no debe tratar de imitar el modelo de sociedad industrial moderna. Es necesario que se incorporen de una manera activa en el mercado mundial sin dar la espalda a la protección global del medio ambiente. Para ello se requieren nuevas formas de cooperación y solidaridad mundial que aseguren la consolidación de un nuevo orden mundial. En este sentido, Río, a pesar de las frustraciones que generó en distintos sectores, significó el fortalecimiento del multilateralismo como solución al progresivo deterioro del planeta, así como la importancia de alcanzar el desarrollo sostenible.

CONCEPTOS

Cambio climático
Cumbre de la Tierra
Desarrollo sostenible
Economía ambiental
Economía ecológica
Economía de los recursos naturales
Economía pesquera
Explosión demográfica
Principio «quien contamina, paga»

LECTURAS RECOMENDADAS

Aguilera Klink, F., y Alcántara, V. (1994): *De la economía ambiental a la economía ecológica*, Icaria, Barcelona.

Azqueta, D., y Ferreiro, A. (1994): *Análisis económico y gestión de recursos naturales,* Alianza Editorial, Madrid.

Costanza, R. (1991): *Ecological Economics,* Columbia University Press, Nueva York.

Field, B. C. (1995): *Economía Ambiental. Una introducción,* McGraw-Hill, Colombia.

Fisher, A. C., y Peterson, F. M. (1976): «The environment in economics: A survey», *The Journal of Economic Literature,* 14 (1): 1-33.

Naredo, J. M. (1987): *La economía en evolución*, Siglo XXI de España Editores, Madrid.

Oates, W. E. (ed.) (1992): *The Economics of the Environment*, Edward Elgar, Inglaterra, 1994.

Pearce, D. W., y Turner, R. K. (1990): *Economics of Natural Resources and the Environment,* Harvester Wheatsheaf, Londres. Existe versión en castellano, publicada por Celeste Ediciones, Madrid, 1995.

Turner, R. K.; Pearce, D., y Bateman, I. (1994): *Environmental Economics,* Harvester Wheatsheaf, Londres.

10 Los grandes desequilibrios económicos. El fenómeno del subdesarrollo

Antonio Luis Hidalgo Capitán
Antonio Rallo Romero

1. INTRODUCCIÓN

El análisis de las cifras que sistemáticamente vienen mostrando las estadísticas sobre la distribución de renta y riqueza en el mundo, pone de relieve su progresiva concentración en determinadas áreas económicas; pero la crudeza de la tragedia que se oculta bajo la indiferente objetividad de los números solamente puede ser desvelada con imágenes. Éstas las sirve el impresionante progreso tecnológico de las últimas décadas que permite asistir casi en directo, a través de los medios de comunicación, a la agonía masiva de pueblos enteros, la mayoría de ellos situados al sur del Sahara.

Y es que en la alborada del tercer milenio, cuando el hombre navega por el espacio y su planta ha hollado la Luna, cuando en menos de medio siglo a la información escrita ha sucedido la hablada y ésta es completada por una cultura de la imagen inmediata que convierte al planeta en una aldea global, los Jinetes del Apocalipsis siguen cabalgando sobre sus pavorosos corceles asolando la Tierra. El hambre, la enfermedad, las guerras, la muerte, en fin, son el telón de fondo sobre el que un primer mundo, indiferente al sufrimiento ajeno, construye y disfruta su progreso.

La concentración de la renta y la riqueza en el mundo enriquece cada vez más a los ricos y empobrece cada vez más a los pobres, no sólo en términos comparativos, sino incluso absolutos. El «progreso» de la Humanidad se ha concentrado prácticamente en tres polos[1] de la zona templada del hemisferio Norte, a las que sirve de pedestal sobre el que apoyarse un vasto y heterogéneo Sur cuyo denominador común es su dependencia de los centros de decisión mundial situados en el septentrión.

Datos de recientes anuarios internacionales de reconocida solvencia (tabla 10.1) ponen de manifiesto que en 1995 poco más del 84% de la población mundial no par-

[1] Australia y Nueva Zelanda son excepciones que no invalidan el planteamiento general.

TABLA 10.1

Concentración de la renta a nivel mundial por grupos de países (1980-1995)

	1980		1995		1995
	Población	**PIB**	**Población**	**PIB**	**PNBpc**
P. ingresos bajos	53,70	6,90	56,05	4,80	430
P. ingresos medios	27,90	22,80	28,05	14,50	2.390
P. ingresos medios-bajos	81,60	29,70	84,10	19,30	1.090
P. ingresos altos	18,40	70,30	15,90	80,70	24.930
Total mundial	100,00	100,00	100,00	100,00	4.880

(Población y PIB en porcentajes del total mundial; PNB per cápita en dólares norteamericanos corrientes.)

FUENTE: Elaboración propia a partir de datos del Banco Mundial (1997).

ticipa más que en el 19% de la renta, mientras que menos del 16% de la población disfruta de casi el 81% de la renta mundial. Esta desigual distribución viene empeorando en los últimos quince años, aumentando el porcentaje de población de los países con ingresos bajos y medio-bajos y disminuyendo la de países con ingresos altos, al tiempo que evolucionan en sentido contrario los porcentajes de participación en la riqueza. La constatación de que más del 56% de población no dispone ni del 5% de la renta, revela lo desolador del panorama.

Por si esto no fuese suficiente, debe añadirse que los datos de población hacen referencia a los totales naciones, es decir, que se considera como población de ingresos bajos a toda la población de los países de ingresos bajos, sin tener en cuenta que la distribución interna de la renta en estos países es aún más desigual.

Hoy día, cerca de 4.000 millones de personas de un total aproximado de 5.800 que poblamos el planeta viven en países a los que se llaman «en vías de desarrollo» o «países menos avanzados», eufemismos que pretenden encubrir con un pudoroso velo semántico el drama de este mayoritario segmento de la Humanidad víctima, no ya de la insolidaridad, sino del expolio de la minoría restante. Ni la expresión «en vías de desarrollo» ni el término «menos avanzados», ambos referidos a un supuesto estadio previo al de «desarrollo», son aceptados por muchos autores, que o discrepan o se marginan de las interpretaciones convencionales de la llamada ortodoxia económica.

Si se aplica el calificativo de subdesarrollado a lo que hoy se conoce como Tercer y Cuarto Mundos o, más genéricamente, el Sur, en una primera aproximación habría que asimilar el concepto subdesarrollo al de pobreza; pero aunque aquel sea comprensivo de la indigencia, es bastante más amplio: a la pobreza se une la marginación. Además, dada la fuerte carga de subjetividad que el término pobreza encierra, su contenido evoluciona con el tiempo y es diferente de una cultura a otra en función de los distintos códigos de valores y hábitos de conducta de cada sociedad.

2. LA GÉNESIS Y CONSOLIDACIÓN DE UN FENÓMENO NUEVO

Hasta hace relativamente poco tiempo, el interés de la Ciencia por el progreso económico quedaba reducido a la visión parcial que, iniciada por Adam Smith con el significativo título de *Una investigación sobre los orígenes y causas de la riqueza de las naciones,* concentraba su atención —como hasta hace poco más de medio siglo hicieron sus sucesores— en uno sólo de los aspectos inseparables que presenta el fenómeno del crecimiento económico: la riqueza.

Una revisión de las teorías del desarrollo nos revela que a esa sola cara del problema, la que menos interés debe despertar hoy día, dedicaron sus esfuerzos y atención los pensadores de la economía convencional: los supuestos de desarrollo de las economías industrializadas, es decir, el proceso de crecimiento por el que han atravesado los países avanzados del área capitalista. Se ha ignorado de esta forma uno de los temas cruciales del presente momento histórico: el subdesarrollo, al que los enfoques convencionales tan sólo aportan su preocupación por el estado estacionario (en muchos casos regresivo), característico de la situación en que está sumida la mayor parte de las economías del planeta. Es, pues, obligado salirse del marco convencional del análisis y sumergirnos de lleno en el tema que debe centrar nuestra atención: la génesis y desarrollo del subdesarrollo. Para ello habrá que cambiar el énfasis puesto en la cara positiva del avance de la Humanidad y proyectarlo sobre la inseparable cruz de esta unidad dialéctica que configuran desarrollo/subdesarrollo, para así avanzar hacia una teoría del subdesarrollo. Pero, sentada ya la inseparabilidad de los conceptos desarrollo/subdesarrollo, y tomada conciencia por la Humanidad de la necesidad de resolver la situación, surgen en las últimas décadas un cúmulo de teorías con la encomiable intención de desbrozar los caminos por los que pueden encontrarse las soluciones. La diferencia que las separa de las teorías convencionales —reiteramos que ocupadas exclusivamente de la riqueza de los pueblos—, radica en la presencia, velada o explícita, de las duras aristas del subdesarrollo como realidad emergente.

Coincidiendo con el acceso a la independencia política de un gran número de países afroasiáticos a partir del final de la Segunda Guerra Mundial, hace su aparición el moderno fenómeno del subdesarrollo. Con anterioridad al establecimiento del orden de la posguerra podría hablarse de sociedades tradicionales cuyas culturas ancestrales y esquemas organizativos se habían visto sometidas a las que les imponían las metrópolis de la vieja Europa que tutelaba, en propio beneficio, sus recursos naturales y su organización social, estableciendo una división espacial del trabajo perfilado, al hilo de la Revolución Industrial, en función de los intereses metropolitanos. Es así como la industria se va desarrollando en los centros de la hegemonía colonial al tiempo que las colonias se limitan al suministro de productos básicos.

Hasta entonces, no es ocioso repetirlo, las sociedades tradicionales estuvieron colonizadas y sufrieron un proceso de explotación económica y vaciamiento cultural por parte de sus metrópolis; pero era a éstas a las que incumbía la organización socioeconómica de los territorios que formaban parte integrante de sus imperios, es decir, de su entidad nacional, por lo que, como tal, no parece apropiado considerarlos como subdesarrollados aun cuando en esta época histórica quedan sentadas las bases de lo que posteriormente se consolidará como subdesarrollo. En Iberoamérica, primer área en emanciparse, los vínculos de subordinación, establecidos durante la colonización española, se transformaron en dependencia de los centros hegemónicos, a partir de su acceso a la independencia política. El vacío dejado por la metrópoli fue ocupado por la emergente burguesía criolla aliada a intereses foráneos que perpetuaron la asimétrica división del trabajo consolidada durante el período colonial.

Pero, con todas las reservas con que hay que acoger cualquier intento de periodificación de la Historia, es hoy una evidencia que el final de la Segunda Guerra Mundial supuso para la organización económica internacional y, por ende, para la configuración de los mapas de correlaciones de fuerza, el fin de una era y los principios de otra. A aquel caduco orden de los viejos imperios sustentados sobre las colonias, sucedieron nuevas formas de organización de los espacios mundiales y una sensible variación en los vectores de fuerza y hegemonía internacionales.

Sobre los tres pilares que representan el Fondo Monetario Internacional (FMI), el Banco Internacional de Reconstrucción y Fomento (BIRF) hoy Banco Mundial, y el Acuerdo General de Aranceles y Comercio (GATT) hoy transformado en Organización Mundial de Comercio, se estructuró de facto un orden internacional occidental en el que han brillado por su ausencia —salvo alguna que otra grandilocuente y filantrópica referencia más bien vacía de contenido— los problemas de los desheredados de la Tierra. No obstante, la presencia de los países marginados en el escenario mundial fue tomando relevancia con el transcurrir del tiempo movida, entre otras, por dos razones:

a) La nueva oleada descolonizadora que se produjo a partir del final de la Segunda Guerra Mundial y que fue extendiéndose por todos los territorios tutelados.
b) La importancia que para el equilibrio internacional de fuerzas adquiriría la adscripción de los países periféricos a uno u otro de los bloques ideológicos vigentes como factor de fomento del clientelismo político.

En la construcción del nuevo orden se soslayó, de hecho, al Tercer Mundo por lo que puede considerarse como la prolongación de los viejos moldes coloniales, amparados ahora por instrumentos jurídico-formales en lugar de aquellos otros que proporcionaban con anterioridad los poderosos aparatos bélicos occidentales. No obstante, «la forma en que había quedado distribuido el poder económico y político mundial en los años de la posguerra, concentrándose en altísima medida en unos pocos países desarrollados, era injusta y peligrosa para la estabilidad mundial»[2], por lo que de él se erigieron en máximo garante los Estados Unidos de América.

Deteniéndonos algo más en el impacto de la Segunda Guerra Mundial sobre los países periféricos, la base de partida para muchos de ellos siguió siendo la depen-

[2] Comisión del Sur (1991), pág. 40.

dencia política de sus metrópolis. Sin embargo, en las tres décadas posteriores a la finalización de la contienda, «la rápida consolidación y triunfo de los movimientos nacionalistas completó lo fundamental de la tarea descolonizadora, comenzada en América Latina un siglo antes»[3]. Es ilustrativo a este respecto recordar con F. Granell que «en 1815 había en el mundo 23 estados soberanos; en 1900, 40; en 1919, 51; y en 1945, 75»[4]. Entre 1945 y 1965 más de cincuenta países accedieron a la independencia política y actualmente computa el Banco Mundial 209 países y territorios de diferente estatus político.

En el plano interior de cada nuevo país independiente, intrafronteras, los frutos del crecimiento perpetuaron o generaron un dualismo integral en sus estructuras socioeconómicas que se pone de manifiesto, desde la perspectiva sectorial, por la coexistencia de un sector avanzado con uno tradicional como recoge W. A. Lewis en su conocido modelo.

La modernización de la agricultura expulsó población del medio rural, provocando un proceso de urbanización caótico en muchos países en los que el espejismo de las ciudades arrastró hacia ellas a importantes masas de población que se hacinaron, en condiciones infrahumanas de existencia, en suburbios marginales.

Estas circunstancias vinieron acompañadas de una ausencia o insuficiencia de atención a los aspectos sociales del crecimiento, con lo que ni se redujo la pobreza ni se suavizaron las desigualdades socioeconómicas. Los únicos beneficiarios de los frutos del progreso fueron pequeños estratos de población privilegiada. Los incrementos de riqueza, fueron absorbidos o neutralizados por la explosión demográfica producida por la concurrencia de, al menos, dos factores sinérgicos: reducción de la mortalidad infantil, y aumento de la esperanza de vida por descenso de la morbilidad, contribuyentes ambos en la extensión de los cinturones marginales de las grandes ciudades. Así pues, la distribución personal de la riqueza se siguió concentrando en pocas manos.

Desde el ángulo de la demanda, el «efecto demostración» proyectado a nivel internacional generó hábitos de consumo ostentoso en la clase dominante, mientras la gran masa de la población superaba difícilmente el umbral de la supervivencia.

Por último, en el plano sociopolítico, baste señalar que la defensa de privilegios por parte de sus beneficiarios —a menudo en alianza con intereses económicos supranacionales—, potenció el florecimiento de dictaduras militares, y la paralela proliferación del armamentismo y militarismo. Los totalitarismos se aprestaron a liberar a sus pueblos. El triste sino del tercermundismo pudo ser el deseo de «salvarlo» que se despertó en los bloques de confrontación ideológica, entonces vigentes. Así, a lo largo de las tres primeras décadas de posguerra:

1. Aun cuando la onda expansiva de la economía se hizo notar en todo el mundo, se agravaron las desigualdades internas y con el exterior, no sólo en las

[3] Instituto del Tercer Mundo (1992), pág. 150.
[4] Tomado de R. Tamames (1991), pág. 344.

magnitudes económicas mensurables, sino también en los aspectos sociales; de esto, las principales víctimas fueron los colectivos más débiles y marginados como mujeres, niños y minorías étnicas o religiosas.

2. Aumentó el grado de dependencia que se extendió desde la económico-financiera a la científico-tecnológica consolidadas como armas de dominación.
3. Se impuso un acentuado proceso de desculturización con la sustitución de las tradicionales formas de vida que arrastraron al deterioro o pérdida de la identidad autóctona, y a la colonización cultural.
4. Estas y otras circunstancias alentaron la inestabilidad política, que propició la propagación de regímenes dictatoriales de uno u otro signo, con la disminución de la participación popular en los procesos de desarrollo económico dificultados por la falta del respaldo democrático que los perfecciona y legítima.
5. El proceso de militarización a que arrastraron las dictaduras supuso una fuerte inversión en armamento y mantenimiento de ejércitos, fomentado con el estallido de innumerables conflictos bélicos locales de los que las únicas beneficiarias fueron las industrias de armamento de los países avanzados.

3. HACIA EL CONCEPTO SOCIOECONÓMICO DE SUBDESARROLLO

Se ha puesto de relieve anteriormente que el término «desarrollo» es de contenido ambiguo desde una perspectiva socioeconómica; por tanto, la distinción en grados, como sería el caso del nivel inferior al que se llama «subdesarrollo», adolecería de una mayor imprecisión si cabe, ofreciendo serias dificultades para su delimitación por la inexistencia de un criterio único para definirlo y por la manipulación política e ideológica que subyace en cada intento de conceptualización.

La revisión de la ya abundante literatura especializada conduce a un sinnúmero de definiciones que más que enmarcar el fenómeno lo que hacen es caracterizar o tipificar alguna o algunas de sus manifestaciones, las más de las veces con criterios productivistas ajenos, en general, a la inseparable dimensión social que acompaña a las variables económicas.

A título ilustrativo se han seleccionado algunas aproximaciones de estudiosos que a lo largo del último medio siglo, se han preocupado ocupando del tema desde diferentes enfoques ideológicos. Así H. Myint pasa revista a una serie de criterios utilizados para encuadrar el subdesarrollo comenzando por aquellos que se apoyan en el «nivel de renta por habitante» o en su tasa de crecimiento, lo que permite distinguir a los países con rentas y ritmos de crecimiento estancados o declinantes de aquellos otros con mayor dinamismo positivo, los industrializados. El desfase creciente *(widening gap)* entre ambos grupos de países se constituye en criterio diferencial, válido para una clasificación pero, a nuestro juicio, no para la conceptualización. Por su parte, Marrama analiza algunos ensayos de definición señalando, obviamente, la imprecisión de la que considera «un estado de subdesarrollo allí donde la población es escasa con relación a los recursos naturales disponibles» y valorando en mayor medida la de Viner, que califica como tales «los países que tienen buenas perspectivas potenciales para utilizar más capital o más mano de obra o más recursos naturales disponibles, o estos tres factores con objeto de elevar el nivel de vida de su población actual o, si su renta per cápita ya es alta, sostener una población más numerosa sin que disminuya su nivel de vida»[5]. Una más en esta línea es la de Lange, para quien «una economía subdesarrollada es una economía en la que el equipo de capital existente no es suficiente para el pleno empleo de la fuerza de trabajo disponible, de acuerdo con las técnicas modernas de producción»[6]. Pero ésta aportación, de reconocido valor tecnoeconómico, pone el énfasis, al igual que las anteriores, en aspectos cuantitativos —potencial productivo escaso u ocioso—, si bien ya recoge la dimensión social, el paro o subempleo; sin embargo, limita el fenómeno a una visión estática e impregnada de un cierto matiz economicista, caracteres ambos que no son los que mejor pueden reflejar la globalidad y dinamicidad que el concepto encierra.

La proyección totalizante del complejo desarrollo/subdesarrollo desborda la faceta técnica e integra también la sociopolítica; como ya sostenía P. Dorner, «un concepto restringido de lo que es desarrollo lleva, a menudo, a ignorar e incluso rechazar importantes cuestiones de tipo político, debiendo considerarse el desarrollo en un sentido amplio»[7]. Con mayor precisión y rotundidad se ha pronunciado R. Martínez Cortiña, afirmando que «tanto o más importante que los cambios cuantitativos de aumento de la capacidad productiva lo son, a efectos del desarrollo económico, las transformaciones sociales e institucionales de las naciones subdesarrolladas»[8] o, en otras palabras de este mismo autor en relación al propio desarrollo, «entendiendo como tal no sólo el crecimiento, sino también las necesarias reformas institucionales para que la riqueza creada favorezca a todos y no exclusivamente a unos pocos»[9].

El concepto, pues, de desarrollo ha de estar asociado al «proceso permanente y acumulativo de cambio y transformación de la estructura económica y social, en lugar de referirse a las condiciones que requiere el funcionamiento óptimo de un determinado sistema o mecanismo económico»[10].

Esta línea de pensamiento de Sunkel y Paz que pondera el marco social en la conceptualización del subdesarrollo está, en cierta medida, presente también en la apreciación de C. Furtado, que diferencia entre desarrollo y crecimiento; pero si bien este autor entiende el desarrollo como mucho más amplio que el crecimiento y com-

---

[5] W. Marrama (1969), págs. 22 y ss.

[6] Tomada de J. L. Sampedro y R. Martínez Cortiña (1973), pág. 369.

[7] P. Dorner (1974), pág. 21.

[8] R. Martínez Cortiña: «La influencia de la metodología estructuralista en la Economía», ep. VIII. *Anales de Economía.*

[9] R. Martínez Cortiña (1972), pág. 24.

[10] O. Sunkel y P. Paz (1973), pág. 23.

prensivo de éste, excluye del primero los factores sociales e institucionales dado que, a su juicio, rebasan el campo del análisis económico. De aquí que, entre desarrollo y crecimiento, su planteamiento sea de grado no de cualidad y de integración permanente o circunstancial en el conjunto económico de estructura compleja de las modificaciones del sistema productivo».

Si se continúa revisando la evolución en el tiempo de los enfoques sobre las transformaciones económicas, se observa que el énfasis de los estudios va derivando, poco a poco, desde los que tan sólo se ocupan de la economía del desarrollo hacia los de la socioeconomía del subdesarrollo que son los que centran hoy el panorama de la reflexión académica en la materia.

Es en este marco donde encuentran acomodo las palabras de P. Streeten, director del Instituto Mundial de Desarrollo, sobre la necesidad de «redefinir el desarrollo como un asalto a los principales males del mundo actual: la desnutrición, la enfermedad, el analfabetismo, el chabolismo, el desempleo y la desigualdad», o las de Soedjatmoko, presidente de la Universidad de las Naciones Unidas de Tokio, cuestionando el «desarrollo como labor de ingeniería social para lograr un mundo feliz» y recogiendo la necesidad de «prestar cada vez más atención a los seres humanos y a sus potencialidades como la base, los medios y el propósito último del desarrollo»[11].

Abundando en esta nueva orientación, Todaro resalta categóricamente el «progreso económico» como una componente tan sólo del desarrollo, del que rechaza su visión unidimensional de lo económico, y lo engloba en el «proceso multidimensional de reorganización y reorientación de los sistemas económicos y sociales que no se limita a elevar los niveles de renta y producción, sino que da lugar, además, a transformaciones importantes de las estructuras institucionales, sociales y administrativas, modifica las actitudes de la gente y, en muchos casos, incluso las costumbres y creencias» o, con mayor precisión, concibe el desarrollo «como un proceso multidimensional compuesto por grandes transformaciones de las estructuras sociales, de las actitudes de la gente y de las instituciones nacionales, así como por la aceleración del crecimiento económico, la reducción de la desigualdad y la erradicación de la pobreza absoluta»[12].

Como queda patente, en el transcurso de apenas medio siglo se ha pasado de la consideración independiente del desarrollo, como proceso solamente económico, a la inseparable unidad desarrollo/subdesarrollo como fenómeno global e interdependiente, que se concreta en una realidad asimétrica que afecta no ya a las estructuras económicas, sino también a las sociales, políticas e institucionales.

Este abordaje ha sido recogido por el Programa de las Naciones Unidas para el Desarrollo (PNUD), que comienza a poner el énfasis en el concepto integral de «desarrollo humano» para el que realiza ensayos de aproximación por medio de un indicador que más adelante se examinará.

---

[11] Ambas opiniones están recogidas por M. P. Todaro (1988), pág. 93.

[12] M. P. Todaro (1988), págs. 94 y 119-120.

Entiende el PNUD el desarrollo humano como «un proceso que permite ampliar el abanico de opciones que se ofrece a los individuos»[13] mejorando sus posibilidades de acceso a la educación, a las atenciones sanitarias que les garanticen una vida sana, aumentando sus ingresos y oportunidades de empleo, y dotándolos de libertad en los planos económico y político.

Evidentemente, el concepto de desarrollo humano no excluye el crecimiento económico al que está estrechamente ligado; pero lo considera un medio y no un fin, y lo amplía, como puede apreciarse, integrando explícitamente la variable política que completa, aún más si cabe, la dimensión estructural del fenómeno.

Igualmente, no limita su objetivo a acciones sectoriales (enseñanza, salud, prestaciones sociales, etc.) para la comunidad: entiende que el desarrollo no es simplemente *para* el individuo, sino que debe ser realizado *por* el propio ser humano.

Por último, las directrices del PNUD señalan que el desarrollo no está dirigido exclusivamente a los grupos más desfavorecidos de la Humanidad para cubrir sus necesidades básicas y garantizar su supervivencia aun cuando éstas sean sus finalidades prioritarias, sino que debe alcanzar al campo de la ciencia y de la tecnología.

Si se tiene, por tanto, en cuenta la consideración dinámica del desarrollo como proceso global en el campo de una realidad económica mundializada, con dimensiones sociopolíticas e institucionales, y con una vinculación sincrónica entre desarrollo/subdesarrollo, cabe concebir entonces este último «como parte del proceso histórico global de desarrollo; tanto el subdesarrollo como el desarrollo son dos aspectos de un mismo fenómeno, ambos procesos son simultáneos, están vinculados funcionalmente y, por tanto, interactúan y se condicionan mutuamente dando como resultado, por una parte, la división del mundo entre países industriales avanzados o «centros» y países subdesarrollados, atrasados o periféricos; y, por otra parte, la repetición de este proceso dentro de los países subdesarrollados en áreas avanzadas y modernas, y áreas, grupos y actividades atrasadas, primitivas y dependientes. «Desarrollo y subdesarrollo pueden comprenderse, entonces, como estructuras parciales pero interdependientes, que componen un sistema único»[14].

En otras palabras: el proceso de desarrollo del capitalismo ha generado la depauperación de áreas vinculadas a las zonas de crecimiento; el proceso se hace expansivo y repetitivamente jerarquizado, ya que, dentro de las regiones subdesarrolladas, se configuran núcleos, polos o vértices hegemónicos que, a su vez, polarizan el crecimiento erigiéndose en «centros» dominantes de otras áreas condenadas a la dependencia. El resultado ha sido una segmentación de la economía, satelizada a escala mundial en la que, en torno a un centro hegemónico, orbitan satélites de primer orden que, de igual modo, actúan como centros de nuevos satélites de inferior rango y así sucesivamente. La fuerza gravitatoria que mantiene el equilibrio de este sistema planetario económico está constituida por una relación básica: la dependencia,

---

[13] PNUD (1992), págs. 2, 13 y ss.

[14] O. Sunkel y P. Paz (1973), pág. 6.

tras la que se ocultan, como fuerza generatriz última, los antagónicos intereses económicos en su dimensión supranacional.

Estas reflexiones encuentran su raíz en la línea de trabajo que impulsó CEPAL —en relación con la evolución histórica del capitalismo—, y arrancan de la colonización de las comunidades latinoamericanas, continuando con la expansión desde Inglaterra de la Revolución Industrial. Cada época histórica ha marcado con su impronta la forma específica de la dependencia, en un principio «colonial», que se va transformando en «industrial-financiera» conforme los países van accediendo a su independencia política. El proceso de adaptación de las formas de dominación sobre las estructuras económicas mundiales ha desembocado en la bipolarización antagónica del espectro mundial entre un Norte policéntrico (Estados Unidos, UE, Japón) cuyo crecimiento se basa en la utilización intensiva de un complejo industrial-tecnológico como arma de dependencia, y un Sur convertido en amplia periferia que pasa a ser tributario de aquél, cumpliendo determinadas funciones subordinadas a los intereses dominantes. El modelo se reproduce dentro del entorno periférico, tal como señalaba A. G. Frank, estableciéndose un sistema global en el que se articulan subconjuntos o estructuras parciales interdependientes reflejos de la total que conforman «un conjunto de satélites que circulan en la órbita de un astro central. Este astro central explota a todo el sistema de satélites y subsatélites que, a su vez, explotan a los que están más abajo del sistema. Dentro de los países subdesarrollados hay, por tanto, un sistema de explotación interno que se liga al sistema internacional»[15].

Puede afirmarse, entonces, que «la especificidad histórica de la situación de subdesarrollo nace, precisamente, de la relación entre sociedades periféricas y centrales»[16], y esta relación no es otra que la dependencia hoy elevada a categoría analítica en el campo del estudio del subdesarrollo.

Cabría concluir esta incursión sobre el inseparable antagonismo desarrollo/subdesarrollo señalando que, a nuestro juicio, un intento de redefinición del subdesarrollo debería integrar en una unidad conceptual tres facetas, al menos, de un mismo fenómeno:

a) Un aspecto tecnoeconómico del subdesarrollo, desde una perspectiva estática, que haga referencia al nivel y grado de diversificación de la estructura productiva en un momento dado del tiempo, relacionándola con el perfil paralelo que presenten aquellos países considerados avanzados, usando para ello la comparación de magnitudes económicas cuantificables.

b) Un condicionamiento en el que el énfasis ha de ponerse en las connotaciones sociales, políticas e institucionales que caracterizan la dependencia, insertando las variables técnicas en el tejido social interno y éste en el marco internacional.

---

[15] Esta tesis de A. G. Frank, que, con ligeras modificaciones relativas al policentrismo «trilateral», permanece vigente, fue en su día asumida por Teotonio Dos Santos (1971), págs. 93 y ss.

[16] F. H. Cardoso y E. Faletto (1969), pág. 22.

c) Un criterio funcional, dentro del sistema bipolar centro/periferia, referido al rol de cada una de las partes en el contexto espacial de la economía mundial históricamente considerada.

La conjunción de estas tres facetas enlazadas —dentro de la globalidad con la que hay que analizar el fenómeno—, por vínculos de interdependencia que transmiten las modificaciones de cada elemento al conjunto, delimitan al subdesarrollo. La dinámica que lo genera hay que inscribirla en el proceso dialéctico de expansión del capitalismo que determina un carácter asimétrico a las dos partes del sistema único desarrollo/subdesarrollo.

4. PERFILES ESTRUCTURALES DEL SUBDESARROLLO

El subdesarrollo es un fenómeno complejo que se manifiesta en todos los aspectos de las sociedades a las que afecta. Implica un relativo grado de desorganización en sus aspectos económicos, sociales y políticos, todos ellos interrelacionados en su conjunto; porque el subdesarrollo tiene su reflejo en todas y cada una de las facetas de la organización socioeconómica e institucional, por lo que su disección sólo tiene sentido a efectos de sistematizar el análisis, que alcanza su verdadera dimensión en la globalidad.

No obstante, hay cierta unanimidad en la consideración de una serie de rasgos como propios de la situación de subdesarrollo. Si se compara, por ejemplo, la caracterización que propuso Todaro en los ochenta con la que hace algunas décadas establecía acertada y precisamente Sampedro, se encuentran las pautas comunes denunciadas por la generalidad de los tratadistas. Se puede, por tanto, recurrir a una sistematización paralela a las grandes coordenadas que delimitan el subdesarrollo para Sampedro, con la siguiente expresión sinóptica:

1. Perfil económico:
   1.*a*) Ámbito interno:
      — Escasez de capital.
      — Infrautilización de recursos.
      — Desarticulación productiva.
      — Especialización primaria.
   1.*b*) Ámbito exterior:
      — Dimensión comercial: deterioro del intercambio.
      — Dimensión financiera: deuda externa.
      — Dimensión política: ayuda pública al desarrollo.
2. Perfil sociológico:
      — Desequilibrios demográficos.
      — Deficiencias socioculturales.
3. Perfil político-institucional.

No obstante, ha de hacerse la aclaración de que, si bien los perfiles estructurales del subdesarrollo nos servían en los años sesenta para caracterizar las sociedades de los países de ingresos medios y bajos, hoy día dichos perfiles, aun siendo válidos en su mayoría, han perdido capacidad explicativa al haber aumentado la heterogeneidad entre los países subdesarrollados[17]; por ejemplo, el proceso de industrialización de los países del Sudeste Asiático y el desarrollo tecnológico de los mismos hace que éstos sean sustancialmente diferentes de otros países subdesarrollados de África o de América Latina, como se verá en los capítulos de este texto dedicados a las grandes áreas.

4.1. Perfil económico

1. *Ámbito interno*

Escasez de capital. La insuficiencia de capital es una constante en los países subdesarrollados que condiciona, además, su propia realidad. Pero el concepto de capital hay que entenderlo en una doble dimensión:

— La cuantitativa, estimada en términos absolutos y relativos, esto es, comprensiva tanto del inventario y disponibilidad de recursos físicos como de los factores para su movilización. Cabría considerar la existencia de un fondo o stock de capital y su capacidad de integración en los circuitos productivos como flujo variable. Su evaluación permitiría la construcción de indicadores utilizables para el análisis y la planificación.

— La cualitativa, cuyo más significativo parámetro sería el capital humano —de más compleja valoración—, pero de primordial importancia en los procesos de desarrollo, que se traduce entre otras, en la presencia o ausencia de aptitud para producir o asumir tecnología. Es obvio que los avances tecnológicos proceden de la investigación científica y técnica, cuyo protagonista y destinatario es el hombre. La aproximación a esta aptitud se realiza evaluando la población con determinados grados de instrucción, sea la mera alfabetización, la capacitación profesional o el índice de titulados superiores.

La indexación de las vertientes cuantitativa y cualitativa, en su caso, nos acercaría a otros dos aspectos a considerar: el estático bajo cuya óptica puede reflejarse en un momento dado del tiempo el «nivel» o grado de desarrollo comparativo de un país, y el dinámico que permite la aproximación al «ritmo» de desarrollo y su evolución. La conjunción de ambas dimensiones permite el análisis de las secciones transversales (sincronía) y su evolución sobre el eje de las sucesiones (diacronía).

[17] Una interesante revisión de la concepción que Sampedro tenía del subdesarrollo, a la luz de la situación de dicho fenómeno en los años noventa, se encuentra en J. L. Sampedro y C. Berzosa (1996).

En las economías subdesarrolladas muchas deficiencias de capital, en su amplio sentido, proceden de la ausencia de inversiones productivas; éstas, si nos remitimos al modelo keynesiano, dependerán de los niveles globales de renta y ahorro. En este sentido, la inversión supone adición al equipo de bienes de capital reales, sin punto alguno en común con los movimientos financieros de carácter especulativo que, en el conjunto del sistema, se neutralizan entre sí. No es ocioso recordar aquí que la teoría keynesiana pone el acento en la demanda efectiva a la que vincula el nivel general de producción, en su búsqueda del equilibrio con subocupación; y si bien en los países industrializados, dentro de fluctuaciones discretas del desempleo, pudo ser aplicado con cierto éxito el modelo —al menos durante un determinado período histórico—, no así en los países atrasados con reducidos niveles de actividad y elevados porcentajes de población desocupada o subocupada, con lo que no será la demanda efectiva la determinante del nivel de producción, sino las posibilidades en recursos y capital que puedan activar aquélla.

La secuencia ahorro-inversión real-formación de capital juega un papel crucial para la actividad económica; pero en los países subdesarrollados un triple obstáculo limita la función del ahorro: su volumen total, insuficiente o desviado a otras finalidades; su grado de concentración, consecuencia de la desigual distribución de la renta; y, por último, el problema de su escasa eficiencia productiva fruto de los anteriores.

La capacidad de ahorro, cuyo efecto inducido sería la formación de capital, no sólo depende del nivel de renta, sino también de la estructura de su distribución personal. Los bajos niveles de ingresos de amplias capas de la población, con su consecuentemente elevada propensión marginal al consumo como exigencia para alcanzar los mínimos de subsistencia, y la escasa productividad a la que conduce la subalimentación, dificultan la existencia de un ahorro de base que obstaculiza la formación de capital. Y no se puede argüir que el ahorro de los estratos superiores de la población, que disfrutan de elevadas rentas, suplirá esta limitación, puesto que, como afirma Sampedro, siempre podrá ahorrar la minoría privilegiada, favorecida por la desigual distribución de los ingresos, pero ya se sabe cómo emplean esos grupos sus excedentes: en lujo o acumulando en la gran banca internacional reservas para seguridad o especulación, o en alianza con capitalistas extranjeros para explotar en su provecho los recursos nacionales. Por eso no se puede esperar mucho del ahorro minoritario.

Sin embargo, la escasez de ahorro interno, en la actualidad, tiene una menor importancia en la formación de capital, ya que los recursos financieros para la inversión real pueden obtenerse del ahorro externo con gran facilidad dada la globalización financiera en la que vivimos; sin embargo, esta opción tiene como inconveniente el aumento del endeudamiento externo, que en períodos de elevados tipos de interés ponen en serios aprietos a las economías subdesarrolladas.

Infrautilización de recursos. La existencia de recursos naturales ociosos o con bajo nivel de utilización es un nuevo aspecto a considerar en el carácter global del subdesarrollo, y contribuye a la ineficacia e ineficiencia del sistema productivo.

Cualquier organización económica se apoya en dos tipos básicos de recursos: los naturales y los humanos. Sobre los primeros —dones de la Naturaleza distribuidos con distinta generosidad— actúa el trabajo del hombre; pero es diferente el esfuerzo que ha de aplicar, según el grado de abundancia y dificultad para su aprovechamiento de aquéllos y el nivel de la técnica alcanzado por la sociedad.

En las áreas subdesarrolladas, la participación de los recursos naturales en el proceso productivo es, generalmente, inferior a su capacidad potencial para generar riqueza, bien porque se ignore la existencia de muchos de ellos impidiendo su integración en la producción, bien por la deficiente explotación de los mismos.

Sin embargo, en los últimos años la tendencia se ha invertido, pasándose de la infrautilización de los recursos naturales a la sobreexplotación de los mismos, en una frenética lucha de los países subdesarrollados por ser competitivos en el mercado global. La globalización ha obligado a estos países a buscar aquellos nichos del mercado para los que poseen alguna ventaja competitiva, para lo cual han recurrido en muchos casos a producciones intensivas en recursos naturales, produciendo el agotamiento de los recursos no renovables y dificultando la regeneración de los renovables, por el fuerte ritmo de extracción al que son sometidos dichos recursos; este hecho está generando una estrategia de desarrollo que no es sostenible a largo plazo. Por otro lado, la fuerte sequía que ha azotado en las últimas décadas al continente africano, en particular, ha reducido drásticamente los recursos de carácter biológico de los países de esta región. En cualquier caso, la presión que las poblaciones subdesarrolladas ejercen sobre los recursos disponibles es un serio obstáculo a su propio crecimiento.

Los recursos humanos se encuentran infrautilizados tanto por la subalimentación como por los bajos niveles de instrucción y conocimientos que padecen. Estas circunstancias contribuyen a la baja productividad y escaso nivel de renta de sus sociedades que las condena a un consumo débil y a la inexistencia de ahorro popular. El subempleo, entendido como la ocupación de un mismo puesto de trabajo por varias personas a la vez, repartiendo de ese modo la producción y la retribución, es una de las características del mercado de trabajo de los países subdesarrollados.

De hecho, todos los ingresos de la generalidad de las economías domésticas están destinados al consumo vital que mantiene en el umbral de la subsistencia a grandes estratos de una población en permanente intento de incorporarse al trabajo desde temprana edad. La alta propensión al consumo básico condiciona una débil demanda e impide la generación del ahorro que se traduce en escasos niveles de inversión y formación de capital, cerrando así el círculo de la pobreza (figura 10.1).

Esta causalidad circular, si bien responde a un modelo simplificado, refleja el proceso de estancamiento que sufren las sociedades atrasadas; pero las raíces de la situación hay que buscarlas en el marco institucional que condiciona la organización productiva determinando cómo se genera, en qué se utiliza y quién se apropia de un producto social obtenido que rebasa las necesidades de subsistencia de la colectividad. Este producto excedente reviste tal importancia en el análisis económico que Mandel lo consideraba concepto imprescindible para la comprensión de los problemas económicos de los países subdesarrollados. Aunque su definición y más aún su

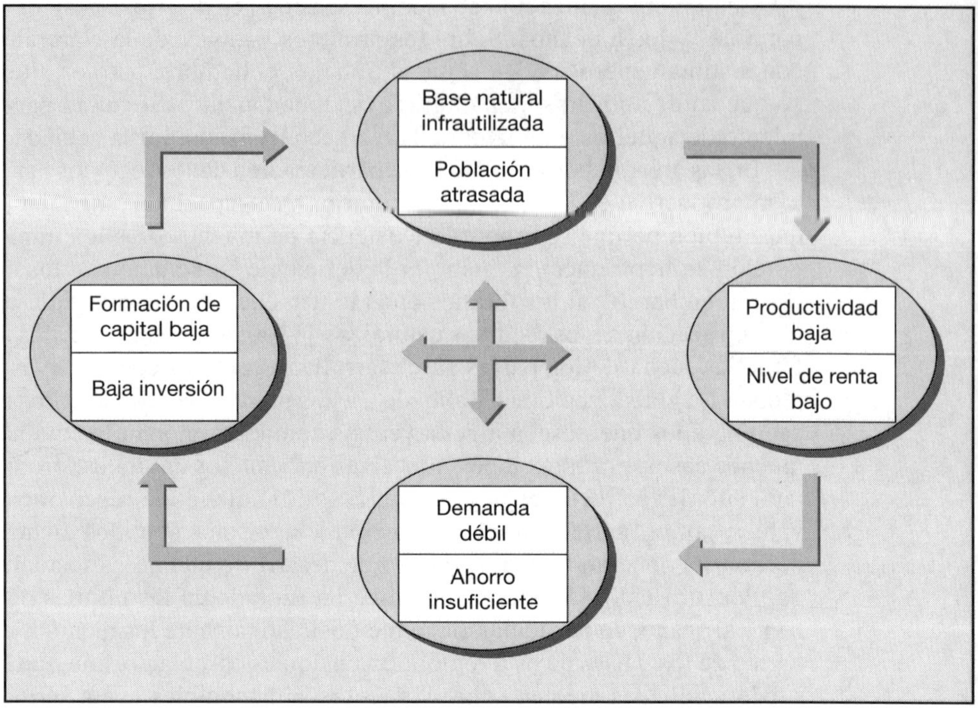

Figura 10.1.

evaluación ofrecen serias dificultades, Baran lo entendía como «la diferencia entre la producción real generada por la sociedad y su consumo efectivo corriente», relacionándolo con lo que llama «excedente económico potencial», es decir, aquel que podría obtenerse con una eficaz asignación de recursos, con una organización racional del consumo que evite el despilfarro, y con el aprovechamiento óptimo de una fuerza laboral que, o no encuentra trabajo, o está subempleada o dedicada a trabajos improductivos. Estas anomalías son las que Furtado califica como desequilibrios al nivel de los factores de producción. Expresión de esta ociosidad o infrautilización del factor humano son las diversas manifestaciones del desempleo de las que, sin excluir las otras, el estructural, debido a la escasez de capital en la economía que provoca la desproporción entre los recursos físicos y humanos, es el más característico y tiene un carácter crónico en las áreas deprimidas.

Para completar la panorámica sobre la ociosidad de los recursos y su interrelación con el marco socioinstitucional, cabría una referencia a la inadecuada estructura de la propiedad agraria que, aun transformados los predios en modernas explotaciones por la intensificación del capital, condiciona una injusta distribución de la renta que dificulta la movilización productiva del ahorro dadas las diferentes propensiones media y marginal al consumo de las distintas clases sociales. A esto habría que añadir también la canalización del ahorro hacia los enclaves hegemónicos extranjeros, tanto si es directa como si se realiza por el sistema financiero, que contribuye a la baja tasa de inversión productiva interna.

Desarticulación del sistema productivo. La observación de la estructura del sistema productivo de las áreas subdesarrolladas pone de manifiesto la falta de diversificación y armonía intersectorial sobre la que se articulan sus economías.

Utilizando los criterios ampliamente difundidos de Fisher y Clark, con sectores agrario, industrial y de comercio y servicios, y sus participaciones en el conjunto de la producción de un país, pueden ordenarse secciones transversales comparativas entre países y establecer una correlación entre la ponderación de los sectores productivos y el grado de desarrollo de su economía con especial referencia al peso específico de las producciones secundarias. Este criterio ha dado lugar a la asimilación o identificación de industrialización con desarrollo, de un claro matiz productivista carente de dimensión social, que se ha prestado a la manipulación ideológica.

Por ello el papel que desempeña cada uno de los sectores sobre el conjunto de la economía debe ser considerado desde una doble perspectiva: los volúmenes absoluto y relativo de riqueza que genera, y la población activa que emplea[18].

De los datos que nos ofrecen los informes del Banco Mundial y del PNUD, con medias ponderadas de empleo y producción en los grupos de países definidos como de ingresos medios, o «en vías de desarrollo», y de ingresos bajos, o «países menos adelantados», se pueden enmarcar las estructuras que presentan sus sistemas productivos así como su evolución, en el transcurso del tiempo que media entre 1965 y 1995.

TABLA 10.2

Estructura sectorial del PIB por grupo de países según ingresos (1980-1995), en porcentajes

	Sector primario		Sector secundario		Sector terciario	
	1965	1995	1965	1995	1965	1995
PI bajos	41	25	26	38	32	37
PI medios	19	11	34	35	46	54
PIMTI	—	13	—	36	—	51
PIMTS	—	9	—	37	—	54
PI altos	5	2	42	32	54	66
Media mundial	10	5	40	33	51	62

(PI: países de ingresos; PIMTS: Países de ingresos medios tramo inferior; PIMTS: Países de ingresos medios tramo superior.)

FUENTE: Elaboración propia a partir de datos del Banco Mundial (1992-1997).

[18] La relación entre el volumen de producción de un sector y el empleo que ocupa permite una evaluación a la productividad física o monetaria, por trabajador, que suele ser baja en las áreas subdesarrolladas, en relación a las avanzadas.

TABLA 10.3

Estructura sectorial del empleo por grupo de países según ingresos

	Sector primario		Sector secundario		Sector terciario	
	1965	1990	1965	1990	1965	1990
PI bajos	83	72	6	8	11	20
PI medios	72	61	11	13	17	26
PI altos	22	11	37	27	41	62
Media mundial	56	49	19	16	25	35

(PI: países de ingresos.)

FUENTE: Elaboración propia a partir de datos del PNUD (1992-1997).

Analizando el diferente comportamiento de los bloques de países desde 1965 se observa lo siguiente:

1. Los países con más bajos niveles de ingresos disminuyen su participación en la producción del sector primario prácticamente en la misma proporción en que lo hace la población activa, lo que significa que la productividad aparente en el sector se mantiene. Al tiempo sube la producción de su sector industrial en la misma proporción que decreció la primaria pero no así la población activa industrial, lo que podría ser indicativo del uso de técnicas que requieren menores dosis de factor trabajo, con impacto favorable sobre la productividad del sector. Esto obliga a que el desplazamiento de mano de obra se realice, especialmente, del primario al terciario, que la absorbe en mayor proporción de lo que supone su incremento de participación en el PIB, tampoco de extrañar dada la conocida dificultad de los servicios para incrementar su productividad.
2. Los países de ingresos medios continúan reduciendo su participación primaria que pasa del 19% al 11% del PIB y, en paralelo, la población activa del sector se reduce aunque en mayor proporción, lo que es indicativo de ganancias en la productividad sectorial. Dado el menor incremento de la industria en este grupo de países, y la aún menor absorción de trabajo, la mano de obra expulsada del campo distribuye su acomodo mayoritariamente en el terciario, cuya población activa aumenta en mayor proporción que su producción dada la ya señalada resistencia de los servicios a aumentar los índices de su productividad.
3. En los países de ingresos altos o industrializados, el sector terciario aumenta su participación tanto en el PIB como en el empleo, dando lugar a la conocida «terciarización» de sus economías. La estabilización e, incluso, reducción porcentual de su sector industrial se debe no sólo al mayor peso específico de los servicios, sino también a la utilización en la industria de técnicas

intensivas en capital como la robótica, que eliminan mano de obra aumentando en gran medida su productividad global, además del proceso de externalización de servicios que se está produciendo en las empresas industriales.

Especialización primaria. Apoyándonos en los datos de las tablas anteriores puede apreciarse la desarticulación de los sistemas productivos de los países dependientes que quedan especializados, dentro de la división internacional del trabajo, en las producciones del sector primario, que será el que ocupe a la inmensa mayoría de la población y genere la mayor parte del valor añadido de sus economías.

A tenor de estas tablas se ponen de manifiesto los siguientes rasgos de la estructura económica de los países subdesarrollados:

a) Una elevada participación de la producción del sector primario en la producción y el empleo. Como fuente de alimentos y/o productos de exportación, polariza la actividad de estas economías de subsistencia que se desenvuelven con reducidos niveles de productividad. De aquí que se pueda establecer, con J. L. Sampedro, que lo que mantiene a muchos pueblos en un bajo nivel de producción global «no es el mero hecho de que la mayor parte del producto proceda de la agricultura, sino el estado especialmente atrasado de esta agricultura», sin olvidar tampoco el decisivo papel que en muchas economías atrasadas juega la producción primaria no agrícola.

b) El limitado grado de industrialización, en un primer momento, y una producción industrial poco competitiva en el mundo global de hoy, obliga a la exportación de materias primas o productos con bajo coeficiente de valor añadido. Con la excepción de los países del Sudeste Asiático, cuyo proceso de industrialización se basó la producción industrial para la exportación, la industrialización del resto de los países subdesarrollados se hizo sustituyendo importaciones por producción industrial nacional; esto desembocó en la protección aduanera de dicha producción, que terminó por fomentar una industria poco competitiva incapaz de hacer frente a los requerimientos del mercado global. La opción que ha quedado a estos países ha sido la producción industrial de escaso contenido tecnológico basada en la transformación de recursos naturales con escasa incorporación de valor añadido, aunque esto último ha mejorado la articulación sectorial entre los sectores primario y secundario.

c) La desproporción del sector servicios, en un primer momento residual pero que tiende a hipertrofiarse a poco que se impulse el crecimiento, dando lugar a un trasvase de población procedente de la ocupada en actividades primarias y generando importantes bolsas de subempleo. El desarrollo del sector turístico se ha convertido en los últimos años en una importante opción para obtener divisas y estimular el crecimiento económico; pero desgraciadamente el funcionamiento de las instalaciones hoteleras como economías de enclave genera escasos eslabonamientos con los demás sectores productivos.

2. *Ámbito externo*

Los desajustes internos hasta aquí vistos de las economías subdesarrolladas tienen su repercusión en su engarce con la internacional, puesto de manifiesto en las tres dimensiones sobre las que se centran las carencias de la situación en el plano externo: comercial, financiera y política.

Dimensión comercial: deterioro del intercambio. Según datos del Informe de la Comisión del Sur, solamente entre 1980 y 1982, «debido en gran medida a la menor demanda, los precios de los principales productos básicos exportados por los países en desarrollo —a excepción del petróleo— bajaron un 21% en términos reales». La situación se vio agravada por la subida de los tipos internacionales de interés que, en lo que se refiere al corto plazo, de un promedio del 8,3% en la segunda mitad de los setenta, se situaron en casi el 15% durante el bienio citado.

En el marco de las relaciones comerciales, la variable estratégica de Prebisch, la relación real de intercambio, se vio negativamente afectada en este período, alcanzando en 1988 un deterioro del 29% en comparación con 1980, lo que no es de extrañar cuando se comprueba que el precio medio en términos reales del conjunto de productos básicos, exceptuando el petróleo, fue un 25% inferior a los alcanzados en las dos décadas precedentes.

Estos problemas de balanza comercial generaron una mayor dependencia de las economías periféricas de las centrales, y se vieron agravados por la modificación de las variables demográficas que incidieron muy negativamente en el contexto general del Sur. Tasas de crecimiento de la población superiores a las del PIB provocaron un descenso de la renta por habitante en la mayor parte de las áreas del Sur, si bien no en todas se manifestó con la misma intensidad, sin que las recetas impuestas por el Norte para controlar variables económicas y demográficas surtieran efectos.

TABLA 10.4

Participación en el comercio mundial (1980-1995) en porcentajes de las exportaciones e importaciones mundiales de mercancías

	Exportaciones 1980	Exportaciones 1995	Importaciones 1980	Importaciones 1995
Países ingresos bajos	4,1	4,8	4,8	4,8
Países ingresos medios	28,5	17,4	22,1	18,7
Países ingresos altos	67,4	77,8	73,1	76,5
Total mundial	100	100	100	100

FUENTE: Elaboración propia a partir de datos del Banco Mundial (1997).

Si se presta atención a las posibilidades de acceso a los mercados internacionales de los países subdesarrollados que se refleja en su participación en las exportaciones e importaciones mundiales, su volumen descendió en los años cincuenta de la cuota del 31,6% a la de el 21,4% sobre el total de los intercambios internacionales, deteriorándose posteriormente más la situación como revelan los siguientes datos que suministra el informe del Banco Mundial, 1997.

Los países de ingresos bajos mantienen su participación residual en el comercio mundial, inferior al 5% de todos los intercambios, mientras que los países de ingresos medios vienen reduciendo los últimos años dicha participación en favor de los países de ingresos altos, pasando de representar más del 25% en 1980 a menos del 20% en 1995. Este hecho pone de manifiesto la escasa competitividad de los productos de los países desarrollados, que condicionan a su vez el volumen de las importaciones.

Si en lugar de referir la distribución a los países se hace el cómputo sobre población, los resultados son aún más escandalosos. Frente a la participación de más de un 80% sobre las transacciones correspondiente al 20% de población más rica, el quintil inferior no llega a alcanzar el 1%.

TABLA 10.5

Deuda externa de los países en desarrollo. Por grupos de países según ingresos y por regiones (1980-1995)

	Deuda total				Servicio	
	% PNB		% exportaciones		% exportaciones	
	1980	1995	1980	1995	1980	1995
Países ingresos bajos	16,3	38,7	96,8	183,9	9,6	15,4
Países ingresos medios	22,4	39,9	86,6	142,6	13,6	17,4
Países ingresos medios y bajos	21,0	39,6	86,5	151,4	13,0	17,0
Norte de África-Oriente Medio	18,3	37,3	41,1	133,4	5,7	14,9
África Subsahariana	30,6	81,3	91,7	241,7	9,8	14,5
Asia Oriental-Pacífico	17,3	32,9	81,8	98,3	11,5	12,8
Asia Meridional	17,4	30,5	160,5	218,7	11,7	24,6
América Latina-Caribe	36,0	41,0	201,8	212,0	36,3	26,1

FUENTE: Elaboración propia a partir de datos del Banco Mundial (1997).

Dimensión financiera: deuda exterior. El desigual reparto de la riqueza en el mundo, agudizado por el proceso de concentración en los centros hegemónicos que se viene desarrollando, ha ido generando un importante volumen de deuda en los países subdesarrollados que, dadas las variaciones en los tipos de cambio y tasas de interés durante la década de los ochenta, se situó en límites insostenibles para muchos países. No sólo no se minora el principal, sino que su volumen supera el valor total de los ingresos por exportaciones, y su servicio supone un elevado porcentaje sobre dichos ingresos, en general única fuente de divisas para estos países. A pesar de que la caída de los tipos de interés y de la cotización del dólar a comienzos de los noventa ha permitido poner fin a la crisis de la deuda y la mayoría de los países hacen frente en la actualidad al pago del servicio anual, la deuda externa sigue teniendo un gran peso en el conjunto de las economías subdesarrolladas y con una tendencia creciente.

La tabla 10.5 recoge la incidencia porcentual de la deuda sobre el PNB y las exportaciones de los distintos grupos de países, según la clasificación del Banco Mundial. La elocuencia de las cifras exime todo comentario, si bien es conveniente llamar nuevamente la atención sobre el impresionante crecimiento que experimentan desde 1980.

Más esclarecedor aún, si cabe, es el contenido de la tabla 10.6, en el que se relaciona la renta y la deuda per cápita, y el porcentaje de renta per cápita que, a nivel global, está afectado por la deuda.

El monto de deuda global y su servicio supuso una transferencia de recursos hacia el Norte que superó los 163.000 millones de dólares en el período 1984-1988[19], al tiempo que se vieron reducidas todas las vías de financiación, públicas y privadas. Créditos a la exportación, préstamos de la banca comercial o de las instituciones —FMI y Banco Mundial—, inversiones extranjeras y ayudas públicas al desarrollo, fueron negativamente afectadas por estas circunstancias, cuyas consecuencias supusieron la inversión del sentido de las transferencias de capital con una grave sangría para la generalidad de los países del Sur, ya que la salida de utilidades fue siempre mayor que la entrada de capitales. Según los informes del PNUD y del Banco Mundial, la deuda exterior total de los países en vías de desarrollo ha ido creciendo desde los 100.000 millones de dólares en 1970 a los 650.000 de 1980 para situarse en 1990, en 1.350.000, y alcanzar en 1995 los 2.050.000, lo que supone triplicar la cuantía de 1980 y multiplicarla por veinte en el transcurso de un cuarto de siglo, sin que se vislumbre perspectiva alguna de cambio y mejora de la situación.

TABLA 10.6

Renta y deuda per cápita por grupos de países según ingresos (1995)

	PNB pc	Deuda pc	Deuda pc/PNB pc
Países ingresos bajos	430	168	39,06
Países ingresos medios	2.390	962	40,25
Países ingresos medios y bajos	1.090	433	39,72

FUENTE: Elaboración propia a partir de datos del Banco Mundial (1997).

[19] El PNUD evalúa esta cifra en 242.000 millones de dólares para el período 1983-1989 (PNUD, 199 páginas 47 y ss.).

Si se sitúa la deuda en la perspectiva geográfica, la tabla 10.5 recoge el balance mundial por grandes áreas y su evolución desde 1980. Si bien la mayor parte de la deuda está concentrada en un reducido número de países[20], su incidencia se extiende por todo el Sur suponiendo para el África Subsahariana el equivalente al 81% de su PNB total y para América Latina el 41% de la misma magnitud. Sin embargo, si se evalúa la deuda en términos de exportaciones, hay tres regiones que modifican sensiblemente su posición, Africa Subsahariana, Norte de África y Oriente Medio y Asia Meridional, que ven empeorar su situación de manera alarmante, mientras que América Latina y el Sudeste Asiático y el Pacífico, mantienen con dificultades el ratio de 1980.

Lamentablemente, las perspectivas no hacen concebir la esperanza de una pronta y eficaz resolución de esta situación que exige del concurso de varios factores interdependientes tales como el crecimiento económico con una más equitativa distribución de sus frutos, realizada mediante instrumentos fiscales; la existencia de un excedente de divisas a obtener por el intercambio comercial, y la presencia de inversiones productivas en desarrollo y no meramente geográficas, en la terminología de Singer.

Dimensión política: ayuda pública al desarrollo. Si en el plano nacional los países pueden desarrollar políticas redistributivas que corrijan los desequilibrios regionales, en el plano mundial la inexistencia de un centro rector único lo impide. La globalización del sistema económico no ha venido acompañada por la configuración de un Gobierno Mundial que pudiera poner en práctica mecanismos correctores de las crecientes desigualdades.

Sin embargo, la toma de conciencia por parte de los países que accedían a la independencia política, del distanciamiento progresivo con las antiguas metrópolis y de su deterioro a escala mundial, fue generando un estado de opinión en torno a la necesidad de un nuevo orden económico internacional (NOEI) que abordara no sólo el aspecto comercial, sino todo el conjunto de relaciones asimétricas establecidas entre los países industrializados y la amplia y dependiente periferia, a la que había que hacer partícipe de la riqueza que, en gran medida, habían contribuido a generar. Además, el creciente deterioro de muchos países hacía necesaria la canalización internacional de fondos de ayuda, llegándose al acuerdo político de que los países industrializados destinaran anualmente el 0,35% de su PNB en concepto de ayuda oficial al desarrollo (AOD). En cualquier caso, la insuficiencia de estos recursos es evidente ya que su volumen, ligeramente inferior a los 59.000 millones de dólares, procedentes en su casi totalidad de los países miembros de la OCDE, apenas alcanza a cubrir la cuarta parte del montante necesario para incrementar en un 2% la tasa media de crecimiento de los países subdesarrollados. Esta insuficiencia es tanto más preocupante para la periferia cuando se comprueba que los países donantes, frente al exiguo compromiso del 0,35% de su PNB, dedican globalmente una cuarta parte

[20] Según PNUD tan sólo veinte países, entre los que destacan Argentina, Brasil, México, Egipto e India, suponen el 20% del total.

del mismo a políticas de asistencia social dirigidas a sus estratos más necesitados que no superan la décima parte de su población. Más aún, la ausencia de criterios objetivos definidos para dirigir las ayudas —que responden más a los intereses de los donantes que a las necesidades de los destinatarios—, ha hecho que sólo la cuarta parte de su montante total la reciban los diez países que concentran a las tres cuartas partes de la población mundial situada bajo el umbral de la pobreza.

La comparación que se realiza en la tabla 10.7 entre deuda externa y ayuda oficial al desarrollo pone de manifiesto, de forma palmaria, lo que hasta aquí se viene afirmando sobre insuficiencia y sesgo en la aplicación de las ayudas.

TABLA 10.7

Ayuda oficial al desarrollo y deuda externa de los países en desarrollo. Según niveles de desarrollo humano (1994)

	Ayuda oficial al desarrollo			Deuda externa		
	Total	**% PNB**	**AOD pc**	**Total**	**% PNB**	**DE pc**
PDH bajo	21.945	4,2	13	293	61	116
PDH medio	18.394	1,9	11	706	38	319
PDH alto	2.650	0,2	8	445	31	1.268
Países en desarrollo	58.876	1,4	11	1.444	38	334

(PDH: Países en desarrollo con desarrollo humano; Total: en millones de dólares; AOD pc: Ayuda oficial al desarrollo per cápita en dólares; DE pc: Deuda externa per cápita en dólares).

FUENTE: Elaboración propia a partir de datos del PNUD (1997).

Así, los clasificados como países de desarrollo humano bajo, en su mayoría con una renta per cápita inferior a 500 dólares, tienen contraída una deuda que, distribuida por persona, es de 116 dólares, en tanto que el ratio de la ayuda oficial al desarrollo por persona se encuentra en 13 dólares, que equivale al 11,2% de la obligación contraída.

El total de países considerados de desarrollo humano medio soportan una deuda per cápita de 706 dólares y no perciben en su conjunto más que 11 dólares de ayuda por persona, que equivale a un 3,45% de la obligación contraída.

Los países en desarrollo cuyo desarrollo humano se considera alto reciben 8 dólares de ayuda per cápita, mientras que deben 31 dólares per cápita, por lo que la ayuda sólo cubre el 0,63% de lo que deben.

No es ajeno a esta situación que cerca de las tres cuartas partes de las ayudas sean fruto de acuerdos bilaterales en los que no son criterios filantrópicos, precisamente los que inducen a su establecimiento.

Queda, por último, dejar constancia de la imprecisión que encierra el concepto «ayuda al desarrollo», pudiendo encubrir, bajo tan altisonante designación, desde la colocación de excedentes o venta de armas, hasta los apoyos financieros a regímenes totalitarios sumisos a los intereses económicos o estratégicos de los generosos donantes, desvelando la verdadera raíz política de los acuerdos.

Por otro lado, frente con los cuestionables motivos de la ayuda oficial al desarrollo (influencia política, contrapartidas comerciales, facilidades a la inversión extranjera, apoyo militar...), la toma de conciencia del fenómeno del subdesarrollo por parte de los ciudadanos más sensibles de los países desarrollados ha generado un auge de la solidaridad durante las últimas dos décadas. Desde principios de los noventa, las llamadas ONG (organizaciones no gubernamentales) se han constituido como una alternativa solidaria de la sociedad civil, para hacer llegar a los países en desarrollo recursos materiales, técnicos, humanos y financieros procedentes de los países desarrollados; estas asociaciones canalizan recursos, tanto públicos como privados, hacia pequeños proyectos de desarrollo pero que tienen impactos relevantes en la comunidad receptora.

4.2. Perfil sociológico

Desequilibrios demográficos. Una economía subdesarrollada presenta, en su población, características peculiares que difieren de las que se observan en los países industrializados. Esto no significa que los rasgos demográficos sean comunes a todos los países atrasados, máxime cuando dentro del subdesarrollo se acusan notables diferencias: hay países densamente poblados y otros en los que el despoblamiento es la mayor amenaza, sin que sea, necesariamente, la presión de la población sobre los recursos la causante. Sin embargo, un factor común se revela en la demografía del subdesarrollo: las elevadas tasas de natalidad que, con la minoración de la mortalidad infantil, contribuyen a los altos índices de crecimiento de una población con escasas expectativas de empleo. La propensión a una elevada natalidad en las áreas subdesarrolladas se revela en el tamaño medio de las familias; según datos del Banco Mundial, en Pakistán al decil de familias más pobres correspondía en 1984 a una media de 7,7 miembros de los cuales 3,3 eran menores de nueve años, frente a unas medias nacionales de 6,1 y 2,0 respectivamente, lo que hace asociar los niveles de pobreza con la natalidad.

Sin que exista una directa relación causa/efecto, cabe señalar que la asociación con la pobreza de menores niveles de instrucción y mayores condicionamientos religiosos y atávicos que proscriben el control de la natalidad, al tiempo que la autodefensa biológica dadas las ancestralmente elevadas tasas de mortalidad infantil hoy fuertemente reducidas, influyen decisivamente en la estructura familiar.

Estas circunstancias, que suelen traducirse en la excesiva presión de la población sobre los recursos, fuerzan a la emigración, y si bien es cierto que los movimientos migratorios han existido desde los orígenes de la Humanidad, la sociedad actual se ha basado en el definitivo asentamiento del hombre sobre un territorio, que ahora se ve amenazado por las corrientes humanas procedentes del Sur y constituyen uno de los más preocupantes problemas demográficos de nuestro tiempo. A la

Unión Europea se acerca una emigración clandestina que ya no procede simplemente del Magreb, sino de la profunda África Subsahariana, mientras que se calcula que en los Estados Unidos hay más de dos millones de inmigrantes ilegales.

Los flujos migratorios como única solución a nivel individual para sobrevivir, se truecan en grave problema para la comunidad emisora por la pérdida del segmento de población más activo y productivo, que supondrá un serio obstáculo para su desarrollo a través de dos efectos concomitantes: por un lado esa pérdida directa de población en su cenit productivo; por otro, el envejecimiento de los estratos que quedan. Ambos yugulan el crecimiento vegetativo actuando en sentido contrario sobre las tasas de natalidad y mortalidad —descenso de la primera y aumento de la segunda—, dando lugar a que en el momento en que el crecimiento vegetativo es superado por un saldo migratorio negativo, comienza a perfilarse el fantasma del despoblamiento, ya que la emigración, lejos de aliviar las regiones en que se produce, las consagra definitivamente en decadencia.

Estos problemas demográficos vinculados con el desarrollo fueron objeto en 1994 de una Conferencia de las Naciones Unidas sobre Población y Desarrollo; en ella se puso énfasis en el fuerte crecimiento demográfico de los países subdesarrollados (responsables del 94% del crecimiento demográfico mundial) y la necesidad de estabilizarlo como un requerimiento para poder alcanzar el desarrollo. Entre las resoluciones de esta cumbre también se recoge el respeto de los valores religiosos, éticos, culturales y tradicionales de cada país integrándose en pie de igualdad con los derechos humanos.

El panorama demográfico del mundo actual y la modificación de alguna de sus tasas desde 1960 quedan expuestos en las tablas 10.8 y 10.9.

Entre 1965 y 1980 la población de los países de ingresos bajos y medios creció a una tasa del 2,3% anual frente al 0,9% de los países de ingresos altos; en la década de los ochenta estas tasas fueron, respectivamente, del 2% y del 0,7%; y en el primer quinquenio de los noventa, la población de los países de ingresos bajos creció un 1,7%, la de los países de ingresos medios un 1,6% y para los países de ingresos altos dicho crecimiento se mantuvo en el 0,7%. Evidentemente, a ello han con-

TABLA 10.8

Panorama demográfico mundial I (1995)

	Población-1995	Densidad-1995	Crecimiento de población 1990-1995
Países ingresos bajos	3.179,9	78	1,7
Países ingresos medios	4.770,8	47	1,6
Páises ingresos altos	902,2	28	0,7
Total mundial	5.673,0	42	1,5

FUENTE: Elaboración propia a partir de datos del Banco Mundial (1997).

TABLA 10.9

Panorama demográfico mundial II (1960-1994)

	PU-60	PU-94	EV-60	EV-94	TMI-60	TMI-94	NAT-94	MOR-94
PDHB	15	27	42,1	56,4	167	85	33,7	11,8
PDHM	24	40	47,6	67,2	143	46	22,5	7,4
PDHA	45	68	56,5	71,5	90	25	22,8	5,9
PEND	22	37	46,0	62,1	149	64	27,1	9,0
PIND	61	74	68,6	73,8	39	14	13,1	10,0
Total	34	45	50,2	63,6	129	58	24,0	9,2

(PU: Población urbana en porcentajes del total; EV: Esperanza de vida en años; TMI: Tasa de mortalidad infantil en tantos por mil; NAT: Tasa de natalidad en tantos por mil; MORT: Tasa de mortalidad en tantos por mil; PDHB: Países en desarrollo con desarrollo humano bajo; PDHM: Países en desarrollo con desarrollo humano medio; PDHA: Países en desarrollo con desarrollo humano alto; PEND: Países en desarrollo; PIND: Países industrializados.)

FUENTE: Elaboración propia a partir de datos del PNUD (1997).

tribuido en gran medida los avances en el campo de la sanidad que han actuado sobre las tasas de mortalidad, especialmente infantil. Durante los treinta últimos años la reducción de la mortalidad infantil se ha situado en las mismas cotas que costaron más de un siglo de esfuerzo a los hoy países industrializados. La esperanza de vida en los países en desarrollo ha subido entre 1960 y 1994 de los 46 a los 62 años, aunque las diferencias absolutas con los países industriales, de 69 a 74 años, son aún muy sensibles. Esta reducción de la mortalidad, sin que paralelos decrementos de la natalidad las acompañaran, ha contribuido a la explosión demográfica del Sur que obliga a la emigración por la supervivencia a la que ya se ha hecho referencia. Aunque si bien es cierto que la población crece ahora más lentamente que en los años sesenta, la densidad de población es hoy bastante más alta y la distribución de la renta mundial entre la población mundial pone de manifiesto la insostenibilidad del modelo de desarrollo imperante en el mundo (tabla 10.1).

Deficiencias socioculturales. La correlación existente entre las aptitudes y actitudes transformadoras de un país y sus posibilidades de acceso a la educación y la capacitación profesional está plenamente reconocida y demostrada. En el plano económico se manifiesta en la correspondencia entre el incremento de los niveles de productividad y la introducción de tecnología en los procesos productivos que demanda, a su vez, aportaciones crecientes de «capital humano». Y aquí, las carencias de los países subdesarrollados marcan una diferencia más con los industrializados, que revela el PNUD sosteniendo que «mientras en los países industrializados se estima que la productividad ha contribuido aproximadamente en un 50% al aumento de la producción económica [...] en el mundo subdesarrollado la mejora de la productividad se ha mostrado mucho más débil y no ha contribuido a aumentar la producción más que en un 9%»[21].

Las mejoras en los rendimientos dependen de una constelación de factores relacionados con los procesos en los que desempeña un importante papel el factor humano, en su dimensión colectiva, siendo sus tasas de acceso a los distintos niveles de instrucción y la oferta de atención sanitaria primaria parte de la llamada inversión en capital humano. Y si bien las distancias entre el Norte industrializado y el Sur subdesarrollado se han reducido en estos campos en el curso de los últimos decenios, las diferencias siguen siendo muy señaladas e incluso crecientes en lo que a frutos de la educación e instrucción superior se refiere. La producción de conocimientos sigue estando monopolizada por los países avanzados que amparan con patentes las tecnologías derivadas de aquéllos, restringiendo su transferencia y uso a los países con capacidad económica para pagarla. El origen de esta situación se revela en la desigualdad de oportunidades para el acceso a la enseñanza superior que en el Norte alcanza al 37% de la población, en el Sur al 8% y en los países de ingresos bajos tan sólo al 2%; esto se traduce en las distintas dotaciones de personal científico y técnico cuyas tasas son del 81% para el conjunto de países desarrollados y sólo el 9%. en los subdesarrollados.

TABLA 10.10

Panorama educativo y sanitario mundial (1988-1996)

	PDHB	**PDHM**	**PDHA**	**Países en desarrollo**
T. Alfabet. Adult.-94	50	80	92	69,7
T. Matr. 1.ª y 2.ª-92/94	60	86	86	74
Acc. Serv. San.-90/96	70	87	90	80
Acc. Agua Pot.-90/96	71	69	85	71
Acc. Saneam.-90/96	35	36	83	39
Habit./Médico-88/91	7.745	3.446*	1.650	5.833
Habit./Sanit.-88/91	5.825	2.685*	1.782	4.691

(* Excluida China, de la que no se disponen de datos; Tasa de alfabetización de adultos en porcentajes; Tasa de matriculación de enseñanza primaria y secundaria en porcentajes; Población con acceso a servicios sanitarios en porcentajes de la población; Población con acceso a agua potable en porcentajes de la población; Población con acceso a saneamientos en porcentajes de la población; Habitantes por médico; Habitante por asistente sanitario.)

FUENTE: PNUD (1997).

[21] PNUD (1992, pág. 43).

4.3. Perfil político-institucional

En el plano sociopolítico el retroceso para el Sur ha sido tanto o más importante que el meramente económico. Las restricciones en el gasto público se hicieron notar en los dedicados a finalidades sociales y redistributivas. La educación y la sanidad públicas se resintieron reduciéndose los niveles anteriores de gasto por persona para estas finalidades, llegándose incluso a restringir subsidios y ayudas alimentarias.

Esta penuria económica y la falta de horizontes vitales hicieron crecer el descontento, caldo de cultivo de la inestabilidad social a la que se le hacía frente mediante el recurso a la opresión y la fuerza militar, convertida en gendarme de los intereses económicos de las minorías.

Para concluir, simplemente reseñar que el decenio de los ochenta sólo sirvió para ensanchar la brecha de separación entre pobres y ricos que, a nivel geográfico, se corresponde con la del Norte frente al Sur. Esta afirmación quedará suficientemente probada mediante el análisis de algunos datos —cualquier variable, con mayor o menor intensidad refleja la situación—, que demuestran que el proceso de concentración de riqueza se ha agudizado y que hay un Cuarto Mundo, al que parece querer negársele hasta el derecho a vivir. Convertido en pesado lastre dentro del sistema económico mundial, tan sólo puede aspirar a la caridad internacional y aun así, bajo condiciones. Hasta el Informe Brandt, en 1980, apuntaba ya que la suerte de 800 millones de desheredados del Tercer Mundo parece escapar a toda solución. Desde 1980 a nuestros días la situación ni se ha resuelto ni hay esperanzas para ello. La diferencia estriba en que ya no son sólo 800 millones.

5. LOS INDICADORES DEL SUBDESARROLLO

Son bien conocidas las dificultades que ofrece la aproximación a las medidas del nivel o grado de desarrollo. Los distintos índices utilizados adolecen de los defectos propios de la falta de un criterio único entre los teóricos, de lo que se debe entender por «desarrollo». Indudablemente, el hecho incontrovertible es que «desarrollo» es algo más que «crecimiento económico». En un intento de síntesis, no de simplificación, ya se ha señalado anteriormente, siguiendo al profesor Sampedro, que desarrollo es, o implica, crecimiento económico más cambio social. La dificultad añadida ahora es la evaluación del «cambio social», dados los distintos hábitos de conducta que desarrollan las diferentes culturas.

De aquí que se haya tendido a asociar la contraposición desarrollo/subdesarrollo a la de nivel de vida que enlaza directamente con el arduo problema de la pobreza; porque el concepto de pobreza evoluciona con el tiempo y varía también de una cultura a otra, al modificar la apreciación que pueden tener la posesión, disfrute o carencias de bienes o servicios disponibles que pueden venir determinados en función de los códigos y esquemas de valores vigentes en cada cultura y ser, por tanto, reflejo de esas diferentes concepciones y normas sobre estatus social.

Aun así, cabría una evaluación del nivel o grado de subdesarrollo, aunque de contenido eminentemente económico, mediante indicadores de lo que llamamos nivel de vida; pero ¿cómo medirlo?, ¿qué entender por nivel de vida mínimo?, ¿cómo expresarlo con sólo un valor? El hallazgo de un índice sintético que condensara en una sola cifra la influencia de varios factores cada uno de ellos indicador, a su vez, de una determinada característica o faceta del subdesarrollo o pobreza, podría ser utilizado; pero tampoco acabaría de resolver el problema: los aspectos no cuantificables —que son muchos— brillarían por su ausencia.

La exigencia científica de encuadrar ordinalmente el fenómeno ha llevado a la imprecisa, aunque aproximativa, baremación del subdesarrollo por medio del nivel de renta por persona. Sin embargo, ingresos tampoco son sinónimo de bienestar, especialmente dentro de los países subdesarrollados, en los que el consumo, que incluye el autoconsumo, aproxima más a aquella situación. Más aún, las notables diferencias que se observan entre los precios en el campo y la ciudad en las economías subdesarrolladas, que son eminentemente rurales, y la diferente capacidad adquisitiva de la unidad monetaria utilizada como medida de la renta, generalmente el dólar, exigen su ajuste al poder de compra, a pesar de los sesgos que pueden introducirse, dado el factor de discrecionalidad que afecta a los criterios de adecuación. Por consiguiente, la utilización de la renta media personal como índice del subdesarrollo, entendido éste como pobreza, ha de tomarse con las cautelas necesarias a pesar de ser el más práctico y extendido para una primera aproximación.

La valoración de estas circunstancias ha movido al Banco Mundial a abordar, en un primer paso, la cuantificación de la pobreza por medio de dos indicadores:

— El índice numérico de la pobreza.
— El índice volumétrico de la pobreza.

Ambos se apoyan en lo que se llamaría «umbral de la pobreza», basado en el consumo, que puede concebirse formado por dos elementos:

— El mínimo de gasto necesario para nutrición y algún otro gasto necesario para la subsistencia.
— La cantidad necesaria para poder participar en la vida de la colectividad.

a) El índice numérico de la pobreza, o número de pobres en relación al conjunto de la población, precisa de una previa definición del concepto «pobre» y la determinación de lo que se entiende por «umbral de la pobreza», es decir, la divisoria entre los pobres y los que no lo son. Es evidente que cualquier criterio que se adopte estará afectado de un elevado grado de subjetividad, por lo que el indicador variará según se fije el umbral. Otra objeción que se le puede hacer es la de no establecer la distancia que separa a pobreza de riqueza, a pobres y ricos, lo que, dada la propia subjetividad de la situación, devalúa al índice.

b) El índice volumétrico de la pobreza o déficit global de ingresos de los pobres expresado en porcentaje del consumo total. Dicho de otra manera, la cantidad de recursos que habría que transferir para elevar hasta el umbral de la pobreza los ingresos de todos aquellos que no lo alcanzan. Elimina el inconveniente anterior al establecer una medida de la distancia que separa la indigencia de lo que se considera que no lo es.

Pero este análisis se enfrenta a una sola de las facetas del fenómeno: la pobreza. Habría que abordar la otra, orientando el trabajo hacia la evaluación de «niveles de bienestar». La conjunción de ambas permitiría comparaciones de suficiente amplitud y generalidad para ser utilizados sobre un universo poblacional lo más amplio y variado posible, esto es, sobre el colectivo humano global.

En esta línea, el Programa de las Naciones Unidas para el Desarrollo (PNUD) ha elaborado el llamado *Índice de desarrollo humano,* o IDH, que contempla y elabora tres tipos de datos relativos al bienestar vital con los que establece una clasificación de países según el valor de este indicador.

Con las reservas propias, igualmente, en relación a la utilización de valores medios, a que la ausencia o dificultades para disponer de estadísticas fiables obligan, impidiendo acompañarlos de medidas de dispersión, así como a las diferencias que se producen entre los sexos, y entre las poblaciones rurales y urbanas, se elaboran las siguientes variables:

— Renta real por habitante. La renta «real» viene ajustada a la capacidad adquisitiva de cada país, en relación a la moneda internacional comúnmente aceptada para este tipo de valoraciones.
— Así pues, el dólar por habitante se ajusta al poder adquisitivo que alcanza en el país en cuestión, en lo referente a la compra de bienes y servicios, es decir, adaptado al nivel general de precios. La utilización del logaritmo del PNB real de ingresos, en lugar de las cifras absolutas de aquél, recoge la disminución en el rendimiento que se produce al transformar ingresos en posibilidades humanas.
— La esperanza de vida al nacer es otra variable a integrar en la elaboración del IDH. Si, efectivamente, el único bien real insustituible por ningún otro es la propia vida, habrá de entenderse que la longevidad, generalmente asociada a niveles más equilibrados de alimentación, servicios sanitarios e higiénicos, de «calidad de vida», debe ser tenida en cuenta a la hora de evaluar el desarrollo humano.
— Por último, en un intento de asociar al IDH el bienestar físico y la realización personal, se utiliza el nivel de alfabetización, rústico si se quiere, pero orientativo, y los años de escolarización, para medir el acceso a los bienes de la cultura y el saber.

De la integración de estos tres factores se obtiene el IDH, de especial utilidad para ilustrar las diferencias entre países, como se recoge en el Anexo Estadístico que acompaña a este trabajo.

Más recientemente, dando un giro al enfoque, el PNUD con su «Informe sobre Desarrollo Humano 1997» se introduce también, al igual que hiciera el Banco Mundial, en el análisis de la pobreza. Contrapone a riqueza y bienestar los conceptos de pobreza y malestar, proponiendo su medición. Si al desarrollo lo entiende como proceso de ampliación de las opciones, la pobreza significará privación de oportunidades. Así, se proyecta la pobreza bajo tres perspectivas:

— Ingresos inferiores a los mínimos que se establecen como divisoria de la pobreza, generalmente en función de la capacidad de compra de alimentos.
— Necesidades básicas no sólo de alimentación, sino también extendidas a la salud, la educación, el empleo, etc.
— Capacidad, ampliamente entendida con Adam Smith como no avergonzarse de aparecer en público.

Si el desarrollo humano se sostiene sobre el nivel de ingresos, la longevidad y el acervo de conocimientos que pueden alcanzar las personas, que se traducen en bienestar, la pobreza se establecerá sobre su privación que produce malestar.

El Índice de Pobreza Humana, IPH, se elabora por la ausencia de tres elementos esenciales:

— El «nivel de vida decente» fruto de la conjunción, a su vez, de tres variables: porcentajes de población que tienen acceso a los servicios de salud, de agua potable y porcentaje de niños menores de cinco años con peso insuficiente por desnutrición.
— Longevidad medida por el porcentaje de personas que se estima no alcanzarán los cuarenta años.
— Acceso al conocimiento, reflejado en el porcentaje de adultos analfabetos.

Por su parte, el Banco Mundial, en la línea de profundizar en la medición del desarrollo, ha presentado los «Indicadores del Desarrollo Mundial. 1997», que con carácter anual publicará, sistematizados en cinco secciones interrelacionadas:

a) Desarrollo del capital humano.
b) Sostenibilidad medioambiental.
c) Resultados macroeconómicos.
d) Desarrollo del sector privado.
e) Vinculaciones a nivel mundial que influyen en las condiciones externas para el desarrollo.

Este trabajo del Banco Mundial da a conocer más de 500 indicadores en series cronológicas de 209 países. Estas últimas aportaciones ponen de relieve la creciente preocupación de las distintas organizaciones por lo que puede considerarse como uno de los más graves problemas con los que se enfrenta hoy día la Humanidad: la injusta distribución de renta y riqueza, cuyo reverso es la pobreza y la necesidad de criterios objetivos para su medición como instrumento para su erradicación.

6. LAS PROPUESTAS DE SOLUCIÓN DE LA DÉCADA DE LOS OCHENTA

En práctica coincidencia con las crisis de los años setenta se planteó la necesidad del establecimiento de un nuevo orden mundial más equitativo. La búsqueda de alternativas a los entonces vigentes modelos de desarrollo se ha venido nutriendo, a lo largo de las últimas décadas, con diferentes aportaciones inspiradas en posicionamientos ideológicos variados e, incluso, antagónicos.

Así, el reformismo socialdemócrata de sensibilidad humanista diverge, en sus planteamientos y propuestas, del pragmatismo egoísta de la posición liberal. El núcleo de su pensamiento en el Norte —más adelante se verá que en el Sur también afloran planteamientos similares, desde su propia óptica—, se condensa en relevantes informes: el de Singer y Ansari, recogido en su obra *Países ricos y pobres;* el elaborado por el Club de Roma bajo la presidencia del Nobel Jan Tinbergen, y conocido como Informe RIO, que pretende dar respuestas al fracaso de las políticas de «asistencia y ayuda»; y, el más notable, el Informe Brandt.

La tesis central del análisis de Singer y Ansari es que el desequilibrio entre países ricos y pobres no puede ser corregido por medio de un mecanismo automático.

El Informe RIO subraya la necesidad de un orden social equitativo, objetivo realizable en el marco del socialismo humanista, que deberá ser desarrollado en base a una amplia planificación de la economía mundial desde la ONU.

Por último, la publicación en 1980 del informe al que da nombre el fallecido presidente de la Comisión que lo elaboró, W. Brandt, suscitó una fuerte controversia en el seno de los países del Norte, desde un doble frente: de un lado, por su inspiración en un keynesianismo proyectado a escala mundial, cuando era cuestionado por las nuevas tendencias de Cambridge en su aplicación a economías abiertas como es el caso del sistema mundial. Por otro lado, porque las recetas keynesianas, con su inclinación a un cierto grado de intervencionismo, habían manifestado ya sus limitaciones, y la ola de radicalismo neoliberal —que se fortaleció a lo largo de la década de los ochenta con el eje Reagan/Thatcher—, comenzaba a extenderse, una vez superado el primer embate de la crisis desatada en 1973.

Preside el Informe la visión de un sistema planetario mundial en el que las desigualdades entre Norte y Sur han aumentado las diferencias y exigen el establecimiento de un orden mundial que erradique la pobreza integralmente considerada. Para ello se sienta la necesidad de un programa alimentario, de un planeamiento energético y de la estabilización de los precios de los productos básicos.

El Informe Brandt constituía una llamada de atención a la comunidad internacional que hacía frente a peligros mucho más graves que en ninguna otra época después de la Segunda Guerra Mundial.

Como opina Sid-Ahmed el plan Brandt puede ser considerado como un nuevo Plan Marshall (cuya) ventaja, para los países del Norte, consiste en brindarles una alternativa aceptable a la crisis en un momento en que no disponen de ninguna otra.

Para B. Ward, si bien las proposiciones de Brandt no son más que una póliza de seguros, todavía vale la pena pagar las primas[22].

Corriente también reformista era la que había nacido de la mano de Raúl Prebisch en la CEPAL: frente a las tesis del libre mercado proponiendo actuaciones de política interna en los países tercermundistas, que resultaron inoperantes o perjudiciales para el Sur, se alzó la voz de Prebisch señalando la necesidad de una cooperación internacional eficaz, pero no simplemente en términos de ayudas del Norte, sino como materialización de un nuevo orden económico internacional.

Alejadas de las posiciones reformistas de Prebisch y la Escuela Latinoamericana, proliferaron posiciones radicales que sostenían, como denominador común, la imposibilidad de transformar el actual orden económico en beneficio de los países del Sur. En consecuencia, la alternativa sería derrumbarlo mediante la ruptura de relaciones económicas con el Norte, y la búsqueda de soluciones autóctonas o, incluso, con el enfrentamiento en una ofensiva frontal. Como el tiempo ha demostrado, ninguna de las dos propuestas era viable y menos aún después del fracaso del comunismo.

En 1987 se constituyó oficialmente la Comisión del Sur que, tras tres años de trabajos, en 1990, presentó presentado el Informe conocido por el nombre de su presidente, J. Nyerere. Se inicia con una visión del mundo, desde la perspectiva que se le ofrece al Sur, como un sistema articulado en dos subsistemas del que uno, el Sur, es dependiente, mientras el otro, el Norte, es dominante. Desde el Sur se declara el deseo de cambiar la relación de subordinación por la de interdependencia, en beneficio mutuo[23]. Es interesante señalar que el concepto de desarrollo, diferenciado del mero crecimiento, se entiende como «realización del potencial humano y mejora del bienestar social y económico de las personas [...] miembros libres de la sociedad [lo que] entraña necesariamente libertad política»[23]. En síntesis, para el Sur el desarrollo es un proceso de crecimiento cuyo primer objetivo debe ser la satisfacción de las necesidades básicas de la población, entendiendo por éstas no sólo la alimentación, sino también la disponibilidad y acceso a los bienes de la educación y la salud, y la oferta y dotación de infraestructuras. Todo ello incardinado en unas estructuras democráticas de gobierno que respeten las libertades y derechos individuales sin tipo alguno de discriminación, siendo garantizadas por un sistema judicial justo e independiente.

Las relaciones entre el Norte y el Sur las aborda el Informe partiendo de la base de que el objetivo para el Sur es la consecución de un crecimiento acelerado, equitativo y sostenido, apoyado en un esfuerzo común de solidaridad, cooperación y autoconfianza.

Consciente, asimismo, el Sur de que las formas clásicas de dominación y dependencia se han adaptado a las exigencias de los nuevos tiempos, basándose hoy día en el control de la ciencia y la tecnología, pide el Sur un trato más equitativo que

---

[22] A. Sid-Ahmed (1985), pág. 53.

[23] Comisión del Sur (1991), págs. 21 y ss.

le permita acceder a los beneficios producidos por los avances en estos campos. Intimamente relacionados con ciencia y tecnología se presentan los problemas de gestión del medio ambiente que reclaman la racionalización de la actividad económica en función de la preservación del patrimonio biológico mundial. Sin embargo, el problema clave, tal vez el nudo gordiano de toda la estrategia del Sur estribe en los aspectos institucionales cuya transformación persigue el Informe: la mayor participación de los países en vías de desarrollo en el control democrático de las decisiones, especialmente de política económica, problema que sin voluntad política no podrá ser resuelto. Y ésta, precisamente, parece no existir. Sin embargo, la evidencia de que la actual civilización ha mundializado la suerte de la Humanidad, obliga a una transformación, no ruptura, en las relaciones entre el Norte y el Sur que establezca un nuevo consenso internacional.

7. INTENTOS DE SOLUCIÓN DE LOS NOVENTA

La rápida sucesión de acontecimientos políticos, como el fracaso del comunismo, o económicos, como el nacimiento de la OMC, que aceleran la creciente e imparable globalización de la economía, han orientado las propuestas de solución planteadas en la última década que pueden agruparse en las tres corrientes de pensamiento vigentes en la actualidad: la neoliberal, la estructuralista y la alternativa.

7.1. El neoliberalismo y la reforma económica

a) *El Consenso de Washington*

A principios de los noventa existía en los organismos internacionales con sede en Washington, FMI y Banco Mundial, particularmente, en las administraciones dependientes de la Casa Blanca, el Tesoro y el Departamento de Estado, en los ministros de economía del G-7 y en los presidentes de los veinte mayores bancos internacionales con gran influencia en las instituciones anteriores, un consenso generalizado sobre la naturaleza de la crisis latinoamericana y sobre las reformas que debían aplicarse para superarla.

Esta concepción común en las instituciones con peso internacional localizadas en Washington fue recogida en un libro titulado *Latin American Adjustment*, publicado en 1990, expresión en síntesis del pensamiento neoliberal de los noventa, conocido como *Consenso de Washington*.

Tres son los elementos centrales del citado consenso: el diagnóstico de la crisis de los países latinoamericanos —que habían aplicado las políticas de industrialización por sustitución de importaciones—, las recomendaciones de políticas económicas a aplicar a corto plazo y las recomendaciones de políticas de reforma estructural.

Por lo que se refiere al diagnóstico de la crisis, las causas que los neoliberales encuentran son esencialmente dos: el excesivo crecimiento del Estado, del proteccionismo, de la regulación y del peso de las empresas públicas, numerosas e ineficientes, y el llamado populismo económico, consistente en la incapacidad de los gobiernos para controlar tanto el déficit público como las demandas de aumentos salariales del sector público y del sector privado.

Las políticas recomendadas a corto plazo, o políticas de estabilización, irían destinadas alcanzar el equilibrio fiscal y la estabilización, y a combatir el populismo económico.

La puesta en práctica de estas políticas reformistas tendentes a la liberalización de la economía en países subdesarrollados, particularmente latinoamericanos, ha permitido que se vaya configurando en el plano teórico un modelo de desarrollo orientado hacia el mercado, denominado por algunos autores como el *nuevo modelo económico,* del cual el caso chileno es el principal exponente. Las políticas reformistas se articulan alrededor de cinco ejes: la liberalización del comercio exterior, la liberalización del sistema financiero, la reforma del Estado, la reforma del mercado de trabajo y la atracción de capitales extranjeros.

El Consenso de Washington, y el modelo reformista derivado de él, asumen que, una vez que las economías sean estabilizadas, liberalizadas y privatizadas, éstas retomarán la senda del desarrollo, que vendrá dado por la restauración de un crecimiento sostenido, cuyos efectos se irían distribuyendo por toda la economía y por toda la sociedad, mejorando el nivel y la calidad de vida de la población.

b) La estrategia de la intervención orientada al mercado

Sin embargo, el planteamiento neoliberal se ha ido moderando a lo largo de los noventa y ha ido aceptando que la intervención del Estado en la economía puede ser positiva bajo determinadas circunstancias. Así, en 1991, el Banco Mundial en su *Informe sobre el desarrollo mundial* propone la denominada *estrategia de intervención orientada al mercado,* en la que profundiza en otra publicación de 1993, *El milagro de Asia oriental. Crecimiento económico y política pública.* Dicha estrategia se basa en un estudio del proceso de desarrollo de los países del Sudeste Asiático, y rompe con la idea de que este proceso había sido fruto de la aplicación de políticas neoliberales por medio de las cuales el Estado se había abstenido de intervenir. El Banco Mundial acepta, por tanto, que la intervención del Estado, en determinadas circunstancias, puede ser un importante factor de desarrollo, pero siempre que trate de apoyar y no de sustituir al mercado, es decir, una intervención condicionada del Estado a favor del mercado.

c) La consolidación de las reformas

Pero no queda aquí la moderación ideológica del pensamiento neoliberal, y así, tras la revuelta zapatista y la crisis cambiaria mexicana en 1994, algunos analistas comenzaron a percibir que el hecho de haber reformado con éxito la economía no era condición suficiente para un desarrollo sostenible y equitativo, por lo que se hacía necesaria una serie de medidas para consolidar dichas reformas; uno de estos analistas fue el chileno Sebastián Edwards, destacado economista del Banco Mundial que en 1995 publicó *Crisis y reforma en América Latina.*

Edwards afirma que la consolidación de las reformas pasan por el establecimiento de un amplio y estable consenso entre las fuerzas políticas y por el convencimiento de la mayoría de la población de las bondades de las políticas reformistas; para ello, es preciso mantener la estabilidad macroeconómica, generar un crecimiento rápido y sostenido, mejorar las condiciones sociales y reducir o eliminar la corrupción, la violencia y el crimen.

El nuevo consenso político debe permitir la discusión, pero salvaguardando los pilares esenciales del reformismo, a saber, la estabilidad, la apertura, la orientación al mercado y el alivio de la pobreza. Estos dos últimos suponen la necesidad de reconstruir el Estado, que sólo se encargará de aquellas actividades productivas en las que la iniciativa privada dude o fracase, para concentrarse en la provisión de servicios sociales para los pobres, de una educación de calidad y de una infraestructura básica, y en garantizar un sistema normativo estable, un entorno macroeconómico que permita la expansión de las exportaciones y la protección del medio ambiente.

Las líneas de actuación para la consolidación de las reformas serían tres que se refuerzan mutuamente: una administración macroeconómica prudente, una serie de reformas estructurales e institucionales que permitan el aumento de la productividad, y un conjunto de programas sociales que reduzcan la desigualdad y alivien la pobreza.

7.2. El neoestructuralismo y la transformación productiva con equidad

Durante los años ochenta, *década perdida para el desarrollo,* el pensamiento estructuralista soportó una dura travesía del desierto de la que salió gracias a una profunda renovación ideológica liderada por Fernando Fajnzylber y que dio pie al llamado neoestructuralismo.

A partir del trabajo de Fernando Fajnzylber, en el seno de la CEPAL se fue elaborando un diagnóstico de la crisis de los países latinoamericanos, alternativo al del Consenso de Washington; según el diagnóstico cepalino las causas de la crisis estarían ligadas al carácter rentista del modelo de desarrollo latinoamericano.

A pesar de que la inyección de recursos (ahorro externo) había sido mayor en los países latinoamericanos que en otros de industrialización tardía, aquéllos no alcanzaron el dinamismo de éstos, ya que gran parte de dichos recursos se derivaron hacia un consumo de imitación de patrones de los países desarrollados en lugar de destinarse a la inversión. Además el modelo de desarrollo se basó en la renta de los recursos naturales, en el endeudamiento externo, en el desequilibrio financiero, con el consiguiente impuesto que suponía la inflación. Cuando estos elementos se fueron erosionando y se produjo en 1981 el colapso de la deuda externa, el patrón de desarrollo no pudo prolongarse.

Apoyándose en lo anterior, en 1990 la CEPAL publica un informe titulado *Transformación productiva con equidad. La tarea prioritaria de América Latina y el Caribe en los años noventa.* Dicho informe, además de presentar un diagnóstico alternativo al neoliberal sobre la situación de subdesarrollo de los países que habían aplicado al industrialización por sustitución de importaciones, recoge un conjunto de recomendaciones de política económica que obedecen a una concepción neoestructuralista del problema del subdesarrollo latinoamericano y a las enseñanzas que ha dejado la crisis de los años ochenta.

La transformación productiva con equidad pretende crear nuevas fuentes de dinamismo que permitan alcanzar algunos de los objetivos de una nueva concepción de desarrollo basada en crecer, mejorar la distribución del ingreso, consolidar los procesos democratizadores, adquirir mayor autonomía, crear las condiciones que detengan el deterioro ambiental y mejorar la calidad de vida de toda la población.

La propuesta de transformación productiva está apoyada en una serie de criterios que recogemos a continuación:

a) La búsqueda de la mejora en la competitividad, por la vía de la incorporación del progreso técnico que eleve la productividad, y no por la de la depreciación de los salarios reales.

b) La transformación integral del sistema socioeconómico.

c) La industrialización como eje de la transformación productiva.

d) La incorporación de la dimensión ambiental y geográfico-espacial.

e) La necesidad de compatibilizar el crecimiento sostenido apoyado en la competitividad y la mejora de la equidad.

El documento también da una serie de orientaciones respecto de cómo diseñar las políticas de la transformación productiva que ha de darse en un contexto institucional democrático, pluralista y participativo.

La transformación productiva con equidad plantea la necesidad de generar un círculo virtuoso entre crecimiento, competitividad, progreso técnico y equidad, al igual que hicieron otros países de industrialización tardía.

Las formas tradicionales de intervención del Estado deben también ser modificadas aumentando su eficacia y eficiencia sobre el sistema económico sin que ello signifique necesariamente aumento ni disminución del sector público. El fortalecimiento de la competitividad, basada en la incorporación del progreso técnico y la evolución hacia una mayor equidad, pasa a ser la prioridad de la acción pública. También son necesarias nuevas formas de planificación que permitan una mejor articulación entre las decisiones a corto, a medio y a largo plazo, una mayor articulación intersectorial, y un respaldo técnico a la concertación estratégica.

La transformación productiva con equidad propuesta en este informe se apoya, en fin, en tres pilares fundamentales: la interdependencia internacional, la competitividad y la concertación social.

7.3. El pensamiento alternativo y el desarrollo con rostro humano

a) *El ajuste con rostro humano*

El pensamiento alternativo sobre desarrollo emanado del Relatorio de Uppsala se vio fortalecido a finales de los ochenta con la propuesta del *Ajuste con rostro humano* de la UNICEF, publicada en 1987. Dicho informe supone la más elaborada alternativa a las recomendaciones de estabilización y ajuste estructural propugnadas por el FMI y el Banco Mundial desde los años setenta.

En este documento se defiende la necesidad de una estabilización económica (ajuste ortodoxo, preconizado por el FMI) y de un ajuste estructural (ajuste orientado hacia el crecimiento, preconizado por el Banco Mundial); pero van más allá defendiendo que dicho ajuste ha de hacerse garantizando la protección de los grupos vulnerables, es decir, que toda la población vea cubiertas sus necesidades básicas de nutrición, salud y educación.

Para iniciar una senda de crecimiento que permita mejorar el nivel de vida de los sectores más vulnerables de los países en desarrollo, lo primero es reducir los desequilibrios económicos externos e internos. Una vez estabilizada la economía es necesario ajustarla por medio de una reestructuración productiva que permita iniciar una renovada senda de crecimiento. Sin embargo, el crecimiento por sí sólo no garantiza la protección de los grupos vulnerables, que en muchos casos ven cómo sus condiciones se deterioran a corto plazo como efecto de la estabilización y el ajuste; se hacen necesarias, por tanto, unas políticas compensatorias de los efectos a corto, redistribuidoras de los beneficios del crecimiento económico y una selectividad en las políticas de ajuste, incluyendo como criterio de prioridad no sólo el crecimiento, sino también la erradicación de la pobreza.

También han de aplicarse políticas que incrementen la equidad y la eficiencia del sector social, redistribuyendo el gasto social hacia los servicios básicos y las intervenciones de bajo coste. Para garantizar la defensa de los intereses de los grupos vulnerables ha de fomentarse la capacitación y la participación de estos grupos para hacerlos actores de su propio desarrollo.

La justificación de un ajuste alternativo al ajuste ortodoxo no sólo se encuentra en razones de justicia social, sino que hay razones económicas a favor de dotar de rostro humano al ajuste, como la mayor productividad de las explotaciones agrarias pequeñas; las mayores tasas sociales de rendimiento de las pequeñas empresas industriales; la correlación entre los bajos niveles de productividad y los bajos niveles de nutrición; la menor productividad de los adultos con retraso en el crecimiento consecuencia de una desnutrición infantil; las altas tasas de rendimiento de la inversión en educación primaria frente a la realizada en educación secundaria o superior o capital físico; la relación entre las tasas de crecimiento y el nivel de alfabetización, etc.

b) *El desarrollo humano*

En 1990 el Programa de las Naciones Unidas para el Desarrollo (PNUD) publicó *Desarrollo Humano. Informe 1990* en el que recoge las ideas básicas del *Ajuste con rostro humano,* marcando el inicio de una nueva etapa en la estrategia de desarrollo de las Naciones Unidas.

Según el PNUD, el objetivo central del desarrollo humano es el ser humano, ya que dicho desarrollo es un proceso por el cual se amplían las oportunidades de éste. Dichas oportunidades, en principio pueden ser infinitas y cambiar con el tiempo; sin embargo, las tres oportunidades más esenciales son disfrutar de una vida prolongada y saludable, adquirir conocimientos y tener acceso a los recursos necesarios para poder lograr un nivel de vida decente. Si no se poseen estas oportunidades esenciales, otras resultarán inaccesibles.

Pero el desarrollo humano comprende otras muchas dimensiones tales como la libertad política, económica y social, la posibilidad de ser creativo y productivo, respetarse a sí mismo y disfrutar de la garantía de los derechos humanos.

El desarrollo humano tendría además dos aspectos distintos: la formación de las capacidades humanas (mejor estado de salud, conocimiento y destreza) y el uso que la población hace de las capacidades adquiridas (descanso, producción y actividades culturales, sociales y políticas). Si el desarrollo humano no consigue equilibrar los dos aspectos puede generar una gran frustración humana.

El desarrollo humano va más allá de la satisfacción de las necesidades básicas ya que compagina la producción y distribución de bienes de consumo con la expansión y uso de las capacidades humanas, incluyendo además un proceso dinámico de participación social, lo que lo convierte en un concepto válido tanto para países desarrollados como subdesarrollados.

El informe de 1997 merece una especial atención por cuanto identifica el desarrollo humano como la negación de la pobreza, enlazando de forma inequívoca con el mensaje del Relatorio de Uppsala. Este informe define la pobreza como la denegación de opciones y oportunidades básica para el desarrollo humano, vivir una vida larga, sana, creativa y disfrutar de un nivel decente de vida, libertad, dignidad y respeto por sí mismo y de los demás. Además señala la multidimensionalidad de la pobreza, destacando entre las principales dimensiones la vida breve, el analfabetismo, la exclusión social y la falta de medios materiales.

CONCEPTOS CLAVE

- Subdesarrollo
- Desarrollo humano
- Comercio de Washington
- Ajuste con rostro humano
- Transformación productiva con equidad
- AOD
- PNUD
- Índice de desarrollo humano
- Descolonización
- Dependencia
- Círculo vicioso de la pobreza
- Comisión del Sur
- Informe Brandt
- Deuda externa

ACTIVIDAD RECOMENDADA

Identificar de forma esquemática los rasgos definidores y diferenciales de las sociedades tradicionales, subdesarrolladas y desarrolladas.

LECTURAS RECOMENDADAS

Banco Mundial (1990-1997): *Informe sobre el desarrollo mundial,* Banco Mundial, Washington, D.C.

Berzosa, C. et alia (1997): *Estructura Económica Mundial*, Síntesis, Madrid.

Bustelo, P. (1992): *Economía del desarrollo. Un análisis histórico,* Editorial Complutense, Madrid (1.ª ed. 1991).

CEPAL (1990): *Transformación productiva con equidad. La tarea prioritaria del desarrollo de América Latina y el Caribe en los años noventa,* Naciones Unidas-Cepal, Santiago de Chile.

Comisión Brandt-Naciones Unidas (1981): *Diálogo Norte-Sur,* Nueva Imagen, México (1.ª ed. 1980).

Comisión del Sur (1991): *Desafío para el Sur,* Fondo de Cultura Económica, México.

Cornia, J. A. et alia (1987): *Ajuste con rostro humano,* UNICEF-Siglo XXI, Madrid.

Hidalgo Capitán, A. L. (1998): *El pensamiento económico sobre desarrollo. De los mercantilistas al PNUD,* Servicio de Publicaciones de la Universidad de Huelva, Huelva.

Martínez Cortina, R. (1972): *Áreas económicas en el mundo,* Planeta, Barcelona.

PNUD (1990-1997): *Informe sobre el desarrollo humano,* Mundi Prensa, Madrid.

Sampedro, J. L., y Berzosa, C. (1996): *Conciencia del subdesarrollo veinticinco años después,* Taurus, Madrid (1.ª ed. 1972-1996).

Sampedro, J. L., y Martínez Cortiña, R. (1973): *Estructura Económica,* Ariel, Barcelona.

Tamames, R. (1997): *Estructura Económica Internacional,* Alianza Editorial, Madrid.

Todaro, M. P. (1988): *El desarrollo económico del Tercer Mundo,* Alianza Editorial, Madrid.

Vidal Villa, J. M. (1990): *Hacia una Economía Mundial,* Plaza & Janés/Cambio 16, Barcelona.

Williamson, J. (1990): *Latin American Ajustment,* Institute for International Economics, Washington, D.C.

11 Problemas económicos y Ciencia Económica. Hacia un enfoque renovado en la economía

Blanca Miedes Ugarte

1. INTRODUCCIÓN

Como se ha podido apreciar en los dos capítulos precedentes, los graves problemas económicos mundiales están alcanzando tales dimensiones que están requiriendo soluciones de carácter cada vez más inmediato. Es evidente que la búsqueda de remedios a esta situación pasa por abordar los problemas desde un enfoque multidimensional que permita comprender el mayor número posible de los aspectos que están relacionados con estos fenómenos. Parece claro también que lo que se requieren son soluciones de carácter eminentemente práctico, pero, sin embargo, éstas no pueden diseñarse sin una profunda reflexión previa. Hasta ahora, la rama del saber que se ha ocupado de estas reflexiones ha sido principalmente la Ciencia Económica, pero las soluciones aportadas no parecen haber llevado a resultados satisfactorios. En este capítulo trataremos de aportar algunas ideas acerca de cómo la lógica subyacente en el aparato conceptual de la disciplina no sólo impide abordar correctamente el tratamiento de estos problemas, paso previo ineludible para ofrecer alguna solución con alguna probabilidad de éxito, sino que también en cierta manera contribuye si se quiere a perpetuarlos. Como explica E. F. Schumacher en su recomendable libro *Lo pequeño es hermoso,* «decir que nuestro futuro económico está determinado por los economistas sería una exageración; pero que su influencia, o en cualquier caso la influencia de la economía, es de gran alcance difícilmente puede ponerse en duda. La economía desempeña un papel central en la configuración de las actividades del mundo moderno, dado que proporciona los criterios de lo que es *económico* y de lo que es *antieconómico,* y no existe otro juego de criterios que ejercite una influencia mayor sobre las acciones de los individuos y grupos, así como también sobre las acciones de los gobiernos»[1].

[1] E. F. Schumacher (1994), pág. 35.

Así pues, una vez expuesta la forma en que la economía convencional realiza el tratamiento de estos problemas y las limitaciones que tiene su enfoque para tener posibilidades de aportar recomendaciones válidas, pasaremos en el apartado tercero a plantear la procedencia y los principales puntos de interés de un enfoque renovado de la economía que permita hacer un análisis más realista de la situación económica actual. Esta renovación conceptual y metodológica creemos que se aproxima más adecuadamente al fenómeno de lo económico, concibiéndolo en un marco evolutivo y devolviendo a los agentes el protagonismo en la esfera de actividades económicas que el concepto de *homo economicus* de la economía convencional les había quitado.

En el cuarto punto haremos algunas reflexiones de lo que significa el enfoque renovado de la economía en cuanto a nuestras posibilidades de actuación de cara al futuro. Por último, y a modo de conclusión, insistiremos en la necesidad de incluir en todo este esquema las valoraciones éticas de los agentes económicos que permitan pasar del concepto objetivo de evolución al concepto subjetivo de progreso social y humano.

2. LA CIENCIA ECONÓMICA Y LOS GRANDES PROBLEMAS

2.1. La degradación del entorno natural

Desde la aparición del hombre sobre la corteza terrestre, éste había vivido en armonía con la naturaleza que le rodeaba. El arte prehistórico nos proporciona alguna muestra de cómo nuestros antepasados captaban esa realidad que les envolvía. De ella extraían su alimento, su abrigo, su cobijo y todo lo necesario para asegurar su supervivencia.

Se ha considerado el Neolítico como un período que marca un cambio de tendencia de la actitud del hombre frente a la naturaleza. El ser humano ideó durante esa época elementos tan básicos para nuestra civilización como la agricultura, la ganadería, la metalurgia, la rueda, el urbanismo, el tejido, el pulimento de piedra y la cerámica. Parece como si el hombre tratara de protegerse del capricho con que la naturaleza le otorgaba sus frutos organizándolos y modificándolos de forma que le permitieran una mejor supervivencia en el medio. Podemos afirmar que nace el hombre trabajador, el que se esfuerza por conseguir algo determinado, y con él la actividad económica.

Vemos así cómo la aparición de la dimensión económica del ser humano está estrechamente ligada a las relaciones de éste con su entorno natural. Pero a lo largo de la historia de la Humanidad, esta interacción con el medio se ha ido haciendo más indirecta, más compleja. Así, la Humanidad, valiéndose de la técnica que el desarrollo de la ciencia ha puesto a su alcance, y en aras del progreso (idea sobre la que volveremos más adelante), ha transformado su entorno natural según demandaban las necesidades consideradas más inmediatas en cada época. Hemos llenado nuestra vida cotidiana de productos artificiales, fabricados a partir de materiales sintetizados por nosotros mismos en nuestros laboratorios, y la soberbia nos ha ayudado a pensar que este hecho nos hacía menos dependientes de la naturaleza de lo que lo son el resto de las especies habitantes de la Tierra. Parece ser que hemos olvidado (quizá algo intencionadamente) que no se produce nada de la nada y que por muy sofisticado que sea un material, la base física última y la energía necesaria para su transformación se extrae del (y a costa del) entorno que nos rodea. Esta complejidad a la que aludíamos de nuestras relaciones con el entorno no nos permite apreciar con toda la claridad lo evidente: que las personas, no ya en última instancia, sino directamente, dependemos de la Naturaleza. Sin lo que ésta nos ofrece la vida sería simplemente imposible.

En los párrafos que siguen[2] intentaremos apuntar algunas de las razones que han ayudado a que la Humanidad se justifique a sí misma por haber causado el grave deterioro del entorno natural que se manifiesta en las catástrofes medioambientales que se pusieron de manifiesto en el capítulo 9.

Desde su nacimiento la ciencia moderna relevó a la religión en su cometido de explicar la realidad. La revolución copernicana redujo la concepción de la Tierra como centro del universo a la mucho más modesta de una simple partícula inmersa en él. El antiguo antropocentrismo que situaba al hombre en el centro de la creación se vio sustituido así por otro nuevo que hacía de la razón a través de la ciencia su principal arma para seguir siendo el centro: «Pues se impondría la creencia de que los hombres podrían construir su mundo según sus deseos sobre cualquiera que fuese el mapa cósmico en que se vieran envueltos: no se necesitaba ya contar con el entorno más que cuando ello pareciera conveniente. El hombre seguía siendo, pues, el centro, y el universo y la naturaleza eran ahora la fuerzas a someter»[3].

Como sigue señalando Naredo, «la ciencia económica nació en este contexto ideológico y colaboró eficazmente a su expansión al acuñar un aparato conceptual que magnificaba los logros productivos y utilitarios de la sociedad industrial, encubriendo púdicamente las destrucciones y servidumbres que de ella se derivaban»[4]. Ciertamente, el desarrollo de la economía como ciencia ayudó a mantener la creencia de que la naturaleza estaba hecha al servicio de los seres humanos, que si queríamos vivir mejor, sólo teníamos que alargar la mano y tomar lo que tan generosamente nos ofrecía. Sirviéndonos del brazo de la técnica desarrollada por las ciencias físicas, podríamos incluso transformar los recursos naturales en las energías necesarias para modificar aquellos bienes que no nos eran directamente útiles y convertirlos en los que mejor se adaptaran a nuestras necesidades. No había que preocuparse de la reposición, porque el «progreso» traería consigo nuevas técnicas que nos permitirían seguir la cadena de transformaciones indefinidamente.

Sin embargo, entre los primeros planteamientos serios de explicación del funcionamiento del sistema económico, sí que se incluía la reposición de los recursos

[2] Para un desarrollo más amplio de las ideas que planteamos, véase J. M. Naredo (1987).
[3] Op. cit., pág. 14.
[4] Ibídem.

naturales utilizados en el proceso de producción. Nos referimos a el *Tableau economique* de Quesnay, uno de los principales representantes de la escuela fisiocrática aparecida en la Francia de mediados del siglo XVIII. Esta idea, desarrollada por su autor entre 1758 y 1760, parte de la base de que la agricultura es la única actividad productiva, y considerando dadas una cantidad determinada de alimentos y de dinero, mostraba que las rentas que gastaban los terratenientes se expandirían a través del sistema siendo suficientes para absorber la producción de la agricultura y del sector de manufacturas, de forma que al final del ciclo de actividad cada sector se encontrara con la misma cantidad de renta que cuando comenzó. No vamos a detenernos aquí en analizar el cuadro fisiocrático porque se escapa a nuestros propósitos; simplemente queremos señalar que en él se tenía en cuenta el *gasto de amortización de los recursos naturales* utilizados. Las ideas fisiocráticas tuvieron poca aceptación entre los economistas ingleses, debido fundamentalmente a su resistencia a aceptar el papel preponderante de la agricultura en la economía. Esta actitud se comprende si se considera que los británicos observaban la realidad a través del prisma de la Revolución Industrial que paralelamente a sus estudios se desarrollaba en la isla. La mejor adecuación al contexto ideológico de las teorías de los economistas ingleses hizo que se dejaran a un lado los planteamientos franceses en su totalidad. Por tanto, se olvidó también el tema de la reposición de los recursos y, lo que es aún más grave, al defenderse la actividad industrial como principal generadora de riqueza, se sentaron las bases ideológicas del sistema económico que han conducido al desastre ecológico al que hoy nos enfrentamos.

En efecto, la mayoría de los representantes ingleses, conocidos en la historia del pensamiento económico como economistas clásicos, consideraban que su objeto de estudio era la riqueza. Sus escritos se encaminaban a dilucidar cómo ésta se generaba y cómo se distribuía. Aunque sobre el papel las diversas definiciones del término *riqueza* parecían distintas, en el fondo todas venían a referirse a un conjunto de bienes aprehensibles (lo que conllevaba la propiedad de materialidad de los mismos) y que requerían un esfuerzo para su consecución (lo que más o menos indirectamente implicaba que los medios para conseguirlos tendrían que ser escasos). Desde esa concepción de la misma, la forma de expandir la riqueza se basaba en la producción de bienes materiales, y dada la importancia en el contexto histórico de la producción manufacturera, no podrían ser otros que la industria y el comercio (a nivel nacional pero fundamentalmente en el ámbito internacional) los principales medios para conseguirlo.

La expansión de la actividad productiva a través de la industria requería materias primas, recursos minerales y, sobre todo, energía. La extracción de recursos naturales como el carbón en el siglo XIX y el petróleo a lo largo del XX se hizo fundamental para el desarrollo de la producción industrial y con él para el aumento de la riqueza. El hecho de que éstos no nos fueran ofrecidos por la naturaleza de la misma manera que el aire que respiramos, ya que por el contrario se requería un esfuerzo mayor para conseguirlos, el hecho de que tuviéramos que trabajar y utilizar técnicas cada vez más complejas para arrancárselos a la tierra, nos hizo creer en la ilusión de que éramos nosotros quienes los *producíamos,* cuando en realidad nuestra actividad, por muy elaborada que fuera, se reducía a una *extracción*. Esto ocasionó que en el seno de la ciencia económica se trataran las variables relacionadas con los recursos naturales como variables flujo, cuando en realidad son variables stock.

Así, la elaboración de la teoría de formación de los precios en la economía clásica, que enfocaba la configuración de los mismos a través del coste de producción, introducía en el proceso el coste de amortización del factor trabajo y del factor capital utilizados en el mismo, pero al considerar el coste de los recursos naturales utilizados en la cadena productiva caía en la trampa de valorarlos según el *coste de producción* de los propios recursos naturales. Esto significaba contemplar esas materias primas como salida *(output)* y no como entrada *(input)* de su mismo proceso de producción. Es decir, para calcular el coste del carbón se consideraba el capital y el trabajo invertidos en la producción (extracción) del mismo, pero no el coste de agotar la mina. De aquí que la teoría no contemplara las cantidades que debían ser incluidas en el coste en concepto de reposición de estos recursos empleados. De esta manera, el sistema permanecía ignorante del tremendo problema que se plantearía en caso de agotamiento de los recursos naturales.

La revolución marginalista no vino a librar a la ciencia económica de tal distorsión de la realidad. Aunque su enfoque sobre la formación de los precios era totalmente distinto, basándose fundamentalmente en la escasez de los bienes, seguía sin contemplarse el problema de la limitación absoluta de los recursos naturales. Y esto principalmente por sus consideraciones con respecto al concepto de *escasez*. Se trataba de un concepto subjetivo. Lo que caracterizaba a un bien como escaso era su limitada disponibilidad con respecto a las necesidades del individuo, y no precisamente su escasez objetiva. El hecho de que los enfoques predominantes se centraran en este concepto de escasez relativa, dejó a un lado el asunto de la escasez absoluta, dentro del cual hubiera sido posible incluir el problema de la existencia de una cantidad limitada de los recursos.

Se intentó hacer de la economía una ciencia asimilable al resto de las ciencias naturales cuyo objeto fuera la búsqueda de leyes generales en la producción, distribución y consumo de la riqueza. Para ello se tomaron prestados modos y métodos de estudio de la realidad provenientes de la ciencia que, en aquel momento, más logros conseguía en su cometido de explicación de la estructura y comportamiento de la naturaleza: la física. De esta forma los padres de la ciencia económica imitaron a los físicos expresando sus formulaciones verbales en lenguaje matemático, buscando con ello dar a sus razonamientos un mayor rigor, una mayor confianza en la objetividad de los mismos, una mayor apariencia de protección de juicios de valor previos tan perjudiciales en una ciencia que pretende ser objetiva. Estas elaboraciones de la ciencia económica que empleaban el lenguaje formal y unas hipótesis de trabajo basadas en supuestos adoptados, no tanto por su conveniencia para aproximarse al objeto de estudio como para asegurar que se pudiera trabajar con el aparato metodológico apropiado de las ciencias físicas, tuvieron como resultado la configuración del llamado *sistema económico*. La estructura y funcionamiento de la actividad económica quedaba reducida a los de un sistema cuyo funcionamiento era mecánico, atemporal, cualquier acontecimiento que ocurriera en su seno tenía la característica de reversible. Cualquier perturbación en el sistema podría ser reducida de forma que éste pudiera seguir desarrollando su movimiento perpetuo, regido en última instancia por un *orden natural*. Partiendo de los supuestos establecidos, el sistema adquiría su propia lógica y con la ayuda de alguna que otra tautología (como las contenidas en la explicación sobre la formación de los precios) se convertía en un esquema de razonamiento bastante compacto, aunque su alejamiento de la realidad fuera notable.

Este concepto de sistema económico está fuertemente arraigado en el contexto ideológico de la sociedad actual. La configuración del Estado moderno y la forma en que éste desarrolla sus modos de producción y de intervención en la vida económica están muy relacionados con esta idea de funcionamiento mecánico de la economía. Del mismo modo que lo está el desarrollo del tipo de empresa capitalista. Seguimos considerando que la expansión, tanto del primero como de la segunda, se realiza en beneficio de todos. Nos sentimos piezas de un engranaje predeterminado, y así nos adaptamos a su funcionamiento sin cuestionarnos su lógica.

Siendo éstas las bases teóricas sobre las que se ha asentado la configuración actual de la actividad económica de la Humanidad, el despilfarro de recursos naturales, tanto en el seno de la producción como en el ámbito del consumo, no debería ser sorprendente. Como tampoco han de serlo el resto de las situaciones de deterioro del medio ambiente.

Asumimos como válidos los indicadores de calidad de vida basados en cifras referentes a volúmenes de producción de bienes, o de un determinado nivel de consumo de los mismos. Identificamos como *desarrollo* cualquier mecanismo que nos lleve a un aumento de esos baremos sin detenernos a pensar a costa de qué se produce (elevados niveles de contaminación, daños irreparables en la capa de ozono, agotamiento de recursos, epidemia de estrés...). Aunque es cierto que intuimos un coste implícito en el proceso, la idea de *progreso* fuertemente arraigada en la ideología actual (especialmente en el mundo occidental) apoya este comportamiento autómata al hacernos confiar en el descubrimiento o la invención de sustitutos que reemplacen a lo que vayamos agotando o deteriorando y que nos aseguren el mantenimiento de nuestra forma de vida.

Cada vez son más las voces que desde el seno de la ciencia económica llaman la atención sobre estos problemas. Ya son muchos los economistas que consideran conveniente una reestructuración de los aparatos conceptual y metodológico de la disciplina de forma que ésta supere las limitaciones que la configuración actual de los mismos provoca y que faciliten la inclusión del medio ambiente en las teorías económicas sobre la producción y el desarrollo, no como el *entorno* en el que estas actividades se desenvuelven, sino como variable activa de sus planteamientos. Sin embargo, como veremos a continuación, esta ardua tarea se ve dificultada en varios frentes.

Desde el interior de la propia disciplina, nos enfrentamos a la reticencia de los sectores ortodoxos a abandonar determinados supuestos que variarían casi todo el contenido de algunas ramas de la economía; por ejemplo, los relativos al tratamiento de los residuos como productos no deseados en la teoría de la producción. A esto se añade el problema técnico que plantea la cuantificación de las nuevas variables a tener en cuenta, como lo serían todas las relativas a la degradación ambiental.

En segundo lugar, los nuevos enfoques se encuentran con el substrato institucional producto de la ideología mecanicista imperante, cuyas inercias son un fuerte obstáculo a un proceso de cambio tan profundo. Desde este punto de vista de reforma institucional, nos encontramos con propuestas como la que el profesor Tamames realiza de creación de un «Consejo de Seguridad Medioambiental de las Naciones Unidas» (CESMA). En líneas generales, este organismo tendría que ocuparse de preservar los elementos básicos de los grandes ecosistemas, de asegurar la explotación racional de los recursos renovables y desarrollar la mejor explotación de los no renovables, así como defender los espacios naturales declarándolos patrimonio ecológico de la Humanidad. El CESMA también debería extender su cometido a difundir una ética ecológica diacrónica de preocupación por las generaciones venideras; a mejorar la calidad de vida de los pueblos de la Tierra, fomentando un desarrollo integrado y solidario con el trasfondo de una conciencia ecológica generalizada; a incidir en las políticas de ámbito nacional y regional, con el planteamiento sistémico de medidas previsoras y reparadoras de los impactos medioambientales. De la misma manera, tendría que contribuir a impedir nuevas confrontaciones políticas como consecuencia de conflictos que podrían originarse por causa de la utilización de ciertos recursos naturales, y que podrían ocasionar grandes desastres ecológicos, como los derivados de la Guerra del Golfo; y, por último, también debería centrar su atención en promover e impulsar la investigación y desarrollo de técnicas sobre educación medioambiental[5].

Pero quizá el obstáculo más difícil de salvar sea conseguir una transformación de nuestra propia mentalidad. La sociedad debe tomar conciencia del problema al que nos enfrentamos, de que la expansión de nuestra forma actual de vida es ecológicamente inviable y de que por mucho que se haga o diga desde la Ciencia Económica o desde las instituciones que sustentan el actual sistema, la responsabilidad del cambio de actitud con respecto a la Naturaleza, de forma que nos sirvamos de ella para nuestra supervivencia asegurando a la vez la suya, recae en última instancia sobre nosotros.

2.2. El desarrollo desigual

Es evidente la abundante bibliografía existente hoy día sobre el tema del desarrollo económico. En los últimos cuarenta años han proliferado los escritos sobre esta cuestión fundamental. Sin embargo, destaca la poca atención que la teoría económica convencional dedica a la misma.

En una obra de prestigio reconocido como es la *Enciclopedia Internacional de las Ciencias Sociales* la voz «Desarrollo Económico» remite a las de «Crecimien-

[5] Estas ideas son desarrolladas por R. Tamames (1991), págs. 264-279.

to» y «Estancamiento», incluso las publicaciones de las Naciones Unidas establecen que este concepto responde al de «crecimiento más cambio». En 1965 la American Economic Association y la Royal Economic Society elaboraron una revisión del estado de la Teoría Económica aceptada en los círculos académicos del momento. Con esta finalidad encargaron a F. H. Hahn y R. C. O. Matthews un ensayo de más de cien páginas sobre la «Teoría del crecimiento económico», en el que no aparece un tratamiento especial para el tema del desarrollo. Es relevante también, a estos efectos, señalar que en un manual de teoría económica ampliamente utilizado en las universidades del mundo desarrollado como lo es la *Introducción a la Economía Positiva* de R. G. Lipsey apenas se dedican veinticinco páginas del total de novecientas al estudio de esta cuestión. Estos ejemplos, recogidos de la voz «Desarrollo Económico» del *Diccionario Enciclopédico de Economía* de la editorial Planeta, son a nuestro juicio suficientemente ilustrativos del tema que aquí se plantea.

Hablamos de *abandono* del estudio del desarrollo económico por parte de la disciplina académica en un sentido literal, ya que desde Adam Smith la economía clásica mostró una indudable preocupación por este asunto. En general, los clásicos realizaron un extenso trabajo. Diagnosticaron situaciones de subdesarrollo: considerando a los países en esa situación como pobres, desgraciados e incivilizados; analizaron las causas del problema: que expresándonos en términos actuales, derivaría de una subutilización de los recursos, de las condiciones del entorno natural y del marco institucional; y propusieron soluciones: inserción de las economías subdesarrolladas en los canales de comercio internacional y reforma de las instituciones (todo ello bajo la supervisión de los países europeos, por cuanto que entendían que el sistema colonial beneficiaba tanto a las metrópolis como a las colonias).

Pese a los defectos de esta visión del asunto, basada en la creencia en el orden natural, cuyo reflejo más inmediato se encuentra en la defensa del libre comercio por parte de estos autores, hay que reconocer con Platteau[6] las virtudes del estudio de los clásicos. En efecto, las aportaciones clásicas son importantes en la medida de que ligan la cuestión del desarrollo a los procesos históricos de las economías sujetas a examen y contemplan el fenómeno no ya como un problema meramente económico, sino que extienden su carácter al terreno de lo sociológico, cultural y político.

Como vemos, en el nacimiento de la Ciencia Económica como tal es evidente la preocupación por esta cuestión; cabe preguntarse entonces cuáles son las causas de que los trabajos sobre el mismo dejaran de tener importancia significativa en las elaboraciones teóricas neoclásicas.

Principalmente, la respuesta se encuentra en la concepción misma de sistema económico de esa corriente. En efecto, los neoclásicos contemplaban el libre mercado como el orden natural del funcionamiento de la economía. Al mismo tiempo, lo que hoy en día se considera el Tercer Mundo, durante el desarrollo de la doctrina neoclásica eran países que, o bien vivían al margen del sistema de comercio mundial, o

[6] Véase J. Braña et alia (1984), págs. 17 a 39.

bien constituían las colonias de los países europeos en los que se elaboraban estas teorías. Esto hizo que sus economías se consideraran como meros apéndices o prolongaciones de las de los grandes centros comerciales y financieros del momento.

En este contexto, resultaba innecesaria una teoría concreta para el desarrollo; sólo era necesario implantar el liberalismo económico en las áreas subdesarrolladas. La libertad de mercado y la no intervención económica eran imprescindibles para dejar operar al orden natural; de esta forma se extendería el progreso (a través, repetimos, de los beneficios que el intercambio comercial traería consigo) a todos los rincones del planeta. Esta ideología es la que se observa en la instauración del orden económico mundial llevada a cabo tras la Segunda Guerra Mundial: la creencia de que la restauración del libre comercio conllevaría la difusión de la técnica y del progreso a los países menos avanzados. Sin embargo, ya en los años sesenta se observa que los beneficiosos resultados que se preveían se están haciendo esperar. En consecuencia, la actitud por parte del Primer Mundo fue realizar transferencias asistenciales que permitieran aliviar a las economías menos avanzadas mientras el progreso les alcanzara. Hecho, este último, que incluso en los sectores más ortodoxos de la economía empezaba a poner en duda.

El nacimiento de la economía keynesiana hizo que se propugnara un cambio de actitud frente al problema del subdesarrollo. El éxito obtenido en la práctica por las aplicaciones de las teorías de esta corriente, ayudando a la recuperación de la economía americana tras la crisis de los años treinta y en la reconstrucción de las economías europeas tras la Segunda Guerra Mundial, explica este fenómeno. Se impone así la confianza en los modelos de planificación estatal indicativa, y respetuosa con la libertad de mercado (diseñados, por supuesto, en los países del Norte) para conseguir el progreso de los países menos avanzados. Sin embargo, como resume Perroux, las condiciones necesarias para el éxito del modelo keynesiano no coinciden con la situación observable en los países en desarrollo. Para argumentar esta idea Perroux[7] analiza cada condición del modelo y la compara con el estado de la misma en las economías menos avanzadas, con lo que llega a las siguientes conclusiones:

a) En el modelo el flujo monetario circula en un medio donde se propagan amplia y rápidamente sus efectos. En los países en desarrollo el medio de propagación es muy incompleto (existen inflaciones localizadas, sin reabsorción).

b) La teoría keynesiana necesita que la variación de la tasa de interés pueda movilizar los capitales ociosos. En los países subdesarrollados no existe un mercado «nacional» de capitales y moneda.

c) La teoría contempla la movilización de recursos ociosos (trabajadores ya capacitados, posibilidades de un aparato de producción ya existente). En los países menos avanzados habría que capacitar a estos trabajadores y construir el aparato de producción.

---

[7] Véase F. Perroux (1984), págs. 77 y ss.

d) Las interrupciones en el juego del multiplicador contempladas por la teoría se deben al pago de las deudas contraídas, a la cesación de gastos o al aumento de las importaciones. Por contra, estos «escapes» en los países subdesarrollados se originan por causas estructurales como el endeudamiento acumulativo y muy prolongado, el atesoramiento de tipo precapitalista y el financiamiento de importaciones inevitables.

e) En el plano teórico se supone una elasticidad positiva de la oferta en relación al aumento del flujo monetario. En los países del Tercer Mundo no se da este fenómeno por motivos estructurales. Por ejemplo, la preponderancia de la producción agrícola.

f) El modelo considera que el desempleo se debe fundamentalmente a la insuficiencia de la demanda global. El problema de los países que consideramos se debe a una carencia de equipos básicos y mano de obra capacitada.

g) Teóricamente el excedente de la exportación, a grandes rasgos, tiene las mismas consecuencias que una inversión. En los países del Tercer Mundo el exceso de importaciones favorece, durante un cierto período, el equipamiento del país en desarrollo.

Como vemos, Perroux pone de manifiesto en pocas líneas la imposibilidad congénita del modelo keynesiano para servir al desarrollo de las economías menos avanzadas.

De cualquier manera, en los pocos casos en que se llegaron a realizar planes concretos, su implantación fue débil y escasa, en gran medida debido a las resistencias institucionales. Y como se dijo en alguna parte, «un plan de desarrollo no es nada sin el desarrollo del plan».

Vemos, pues, cómo los factores decisivos para el desarrollo no se encuentran en el cuadro planteado. Este hecho ha significado la proliferación de teorías económicas en las que se incluyen componentes sociológicos, apartándose de esta manera de la línea de la economía convencional. Así, Schumpeter considera de vital importancia el factor de la innovación empresarial. E. Hagen y otros centran su análisis en factores sociopolíticos. La teoría de las etapas de Rostow (origen de grandes polémicas) propone un enfoque histórico. Las elaboraciones de A. O. Hirschman muestran un gran conocimiento de la situación al interpretar que el desarrollo conlleva cambios estructurales y que, por tanto, es por definición desequilibrado. En esta línea es también relevante la tesis de Boecke de dualismo y modernización. Y, por último, y para no extendernos más en la lista que en ningún caso pretende ser exhaustiva, también surgen enfoques que hacen pasar el desarrollo por un proceso de reforma de las instituciones, como son los de J. K. Galbraith y G. Myrdal, cuya principal debilidad es de índole práctica, debido a que la implantación de tales reformas se encuentra con el obstáculo de que los que tienen el poder suficiente para llevarlas a buen término son precisamente los menos interesados en hacerlo, ya que representan a los sectores más favorecidos por la situación de sus propios países.

Desde el lado oficial, el respaldo a las concepciones del desarrollo como dependencia se manifiesta en el *Informe Prebisch* a la primera UNCTAD reunida en

Ginebra en 1964. Este informe pone de manifiesto la existencia de un solo mund en el que conviven un *centro industrial* y una *periferia subdesarrollada,* entre lo que se establece una relación de dependencia regida por la explotación del primer sobre la segunda. El documento también se hace eco de la idea de que no es posibl trasplantar el modelo de desarrollo occidental a estas economías periféricas ya qu las circunstancias históricas, sociológicas, políticas y económicas actuales en mod alguno coinciden con las que se experimentaban cuando el centro comenzó su pro ceso de expansión.

Volviendo al plano teórico, cabe señalar también la corriente conocida com ecodesarrollo. Sus adeptos centran su análisis no tanto en la posibilidad de desarro llo para los países menos avanzados, como en la deseabilidad del mismo. Expuest en términos muy generales, aunque estas teorías no se cuestionan la necesidad d que estos países alcancen un nivel mínimo que al menos asegure el nivel de subsis tencia a toda la población, considera que, dejando a un lado la inviabilidad del asun to (porque lo limitado de nuestro planeta no permite que toda la población mundia viva con el mismo grado de desarrollo que se da en las economías occidentales), n es siquiera deseable que el modelo económico occidental se extienda. Sus argu mentos se basan en los desastres ecológicos que de tal modelo se derivan (proble ma analizado en el capítulo 9 y puesto en relación con la ciencia económica en e punto precedente) y en el deterioro del contenido inmaterial comprendido en el con cepto de calidad de vida de los países desarrollados. Las soluciones al problema de subdesarrollo pasarían, pues, por una redistribución de lo existente y la búsqueda d nuevas formas de producción y hábitos de consumo; en definitiva, de un nuevo con cepto de calidad de vida más compatible con nuestro entorno.

A modo de resumen, podemos señalar cómo la economía convencional dejó s análisis a principio del camino, al centrar el concepto de desarrollo en sus aspecto técnicos y económicos. Las tesis reformistas dieron un paso más al contemplar lo aspectos sociológicos, así como los defensores de las tesis de la dependencia al in cluir el factor político y los ecologistas preocupándose por los límites del creci miento. Esta diversidad de enfoques contribuye sin lugar a dudas a la simbiosis de análisis teórico y empírico y a poner de manifiesto la complejidad de las estructu ras y fenómenos sociales.

Quizá el paso fundamental, como algunos autores ya han apuntado, estribe e poner en tela de juicio todo el sistema de valores del desarrollo cuantitativo vigen te, para llegar así a *una teoría del ser humano* (que bien podría llamarse de cual quier otra manera) de carácter interdisciplinar, en la que se contemplen todos los ele mentos interrelacionados y en la que necesariamente se ha de considerar a los sere humanos como agentes activos (carácter éste que limitan las tesis convencionale capaces de influir sobre las circunstancias de su entorno.

La nueva teoría, inspirada en las ciencias y siguiendo su ejemplo, conduce di rectamente a la reivindicación de un nuevo enfoque de desarrollo; esa teoría, desd luego, es obra de élites activas, pertenecientes a naciones que se vuelven activas estiman con razón que el mercado está hecho para los hombres y no los hombre para el mercado, que la industria pertenece al mundo y no el mundo a la industri que, en fin, la única manera de legitimar, incluso económicamente, la distribución de los recursos y del producto es aplicar estrategias «centradas» en las personas.

El papel que la teoría económica tenga en el diseño de este nuevo enfoque del estudio del subdesarrollo, así como en la consecución de una forma de vida en armonía con el entorno natural humano, tendrá que pasar por una revisión general de los métodos y conceptos que utiliza para sus análisis, adaptándose a la filosofía y metodología imperante en el mundo de la ciencia actual. Sólo así podrá enfrentarse al reto de hacer más comprensible la realidad en que vivimos. De esta cuestión nos ocuparemos en el apartado 3.

2.3. La crisis y el cambio

Todos sabemos que en las últimas tres décadas los cambios en el sistema económico mundial se están produciendo a un ritmo vertiginoso, tanto que provoca la sensación de que el sistema económico es un sistema en permanente estado de crisis. Gran parte de la responsabilidad de este fenómeno recae en el continuo desarrollo de nuevas tecnologías que han revolucionado los medios de transporte y de comunicación, haciendo este mundo cada vez más pequeño e interconectado. El mundo está ahora más a mano para todos, para los financieros, para los productores, para los trabajadores y para los consumidores. Esto ha traído consigo una profunda transformación en los mercados de capitales, de mercancías y en el modelo, los modos y las formas de organización de la producción. Este último aspecto ha provocado una gran crisis en el modelo fordista, uno de los pilares en los que se asentaban los principios básicos del orden económico surgido después de la Segunda Guerra Mundial. A estos cambios se añade la redistribución del poder político mundial que se está produciendo tras la caída del muro de Berlín, la consolidación de la Unión Europea y la emergencia de los países asiáticos, especialmente China.

Frente a este panorama, en nuestros días, la evolución de la economía real se torna cada vez más incierta. No estamos en condiciones de vaticinar hacia donde nos llevarán estos cambios, ni siquiera cuánto va a durar este proceso de rápida transformación. Lo que sí sabemos es que no parece que se estén solucionando los problemas relacionados con el desarrollo desigual (prueba de ello son las continuas migraciones Sur-Norte), y que la degradación del entorno natural sigue aumentando. Además el proceso está generando graves problemas a las economías occidentales, que se están mostrando incapaces de resolver la situación de un desempleo creciente que realimenta los procesos de exclusión con la consiguiente pérdida de cohesión social.

¿Cómo explica la Ciencia Económica convencional este proceso de cambio?, ¿se están generando respuestas a nivel teórico a los problemas que éste ocasiona? La segunda cuestión es casi una pregunta retórica: no se trata de juzgar a la Ciencia Económica por su incapacidad para resolverlos. Después de todo, como dice Benjamin Ward, nadie pone en tela de juicio a los físicos por no descubrir la máquina del movimiento perpetuo o la que permita hacer viajes en el tiempo. Sin embargo, con respecto a la primera pregunta cabe plantearse si los métodos, el aparato conceptual y la filosofía subyacente en las elaboraciones teóricas de la Ciencia Económica ortodoxa son los adecuados para ofrecer una explicación o cuanto menos una descripción plausible de los fenómenos que afectan a la economía real. Nosotros, con muchos otros, consideramos que no, que el enfoque convencional se encuentra muy limitado para abordar esta tarea.

Básicamente, las principales razones en que se funda esta creencia tienen relación con el hecho de que la economía convencional no ha superado la visión del mundo de la ciencia clásica que adoptó desde los primeros desarrollos de la disciplina. Ya apuntamos en los apartados precedentes el contexto en el que aparecen los primeros estudios económicos reputados de científicos y vimos también cómo la economía asumió como propios tanto el método de estudio cartesiano como el aparato conceptual mecanicista. Utilizando el primero buscó las explicaciones de la realidad económica a través de la división de ésta en unidades cada vez más pequeñas, hasta llegar a la *realidad simple*. A través del segundo, esta realidad se suponía regida por *leyes generales, universales, independientes del tiempo y de las circunstancias aleatorias y que podrían ser expresadas como leyes matemáticas simples, de las que se podrían deducir las de los fenómenos más complejos por mera adición*. La posibilidad de esta adición no se cuestionaba dado que la explicación de los fenómenos se realiza a través de una causalidad lineal; esto es, por medio de una cadena causa-efecto fácilmente recomponible.

El hecho de que la economía se centrara en el estudio de los precios y cantidades producidas y consumidas de bienes y de que éstos fueran susceptibles de medición, justificó la introducción de las matemáticas como instrumento en las teorías. A la aritmética simple utilizada por los clásicos, pronto se sumó el cálculo diferencial empleado por los marginalistas para la explicación del concepto de escasez relativa. De esta manera, la revolución marginalista afianza el uso de las matemáticas en la disciplina, lo que viene a completar este proceso de asimilación a las ciencias de la naturaleza. Así, la aparición de los modelos formalizados convirtió a la economía en la ciencia social «más científica».

Esta epistemología de la Ciencia Económica tradicional ocasiona serios inconvenientes para explicar los fenómenos relacionados con la evolución de la economía real. Veamos los que consideramos más importantes:

1. En el proceso de simplificación para la búsqueda de leyes generales una de las variables eliminadas del análisis en un primer momento es el tiempo. Más tarde Hicks, a través de la estática comparativa, y posteriormente Samuelson, con sus trabajos sobre el método de la modelización dinámica y la formulación del «principio de correspondencia»[8], se ocuparon de introducir esta variable en los análisis de la disciplina. No obstante, los modelos que

[8] Este principio viene a afirmar que en algunas circunstancias la investigación sobre el modelo dinámico puede llevar a conclusiones sobre estática comparativa. Véase F. Galera Peral (1992), pág. 29.

se elaboraron eran modelos de carácter lineal. Una de las consecuencias de ello es que en esta modelización el tiempo funciona como un parámetro al que se puede invertir el signo. Así, se supone un funcionamiento equivalente entre la dinámica «pasado-futuro» y la «futuro-pasado». En otras palabras, *los modelos plantean una dinámica económica que es perfectamente reversible en el tiempo.* El sentido común nos dice que la mayoría de los fenómenos económicos son de carácter irreversible por lo que resulta *imposible obtener una explicación de la evolución en tiempo histórico de los fenómenos económicos,* en la que el futuro no es equivalente al pasado, a partir de los planteamientos de la economía convencional.

2. La economía ortodoxa, como la ciencia clásica en general, está centrada en el estudio de sistemas cerrados en los estados de equilibrio y sus regiones próximas. En efecto, se aborda el estudio de la economía real suponiéndola un sistema cerrado a la realidad social y al entorno natural. En los apartados precedentes ya vimos alguno de los problemas que esto ha provocado. La cuestión es que cerrado el sistema y en regiones próximas al equilibrio, las «fuerzas económicas», que actúan de una forma u otra, se compensan hasta retornar a dicho estado (que dicho sea de paso, se postula como estado deseable). Este eterno retornar al mismo punto, esta compensación de fuerzas, impide que los modelos puedan explicar la ocurrencia de lo inesperado, de la aparición de lo cualitativamente nuevo y distinto. Este enfoque no permite considerar fenómenos que son consustanciales a la naturaleza de la actividad económica humana como la innovación, la imprevisibilidad y la creatividad, fenómenos que ocurren en sistemas abiertos (la economía real) y en posiciones alejadas del equilibrio (donde las «fuerzas no se compensan»).
3. Este reduccionismo también tiene graves implicaciones para la elaboración de los conceptos que maneja la disciplina. Como ya ha señalado Mirowsky, la mayor dificultad que plantea la formalización es la reducción de los conceptos generalmente utilizados en economía como producción, consumo, mercado o, sin extendernos más, el de hombre, a otros conceptos que llenen de significado las variables que se usan en los modelos formalizados. En general, la mayoría de estos términos son recogidos del lenguaje común y, por tanto, su contenido está lleno de implicaciones psicológicas, sociales e históricas que serán distintas según el contexto en que éstos se empleen. El problema surge cuando estos conceptos se tratan de incluir como variables en un modelo matemático, porque para ello es necesario reducir este significado lleno de matices a otro mucho más abstracto. La consecuencia lógica de este proceso es la de una tremenda simplificación de los problemas que las teorías estudian.

A esto se añade la tendencia general a suponer a esas variables una serie de propiedades o comportamientos, para asegurar que las soluciones del modelo cuanto menos existan. Este procedimiento agrava el problema, ya que suele ocurrir que esas condiciones son demasiado limitativas para ser cumplidas por el concepto real al que las variables sustituyen.

Un ejemplo representativo de este fenómeno de abstracción lo podemos encontrar en el diseño del modelo de preferencias de la teoría del consumidor de la economía convencional. En ella, para explicar el comportamiento de los consumidores, se toma un concepto del lenguaje vulgar como es el de la preferencia: la inclinación de una persona hacia alguien o hacia algo, con base en una motivación determinada. Lo que se pretende es generar un modelo matemático explicativo del consumo en el que la solución exista y sea única. Sin embargo, esto sólo es posible mediante el establecimiento de los supuestos de comparabilidad, transitividad y reflexividad de la relación de indiferencia-preferencia y los de no saturación, continuidad y convexidad estricta de los conjuntos de indiferencia. El resultado es matemáticamente satisfactorio puesto que el diseño de las variables y de los supuestos que sobre ellas se han de establecer son los adecuados para asegurar la existencia de un único óptimo, pero su validez explicativa es muy restringida ya que limita en gran medida el carácter variable, generalmente inconsistente y no esquematizable, de las preferencias del ser humano. Otros ejemplos ilustrativos de esta abstracción se ponen de manifiesto al analizar el concepto de *homo economicus,* el de *mercado,* o el de *sistema económico* utilizados por la economía neoclásica.

4. Otra cuestión de crucial importancia y en estrecha relación con el punto anterior es el propio concepto de *homo economicus*[9] sobre el que se asienta la metodología reduccionista e individualista de la ciencia económica clásica. De hecho, Pareto no tiene ningún reparo en afirmar que «el homo oeconomicus es una abstracción perfectamente semejante a la de la mecánica racional cuando reduce los cuerpos a simples puntos materiales y es una abstracción impuesta por necesidades análogas»[10]. Una consecuencia de esto es que el análisis tradicional, no considera la *heterogeneidad de los agentes* y factores que intervienen en el equilibrio económico. Se ignoran muchos tipos de interacciones entre los individuos, respecto de los cuales se asume, erróneamente, que poseen la misma función de utilidad. Ello, a su vez, supone negar la posibilidad de ventajas o beneficios en los intercambios derivados de las diferencias individuales.

   Así, la estructura fundamental de la disciplina se basa en una concepción contradictoria del ser humano, en la que por un lado se le supone un agente que realiza acciones encaminadas a la consecución de su propio beneficio, pero por otro se le reduce a mero aceptante de las circunstancias que el propio sistema le impone. Es decir, volviendo al ejemplo de la teoría del consumo, el sujeto actúa para elegir la combinación de bienes que más le

[9] El concepto de *homo oeconomicus* se fundamenta en el artículo tercero de la Declaración de Derechos del Hombre de la Revolución Francesa («todos los hombres son iguales por naturaleza ante la ley») y sobre el utilitarismo simple que establecía la dicotomía placer-dolor de Bentham. Véase G. P. Brockway (1993), para un estudio de la relación entre este concepto y los análisis de la teoría económica ortodoxa.

[10] Véase J. L. Sampedro y R. Martínez Cortiña (1975), pág. 241.

satisface; sin embargo, se ve obligado a aceptar la estructura de precios que resulta en el mercado, limitándosele en gran medida su capacidad de actuar para modificarla. De esta manera, las acciones humanas se tipifican en cada situación y se restringen a un marco muy limitado de posibilidades, eliminando el componente circunstancial de las mismas. En definitiva, se construye una representación mecánica del desplazamiento de las cosas en un espacio homogéneo, en vez de percibir el choque de actividades en el espacio humano, esencialmente heterogéneo, donde la vida y la historia siguen su curso[11].

Además, *el sujeto económico se presenta aislado* del resto de sus congéneres, sus necesidades, sus intereses, sus preferencias, sus propósitos, sus acciones, su «elección» entre el trabajo y el ocio que «desea» consumir, son individuales, no están puestos en relación con su situación particular en la sociedad en que participa. En este sentido, el ser humano que nos presenta la economía convencional aparece abstraído de su entorno, de la sociedad en que vive y del ecosistema en el que su vida se desarrolla.

En palabras de Alburquerque, «... su conducta humana postulada —la racionalidad del homo oeconomicus— no corresponde ya a la realidad... las hipótesis de partida son falsas ya que la racionalidad económica es histórica y no eterna y universal [...] El resultado es que la teoría económica convencional se ha convertido en un álgebra de deducciones lógicas de un cierto número de axiomas basados en una psicología sumaria del hombre eterno; tal como dice Samir Amín en una axiomática de Robinson Crusoe en su isla. Pero como dice el profesor L. A. Rojo, "si queremos examinar el problema económico en sus formas más genuinas y apreciar su importancia en la existencia humana, haremos mal en dirigir nuestra atención a Robinson Crusoe, porque Crusoe, solitario en su isla, representa la ausencia de sociedad, en tanto que la actividad económica del hombre constituye un factor fundamental en la vida social"»[12].

5. Por último, y para no extendernos más en un análisis que, realizado de forma más profunda, sobrepasaría con mucho las pretensiones de este capítulo, queremos señalar otra limitación, desde nuestro punto de vista muy importante, que supone el uso de esta metodología basada en un reduccionismo individualista: la relativa a la incapacidad de esta elaboración teórica para realizar con rigor el *paso analítico del equilibrio de las unidades microeconómicas al de las unidades macroeconómicas*. Esto es debido fundamentalmente a las dificultades que presenta la introducción en el estudio de estructuras y subconjuntos estructurados. O sea, la economía ortodoxa plantea teorías sobre el funcionamiento de las partes y teorías sobre el funcionamiento del conjunto, pero es incapaz de conectarlas de manera satisfac-

---

[11] Véase F. Perroux (1984), págs. 74 y ss.

[12] F. Alburquerque Llorens (1981), pág. 79.

> toria, puesto que parte del individuo aislado no dispone de una idea adecuada sobre cómo se articulan los comportamientos de éstos con el conjunto de la sociedad de la que forman parte. Este problema puede ser un buen ejemplo de la inadecuación de la utilización del método cartesiano de adición de las teorías sobre las unidades simples, para llegar a una teoría del comportamiento de un fenómeno complejo como es la economía real.

Tradicionalmente las corrientes heterodoxas de la economía, principalmente el marxismo, el historicismo, el estructuralismo y el institucionalismo, han llamado la atención sobre las limitaciones del enfoque ortodoxo centrando sus críticas en algunos de los problemas mencionados. Todas surgen como reacción a la idea de orden natural postulado por la economía ortodoxa y tienen en común el intento de superar, de una manera u otra, el reduccionismo, pero sin aunar sus planteamientos para la elaboración de un marco epistemológico alternativo que amplíe los estrechos límites de la economía clásica.

Hoy en día, los herederos del pensamiento heterodoxo, especialmente la Escuela de la Regulación, los postkeynesianos, el institucionalismo evolutivo y el estructuralismo de Perroux siguen en el intento de encontrar solución a los problemas teóricos para estudiar el cambio y la evolución en la economía. La diferencia esencial entre estos nuevos heterodoxos y sus predecesores consiste en que están más preocupados por superar el enfoque mecanicista. No renuncian a la formalización de sus teorías, pero son conscientes de que la reducción de los conceptos ha de realizarse de un modo más adecuado al funcionamiento real de las cosas, lo que plantea dificultades adicionales a su trabajo.

Estos intentos se están dando incluso en el seno de la economía ortodoxa *aunque persiste esta tarea de búsqueda del equilibrio*. Estas nuevas teorías incorporan algunos elementos que tratan de superar, en alguna medida, parte de las limitaciones señaladas. Así, las nuevas elaboraciones distinguen entre modelos «mecánicos» y «estadísticos», e introducen el concepto de tiempo irreversible en sus trabajos; por ejemplo, empiezan a considerar el proceso de industrialización como un proceso autoacelerado (reacciones en cadena) creador de diferenciaciones internas (ruptura de simetrías), como un sistema abierto a otros sistemas desde los cuales han sido alimentados otros circuitos, consecuentemente modificados de manera irreversible. En esta línea se sitúan los últimos intentos de Arrow y Hahn por demostrar la posibilidad de un equilibrio general de las unidades activas.

En cualquier caso, esta evolución, este intento de ruptura con la concepción mecanicista, es un hecho que ocurre con bastante retraso en esta disciplina. En las ciencias naturales ya hace tiempo que se ha aceptado como inevitable, habida cuenta de los problemas que se han planteado para su mantenimiento en el curso de sus investigaciones. Es importante destacar que algunas de las nuevas teorías económicas tanto de los ortodoxos como de los nuevos heterodoxos están inspiradas y toman un gran número de elementos de los resultados emanados de la renovación conceptual y metodológica de las ciencias de la naturaleza. Quizá a partir de aquí, de este intento común de superar los problemas de la economía convencional, se abran nuevos campos de investigación que permitan renovar el enfoque de la actual Ciencia Económica. A estas cuestiones dedicamos el apartado siguiente.

3. HACIA UN ENFOQUE RENOVADO EN LA CIENCIA ECONÓMICA

3.1. Las enseñanzas de las ciencias naturales. La emergencia de la complejidad

La primera amenaza al paradigma mecanicista newtoniano se produce con las investigaciones de Fourier sobre el calor y sus derivaciones más importantes, la ciencia de la conservación de la energía y la ciencia de las máquinas térmicas, que dieron lugar al surgimiento de la termodinámica, cuyo segundo principio introduce el concepto de entropía y con él el de tiempo irreversible en la física. En efecto, al primer principio de la termodinámica, que afirma que la energía ni se crea ni se destruye sino que se transforma, se añade el segundo principio esbozado por Carnot y formulado por Clausius en 1850. Con este último, se introduce la idea, no de disminución (que contradiría el primer principio), sino de degradación de la energía. Mientras que todas las demás formas de energía pueden transformarse íntegramente una en otra, la energía que toma forma calorífica no puede reconvertirse enteramente y pierde, por tanto, una parte de su aptitud para efectuar un trabajo. Ahora bien, toda transformación, todo trabajo, libera calor y, en consecuencia, contribuye a esta degradación. Esta disminución irreversible de la aptitud para transformarse y efectuar un trabajo, propia del calor, ha sido designada por Clausius con el nombre de *entropía*.

Estas nuevas investigaciones suponen una ruptura con la idea de que las leyes físicas eran atemporales. Esto es así porque, al admitir que la degradación de la energía era posible, tenía que admitirse que los sistemas sufrirían modificaciones a lo largo del tiempo. Su configuración no era eterna: se transformaban. De esta forma, los sistemas físicos se aproximaban en alguna medida a los entes biológicos: evolucionaban, tenían historia. Se pone así de manifiesto que incluso en la física el concepto de tiempo se revela de suma importancia. Además, *lo que importaba era el tiempo real, el que transcurre en una sola dirección, en el que se desarrollan los procesos evolutivos.*

Con Boltzmann aparece, además, el concepto de probabilidad estadística en las ciencias naturales. Este científico aportó la idea de que sólo mediante la probabilidad podemos intuir el número de moléculas y la configuración de las mismas en el seno de un sistema, afirmando que las configuraciones ordenadas son menos probables que las configuraciones desordenadas. Es decir, *el desorden y la desorganización se identifican con la situación más probable.*

A partir de esta idea surge una pregunta fundamental: si el orden y la desorganización se identifican con la situación más probable, ¿qué son todas las formas organizadas que observamos en la naturaleza?, ¿meras improbabilidades? Ilya Prigogine, premio Nobel de Química en 1977, ha dedicado toda una vida de trabajo a responder a éstas y otras cuestiones relacionadas. Expondremos aquí brevemente algunos de los principales frutos de su trabajo.

Prigogine[13] acude a la distinción clásica entre sistemas aislados (no existe intercambio de materia o energía con el exterior), cerrados (sólo existe intercambio de energía) y abiertos (el sistema intercambia materia y energía con su entorno), para afirmar que si bien es cierto que las leyes de equilibrio termodinámico de Boltzmann sirven para explicar los fenómenos de estructuración de los estados de equilibrio en los dos primeros tipos de sistemas, los fenómenos de organización de la materia en sistemas abiertos las contradicen. En estos últimos no se produce la evolución hacia el desorden (entropía máxima) que se prevé para los sistemas aislados o hacia el estado de mínima energía libre al que tienden los sistemas cerrados. Los sistemas abiertos, cuando se dan las frecuentes condiciones que a continuación veremos, no tienen que estar necesariamente en equilibrio termodinámico para que surjan organizaciones estructuradas. La evolución hacia la complejidad de los sistemas biológicos o sociales, cuya característica más notoria es que son abiertos, es una buena muestra de ello.

El punto de partida de la escuela de Bruselas fundada por Ilya Prigogine es que incluso en sistemas físicos cerrados se producen fenómenos como la difusión térmica, que indican que en situaciones alejadas del equilibrio puede surgir un orden. Este hecho fue pasado por alto por la física clásica, ya que ésta se centra principalmente en el estudio de los estados de equilibrio. Sin embargo, sirve de base a una de las principales ideas de esta escuela que es que *para comprender los más simples fenómenos de organización que se producen en los sistemas abiertos ha de recurrirse al estudio de lo que ocurre en las regiones alejadas del equilibrio.*

En estas regiones se presentan interacciones *no lineales* entre los elementos del sistema y éstas son las que permiten (al romperse la ley de los grandes números) que una pequeña fluctuación interna en el sistema se amplifique de forma que lo invada completamente hasta generar una nueva estructura o modificar la que tenía inicialmente. Este fenómeno sólo es posible en estados de desequilibrio, puesto que cuando se está en el equilibrio o en regiones muy cercanas al mismo, rigen relaciones lineales entre los componentes del sistema y esto contribuye a que las pequeñas fluctuaciones sean absorbidas hasta volver a dicho estado. Es en este sentido figurado en el que se dice que el equilibrio actúa como estado «atractor».

Los trabajos de Prigogine demuestran que el desorden (identificado con el equilibrio clásico) no tiene que ser necesariamente el estado «atractor», como indicaba la teoría de Boltzmann. Sólo es uno de estos posibles estados y, por otro lado, resulta poco interesante, puesto que no permite la aparición de nuevas estructuras. Con

[13] Véase I. Prigogine e I. Stengers (1990), fundamentalmente los capítulos V y VI e I. Prigogine (1993).

su equipo de Bruselas, demuestra *que en situaciones alejadas del equilibrio*, las fluctuaciones, actuando por la amplificación que permite el carácter no lineal de las interacciones, *pueden invadir un sistema* (más intensamente cuanto más débil sea la integración del mismo) y *generar con ello un nuevo orden*.

Así, la disipación de la energía y de la materia, sólo posible en un sistema abierto, puede llevar a este nuevo orden (partiendo del antiguo) generando estructuraciones que él denomina *estructuras disipativas*. Esta extensión de la fluctuación por todo el sistema se produce en unas determinadas condiciones, a partir de unos *puntos críticos,* un umbral de inestabilidad, que son los llamados *puntos de bifurcación*. Estos estudios destacan también que es imprescindible que el sistema tenga *un tamaño lo suficientemente grande* como para conservar cierta autonomía con respecto a su entorno. En otro caso, el estado de dicho entorno condiciona demasiado el sistema como para que puedan ampliarse las fluctuaciones que se originan a partir de su propia dinámica.

Otro punto en el que merece la pena insistir es la necesidad de que entre las características del sistema se encuentre la de no-linealidad de las interacciones entre sus elementos. Esto viene a significar que es necesario también que en la evolución del sistema existan *etapas catalizadoras* (o bucles de retroalimentación), es decir, aquellas fases en las que la presencia o inhibición de alguno de los elementos acelera los procesos que se desarrollan.

Por otro lado, la aparición de estas estructuras disipativas, que en definitiva podrían entenderse como fluctuaciones gigantes estabilizadas por intercambio de materia y energía, implican el desarrollo de una coherencia del comportamiento global del sistema que parte de los movimientos desordenados de los elementos que lo constituyen.

La evolución de los sistemas inestables que posean las características citadas dependerá de la naturaleza de la fluctuación que lo desestabilice y que al ampliarse acabe por dirigirlo a uno *de los estados macroscópicos posibles*. Prigogine dice que «podemos hablar de una elección por parte del sistema, no causada por una libertad subjetiva cualquiera, sino porque la fluctuación es precisamente lo que, de la actividad intrínseca del sistema, escapa irreductiblemente al control que ejercen las condiciones de contorno; lo que traduce la diferencia de escala entre el sistema como un todo sobre el que podemos actuar y al que podemos definir y los procesos elementales cuyo desorden constituye la actividad de ese todo»[14].

Es curioso lo que esta idea sugiere. Si la aplicáramos al sistema económico podría parecer que estamos hablando de la «mano invisible» de A. Smith. Sin embargo, existiría una diferencia sustancial: mientras que en el estudio del equilibrio económico smithiano se considera que el orden, el estado global del sistema, al que se llegaría es el mejor de los órdenes posibles (el equilibrio económico estable), aquí lo que se considera es la formación, *lejos del equilibrio,* de un orden, de una estructuración, que aunque posea cierta estabilidad que le ayude a mantenerse durante un

[14] I. Prigogine (1993), pág. 192.

tiempo, no está libre de sufrir futuras alteraciones a través de otras fluctuaciones en momentos posteriores. Además, en ningún caso este proceso de generación de orden a partir de las fluctuaciones postula que el orden creado sea el mejor de los posibles.

El estado final de un sistema inestable será, por tanto, un punto al que se ha llegado siguiendo un diagrama concreto de bifurcaciones[15], tendrá una *historia real entre todas las historias posibles:* «el determinismo de las ecuaciones que permiten calcular la estabilidad e inestabilidad de los diferentes estados y el azar de las fluctuaciones que decide hacia qué estado se dirigirá efectivamente el sistema, están aquí asociados inseparablemente»[16].

A esta creación de orden desde el desequilibrio es a lo que Prigogine denomina *orden por fluctuaciones,* que se define apoyado en los conceptos de *historia,* de *estructura y actividad funcional.* Para explicar esta idea mejor que lo expresemos con sus propias palabras: «La evolución de cada sistema se desglosa en dos fases. Primero, el régimen existente entre las inestabilidades que es determinante en el sentido de que ecuaciones, tales como las de la cinética química o de dinámica de población, determinan el proceso de las variables del sistema. Sin embargo, la segunda fase es el comportamiento del sistema próximo a la inestabilidad. Se trata de un fenómeno "estocástico" o "al azar", ya que la evolución del sistema está determinada por la primera fluctuación que se produzca y que conduzca al sistema a un nuevo estado estable. Recurriendo al lenguaje sociológico, la función puede considerarse como la "microestructura" del sistema, mientras que la organización a gran escala espacial o espacio-temporal corresponde a la "macroestructura". Una fluctuación local origina una modificación local de la microestructura que, si los mecanismos reguladores resultan inadecuados, modifica la macroestructura. Esto, a su vez, determina el «espectro» de posibles fluctuaciones futuras. Por tanto, tenemos en ello la expresión natural de la idea de que las sociedades funcionan como una máquina, refiriéndonos a períodos deterministas entre las inestabilidades, y que la sociedad está regida por "acontecimientos críticos" (por ejemplo "grandes hombres"), que se producen en momentos de inestabilidad. Lejos de contraponer "azar" y "necesidad", consideramos que ambos aspectos son esenciales en la descripción de sistemas no lineales inestables»[17].

El comportamiento puede resumirse en la siguiente figura 11.1. Lo notable es que este lenguaje de esta concepción compleja de la ciencia se intuye adecuado para explicar el tipo de comportamiento que se da tanto en el mundo inorgánico (una muestra es la formación de relojes químicos) como en sistemas biológicos moleculares (por ejemplo en las funciones metabólicas), en ecosistemas (evolución de poblaciones biológicas), o en los sistemas sociales, por ejemplo en la economía.

---

[15] Estos procesos están siendo formalizados por teorías matemáticas acerca de la dinámica de las discontinuidades, especialmente por dos de ellas: la teoría del caos (que parte de una realidad esencialmente discontinua) y la teoría de las catástrofes (que parte de una realidad esencialmente continua pero sujeta a grandes discontinuidades). La teoría sinergética podría ser considerada una síntesis de ambas. Véase J. B. Rosser Jr. (1994).

[16] Ibídem.

[17] Ibídem, págs. 265 y 266.

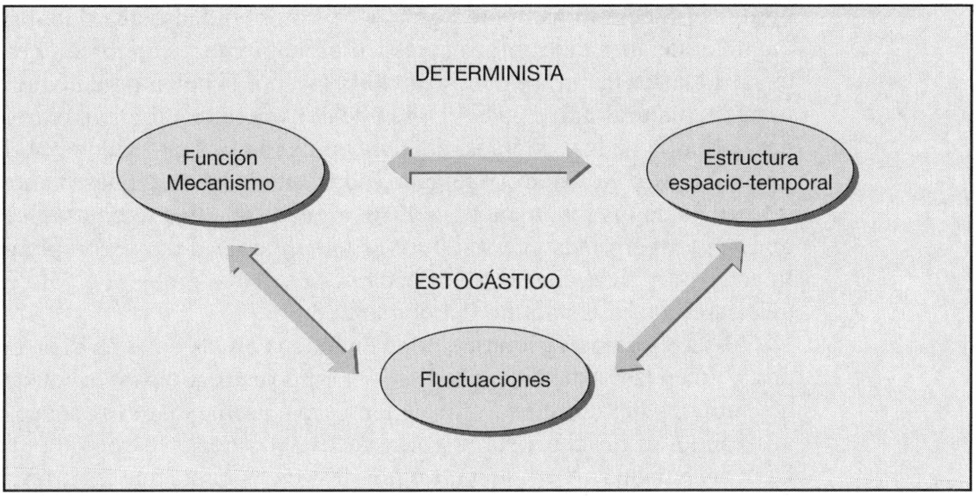

Figura 11.1.

Éste es un lenguaje sorprendentemente familiar para quienes como los economistas investigan fenómenos sociales. Y es que, como indica Balandier, con los trabajos de Ilya Prigogine, «de la materia inerte a la materia viva, después a lo social, se efectúa una transferencia, con miras a prever la conversión del desorden en orden y el incremento de la complejidad. Lo vivo y lo social tienen en común que son sistemas complejos y abiertos, es decir, que se encuentran con una relación de intercambio con el mundo exterior. Como demostraron los biólogos, estas dos propiedades obligan a considerar la entropía bajo, por lo menos, dos aspectos: el de una entropía creciente verificable a escala del sistema completo, ligado con su medio; el de una disminución de la entropía que tiene lugar localmente fuera de la formación de estructuras organizadas. El acrecentamiento local del orden se paga con un acrecentamiento global de la entropía»[18].

Como vemos, la evolución de la termodinámica, y con ella el nacimiento de la termodinámica no-lineal, trae consigo importantes consecuencias para una mejor comprensión de la complejidad del mundo al explicar el surgimiento del orden a partir del desorden y del no-equilibrio. La hemos expuesto aquí por lo significativo de sus resultados y por los avances que realiza en la comprensión de los fenómenos de estructuración de la naturaleza. Además ha servido de base para desarrollos posteriores como la sinergética de Haken (estudio de los fenómenos de autoorganización en la naturaleza y la sociedad) y el estudio de la evolución de sistemas complejos en la biología (trabajos de Gell-Man y Kauffman, por ejemplo). Sin embargo, aunque tiene una relevancia especial, no es la única fuente de la que se nutre lo que Ed-

[18] G. Balandier (1989), pág. 53, y también, más extensamente, E. Morin (1981), pág. 90.

gard Morin denomina «paradigma de la complejidad», que intenta integrar los elementos (aleatoriedad, información en el ambiente y sujeto con creatividad) que la ciencia clásica había apartado por confusos, por la incomodidad que crean al concepto de ley natural universal. Así, han de considerarse también, entre otras aportaciones, la teoría de los sistemas, de la información y la cibernética (Ashby, Bertalanffi, Shannon, Von Newman, Wiener). Todas estas elaboraciones plantean perspectivas diferentes de los fenómenos, incluso, algunas de ellas se contradicen entre sí en algún punto. Pero más que sustitutivas han de considerarse complementarias; la realidad es muy rica para ser iluminada por una sola lámpara, y sólo entendiendo esto avanzaremos en el camino del conocimiento.

Al ser ésta una visión que pone el énfasis en las emergencias, en las interacciones, y no en las sustancias, puede servir como estímulo para la construcción de puentes entre las distintas disciplinas científicas, asemejando los conceptos utilizados y acercando, al descubrir la historia en la naturaleza, los objetos de estudio de las ciencias humanas y las ciencias naturales. Es evidente que las diferencias en los planos de realidad cuyo estudio aborda cada rama específica de la ciencia requieren, al menos en parte, aparatos conceptuales y metodologías específicas, Sin embargo, este encuentro bien pudiera producirse en un nivel metafísico, si se quiere metacientífico, que permitiera un trabajo común de comprensión de la realidad.

3.2. La economía como un sistema complejo de relaciones y actividades humanas que evolucionan en el tiempo

Hemos denominado Concepción Compleja de la Ciencia, a esta nueva visión en la que, como hemos visto, aparecen los términos clave de tiempo irreversible y desequilibrio. Su desarrollo parte del reconocimiento de la imposibilidad de alcanzar el saber absoluto, pero esta vía de la humildad nos conduce a poder captar la variedad y creatividad, la complejidad del mundo que nos rodea.

No nos atrevemos a afirmar aquí que exista una rama de la economía que se haga eco de todos los cambios de concepción anteriormente expuestos y que, por tanto, merezca el nombre de Concepción Compleja de la Economía. Sin embargo, hay una abundante bibliografía económica que presenta cierta preocupación por estos temas. Entendemos, por tanto, que sus autores, aunque desconectados entre sí y preocupados por diferentes aspectos de la realidad económica, bien podrían configurar lo que se entiende por un «programa de investigación». Este programa habría surgido, por un lado, de la toma de conciencia del estado de cambio en el seno de las ciencias experimentales y, por otro, del desencanto de estos economistas ante el fracaso de la Ciencia Económica convencional para explicar la realidad de los sucesos. Aunque sus elaboraciones estén tan al principio que resulte difícil hablar de un verdadero proyecto, nos gustaría pensar que estos nuevos estudios son el germen de lo que en un futuro no lejano podrían conformar un cuerpo teórico compacto.

Una de las aportaciones a la economía más significativa y sugerente basada en este nuevo enfoque de la ciencia es la que proviene del intento de estudiar los fenómenos económicos bajo el prisma de la teoría sinergética, elaborada por Herman Haken a partir de los trabajos de la Escuela de Bruselas. Veamos en unas cuantas líneas en qué consiste esta perspectiva.

En palabras de A. Fernández Díaz, «la sinergética es considerada como una teoría general del comportamiento dinámico de sistemas con características particulares, y se ocupa de la interacción de muchos subsistemas que dan lugar a resultados macroscópicos de naturaleza autoorganizada. Por lo que se refiere a la Economía Sinergética, ésta trata de la no-linealidad y de la inestabilidad como fuentes u origen de la variedad y la complejidad de la dinámica económica, en vez de constituir fenómenos esporádicos y molestos, como ha sido tradicionalmente interpretado en la Ciencia Económica»[19].

La sinergética divide a los parámetros del sistema que pretende estudiar en dos partes: por un lado están los *parámetros de orden* (influyen a las variables de control), que varían lentamente, y por otro, *los parámetros esclavos* (inciden sobre las variables de estado), que varían muy rápidamente. Además considera que el sistema sufre continuamente perturbaciones estocásticas; cuando éstas ocurren en las proximidades de un punto bifurcación es cuando surge el cambio estructural.

La idea fundamental es que estos parámetros de orden son dinámicamente inestables, mientras que los esclavos son estables. El caos ocurre cuando se produce la «revuelta de los esclavos», cuando se desestabilizan y pasan a influir a los parámetros de control. Así, la dinámica caótica puede asociarse a una catástrofe más profunda o a una reestructuración y emergencia de un nuevo orden para todo el sistema.

Siguiendo a Weidlich[20], este tipo de dinámica se formula en términos de ecuaciones de movimiento cuyos parámetros de control se ajustan experimentalmente. Estas ecuaciones muestran estructuras universales que en muchos aspectos son independientes de la naturaleza de las unidades que componen el sistema. Este hecho es el origen de la relevancia interdisciplinar de la sinergética.

Además, el uso de la palabra «autoorganización» se justifica en este contexto en el que la estructura específica de las sendas dinámicas macroscópicas descritas por el conjunto de ecuaciones no-lineales no está predeterminada de forma específica con las condiciones en el límite o los parámetros de control.

Para este autor «está intuitivamente claro que también la sociedad humana, al estar compuesta por muchos individuos, es un sistema al que se pueden aplicar las leyes sinergéticas» y basa su afirmación en los siguientes puntos:

1. La sociedad solamente es gobernada por unos relativamente pocos parámetros de orden (políticos, económicos, culturales, religiosos, sociales).
2. Las decisiones y acciones de los individuos están esclavizadas, es decir, in-

[19] A. Fernández Díaz (1993), pág. 276.
[20] Véase W. Weidlich (1991) y W. Weidlich y G. Haag (1983).

fluenciadas, orientadas, incluso predeterminadas por los climas social, económico, cultural y político establecidos por los parámetros de orden de los sistemas sociales.

3. La evolución global de la sociedad puede ser vista como una dinámica propia de los parámetros de orden endógenos que, sin embargo, son controlados por influencias exógenas como el entorno, los recursos, las restricciones económicas, las relaciones externas, etc.
4. La estructura de la sociedad está sólo parcialmente predeterminada por influencias externas y evoluciona de forma organizativa. El resultado, sin embargo, no es único. En su lugar, se pueden establecer distintas modificaciones de los sistemas sociales bajo las mismas circunstancias externas.
5. En puntos críticos particulares en el tiempo, el proceso de evolución puede desestabilizarse de forma que emerja una fase de transición (revolución), y un nuevo estado y otro modo de dinámica aparezcan.

Esta visión intuitiva de los sistemas sociales como sinergéticos es en la que basa Weidlich su ideal de una ciencia social cuantificada. Sin embargo, reconoce las importantes dificultades que pueden surgir en este proceso cuantitativización:

- En primer lugar, debería establecerse la conexión entre el micronivel de las decisiones y acciones de los individuos y el macronivel de las ecuaciones del movimiento para el conjunto de los parámetros de orden de la sociedad.
- Los posibles estados estacionarios, evoluciones y revoluciones de una sociedad se deben reflejar en la estructura global de los modelos cuantitativos de la dinámica del sistema.
- Bajo condiciones suficientemente bien definidas los modelos cuantitativos deberían ser susceptibles de comparación con sistemas empíricos concretos a través del análisis de regresión o de previsión.

Este enfoque, en el que la mezcla de determinismo y de aleatoriedad desempeña un papel fundamental, está muy cerca del enfoque que se sostiene en la biología moderna para tratar la evolución de las especies.

Como vemos, el punto de vista enmarcado en la teoría sinergética cambia en parte la concepción de la evolución de los sistemas económicos con respecto a como lo hace la economía convencional. En efecto, abordan problemas tan importantes como los procesos de autoorganización, de formación de estructuras en el espacio y en el tiempo irreversible. Rechazan el concepto de equilibrio tal y como lo entiende la economía ortodoxa e inciden en la importancia de la consideración de los procesos históricos y del análisis de las instituciones socioeconómicas apuntando que deben ser correctamente incorporados en los modelos.

Estas elaboraciones plantean que la economía es un sistema complejo en permanente evolución, en continua autoorganización y reestructuración. Aquí, interpretan el mismo papel relevante las relaciones deterministas entre los integrantes del sistema, los fenómenos aleatorios surgidos en el proceso y la permanente interacción del sistema con su entorno. Todos estos elementos permiten contemplar la aparición de innovaciones y el modo en que éstas prosperan contribuyendo al proceso global de la evolución del sistema.

Desde nuestro punto de vista, el principal interés de estos modelos (pese a que están en una etapa de elaboración incipiente, y ser cierto que aún tienen grandes limitaciones para describir, y más aún explicar, toda la complejidad del fenómeno económico real) reside precisamente en este planteamiento, que trata de trascender, al menos en parte, el excesivo reduccionismo de la economía ortodoxa al introducir como elementos en el análisis el surgimiento de novedad inherente a las actividades humanas y con ello contemplar la evolución de la economía en el tiempo irreversible. Esto consideramos que implica una visión más realista del modo en que los humanos (individualmente o en sociedad) nos desenvolvemos en relación a la vida económica, que es uno de los principales asuntos en los que creemos que debe centrarse cualquier proyecto de superación de los problemas a los que se enfrenta la Ciencia Económica.

En el proyecto que nosotros planteamos es el concepto de *ser humano* el que cobra una especial relevancia: el agente y su actividad constituyen su fundamento. De esta manera, como afirma Perroux, la Ciencia Económica pasaría de ser la ciencia de los recursos escasos, a entenderse como *la organización de las relaciones humanas en beneficio de todos y de cada uno mediante el uso de bienes socialmente escasos que puedan ser cuantificados y contabilizados de manera aproximada.*

Tomando los conceptos fundamentales de la nueva ciencia de lo complejo (tiempo irreversible y desequilibrio), esta nueva economía entiende el sistema desde un punto de vista participativo de actuación. Los elementos claves en sus elaboraciones son los agentes y las estructuras heterogéneas. Éstos interactúan provocando dentro de su dinámica cambios irreversibles desde el desequilibrio y se encuentran a la vez abiertos al resto de la naturaleza. Así, la decisión, la información, el conflicto y el aprendizaje se vuelven conceptos no sólo posibles, sino incluso imprescindibles en esta nueva visión. Se configura una economía de la participación, de la negociación, donde el poder, la capacidad del hombre de imponer su voluntad, está presente. El ser humano aparece así con sus facultades de actuación intactas.

Pero no hemos de llevarnos a engaño: lo que planteamos aquí es solamente un proyecto; pese a los avances de la ciencia, la tarea no ha hecho más que empezar. Tenemos que prestar mucha atención a la advertencia de Jorge Wagensberg: «La ciencia puede explicar ya complicados fenómenos irreversibles de reacción-difusión en bioquímica (ha elaborado leyes que describen su evolución en el tiempo), pero, y a pesar de la gran cantidad de datos acumulados sobre la organización biológica y bioquímica, carecemos de una teoría para el crecimiento, la diferenciación, la regulación, ya sea de un ser vivo, de una sociedad o incluso de ciertos ingenios humanos. Las leyes de la física, aunque compatibles con tales procesos, son incapaces de describirlos. Carecemos de una teoría de la organización. He aquí el problema»[21].

[21] J. Wagensberg (1994), págs. 12 y 13.

Sí, el problema, pero también el reto. Los economistas no podemos, hoy menos que nunca, seguir eludiendo la responsabilidad de afrontar la comprensión de la complejidad de lo real. Esto significa abordar el estudio de sus dos elementos consustanciales: el cambio (la estabilidad y la evolución) y la relación del todo con las partes (la estructura y la función). Aunque ello sea a costa de renunciar al diseño de elegantes modelos formales.

¿Qué proponemos, pues? Explorar las nuevas vías de conocimiento a partir de lo que ya sabemos de la estructura y funcionamiento del sistema económico, así como del comportamiento de los agentes, teniendo en cuenta los nuevos desarrollos en las otras ramas de la ciencia, e intentando establecer jerarquías en los análisis que permitieran (aun manteniendo el enfoque global) abordar los problemas a escalas más reducidas[22].

4. FORMAS ALTERNATIVAS DE ENFRENTARSE AL FUTURO

Una cuestión de extraordinaria importancia que se le plantea a la ciencia una vez aceptada la emergencia de la complejidad es comprender en qué lugar se quedan nuestras explicaciones tradicionales acerca del futuro.

En la Ciencia Económica esta cuestión concierne especialmente a aquellos que creemos que la economía es una ciencia finalista, es decir, que intenta conocer la realidad económica con el propósito de modificarla (si así se requiere), orientando su estructura y funcionamiento hacia aquellos fines que se consideran deseados en relación con los valores de una sociedad en un momento determinado. Desde este punto de vista, es un asunto que afecta directamente a la forma y contenido de la política económica.

Así, los interrogantes *¿qué podemos saber del futuro?*, *¿hasta qué punto está éste determinado?* y *¿de qué manera podemos condicionarlo llevándolo a donde queramos?*, concentran gran parte de la atención de los economistas que asumimos la complejidad del sistema socioeconómico.

A la luz de los últimos trabajos científicos sabemos que el futuro no está determinado. Esta idea hasta hoy esencialmente fenomenológica se convierte ahora en un fundamento epistemológico de la nueva ciencia. Sin embargo, existen grados en esta indeterminación. Como vimos en apartados precedentes, en la evolución de los sistemas se observan etapas de relativa estabilidad, en las que hay una alta probabilidad de que ocurra lo esperado. Sin embargo, en épocas de inestabilidad, si se quiere de crisis, resulta teóricamente imposible saber cuál será el cauce futuro de evolución del sistema. La predicción deja de ser un instrumento útil en estas últimas etapas. No sabemos qué es lo que va a pasar, luego no sabemos qué es lo que tenemos que hacer hoy para favorecer o evitar lo que el futuro nos depare.

---

[22] Véase, por ejemplo, la propuesta de G. M. Hodgson (1995), págs. 337 a 352.

Pero, con relación a esta última idea, centrémosnos en la tercera pregunta: ¿cómo condicionar el futuro? Lógicamente, nuestros actos presentes sientan las bases del futuro, pero, desde este enfoque en el que el *azar* juega un papel tan importante como la *necesidad, ¿podemos influir en la evolución del sistema para llevarlo al estado deseado*? Ensayemos alguna respuesta.

Mika Mannermaa, un pionero en la reciente línea de trabajo denominada *Futures Research*[23], ha clasificado las distintas formas en que los economistas estudian el futuro en tres corrientes que a su vez implican diferentes estrategias de acción. Veamos primero someramente en qué consisten cada una de ellas:

- Escuela descriptiva: con un enfoque determinista pretende claramente explicar o predecir el futuro limitándose a extrapolar el pasado.
- Escuela de los escenarios: desde una perspectiva algo menos determinista, renunciando a lo anterior, tiene como objetivos diseñar los distintos escenarios alternativos en los que podemos encontrarnos en el futuro y establecer las estrategias de actuación para cada caso.
- Escuela evolucionista: dando el salto epistemológico al indeterminismo y recogiendo el marco conceptual de la termodinámica del no equilibrio, concibe la evolución de los sistemas económicos en los términos de la teoría de las bifurcaciones, planteando la creación de «estructuras disipativas» en el sistema económico a través de la amplificación de las fluctuaciones internas o externas al sistema. Lo que pretenden los investigadores que pertenecen a esta escuela es «identificar signos de ruptura, movimientos sociales, innovaciones tecnológicas, signos de desestabilización, etc.; identificar síntomas y también... "intentar diseñar posibles alternativas para después de la bifurcación y, de este modo, crear una suerte de mapa de posibilidades futuras"»[24].

¿Cuál parece ser el enfoque más realista, más adecuado para encarar el futuro? Comencemos descartando a la escuela descriptiva porque con un reduccionismo excesivamente mutilador restringe el desarrollo de los fenómenos económicos a un estrecho marco de relaciones causales. En cuanto a la elección entre las otras dos aproximaciones, desde nuestro punto de vista es un falso dilema. No son enfoques antagónicos, sino complementarios. Máxime si se tienen en cuenta las últimas elaboraciones de la escuela de los escenarios en las que se incorpora al análisis gran parte de la epistemología del nuevo enfoque científico[25]. Así pues, lo aconsejable es abordar ambos enfoques conjuntamente aunque para diferentes horizontes temporales, etapas por las que atraviesa la economía, niveles de análisis o campos de acción.

---

[23] Para un desarrollo más amplio de esta cuestión, véase Gómez-Pallete (1995), págs. 216-223.

[24] Op. cit., pág. 220.

[25] Véase M. Godet (1997).

De todos estos aspectos quizá el que ilustre mejor esta complementariedad sea el horizonte temporal en el que abordamos el análisis de la situación y con respecto al cual nos planteamos la acción.

Cuanto mayor sea el período que nos marcamos en el estudio de la evolución del sistema, más apropiado parece ser el enfoque evolucionista. Se necesita una amplia perspectiva para dilucidar cuáles son las etapas de estabilidad o las fases críticas en la evolución del sistema. La idea es que en las primeras, lo *dominante,* lo de siempre, prevalece; en la segundas, se impone lo *emergente,* lo nuevo. Aunque aún no disponemos de métodos que nos permitan realizar siquiera aproximadamente un diagnóstico de tales situaciones (disponemos de la historia para detectar las del pasado, pero no para las de la actualidad), es cierto que se pueden tener indicios en el presente del tipo de situación que atraviesa el sistema.

Por ejemplo, habría muchas razones para argumentar que en este final de siglo el sistema económico pasa por una etapa de fuerte inestabilidad y que se están produciendo grandes «fluctuaciones» que nos sitúan muy cerca de una «bifurcación» en la evolución del sistema que nos acerca a un nuevo orden económico. En definitiva, que nos encontraríamos en lo que Laszlo denomina «punto crucial». En este sentido, nos encontraríamos ante un futuro próximo esencialmente incierto y probablemente radicalmente distinto. No podríamos diseñar de antemano una estrategia que cupiera plantearse a medio y largo plazo, dado que además el cambio de orden afectaría a los niveles más fundamentales (cambios de valores, modos de organización de la sociedad, etc.). Sólo nos quedaría, hasta que el nuevo orden se estabilizara, ir aprendiendo a manejarnos con tal inestabilidad a medida que vamos actuando. Algunos autores sostienen, como Gómez-Pallete en la obra citada, que en estas épocas «idear y actuar se convierten en sinónimos».

Pero si uno mira las cosas desde una perspectiva del corto plazo —aun asumiendo que en un horizonte temporal más amplio nos encontremos en un «punto crucial», en el que no sabemos nada acerca del futuro—, el «idear» y el «actuar», aunque próximos en el tiempo, no se identifican completamente. Para los seres humanos, toda idea o diseño de estrategia acerca de lo que hay que hacer responde a una representación de lo que creemos que es y de lo que deseamos que ocurra en el futuro. Nuestras acciones conscientes responden a una elección entre las estrategias alternativas posibles, lo que implica tener una visión de las ventajas e inconvenientes de cada una de ellas para dirigirnos hacia lo que queremos. Actuamos, aun a sabiendas de que el futuro es incierto y es posible que no consigamos los resultados esperados. Y para ello necesitamos algún tipo de plan, o al menos algún tipo de guía.

Los últimos trabajos de algunos representantes de la escuela de los escenarios combinan esta realidad de acción intencionada con el enfoque evolucionista. Como explica M. Godet[27], es un enfoque que mantiene, por un lado, el determinismo: el

[26] Dominante y emergente son nociones dialécticas, no tienen sentido la una sin la otra. Por eso de la estabilidad surgen las crisis y de éstas un nuevo orden de cosas.

[27] M. Godet (1997), pág. 78.

sistema tiene una historia que le lleva a un diagrama de bifurcación y no a otro; por otro, la libertad: en las zonas críticas el azar o la voluntad pueden provocar cambios totales. Los actores pueden reconocer los parámetros de la bifurcación y actuar bajo el riesgo, no obstante, de fluctuaciones peligrosas. Desde esta nueva lectura la evolución, el azar, la necesidad y la voluntad pueden representar alternativamente y juntos un papel determinante. Mucho más contundente es Jean-Pierre Dupuy al valorar el papel de la voluntad al afirmar que «la observación de una inversión de la flecha del tiempo, de un presente que parece determinado por el futuro y no por el pasado, devuelve a la experiencia interior de la voluntad consciente, del proyecto, del deseo, de la intención: en tal caso, nos parece bien que aquello que hacemos se explique, no por nuestros condicionamientos, sino por el propósito que explicitamos y hacia el cual tendemos»[28]. Como sigue reflexionando Godet, «esta inversión de la flecha del tiempo no es otra que la prospectiva designada por el futuro razón de ser del presente. En tanto que fuerza productiva del futuro, el deseo es el principal motor de la autoorganización social»[29].

Así pues, el azar, la necesidad y la voluntad son elementos que se combinan para llevarnos al futuro. Por nuestra parte, aunque sin conceder a la voluntad el papel protagonista, sino como un elemento más, coincidimos con Godet en que el *deseo,* la intención de las personas que integramos el sistema, representa un papel esencial que ha de ser tenido muy en cuenta. Es desde esta perspectiva desde la cual se hace imprescindible tener un conocimiento exhaustivo del juego de los actores económicos, que sea capaz de describir y de explicar sus deseos, intenciones, motivaciones e intereses y la forma en que éstos se relacionan. Dado que son *uno de los principales motores del cambio,* conocer su engranaje es una pieza esencial (junto con el análisis estructural) para poder plantear los escenarios de futuro. Estos futuribles, no podrán ser de otro modo que muy abiertos, expresados en términos más cualitativos que cuantitativos, más con un esfuerzo de imaginación que con un propósito de predicción. Además, asumida la incertidumbre, las estrategias han de ser lo suficientemente flexibles a la vez que continuamente evaluadas. En esta situación se ha de evitar a toda costa que la puesta en marcha de las estrategias conviertan el principal obstáculo de la consecución de los objetivos generales planteados.

5. CONCLUSIÓN: LAS CONSIDERACIONES ÉTICAS

En este capítulo hemos tratado de hacer un esbozo de los grandes problemas que tiene la Ciencia Económica actual para abordar con toda su complejidad el estudio de fenómenos tales como el deterioro del ambiente natural y el subdesarrollo, grandes lacras de la sociedad de nuestros días. Un requisito indispensable para poder llegar a plantear alguna solución a estas importantes cuestiones es, evidentemente, te-

[28] Ibídem.

[29] Ibídem.

ner una explicación lo suficientemente realista de por qué se producen. Sin embargo, hemos visto que los métodos y el marco conceptual de la Ciencia Económica clásica no sólo no ayudan a avanzar en su comprensión, sino que, en cierta forma, la lógica subyacente en los fundamentos de la Ciencia Económica ha contribuido a apuntalar dichos fenómenos.

En relación con los anteriores, el otro gran problema que nos hemos planteado son las limitaciones de la disciplina para aportar un correcto tratamiento de la evolución y el cambio. Éste es un asunto de importancia crucial para entender lo que ocurre en el sistema económico actual, sometido a profundas transformaciones y en el que se observan profundos desequilibrios sociales y territoriales. Además, su relevancia se hace aún más evidente cuando nos planteamos actuaciones de cara al futuro que puedan contribuir a solucionar todos estos problemas y que a la vez conduzcan a una situación de *progreso económico y social.*

Pero, claro está, el concepto de progreso es un concepto esencialmente subjetivo. Es un concepto impregnado de los valores morales y éticos de quien lo está utilizando. Sin embargo, aunque en su origen la Ciencia Económica nació como una rama de la Ética, con el desarrollo de la economía moderna se independizó de ésta, lo que significa que la disciplina no ha tratado esta dimensión moral de la cuestión del progreso de una sociedad.

El problema radica, en primer lugar, en que la economía utiliza como método el individualismo, suponiendo que la consecución de los objetivos individuales que maximizan el bienestar de cada uno implican la consecución de los objetivos comunes que suponen el bienestar general; en segundo lugar, en que se plantea un utilitarismo basado en la consecución de la felicidad o en el logro de los deseos como única medida del bienestar personal; y en tercer lugar, en que la disciplina, al centrar su análisis en su concepto abstracto de persona, el egoísta *homo economicus,* ha privado a los seres humanos de su dimensión ética y moral. Así, dado que el individuo no se hace consideraciones de esta índole, la sociedad en su conjunto se supone que tampoco. Como dice Sen, «uno de los motivos por lo que esto es extraordinario es porque se supone que la economía se interesa por las personas reales. Es difícil pensar que a estas personas no les interesa en absoluto el alcance del examen de conciencia provocado por la pregunta socrática *¿cómo hay que vivir?*»[30].

Todos estos elementos han supuesto graves limitaciones al enfoque de la rama normativa de la economía convencional (la que se ocupa no de lo *que es,* sino de lo que *debería ser*). Una de ellas es que impide la distinción entre el *aspecto de bienestar* y el *aspecto de agencia de la persona.* El primero abarca los logros y oportunidades de la persona en el contexto de su propio provecho, mientras que el segundo va más lejos y examina los logros y oportunidades desde el punto de vista de otros objetivos y valores, yendo, quizá, mucho más allá de la búsqueda del propio bienestar. Ambos elementos, aunque estrechamente relacionados no son idénticos: el primero hace referencia a la posición concreta de la persona y el segundo ofrece

[30] A. Sen (1989), pág. 20.

una visión más amplia en la que se incluye la valoración de las diversas cosas que las personas querrían que ocurrieran, y la capacidad de concebir y de alcanzar tales objetivos. Este último aspecto presta una atención más completa a la persona como *actor*[31].

Esta última connotación (la de la persona como actor que incorpora en su comportamiento el modelo de sociedad que cada uno tiene) hace necesario que un tratamiento realista de noción de progreso incluya su contenido ético. Ha de señalarse además, que la consideración de la ética, de la moralidad, no es simplemente «un problema de tener un conjunto de objetivos en lugar de otro, sino también de la relación entre acción y conducta, por una parte, y de objetivos, fines, valores, etc., por otra»[32]. En definitiva, afecta tanto al fin, como los medios y procedimientos para lograrlos.

Todo esto nos devuelve a la vieja y compleja cuestión de la intención humana, con todas sus valoraciones incluidas, y de cómo las intenciones de los individuos se articulan para configurar los propósitos, con su correspondiente valoración, de una determinada sociedad.

En relación con esto, hemos visto en los apartados anteriores que la nueva concepción de la ciencia nos habla de sistemas autoorganizativos, que funcionan en régimen termodinámico de no equilibrio, en donde se producen interacciones no lineales entre las partes, y que poseen una estructura interna fuertemente diferenciada. La estabilidad de estos regímenes puede desaparecer debido a fluctuaciones locales, tanto internas como externas. Esto ocurre cuando el sistema se encuentra a una determinada distancia del equilibrio, es decir, cuando ha sobrepasado un determinado umbral y deviene inestable. En estas circunstancias las continuas fluctuaciones que se producen en el sistema pueden amplificarse y dirigir al sistema hacia un nuevo régimen estable que puede ser completa y cualitativamente diferente del anterior. Una idea frecuente entre los partidarios de adoptar este enfoque para describir la evolución de los sistemas económicos (véase la teoría sinergética, por ejemplo) es recurrir al concepto «valores» que tienen los individuos que la constituyen. En líneas muy generales, estos valores hacen referencia al conjunto de creencias, principios morales y éticos, hábitos de conducta y representaciones de lo que debería ser la sociedad. Así, consideran que el sistema es estable cuando existen unos valores dominantes que consiguen mantener la estructura y funcionamiento del sistema. Aunque en algunas partes del mismo aparezcan nuevos valores, el sistema posee el suficiente poder de control para hacerlos desaparecer. Sin embargo, cuando la emergencia de nuevos valores (ya sea por causas internas o externas al sistema) se produce por todo el sistema, éste se desestabiliza, y a partir de ese momento, *cualquier conjunto de valores* de entre los que están emergiendo podrían llegar a imponerse generando un nuevo orden o régimen de funcionamiento del sistema. Como explica Mannermaa, «los valores, y la competencia entre ellos, interpretan un importante papel en la épo-

[31] Op. cit., pág. 76.
[32] Op. cit., pág. 98.

ca crucial de una sociedad. Los problemas de los valores, según Prigogine, pueden relacionarse de forma no lineal: los valores son el código que adoptamos para mantener el sistema social en una rama elegida por la historia. El sistema de valores está en permanente lucha con los efectos desestabilizadores de las fluctuaciones generadas dentro y fuera del sistema. Este fenómeno da al proceso en su conjunto las características de irreversibilidad e imprevisibilidad»[33].

En este esquema, los actores, los que actúan, los que piensan (individualmente o en grupo), tienen la libertad de hacerlo con la lógica que se fundamente en el conjunto de valores que responda a lo que ellos creen que deber ser el sistema. Tienen la facultad de actuar por y para lo que consideren que es el progreso de su sociedad. Nada garantiza que tengan éxito y que su sistema de valores acabe imponiéndose por todo el sistema, pero al menos, este comportamiento no es tachado de irracional.

Vivimos con un sistema de valores dominantes, muchos de ellos derivados de la lógica supuesta al funcionamiento del sistema económico, a partir de los cuales una gran parte de la población mundial se muere de hambre. Además, esto se combina con los problemas que se están generando en la conservación del ambiente natural del que depende nuestra existencia. La concepción compleja de la Ciencia Económica no resuelve estos grandes problemas. Sin embargo, deja una puerta abierta a la esperanza al plantear que este conjunto de valores no es el único posible y al defender que los agentes con su idea de progreso y los actos que de ella emanen, pueden, en determinadas circunstancias, contribuir a generar una lógica de funcionamiento diferente que quizá permita hacer de este mundo un lugar más vivible.

Como muy recientemente ha afirmado el gran economista y, sobre todo, excepcional humanista José Luis Sampedro, «lo urgente hoy es modernizar las ideas».

---

[33] Véase F. Gómez-Pallete, págs. 219-220.

CONCEPTOS

Agente económico
Bifurcación
Cambio
Ciencia clásica
Complejidad
Desequilibrio
Entropía
Escasez absoluta
Escasez relativa
Escuela de los escenarios
Escuela descriptiva
Escuela evolucionista
Estrategias de futuro
Estructuras disipativas
Ética
Evolución
Flecha del tiempo
Heterogeneidad
Homo economicus
Individualismo metodológico
Irreversibilidad temporal
Liberalismo económico
Mecanicismo
No linealidad
Orden natural
Orden por fluctuaciones
Par: Azar-Necesidad
Par: Determinismo-Indeterminismo
Par: Orden-Desorden
Par: Organización-Autoorganización
Productivismo
Progreso
Reduccionismo
Sistema económico
Teoría cibernética
Teoría de la información
Teoría de sistemas
Teoría sinergética
Utilitarismo
Valores

ACTIVIDAD RECOMENDADA

Celebrar un debate en la clase acerca de los nuevos enfoques científicos expuestos en este capítulo. Los alumnos pueden centrar su discusión en torno a las ideas contenidas en el siguiente fragmento de texto:

> «Los sistemas naturales —en los que pueden incluirse también las sociedades humanas— son esencialmente sistemas en régimen termodinámico de no equilibrio, con interacciones no lineales y una estructura interna fuertemente diferenciada. La estabilidad de estos regímenes puede desaparecer debido a fluctuaciones locales, tanto internas como externas. Cuando estas fluctuaciones sobrepasan un determinado umbral, el sistema puede cambiar hacia un nuevo régimen estable que puede ser completa y cualitativamente diferente del anterior. Prigogine llama a esta ruptura entre dos estados *bifurcación*, y al nuevo estado *estructura disipativa*.
>
> »El desarrollo de un sociedad puede, por tanto, ser descrito como un proceso de descubrimiento creativo donde los componentes deterministas e indeterministas cumplen un papel vital. En lugar de entender las sociedades en *términos de equilibrio* o como mecanismos lo que podemos ver es un mundo de información incompleta y valores cambiantes; un mundo donde podemos encontrarnos con diferentes futuros, progresos y catástrofes.
>
> »De acuerdo con Ervin Laszlo, las sociedades en estado estable se caracterizan por algún gobierno que se encuentra en su *centro* y es altamente visible. Las sociedades *tradicionales* económicas, políticas y culturales controlan el desarrollo de la sociedad. En esta fase, las fluctuaciones locales —de dentro y fuera del sistema— se ven amortiguadas por los mecanismos de regulación y retroalimentación negativos. Sin embargo, una sociedad estable puede cambiar hacia la inestabilidad, mediante la aparición de pequeños grupos y movimientos (*fluctuaciones*) en la periferia de la sociedad, y a la larga alcanzar posiciones de dominio. Esto significa un repentino e imprevisible cambio. El cambio es llamado por Laszlo *época crucial*. Se pueden encontrar varias *revoluciones* de este tipo en la historia.
>
> »Los valores, y la competencia entre ellos, interpretan un importante papel en la época crucial de una sociedad. Los problemas de los valores, según Prigogine, pueden relacionarse de forma no lineal: los valores son el código que adoptamos para mantener el sistema social en una rama elegida por la historia. El sistema de valores está en permanente lucha con los efectos desestabilizadores de las fluctuaciones generadas dentro y fuera del sistema. Este fenómeno da al proceso en su conjunto las características de irreversibilidad e imprevisibilidad.»
>
> Mannermaa, 1988, págs. 292-293[34]

Temas para la discusión

- Adecuación de este enfoque al estudio de la realidad económica. Búsqueda de casos concretos.
- Puntos en común y diferencias entre el enfoque planteado en el texto y el de las diferentes escuelas económicas, especialmente la neoclásica, el institucionalismo, el marxismo y el estructuralismo.
- Ventajas e inconvenientes de aplicar esta perspectiva (puesta en relación con el enfoque sinergético) al estudio de la economía.
- Importancia de la actividad humana en la evolución de los sistemas planteados.

[34] Citado por F. Gómez-Pallete (1995), págs. 219-220.

LECTURAS RECOMENDADAS

Balandier, G. (1989): *El desorden: la teoría del caos y las ciencias sociales. Elogio a la fecundidad del movimiento,* Gedisa, Barcelona.

De Paz Báñez, M. A. (1989): «¿Hacia una economía compleja?», Departamento de Economía Aplicada, Mimio, Sevilla.

De Paz Báñez, M. A. (1995): «La concepción compleja de la ciencia económica», Departamento de Economía e Historia de las Instituciones Económicas, Mimio, Huelva.

Gómez-Pallete, F. (1995): *La evolución de las organizaciones,* Noesis, Madrid.

Hodgson, G. M. (1995): *Economía y evolución. Revitalizando la economía,* Celeste (1.ª edición 1993), Madrid.

Mannermaa, M. (1988): «Complexity and systems thinking in futures research: from «neutral» scenarios to value considerations», *Systems Practice,* vol. 18, núm. 4, mayo, págs. 349-372.

Miedes Ugarte, B. (1993): «La ausencia de soluciones nuevas: crisis en la ciencia económica» en M. A. de Paz Báñez, *Economía Mundial,* Pirámide, Madrid.

Miedes Ugarte, B. (1996): «La concepción compleja de la ciencia en la economía», tesis de licenciatura presentada en el Departamento de Economía e Historia de las Instituciones Económicas de la Universidad de Huelva, Mimio.

Naredo, J. M. (1987): *La economía en evolución. Historia y categorías básicas del pensamiento económico,* Siglo XXI, Madrid.

Perroux, F. (1984): *El desarrollo y la nueva concepción de la dinámica económica,* Unesco/Serbal, Barcelona.

Prigogine, I. (1993): *¿Tan sólo una ilusión? Una exploración del caos al orden,* Tusquets (1.ª edición 1983), Barcelona.

Prigogine, I., y Stengern, I. (1983). *La nueva alianza. La metamorfosis de la ciencia,* Alianza Editorial (1.ª edición 1979), Madrid.

Screpanti, E., y Zamagni, S. (1997): *Panorama de historia del pensamiento económico,* Ariel Economía, Barcelona.

Sen, A. (1989): *Sobre ética y economía,* Alianza Editorial (1.ª edición 1987), Madrid.

Wagensberg, J. (1994): *Ideas sobre la complejidad del mundo,* Tusquets, (1.ª edición 1985), Barcelona.

PARTE CUARTA

Grandes áreas económicas

En esta parte del libro queremos dar respuesta a la necesidad de conocer más profundamente las distintas áreas económicas en las que de alguna forma se divide la economía mundial. Se da respuesta a la tendencia que se viene produciendo muy intensificada en las últimas décadas: la *regionalización*. Hemos hablado de este fenómeno a lo largo del libro como uno de los más destacados en el cambio de milenio, propiciado fundamentalmente por la falta de regulación económica mundial.

La división en grandes áreas podía ser otra, pero creemos que ésta es la más cercana a la realidad. No obstante, hemos tenido que hacer concesiones en aras a la claridad. Se analiza en primer lugar la UE (capítulo 12), con especial referencia a España, que le dedicamos un capítulo específico (capítulo 13) puente con la disciplina de Economía Española. En segundo lugar, se aborda los países en transición muy vinculados a la UE, con especial referencia a Rusia, que sigue siendo una potencia a tener en cuenta en el juego internacional (capítulo 14). El conocimiento de un segundo gran bloque con su área de influencia (Estados Unidos y el resto de América) se sintetiza en el capítulo 15. Japón y los NPIA son abordados en el 16, como el tercer centro de poder económico mundial, hoy con dificultades pero sin perder su importancia. En Asia le concedemos un espacio destacado a China, a la que le dedicamos el capítulo 17, sin duda, una primera potencia del tercer milenio si continúa evolucionando como hasta ahora. Y, por último, el resto de los países llamados de forma eufemística «en desarrollo» al que se le dedica el capítulo 18.

El anexo final del libro aporta todos los datos necesarios para profundizar aún más en el análisis de estas grandes áreas, además, las fuentes documentales recogidas en el capítulo 1 y, especialmente las casi 300 direcciones de Internet pueden aportar información suficiente para análisis particulares de países o regiones más pequeños a los aquí considerados.

12 La Unión Europea

Joaquín Guzmán Cuevas
Felipe Rafael Cáceres Carrasco

1. INTRODUCCIÓN

La Unión Europea puede verse hoy día como la principal potencia mundial, un vez que el valor de su producto interior bruto ha superado al de los Estados Unido Canadá y Japón (tabla 12.1). Sin embargo, el proceso de integración económica en tre los países que la configuran aún está en marcha, y como tal, presenta de cara a futuro luces y sombras.

TABLA 12.1

PIB a p.m. y tipos de cambio corrientes. Año 1995 (millones de ecus)

Países	Unión Europea	Estados Unidos	Canadá	Japón
PIB	6.445,0	5.388,6	430,0	3.929,6

FUENTE: Euroestat.

El camino recorrido, desde que seis países decidieron poner en marcha lo qu entonces se llamó Comunidad Económica Europea, hasta lo que hoy es la Unión E ropea, no se ha hecho a un ritmo uniforme. En la senda que se ha seguido se obse van períodos de lento caminar, en los que los avances hacia la integración han sid lentos, y momentos de gran ilusión, en los que se han planteado intensos cambio En este capítulo pretendemos dar una visión de la evolución que dicho proceso d integración económica ha experimentado hasta su configuración actual, así como r coger aquellos aspectos de su futuro más inmediato que permitan una aproximació razonable. Para ello, comenzaremos buscando el origen de la idea de una Europa un da en la historia del mismo continente, después estudiaremos la génesis e instituciones básicas del proyecto de integración, lo que completaremos con el análisis de un elemento que ha sido básico para que fuera posible seguir avanzando hasta la etapa actual: el Sistema Monetario Europeo. Por último, abordando ya el presente y las perspectivas de futuro, analizaremos lo que significa la Unión Económica y Monetaria.

2. LA IDEA DE UNA EUROPA UNIDA

La idea de una Europa unida; no es reciente; a lo largo de la historia de este continente se ha manifestado en múltiples ocasiones. El primer ejemplo de una ciudadanía única en el territorio europeo aparece con el Imperio Romano y queda consagrada con el edicto de Caracalla del año 212[1]. Más tarde, ya en el siglo VIII, el Imperio de Carlomagno soñará con salvar a todos los pueblos cristianos de Europa y el hecho de que en el área que se extiende desde la Marca del Este, Austria, hasta la Marca Hispánica, Cataluña, incluyendo Alemania y el norte de Italia (Lombardía), se constituyera una unión monetaria con un patrón monometálico de plata basado en la libra de 410 gramos, da una idea de la importancia de esta tentativa que terminará fracasando por prematura.

También Napoleón soñaba con una Europa unida cuando afirmaba:

> «Una de las ideas que más me ocuparon había sido la reunión, la concentración de los mismos pueblos geográficos que las revoluciones y la política han disuelto y dividido; de manera que contándose en Europa, bien que diseminados, más de treinta millones de franceses, quince de españoles, quince de italianos y treinta de alemanes, hubiera querido hacer de cada uno de estos pueblos un solo cuerpo o nación. Con un séquito semejante hubiera sido hermoso presentarse a la posteridad y a la bendición de los siglos: ¡yo me juzgaba digno de tamaña gloria!»[2].

Esta idea de una Europa unida no sólo ha estado en la mente de políticos o gobernantes; ya en el siglo XIX Víctor Hugo reclama unos Estados Unidos Europeos tras la sangrienta guerra entre Serbia y el Imperio Otomano. Y entrados en el siglo XX nacerá la Unión Panaeuropea, una asociación formada por personas que apoyan un ideal europeo y dentro de la cual se identifican importantes personalidades de la cultura y la política, como Coudenhove, aristócrata que, con mucho ahínco, difundirá la idea de una Europa unida; o Briand, político francés que propondrá la idea a otros veintiséis países europeos sin obtener grandes resultados.

---

[1] J. Carpentier y F. Lebrun (dirs.) (1994), pág. 107.

[2] Palabras de Napoleón Bonaparte el 11 de noviembre de 1816, según el Conde de Las Cases, *Memorial de Santa Elena*. Extraído de J. Carpentier y F. Lebrun (dirs.) (1994).

Algunos ejemplos más podrían añadirse a los anteriores[3], pero parece suficiente para demostrar que la idea de una unidad europea es antigua y ha venido presentándose como una constante a lo largo de la historia del continente. Sin embargo ninguno de aquellos proyectos logró prosperar y no resulta baladí observar que lo que no consiguieron las armas ni las palabras se está materializando a través de las relaciones comerciales y económicas. A lo que no resulta extraño el hecho de que en el período posterior a la Segunda Guerra Mundial, cuando se configuraron las bases del orden económico internacional, se contempló la integración económica de Alemania con sus vecinos europeos, especialmente con Francia, como una fórmula válida para evitar un nuevo «desmarque» o aventura nacionalista de Alemania. Por otra parte, ya en los primeros años de la década de los cincuenta, dentro del contexto de la guerra fría, algunos economistas e historiadores señalarán el proceso de integración europea como una tercera vía alternativa ante la bipolarización económica internacional liderada por los Estados Unidos y la Unión Soviética.

No obstante, no conviene olvidar que la idea de unos estados unidos europeos tal como la enunció, entre otros, W. Churchill en su célebre declaración de Zurich en 1946 («hagamos los Estados Unidos de Europa»), está aún lejos de ser alcanzada y constituye el último peldaño de una escalera cuyo primer escalón se subió al constituirse la Comunidad Económica Europea, nacida el 25 de marzo de 1957 con el Tratado de Roma; el segundo, al alcanzarse el mercado único en 1993 como consecuencia de la desaparición de las barreras comerciales todavía existentes, lo que hizo posible la firma del Acta Única Europea, suscrita el 17 de febrero de 1986 en Luxemburgo; y el tercero, la Unión Monetaria el 1 de enero de 1999 conforme a lo previsto en el Tratado de la Unión Europea, firmado en Maastricht el 7 de febrero de 1992. Quizá ahora pueda empezar a pensarse en la posibilidad de alcanzar una unión política, objetivo cuyo logro requerirá no sólo que se haya dado solución a los problemas económicos, comerciales, financieros y monetarios de esa área económica sino que además retomen fuerza algunos de los argumentos de los ideales europeístas a los que antes se hizo referencia.

3. GÉNESIS E INSTITUCIONES BÁSICAS

El origen del proyecto de integración general que supone la creación de la Comunidad Económica Europea (CEE) puede situarse sobre dos hechos de gran trascendencia para aquel fin, que se manifiestan en los países de Europa Occidental. Uno viene dado por la situación en la que se encontraba Europa tras la Segunda Guerra

---

[3] Tal es el caso en nuestro país y en el plano intelectual del filósofo José Ortega y Gasset, quien en su conocida obra *La rebelión de las masas* y posteriormente en una multitudinaria conferencia celebrada en la Universidad Libre de Berlín en 1947, plantea la necesidad de un mercado único europeo sobre la base de la unidad de Europa. Contaba ya con su principal elemento: la «sociedad europea», cuyos atributos se manifiestan en las costumbres europeas, usos europeos, opinión pública europea, derecho europeo y poder público europeo. Vid. J. Ortega y Gasset (1966).

Mundial y el papel que en ella interpreta el Plan Marshall, y el otro lo constituyen las experiencias de integración parcial que se habían dado con anterioridad al nacimiento de la CEE entre algunos países europeos.

Respecto al primero de ellos, el retrato de Europa en los años de la postguerra revela un continente destruido, escaso de recursos, pobre y endeudado, en el que cada país se mira a sí mismo para encontrar solución a sus propios problemas sin demostrar gran interés en la cooperación con los demás. En semejante situación las relaciones económicas entre los países de Europa vendrán marcadas por el bilateralismo, es decir, un sistema en el que no existe libertad para comerciar, sino que los intercambios se producen como resultado de las negociaciones entre dos países. No serán pocas las veces en las que dichos acuerdos bilaterales se caractericen porque el monto de las cantidades a importar por un país desde otro coincida con el valor de las exportaciones a éste, lo que permitía evitar movimientos de dinero. Una situación como la descrita tendrá su reflejo, necesariamente, en un bajo nivel de comercio entre los países europeos y en una bajísima o nula cooperación económica entre éstos.

En ese contexto, Estados Unidos ofrece a los países europeos el Plan Marshall para ayudarles a superar la situación en que se encuentran. Un plan que será rechazado por la URSS mientras tiene una buena acogida entre la mayoría de los países de Europa Occidental. El Plan Marshall, que se inicia en 1948, además del objetivo anterior, perseguirá favorecer el comercio intraeuropeo y estimular la eliminación de las restricciones cuantitativas y de las barreras monetarias, lo que intenta conseguir estableciendo determinadas condiciones que los países han de cumplir si quieren tener acceso a las ayudas. Con él nacen algunos organismos europeos, como la Organización Europea de Cooperación Económica (OECE), que se encargará de la distribución de las ayudas y de establecer medidas para la liberalización de los intercambios de mercancías y de los pagos entre países. Los resultados fueron notables al cabo de varios años: quedaron establecidas unas sólidas bases para la cooperación, se avanzó considerablemente en la liberalización comercial y se superaron los principales obstáculos que existían para los pagos intraeuropeos. No obstante, en 1957, año en el que nace la CEE, aún existían importantes rémoras para el intercambio de algunas mercancías, especialmente en el de aquellas que eran más sensibles a la competencia internacional[4].

El otro hecho que facilitará el nacimiento de la CEE viene dado por la existencia de dos experiencias previas de integración parcial entre algunos de los países de Europa Occidental. La primera, el Benelux, tiene su origen en 1943 y supone la creación de un área económica con un elevado nivel de integración comercial en la que no se desarrollan órganos supranacionales, cuyas funciones serán suplidas mediante la adopción de acuerdos intergubernamentales así como con el trabajo que desarrollarán algunas instituciones creadas para ese fin. Bélgica, Holanda y Luxemburgo serán los tres países que den ese paso.

[4] R. Tamames (1994), págs. 9-23.

Más tarde nacerá la Comunidad Económica del Carbón y el Acero (CECA), un mercado común sectorial para el carbón y el acero, que se inicia en 1952 teniendo como base un diseño elaborado por el primer ministro francés Robert Schuman en el que participa Jean Monnet, políticos a los que muchos se referirán como los padres de la Unión Europea. En dicho proyecto se integrará el «grupo de los seis», formado por el Benelux, Alemania, Francia e Italia.

Si a los hechos anteriores se suma el deseo de los países europeos de incrementar su peso en las relaciones económicas internacionales, una vez que el crecimiento económico y comercial experimentado en Europa desde el final de la Segunda Guerra Mundial hasta finales de los años cincuenta ha hecho que su importancia económica relativa frente a los Estados Unidos se haya incrementado, el terreno parece abonado para que se produzca una integración general. La iniciativa partirá, una vez más, del Benelux, que invitará a los gobiernos de Francia, Alemania e Italia a estudiar las posibilidades de creación de un mercado común europeo. Invitación que será aceptada y tendrá como resultado la elaboración de un informe, dirigido por el primer ministro belga Henry Spaak, que servirá de base para la negociación del Tratado de Roma, cuya firma permitirá que queden constituidas, el 25 de marzo de 1957, la Comunidad Económica Europea y el EURATOM. Sin embargo, su entrada en vigor no se producirá hasta el 1 de enero de 1958 debido a que era necesaria la ratificación del tratado por los parlamentos de los países firmantes.

El desarrollo de la Comunidad Económica Europea (CEE) requería dar solución a un conjunto de problemas que, para facilitar su estudio, se pueden agrupar en:

- La creación de una Unión Aduanera y un Mercado Común.
- La creación de un conjunto de instituciones que hagan posible el funcionamiento de la Comunidad.
- La creación de un Sistema Monetario Europeo.

Un mercado común se puede definir teóricamente como una unión aduanera en la que la libertad de movimientos se extiende, además de a las mercancías, a los factores de producción (trabajo y capital). Pero hay que recordar que para lograr la unión aduanera es preciso eliminar los aranceles y restricciones cuantitativas y establecer una tarifa exterior común. En la CEE la introducción de esas medidas se hizo de manera gradual, adaptándose a las necesidades de cada país, durante un período de diez años. No obstante, cuando fue necesario se aplicaron cláusulas de salvaguardia, que dispensaron de la adopción de esas medidas al ritmo previsto a aquellos países que, por presentar especiales dificultades, requerían un plazo mayor para su aplicación, ya que de lo contrario sus economías se podrían perjudicar gravemente.

La liberalización de los factores de producción también se hizo progresivamente aunque el ritmo no fue igual para todos los factores. Así, mientras la eliminación de las trabas para la movilidad del trabajo no tardó en producirse, la liberalización de los capitales fue mucho más lenta.

Por otro lado, los productos agrícolas formaban un grupo de mercancías cuya liberalización presentaba no pocas dificultades debido a las diferencias de productividad que generalmente se dan entre la agricultura de los países. Hecho que necesariamente se traduce en variaciones importantes de los costes de producción y, por tanto, entre los precios de mercado de los productos agrícolas de los diferentes estados, por lo que este tipo de productos suele mostrar una extraordinaria sensibilidad a la competencia. Para solucionar este problema se diseñó la Política Agrícola Común (PAC), cuyos principales elementos son:

- Libre circulación de los productos agrícolas entre los países de la CEE.
- Se instituye una preferencia en frontera, que grava los productos extranjeros hasta igualar su precio al de los europeos *(prévèlements)*.
- La CEE garantiza la compra de los productos agrícolas comunitarios que se le ofrezcan a precios de intervención.
- El Fondo Europeo de Orientación y Garantía Agrícola (FEOGA) subvenciona o prima los excedentes que se produzcan en la CEE para que puedan ser exportados (restituciones)[5].

Todo ello se traduce en una política agraria que encierra una elevada dosis de proteccionismo, lo que ha sido duramente criticado en los foros internacionales de la UNCTAD y del GATT.

El crecimiento de los gastos que ha requerido el mantenimiento de la PAC, unido a la fuerza que han tomado las críticas internacionales sobre su elevado nivel de proteccionismo y al hecho de que se han venido produciendo redistribuciones negativas entre las rentas de los pequeños y grandes agricultores, ha hecho que, desde finales de los años setenta, se fueran introduciendo sucesivas reformas con el objetivo de reducir los excedentes, controlar los gastos y acercar los precios a los de los productos agrícolas mundiales. Así, se introducirá un sistema de cuotas[6] y tasas de corresponsabilidad[7] para algunas producciones, se reducirán los precios de sostenimiento, se disminuirán las cantidades sujetas a precios de garantía[8] y se diseñarán políticas estructurales con el objetivo de introducir una mayor diversificación en el mundo rural, ajustar la oferta de factores a las necesidades y mejorar la renta de los agricultores. Sin embargo, esas medidas no serán suficientes para alcanzar los objetivos previstos, por lo que en 1992 se aprobará una importante reforma de la PAC, cuya filosofía va a radicar en la sustitución del sistema de precios garantizados y del compromiso de compra de la producción por otro basado en la ayuda directa por hectárea o cabeza de ganado, que compense a los agricultores por los menores precios que perciben en un mercado más abierto o como consecuencia de la disminución de

---

[5] R. Tamames (1993), pág. 238.

[6] Mediante el sistema de cuotas se fija el volumen de producción que tiene derecho a las ayudas, las cuales se reducirán si aquél se sobrepasa.

[7] Se utilizan para financiar los stocks y las exportaciones, y son pagadas por los agricultores que venden sus productos.

[8] Los precios de garantía son aquellos a los que las agencias nacionales compran las cantidades que les ofrezcan los agricultores.

la cuota. En dicho sistema se contempla además la retirada de tierras del cultivo, por lo que los agricultores recibirán pagos compensatorios, y otros aspectos que tratan de favorecer la protección del medio ambiente, la forestación de las tierras agrícolas y la jubilación anticipada de aquéllos[9].

Desde 1957 hasta nuestros días, lo que es hoy la Unión Europea ha pasado de seis a quince miembros como consecuencia de las cuatro ampliaciones que han tenido lugar: la del Reino Unido, Irlanda y Dinamarca, en 1973; la de Grecia, en 1981; la de España y Portugal, en 1986; y la de Suecia, Austria y Finlandia, en 1995. En todas ellas se ha intentado seguir el mismo criterio de flexibilidad que estuvo presente entre los países constitutivos, habiéndose previsto períodos de transición para permitir que los nuevos países se fuesen adaptando paulatinamente a las nuevas condiciones impuestas por las instituciones comunitarias.

Dichas instituciones se articulan en torno a los siguientes órganos básicos:

- El Consejo Europeo.
- La Comisión.
- El Parlamento Europeo.
- El Consejo de Ministros.
- El Tribunal de Justicia.
- El Tribunal de Cuentas.
- Otras instituciones.

En las páginas siguientes vamos a proceder a estudiar los aspectos más relevantes de cada una de estas instituciones en relación a sus competencias y composición en la actual Unión Europea de quince miembros.

El Consejo Europeo está constituido por los jefes de Estado o de Gobierno de los países miembros acompañados por los ministros de Asuntos Exteriores, siendo por tanto el máximo órgano de carácter político de la UE. En las dos reuniones que como mínimo realiza anualmente no existe orden del día ni se toman decisiones formales, sino «conclusiones de la presidencia», que sirven de orientación e impulso para su posterior desarrollo por los órganos correspondientes.

La Comisión está formada por veinte comisarios elegidos por los gobiernos de los estados miembros para un mandato de cinco años renovable, de manera que existe, al menos, un comisario por cada estado sin que ninguno pueda elegir a más de dos, como es el caso, en la actualidad, de Alemania, Francia, Reino Unido, Italia y España. La Comisión toma decisiones de carácter colegiado e independiente y sus funciones principales se podrían glosar en: motor de la integración, guardiana de los tratados y órgano ejecutivo de la Unión Europea. La primera de ellas le viene dada por ser la institución que impulsa la política comunitaria. Como guardiana de los tratados es el órgano que comprueba si se cumplen los tratados y el primero que se pro-

[9] L. Viladomiu Canela (1994).

nuncia sobre si han existido infracciones y qué país las ha cometido, pudiendo imponer multas y dar conocimiento al Tribunal de Justicia. Como órgano ejecutivo tiene competencias que le delega el Consejo cuando éste adopta normas que la Comisión se encarga de desarrollar. Pero además de las funciones anteriores tiene *poder de iniciativa,* puede presentar propuestas sobre cualquier asunto a petición del parlamento, y *derecho de propuesta,* la mayoría de los actos sólo podrán ser aprobados por el Consejo una vez que hayan recibido la correspondiente propuesta de la Comisión.

El Parlamento Europeo está formado actualmente por 626 diputados que se agrupan por formaciones políticas: verdes, socialdemócratas, demócratas cristianos, etc. Con anterioridad al año 1992 la presencia de diputados de cada país era proporcional a la población, pero dicha proporcionalidad se rompe a partir de la reestructuración que se lleva a cabo tras la unificación de las dos Alemanias, y los estados más pequeños pasan a tener un peso más que proporcional. Las competencias del Parlamento Europeo son muy restringidas si se comparan con las de un parlamento nacional, lo que ha constituido el origen de muchas críticas tendentes a poner de manifiesto la existencia de un déficit democrático en el proceso de integración europea y a reclamar un mayor papel para esta institución. En abundancia a lo anterior puede señalarse que los miembros del Parlamento no fueron elegidos por sufragio universal hasta 1979, y con anterioridad sus funciones eran desarrolladas por delegados de los parlamentos nacionales.

Sus principales competencias son: control político sobre el Consejo de Ministros y la Comisión, que se traduce en la posibilidad de presentar mociones de censura, pedir y recibir informaciones o explicaciones sobre algún asunto o sector, constituir comisiones de investigación, participar en el nombramiento de los miembros de otras instituciones y algunas otras funciones en relación con la Política Exterior y de Seguridad Común (PESC), con la Cooperación Judicial y de Interior[10] y con los derechos de petición de los ciudadanos. Asimismo tiene: *competencias normativas,* que le vienen dadas por el derecho a solicitar de la Comisión que presente propuestas sobre asuntos relacionados con la aplicación de los tratados; *poder consultivo,* dado que en muchos asuntos es preceptivo conocer el dictamen del parlamento antes de adoptar decisiones; *poder de deliberación,* que puede ejercer a iniciativa propia al igual que puede expresar su opinión; y *otros poderes* relacionados con la elaboración de normas, como el de cooperación, codecisión y presupuestario, que desarrolla a través de procedimientos no exentos de cierta complejidad.

El Consejo de Ministros tradicionalmente ha estado compuesto por un ministro de cada estado miembro de aquella cartera relacionada con las cuestiones a tratar. Sin embargo, a partir del Tratado de la Unión Europea no es necesario que el representante de cada país sea ministro, sino que basta con que tenga rango ministerial (secretarios de Estado, consejeros de las comunidades autónomas, etc.) y esté

[10] Como se verá más adelante, se trata de dos proyectos de cooperación entre los países de la Unión Europea que quedaron plasmados en el Tratado de la Unión Europea, firmado en Maastricht en 1992.

facultado para comprometer a su gobierno. Las decisiones del Consejo se toman por mayoría simple, cualificada de 52 votos o por unanimidad, según los temas. Cada país tiene distinto número de votos (Francia, Italia, el Reino Unido y Alemania, 10; España, 8; Bélgica, Países Bajos, Grecia y Portugal, 5; Austria y Suecia, 4; Finlandia, Dinamarca e Irlanda, 3; y Luxemburgo, 2), de manera que es posible una minoría de bloqueo de 26 votos: los países medianos y pequeños pueden impedir que salga adelante una propuesta que apoyen los grandes cuando se requiera una mayoría cualificada. Las competencias del Consejo son políticas y normativas, incluyendo entre ellas la PESC y en la cooperación judicial y de interior, donde es el principal órgano responsable. Tiene, por tanto, poder legislativo y ejecutivo, pudiendo atribuir este último a la Comisión o reservárselo. Asimismo, es el órgano encargado de coordinar las políticas nacionales, de comprometer a la Unión Europea en las relaciones exteriores y de aprobar el proyecto de presupuesto.

El Tribunal de Justicia está compuesto por quince jueces, uno por cada estado, y ocho abogados generales, cinco de los países grandes y tres de los restantes por rotación. Es el encargado de garantizar que las normas se interpreten y apliquen con respeto al Derecho Comunitario. Competencia que comparte con el Tribunal de Primera Instancia y con los órganos jurisdicionales de los estados miembros.

El Tribunal de Cuentas es una institución administrativa que forman quince miembros nombrados por el Consejo, por unanimidad, una vez consultado el Parlamento. Su función consiste en fiscalizar las cuentas de ingresos y de gastos controlando si son conformes al Derecho Comunitario y si la gestión financiera ha sido la adecuada.

Otras instituciones y órganos son el *Banco Central Europeo y el Sistema Europeo de Bancos Centrales*, sobre los que volveremos más adelante; *el Comité Económico y Social,* con el que se tratan de representar los intereses de los diferentes sectores económicos y sociales de los estados miembros; *el Comité de las Regiones,* que representa los intereses de las entidades regionales y locales; y el *Banco Europeo de Inversiones,* que tiene por objeto favorecer un desarrollo equilibrado y uniforme de los países que forman la unión económica.

4. EL SISTEMA MONETARIO EUROPEO Y EL EURO

El Sistema Monetario Europeo (SME) constituye la antesala teórica de la Unión Monetaria, cuyo objetivo final es conseguir una moneda única en el ámbito comunitario.

El SME tiene como antecedente los acuerdos de 1972, conocidos como «Serpiente en el Túnel». Esta «serpiente» monetaria no era más que un intento de reducir la incertidumbre de las cotizaciones de las divisas de los países comunitarios en un período de claro abandono de los acuerdos de Bretton Woods y del posterior «Smithsonian». No obstante, en esta década de los setenta, el compromiso de estabilidad ligado a la «serpiente» era difícil de mantener, pues la grave crisis del petróleo desencadenada en 1973 afectaba nociva y poderosamente al equilibrio de las balanzas de pagos de los diferentes países y, por consiguiente, propiciaba un alto nivel de volatilidad en las fluctuaciones de las divisas. Por ello, en marzo de 1979 la «serpiente» monetaria quedó sustituida por un sistema más sólido y complejo: el SME.

En su concepción y según la Resolución de Bruselas del 5 de diciembre de 1978, el SME debería perseguir los siguientes objetivos fundamentales:

- Combatir la inestabilidad monetaria internacional aparecida a raíz de los fracasos de los acuerdos multilaterales a nivel mundial.
- Establecer una zona de estabilidad monetaria en Europa.
- Asesorar a los países miembros en el diseño convergente de las respectivas políticas económicas en general y monetarias en particular.
- Promover el comercio intercomunitario mediante la estabilidad de los tipos de cambio.
- Un mayor acercamiento hacia una futura Unión Monetaria Europea.

Bajo estos principios finalistas, el SME se articulaba en torno a tres elementos fundamentales: *a*) el ecu; *b*) el sistema de intervención de tipos de cambio, y *c*) el Fondo Europeo de Cooperación Monetaria (FECOM).

El ecu *(European Currency Unit)* fue definido como la unidad de cuenta del SME, diseñándose su composición sobre la base de una cesta de monedas de todos los países miembros según la participación de los mismos en el comercio intraeuropeo, el volumen de su producto nacional y la aportación de los fondos financieros comunitarios. Sin embargo, la denominación de ecu tendría los días contados. En la reunión del Consejo Europeo de diciembre de 1995, en Madrid, se acordó que la moneda única adoptara el nombre de euro. La relación del euro con las monedas nacionales quedaría fijada el 1 de enero de 1999, por lo que sólo hasta entonces el ecu cumpliría una función como medio de pago de referencia para los créditos entre las instituciones y organismos comunitarios, así como para la contabilización de depósitos bancarios, facturas comerciales, emisiones de bancos y otros activos financieros en las relaciones empresariales e incluso individuales.

El sistema de intervención de tipos de cambios se conoce en el ámbito comunitario con las siglas ERM *(Exchange Rate Mechanism)*. La pertenencia al ERM no era obligatoria por parte de los países miembros, y las monedas participantes en el mismo asumían una disciplina cambiaria que tradicionalmente ha estado basada en la obligación de intervenir el correspondiente banco central cuando los respectivos tipos de cambio sobrepasaban un margen de fluctuación de más o menos 2,25% respecto a los «tipos centrales bilaterales». Estos «tipos centrales bilaterales» se formarán a partir de la paridad que cada moneda tiene con el ecu («tipo de cambio central») y de la relación recíproca entre cada par de monedas. El conjunto de todos los «tipos centrales bilaterales» conformaba a su vez la denominada «parrilla de paridades».

El Fondo Europeo de Cooperación Económica (FECOM) vio la luz a principios de los setenta con la creación de la «serpiente monetaria», teniendo como objetivo esencial la creación de ecus y el apoyo mediante créditos a corto y medio plazo a los países participantes en el ERM que sufriesen dificultades para mantener la disciplina monetaria correspondiente. Se puede decir que el FECOM constituye el embrión del Banco Central Europeo.

El Sistema Monetario Europeo, aunque con algunas crisis y refuerzos, ha venido funcionando razonablemente bien hasta que a principios de los años noventa, los cambios en la política monetaria alemana como consecuencia de la integración de la Alemania del Este, la aparición de desajustes de competitividad acumulados en muchos países europeos y la libre circulación de capitales, convertida en un hecho en la mayoría de los países pertenecientes al sistema, unida a los avances en la tecnología de las comunicaciones, serán las causas de una importante crisis en el SME[11]. Pues, como señalan algunos autores, se estaban dando tres elementos que resultaban incompatibles: 1) tipos de cambios fijos; 2) libertad de movimientos de capital, y 3) falta de coordinación de las políticas económicas[12]. Ante esa situación no tardaron en aparecer las presiones sobre las monedas más débiles del sistema, que terminan devaluándose o incluso abandonándolo, como fue el caso de la lira y la libra esterlina. Sin embargo, pese a las devaluaciones y al elevado coste de las intervenciones que llevan a cabo algunos gobiernos, como el español, para evitar que sus monedas tengan que salir del mecanismo de cambios, la presión no cesó por lo que no quedó otra alternativa que ampliar las bandas de fluctuación al 15% el 1 de agosto de 1993.

5. LA UNIÓN ECONÓMICA Y MONETARIA

El proceso de integración económica que se inicia en 1957 entre los países de Europa Occidental avanza actualmente por una fase de unión económica con el objetivo de alcanzar una unión monetaria. Pero el establecimiento de estas nuevas metas requería que previamente se introdujeran algunas modificaciones al Tratado de Roma. Dicho tratado, tras la evolución que había seguido la CEE, se mostraba insuficiente para seguir avanzando en el proceso de integración. La firma en Luxemburgo, el 17 de febrero de 1986, del Acta Única Europea, va a suponer un gran avance en esa dirección al introducir, además de ciertas medidas de cooperación en diferentes ámbitos y para el logro del mercado único, algunas reformas institucionales que servirán para agilizar la toma de decisiones. El Acta Única impulsará así la idea del mercado único, que entrará en vigor el 1 de enero de 1993 al quedar suprimidas las últimas barreras que existían en las fronteras de los doce. Pero con anterioridad a esa fecha, en el Consejo Europeo de Madrid, celebrado en junio de 1989, se debatirá un informe elaborado por Jacques Delors —Informe Delors[13]—, que con-

---

[11] Banco de España (1997), pág. 24.

[12] J. Galduf (1994), pág. 444.

[13] En el Informe Delors, aunque no se contemplan las mismas etapas que en Maastricht, se llegará a la unión económica y monetaria por medio de decisiones políticas que establecen las fechas y condiciones que

tiene una visión política para la realización gradual de una unión económica y monetaria. Filosofía que será interiorizada por el Consejo al acordar avanzar hacia el logro de aquel objetivo estableciendo varias etapas, la primera de las cuales dará comienzo el 1 de julio de 1990. Sin embargo, para que comenzara la segunda, no sería suficiente con las reformas que fueron introducidas por el Acta Única, sino que era preciso un nuevo tratado.

El Tratado de la Unión Europea se firma en la ciudad holandesa de Maastricht el 7 de febrero de 1992 y entrará en vigor, una vez ratificado por los parlamentos nacionales o refrendado por la población según lo contemplado en las Constituciones de cada país, el 1 de enero de 1994. En dicho tratado, además de establecerse el objetivo de alcanzar una unión económica y monetaria, se introducen nuevas metas de tipo político, que, al trascender de los ámbitos estrictamente comercial y económico, hacen pensar que puedan constituir las bases para una futura unión política aunque de momento, en esas materias, sólo se haya avanzado en el campo de la cooperación, no en el de la integración. Así, la estructura del Tratado de la Unión Europea se constituye sobre tres «pilares»:

- Comunidad Europea, pilar en el que se integra el proyecto de unión económica y monetaria.
- Política Exterior y Seguridad Común.
- Interior y Justicia.

Dentro del primer pilar, el Tratado de Maastricht, además de ocuparse de la unión monetaria, sobre lo que más adelante volveremos, recoge un conjunto de políticas y medidas que completan a las ya existentes para facilitar el proceso hacia la unión económica. En este capítulo no disponemos de espacio para tratarlas con suficiente profundidad, por lo que sólo nos referiremos a ellas sucintamente. Cabe así señalar: medidas sobre la *Ciudadanía de la Unión,* por las que se reconocen nuevos derechos para los ciudadanos, como la libre circulación, el derecho de residencia, el derecho a votar y a ser elegido en las elecciones municipales y como miembro del Parlamento Europeo, el derecho a dirigirse al defensor del pueblo, a formular peticiones al Parlamento Europeo y a acogerse en cualquier país extranjero a la protección de cualquier estado miembro; *Políticas de la Comunidad,* que abarcan modificaciones en las políticas de transportes, económica y monetaria, comercial, social (con importantes cambios en las materias culturales, de educación, de formación profesional, consumo, etc.), redes transeuropeas de infraestructuras del transporte, de la energía y de las comunicaciones, política industrial, cohesión social para reducir las

---

han de cumplir los países que quieran avanzar en la integración. Dicho informe fue contestado por otro del Tesoro Británico, cuya filosofía radica en profundizar en la fase primera del plan Delors de forma que se dejase a las monedas competir según su evolución se fuesen tomando las decisiones pertinentes. El Informe del Tesoro Británico no tuvo gran eco frente al de Delors, y a menudo fue visto más como una estrategia para evitar una unión monetaria que no gustaba en la isla que como el producto de una reflexión madura y bien documentada.

diferencias entre regiones, investigación y desarrollo, medio ambiente y cooperación al desarrollo[14].

La Política Exterior y Seguridad Común (PESC) sucede a la ya existente Cooperación Política Europea; su desarrollo será gradual para algunas «acciones comunes», y persigue fundamentalmente fortalecer la cooperación entre los estados miembros. Sus objetivos están relacionados con la paz, la seguridad, la independencia, los valores comunes, los derechos humanos, la democracia y el Estado de Derecho en los países de la Unión.

El pilar de Interior y Justicia también se desarrolla en el ámbito de la cooperación, y con él se trata de dar respuestas a problemas relacionados con el control de fronteras exteriores, la política de asilo e inmigración, la cooperación policial y judicial, la lucha contra las toxicomanías, etc. Las decisiones se toman en el Consejo por unanimidad.

Hecho este breve análisis de los tres pilares volvemos a situarnos en el primero de ellos, que, al modificar el Tratado de Roma e incorporar nuevas políticas y órganos, va a hacer posible seguir avanzando en el proceso de unión económica y monetaria iniciado en 1990. Podemos resumir ahora el contenido de cada una de las etapas que para alcanzar ese objetivo se previeron.

La primera, que como ya se indicó comenzó 1990, estuvo caracterizada por la adopción de programas de convergencia en cada uno de los países, así como por un esfuerzo de coordinación entre las políticas económicas de los doce, y en especial entre las políticas monetarias. La razón de ser de estas medidas se encuentra en que el logro del mercado único, primero, y de la unión económica y monetaria después, podría verse seriamente perjudicado si no tiene lugar a la vez un acercamiento entre las economías de los países que permita un buen funcionamiento de los mecanismos de competencia, en un contexto que vendrá marcado por una amplia libertad económica. Por otro lado, la unión monetaria implica que los tipos de cambio entre las monedas de los países que den ese paso queden fijados irrevocablemente y que se establezca una moneda única. Lo que requiere que previamente esas monedas muestren un alto grado de estabilidad cambiaria, objetivo que difícilmente podría alcanzarse si cada país diseñase su política monetaria al margen de los restantes, dado el efecto que ésta tiene sobre los tipos de cambio.

La segunda etapa del proyecto de unión económica y monetaria comenzó el 1 de enero de 1994, y se caracteriza porque, además de profundizar en la aplicación de las medidas adoptadas en la etapa anterior, introduce otras tendentes a preparar el paso a la unión económica y monetaria como: la independencia de los bancos centrales de sus gobiernos, la prohibición de que el sector público se financie acudiendo a los Bancos Centrales o de forma privilegiada y de que los déficits públicos alcancen unos niveles excesivos. Asimismo, en esta etapa se creó el Instituto Monetario Europeo (IME), que es el órgano encargado de ir preparando, dentro del ámbito monetario, el paso a la unión monetaria. Entre sus funciones están: incrementar la cooperación

[14] M. C. Arcos (1992), págs. 20-50.

entre los bancos centrales de los países comunitarios, favorecer la coordinación de las políticas monetarias con el fin de asegurar la estabilidad de precios, supervisar el funcionamiento del SME, evaluar el grado de cumplimiento de las condiciones de convergencia, etc. Pero además el IME es una especie de experimento previo al Sistema Europeo de Bancos Centrales y al Banco Central Europeo[15], dos instituciones creadas en la tercera fase para articular la unión monetaria.

La tercera fase estaba previsto que comenzara el 1 de enero de 1997 siempre y cuando al menos siete países cumplieran las condiciones que establece el Tratado para dar el paso a la etapa final. Sin embargo, esa circunstancia no se dio y el nuevo horizonte quedó fijado para el 1 de enero de 1999 con independencia de cual fuera el número de países que cumplieran esas condiciones o criterios de convergencia. En esta fase tiene lugar la fijación irrevocable de los tipos de cambio y el establecimiento de una moneda única, la creación del Banco Central Europeo y del Sistema Europeo de Bancos Centrales y la adopción de una política monetaria única. Pero antes de continuar detengámonos a estudiar cuáles son las condiciones de convergencia que deberían cumplir aquellos países que deseen pasar a formar parte de la unión monetaria:

- La tasa de inflación no podía superar en más de 1,5 puntos la media de los tres estados miembros con menor inflación.
- Los tipos de interés no podían exceder en más de dos puntos a la media de los que rijan en los tres países con la inflación más baja.
- El déficit público debía ser inferior al 3% del PIB.
- La deuda pública no podía superar 60% del PIB.
- Las monedas debían fluctuar, durante al menos en los dos años previos a la integración, dentro de la banda del ±2,25% del mecanismo de cambios del SME.

La ampliación de las bandas de fluctuación en el mecanismo de cambios del SME que, como vimos en el epígrafe anterior, tuvo lugar el 1 de agosto de 1993 en respuesta a las presiones ejercidas sobre algunas monedas, planteó algunos problemas de interpretación sobre el quinto criterio de convergencia. No obstante, fue posible entender que dicha condición se cumplía si la moneda se mantenía en el mecanismo, dentro de las bandas del ±15%, sin devaluar en los dos años previos a su integración en la Unión Monetaria Europea (UME)[16].

Por otro lado, el Tratado admitía un cierto margen de flexibilidad para la interpretación de los criterios relativos al ámbito fiscal, lo que facilitó que algunos países con deuda pública que alcanzaran niveles superiores a los establecidos como objetivo de convergencia, pudieran quedar integrados en la unión. No obstante, es preciso remarcar que dicha interpretación sólo es aplicable cuando se trate de casos

[15] R. Tamames (1994), op cit., págs. 313-316.
[16] Banco de España (1997), pág. 47.

excepcionales, es decir, que los países en esas circunstancias han de demostrar que los niveles que alcanzan los ratios utilizados para medir el grado de cumplimiento de dichos criterios tienen un carácter temporal y evolucionan positivamente hacia los objetivos marcados.

Una vez que entre la tercera fase, el 1 de enero de 1999, los tipos de cambios entre las monedas de aquellos países que formen la unión se fijarán irrevocablemente y se introducirá la moneda única, el euro; que empezará utilizándose en las operaciones en divisas, en las cuentas que sirven para instrumentar la política monetaria y en las nuevas emisiones de deuda pública. La puesta en circulación de los nuevos billetes y monedas se iniciará el 1 de enero del 2002, fecha a partir de la cual todas las operaciones de las administraciones públicas (impuestos, transferencias, sueldos de funcionarios, etc.) pasarán a realizarse en moneda única y comenzará el período de sustitución de los billetes y monedas nacionales por euros, que finalizará el 30 de junio de ese mismo año, momento en el que aquellos perderán su condición de dinero de curso legal, aunque todavía podrán ser canjeados en los bancos centrales durante algún tiempo. En ese período convivirán las monedas nacionales con el euro a la vez que se irá avanzando en el proceso de conversión. Será entonces cuando se cambie la denominación de la moneda de aquellas emisiones de deuda pública que aún no hayan sido convertidas, de las cuentas corrientes y de otros activos financieros. No obstante, para muchas operaciones, como las bancarias o las compraventas privadas, regirá el principio de «no obligación, no prohibición», por el que los usuarios de la moneda podrán elegir la denominación de aquélla.

Asimismo, desde el 1 de enero de 1999 está en funcionamiento el Sistema Europeo de Bancos Centrales (SEBC) y el Banco Central Europeo (BCE). El primero de ellos tiene entre otras funciones las siguientes: ejecutar la política monetaria de aquellos países que estén dentro del euro con el objetivo principal de la estabilidad de precios, realizar operaciones con divisas, custodiar y gestionar las reservas oficiales de divisas de los estados miembros y promover el buen funcionamiento de los sistemas de pagos en el área del euro. Está constituido por el BCE y los bancos centrales nacionales de los países de la UE, incluidos los de aquellos estados que en un principio no han accedido a la moneda única (Grecia, Suecia, Reino Unido y Dinamarca). La representación de cada país en el principal órgano de gobierno vendrá dada por los gobernadores de los bancos centrales.

El BCE, institución central y de gobierno del SEBC, actuará con poder regulador dentro de la unión y tendrá capacidad para emitir billetes en euros. Sustituye al IME al comenzar la tercera etapa. Asimismo, los bancos centrales nacionales colaborarán en el desarrollo de las funciones del SEBC encargándose, entre otras actividades, de suministrar y retirar liquidez conforme a las decisiones sobre la cantidad de dinero en circulación que tome aquél. La política monetaria será única para toda el área monetaria ya que la existencia de una única moneda no es compatible con el diseño y ejecución de una política monetaria por cada país.

Pese a las incertidumbres que se han creado en los últimos años como consecuencia de las debilidades del SME, del pesimismo sobre el incumplimiento de los criterios de convergencia, de la posible ampliación de la Comunidad o de las críticas a la creación de una «Europa de dos velocidades», la realidad es que el proyecto de unión ha seguido adelante.

Por otro lado, la ampliación de la unión previsiblemente no se producirá antes del año 2002, lo que ha permitido disipar los temores sobre un retraso en el calendario previsto para alcanzar la unión monetaria. Pues de haberse iniciado el proceso de ampliación hubiera sido necesario realizar previamente ciertas modificaciones institucionales que requieren acuerdos que previsiblemente no serán fáciles, así como afrontar los cambios en la competencia que acarrearía la ampliación del mercado, lo que, probablemente, no hubiese permitido concentrar los esfuerzos en el logro de la moneda única. Sin embargo, ese temor desapareció cuando en Turín se estableció que la ampliación no tendrían lugar antes del año 2000, es decir, una vez iniciada la UME. Posteriormente, en diciembre de 1997, el Consejo Europeo ha invitado a 10 países del Este, que habían solicitado entrar en la Unión, y a Chipre, a incorporarse al proceso de integración. Las negociaciones, cuyo inicio se produjo en marzo de 1998, comienzan con Chipre, Hungría, Polonia, Estonia, República Checa y Eslovenia, para incorporar más tarde a Lituania, Letonia, Rumania, Bulgaria y Eslovaquia. Pero antes de las primeras incorporaciones de estos países, que se estima que no serán antes del año 2002, deberá culminar la reforma institucional que se pospuso en el Tratado de Amsterdam en 1997.

Por otro lado, un informe de la Comisión elaborado en marzo de 1998 señaló que once países cumplían los criterios establecidos para formar parte de la unión monetaria, aunque para que fuera posible la inclusión de alguno de ellos, como Italia, con niveles de deuda pública superiores al 120% del PIB, hubo que hacer una interpretación muy relajada del margen previsto para el cumplimiento de ese objetivo. Quedó fuera Suecia, que no mostró mucho interés por «pasar el examen», y Grecia, por incumplimiento generalizado de los criterios de convergencia. Asimismo, tampoco dieron ese paso ni el Reino Unido ni Dinamarca, cuya situación es cualitativamente distinta a la de los restantes países, pues al primero, debido a la oposición que siempre ha ejercido a la unión monetaria, se le concedió en Maastricht la posibilidad de no entrar o incluso salirse llegado el momento (cláusula *opting out*). Posición muy parecida a la que disfruta Dinamarca como consecuencia de que en el referéndum sobre la Unión que propuso a su población ganaron los votos negativos. También aquí la flexibilidad y pragmatismo han sido la «regla» para lograr la integración europea.

Se ha consagrado así, aunque mínimamente, la Europa de «dos velocidades», es decir, un proyecto de unión en el que el grado de integración varía de unos países a otros según hubieran cumplido o no las condiciones para estar dentro de la Unión Monetaria Europea (UME). No obstante, existe un gran interés en que los países que no cumplieron inicialmente los criterios de convergencia puedan acceder a la moneda única lo antes posible. En la Reunión del Consejo de diciembre de 1996 se decidió la puesta en marcha de un «SME-bis» para aquellos países que en 1999 queden fuera de la UME. Dicho sistema introduce un mecanismo de cambios en el que las bandas serán anchas para evitar la especulación a la vez que las monedas fijan sus paridades respecto al euro. El BCE se comprometerá a defender estas divisas siempre y cuando no se ponga en peligro el objetivo de estabilidad monetaria en la zona de la moneda única. Asimismo, la disciplina monetaria será reforzada tanto para los países que sigan manteniendo sus monedas nacionales como para aquellos otros que formen la unión monetaria.

Una consecuencia de la UME es que la capacidad de acción de las políticas económicas de los países que la integren se verá considerablemente mermada. La cesión de la política monetaria al SEBC y BCE deja a los gobiernos de los estados miembros sin una poderosa arma frente a las recesiones, dado que supone la imposibilidad de actuar sobre los tipos de interés o de flexibilizar las condiciones del crédito. Asimismo, la existencia de una moneda única elimina la posibilidad de recurrir a devaluaciones del tipo de cambio para mejorar la competitividad de los productos nacionales frente al exterior.

Por otro lado, el uso de la política fiscal también va a quedar limitado como consecuencia de la firma en el Consejo de un «pacto de estabilidad», por el que los países con moneda única deberán seguir esforzándose en mantener sus déficits públicos reducidos, pudiendo incluso ser sancionados cuando superen la barrera del 3% del PIB, a no ser que ello se deba a circunstancias excepcionales, como la entrada en una recesión en la que el PIB caiga más de un 2%.

Esa pérdida de soberanía de los estados se convertirá, a juicio de algunos, en uno de los principales inconvenientes de Unión Monetaria Europea, dado que impedirá el uso de los instrumentos que tradicionalmente se han utilizado para luchar contra las caídas de la actividad económica, lo que se podría traducir en un gran hándicap para aquellas economías más débiles, así como en un incremento de las diferencias de renta entre las distintas regiones de la UME. Las políticas de cohesión, ya iniciadas a principios de los años setenta en la Comunidad y reforzadas en el Acta Única y en Maastricht, han contemplado la creación de fondos estructurales y de cohesión como respuesta a este tipo de problemas[17]. Sin embargo, el futuro de esos fondos, tras la previsible ampliación a los países del este, resulta bastante incierto para países como España, que actualmente recibe importantes ayudas por ese concepto.

Por último, entre las ventajas de la UME que algunos autores han señalado se pueden citar:

- La estabilidad monetaria y de los tipos de interés.
- El ahorro de costes de transacción en los intercambios entre países con moneda única, dado que se evitarán las comisiones a pagar por el cambio de la divisa.
- Un incremento en la capacidad de financiación de las economías debido a que una política presupuestaria restrictiva libera ahorro para el sector privado.
- El euro se convertirá en una moneda de referencia internacional que competirá con el dólar y el yen.

---

[17] M. C. Arcos (1992), op. cit., págs. 41-45.

CONCEPTOS

Armonización
Criterios de convergencia
Ecu
Euro
FECOM
Integración económica
Instituciones básicas de la UE
Mecanismo de cambios (ERM)
Mercado Común
Política Agraria Comunitaria (PAC)
Política monetaria única
SEBC y BCE
Sistema Monetario Europeo
Tipo de cambio central
Unión Aduanera
Unión económica y monetaria

ACTIVIDAD RECOMENDADA

A partir del capítulo anterior reflexionar sobre las ventajas e inconvenientes que para España puede representar su pertenencia a la Unión Monetaria.

LECTURAS RECOMENDADAS

Banco de España (1997): *La Unión Monetaria Europea,* Madrid.
Galduf, J. (1994): *Economía de la Unión Europea*, Civitas, Madrid.
Tamames, R. (1994): *La Unión Europea*, Alianza Editorial, Madrid.

13 España y la Unión Europea

José Vallés Ferrer
María del Carmen Lima Díaz

1. BREVE RESEÑA HISTÓRICA

Han transcurrido más de cuarenta años desde que se rubricó el Tratado de Roma en 1957 por parte de los seis socios fundadores de la Comunidad Económica Europea (CEE): Bélgica, Francia, Alemania, Italia, Luxemburgo y Holanda. Más adelante, el 1 de enero de 1973, Dinamarca, Irlanda y Reino Unido firmaron sus respectivos tratados de adhesión. Posteriormente, Grecia en 1981, y España junto con Portugal en 1986, conformaron la Europa de los doce, que en 1995 se amplió a sus quince miembros actuales con la entrada de Austria, Finlandia y Suecia.

Muchos y variados han sido los objetivos perseguidos por la Comunidad Europea, pero quizá el más inmediato inicialmente era crear un Mercado Único, formado por más de 371 millones de personas, en el que se respetaran las normas de competencia equitativa entre todos sus miembros. En dicho mercado, las personas, bienes, servicios y capitales deben circular libremente consiguiendo la plena realización del mercado interior. De esta forma, además de la cohesión económica, política y social de sus miembros, lograríamos desarrollar un modelo basado en la solidaridad interregional, la nueva Sociedad del Bienestar[1].

La apertura de la economía española al exterior, al igual que su posterior incorporación a la Comunidad Europea, ha sido lenta y ha estado condicionada por factores extraeconómicos, fundamentalmente por razones políticas derivadas de la ausencia de libertades. Esa larga historia tiene varios eslabones, alguno de los cuales conviene recordar: el Plan de Estabilización Económica de 1959, la planificación del crecimiento de la década de los sesenta, las políticas de ajuste a la crisis aplicadas de 1974 a 1982, hasta llegar finalmente a la integración en Europa, sancionada en 1985 y 1986 (Tratado de Adhesión y firma del Acta Única Europea) y nuestro in-

[1] Véase CECA-CEE (1992).

greso en el mecanismo de cambios del Sistema Monetario Europeo en 1989 y en la Unión Económica y Monetaria en 1998.

El proceso de globalización de los mercados y la internacionalización de las economías exige la actuación rápida por parte de los distintos estados. España, por razones históricas de carácter político, no entró en la dinámica de la integración económica hasta la llegada de la democracia[2]. Sin embargo, la rápida evolución de la economía mundial en la década de los ochenta, así como sus perspectivas de futuro, no permitían que nuestra economía quedase en una situación de estancamiento, instándola a que se enfrentara a los retos que el propio proceso de globalización conllevaba[3].

Los rectores de la economía española tenían que dar respuesta, al igual que los de las demás economías occidentales, por lo menos a los siguientes retos[4]:

- Primero, reforzar y afianzar el crecimiento económico, tanto a corto como a largo plazo, al mismo tiempo que se consolidaban —lo que estaba en cierta forma implícito— los avances obtenidos en la reducción de la inflación.
- Segundo, la necesidad de una fuerte reducción del desempleo global, y en concreto de corte estructural.
- Tercero, lograr la compatibilidad entre un crecimiento sostenido y la solidaridad, mediante la reducción de los estándares de pobreza y el afianzamiento de ciertos niveles de bienestar.
- Cuarto y último, trabajar responsablemente para alcanzar mejoras en la productividad y competitividad que toda economía abierta necesita.

Todo este proceso de acomodación de la economía española a Europa suponía, en primer lugar, grandes transformaciones de la misma, con sus correspondientes costes y sacrificios. El envejecimiento de determinados sectores productivos, verbigracia el industrial, el dislocamiento de la agricultura, la falta de capital estructural, por citar algunos problemas históricos, implicaban la necesidad de cambios en nuestra política económica a partir de 1985, con los subsiguientes costes directos e indirectos (sociales) de los mismos.

El camino de Europa no era fácil[5], la sociedad española en general y los mercados en particular lo sabían. El objetivo número uno de la política económica no era otro, no podía ser otro, que el de Europa. Pero poner las miras en la Europa de pri-

---

[2] Hay excepciones. Una de ellas, importante, es el Acuerdo Ullastres de 1970, por el que España suscribía un acuerdo preferencial con la Comunidad Económica Europea que, sin duda alguna, contribuyó a impulsar las exportaciones españolas a las Comunidades.

[3] J. Vilaseca Requena (1995).

[4] M. Camdessus (1994).

[5] Doce años después de la adhesión se ha realizado un esfuerzo notable, debido tanto al dinamismo de la sociedad española como a la conducción de la política económica. Y sobre todo teniendo en cuenta un período de tiempo tan corto (1985-1998). El comportamiento económico de los años 1996 y 1997 ha permitido asegurar la incorporación de la economía española al euro en 1999, tras el examen de convergencia.

mera velocidad implicaba ir deprisa, quemar etapas, hacer las transformaciones necesarias. La conducción de la economía española tenía que acelerarse, pues había poco tiempo. Maastricht impone muchas cosas, pero también los tiempos. La fecha de examen prevista para el primer semestre de 1998 ha supuesto acelerar al máximo todas las políticas de ajuste para el cumplimiento de las condiciones de convergencia establecidas, permitiéndonos entrar en la Unión Económica y Monetaria sin tener que esperar hasta el año 2001[6].

El camino de Europa suponía también la construcción del Estado del Bienestar, trabajar a favor de la solidaridad y de la atenuación de los costes que nuestro proceso de integración europeo implicaba. Había que transformar la política fiscal y presupuestaria del Gobierno de España. Se necesitaban recursos para elevar los niveles de gasto social, al igual que sucedía en los demás países de la Unión Europea.

Finalmente, había que esforzarse en mejorar la productividad y, por tanto, la competitividad de nuestra economía. Hacía falta a principios de los ochenta (todavía hoy) fama, garra y maña para vender, para ganar mercados, para consolidar nuestra balanza comercial, históricamente deficitaria. La restricción a la que hemos estado sometidos ha sido y es, fundamentalmente, un problema de competitividad, de crisis de competitividad[7].

En cualquier caso, la apertura negociadora tras el restablecimiento de la democracia en España abrió nuevos horizontes a la economía española. Hay que reconocer, intentando ser lo más objetivo posible, que ya en 1977 el presidente Adolfo Suárez pidió formalmente la entrada de España en la Comunidad. Desde entonces hasta 1985 el proceso negociador no cesó, culminando en este año nuestra entrada en la Comunidad Económica Europea. El reto de España en su primera fase había concluido, apuntándose la sociedad española, toda la sociedad, el éxito de esta empresa. En mayo de 1998, la economía española ha entrado en le tercera fase de la UEM, cerrando un ciclo histórico de política económica.

2. ESPAÑA Y LA CONSTRUCCIÓN EUROPEA

El proceso de integración económica europea se acelera con la aprobación del Tratado de Maastricht en diciembre de 1991. En él se desarrolla la política de convergencia a seguir con vistas a homogeneizar las economías de los estados comunitarios, con parámetros a respetar de cara al gran objetivo de la Unión Económica y Monetaria. Europa tenía una exigencia previa: aceptar y cumplir indicadores fiscales y monetarios según lo preceptuado por el Tratado de la Unión Europea. Era necesaria una política reforzadora de los equilibrios interno y externo. A lo largo de

---

[6] Sobre las transformaciones experimentadas por la economía española, véase el trabajo de J. Fernández Arufe (coord.) (1995) y J. Vallés Ferrer (coord.) (1997).

[7] Véase sobre este tema de José Vallés Ferrer y colaboradores, «Orígenes y causas de la crisis de competitividad: soluciones para superarla», Universidad de Huelva, 1996.

los dos subepígrafes siguientes estudiaremos qué medidas de choque se tomaron y cuál es la situación al día de hoy.

2.1. La política de la convergencia con Europa

El Gobierno de la nación justificó en la primavera de 1992 el Plan de Convergencia 1992-1996 no sólo como una necesidad inaplazable de cara al cumplimiento de las condiciones establecidas en Maastricht para acceder a la tercera fase de la Unión Económica y Monetaria (UEM), sino además como medio indispensable para mantener una estabilidad a medio plazo que permita conseguir un mayor nivel de bienestar y alcanzar nuevos objetivos en materia de política social. En la tabla 13.1 se pueden analizar los objetivos y medidas de convergencia establecidos para la entrada en la Europa de la primera velocidad. Estamos delante de un enfoque mixto de política económica, combinando variables de oferta y de demanda. Los resultados, como más adelante veremos, han sido positivos.

TABLA 13.1

Programa de Convergencia 1992-1996

Objetivos	
— Cumplimiento de las condiciones fijadas en el Consejo Europeo de Maastricht para poder participar plenamente en la tercera fase de la UEM. — Aproximar la renta per cápita a la media de la UE en cuatro puntos en los próximos cinco años.	
Medidas estructurales	
Mercado de trabajo	**Movilidad funcional y geográfica de la mano de obra** • Eliminación de las Ordenanzas Laborales. • Evitar comportamientos y regulaciones que atenten contra los principios de la Ley de Defensa de la Competencia. • Para facilitar la movilidad geográfica se desea actuar sobre el coste de la vivienda. Para ello se reforma la Ley de Arrendamientos Urbanos, se crearán los fondos de inversión inmobiliaria y se reducirá el coste de las transacciones inmobiliarias. **Reforzamiento del proceso de búsqueda de empleo** • El derecho a las prestaciones por desempleo se extinguirá cuando los beneficiarios rechacen participar en acciones de formación profesional. • Reforzamiento del control de la situación de desempleo. • Derogación de la capitalización de las prestaciones por desempleo, excepto para aportaciones a cooperativas o sociedades anónimas laborales.

TABLA 13.1 *(continuación)*

Medidas estructurales	
Mercado de trabajo *(continuación)*	• Elevación de seis meses a un año del período mínimo de contratación para poder percibir la prestación contributiva. Por otro lado, el período mínimo de los contratos de fomento del empleo pasa a ser de un año. • Modificación de la relación entre el período de cotización y de duración de la prestación contributiva por desempleo. • Reducción del tipo aplicable a la base reguladora. **Formación profesional** • Creación de 60.000 plazas de formación profesional.
Organismos públicos	• Simplificación institucional de los organismos públicos.
Empresas públicas	• No aumento del tamaño del sector público empresarial. • Congelación en términos nominales del volumen de recursos públicos canalizados hacia las empresas públicas.
Sanidad	• Medidas organizativas, presupuestarias y de gestión para mejorar la eficiencia y la equidad del sistema,
Política monetaria	• Mantenimiento en líneas generales de la política monetaria, con el principal objetivo de la estabilidad cambiaria. • Entrada de la peseta en la banda estrecha del SME cuando el Gobierno lo crea oportuno. • El Gobierno presentará en 1992 un proyecto de ley que otorgue autonomía al Banco de España.
Política fiscal y presupuestaria	• Mantenimiento de la presión fiscal individual en el nivel alcanzado en 1993. • Mantenimiento del gasto en infraestructuras del conjunto de las Administraciones Públicas en torno al 5% del PIB. • Reducción paulatina del déficit público hasta alcanzar el 1% del PIB en 1996. El Pacto de Financiación Autonómica recientemente concluido constituye una pieza crucial en este esfuerzo financiero.
Liberalización y desregularización económica	• Eliminación del régimen de monopolio de determinados servicios y culminación del proceso de desmonopolización del sector de distribución de petróleos. • Liberalización del transporte terrestre, marítimo y aéreo.
Entidades de crédito y seguros	• Reforzamiento de la transparencia de las operaciones.

FUENTE: Ministerio de Economía y Hacienda (1992).

El contenido del Plan de Convergencia estaba estructurado fundamentalmente en torno a tres grandes frentes[8]:

— Política macroeconómica.
— Reforma del mercado de trabajo.
— Mayor desregulación de la economía y mejora de la calidad de los servicios públicos.

El reto de Europa exigía a la economía española una mayor rigurosidad y celeridad. Precisamente por ello el Programa de Convergencia tuvo una aplicación inmediata al mercado de trabajo, con la aprobación del Real Decreto Ley sobre Medidas Urgentes de Fomento del Empleo y Protección por Desempleo, si bien su finalidad última era limitar el desbordamiento del gasto en el sistema de protección por desempleo, pero, sobre todo, fomentar e incentivar la presencia de los parados, fundamentalmente jóvenes y mayores de cuarenta y cinco años, en el mercado de trabajo.

También este Plan recoge algunas de las propuestas contenidas en los últimos informes de la OCDE sobre la economía española, tales como disminuir el mayor protagonismo de la política presupuestaria, congelar el crecimiento del sector público o flexibilizar el mercado de trabajo. No obstante, en relación al último punto no se considera el coste del despido como uno de los factores clave, tal como propugna la OCDE, sino que se centra en eliminar las rigideces en la búsqueda de empleo y en la reforma del sistema de protección al desempleo.

La desaceleración de la economía española de 1992 y la recesión de 1993 obligó a los rectores de la política económica española a modificar el Plan inicial. En efecto, en julio de 1994 se presentó una Actualización del Programa de Convergencia que extendió su alcance temporal al período 1994-1997, además de modificar algunos de los indicadores contenidos en el documento inicial.

Una vez más quedaba plasmada la voluntad del ejecutivo español en coordinar las distintas políticas económicas, tanto por el lado de la oferta como por el de la demanda, con un horizonte claro: primavera de 1998, fecha del examen para la selección de las economías que pudieran formar parte del grupo-euro.

Conseguida prácticamente la convergencia nominal de la economía española, el objetivo siguiente era reforzarla y consolidarla. El ejercicio de 1997 ha sido el último amparado por la actualización, lo que ha determinado la elaboración por parte del Gobierno español de un nuevo Programa de Convergencia 1997-2000. En él se pone de manifiesto el modelo de crecimiento que está experimentando la economía española[9], definido por su carácter sostenido y no inflacionario y por su capacidad

[8] Para un examen pormenorizado de la política de convergencia puede verse Ministerio de Economía y Hacienda (1992). También J. Vallés Ferrer (1994).

[9] A nuestro entender, y sin ánimo de polemizar, no estamos tanto ante un nuevo modelo de crecimiento como ante una situación de mayor crecimiento, mayores expectativas nacionales y mejor coyuntura internacional. La situación de 1992-1993 no es la de 1997-1998: actualmente el crecimiento es mayor y se prevé más duradero.

de generar empleo. El actual patrón de crecimiento es fruto de una nueva polític económica que persigue los siguientes objetivos básicos:

a) Garantizar un marco de estabilidad macroeconómica que permita reducir l inflación, disminuir los tipos de interés y mejorar las expectativas de los agentes económicos, cumpliendo simultáneamente los criterios de convergenci nominal en la fecha prevista.

b) Profundizar en el proceso de flexibilización y de reformas estructurales d la economía española.

En consecuencia, se combinan políticas de demanda, con especial hincapié en u presupuesto riguroso enmarcado en un claro proceso de consolidación fiscal, con l aplicación de las políticas de oferta necesarias para mejorar el comportamiento de lo mercados, liberalizando su funcionamiento e introduciendo un mayor grado de competencia. De esta forma se alcanzará el objetivo último de lograr un crecimiento económico estable, sostenido y con elevada capacidad de generación de empleo.

La presentación de este Programa de Convergencia 1997-2000 vino a ratifica el compromiso de España frente a Maastricht, la disposición del Gobierno a toma las medidas que fueran necesarias para evitar toda desviación de los objetivos planteados junto con su voluntad de cumplir los criterios de disciplina fiscal, aún má rigurosos, a aplicar a partir de 1999 en virtud del Pacto de Estabilidad y Crecimient acordado en diciembre de 1996. Por ello, este Programa de Convergencia 1997 prestaba especial atención a la evolución de las finanzas públicas, haciendo hincapié e la reducción de los ratios de deuda y déficit de las Administraciones respecto al PIB asegurada por el perfeccionamiento de los sistemas de seguimiento de la ejecució presupuestaria y el establecimiento de mecanismos que consiguieran corregir la desviaciones respecto a los objetivos previstos[10].

2.2. Entorno macroeconómico

El ejercicio económico de 1997 desbordó los pronósticos más optimistas. Un crecimiento del 3,4% del PIB[11] según los datos del Instituto Nacional de Estadística (fortalecido fundamentalmente por el buen comportamiento de la demanda interna en su vertientes de consumo e inversión, frente a un desarrollo mucho más modesto de la demanda exterior[12]), una inflación por debajo del 2%, un tipo de cambio en la banda an-

[10] Ver Programa de Convergencia de España 1997-2000, Ministerio de Economía y Hacienda (1997). E líneas generales estamos siguiendo la exposición contenida en el citado documento. En cuanto al modelo d política económica, hay pocas novedades respecto al Plan de 1992.

[11] Según el Ministro de Economía, esta cifra demuestra que la economía española ha entrado en una velocidad de crucero entre el 3,6% y el 3,8% de crecimiento del PIB, lo que permite hablar de su sostenibilida y estabilidad compatible con la moderación del gasto y la baja inflación.

[12] De hecho, la demanda interna aportó 2,7 puntos de los 3,4 puntos de crecimiento del PIB, lo que dist mucho de la aportación de la demanda externa sólo 0,7 puntos, según datos del INE.

cha de fluctuación del 15% fijada a partir de 1994 por el Sistema Monetario Europeo, unos tipos de interés a largo dentro de los parámetros permitidos, un déficit público del 2,6%, cuatro décimas por debajo de lo establecido en Maastricht, y una deuda que, tras los más de 700.000 millones ingresados en concepto de privatizaciones, apenas sobrepasaba el 68%. Éstas eran las credenciales presentadas al examen de mayo de 1998.

En 1997 el empleo creció al 2,9%, lo que situaba la tasa de paro en el 20,32% de la población activa. El efecto absorción de la tasa de desempleo fue de 1,46 puntos, por la que las divergencias con respecto a Europa aún quedan manifiestas (unos 9 puntos nos separan todavía de la media comunitaria). Además existen otros datos preocupantes: si en dicho año el desempleo de los hombres bajó en un 10%, el de las mujeres tan sólo lo hizo en un 1,7%, luego la mujer aún encuentra dificultades al incorporarse al mercado de trabajo. Igualmente destacar que un 8% del total de empleos creados se acogen a la modalidad de tiempo parcial y que la tasa de temporalidad en el empleo todavía sigue siendo alta, elevándose al 33,1% (el triple de la media europea).

El problema del desempleo, generalizado en toda la Unión Europea, ha sido recientemente debatido en el Consejo de Luxemburgo de noviembre de 1997. Es sin duda el más acuciante desajuste de nuestras economías y el que necesita ser subsanado con mayor premura. La formación, la combinación de políticas activas y pasivas de empleo, el reparto de trabajo y la jornada laboral de 35 horas, son debates de candente actualidad en estos momentos.

Por todo lo anterior, las cifras nominales no deben hacernos olvidar la necesaria convergencia real (en renta, productividad, empleo, infraestructuras, PIB...). Las disparidades regionales se encuentran ahí, presentes en cada rincón de Europa, en especial en la zona meridional. Dicha condición ha de tenerse en cuenta en el diseño de los Marcos Comunitarios de Apoyo Europeo —la Agenda 2000[13]—, el reparto de los fondos de cohesión y las modificaciones en la estructura presupuestaria que se vaticinan con la incorporación de los países del Este a la Unión Europea. La siguiente tabla nos muestra el Producto Interior Bruto por habitante de España en comparación con la media europea (véase tabla 13.2).

La evolución de la economía española desde el inicio de la recuperación de 1994 ha sido correcta, pero en cualquier caso el éxito de esta política económica no es coyuntural, sino estructural. Desde 1985 se viene trabajando en esta dirección, y en 1998 se empezarán a recoger los resultados de los ajustes realizados durante la década anterior.

---

[13] El marco presupuestario plurianual 2000-2006 para la Unión Europea recientemente propuesto ante la Comisión (Agenda 2000), continuador de los presupuestos presentados por Delors en su doble mandato (de 1988 a 1992 y de 1993 a 1999), resulta ligeramente menos orientado a la redistribución. De hecho, se observa que la política estructural (aquella en favor de las regiones con menor renta, más declive industrial y fuertemente azotadas por el problema del paro) se recorta en un 11,4% a lo largo del período presupuestado en favor de la PAC, que beneficia a un colectivo mucho menor de aproximadamente un 5-6% de la población europea. Este sutil cambio de la política en la Unión Europea se contrapone con la célebre Cumbre de Edimburgo, donde se dotaron los Fondos de Cohesión y se ratificó la importancia de la cohesión social y el equilibrio entre el Norte y el Sur europeo, y nos alejaría de la concepción inicial de una Europa unida, solidaria y equilibrada en sus regiones.

TABLA 13.2

PIB por habitante en pesetas constantes de 1996

	España	Unión Europea	Índice de España Europa 15 = 100
1960	516.880	903.636	57,2
1975	1.159.863	1.490.826	77,8
1985	1.396.169	2.002.242	69,8
1996	1.894.286	2.485.940	76,2

FUENTE: Fundación BBV, Fundación de Cajas de Ahorro y EUROSTAT.

El punto de arranque de 1985 era de divergencias importantes, tanto nominales como reales. España, con la firma del Tratado de Adhesión, abrió su economía al exterior, reafirmó su vocación europeísta y optó por un modelo distinto, basado en el realismo de la globalización de los mercados y de la mundialización de la economía. Mirar hacia atrás no tenía sentido. Parar el reloj no era posible. La realidad de 1998 es distinta y permite augurar un futuro nuevo —distinto— en la economía del euro.

En la tabla 13.3 podemos analizar la situación en términos macroeconómicos de la convergencia de los quince, según los criterios fijados en Maastricht.

En principio, por tanto, salvo el caso de Grecia, virtualmente excluida pero que ya ha anunciado que volverá a intentarlo en el 2002, todos los demás países miembros de la Unión Europea han tenido opción para integrarse desde el primer momento en la futura Unión Económica y Monetaria accediendo al euro como moneda única. Dinamarca, el Reino Unido y Suecia decidieron no entrar por criterios políticos (de hecho los dos primeros firmaron una cláusula «opt-out» de exclusión).

España cumple cuatro de los cinco criterios de convergencia, todos excepto el de la deuda pública, pero incluso en éste se encuentra en una senda de descenso equiparable a los esfuerzos realizados por el resto de los países miembros, lo que ha venido en llamarse una senda de convergencia hacia los límites establecidos.

En cualquier caso, los países que se sitúan en el límite de los criterios prefijados no deberán relajarse ante el riesgo de un posible incumplimiento, ya que el futuro financiero de los países que no operen en la moneda única europea será notablemente incierto, sujeto a los avatares de los mercados monetarios[14].

[14] Entre las reacciones previstas, para el caso español, al quedar fuera de la zona euro, señalamos:

— Salida de capitales de España por desconfianza de los mercados financieros.
— Mayores presiones inflacionistas.
— Tipos de interés más elevados y volátiles.
— Pérdida de competitividad de las empresas en el territorio Euro (un 70% de nuestro comercio exterior).
— Integración en el nuevo mecanismo de cambios del Sistema Monetario Europeo (SME2), lo que no significaría relajar el grado de cumplimiento de los criterios para acceder a la UEM en próximos exámenes de convergencia.
— Malestar social: decepción ante la ineficacia de los ajustes realizados.

TABLA 13.3

Convergencia nominal de los países de la UE

País	IPC (%) (Interanual)	Déf. pública % PIB 1996	Deuda pública %PIB 1996	Tipo de interés 10 años* (%)
España	**1,8**	**2,6**	**68,8**	**6,3**
Bélgica	1,4	2,1	122,2	5,7
Alemania	1,4	2,7	61,3	5,6
Francia	1.2	3,0	58,0	5,5
Irlanda	1,2	–0,9	66,3	6,2
Italia	1,8	2,7	121,6	6,7
Luxemburgo	1,4	–1,7	6,7	5,6
Holanda	1,8	1,4	72,1	5,5
Austria	1,1	2,5	66,1	5,6
Portugal	1,8	2,5	62,0	6,2
Finlandia	1,3	0,9	55,8	5,9
Cumplen pero no se incorporan				
Reino Unido	1,9	1,9	53,4	7,0
Dinamarca	1,9	–0,7	65,1	6,2
No cumplen				
Suecia*	1,9	0,8	76,6	6,5
Grecia	5,2	4,0	108,7	9,8
Límites Maastricht	2,7	3,0	60,0	7,8

* Cumple los requisitos macroeconómicos pero incumple los de adaptar su Banco Central al Banco Central Europeo y el de pertenecer al SME.

FUENTE: Comisión Europea (1998).

El camino del euro está libre de obstáculos para la mayoría de los países, España incluida. Pero no sólo conviene hablar de los efectos favorables de la política de convergencia. El profesor Rojo, de forma inteligente, indica que el proceso también ha generado consecuencias negativas: este gran esfuerzo a fecha fija ha debilitado la atención prestada a horizontes más dilatados y a problemas más difíciles y de resolución ingrata; y, al mismo tiempo, ha llevado, en muchos casos, a los ciudadanos a atribuir a las políticas de convergencia males de las economías europeas —como el desempleo— que responden principalmente a otros orígenes[15]. De todas maneras

[15] Ideas tomadas del prólogo de L. A. Rojo al libro de C. Martín (1997).

entendemos que el empeño de los Gobiernos de España en situar a nuestra economía en el grupo de cabeza de los países ha sido una tarea excelente, hoy recompensada por los resultados obtenidos. Ni el mejor de los diagnósticos hace veinte años sobre la evolución de nuestra economía se acercaba, ni de lejos, a este horizonte real de 1999. A partir de ahora hay que trabajar pensando en la convergencia real de la economía ante el año 2002, fin del período transitorio e inicio de la circulación de billetes y monedas en euros. Y por supuesto manteniendo los equilibrios internos y externos y consolidando las variables sociales.

Basándonos en el diagnóstico realizado a la economía española al cierre del ejercicio económico de 1997, podemos plantear los escenarios macroeconómicos en el horizonte del siglo XXI. El crecimiento medio del PIB estimado para el período 1999-2000 permitirá cerrar la brecha entre el PIB potencial y el real en 1999. La aceleración del PIB se basará en la demanda interna, ya que la aportación positiva del sector exterior se hará ligeramente negativa a partir de 1998, como anticiparon los datos de 1997. Se proyecta un crecimiento de las exportaciones, basado, por un lado, en la expansión del comercio internacional anteriormente aludida y, por otro, en el mantenimiento de una buena posición competitiva de la economía española como consecuencia de la moderación de los costes y precios junto con la modernización del aparato productivo. Pero por otro lado, los crecientes lazos interindustriales con las economías de la UE hacen prever tasas de crecimiento del comercio intraeuropeo superiores a las observadas históricamente, tal como ha venido sucediendo en los años más recientes, haciendo pronosticar tasas de aumento elevadas de las importaciones. El resultado de todo ello es una aportación ligeramente negativa (en torno a –0,2 puntos porcentuales cada año a partir de 1998) al crecimiento del PIB.

El empleo mantiene un comportamiento positivo en los próximos años, en línea con los resultados de 1997. Esta previsión se fundamenta, en primer lugar, en la evolución de la remuneración por asalariado cuyo crecimiento real es inferior al de la productividad, lo que se traduce en una disminución de los costes laborales unitarios reales; en segundo lugar, en el fuerte crecimiento de la inversión; y por último, en una mejora del marco institucional del mercado laboral. Teniendo en cuenta estos factores, el aumento del empleo se acelera hasta el año 1999, siguiendo el ciclo de la producción. Su crecimiento en media anual para el período 1997-2000 se prevé en el 2,1%, tasa que, comparada con la del PIB (3-3,25%), supone una mejora en la relación empleo/producto y una disminución del umbral de creación de empleo.

Para la población activa se prevé un crecimiento durante todo el período (0,8% en media anual) por encima de la población en edad de trabajar, es decir, un aumento de la tasa de actividad como consecuencia, fundamentalmente, de la mejora de las expectativas de empleo. A pesar de ello, el crecimiento del empleo señalado superará al de la población activa, por lo que se producirá una disminución de la tasa de paro de cerca de cuatro puntos porcentuales.

La proyección presupuestaria a medio plazo coherente con el escenario macroeconómico anteriormente descrito refleja, en respuesta al mantenimiento de la política de consolidación fiscal iniciada en 1996, una senda continuamente decreciente del déficit de las administraciones públicas y del nivel de endeudamiento, en términos de PIB. La reducción del déficit de las administraciones públicas es claro y además se extiende a todos sus subsectores. La caída de la deuda pública en términos de PIB también es manifiesta. Es importante el escenario de déficit cero para el subsector de la Seguridad Social en el año 2000.

3. LA UNIÓN ECONÓMICA Y MONETARIA

Una unión monetaria es una zona en la cual la política monetaria y cambiaria se gestionan de forma conjunta para alcanzar objetivos económicos comunes, siendo una misma institución la que toma las decisiones de forma centralizada sobre oferta monetaria y crediticia, tipos de interés y otros instrumentos de política monetaria. La creación de una zona monetaria refuerza las ventajas potenciales de un espacio económico integrado, porque elimina las incertidumbres respecto al tipo de cambio entre los distintos países y reduce los costes de transacción. Asimismo, conlleva la adopción de una moneda única entre los países integrantes.

Para que exista una unión monetaria son necesarias dos condiciones:

1. La completa liberalización de los movimientos de capital, junto con la plena integración de la banca y de los mercados financieros.
2. La eliminación de los márgenes de fluctuación y la fijación de los tipos de cambio.

La primera condición se satisface en la Unión Europea a través de la Unión Económica, pero la segunda no se cumple hasta que no se fijan irrevocablemente los tipos de cambio.

Por otro lado, la Unión Económica supone la existencia de un mercado común sin restricciones dentro de una zona geográfica determinada, quedando definida por cuatro características básicas:

1. Un mercado único, con libre circulación de personas, bienes, servicios y capitales.
2. Una política de competencia, encaminada al fortalecimiento de los mecanismos de mercado.
3. Políticas comunes que fomenten cambios estructurales y promuevan el desarrollo regional equilibrado.
4. Una homogeneidad en el diseño de las políticas macroeconómicas de los países miembros.

Una vez definidas las uniones económicas y monetarias, la Unión Monetaria Europea (UME) se caracteriza esencialmente por el establecimiento de una moneda única, el euro, y de una política monetaria común, determinada por el Sistema Europeo de Bancos Centrales (SEBC), en todos los países que accedan a la zona euro.

3.1. Fases, fechas y retos de la UEM

Varios han sido los precedentes hasta llegar al Tratado de Maastricht en el qu se define el proceso hacia la Unión Monetaria: el Informe Werner de 1969, el Act Única Europea en 1987 o el Informe Delors de 1989. Todos coincidían en la im portancia de armonizar la política monetaria para consolidar el mercado único. Un vez firmado el Tratado, se afronta el proceso hacia la Unión Monetaria a través d tres etapas[16], diseñadas para suavizar el proceso de transición hacia la moneda úni ca (figuras 13.1 y tabla 13.4).

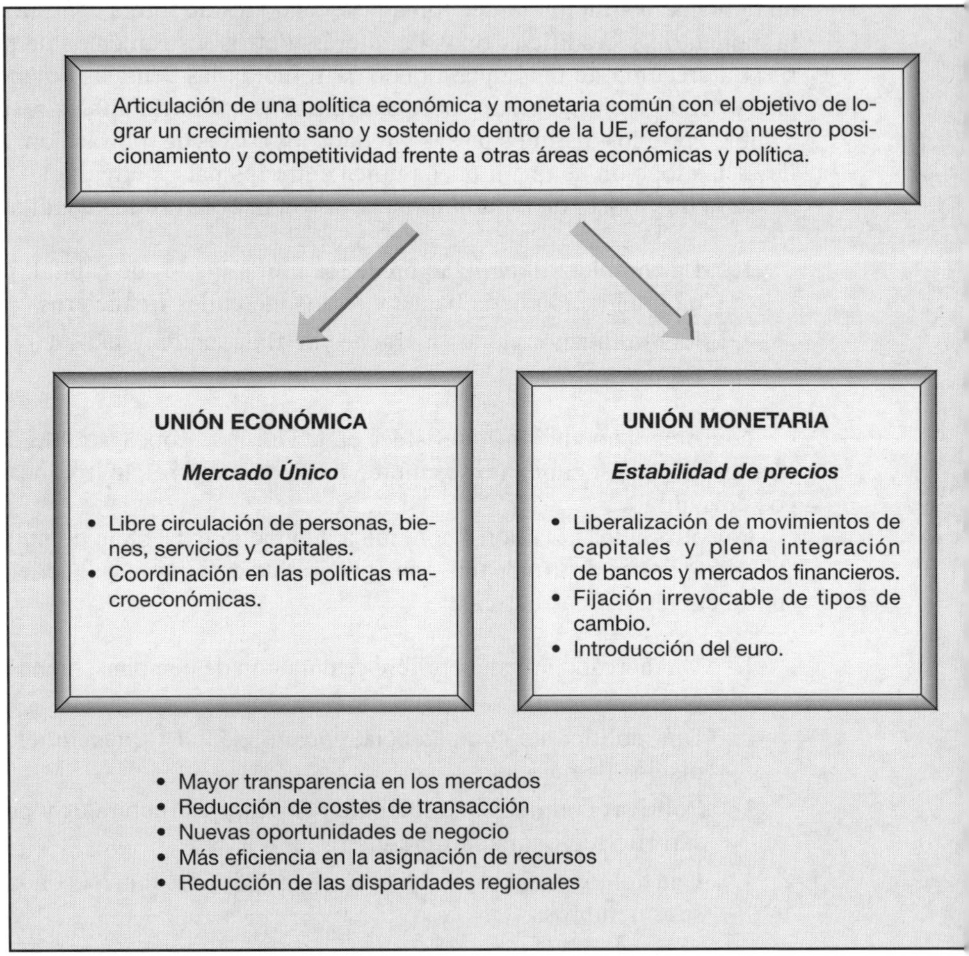

Figura 13.1. La Unión Económica y Monetaria.

---

[16] Ver al respecto La Caixa (1992) y J. Vallés Ferrer (1997).

TABLA 13.4

Calendario de transición hacia la moneda única

Diciembre 1995 Consejo Europeo de Madrid	• Diseño del proceso de transición a la moneda única y definición del euro.
Diciembre 1996 Consejo Europeo de Amsterdam	• Pacto de estabilidad y crecimiento. • Establecimiento del marco jurídico del euro. • Diseño de billetes.
Desde 1/1/1998	• Examen de cumplimiento de los Criterios de Convergencia. • Compatibilidad jurídica de legislación y estatutos de los Bancos Centrales Nacionales con el TUE y el SEBC.
Antes del 1/7/98	• Países participantes en la tercera fase de la UEM.
Hasta finales 1998	• Nombramiento del Comité Ejecutivo del BCE. • Comienzo de la producción de billetes y monedas en euro. • Fijación de la fecha de introducción del euro (máximo el 1/1/2002). • Establecimiento de un marco legislativo homogéneo.
A partir del 1/1/1999	• El SEBC formula y ejecuta una política monetaria única. • El BCE opera en los mercados de cambio en euros. • Comienza a funcionar el sistema de pagos «Target». • Establecimientos de un tipo de cambio irrevocablemente fijo para las divisas nacionales.
Desde el 1/1/2002	• Puesta en circulación de billetes y monedas en euros. • Comienza la doble circulación de monedas.
Hasta el 1/7/2002	• Retirada de billetes y monedas nacionales.
A partir del 1/7/2002	• Supresión del curso legal de billetes y monedas nacionales y uso exclusivo y generalizado del euro.

Primera fase

Se inició el 1 de julio de 1990 y culminó el 31 de diciembre de 1993. Ya había sido definida anteriormente en el Informe Delors. Sus objetivos fundamentales eran:

- Alcanzar el mayor grado posible de convergencia económica.
- Eliminar cualquier clase de restricciones en lo referente a la libre circulación de capitales y servicios financieros (en España se consiguió a partir de 1992).

- Inclusión de todas las monedas comunitarias en el mecanismo de cambio del Sistema Monetario Europeo.
- Acabar el proceso de construcción del mercado interior, eliminando las barreras físicas, técnicas y fiscales que impiden su pleno desarrollo.
- Reforzamiento de las políticas de defensa de la competencia.

Segunda fase

Tanto esta fase como la siguiente fueron definidas en el Tratado de la Unión Europea. Esta etapa comenzó el 1 de enero de 1994, siendo uno de sus aspectos claves, desde el punto de vista de Unión Monetaria, la creación del Instituto Monetario Europeo (IME), embrión del Banco Central Europeo, que tiene como función principal organizar el acceso a la tercera fase y que asumiría la administración del Fondo Europeo de Cooperación Monetaria (FECOM) y el control del funcionamiento del SME.

En esta segunda etapa se definieron los siguientes objetivos:

- Mayor control del déficit público.
- Prohibición de la financiación privilegiada del sector público.
- Independencia de los bancos centrales nacionales (el Banco de España consiguió su autonomía en 1994).
- Cumplimiento de los criterios preparatorios de la convergencia, según los cuales se decidiría qué países acceden a la tercera fase.

Tercera fase

Supone la culminación del proceso de creación de la UEM. Su inicio será el 1 de enero de 1999. En líneas generales, esta fase se caracteriza por:

- La fijación irrevocable de los tipos de cambio.
- La implantación de la moneda única.
- Puesta en funcionamiento del Banco Central Europeo (BCE) y el Sistema Europeo de Bancos Centrales (SEBC), en sustitución del IME.
- Unificación de la política monetaria cuyo objetivo básico será el mantenimiento de la estabilidad de precios.
- Además el BCE ejercerá el derecho exclusivo a autorizar la emisión de billetes de banco en Euros.

Ahora bien, dentro de esta tercera fase cabe distinguir tres etapas para la introducción de la moneda única:

1. Del 1/1/1999 al 31/12/2001

El euro no se encontrará disponible en forma de billetes y monedas, siendo utilizadas para los cobros y pagos físicos las monedas nacionales, es decir, la peseta como moneda de cuenta del euro. Sin embargo, sí podrá ser usado para denominar operaciones financieras y mercantiles, aunque para realizar los cobros y pagos físicos que las mismas impliquen, se deberán convertir los importes de euros a moneda nacional a un tipo de conversión fijo e irrevocable.

2. Del 1/1/2002 al 30/6/2002 como fecha límite

Comienza la circulación de billetes y monedas en euros, que coexistirán con las monedas y billetes nacionales. Durante este período se prevé la sustitución paulatina de las monedas nacionales por la moneda única.

3. A partir del 1/7/2002, a más tardar

Los billetes y monedas en euros se convierten en los únicos de curso legal para los países que hayan accedido a la tercera fase de la UEM.

El SEBC, Sistema Europeo de Bancos Centrales, institución formada por el Banco Central Europeo (BCE) y los bancos centrales nacionales de los países miembros, definirá y ejecutará la política monetaria única de los países que accedan a la tercera fase de la UEM.

El *principio de subsidiariedad,* consagrado en el Estatuto del SEBC, establece que el Banco Central Europeo recurrirá a los bancos centrales nacionales para ejecutar las operaciones que corresponden a las funciones del SEBC, con lo que se logra mantener un alto grado de descentralización de la ejecución de la política monetaria. De este modo, se utiliza la infraestructura y experiencia de los bancos centrales nacionales para lograr un mayor grado de eficacia en la instrumentación de la política monetaria común.

Es necesario distinguir dos etapas en las que el SEBC realizará funciones diferentes:

1. La comprendida entre la fecha de su constitución, una vez que se han designado los países que acceden a la tercera fase de la UEM, y el comienzo de la misma. Durante este período el BCE irá asumiendo las funciones que venía desempeñando el IME, conservando los bancos centrales nacionales la soberanía sobre política monetaria, por lo que el BCE se limitará a coordinarlas y a ayudar a una transición estable.
2. A partir del comienzo de la tercera fase de la UEM, fecha en la que el SEBC y el BCE iniciarán el pleno ejercicio de sus funciones.

Dentro de estas funciones, que serán asumidas por el SEBC a partir del 1 de enero de 1999, podemos destacar las siguientes con carácter básico:

— Definir y ejecutar la política monetaria única.
— Realizar operaciones de cambio de divisas de acuerdo a la política cambiaria fijada.
— Poseer y gestionar reservas oficiales de divisas de los países miembros.
— Promover el buen funcionamiento del sistema de pagos en el área euro (denominado TARGET).

Por último, añadir que el Banco Central Europeo, BCE, tendrá derecho exclusivo a autorizar la emisión de billetes de banco en euros.

3.2. La moneda única

La firma del Tratado de Maastricht supone un salto cualitativo en el terreno monetario. Se toma conciencia de la necesidad de llegar a una Unión Económica y Monetaria, con la adopción de una moneda única. Los mercados de contratación de valores también están apostando por el euro y por evitar tensiones y presione especulativas sobre la peseta en la fase de repesca. Actualmente, nuestra divisa est bien apreciada en los mercados, se han disipado las tensiones monetarias, y los operadores financieros apostaron por converger lo antes posible y que España entras en la zona de circulación de la moneda única.

La marcha hacia el euro ha sido, no obstante, larga y difícil. Cuando en 1979 s acuerda poner en marcha el Sistema Monetario Europeo, se fijan tres objetivos fundamentales:

— Crear una zona de estabilidad monetaria, que permitiese el descenso de la tasas de inflación y la estabilidad de los tipos de cambio.
— Favorecer la cooperación económica entre los países para lograr una mayo convergencia, fomentando el crecimiento y el empleo.
— Reducir la inestabilidad monetaria mundial, a través del reparto de la repercusión que suponían las perturbaciones monetarias externas.

Hoy día, el escenario presentado por la moneda única se dibuja prometedor e cuanto a sus implicaciones sobre las economías europeas. Veamos algunas de esta ventajas:

1. Mayor estabilidad de precios (control de la inflación).
2. Supresión de incertidumbres sobre tipos de cambios, que evitará en mucho casos las presiones especulativas de la moneda común en operaciones exte riores de tipo comercial o financiero.
3. Eliminación de costes asociados al cambio de divisas (comisiones y seguros de cambio), lo que abaratará notablemente las transacciones.
4. Aumento de la competencia bancaria y posibilidad de acceder a una mayo oferta financiera.

5. Apertura y ampliación a nuevos mercados: la moneda única promete más y mejor competencia.
6. Homogeneización de los tipos de interés, reduciéndose notablemente las primas de riesgo.
7. Oportunidad estratégica para proveedores de bienes y servicios necesarios para el ajuste: software, máquinas con doble sistema de billetes y monedas, tecnología de la información etc.
8. Estímulo al crecimiento y al empleo: el control del déficit exigido por el propio *Pacto de Estabilidad y Crecimiento* permitirá mantener unos tipos de interés bajos, lo que repercutirá positivamente tanto en la inversión como en el empleo, reactivando el consumo, y de nuevo la recaudación vía impuestos.

Pero el acoplamiento al euro también conllevará inconvenientes, fundamentalmente en el período transitorio entre la moneda nacional y el euro. Destacamos los siguientes:

1. Complejidad de gestión en doble moneda durante el período 1999-2002.
2. Costes inducidos tanto de tipo monetario (fabricación de nuevos billetes y monedas) como informáticos (nuevos equipos y programas) y de adaptación del ciudadano.
3. Distorsiones en la competencia derivadas de las diferencias en la política fiscal practicada por los estados miembros.
4. Riesgo inflacionista al efectuar incorrectamente las operaciones de redondeo.
5. Perdida de soberanía en política monetaria debido a la imposibilidad de acudir a las devaluaciones competitivas[17].
6. Exigencia de una mayor especialización como clave para competir en el Mercado Único.

4. CRECIMIENTO, EMPLEO Y PARO EN EL HORIZONTE DEL AÑO 2003

Los economistas en este final de siglo seguimos sin encontrar recetas generales (¡mágicas!) a los problemas del desempleo de nuestras economías. De entrada, desde una perspectiva analítica, se evidencia un conflicto entre teoría y praxis en el estudio de los mercados de trabajo de nuestro entorno. La visión clásica o neoclásica del mercado laboral, la perspectiva keynesiana o neokeynesiana, los fundamentos

[17] Este instrumento utilizaba el tipo de cambio para recuperar la pérdida de competitividad exterior. La apertura de las economías y la elevada movilidad de capitales han reducido notablemente su margen de actuación. A partir de ahora los ajustes deberán realizarse mediante una mayor movilidad del factor trabajo, flexibilidad en el precio de los factores y transferencia de fondos públicos a zonas necesitadas.

macroeconómicos o microeconómicos del mismo, explican, pero en parte, el principal problema de la economía de la Unión Europea, el desempleo.

Nuestro entorno próximo, la Unión Europea, pero sobre todo la Europa meridional con España a la cabeza, presenta hechos, datos y cifras que la teoría económica y la política económica no clarifican ni solucionan en su totalidad. Tenemos crecimiento económico, existe crecimiento real en la actualidad, pero disponemos de unas tasas de paro elevadas (bastante elevadas) si las comparamos con las existentes en Estados Unidos y Japón, economías que por cierto han ejercido y ejercen de locomotoras de este proceso de crecimiento. Dicho en otras palabras, disponemos de crecimiento (¿suficiente?) y paro; es decir, el empleo que genera este crecimiento, dado el comportamiento de la productividad, es insuficiente para abordar las divergencias de paro existentes entre España y Europa, pongamos por caso, o entre la Unión Europea y Estados Unidos.

Además, nuestras economías occidentales beben de las fuentes del Estado Social de Derecho, es decir, practican la necesaria solidaridad a través de los mecanismos de la política presupuestaria, con las miras puestas en atenuar los costes del desempleo. En este final de siglo y ante la economía del euro, es un buen momento para la reflexión sobre esta encrucijada pero también para la acción. ¿Qué hacer? ¿Qué política económica recomendar? La respuesta a estas preguntas no es fácil. Nada fácil, sobre todo si pensamos en la economía española.

Anteriormente hemos hecho mención a los datos macroeconómicos de finales del ejercicio de 1997, datos que, sin duda, han reflejado un buen comportamiento de la economía española, fruto del esfuerzo realizado para alcanzar los niveles de convergencia nominal. Pero es el momento de reflexionar sobre el futuro de nuestra política económica ante la necesaria convergencia real. Para alcanzarla, hace falta un mayor período de crecimiento sostenido, sostenible y estable. Si en el quinquenio 1998-2002, período de adaptación de la economía española al euro, mantenemos posiciones en materia de crecimiento, el efecto absorción de la tasa de paro podría situarse entre 5 y 6 puntos llevando la tasa de paro el 1 de enero de 2003 al 16-17% de la población activa, siempre según la versión de la Encuesta de Población Activa del INE. Por tanto, estaríamos más cerca de la convergencia real.

Desde el análisis de los datos de la economía real defendemos la hipótesis de que el crecimiento ha de ser el objetivo prioritario de la política económica en el próximo futuro, ya que es, a nuestro entender, la base principal de la generación de empleo y de la disminución del paro. La economía española necesita un ciclo medio (8-10 años) de crecimiento en torno al 3-3,25% para que, dentro de los actuales parámetros de la Unión Europea, se pueda converger realmente y de forma sólida, no utilizando atajos ni vericuetos. En el supuesto más que probable de una ampliación hacia el Centro y Este europeos, con el cambio de magnitudes, nos haría falta incluso menor intensidad de este crecimiento.

Al defender este paradigma de política económica nos vienen a la cabeza los debates que en estos días se suceden sobre las políticas de reparto de trabajo (jornada de 35 horas semanales, nuevos nichos de empleo, planes activos de empleo...); tendremos que estudiar responsablemente qué repercusiones tendrá esta medida desde el lado de la competitividad de este factor y qué mercados podemos perder o dejar de ganar. La moneda única y el proceso de integración económica permitirán aumentar el volumen de intercambios y disminuir costes financieros, siendo, por tanto, el coste de los factores productivos la clave más importante de cara a ser más o menos competitivos. Forzar el empleo por la vía del reparto sin tener en cuenta la situación de las empresas, de los sectores productivos y de las regiones puede crear un efecto positivo de tipo coyuntural pero que frene expectativas racionales de inversión y empleo a medio y largo plazo.

La vía escogida es otro factor a tener en cuenta. En principio, realizar una política de reparto de trabajo por ley y de forma general, sin negociaciones entre trabajadores y empresas, puede no tener los efectos deseados. La reducción de la jornada de trabajo a 35 horas semanales tiene que abordarse, a nuestro juicio, empresa por empresa, sector por sector, pero sobre todo a través de la negociación entre trabajadores y empresarios. Y sopesar, por cierto, las alteraciones que pueden producirse en el campo de la productividad y competitividad de nuestros sectores productivos, si de los mismos se desprende pérdida de capacidad exportadora o frenos a la captación de nuevos mercados. El objetivo último es llegar a la convergencia real, manteniendo la nominal y la social. Toda prudencia es poca para resolver el problema social más acuciante que hoy existe en la Unión Europea.

CONCEPTOS

Convergencia nominal, real y social
Crecimiento sostenido, sostenible y estable
Criterios de convergencia
Cohesión social
Cumbre de Luxemburgo
Disparidades regionales
Estabilidad de precios
Mercado Único
Moneda Única
Pacto de Crecimiento y Estabilidad
Política de Convergencia
Tratado de Maastricht
Unión Económica
Unión Económica y Monetaria
Unión Monetaria Europea

ACTIVIDAD RECOMENDADA

Administraciones públicas. Contabilidad Nacional (% del PIB)

	1997	1998	1999	2000
Total ingresos	40,7	40,7	40,5	40,3
Total gastos	43,7	43,2	42,5	41,9
Gastos corrientes	39,4	38,8	38	37,4
Gastos capital	4,3	4,4	4,5	4,5
Cap. (+) nec. (–) finan. AA.PP.	–3,0	–2,5	–2,0	–1,6
Administración Central	–2,7	–2,3	–1,8	–1,4
Estado	–2,5	–2,1	–1,7	–1,4
Seguridad Social	–0,2	–0,2	–0,1	0
AA.PP. Territorial	–0,3	–0,2	–0,2	–0,2
Deuda bruta	68,2	67,7	66,7	65,3
Superávit primario	1,9	2,1	2,3	2,6

FUENTE: Programa de Convergencia de España 1997-2000, aprobado en Consejo de Ministros el 11 de abril de 1997, Ministerio de Economía y Hacienda.

LECTURAS RECOMENDADAS

Albi, E. et alia (1992): *Europa y la Competitividad de la Economía Española*, Ariel, Barcelona.

CECA-CEE (1992): *El Tratado de la Unión Europea (1992)*, Bruselas-Luxemburgo.

CECA-CEE (1990): *La Nueva Economía Europea de 1992*, Bruselas-Luxemburgo.

Comisión Europea (1990): *Libro Blanco de la Economía Europea. Retos y pistas para entrar en el siglo XXI*, Bruselas.

Cuadernos de información económica (1998): *El camino hacia el Euro*, Fundación de Cajas de Ahorros Confederadas para la Investigación Económica y Social.

Fernández Arufe, J. E. (coord.) (1995): *Economía y Sociedad: España y Europa en la década de los noventa*, Consejo Social de la Universidad de Valladolid y Real Academia de Ciencias Morales y Políticas, Valladolid.

Fernández Díaz, A.; Parejo Gámir, J. A., y Rodríguez Saiz, L. (1995): *Política Económica*, McGraw-Hill, Madrid (capítulo 15).

FIES, 52-53 (1992): «La Batalla de Maastricht y los Problemas de la Economía Española», *Papeles de Economía Española*.

Fuentes Quintana, E. (coord.) (1995): *Problemas Económicos Españoles en la década de los noventa*, Real Academia de Ciencias Morales y Políticas y Círculo de Lectores, Madrid.

Gámir Casares, L. (coord.) (1993): *Política Económica de España*, Alianza Universidad, Madrid.

García Delgado, J. L. (coord.) (1993): *Lecciones de Economía Española*, Civitas, Madrid.

Instituto de Análisis Económico (1994): *Crecimiento y Convergencia Regional en España y en la Unión Europea*, CSIC, Barcelona.

Ministerio de Economía y Hacienda (1994): *Programa de Convergencia 1992-1996*, Madrid, 1992, también Actualización del Programa de Convergencia, Madrid, 1994.

Ontiveros, E., y Valero, F. J. (1997): *La Guía del Euro*, Escuela de Fianzas Aplicadas, El Monte.

Perspectivas del sistema financiero (1997): *Los retos de la Unión Monetaria*, Fundación de Cajas de Ahorros Confederadas para la Investigación Económica y Social.

Vallés Ferrer, J. (1994): «España ante los retos europeos de los años noventa: el Plan de Convergencia de la economía española», artículo incluido en *Economía Española Actual*, Fundación El Monte, Sevilla.

Vallés Ferrer, J. (1993): «La Economía Europea», en *Economía Mundial*, Pirámide, Madrid.

Vallés Ferrer, J. (coord.) (1997): *Economía Española*, McGraw-Hill Iberoamericana, Madrid.

Vallés Ferrer, J. (coord.) (1998): *Economía Andaluza*, Algaida, Madrid.

14 La transformación del Este: las economías en transición

Gabriel Pérez Alcalá

La caída del muro de Berlín, la reunificación de Alemania, la apertura china, la separación de Checoslovaquia, la guerra de Yugoslavia, la paz en Angola, las negociaciones de paz en El Salvador y Guatemala, la guerra del Golfo, el racionamiento estricto en Cuba, Castro y el Papa, Gorbachov anunciando pizzas de una multinacional norteamericana..., todo esto conforma la realidad de este fin de siglo.

¿O sería más exacto decir del nuevo siglo? Pues si es cierto que el siglo XX empieza con la Primera Guerra Mundial y la Revolución Rusa[1], la simultánea caída del sistema que nace con la revolución y el fin de las consecuencias de la Segunda Guerra Mundial implican el fin del siglo. Posiblemente sea, política y económicamente, más cierto decir que el siglo XXI empezó en la década de los noventa del siglo XX. Y por fijar una fecha, a primeros de diciembre de 1991.

El 9 de diciembre de 1991, el entonces Secretario de Estado norteamericano, James Baker, anunciaba: *La Unión Soviética ya no existe,* adelantando así lo que formalmente ocurriría, el 25 del mismo mes, al arriarse en el Kremlin, por última vez, la bandera roja con la hoz y el martillo. Se iniciaba una nueva fase histórica para una de las grandes potencias del siglo XX, y con ella, de la Humanidad. La historia se aceleraba. La realidad que habíamos conocido empezaba a cambiar rápidamente. La descomposición de la URSS en distintas repúblicas, la desaparición del Pacto de Varsovia, el fin de la amenaza nuclear soviética, las transiciones democráticas en los países del Este..., todos son procesos que cambian la realidad económica y política del mundo con tal profundidad que desde 1991 todo ha cambiado.

Decir, sin embargo, que todo ha cambiado es decir mucho, pero comprender muy poco. Para explicar un cambio es necesario conocer las variables que reflejan

---

[1] Palmer y Colton (1980) sostienen que «la revolución en Rusia, cuyo paso decisivo fue la conquista del poder por el partido bolchevique en noviembre de 1917, no ha sido menos importante que la Primera Guerra Mundial como fuerza que contribuyó a modelar el siglo XX. La Revolución Rusa de 1917 sólo puede compararse, por su magnitud, a la Revolución Francesa de 1789».

la realidad anterior y las que conforman la actual. Y es necesario comprender cómo de unas se llega a las otras.

El objeto de este capítulo es elucidar las profundas transformaciones que, en el ámbito económico, han vivido las economías que llamamos del Este, economías que los organismos internacionales llaman «economías en transición», especialmente la rusa.

Para ello hemos dividido el capítulo en tres partes esenciales. La primera trata de la situación de la URSS como centro de los países del Este; la segunda analiza la crisis del sistema en la misma URSS; y, finalmente, la tercera parte, estudia la situación económica más actual del gigante ruso, heredero principal de la URSS.

1. EL ESTE ANTES DE LA CRISIS

La URSS fue, en los años centrales del siglo XX, la segunda potencia política y económica del mundo. Con 22,403 millones de kilómetros cuadrados (el 15,03% de la Tierra) y una población en 1990 de 288,624 millones (algo más del 6% de la Humanidad), con uno de los más numerosos ejércitos (más de 3 millones de hombres) y de los más tecnificados (es potencia nuclear desde 1948), la URSS es una de las claves del contexto político mundial, máxime si tenemos en cuenta que ha sido uno de los polos de la confrontación (política e ideológica, pero también social y económica) que ha caracterizado la historia de la Humanidad en los años centrales del siglo que acaba.

Primer productor mundial de petróleo, gas natural, hierro y minerales ferrosos, y uno de los tres mayores en productos químicos, cemento, maquinaria, algodón, carbón, oro, diamantes, etc., la URSS llegó a ser la segunda economía del planeta y la única que podía satisfacer sus necesidades de materias primas con su propia producción.

La URSS es, pues, una obligada referencia para explicar la realidad mundial contemporánea. Su proceso de decadencia y descomposición es, sin duda, una de las fuerzas que configuran el final del siglo XX y que conformarán el mundo del siglo que viene.

1.1. El estado soviético: totalitarismo, nacionalidades, internacionalismo

La Revolución de Octubre de 1917 (en realidad, los días 6 y 7 de noviembre) fue el inicio de la construcción de lo que conocimos como Unión de Repúblicas Socialistas Soviéticas (URSS). La Revolución Rusa supuso un cambio profundo en la organización del Estado, en su concepción ideológica, en la orientación económica y en la estructura social del Imperio zarista. Sin embargo, en cierto sentido, esta nueva fase no fue más que el penúltimo estadio formal, quizá el apogeo, de un pueblo eslavo, ortodoxo, euroasiático, convertido en nación en el siglo XV cuyo devenir histórico, tanto político como económico, mantiene determinadas constantes: la URSS es, desde esta perspectiva, sólo una fase de la historia rusa. Aunque con ella confluyan la de todos los demás países sobre los que extendió su dominio.

Desde un punto de vista político, la revolución de octubre fue un golpe de Estado dado por un partido minoritario en una situación de vacío de poder y descomposición del Estado[2]. Este partido minoritario, el bolchevique, logró un control absoluto del conjunto del Estado y determinó las características del sistema político de los siguientes setenta años: monopolio ideológico del Partido Comunista (llamado así desde marzo de 1919), control de los medios de comunicación, sistema del partido único (desde la Constitución de julio de 1918), control de la policía y ejercicio del terror, control del ejército y centralización económica. Un sistema totalitario y autocrático que sustituyó a otro no menos autoritario, centralista y burocrático como era el estado zarista[3].

El Partido Comunista de la Unión Soviética (PCUS) fue el núcleo central del nuevo estado y su organización, muy compleja, llegó a confundirse con él. El PCUS fue el depositario de la ideología y de la revolución y como tal fuente de legitimación política: todo lo político tenía su origen en el Partido. La función básica del Partido fue el mantenimiento del control político en todos los órdenes: ideológico, administrativo, territorial, etc. De ahí que la política de la Unión Soviética estuviera fuertemente condicionada por los distintos grupos que componían el PCUS y los equilibrios de poder en las elecciones de Secretario General del Partido[4].

La política interior del nuevo Estado estuvo marcada, desde su origen, por el mantenimiento del poder adquirido y la consolidación y extensión del mismo hasta las mismas fronteras del Imperio zarista y, posteriormente, más allá. Ello implicó un difícil equilibrio entre la búsqueda constante de unidad y el reconocimiento, más formal y burocrático que real, de un cierto derecho de autodeterminación de los distintos pueblos que componían la Unión.

Para gestionar la pluralidad de pueblos, etnias y tradiciones culturales, sin perder el control, fue necesario mantener, desde Moscú, una dinámica de cohesión cuya excusa fue variada: unas veces será la amenaza exterior (la Alemania nazi, por ejemplo); otras, el superior desarrollo socioeconómico en el conjunto de la Unión; las más, la simple y pura represión. Por otra parte, para hacer efectivo el control se amplió el aparato administrativo y se establecieron controles inquisitoriales sobre la pureza ideológica. Esto se tradujo en la práctica en la elaboración de una doctrina política homogénea, la preferencia en los puestos de importancia a los eslavos (rusos y ucranianos)[5], la organización de un aparato policial represivo que llegó al terror organizado y a las deportaciones masivas (genocidio, limpieza y contaminación étni-

[2] J. P. Fusi (1991), pág. 130.

[3] Véase para estos aspectos: E. H. Carr (1985), W. E. Odom (1992), H. Arendt (1982) y L. Morlino (1985).

[4] El partido tiene, en cambio, una función muy alta: ser portador de la conciencia de clase del proletariado, conciencia de su misión histórica. G. Lukács (1985), pág. 104.

[5] Véase: H. Carrère d'Encause (1991).

cas) y se procedió a la creación de una cultura soviética y proletaria cuya lengua oficial fue el ruso.

La política exterior de la URSS estuvo en todo momento determinada por tres variables: la propia política interior, los grandes ejes de expansión territorial y, finalmente, de la percepción que de ambos (el poder del mismo sistema y la voluntad de expandirlo) tuvieron las demás naciones del mundo.

Una vez consolidado el poder revolucionario dentro de los límites básicos del antiguo Imperio zarista, a pesar de la pérdida de Polonia y Finlandia, la URSS mantuvo los ejes de expansión que el Imperio zarista había iniciado siglos atrás, esta vez en nombre del internacionalismo[6]. Ejes de expansión que fueron de dos tipos: la salida a los mares y la ampliación del territorio. La salida al mar se desarrolló en cinco direcciones: el Báltico, el Ártico, el Pacífico, el Mediterráneo y el Índico. La expansión territorial, por su parte, siguió tres vectores principales: Siberia, Asia Central y Centroeuropa.

Se parte de la premisa de que un elemento característico de la historia rusa ha sido una permanente voluntad expansiva. Expansión que siempre ha generado conflictos larvados en todas sus fronteras y manifiestos en aquella en que la evolución político-militar era menor. Así, Rusia se ha expandido aprovechando la debilidad sociopolítica de los nómadas siberianos, de la decadencia del Imperio Chino, de la derrota otomana del 18, de las caídas nazi y japonesa de 1945, así como de los procesos descolonizadores de los Imperios Británico, Francés y Portugués, que si bien no le dieron ventajas territoriales le proveyeron de aliados en amplias y significativas zonas del planeta. Será este proceso de expansión, con el declive de las potencias europeas (que permitió la satelización de algunos países centroeuropeos, los eslavos, por parte de la URSS y del resto por parte de los Estados Unidos), junto con otro paralelo de los Estados Unidos de América y el desarrollo de la tecnología nuclear, el que dará como resultado la lógica de equilibrio bipolar de las relaciones internacionales que conocemos con el nombre de Guerra Fría[7].

Señalada la característica esencial de la política exterior rusa y soviética, es lógico pensar que el papel que representó el Ejército Rojo en la vida política fue central[8], aunque muy subordinado, tras durísimas purgas y una burocratización ideológica constante, al PCUS. Y al lado de la fuerza, los principios revolucionarios mezclados con nacionalismo y ayuda económica y militar fueron un buen elemento de expansión[9].

---

[6] Para una visualización de la expansión estratégica rusa véase Chaliard et al. (1986), *Atlas estratégico y geopolítico,* Madrid, Alianza, págs. 87, 89 y 94, y Cambridge (1986).

[7] Los estudios sobre la Guerra Fría, objetivos, instrumentos y percepciones son numerosos. Uno sintético y accesible lo tenemos en: J. C. Pereira (1987). Consultar asimismo: AA. VV. (1987), J. G. Kichter (1992), R. K. Herrman (1992). Para profundizar: G. Parker (1988); Frei (1986); AA. VV. (1991).

[8] No en vano, como subrayó Clausewitz y es tópico citar, *la guerra es la política exterior por otros medios.*

[9] La URSS dio soporte ideológico, militar y económico a la mayoría de las guerrillas del tercer mundo. El Vietcong, las guerrillas centroamericanas, colombianas, peruanas, angoleñas, mozambiqueñas, etc., así como bastantes movimientos separatistas o terroristas de los países europeos, estuvieron en algún momento y con mayor o menor grado de dependencia, ayudadas por la URSS.

La política seguida por el Estado soviético, al dictado de las élites dirigentes del PCUS, tiene indudablemente una coherencia difícil de obviar. En efecto, una política exterior expansiva conlleva integrar en el cuerpo político nacional multitud de pueblos racial y culturalmente no homogéneos. Mantener el poder sobre ellos implica una uniformidad ideológica y un férreo control del orden público. De ahí que el estado soviético fuera, al igual que el modelo de estado al que sustituye, un estado autocrático y policial.

1.2. El gran pueblo soviético: una sociedad nueva

a) *La sociedad sin clases*

El proceso revolucionario de 1917 fue obra del conjunto de la sociedad soviética que, cansada y hambrienta tras tres años de guerra, se alza contra la monarquía zarista en demanda de cambios. En este contexto revolucionario tuvo un especial protagonismo una minoría muy activa, los bolcheviques, que se hicieron con el poder y dirigieron los cambios en la última convulsión revolucionaria, la de Octubre.

La ideología igualitaria y comunista de este grupo de dirigentes marcó la política a seguir y de ahí que una de las más vivas consecuencias revolucionarias sea una acelerada transformación social. Transformación social cuyo objetivo fue superar el dualismo social del Imperio zarista creando una sociedad igualitaria sin clases. Como puede resultar obvio, la consecución de este objetivo será resultado de un largo proceso, sumamente violento y doloroso en algunos momentos.

Así, las clases dominantes del Viejo Régimen (aristocracia, terratenientes, clero), las clases burguesas (funcionarios, militares, cuadros técnicos) y campesinas (propietarios rurales, campesinos medios) serán sistemáticamente eliminadas, perseguidas, asimiladas. Y paralelamente a este proceso de igualación de las clases se va a llevar a cabo una homogeneización cultural, un proceso de aculturación de las minorías no eslavas, mediante la obligatoriedad del ruso como lengua del nuevo estado, la centralización del sistema de enseñanza e investigación en Rusia.

La sociedad soviética va a ser, oficialmente, una sociedad sin clases y sin diferencias culturales, una sociedad en la que las relaciones sociales van a estar completamente jerarquizadas, mediatizadas por el poder político[10].

Y aunque, en la idea, la sociedad soviética se constituye como una sociedad sin clases, pronto se constituyeron dos grupos sociales que estructuraron una nueva dualidad de la sociedad soviética: por un lado, la élite dirigente del Partido y de la Administración del Estado; y, por otro lado, el pueblo proletario[11].

Entre la clase dirigente se encontraba la Vieja Guardia Revolucionaria (esquilmada por Stalin), los militares (especialmente importantes a partir de la Segunda Gue-

[10] Véase T. J. Kigby (1990).

[11] Véase un interesantísimo artículo sobre este aspecto de grupos en H. Gordon Skilling (1983).

rra Mundial), los miembros del aparato del Partido (funcionarios e ideólogos), los técnicos (ingenieros, científicos), los altos funcionarios del Partido de las diversas repúblicas, etc., que se organizaron como grupos sociales dentro de la clase dominante. Por su parte, en el pueblo hubo una graduación y estructuración menos nítida: obreros urbanos e industriales, proletariado campesino, profesionales y pequeños propietarios independientes, funcionarios locales, etc[12].

Esta dualidad social fue mucho menos nítida en los confines del Imperio, es decir, en las Repúblicas no eslavas. Y ello porque la mayoría de estos pueblos mantuvieron retazos de su propia organización social (especialmente en las repúblicas musulmanas) y porque el modelo de dominación de Moscú prescribía la inclusión en estas sociedades de minorías rusas dirigentes (aliadas de las clases dirigentes de estos mismos pueblos).

La sociedad soviética resultante del gran proceso de igualitarismo, y sus rectificaciones, fue una sociedad dual y étnicamente compleja tutelada por el PCUS.

b) La demografía de la Unión Soviética

La complejidad étnica señalada y la heterogeneidad cultural de facto se van a manifestar en distintos parámetros demográficos significativos[13].

La población de la Unión Soviética creció un 38,27% entre 1959 y 1990 (200 millones de personas en 1959 y 289 en 1989) a una tasa media anual acumulativa del 10,5%. Tasa media que esconde un paulatino y constante descenso de la misma. Así, en el decenio de los sesenta se creció al 13,8 por 1.000, mientras que en el de los setenta se disminuyó hasta el 8,96% y en los ochenta al 8,74 por 1.000. Como se puede observar en la tabla 14.1, esta disminución ligera, pero perceptible, de la tasa de crecimiento se debe más al incremento de la mortalidad (10,2 por 1.000 en los ochenta frente al 8,98 por 1.000 de los setenta) que al de descenso de la natalidad que incluso ha aumentado. Las causas de este incremento de la mortalidad es necesario buscarlas en una triple dirección: *la tendencia al envejecimiento relativo de la población, el deterioro del clima social —que fomenta tendencias como el alcoholismo y el suicidio— y el empeoramiento de las condiciones de atención sanitaria*[14]. Por su parte, el suave incremento de la natalidad, especialmente evidente en algunas repúblicas, se puede achacar a factores culturales (natalidad *a la musulmana*). Comparado internacionalmente el crecimiento demográfico soviético corresponde al de una sociedad desarrollada dinámica y es similar a las tasas de los Estados Unidos y superior al de la mayoría de los países occidentales.

Este crecimiento poblacional fue distinto en cada una de las repúblicas que componían la URSS, de tal forma que se podían establecer dos grupos de repúblicas diferenciados por la dinámica demográfica. Así, mientras las repúblicas eslavas (Ru-

---

[12] Véase A. Bergson (1984).

[13] Un buen artículo sobre el tema en E. Palazuelos (1991).

[14] E. Palazuelos (1991), pág. 1182.

TABLA 14.1

Evolución demográfica de la Unión Soviética (1970-1990).

Años	Población[1]	Incremento anual[2]	Tasa de natalidad[2]	Tasa de mortalidad[2]
1970	242	9,2	17,4	8,2
1975	253	8,8	18,1	9,3
1980	265	8,1	18,3	10,3
1985	277	8,8	19,4	10,6
1990	291	7,5	17,5	10

[1] En millones.
[2] Por mil.

FUENTE: Palazuelos (1991), PNUD (1996).

sia y Ucrania, principalmente) y bálticas (Estonia, Letonia y Lituania) con crecimientos menores a la media de la Unión tenían comportamientos demográficos de países desarrollados, las repúblicas asiáticas (Uzbekistán y Kazajstán, como más importantes) y caucásicas (Azerbayán y Armenia) con incrementos poblacionales muy superiores a la media presentaban rasgos poblacionales de países poco desarrollados.

c) El problema étnico

En el artículo citado, Palazuelos (1991) sostenía que:

> *La Unión Soviética alberga un formidable cúmulo de nacionalidades, pueblos y religiones que se hallan organizadas mediante una distribución político-administrativa que, al menos, puede calificarse de anómala y que constituye una clara herencia del pasado zarista y de la política stalinista aplicada represivamente sobre múltiples nacionalidades y colectivos étnicos*[15].

En otras palabras, el conjunto de nacionalidades que componían la Unión es fruto directo de la expansión continua de la historia rusa y el problema de las minorías es consecuencia de los procesos de control exhaustivo de Moscú de esas nacionalidades. Tres son las características a subrayar de este pluralismo étnico:

1. La mayoría de la población en la URSS era de origen eslavo, como corresponde a la etnia dominante. Los eslavos son a su vez minorías importantes en algunas repúblicas.
2. Ninguna república de las constituidas carece de minorías.
3. Hay minorías sin territorios y los territorios de las Repúblicas no corresponden a las implantaciones étnicas.

[15] E. Palazuelos (1991), pág. 1184.

Estas características, negadas u obviadas hasta mediados de los ochenta por la política oficial soviética, fueron maltratadas por ésta y su erróneo planteamiento una de las causas de la crisis del sistema soviético[16].

TABLA 14.2

Composición étnica de las Repúblicas. Dispersión de las nacionalidades

Nacionalidad	Millones de personas	Porcentaje que vive fuera de su república	Porcentaje de personas de otra nacionalidad	Porcentaje de rusos sobre el total de la población	República
Rusos	145,1	19	18	81	Rusia
Ucranianos	44,1	15	27	22	Ucrania
Bielorrusos	10,0	21	22	13	Bielorrusia
Moldavos	3,3	17	35	13	Moldavia
Lituanos	3,1	5	21	9	Lituania
Letones	1,5	5	47	34	Letonia
Estonios	1,0	6	38	30	Estonia
Georgianos	4,0	5	30	6	Georgia
Azeríes	6,8	15	17	6	Azerbayán
Armenios	4,6	32	6	2	Armenia
Uzbekos	16,7	16	28	8	Uzbekistán
Kazakos	8,1	20	60	38	Kazajstán
Kirguizios	2,5	12	48	21	Kirguizia
Tadzhidios	4,2	25	37	4	Tadzhikia
Turkmenios	2,8	7	71	10	Turkmenia

FUENTE: E. Palazuelos (1991).

1.3. La economía soviética

a) La evolución económica de la URSS (1928-1980)

Se puede asegurar que, dada su extensión territorial, la URSS poseía una amplísima variedad de recursos minerales, un suficiente nivel de territorio cultivable y una gran diversidad climática y natural, siendo, con mucho, una de las economías mejor dotadas del planeta.

El marco político y social en el que se desarrolló la economía soviética fue determinante en su evolución. Los cambios en la dirección del PCUS o del Gobierno

[16] H. Carrère d'Encause (1991) plantea esta cuestión como la que ha determinado el fin de la URSS. La irresuelta cuestión étnica y de las minorías late en el fondo de no pocos de los problemas de relaciones entre Rusia y sus vecinos. La crisis de Crimea entre Ucrania y Rusia, la cuestión de Letonia o Estonia y su integración en la OTAN, tienen que ver con estas cuestiones.

marcaron, normalmente, profundos virajes en la política económica coyuntural (con proyectos especiales, nuevas normativas, formación de expectativas) e incluso costosas reorientaciones de los Planes Quinquenales.

La política interior y, sobre todo, la dimensión económica de la política exterior condicionaron la evolución del PIB. La localización de industrias, los traslados de mano de obra, la división regional del trabajo reflejan una economía cuya sociedad mantenía unas relaciones étnicas asimétricas y una gran centralización de la vida social. Por su parte, la carrera de armamentos de la Guerra Fría (para hacer frente a la amenaza de Estados Unidos), el mantenimiento del control sobre los países satélites, la financiación y ayuda a naciones emergentes del proceso de descolonización y la operación *prestigio* de la aventura del espacio supusieron un esfuerzo económico considerable con una rentabilidad, indudable en términos políticos, pero exigua desde un punto de vista económico. Es necesario subrayar, por tanto, que la expansión económica de la URSS tuvo unas profundas raíces ideológicas.

El crecimiento del Producto Nacional Bruto (PNB)[17] de la URSS fue continuo desde 1917 hasta la mitad de los años ochenta, aunque con las lógicas brechas de los primeros años revolucionarios y la Segunda Guerra Mundial.

Este crecimiento tiene, sin embargo, sus raíces en el siglo XIX. A partir de 1860 se inició un proceso reformista de industrialización de gran alcance que el estado zarista tuteló y en el que tuvo un papel importantísimo el capital extranjero (alemán y francés, principalmente). La guerra de 1914 supuso el colapso del sistema económico y se produjo una brecha de crecimiento de casi veinte años. Este colapso económico, debido al esfuerzo de la guerra, fue la causa detonante de la Revolución de 1917. La naturaleza del estado revolucionario, el caos que sobrevino a su implantación y el estado de Guerra Civil hasta 1921 hicieron que los primeros años revolucionarios supusieran una seria pérdida de renta, difícilmente cuantificable. La política económica improvisada y revolucionaria (comunismo de guerra) dictada por las circunstancias no pudo paliar el desastre.

La situación llegó a tal extremo que, ante las implicaciones políticas que podía tener, en marzo de 1921 se organizó la lucha contra los desórdenes y se instauró la Nueva Política Económica (NEP), en la que se procedía a una ordenación de la economía desde una perspectiva más ortodoxa. La NEP supuso una seria estabilización macroeconómica al reducir fuertemente el déficit del Estado (el fin de la Guerra Civil colaboró a ello), implantar una disciplina monetaria (eliminando las veleidades antimonetarias y los cupones), mejorar las expectativas dando garantías a los agricultores, eliminar los cupos de producción y las exacciones arbitrarias, dar libertad de comercio y de instalación de pequeñas industrias, regular los salarios, reordenar la industria estatal y pedir ayuda extranjera (principalmente norteamericana). Se instauró, en definitiva, un *capitalismo de Estado*.

---

[17] El concepto de la Contabilidad Nacional de las EPC similar al PNB es el Producto Material Neto (PMN). Los datos utilizados han sido tomados de G. Ofer (1987), A. Nove (1980), A. Bergson y H. S. Levine (ed.) (1983).

Tras la muerte de Lenin (1924) y la siguiente lucha por el poder, la NEP sobrevivió con ligeros cambios. Pero en mayo de 1929 se instauró el primer plan y se inició el proceso de centralización y de industrialización acelerada. La nueva dinámica, implantada por Stalin, supuso toda una revolución económica: Stalin realiza el viejo sueño comunista de organizar una verdadera economía de planificación central. Ello implicó acabar con amplios sectores de propiedad privada que habían crecido al amparo de la NEP (mediante una sangrienta colectivización agraria, una confiscación de bienes industriales y duras medidas de regresión), forzar una industrialización centrada en la industria pesada y establecer sistemas de incentivos que llevó a una gran desigualdad en las retribuciones. El resultado fue un rápido crecimiento (5,8% anual para el período 1928-1940) y, tras la destrucción de la Segunda Guerra Mundial, una recuperación de los niveles anteriores en poco más de ocho años. A la muerte de Stalin en 1953 la recuperación estaba prácticamente concluida.

El proceso de desestalinización, que se inició a finales de 1953 con el nombramiento de Kruschev como primer secretario del Comité Central del PCUS y se consolidó con el XX Congreso del Partido, implicó, en el campo económico, una suavización significativa de las directrices. La supresión de la legislación laboral stalinista, la corrección de las desigualdades, la liberalización de cultivos en los koljoses, la descentralización de decisiones a las repúblicas y a las empresas, la puesta en marcha de las gigantescas inversiones del stalinismo y la utilización de la tecnología aprendida en el esfuerzo bélico (con colaboración occidental y alemana) hicieron que, al priorizarse del consumo de las familias, subiera el nivel de vida de la población.

Sin embargo, el crecimiento no fue uniforme a lo largo del período y 1963 es el punto más bajo de la ralentización que se inicia en 1959. Las causas de este menor crecimiento hay que buscarlas en los *ciclos* que afectan a las EPC y al esfuerzo que supuso la carrera de armamentos de la Guerra Fría. Las condiciones meteorológicas, el agotamiento rápido de tierras de baja calidad, las decisiones arbitrarias y la descoordinación de la burocracia hicieron el resto.

En octubre de 1964, Kruschev dimitió de sus cargos y fue sustituido por Breznev, iniciándose una época burocrática en la que se olvidan los *peligrosos gérmenes* aperturistas de Kruschev. Las tasas de crecimiento se hicieron más constantes, aunque con una clara tendencia a la parálisis: la tasa media se mantendrá por encima del 5% en los sesenta y disminuirá hasta el 3% en los setenta y principios de los ochenta. La acentuación del burocratismo, las oportunidades de la Guerra Fría (Etiopía, Mozambique, Angola, Afganistán), la carrera de armamentos y la crisis de los países industriales explican parte de los problemas de crecimiento en este largo período. Se empezaban a poner de manifiesto las limitaciones del modelo económico. Para 1981, la economía soviética se puede decir que está en crisis, una grave y profunda crisis cuyos síntomas fueron ocultados por un poder político cada vez más débil.

b) Estructura sectorial de la economía soviética

La evolución sectorial de la economía soviética entre 1926 y 1980 se puede analizar a partir de las cifras de la tabla 14.3.

TABLA 14.3

Evolución sectorial de la economía soviética (1926-1980)

Estructura por sectores	1926	1940	1950	1970	1980
Participación en el empleo:					
Agricultura	71	54	54	32	26
Manufacturas	14	23	23	34	35
Servicios	15	23	22	34	37
PNB (precios corrientes):					
Agricultura	—	29	31	21	20
Manufacturas	—	34	31	39	41
Servicios	—	37	38	40	40

FUENTE: G. Ofer (1987).

La agricultura soviética sufrió a partir de 1928 un proceso de colectivización y concentración estructural que condicionó no sólo su evolución, sino la de toda la economía. El campesinado fue la fuerza de trabajo de la industrialización acelerada que tiene lugar en esos años. Esta concentración produjo una agricultura extensiva con escasa productividad por hectárea, cuya primera consecuencia fue una crónica escasez en los mercados alimentarios. La política de expansión agraria con grandes obras de infraestructura no resolvió el problema. A partir de los años cincuenta la producción agraria crecerá un 4,1% anual debido fundamentalmente a una liberalización de las directrices de los planes y una tímida liberalización de los mercados locales agrarios. En la era brezneviana el crecimiento se paraliza ya que no sobrepasa el 1,5% en el período 1965-1980: las malas cosechas de los primeros setenta y la decreciente productividad de las inversiones de los años anteriores fueron las causas. La fuerte demanda de bienes alimenticios por parte de una población con rentas crecientes y el estancamiento de la producción dieron como resultado fuertes desequilibrios que hubo que cubrir con masivas importaciones. Importaciones que se hicieron imprescindibles y crónicas, a pesar del crecimiento de la producción en el último decenio, un 4,5% anual[18].

Paralelamente al proceso de colectivización agraria se produjo una dinámica de industrialización forzada que llevó a la URSS a los puestos de cabeza de los países desarrollados. Esta industrialización se orientó hacia una industria pesada transformadora de los ingentes recursos de su territorio y, dado el peso de la política exterior de enfrentamiento, garantizaba la supervivencia a largo plazo frente a la industrialización occidental. El sector industrial soviético se organizó en gigantescas explotaciones (más de la mitad de las industrias tienen, aún, más de 1.000 trabaja-

[18] Todos los datos han sido tomados de P. Desai (1992), págs. 49-54.

dores) con organizaciones sumamente rígidas. El crecimiento del producto industrial soviético se ralentizó con el tiempo. Así, pasó de tasas cercanas al 10% anual en los años cincuenta a menos del 3% en los ochenta. La caída de la productividad, la obsolescencia tecnológica, los desabastecimientos por la descoordinación de los sectores y la antigüedad del equipo productivo fueron algunas de las causas de la crisis industrial de la URSS a principios de los ochenta.

Los servicios, por su parte, no fueron en ningún momento objetivo prioritario de la política económica, si bien algunos subsectores de servicios públicos se desarrollaron rápidamente en los primeros años de planificación (enseñanza, sanidad, prestaciones sociales). El régimen de monopolio en el que la mayoría de las empresas actuaban, la ausencia de un sistema financiero desarrollado, las limitaciones de renta impidieron el desarrollo de un subsector comercial importante, de servicios bancarios y de seguros o de un subsector turístico poderoso.

c) Las otras economías del Este

La mayoría de los países que, a partir de la Segunda Guerra Mundial, fueron aliados próximos de la URSS adoptaron los principios económicos institucionales de ésta. La directa dominación soviética o una relativa alineación en su bloque mediante alianzas, la ayuda económica o técnica, la confianza en el modelo de desarrollo soviético o la mera imposibilidad de una economía de mercado independiente fueron las causas por las que, tanto economías con un grado de desarrollo incipiente como profundamente pobres, adoptaran formas institucionales de planificación central. Por otra parte, en las décadas en la que el modelo se fue perfilando, las de los cuarenta y cincuenta, en numerosos países con economías de mercado se experimentó una intervención fuerte, aunque limitada, del Estado en la vida económica (el *Estado del Bienestar* escandinavo y anglosajón y la *planificación indicativa* francesa son algunos ejemplos). Se comprende así que numerosos países implantaran modelos de desarrollo con un fuerte intervencionismo estatal y una consiguiente planificación: China, Mongolia, Corea del Norte, Vietnam serán las principales EPC en Asia; Cuba y, con matices, Nicaragua funcionarán con principios similares; Argelia, Libia, Irak y Siria serán ejemplos llamativos en el mundo árabe; y, por supuesto, las naciones centroeuropeas, Polonia, Checoslovaquia, Hungría, Rumania, Bulgaria, Albania, la parte de Alemania que se llamó República Democrática y, con peculiaridades, Yugoslavia. Las condiciones sociales, el marco político y la dotación de recursos de cada una de estas economías, así como el devenir histórico de cada una de ellas han marcado la distinta evolución y los diferentes resultados que han obtenido.

La evolución de la situación de las Economías de Planificación Central europeas siguió pautas de comportamiento similares. La mayoría de ellas alcanzaron un alto grado de industrialización en la década de los sesenta, con altas tasas de crecimiento e inversión, entraron en una ligera recesión en los setenta y una profunda crisis en los ochenta. Esta similitud en la evolución con la URSS se debe fundamentalmente a dos factores: la dependencia (política y económica), y la complementariedad de estas economías con la soviética (que se articuló a través de los intercambios comerciales en el seno del CAME). Las diferencias, por su parte, vinieron dadas por la diferente dotación inicial de recursos (humanos y materiales) de las mismas.

El comercio de los países más industrializados (Polonia, la antigua Checoslovaquia y Hungría) con la URSS suponía, en 1991, más del 25% del total del comercio exterior soviético y casi un tercio del de cada una de ellos, siendo una dependencia de especialización industrial. Las exportaciones eran fundamentalmente de productos industriales, y las importaciones, de materias primas. Por su parte, el resto de países mantenía diferentes relaciones con la URSS en función de su grado de desarrollo y sus recursos: Bulgaria fue, y es, una economía fuertemente dependiente; Rumania ha mantenido una cierta independencia económica dado su carácter de exportador de petróleo; y, por último, Yugoslavia, hasta su desmembración, ha tenido una peculiar estructura de socialismo autogestionario y, por razones políticas, una gran desvinculación. Los intercambios se realizaban según los acuerdos del CAME, a precios fijos muy alejados de los mundiales y nominados, normalmente, en rublos. Este sistema de intercambio con precios rígidos y sin competencia entre economías dependientes y asimétricas hacía especialmente vulnerables a las economías pequeñas, pues *importaban* los problemas de la economía dominante sin posibilidad de defensa. Así, la disminución de crecimiento de la URSS determinaba un enfriamiento en la tasa de crecimiento en las economías europeas, sólo compensada con una política comercial agresiva en sus relaciones con las economías de mercado occidentales. La apertura occidental, especialmente alemana y francesa, a partir de los sesenta compensó ligeramente la dependencia de la URSS.

Como ya señalamos para la URSS, las EPC eran especialmente sensibles a las variables políticas. En el caso de las economías del Este europeo, su relación de dependencia política de la URSS, la *soberanía limitada,* determinó problemas políticos con claras influencias en la situación económica. Así, los intentos reformistas húngaros de 1956, la cuestión polaca de principios de los sesenta, la primavera de Praga de 1968 o las huelgas de Solidaridad en Polonia a principio de los ochenta, fueron difíciles situaciones políticas, muchas veces con un origen económico, que tuvieron como consecuencia una respuesta contundente por parte de Moscú y el agravamiento de los problemas económicos de base. En otras palabras, cuantas veces se intentaron soluciones independientes a los problemas planteados, económicos o políticos, la firmeza de la URSS determinó una vuelta a la ortodoxia, planificadora y comunista, que ahondó el problema planteado.

El diferente grado de desarrollo con el que las economías del Este empezaron su andadura planificadora y los recursos naturales con los que contaban explican, en gran parte, las diferencias de crecimiento entre ellas. La parte soviética de Alemania, la antigua Checoslovaquia, algunas regiones de Polonia (zonas alemanas que por la rectificación de fronteras quedaron bajo soberanía polaca) y Hungría tenían, antes de la dominación soviética, un alto grado de desarrollo industrial y un suficiente capital técnico (aunque ciertamente diezmado por la guerra). El resto de las economías carecían de una estructura industrial importante. Por otra parte, la existencia de recursos naturales en algunos de estos países favoreció su crecimiento al tiempo que alivió sus problemas de balanza de pagos (por ejemplo, Rumania).

2. LA CRISIS DEL SISTEMA SOVIÉTICO. 1980-1990

A principios de los ochenta, el sistema soviético entró en crisis. Una crisis tan profunda que acabará con él. Una crisis con profundas y complejas causas. Una crisis de graves consecuencias políticas, sociales y económicas.

2.1. La crisis política de la Unión Soviética: desde Afganistán al golpe del 91

Las características antes apuntadas se van a mantener prácticamente inalteradas en lo fundamental a lo largo de casi sesenta años. Será a principios de los años ochenta y paralelamente a una situación de crisis económica (que veremos más adelante) cuando se den dos circunstancias de índole política que van a entrañar una nueva carga para la maltrecha economía soviética y coadyuvarán a crear una crisis política que terminará por desmoronar el sistema político descrito. Estas dos circunstancias son dos elementos de distinta magnitud pero con la misma raíz política: la invasión de Afganistán, último capítulo caliente de la Guerra Fría, y la escalada armamentística que se inicia con la elección de Reagan como presidente de los Estados Unidos. Una vez más en la historia rusa la política exterior tiene una fuerza determinante sobre la situación interior.

¿Qué pesó en la decisión de invadir Afganistán a finales de 1979? Tres factores básicos para iniciar una guerra de expansión imperialista se conjugaron en el cambio de década de los ochenta. Una victoria (que sobre el papel era muy probable) permitía alcanzar tres objetivos fundamentales: en primer lugar, el control de la ruta del petróleo del Golfo Pérsico (dadas las distancias entre el sur afgano y el estrecho de Ormuz); en segundo término, una ventaja posicional en Oriente Medio ante la imposibilidad de los norteamericanos de una respuesta directa (tras la caída del Shah en Irán, enero de 1979, los Estados Unidos pierden su principal aliado en la zona); y, por último, el afianzamiento del prestigio interior mediante la movilización de la sociedad en una aventura victoriosa.

Pero la victoria, que debía haberse producido en un corto período de tiempo, no se produjo y ello dio tiempo y justificaciones a los norteamericanos para iniciar una nueva escalada armamentística: los norteamericanos se rearmaron y ayudaron a mantener una guerra en la que el desgaste es soviético. El presupuesto soviético se disparó al alza en un momento en el que su producción material se estaba estancando. La derrota en Afganistán acentuó la crisis económica, no sólo por el gasto en sí de la guerra, sino por la aceleración de la Guerra Fría a raíz del triunfo de Reagan.

Las consecuencias políticas de la derrota fueron aún más profundas. En primer lugar, se perdió una opción estratégica y se enfriaron las relaciones diplomáticas con Occidente: se decretó el embargo económico, se acentuaron los controles en las transferencias de tecnología, se paralizó la firma del tratado SALT-2 de no proliferación de armas nucleares, se boicotearon los Juegos Olímpicos de Moscú. En segundo término, el Ejército Rojo se desprestigió en una guerra no victoriosa. Por último, los pueblos caucásicos y musulmanes empezaron a percibir que los *rusos* no son invencibles y que no tienen que sufrir la dominación rusa que desde la década de los treinta aceptaban. Surgirán los primeros movimientos clandestinos de nacionalistas musulmanes (apoyados y financiados por Irán y Arabia Saudí).

Simultáneamente con la derrota de Afganistán, hay en la URSS un cambio generacional en las élites del PCUS, lo que constituye un fenómeno importante en un régimen tan personalista y rígido como el soviético. Este cambio se va a producir en dos fases. La primera se inicia a la muerte de Breznev y la ascensión al poder de Yuri Andropov (noviembre de 1982). Las tímidas promesas de apertura de Andropov chocaron con la vieja guardia de la Revolución (Gromiko, Chernenko, Suslov) y a su prematura muerte se pretendió lo imposible: la perpetuación física de la burocracia stalinista y brezhneviana. Chernenko se hizo con el poder en unos años clave: la crisis económica y política era cada vez más acentuada y el pueblo identificó la crisis con la ortodoxia comunista que representan Breznev y Chernenko. Esto es importante porque explica como reacción el que Gorbachov, que sucedió a Chernenko, gozara de las simpatías populares. Dicho de otro modo, si Chernenko no hubiera subido al poder, al ala conservadora del PCUS aún le hubiera quedado la oportunidad de influir en los acontecimiento futuros. En este contexto de crisis y de desprestigio del Partido, del Estado y del Ejército llegó a Secretario General del PCUS Mijail Gorbachov.

Las claves más importantes de la crisis política soviética en los ochenta son, pues, la derrota militar en Afganistán, la reacción de Occidente, el inicio de los nacionalismos y el cambio generacional. Las consecuencias serán claras: la pérdida de apoyo popular de las tesis conservadoras, el desprestigio del Ejército y la acentuación de la crisis económica y social.

Ante esta problemática situación, la sociedad soviética se cuestionó los valores sobre los que se sustentaba. Esta crisis de valores se reflejó, por ejemplo, en los debates y luchas en el seno del PCUS. La sociedad se cuestionó dos de los pilares básicos del sistema político soviético: el papel dirigente del Partido y la unidad de la Federación. El Partido intentó, ante esta situación, dar respuesta a las demandas de la sociedad de una forma pragmática: reestructurando. Mijail Gorbachov estaba en el poder, corría el año 1985 y la Perestroika estaba empezando.

2.2. La crisis social

Las crisis económicas y políticas suelen tener un efecto disgregador del tejido social, efecto que se acentúa en aquellas sociedades que son monolíticas. Desde un punto de vista social, la soviética era una sociedad con tres graves problemas estructurales fruto del sistema y de su historia. Por una parte, era una sociedad burocrática con escasa movilidad en la que las clases dominantes mantenían un conjunto de privilegios que intentaban perpetuar; por otro lado, esta inmovilidad social implicaba una profunda jerarquización que tenía como consecuencia una gran discrecionalidad en las decisiones, lo que posibilitaba la aparición de un problema social, la corrupción, cuyo efecto político es el desprestigio del PCUS y la descomposición del Estado. Y por último, el problema más grave, que a la postre disgregaría la sociedad soviética: debajo del igualitarismo oficial la sociedad soviética era, como ya vimos, una sociedad multirracial, multicultural, muy heterogénea.

Clases sociales reales en el mundo de la dictadura del proletariado, corrupción burocrática en el mundo del paraíso socialista, problemas multirraciales en el país quintaesencia de la solidaridad de los trabajadores... todo ello puso de manifiesto una crisis profunda del sistema social soviético.

2.3. La crisis de la economía soviética (1981-1991)

a) La crisis del sistema: 1981-1985

A la manifiesta crisis política de los primeros años ochenta y a la larvada crisis social, es necesario añadir en estos años una profunda crisis económica.

La crisis económica de los años ochenta no es una crisis que se produjera de forma súbita. Antes al contrario, los mismos economistas soviéticos fueron conscientes a lo largo de los años setenta de las dificultades de crecimiento de su propio sistema. Sin embargo, los poderes públicos sólo empezaron a reconocer la gravedad de la situación cuando ésta era crítica.

Los primeros síntomas de la crisis económica soviética se manifestaron a lo largo de los años setenta: estancamiento en el crecimiento del PNB, disminución de la productividad, caída del crecimiento del consumo y de la inversión, agotamiento del modelo, etc.

Desde el punto de vista de las macromagnitudes, la crisis se empezó a manifestar a mediados de los setenta, en la segunda mitad de la era *Breznev*. El PNB soviético aminoró su impresionante ritmo de crecimiento (5,2% anual en el decenio 1960-1969), acompasándolo al de las economías occidentales en el quinquenio siguiente (3,7% el lustro de 1970-1974), para entrar en una fase de claro estancamiento a partir de 1975 (crecimiento medio de 2,6% en el período 1975-1979 y 2% en el 1980-1985). Desde 1985 hasta 1990 el crecimiento no sobrepasó ningún año el 2% (real) en estimaciones oficiales. El consumo privado, medido según diversos parámetros, creció en el entorno del 1,5% anual desde 1975 hasta 1985 (menos de la mitad que la media del período 1928-1985), constituyendo los peores registros en tiempos de paz de la economía soviética. La formación bruta de capital se ralentizó y aumentó sólo un 3,2% en el quinquenio 1980-1985, sólo un cuarto del crecimiento del período 1960-1970 o la mitad del decenio 1970-1980.

La causa profunda de esta situación hay que buscarla en el estancamiento de la productividad desde 1970 (0% de crecimiento en el primer quinquenio de los setenta, –0,4% en el segundo, –0,5% en los primeros ochenta), cayendo especialmente la productividad agraria. Ello determinó los incumplimientos de los planes y los problemas en los mercados. El inmovilismo de los poderes públicos, característico del *rei-*

nado de Breznev, hizo que se mantuvieran los precios fijos con salarios crecientes, lo que provocó un aumento del racionamiento (por colas) en los mercados de bienes y un ahorro forzoso que sirvió para financiar las pérdidas de las empresas y el déficit público. El resultado final fue la fuerte caída del bienestar.

TABLA 14.4

Productividad en la URSS. Tasas medias anuales de crecimiento

	1960-1970	1970-1975	1975-1980	1980-1085
Productividad total	1,5	0,0	–0,4	–0,5
PNB por hora trabajada	3,4	2,0	1,4	1,3
PNB por empleado	3,0	2,2	1,4	1,3
PNB por unidad de capital	2,6	–3,9	–3,9	–4,0

FUENTE: G. Ofer (1987), pág. 1778.

Para superar el problema de los abastecimientos, en especial el racionamiento de alimentos, la URSS inició, en los primeros años setenta, su apertura al mercado mundial. Así, realizó importaciones masivas de cereales desde Occidente, dadas las escasas cosechas de los años 1972 y 1973, y de maquinaria para compensar su retraso tecnológico y el exceso de demanda en los mercados de bienes de equipo. Paralelamente a estas importaciones, y con el fin de evitar el endeudamiento, la URSS aprovechó la crisis del mercado del oro y de las materias primas de 1972 para aumentar sus exportaciones. La crisis del petróleo de 1973-1974 permitió la financiación de las importaciones a un precio relativo mucho más bajo.

Pero al participar del intercambio mundial (tanto las importaciones como las exportaciones se duplican), la URSS se vio obligada a tener muy en cuenta los precios internacionales. Para esterilizar los efectos de estas importaciones y no ceder sus posiciones monetarias (es decir, no integración en el FMI, no convertibilidad del rublo, cambio fijo y paridad uno a uno entre el rublo y el dólar, etc.) y no endeudarse, el equilibrio habrá de producirse en la balanza de mercancías mediante la exportación de materias primas, oro y petróleo. La URSS actuará así como un estabilizador de los precios mundiales, como un oferente marginal.

Será la inflexibilidad de su tipo de cambio el que determine la incorporación paulatina de la economía soviética (y con ella la de los países del CAME) a la economía mundial. En teoría, la subida de los precios mundiales de materias primas y petróleo benefició a la URSS porque mejoró su relación real de intercambio. Dado que los precios interiores de la URSS eran menores que los mundiales las importaciones se realizaban con pérdidas en su colocación en el mercado interior pues debían venderse bien a un mayor precio (generando inflación), bien compensando el precio en la distribución o con subsidios (generando déficits públicos). Estas pérdidas de los organismos centrales de comercio exterior eran compensadas por las exportaciones que se realizaban a un precio mayor que el interior, lo que originaba una ganancia. Este sistema de compensación permitió mantener el sistema de precios interiores sin alteraciones y las directrices monetarias fijas. Sin embargo, mientras las economías de mercado occidentales procedían a una reducción de la demanda petrolera y una revolución tecnológica, con un ajuste industrial que generó paro y un proceso inflacionario, las Economías de Planificación Central del Este mantuvieron sus niveles de consumo y su sistema de precios inalterados: la crisis era la enésima crisis del capitalismo.

Cuando se produjo la caída de los precios del crudo a partir de 1982 y hasta 1985, se rompió el difícil equilibrio en el que se movía la balanza de pagos soviética. Las necesidades de abastecimiento externo en la URSS fueron crecientes por las subidas permanentes de salarios y el estancamiento de la oferta agregada interior. La escasez de reservas y la aversión al endeudamiento ahondaron el problema, pues se vieron obligados a inundar el mercado mundial de crudo y a trasladar los precios exteriores al interior. Ello hizo que su relación real de intercambio disminuyera y que sus niveles de precios aumentase, apareciendo así un nuevo problema, impensable en el rígido sistema oficial de precios: la inflación importada.

El aumento de determinados precios y la alteración de los precios relativos trasladó a la economía soviética la misma cuestión que se manifestó en las economías occidentales: las productividades, en términos relativos, de algunos sectores eran bajísimas, sobre todo en la agricultura y en los sectores industriales no militares. Apareció entonces la necesidad de reestructurar los sistemas de organización industrial en un intento de evitar una profunda reconversión y el paro que ello podía conllevar.

La economía soviética vivió entonces una fase de «estancamiento», como fue calificada oficialmente. Las luchas de poder en el seno del partido dirigente, que reflejaban no sólo diferencias de matiz ideológico, sino un relevo generacional, causaron la indecisión a la hora de buscar soluciones. Indecisión que agravó los problemas planteados. Estas luchas llevaron a una rápida sucesión de líderes, Andropov (1982-1984), Chernenko (1984-1985), lo que implicaba direcciones distintas en las orientaciones de la política económica. Andropov fue un aperturista moderado, mientras que Chernenko supuso la continuación de las directrices breznevianas. La desorientación, fruto de los cambios en el liderazgo, acentuó las dificultades de la economía soviética en los últimos años. Dificultades que se convirtieron en una crisis económica profunda y fueron una de las causas de la descomposición del sistema soviético.

Estancamiento, problemas exteriores, inflación, crisis industrial, paro encubierto..., todo ello se reflejó en las cuentas del Estado, apareciendo los déficits públicos. Déficits que llevaron a la austeridad social y pérdida de niveles de bienestar.

Esta situación económica de estancamiento con inflación y déficits público y exterior tuvo una dimensión política y social importante e implicó una acentuación del racionamiento, aparición de movimientos sociales, huelgas, recortes presupuestarios, ofensivas diplomáticas para importar tecnología punta, economía sumergida, incumplimiento de los planes quinquenales y disminución de las prestaciones sociales. La articulación de políticas económicas para superar estos problemas no fue fácil y se diagnosticó, por parte de los órganos competentes del PCUS y del Estado, la necesidad de una profunda reestructuración del modelo económico. Pero ello implicaba un cambio radical en los presupuestos ideológicos y políticos del sistema soviético.

a) La Perestroika económica (1985-1991)

La Perestroika (reestructuración) ha sido un amplio proceso de reformas cuyo resultado final era totalmente imprevisible en el momento en el que se inició. La Perestroika se produjo porque el sistema soviético, y con él aquellos que han sido plagios del mismo, sufrieron una crisis más profunda que las anteriores y se buscaron, pragmáticamente, soluciones hasta ese momento no intentadas.

Pero, ¿qué supone decir que es una crisis del sistema?, ¿cómo se manifiesta esta crisis? La crisis soviética se manifestó en todos los ámbitos básicos de la vida social, es decir, es una crisis de la organización política vigente hasta ese momento, de la estructuras sociales, del modelo de crecimiento económico, de la ideología sobre la que se asentaba todo lo anterior.

En el ámbito económico la crisis se manifestó, como ya hemos visto, de una forma paulatina pero constante desde mediados de los setenta, para alcanzar niveles alarmantes en los primeros años de la década de los ochenta.

Tras la toma del poder por parte de Gorbachov, en marzo de 1985, se introdujeron un conjunto de grandes iniciativas para revitalizar el crecimiento, en un intento de sacudir el estancamiento. Se trataba de acelerar los cambios para enderezar la economía y afianzar, con el éxito, el poder alcanzado. Las medidas aprobadas retocaron el sistema, pero no modificaron nada de lo sustancial, se trató de salvar el sistema corrigiendo sus errores. La flexibilización de los objetivos del Plan Quinquenal, la responsabilización de la dirección de las empresas de la viabilidad de la producción, la implantación de controles de calidad, el incremento del esfuerzo inversor, la reforma de algunos subsistemas de precios, la reforma administrativa y el incremento del abastecimiento de bienes de consumo fueron algunas de las acciones emprendidas en este primer momento. Con ello se logró crear un clima favorable a los cambios, mejorar el sistema dando autonomía a la empresa y superar los problemas de racionamiento al incentivar la producción no sujeta al plan. En definitiva, se trataba de reestructurar la oferta agregada con criterios de *beneficio* y productividad.

Las decisiones anteriores implicaron una reforma fiscal, una revolución en los mercados de factores y en los mercados financieros. Los costes, por su parte, fueron claros: la liberación de una parte de la inflación reprimida, la aparición del problema del desempleo, el cierre de algunas empresas, el crecimiento de la deuda del Estado y el endeudamiento exterior. La ilusión colectiva generada por la popularidad y el populismo de Gorbachov, en la política interior, y las propuestas de cooperación con Occidente, en la política exterior, favorecieron la consecución de algunos de los objetivos buscados.

Pero, en general, los cambios se mostraron insuficientes. La caída del precio del petróleo obligó a un drástico corte de importaciones, las empresas se mostraron insensibles a las reformas y el descontento paralizó los cambios en la Administración y en los precios. El PNB creció en el entorno del 0,5% en los años 1986-1987, la inflación alcanzó el 4%, el déficit público se multiplicó del –2,4% sobre PNB en 1985 al –8,4% en 1987 y la deuda externa llegó a los 39.000 millones de dólares (el 3% del PNB o el 121% de las exportaciones). Los sencillos, aunque profundos, retoques al sistema no sólo no resolvieron el problema, sino que lo agravaron. Los dirigentes diagnosticaron que el sistema no podía salvarse intacto e iniciaron una reforma de mayor calado.

En el Pleno del Comité Central del PCUS de junio de 1987 se aprobaron nuevas directrices de reforma: las *Tesis básicas para la reestructuración radical de la gestión económica*. Un nuevo conjunto de medidas mucho más elaborado y coherente que los decretos del bienio anterior. Los principios básicos no difirieron de lo ya sabido: autonomía para las empresas, reducción del carácter del plan de *vinculante* a *indicativo,* reforma de la fiscalidad, descentralización del comercio exterior, convertibilidad limitada del rublo, etc. La novedad, sin embargo, radicó en la mayor y más expresa voluntad de reforma y en el reconocimiento de la necesidad de una modificación profunda del sistema de fijación de precios.

Pero la situación política y el descontento social debilitaban la toma de las decisiones más necesarias y traumáticas. El estallido de huelgas, los brotes de nacionalismo, el deterioro de las condiciones de vida tras los fracasos de los dos primeros años condicionaron el ritmo de aplicación de las medidas aprobadas. Se produjo así la contradicción política de la perestroika: las medidas de reforma se percibieron como necesarias, pero no se aceptó el coste de su implantación. En este contexto la situación empeoró rápidamente: el PNB se recuperó ligeramente, creciendo un 4,4% en 1988 y un 2,5% al año siguiente, pero a costa de incrementar la inflación del 6% en el año 1988 al 8% en 1989. Tanto el déficit público como el exterior se ahondaron: el primero alcanzó el entorno del 9% en ambos años y el segundo, medido en la deuda exterior, llegó al 139% de las exportaciones. La práctica de las reformas era claramente insuficiente y los poderes públicos se mostraron desbordados. El aplazamiento de la reforma de los precios, el mantenimiento en la práctica de los planes de producción de las empresas, el problema agrario y el caos financiero fueron las causas profundas del deterioro de la situación.

El año 1990 fue el de los grandes planes de reforma. Lo que había comenzado como una reestructuración pragmática de la economía (no mucho más heterodoxa que la NEP de los años veinte o las ideas del socialismo con rostro humano de los sesenta) y una revitalización del pulso político dentro del sistema, se convirtió, a principios de 1990, en un imparable proceso de reformas que amenazó con hacer estallar el sistema mismo.

La reforma constitucional, cauce ordenado para la transformación del sistema político de la Unión, las subsiguientes declaraciones de independencia de las repúblicas y las elecciones eran los asuntos de máxima actualidad e importancia en el orden interno pues de ellos dependía el conjunto de las reformas y la redefinición de los órganos competentes para la toma de decisiones. La política exterior, tras el reconocimiento tácito de la derrota en la Guerra Fría, era el único frente en el que l situación estaba controlada. En medio de este maremágnum político, la economía s deterioraba por la incertidumbre. A la inercia del sistema burocrático se sumaba l indecisión en la orientación y la debilidad de las reformas. La crisis se convertía e un arma arrojadiza en el debate político. El descontento estaba en la calle.

En los primeros meses de 1990 se presentaron dos planes que van a ser punto d partida de muchos otros: el *gubernamental* de Abalkin y el *radical* de Shatalin. Lo únicos puntos en común entre ellos eran la decidida opción por una economía de mercado para la URSS y la marcada ausencia de decisiones concretas. Las diferencias por otro lado, fueron llamativas. Así, el programa de Shatalin (también llamado d los 500 días) constituía un conjunto de medidas más coherente y radical en cuant a su implantación que el de Abalkin. Su principal novedad era la precisa temporalización de las medidas de estabilización y de reforma a tomar y de los resultados d las mismas.

Tras la reelaboración a que se sometieron estos planes, finalmente se present ante el Sóviet Supremo de la URSS (máximo órgano legislativo de la Unión) un documento llamado *Orientaciones de la Estabilización Económica y de la Transición hacia la Economía de Mercado,* que fue aprobado el 19 de octubre de 1990, en e que se consagró el principio de que la economía de mercado es la única estructura económica viable y eficaz. Los debates ideológicos previos a su aprobación, lo nuevos equilibrios de poder entre los líderes, la revisión que de la historia suponía lo aprobado generaron nuevos problemas políticos que imposibilitaron su aplicación.

Dada la urgencia de la situación política y económica, Gorbachov aplicó entonces al ámbito económico los plenos poderes que ya ejercía en el político y que le habían sido concedidos hasta marzo de 1992. Se volvía así a una política de reform por decreto, con una orientación vacilante por la indefinición de sus objetivos y l discrecionalidad de las medidas. Se regularán, para 1991, las inversiones extranjeras la convertibilidad del rublo, el tipo de interés y el uso de divisas. Se intentaba poner un poco de orden en el caos monetario en el que estaba sumergida la economí de la URSS.

Pero la vía de los planes no se da por agotada en 1991, y tanto para el conjunt de la URSS, todavía funcionando como un economía integrada, como para Rusia, l república que por su importancia condiciona la economía de las demás, se elabora nuevos proyectos. El principal para la Unión será un nuevo texto gubernamental, cuy autor es Pavlov, que supone una nueva programación de las acciones y una mayo concreción de lo ya sabido. El plan ruso, llamado de «Yalinsky-Harvard» por l aportación que economistas de la prestigiosa universidad americana hicieron, di por su parte, nuevas dimensiones a las decisiones a tomar al incluir un preciso pla de reforma política (para despejar incertidumbres y mejorar las expectativas) y considerar como elemento esencial al mismo la ayuda e inversiones exteriores. En l económico supone una modificación, con una mayor precisión y optimismo y un menor radicalismo temporal, del plan de Shatalin.

Las indecisiones de los planes hicieron más grave la situación económica en los dos años en que se discutieron. 1990-1991 es el *bienio negro* de la economía soviética: crecimiento negativo, –2% en 1990 y –13% en 1991; inflación galopante, 20% en 1990 y 100% en 1991; déficit público, –6,2% en 1990 y –9% en 1991; deuda exterior creciente, 70.000 millones de dólares en 1991; aparición de los primeros problemas de paro, un 6% para 1991; graves problemas en la distribución de alimentos; caída de la producción de petróleo y carbón, y paros en numerosas industrias. En suma, una situación desesperada que agravaba la situación política. Y, como en un círculo vicioso, ésta está en la base de aquélla.

El fracaso de los planes de reforma tuvo un claro origen político. Las contradictorias e irreconciliables posturas políticas de los distintos grupos del Sóviet Supremo hicieron imposible la consecución de un pacto tanto para salvar la Unión como para mantener en funcionamiento una gran economía unida. Los comunistas ortodoxos, que a pesar de su debilidad controlan amplias capas del Ejército y de la Administración central y periférica, boicotearon la mayoría de las decisiones. Los populistas rechazaron, por ganar legitimidad ante el pueblo, cualquier medida que supusiera un ajuste. Los nacionalistas, de cualquier orden, exigieron más poder para las repúblicas. Todos querían cambiar la situación sin contar con los demás.

La inexistencia de un marco político coherente, el nacionalismo que se afirmaba mediante la negación de todo, la magnitud del fracaso de la política exterior de tantas décadas, en definitiva, la magnitud de la crisis y los equilibrios de poder fueron, en nuestra opinión, la causa de la inviabilidad política de los planes de reforma y saneamiento de la economía soviética.

El fracasado golpe de Estado de agosto de 1991 aceleró los acontecimientos. A partir de ese momento el poder se transfirió a las repúblicas, se proscribió al otrora poderoso PCUS y la Unión de Repúblicas Socialistas Soviéticas saltó en pedazos. A partir de 1992 habrá catorce repúblicas independientes (hasta cierto punto) en la federación rusa y el segundo bloque político y económico del mundo se desmembró. Una nueva realidad mundial, económica y política, emerge: el siglo XX había terminado.

3. LAS NUEVAS REALIDADES DEL ESTE: LAS ECONOMÍAS EN TRANSICIÓN

3.1. Los bloques dentro del Este

La crisis de la URSS no sólo afectará a las repúblicas que la componían. La crisis soviética supone la crisis de un modelo de organización económica vigente hasta ese momento para casi la mitad de la población mundial (si incluimos China) y del referente ideológico para no pocas personas de las economía occidentales.

Las otras economías del Este vivirán procesos parecidos, aunque en muchos casos menos problemáticos. La similitud institucional de estas economías, con sus resultados y sus limitaciones, y la dependencia de la URSS determinaron la coincidencia en ellas de los mismos fenómenos de crisis y parecidas soluciones, la diferente estructura productiva, las diferentes circunstancias políticas, la diferente evolución.

La Perestroika, al romper la dependencia política de la URSS, supuso para estos países una nueva etapa histórica. Se iniciaron entonces diversos procesos de reforma política cuyas consecuencias fueron múltiples y complejas: la desaparición de estados (la República Democrática Alemana), la desmembración pacífica de algunos (Checoslovaquia), la guerra en otros (Yugoslavia), crisis y cambio en todos. Esta evolución política condicionó la situación económica y puso de manifiesto nuevas diferencias entre estas economías. Sin embargo, el catálogo de problemas fue similar: estancamiento, inflación, déficit público y exterior, ajuste industrial, paro y reducción del bienestar. Como, con matices, lo fueron las soluciones: estabilización macroeconómica, liberalización de precios, privatización. En definitiva, un camino hacia una economía de mercado lo más rápido posible y hacia formas democráticas liberales con las mayores garantías posibles[19].

La divergencia de la evolución reciente de los países que componían el antiguo bloque del Este tiene como consecuencia la imposibilidad de tratar con profundidad la situación política, social y económica de cada uno de ellos, ni siquiera de forma aproximada. De ahí que nos centremos en la evolución económica de Rusia, por ser la economía más importante de todas ellas y una de las potencias políticas de dimensión mundial.

3.2. Las líneas maestras de las reformas económicas

La descomposición de la URSS dio nueva dimensión a los problemas económicos de las distintas repúblicas en las que se dividió y a los de las economías de sus aliados.

Así, para las antiguas repúblicas soviéticas la declaración de independencia no cortó de raíz las vinculaciones entre las distintas economías ni garantizó un plan de reforma viable para cada una de ellas. La asimetría en las relaciones (dado el gigantismo económico de Rusia y que esta república es el origen de la mayoría de las materias primas y el mercado de destino de la mayoría de los bienes), la especialización de cada república, la diferencia de desarrollo y de dotación de factores, la existencia de una moneda común, la deuda exterior común y las empresas integradas pertenecientes en la actualidad a repúblicas diferentes, complican la reforma de las distintas economías. Estos hechos fueron comprendidos por los nuevos responsables económicos de las repúblicas y de ahí algunos acuerdos puntuales en temas de interés común en el seno de la Comunidad de Estados Independientes (CEI).

---

[19] Véase para las distintas economías del Este: E. Palazuelos (ed.) (1991), P. Hare y T. Révész (1992), J. Kornai (1992), G. A. Calvo y F. Coricelli (1992), P. Bolton y G. Roland (1992) y R. Portes (1992).

A pesar del nuevo marco político y de las nuevas orientaciones políticas de cada país en el uso de su soberanía, la mayoría de los gobiernos han seguido con más o menos fortuna una política económica cuyas líneas maestras de reforma incluían una estrategia de cinco puntos, dirigida tan rápido como sea posible en todos los frentes: estabilización macroeconómica, lo que requiere tanto un presupuesto equilibrado al cierre y un firme control sobre el crédito; liberalización de los precios de la mayoría de los bienes; convertibilidad exterior de la moneda; creación de una red de seguridad social, y privatización. Al mismo tiempo, el Gobierno instalaría un marco legal para la economía de mercado[20].

La puesta en marcha de unos programas basados en estos principios ha tenido múltiples problemas que se plantean por las consecuencias que las medidas tienen unas sobre otras. Además, los programas de estabilización y de reforma del grado que se han implantado en la mayoría de los países ha tenido unos altísimos costes: inflación, paro, déficit exterior, pérdida de bienestar general y pobreza[21], a los que hay que sumar el coste político que han debido arrastrar los gobiernos que más drásticamente han realizado las reformas. La dirección y el camino de los cambios ha estado claro, el ritmo en recorrer el camino ha sido diferente para cada economía.

3.3. La economía rusa en los noventa

El intento de golpe de Estado de agosto de 1991 tuvo una doble consecuencia para la URSS. Por una parte, se desmembraba y, por otra, en el centro de la URSS, en Rusia, se producía un relevo político de primera magnitud: Mijail Gorbachov, padre de la Perestroika, cedía su lugar a Boris Yeltsin, nuevo líder ruso.

Yeltsin iniciará nuevos planes de reforma económica más profundos y drásticos que los de su antecesor. Llevará al gobierno a no pocos reformadores, acallará a la oposición y contará con el apoyo financiero y político de Europa y Estados Unidos. Yeltsin aparece a los ojos de los rusos y de los occidentales como el salvador de las reformas en un momento en el que Gorbachov es débil.

Las políticas de reforma seguidas por el gobierno de Yeltsin y el profundo deterioro a que se había llegado provocaron en la economía rusa una profunda recesión de la que aún no ha salido. Las cifras macroeconómicas rusas son, sencillamente, dramáticas: el producto nacional bruto ruso es, en 1998, alrededor del ¡48%! del que tenían al inicio de la década. Su renta per cápita es inferior al 45% de la de 1990. Rusia es, hoy, un país pobre (tabla 14.5).

Esta caída en las tasas de crecimiento de la renta esconde toda la crudeza del ajuste estructural de la economía rusa. Así, el deterioro de la industria básica rusa, la caída de la producción agraria y el desarrollo de nuevos sectores de servicios están acen-

---

[20] S. Fisher y J. Frenkel (1992), pág. 37.

[21] Véase O. Blanchard et alia (1991), International Monetary Fund et alia (1991), M. Kasser y Ch. Allsopp (1992) y P. Hare (1991).

TABLA 14.5

Tasas de crecimiento de PNB (real)

	1991	1992	1993	1994	1995	1996	1997
PNB (%)	–13	–19	–12	–15	–7	–4	2

FUENTE: FMI, varios números.

tuando los desequilibrios. Desequilibrios cada vez más profundos en la distribución regional y personal de ingreso: más de la mitad de la población rusa vive hoy por debajo de los umbrales de pobreza.

Paralelamente a la caída del crecimiento, la economía rusa ha vivido en la primera mitad de la década en un marasmo monetario. La inflación ha llegado a ser insoportable y los drásticos cambios de moneda y anulación del valor de saldos no ha eliminado las presiones de la demanda en los mercados de bienes y servicios. Una economía que se preciaba de tener un crecimiento sin inflación ha visto cifras inflacionarias escandalosas que han barrido las rentas de las clases más pobres.

TABLA 14.6

Tasas de crecimiento de IPC

	1991	1992	1993	1994	1995	1996	1997
IPC (%)	92,7	1.353	896	302	190,2	168,3	85,3

FUENTE: FMI, varios números.

Profunda recesión económica y un fuerte crecimiento de los precios han tenido como resultado una importante depreciación del rublo. Depreciación que ha llevado a una mayor integración de la economía rusa en la economía mundial y a ser uno de los países a los que ha afluido masivamente el capital extranjero. Así, la economía rusa se ha endeudado hasta llegar a tener más de 150 mil millones de dólares de deuda viva exterior. Ello implica que la deuda externa rusa ha crecido hasta ser mucho mayor que las exportaciones de bienes y servicios de un año cualquier. La economía rusa es una economía muy dependiente de los flujos de renta provenientes del exterior (tabla 14.7).

Con estos tres datos macroeconómicos esenciales podemos observar que la economía rusa vive, en los años noventa, una situación de permanente crisis. Crisis paliada sólo en parte por la ayuda exterior y por la expectativa de que las reformas emprendidas permitan superar esta década negra. Crisis que tiene unas importantes consecuencias sociales y políticas cuyo análisis escapa a lo que pretendemos.

TABLA 14.7

Deuda externa como porcentaje de las exportaciones de bienes y servicios

	1991	1992	1993	1994	1995	1996	1997
Deuda/exportaciones	154,8	183,4	169,4	155,3	132,2	128,9	132,1

FUENTE: FMI, varios números.

4. A MODO DE CONCLUSIÓN

La desintegración de la URSS ha reorientando la historia de la Humanidad configurando un nuevo mundo, con relaciones internacionales más complejas, con mayor realismo en el tratamiento de los problemas económicos, de nuevas perspectivas.

Las convulsiones políticas en los enfrentamientos regionales, la nueva oportunidad para la Europa Occidental de volver a ser potencia, las crisis de los partidos de izquierda clásicos, los neonacionalismos, la pérdida de modelo de algunos procesos de *liberación,* las aperturas del resto de países comunistas, etc., han sido acontecimientos impensables sin la caída de la URSS. Seguramente tendremos necesidad de redefinir la lógica de la política internacional (para comprender el nuevo orden, la *pax americana*) y de comprender la profunda interrelación entre todos los hechos sociales de cualquier parte del mundo. Posiblemente al igual que la Revolución Rusa del 17 ayudó a configurar el mundo del siglo XX, la descomposición de sus logros será una de las fuerzas que condicionen el XXI.

LECTURAS RECOMENDADAS

Blanchard, O. et al. (1991): *Reform in Eastern Europe,* MIT Press, Cambridge.

Desai, P. (1992): «Reforming the Soviet Grain Economy: Performance, Problems, and Solutions», *American Economic Review,* vol. 82, núm. 2, págs. 49-54.

Hare, P. (1991): «Microeconomics of Transition in Eastern Europe», *Oxford Review of Economic Policy,* vol. 7, núm. 4.

Kasser, M. y Allsopp, Ch. (1992): «Macroeconomics Transition in Eastern Europe», *Oxford Review of Economic Policy,* vol. 8, núm. 1.

Kigby, T. J. (1990): *The Changing Soviet System: Mono-organisational Socialism from Its Origins to Gorbachev's Restructuring,* Brookfield, V. T., Edward Elgan.

Ofer, G. (1987): «Soviet Economic Growth: 1928-1985», *Journal of Economic Literature,* vol. XXV, diciembre, págs. 1767-1833

Palazuelos, E. (ed.) (1991): *Europa del Este ante el cambio económico,* Colegio de Economistas, Madrid.

Portes, R. (1992): «Structural reform in Central and Eastern Europe», *European Economic Review,* volumen 36, págs. 661-669.

15 Las Américas: Estados Unidos y América Latina

Antonio Luis Hidalgo Capitán
Osvaldo Rosales

En una economía mundial globalizada y regionalizada como la del siglo XXI, los bloques regionales constituyen un elemento central; entre dichos bloques está, sin lugar a dudas, las *Américas*. Este término suele emplearse para referirse al conjunto de países del hemisferio americano, continente e islas del Caribe, donde se incluyen por un lado las economías desarrolladas de Estados Unidos y Canadá, y las economías subdesarrolladas de América Latina y el Caribe.

1. LA ECONOMÍA DE LOS ESTADOS UNIDOS DE AMÉRICA

Norteamérica, es algo más que los Estados Unidos, es Canadá y México, también. Sin embargo, la pertenencia de México a América Latina y el protagonismo político y económico que frente a Canadá tienen los Estados Unidos, convierten a este país en la imagen de Norteamérica.

Estados Unidos posee una población de 263 millones de habitantes, repartidos en 9.364.000 km^2, genera un PIB de casi 7 billones de dólares, que representa la cuarta parte de la producción mundial, y exporta productos por un valor de 584.743 millones de dólares, que representan más del 11% del total de las exportaciones mundiales (tabla 15.1). Estados Unidos sigue siendo, sin duda, la primera potencia económica del mundo, a pesar de que en las últimas décadas se haya ido recortando la brecha con otras potencias económicas como Japón o la Unión Europea.

En este apartado explicaremos las características de la economía de los Estados Unidos, centrándonos en las décadas de los ochenta y los noventa; aunque antes daremos un pequeño repaso por la historia económica inmediata a este período y concluiremos con una perspectiva de futuro.

1.1. Evolución histórica

La conformación de Estados Unidos como la primera potencia mundial no se produce sino hasta después de la Segunda Guerra Mundial. Del conflicto bélico los Es-

TABLA 15.1

Indicadores básicos (1995)

País	Población	Superficie	PIB	Exportaciones
Canadá	29,6	9.976	568.928	192.198
México	91,8	1.958	250.038	79.543
Estados Unidos	263,1	9.364	6.952.020	584.743
Estados Unidos en %	4,6	7	24,9	11,3

(Población en millones de habitantes; superficie en miles de km^2; PIB y exportaciones de mercancías en millones de dólares; los porcentajes se refieren al total mundial.)

FUENTE: Banco Mundial (1997) y elaboración propia.

tados Unidos salieron fortalecidos, mientras que sus competidores europeos y asiáticos vieron cómo sus aparatos productivos y sus infraestructuras quedaban destrozados en la contienda.

Durante la guerra el aparato productivo norteamericano estuvo funcionando a pleno rendimiento, ya que debía abastecer de alimentos, combustibles, maquinaria, materias primas y recursos financieros a las economías europeas aliadas. Además, la guerra sirvió como campo de experimentación tecnológica.

Tras la contienda vino la reconstrucción de Europa, y en ella los Estados Unidos jugaron un importante papel a través del Plan Marshall; con esta ayuda financiera se garantizaba la demanda de bienes de inversión para la reconstrucción del aparato productivo europeo y de bienes de consumo para abastecer a la población mientras tanto. Por el lado de la oferta, la investigación tecnológica desarrollada durante la guerra pasó a utilizarse dentro del aparato productivo norteamericano, generando así importantes aumentos de productividad.

Estados Unidos además realizó inversiones directas en los países europeos y se hizo con el control de los principales circuitos financieros y de distribución comercial y de los principales mercados.

Los años cincuenta y sesenta fueron años de prosperidad para la economía norteamericana con una importante elevación del nivel de vida de la población. Sin embargo, a finales de los años sesenta comenzaron a detectarse los primeros síntomas de agotamiento del modelo de desarrollo de posguerra.

1.2. La crisis de los setenta

La fortaleza del dólar durante los años sesenta, apoyada en el sistema de Bretton Woods, acabó por encarecer las exportaciones norteamericanas y abaratar las importaciones, procedentes en su mayoría de una Europa y un Japón reconstruidos y con tasas de crecimiento superiores; esto provocó, en 1968, el primer déficit comercial de los Estados Unidos tras la guerra.

El superior nivel de vida de su población, el apoyo financiero y las inversiones externas norteamericanas terminaron por convertir a sus clientes en competidores. Estados Unidos comenzó a perder competitividad desde finales de los sesenta en un proceso que dura hasta la actualidad. Una menor productividad y unos mayores salarios que sus competidores están en la base de la baja competitividad norteamericana, a la que tampoco es ajena la fortaleza del dólar, por períodos.

El déficit comercial de finales de los sesenta no hizo más que fomentar la revalorización del dólar, de forma que en 1971 el presidente Nixon se vio obligado a declarar la inconvertibilidad del dolar en oro, ante el peligro de reducir excesivamente las reservas federales de este metal. La decisión de Nixon supuso la quiebra del sistema monetario internacional de posguerra, y el paso del patrón cambios-oro a la libre flotación de las divisas en el mercado monetario internacional.

El dólar se depreció bastante durante la primera mitad de los setenta, influido además por la subida de los precios del petróleo en 1973. Cuando la OPEP decide elevar el precio del crudo, la economía norteamericana, como todas las economías no petroleras, se resintió; el saldo de sus importaciones se elevó significativamente por la factura energética, el déficit comercial aumentó y el dólar, abundante en los mercados internacionales por los pagos a los países exportadores de petróleo (petrodólares), siguió devaluándose. Tras una ligera recuperación en su cotización desde 1975, el segundo shock petrolero de 1978 provocó una segunda y más fuerte depresión de la moneda.

La estanflación se apoderó de la economía norteamericana, al igual que del resto de las economías capitalistas desarrolladas, poniendo de manifiesto el fracaso del keynesianismo. El estancamiento económico, junto con la combinación de una alta inflación y un alto desempleo, caracterizó la más importante crisis sufrida por los Estados Unidos desde la Gran Depresión de los años treinta. Los capitales salieron del país buscando posibilidades de inversión más rentables y monedas más fuertes que el dólar.

Los economistas keynesianos no encontraban explicación a la estanflación, y fueron los economistas neoliberales los que fueron ganando poco a poco influencia política, particularmente los neomonetaristas y los ofertistas, que defendían que la situación de crisis era debida al exceso de distorsiones introducidas en el mercado por la intervención del Estado, y que, por tanto, la salida de la crisis pasaba por reducir el papel del Estado, desregular la economía, priorizar la política monetaria sobre la fiscal en la expansión económica y reducir la presión fiscal para fomentar el ahorro y la inversión.

En este contexto de crisis el republicano Ronald Reagan sucede en la presidencia de los Estados Unidos al demócrata Jimmy Carter, dando paso a doce años de gobierno republicano.

1.3. La economía norteamericana en los ochenta

Durante los años ochenta la economía mundial asistió a un acentuado proceso de globalización e interdependencia, bastante ligado a las transformaciones acaecidas en la economía de Estados Unidos. La *reaganomics* condujo en 1982 a una fuerte recesión mundial, gestando un proceso de elevadas tasas de interés que hizo explotar la crisis de la deuda externa en los países en desarrollo. Luego, en 1984, el creciente déficit comercial estadounidense facilitó una expansión inédita del comercio internacional, activando el ciclo de expansión económica más largo de posguerra.

Durante 1985 y 1986 crecieron las inquietudes sobre los «déficits gemelos», con déficits federal y en cuenta corriente que alcanzaban el 5% y el 3% del PNB, respectivamente. El debate sobre el ajuste en la economía de Estados Unidos fue luego perdiendo importancia, en la medida que las exportaciones mostraron un elevado dinamismo de 1987 a 1989 y que los mercados financieros parecían dispuestos a seguir financiando sus desequilibrios, una vez recuperados del trauma del «lunes negro» de noviembre 1987. Por otra parte, los temores de recesión y/o inflación fueron enfrentados con actuaciones oportunas de la Reserva Federal y, si bien el crecimiento empezó a desacelerarse a mediados de 1989, todo parecía indicar que la tesis del «aterrizaje suave» empezaba a imponerse en la práctica.

El optimismo empezó a desvanecerse a mediados de 1990. Las previsiones de crecimiento empezaron a ser magras, el déficit federal escapaba a todo control, la crisis del sistema de ahorros y préstamos exigía apoyo fiscal e insinuaba debilidades estructurales en el conjunto del sistema financiero. La gravedad del desajuste fiscal llevó al presidente Bush a abandonar su promesa electoral de no tocar los impuestos, en tanto, ya en plena recesión, la crisis del Golfo Pérsico demandaba un apoyo financiero compatible con el rol de líder que se asignaba Estados Unidos en el conflicto.

Tras la victoria en el Golfo, Estados Unidos emerge como el líder indiscutido del bloque occidental. Los «dividendos» de la victoria se expresaron inicialmente en un marcado fortalecimiento del dólar, facilitando la rebaja de tasas de interés, y en contribuciones de guerra que han permitido reducir drásticamente el déficit en cuenta corriente. Tales logros, en todo caso, fueron insuficientes para evitar la recesión, si bien moderaron su intensidad.

El balance económico de las administraciones de Reagan y Bush supera al de Carter sólo en materia de inflación. El bajo nivel de ahorro interno y de la inversión, la persistencia de un elevado desequilibrio fiscal, junto con una modesta evolución de la productividad media de la economía, amenazan las perspectivas de mediano plazo. En el corto plazo, la incapacidad para lidiar con la recesión constituyó la causa del retorno de los demócratas a la Casa Blanca.

El desafío de inversión, productividad y exportaciones es ineludible para Estados Unidos, en tanto se relaciona críticamente con su peso relativo en la economía mundial y con su rol de liderazgo internacional. En la actualidad, Estados Unidos refleja un cierto deterioro en su saldo comercial en productos de alta tecnología, particularmente en su relación con Japón.

Por otro lado, en los últimos veinte años el ingreso real de las familias estadounidenses prácticamente no ha variado. La distribución del ingreso y de la riqueza muestra claros signos de concentración, pese a un período de crecimiento prolongado, la pobreza se redujo demasiado lentamente.

Después de la crisis del Golfo, Estados Unidos emerge como una potencia sin contrapeso en el escenario internacional. Al mismo tiempo, las administraciones republicanas lograron imponer nuevos términos en el debate económico internacional conformando un nuevo ámbito de discusión en temas tan centrales como el papel del Estado y del sector privado en el desarrollo, la liberalización de las economías, la promoción de aperturas comerciales y financieras, el funcionamiento del sistema de comercio internacional, las políticas de regulación y el trato a la inversión extranjera.

En el ámbito global, la unificación europea y el desplome de Europa Oriental, la reconversión productiva de la ex URSS y la ansiosa espera por los mercados de Europa Oriental, China e India, exigen un liderazgo internacional que concilie la iniciativa política con una economía sólida, capaz de ofrecer mercados, tecnología y financiamiento. Una economía sólida, a finales de este siglo, sólo puede significar fortaleza tecnológica, competitividad, dinamismo exportador. Es en este ámbito donde surgen dudas sobre la capacidad de mediano plazo de la economía norteamericana vis a vis el dinamismo japonés y alemán en estos planos. En efecto, en un contexto de reordenamiento de la economía mundial y de aceleración del cambio tecnológico, parece difícil prolongar en el tiempo una asimetría muy marcada entre los planos de potencia política y militar, por un lado, y de cierta debilidad comercial, financiera y tecnológica, por otro.

El ajuste en la economía norteamericana se puede abordar con distintas políticas, dando origen también a impactos diferenciados en el plano interno y sobre la economía mundial. El escenario más saludable para la economía mundial y, en particular, para los países en desarrollo y América Latina, que ha estrechado sus vínculos comerciales con Estados Unidos, es aquel que combina medidas internas (reducción gradual y sostenida del déficit federal, devaluación del dólar y políticas microeconómicas que estimulen el ahorro, la inversión, la productividad, el gasto en tecnología y en I+D) con políticas de coordinación macroeconómica y comercial con Japón, Alemania y los Nuevos Países Industriales del Sudeste Asiático.

El producto potencial norteamericano permite un crecimiento anual de 2,5%; esto mide el potencial de producción máximo de bienes y servicios, sin generar inflación y en condiciones de virtual pleno empleo, es decir, con una tasa de desempleo cercana al 5,5% de la fuerza de trabajo. Dicho 2,5% de crecimiento se descompone en partes iguales de incrementos en empleo y productividad.

En términos prácticos, cuando Estados Unidos crece bajo ese 2,5%, estamos hablando de alguna forma de recesión, sea con desempleo de mano de obra, sea con subutilización de capacidad instalada. Ello ha acontecido durante cuatro años, 1989 a 1992, de ahí entonces que retomar el sendero del crecimiento potencial exigiera varios puntos por encima del 2,5% para recuperar el producto perdido en ese período y retrotraer la tasa de desempleo a valores inferiores al 6%. Por otra parte, la composición de ese crecimiento debía alterarse, castigando el consumo, afectando el nivel de vida y las expectativas de bienestar. El desafío significó entonces conseguir crecer a 3,5% o 4% anual durante cuatro años para retornar al sendero potencial de crecimiento. El escenario internacional no parecía ser el más apropiado para colaborar a ese logro.

Para una potencia que aspira a cerrar la brecha entre un liderazgo mundial indisputado en lo político y militar y uno económico severamente cuestionado, no es fácil realizarlo apelando a sacrificios internos en el bienestar de su población. El éxito de Reagan a comienzos de los años ochenta estribó justamente en cautivar la sensibilidad norteamericana con un discurso que ponía en el centro del debate dicha pérdida de liderazgo. La solución propuesta en lo económico —desregulación, ofertismo— resultó peor que el mal que se quería curar. Doce años después Clinton cautiva nuevamente al electorado, cuestionando las políticas republicanas y abriendo más espacio a las políticas públicas. Dicho desplazamiento en la agenda norteamericana tuvo una gran repercusión en el debate internacional sobre desarrollo económico y relaciones comerciales. De ahí la importancia de seguir la evolución de la política económica norteamericana.

1.4. La recesión: causas y evolución

Recesión y *credit crunch* fueron los términos más recurrentes para aludir a la situación económica en el bienio 1990-1991. Ello da cuenta del rol significativo que han jugado las debilidades del sistema financiero en la evolución reciente de la economía.

El alza en las tasas de interés internacionales durante el primer semestre 1990, inducida por las necesidades de financiamiento que ha acarreado la reunificación alemana, empezó a frenar el crecimiento norteamericano. El shock petrolero del segundo semestre de 1990 sólo vino a acentuar tendencias recesivas que ya se venían manifestando. En agosto 1990, por ejemplo, antes de la crisis del Golfo, la Asociación de Economistas ya pronosticaba un crecimiento de 1,1% para 1990 y una recesión en los próximos doce meses.

El alegato empresarial apuntaba sus dardos en contra de la política monetaria de la Reserva Federal, que mantenía tasas de interés excesivamente altas. Siendo cierto que las tasas de interés en Estados Unidos estaban comparativamente altas en términos históricos, no es menos cierto que el problema de la Reserva Federal era adaptarse a un escenario internacional en que tanto Alemania como Japón incrementaban sus tasas de corto y largo plazo.

La desregulación de las tasas de interés en la época Reagan y el ingreso de empresas no bancarias al mercado de capitales activaron la competencia en dicho mercado, en desmedro de las instituciones bancarias que continuaron sometidas a una legislación restrictiva, producto del trauma histórico de la Gran Depresión. En efecto, dicha legislación ha privilegiado firmas financieras pequeñas, estables y segregadas, sin posibilidad de extender su accionar más allá del estado de origen.

La desregulación, en todo caso, mantuvo una fuerte asimetría, en tanto continuó operando el seguro federal para los depósitos. Esta asimetría actuó singularmente en el caso de las instituciones de ahorro y préstamo (S&L). En 1981 se les desreguló el tope de tasas de interés, manteniéndoles el seguro de depósito. Como debían competir en un mercado más agresivo que antaño, con innovaciones bancarias y con fondos del mercado monetario, se vieron impulsadas, por un lado, a ofrecer elevadas tasas de interés para retener depositantes, y por otro, a buscar negocios de mayor rentabilidad y, por tanto, de mayor riesgo. La carrera por tales negocios conoció pocas restricciones, en tanto el seguro federal de los depósitos garantizaba la inversión de los ahorradores.

Ello dio origen a una fuerte dinámica especulativa, de la cual no estuvieron ausentes los *junk bonds* ni las especulaciones bursátiles originadas en transferencias en la propiedad de empresas a través de mecanismos de *takeover* o de *leveraged buyout*. En la práctica, la desregulación financiera coincidió con un marcado desplazamiento en la estructura de financiamiento de las empresas desde acciones hacia la deuda.

Durante los ochenta, creció fuertemente el endeudamiento de familias y empresas no financieras, incrementando el riesgo de vulnerabilidad frente a los ciclos recesivos, trasladando esta vulnerabilidad a los bancos y entidades financieras. En el caso de las familias, la relación endeudamiento neto sobre ingreso disponible alcanzó su máximo histórico en los años 1988 y 1989, destacando la sobreexpansión del uso de hipotecas, explotando el margen que permitía la notable especulación inmobiliaria, y la deuda con tarjetas de crédito.

En tal sentido, el resentimiento de la construcción durante 1990 y 1991 y la caída en los precios de las propiedades afectó severamente la salud de los bancos, dando origen al llamado *credit crunch*. En la práctica, pese a sucesivas rebajas en la tasa de descuento por parte de la Reserva Federal, ello no se reflejó de un modo proporcional en un aumento del crédito, en tanto el nivel de endeudamiento de personas y empresas continuó siendo percibido como de alto riesgo por parte de la banca.

Buena parte de la recesión derivó de caídas en la producción de automóviles y en la construcción. Ambos sectores aparecen muy ligados a la salud del sistema financiero, lo que da fuerza al argumento financiero para explicar buena parte de la recesión y de la moderación en la recuperación.

Durante el período que va desde 1945 a 1990 se han dado seis ciclos en la economía norteamericana. El promedio de ellos muestra cuarenta y tres meses de expansión y once de recesión. El ciclo expansivo que finalizó en junio 1990 fue de noventa y dos meses, uno de los más pronunciados de posguerra.

El ciclo recesivo se inició en julio 1990 y de acuerdo a la duración histórica-promedio debiera haber concluido cerca del mes de junio 1991. Eso es lo que efectivamente aconteció; sin embargo, la recuperación fue bastante menos intensa que lo esperado. Ello impidió un cambio en las expectativas y pese a las persistentes y significativas rebajas en la tasa de interés, el consumo no se reanimó y las personas aprovecharon las menores tasas para renegociar sus deudas o para reducirlas. De allí entonces un período largo de recesión, seguido de una recuperación débil. La recuperación ha sido menos robusta que las tradicionales. En el primer año de recuperación, en efecto, el crecimiento sería de 3% o algo menos, bastante lejos del 6,7% promedio de las últimas recuperaciones.

Lo acontecido muestra una versión más dura del *soft landing,* esto es, un largo período de lento crecimiento, luego una recesión leve pero prolongada, seguida de una lenta recuperación. El *soft landing* de 1989 y 1990 fue seguido de una *soft recovery* en 1991 y 1992.

En el mediano plazo, para conseguir una recuperación mayor es indispensable abordar la importante acumulación de deuda por parte del gobierno y del público, aspecto que frena las posibilidades de una política expansiva.

1.5. Recesión leve en apariencia, grave en sus efectos

La recesión fue leve en la superficie del fenómeno, gracias a que la solución a la crisis del Golfo permitió una caída del precio internacional del petróleo, aliviando las presiones inflacionarias. Al mismo tiempo, la revaluación del dólar a comienzos de 1991 facilitó la flexibilización de la política monetaria, expresada en rebajas de tasas de interés, las cuales habían permanecido fijas durante dos años.

La revaluación del dólar y la rebaja en las tasas de interés revitalizaron la Bolsa de Nueva York, con lo que la combinación de dólar alto y dinamismo bursátil, tendió a cambiar el signo de las expectativas sobre la duración de la recesión. Durante varios meses, sin embargo, Estados Unidos buscó contener el alza del dólar, en tanto ello frenaba su motor de crecimiento —las exportaciones— y para ello presionó a Japón y Alemania para que redujesen sus tasas de interés. Los intereses del G-3 no coincidieron en esta vuelta, ya que Japón y Alemania estaban creciendo y su preocupación era el control monetario y la baja de la inflación. Más aún, el debilitamiento del marco se relacionaba con los problemas de la reunificación alemana, con la crisis social en Europa del Este y con la incertidumbre respecto a la evolución en la ex Unión Soviética.

La posibilidad de que Alemania asumiese el papel de motor de crecimiento de la economía mundial, dada la debilidad de la economía norteamericana, perdía validez. En ese contexto, un relajamiento de las tasas de interés en Alemania acentuaría el peligro inflacionista y un mayor debilitamiento del marco, en momentos en que aparecía el primer déficit en cuenta corriente alemán en muchos años.

Técnicamente, la recesión duró por lo menos diecinueve meses y examinando las cifras de desempleo parece más bien leve. Sin embargo, para un largo período de tres años y medio, el promedio de crecimiento fue un escaso 0,7%. En verdad, ha sido la peor recesión en cincuenta años, lo que explica el profundo cambio en el comportamiento de empresas, trabajadores y consumidores en años recientes. Se subestima, pues, la magnitud de la recesión de 1991 y 1992, examinando sólo las cifras de desempleo. Los trabajos perdidos en esta recesión fueron más que en la recesión de 1982, estadísticamente la más severa, y el ingreso real disponible sufrió el más largo período de declinación de posguerra.

Esta aguda recesión, con todo, constituye sólo la punta del iceberg del estancamiento norteamericano. Durante los años cincuenta y sesenta, el PIB de Estados Unidos creció a tasas anuales del 4%. Se reduce fuertemente a 2,8% en los setenta y cae adicionalmente a 2,6% en los ochenta. Con tales desempeños, el ingreso familiar real de una familia media norteamericana demoraba treinta años en duplicarse durante los cincuenta y los sesenta. Vale decir que el trabajo de los padres bien podía garantizar un mejor nivel de vida para sus hijos. Con los resultados de productividad y crecimiento de los setenta y los ochenta, doblar el ingreso familiar requiere casi doscientos años.

A finales de 1991 la economía norteamericana completaba once trimestres consecutivos de crecimiento anualizado inferior al 2,5%, que es su tasa potencial de crecimiento, agregando entonces personas a las filas de los desempleados.

La tabla 15.2 muestra las tasas anualizadas de crecimiento desde 1988, donde puede apreciarse que desde el segundo trimestre de 1989 empieza a reducirse marcadamente el dinamismo de la actividad económica.

TABLA 15.2

Tasas trimestrales anualizadas de crecimiento del PNB de Estados Unidos (1988-1992)

Año	T1	T2	T3	T4
1988	5,1	3,6	2,7	2,7
1989	3,6	1,6	1,7	1,2
1990	2,6	1,0	–1,6	–3,9
1991	–3,0	1,7	1,2	0,6
1992	2,9	1,5	3,5	nd

FUENTE: Departamento de Comercio de Estados Unidos.

El crecimiento de 3,5% en el tercer trimestre de 1992, superior a lo esperado, respondió a situaciones transitorias. La debilidad de la posición financiera de los consumidores no permitió una recuperación significativa. Esto se tradujo en un 2,9% de crecimiento para 1993, cerca de la mitad de lo alcanzado en una recuperación típica de posguerra.

Después de que la economía mundial creciera a una tasa anual de 3,6% en el período 1984-1988, dicho crecimiento cayó al 3% en 1989 y a sólo el 2% en 1990. Para 1991 se esperaba una expansión del 2% en el producto mundial y el resultado fue de crecimiento nulo. El producto mundial creció 0,1% en 1991 y 0,8% en 1992, con lo cual el trienio 1990-1992, en términos de actividad económica, se ha constituido en uno de los peores de la posguerra. Dicho virtual estancamiento ha acentuado la debilidad de Estados Unidos en el concierto de las naciones industrializadas.

Durante 1989, 1990 y 1991 la economía norteamericana creció por debajo de Japón y Alemania, situación que sólo se revierte en 1992 cuando el crecimiento en Estados Unidos ascendió al 2% contra el 1,6% de Japón y Alemania. Se trata, en cualquier caso, de resultados igualmente magros.

TABLA 15.3

Tasas de crecimiento anuales del PIB de la OCDE y el G-3 (1990-1993)

	1990	1991	1992	1993
OCDE	2,3	0,5	1,4	2,0
Estados Unidos	0,8	–1,2	2,0	3,0
Japón	4,8	4,0	1,6	2,4
Alemania	5,1	1,0	1,6	0,6

FUENTE: FMI (1993).

1.6. El sendero del ajuste norteamericano

El ajuste en la economía norteamericana es más complejo que el mero equilibrio de sus cuentas externas y fiscales. En efecto, la tarea de compatibilizar un liderazgo económico con el actual predominio político y militar de Estados Unidos, obliga además a enfrentar el deterioro de mediano plazo en variables estructurales, tales como el nivel de ahorro, inversión, productividad, inversión, calidad de la educación, etc.

Si bien el nivel de vida de los norteamericanos continúa siendo el más alto del mundo, la evolución de los últimos quince años es deficiente respecto de los logros pasados, de la experiencia de otros países y respecto del propio potencial de la economía norteamericana. Tras alcanzar un máximo en 1973, el ingreso real de las familias norteamericanas no ha conseguido retomar un crecimiento sostenido, con lo cual dicho estancamiento relativo ha erosionado la posición internacional de Estados Unidos frente al creciente ingreso real de otras economías, como las de Alemania y Japón.

De ahí que el saldo comercial, considerado aisladamente, sea una medida limitada para examinar la competitividad norteamericana. Mantener la competitividad de la principal potencia del orbe, junto con equilibrar su comercio, exige obtener una tasa de mejoría en el nivel de vida de sus habitantes en línea con la evolución de ingresos y bienestar en el resto del mundo industrializado. En el mediano plazo, tal evolución se liga estrechamente a los cambios en la productividad y en el nivel de ahorro, eslabones débiles en el desempeño norteamericano.

El desafío de la política económica del ajuste norteamericano radica en revertir la situación desfavorable de sus cuentas externas, manteniendo el crecimiento económico y la estabilidad financiera. De allí que instituciones tales como el FMI y el Banco Mundial hayan coincidido en un paquete que incluye ajuste fiscal, devaluación real del dólar y un mayor gasto interno en Alemania y Japón, particularmente.

El ajuste no significa variaciones dramáticas en las variables macroeconómicas internas pero sí requiere cambios internacionales significativos. Se resuelve con un desplazamiento del 1 o 1,5% de la producción anual hacia exportaciones netas, exportaciones menos importaciones. Con un producto potencial del 2,5%, ello significa moderar el crecimiento de la demanda interna a valores no superiores al 1 o 1,5%, permitiendo que la diferencia se oriente a hacerle espacio a las exportaciones netas, sin acelerar la inflación.

Dicho desplazamiento en la composición del crecimiento exige una expansión de la inversión y de las exportaciones, a costa de contener el gasto público y el consumo privado. En la medida que cabe reducir la expansión del gasto interno y alterar su composición en favor de la inversión privada, queda poco espacio para aumentos en el consumo. De acuerdo a estimaciones de Bergsten, el consumo privado no podía crecer más del 1% en los siguientes años. Como la población venía creciendo a esa tasa, ello significa que el consumo por habitante debiera permanecer estancado o con aumentos muy modestos, en tanto se lograba el ajuste externo.

El ajuste norteamericano enfrentó entonces dificultades internas y externas. Las internas, producto de la reorientación del gasto, surgen de la contradicción entre una potencia militar indiscutida que se ve obligada a mantener estancado el bienestar de su población por un lapso no inferior a tres o cuatro años adicionales, en tanto se procede al ajuste. Las externas, en tanto el incremento en las exportaciones netas coincide con el estancamiento de las negociaciones comerciales en el GATT durante 1993 y el resurgimiento del superávit japonés, el cual ya sobrepasaba los 100.000 millones de dólares.

La reorientación de los flujos comerciales mundiales, compatible con el ajuste externo de Estados Unidos, parece demasiado marcada como para darse en plazos cortos, de ahí que lo más probable es que éste se vaya dando de un modo gradual. En cualquier caso, lo que parece destacar como tendencia de la política económica exterior norteamericana es un decidido apoyo al fortalecimiento en las exportaciones norteamericanas. Ésta es una de las preocupaciones más importantes de las Administraciones Clinton. La firma del Tratado de Libre Comercio (NAFTA en siglas anglosajonas) con Canadá y México, que entró en vigor en 1994, y la reducción del déficit comercial con Japón son una prueba de ello.

1.7. Balance de una década de neoliberalismo

a) El desempeño económico

Exceptuando el resultado en inflación, los demás indicadores relevantes —crecimiento, empleo, salarios, ahorro, inversión, productividad, equilibrio fiscal y externo— favorecen al período de Carter sobre la década republicana.

Durante la década 1981-1991, en promedio, la economía norteamericana creció por debajo de su capacidad potencial (2,5% anual). Contrariando además a la ortodoxia económica, el gasto interno creció más que el producto, ahondando los desequilibrios fiscal y externo y no reduciéndolos, como ofreció Reagan en 1981.

Las cuentas nacionales muestran los signos de una década de desajustes económicos. El consumo privado y el público crecieron más que el producto y que la inversión; la inversión creció menos que el producto; las importaciones más que las exportaciones. El único rasgo destacado es el elevado crecimiento de las exportaciones, fenómeno que recién empieza después de 1986.

Por otra parte, el empleo crece muy lentamente y las remuneraciones crecen por encima de la productividad. Los costes laborales crecen al compás de la inflación y ésta se pudo reducir, en buena medida, por la menor actividad económica y por la apertura a las importaciones, aprovechando además un ciclo largo de bajos precios de productos primarios. El ahorro y la inversión cayeron respecto de períodos previos, afectando las posibilidades de crecimiento futuro.

La gran apuesta ofertista —reducir los impuestos para aumentar el ahorro, la inversión y el crecimiento— resultó un salto al vacío. Los impuestos a las empresas y a la renta fueron reducidos, si bien la rebaja en los tributos a la renta se concentró en los tramos más altos, aumentando en los tramos menores. Se persistió en un bajísimo impuesto al consumo, ampliando entonces considerablemente el ingreso disponible de los tramos superiores. Ello era consistente con el predicamento ofertista de reducir los impuestos para estimular el ahorro, la inversión y la disposición al trabajo.

El resultado está fuera de discusión. Dicho ingreso adicional no fue al ahorro, sino al consumo, e incluso fue necesario un endeudamiento masivo para acceder a más consumo. El sobreendeudamiento culminó afectando al sistema financiero y luego limitando el aleccionar de la política monetaria para salir de la recesión. El déficit fiscal fue en aumento, la inversión pública se contrajo, afectando la calidad de la infraestructura, la educación y los servicios sociales. El magro balance económico condujo a la sociedad norteamericana a buscar nuevos derroteros, despidiendo a los republicanos de la Casa Blanca, pese a su papel de indiscutidos vencedores de la Guerra Fría.

TABLA 15.4

Radiografía económica de una década de «revolución neoliberal»

Tasas promedio de variación anual entre 1981 y 1991, a precios de 1987	
PNB	2,3
Demanda final interna	2,4
Consumo privado	2,6
Consumo público	2,7
Inversión bruta fija	1,2
Exportaciones	5,1
Importaciones	6,4
Producción industrial	2,3
Empleo	1,5
Remuneración real del trabajo	2,3
Productividad (PNB/Empleo)	0,7
Costes laborales unitarios	4,1
Inflación	4,1

TABLA 15.4 *(continuación)*

Tasas y relaciones 1982-1991	
Ahorro personal (% ingreso disponible)	6,0
Tasa de desempleo	7,0
Inversión en capital fijo (% del PNB)	15,7
Déficit en cuenta corriente (% del PNB)	–2,0

Datos tributarios antes y después de la reforma fiscal		
	Antes	**Después**
Tasa promedio de impuesto renta	13,0	11,9
Tasa marginal superior	50,0	28,0
Tasa marginal menor	11,0	15,0
Tasa marginal promedio	20,2	18,6

Comparación tributaria entre Estados Unidos y OCDE, en porcentaje del PNB			
	1988	**1989**	**1990**
Impuesto renta Estados Unidos	10,2	10,6	10,7
Impuesto renta OCDE	11,9	11,4	11,7
Impuesto seguro social Estados Unidos	8,7	8,6	8,8
Impuesto seguro social OCDE	9,2	9,2	9,3
Impuesto consumo Estados Unidos	4,3	4,2	4,3
Impuesto consumo OCDE	11,4	11,1	11,1

FUENTE: OCDE (1992).

b) *Bienestar y distribución del ingreso*

Los temas claves de la economía en lo referente al bienestar de las personas so la productividad la distribución del ingreso y la situación del desempleo. De ellos sólo en el desempleo el resultado de los ochenta es favorable.

El crecimiento de la productividad, que era de 2,9% en los sesenta, cayó a 1,4% en los setenta, y la promesa ofertista culminó en abierto fracaso, en tanto ni siquie ra pudo detener la tendencia descendente. Durante los ochenta el crecimiento anua de la productividad cayó al 0,7% anual. De un modo más gráfico, ello significa que de acuerdo a los resultados de cada década, el nivel de vida se duplicaba en veinti cinco años en los sesenta, en cincuenta años durante los setenta y en cien años du rante los ochenta.

Si la productividad hubiera crecido sólo al 2% anual entre 1970 y 1990, el nive de vida sería casi un 50% mayor que el actual, con lo que el debate sobre hegemo nía norteamericana sería superfluo.

Entre 1979 y 1987 el ingreso real familiar promedio, ajustado por tamaño de fa milia, aumentó un 21% en el 10% más rico de la población, mientras que el corres pondiente al 10% más pobre cayó en un 12%. En la década de los ochenta, el ingreso real promedio del 5% más rico de la población pasó de 120.253 dólares a 148.438, esto es, un aumento del 23% para el período y de 2% anual. En tanto el ingreso real promedio del 20% más pobre caía en el mismo período de 9.990 dólares a 9.431 dólares, una caída del 6%.

Es decir, mientras el ingreso real por habitante creció un 21%, el ingreso real de los más pobres cayó en un 6% y el salario promedio caía un 5%.

Las promesas incumplidas del ofertismo son numerosas, en ámbitos relevantes y no sólo en el ámbito distributivo:

1. *En crecimiento*. La tasa de crecimiento del 2,8% de los setenta era inaceptable, comparada con el 4,1% de los sesenta. Aquí radicó buena parte del atractivo de la oferta republicana: reanimar la máquina aletargada del crecimiento norteamericano. El resultado fue menor que en la década precedente, con sólo un 2,6% anual.
2. *En productividad*. Aspecto que ya hemos revisado.
3. *En ahorro*. Aspecto capital del crecimiento. El discurso ofertista aseguraba que las rebajas tributarias a los sectores de mayores ingresos estimularían el ahorro y la inversión. Dicha reanimación del espíritu inversionista generaría más y mejores empleos, beneficiándose así los sectores de ingresos medios y bajos. El test empírico fue poco benevolente con el ofertismo, ya que la tasa de ahorro familiar sobre el ingreso disponible, que era del 7% en los últimos cuatro años de los setenta, cayó al 4% en similar período de los ochenta. Los más ricos no han ahorrado sus menores impuestos, han consumido y se han endeudado.
4. *En el déficit fiscal*. Tema que Reagan prometió eliminar en 1985 y que ha venido creciendo sin pausas desde un nivel de 80.000 millones de dólares en 1981 hasta uno de 300.000 millones de dólares a comienzos de los noventa. Más aún, el grueso de los recortes tributarios se ha concentrado en los sectores de mayores ingresos, en tanto el 80% de la población ha debido enfrentar un pago adicional por la nómina de seguro social, con lo cual el efecto neto para ellos ha sido uno de aumento en la carga tributaria.
5. *En el desequilibrio externo*. Tema inexistente al momento de asumir Reagan. En efecto, en 1980 Estados Unidos tenía un superávit en cuenta comercial de 9.500 millones de dólares y una situación de saldo corriente equilibrada. Al final de los ochenta, el déficit corriente fue de 110.000 millones de dólares y la deuda externa bordeaba los 460 millones de dólares, después de ser el principal acreedor de la economía mundial hasta 1981.

De este modo, la economía que encuentra Clinton se caracteriza por el siguiente conjunto de hechos estilizados:

— Saliendo de una recesión y con dificultades para crecer más allá del 2,5% anual
— Con incrementos de productividad cercanos a un menguante 1% anual, si bien la productividad manufacturera ha repuntado al 3% anual.
— Con una distribución del ingreso y la riqueza más concentrada.
— Con severas dificultades para incrementar sus tasas de ahorro e inversión
— Con un acalorado debate nacional sobre retraso en competitividad y en la calidad de la educación.
— Con tasas de inflación que, salvo recesión, se resisten a caer por debajo del 3,5% anual.
— Con un déficit federal considerable, que limita la acción de la política fiscal y monetaria y que dificulta una caída significativa en las tasas de interés.
— Con una gran capacidad para la generación de empleos, hasta el advenimiento de la recesión, si bien la mayor parte de ellos han tendido a gestarse en actividades de menores remuneraciones relativas[1].
— Con un déficit externo en declinación, producto de la recesión y de las contribuciones de guerra, pero que muestra tendencias a repuntar, en tanto se reactive la economía.
— Con un sistema bancario en crisis, obligado del auxilio estatal y urgido de una pronta reestructuración.
— Con un elevado sobreendeudamiento de gobierno, familias y empresas, aspecto que complica notablemente el accionar de la política económica, en tanto el examen del impacto de las políticas sobre la solvencia del sistema financiero pasa a ser determinante a la hora de examinar la eficacia relativa de las políticas de reactivación del crecimiento.

Finalmente, y no menos relevante, todo el cuadro anterior se dio en un momento en que Estados Unidos se esforzaba por consolidar su influencia política y militar en el concierto internacional, en un escenario de marcada tripolaridad y de construcción acelerada de bloques comerciales. Restaría, por un lado, conocer las fortalezas y debilidades relativas de los socios de la tripolar: Alemania y Japón, y por otro, examinar la tensión que impone a la economía y a la política internacional un Estados Unidos fortalecido en el ámbito político y militar, con una economía debilitada frente a sus principales competidores.

[1] Desde 1973 en adelante la economía norteamericana ha creado 35 millones de empleos. Sin embargo el mayor número de ellos radica en ocupaciones de baja calificación y bajas remuneraciones. Ello, sumado a la caída en la tasa de sindicalización, ha conducido a una caída en el salario real promedio y a ampliar las diferencias en el abanico salarial, particularmente entre calificados y no calificados.

1.8. La clintonomics: más confianza en la intervención pública

En 1992 los demócratas regresan a la Casa Blanca de la mano de Bill Clinton, quien había derrotado en las urnas al vencedor de la Guerra del Golfo; entre las razones que explican este hecho está sin duda la fuerte recesión que vivió el país en los años anteriores.

La recuperación de 1992 había sido débil (2,6% de crecimiento) y el déficit público seguía aumentando (–4,5% del PIB), por lo que Clinton presentó en 1993 un ambicioso programa de expansión económica y contención del déficit. Dicho programa constaba de tres paquetes de medidas.

La primera era un plan para reducir el déficit por la vía del aumento de los impuestos y de la reducción del gasto. Se trataba de aplicar un impuesto sobre la energía y elevar los impuestos de los contribuyentes de renta alta, para descargar en los ingresos la mitad de la reducción del déficit; la otra mitad correría a cargo de los gastos que se reducirían significativamente, en especial el gasto de defensa. Clinton consiguió sacar adelante dicho plan, pero descargando en la reducción del gasto dos tercios del esfuerzo y el aumento de impuestos tan sólo un tercio.

La segunda era un programa de estímulo a corto plazo, con una expansión del gasto destinado a proyectos de infraestructura. Sin embargo, este programa no llegó a ser aprobado habida cuenta de que la economía parecía ir recuperándose y fortaleciéndose.

La tercera era persuadir a la Reserva Federal para que iniciara una política monetaria expansiva, que compensara las reducciones del gasto y las subidas de impuestos. La citada entidad pareció compartir las ideas de Clinton y redujo los tipos de interés hasta el 3%, aunque tuvo que elevarlos de nuevo en 1994.

Estas medidas parecen haber tenido éxito si observamos la tasa de crecimiento de la economía norteamericana y el peso del déficit público durante la primera Administración Clinton (tabla 15.5).

La economía norteamericana estaba en clara expansión en 1994; la inversión aumentó; los ingresos fiscales crecieron fruto del aumento de la renta; la disminución del desempleo alentó el consumo y permitió reducir el gasto de prestaciones por desempleo; la inflación estaba controlada y el déficit público seguía bajando. Tan sólo aumentaba el déficit por cuenta corriente fruto de la apreciación del dólar.

Sin embargo, ante el temor de que el consumo recalentara la economía y la inflación se disparase, la Reserva Federal decidió subir los tipos de interés a corto plazo, lo que se tradujo en una elevación de los tipos de interés a largo plazo. Consecuencia de todo ello se desató una crisis financiera basada en las expectativas; los inversores pensaron que la subida de los tipos de interés era señal de que iba a aumentar la inflación y decidieron vender sus bonos y llevar los capitales a otros mercados. El resultado fue una depreciación del dólar ante la cual tanto los bancos centrales del G-7 como la Reserva Federal decidieron no actuar. Se aceptó la debilidad del dólar durante algún tiempo, porque entre otras cosas contribuía a controlar el déficit por cuenta corriente.

TABLA 15.5

Indicadores macroeconómicos de Estados Unidos (1992-1996)

Indicador	1992	1993	1994	1995	1996
PIB	6.244,4	6.553,0	6.935,7	7.253,8	7.576,1
Crecimiento	2,7	2,2	3,5	2,0	2,4
Inflación (IPC)	3,0	2,9	2,5	2,8	3,2
Tipo de interés	3,5	3,0	4,3	5,5	5,0
Tipo de cambio	82,5	81,4	83,6	82,7	78,2
Desempleo	7,4	6,8	6,1	5,6	5,4
Déficit público	–289,2	–254,0	–201,5	–155,9	–116,8
Déficit público/PIB	–4,6	–3,8	–2,9	–2,1	–0,9
Déficit por cuenta corriente	–61,36	–99,72	–147,77	–148,23	–165,59
Déficit por cuenta corriente/PIB	–0,9	–1,5	–2,1	–2,0	–2,1

(PIB en miles de millones de dólares corrientes; tasa de crecimiento del PIB real a precios de 1990; índice de precios al consumo con base en 1990; tipo de interés de las letras del Tesoro; tipo de cambio efectiv real con base en 1980; tasa de desempleo; déficit público por cuenta corriente en miles de millones de dólares; déficits público y por cuenta corriente en porcentaje del PIB).

FUENTE: Elaboración propia a partir de datos del FMI (1997).

Uno de los grandes logros de la Administración Clinton ha sido la reducción de desempleo, pero esto sólo puede entenderse en el contexto de un modelo laboral mu flexible, de forma que el aumento y la disminución del empleo son casi automáticos ante un aumento o reducción de la demanda agregada. Este modelo está basad en la existencia de contratos temporales y de bajos salarios, en una escasa protección por desempleo, en la libertad salarial, en un despedido barato, etc. Todo ell acompañado de una importante reducción de los salarios reales desde principios d los ochenta. De esta forma la empresas aumentaron las contrataciones en esta fas de expansión, reduciéndose así el desempleo.

Pero Clinton no ha tenido un mandato fácil. En 1994 los republicanos obtuvieron mayoría en la Cámara de Representantes, tras una elecciones legislativas en l que popularizaron su «Contrato con América». Dicho documento era un resumen d su programa electoral, de corte ultraconservador, donde se comprometían a aproba leyes que condujeran a una reducción de impuestos para las rentas medias y altas a una contracción del gasto público social, particularmente en sanidad, educació y programas asistenciales para pobres y desempleados.

Los republicanos han conseguido frenar el intervencionismo de la Administración Clinton con su mayoría en el Congreso; no sólo rechazaron las medidas de expansión económica de corto plazo, sino que impidieron la aprobación de la reform del sistema de salud pública, que pretendía extender la atención sanitaria a aquello ciudadanos que no disponían de ella, y han mantenido varios enfrentamientos con la Casa Blanca por cuestiones presupuestarias.

A pesar de todo, cuando Clinton se presentó a la reelección en 1996 la economía norteamericana estaba fuerte. La tasa de crecimiento era del 2,4%, la inflación era moderada (3,2%) a pesar del ligero aumento de los últimos años, el desempleo se había reducido hasta el 5,4%, el déficit público sólo alcanzaba el –0,9% del PIB y el déficit exterior se mantenía estable (–2,1%) gracias a la continua depreciación del dólar. En este contexto Clinton fue reelegido por cuatro años más y será, salvo acontecimientos extraordinarios, el primer presidente de los Estados Unidos del siglo XXI.

1.9. Perspectivas de futuro de la economía norteamericana

A finales de enero de 1998, y en medio de una fuerte campaña de desprestigio de su imagen personal, el presidente Clinton presentó un optimista informe sobre el Estado de la Unión. En él se afirmaba que los Estados Unidos vivían uno de los mejores momentos de su historia; el empleo crecía, el desempleo era el más bajo desde 1973, la inflación la más baja desde 1967, el Estado era el más pequeño de su historia y los déficits públicos previstos eran de 10.000 millones de dólares para 1998 y de 0 dólares para 1999. Clinton proponía presentar un presupuesto equilibrado para 1999, el primero en treinta años.

Clinton espera que en los próximos años existan superávits presupuestarios, y ante esta situación plantea la disyuntiva entre reducir impuestos o aumentar el gasto; y lo hace porque al contar los republicanos con mayoría en el Congreso, no depende exclusivamente de su decisión. Clinton tratará de convencer en los próximos años a los ultraconservadores republicanos de que es necesario reforzar el sistema de seguridad social, la asistencia sanitaria, los programas de becas educativas y la construcción de viviendas para familias de bajos ingresos.

En suma, lo novedoso de la economía norteamericana en los últimos quince años es que siendo los republicanos los que adoptaron un discurso de recuperar el crecimiento y la estabilidad económica, han sido finalmente los demócratas quienes lo han conseguido. El principal activo de la Administración Clinton es justamente un escenario de crecimiento elevado, bajo desempleo e inflación y el equilibrio del presupuesto federal, objetivos que a fines de los ochenta parecían virtualmente inabordables en un lapso tan reducido. Del mismo modo, cierta evidencia tecnológica pareciera mostrar una parcial reversión del fenómeno de deterioro en su competitividad.

2. LA ECONOMÍA LATINOAMERICANA

En este apartado vamos a ocuparnos del estudio de la economía latinoamericana, destacando los problemas que han caracterizado a la región en los últimos años y el nuevo modelo de desarrollo que se está configurando. Nos centraremos fundamentalmente en las décadas de los ochenta y los noventa, pero antes daremos un repaso a la evolución de la economía de América Latina desde la Primera Guerra Mundial, para detenernos en la década de los setenta, como etapa clave para entender las actuales economías latinoamericanas; y terminaremos con una rápida perspectiva del futuro, tratando de vislumbrar la economía latinoamericana del siglo XXI.

Pero antes de comenzar conviene aclarar a qué hacemos referencia cuando hablamos de América Latina; bajo ese nombre incluimos todos los países del Caribe y del continente americano, excluidos Estados Unidos y Canadá (aunque los países del Caribe insular en su mayoría no son de cultura latina) . Estudiamos toda la región como un bloque, porque a pesar de las diferencias entre unos países y otros, la mayoría tienen gran número de elementos comunes.

América Latina en la actualidad posee el 8,42% de la población mundial, produce el 0,6% de la producción mundial, participa con el 0,4% de las exportaciones en el comercio mundial y ocupa el 15,29% de la superficie del planeta.

2.1. Evolución histórica de la economía latinoamericana

Para entender la situación actual de América Latina creemos necesario hacer un poco de historia, y para ello nos remontaremos al período de entreguerras.

Después de la Primera Guerra Mundial comenzó de manera muy incipiente el desarrollo industrial de América Latina, adquiriendo un mayor impulso a partir de la crisis de los años treinta. Este proceso surgió como un intento de diversificar las estructuras productivas de las economías, caracterizadas por su *orientación primario-exportadora* de origen colonial.

Tras la Segunda Guerra Mundial se produjeron una serie de cambios en los mercados internacionales que afectaron de manera significativa a América Latina. Por un lado, los países industriales reestructuraron su comercio recíproco de manufacturas y buscaron la seguridad alimentaria a través de la protección y los estímulos a su actividad agrícola; ello tuvo como consecuencia la orientación hacia el mercado interno de la producción manufacturera de los países latinoamericanos. Por otro lado, los precios reales de los productos básicos exportados por la región también se deterioraron, afectando a la balanza comercial y a los ingresos fiscales, muy dependientes en esos años del valor de las exportaciones. Relacionado con estos elementos surge el fenómeno inflacionario, relativamente inédito en estos países.

Así se fue consolidando el denominado *proceso de industrialización por sustitución de importaciones,* que con todas sus imperfecciones logró transformar las estructuras productivas, aumentó el empleo industrial, estimuló un dinámico crecimiento del producto, aceleró el proceso de urbanización y posibilitó la elevación de los niveles de educación, nutrición, salud y condiciones de vivienda en las áreas urbanas; sin embargo, este proceso también acrecentó las desigualdades urbano-rurales e interregionales.

Durante los sesenta se va a producir un proceso de liberalización de las economías latinoamericanas; se trata de expandir los mercados industriales a través de tres líneas fundamentales: las reformas estructurales a nivel nacional, la creación de un mercado latinoamericano integrado y la búsqueda de mercados internacionales. Sin embargo, esta última línea tuvo escasa importancia dado que los empresarios de la región estaban atrapados en la inercia de los mercados nacionales protegidos, y dado que las empresas transnacionales que se instalan en estos países lo hacen al objeto de abastecer el mercado latinoamericano y sin vocación exportadora.

Sin embargo, a finales de los sesenta el agotamiento del modelo de industrialización orientado hacia el mercado interno comenzó a originar desequilibrios macroeconómicos. El fuerte ritmo de crecimiento de las importaciones, debido a la necesidad de bienes intermedios y de capital, fue superior al de las exportaciones, con el consiguiente déficit del sector exterior. Las finanzas del Estado también se vieron afectadas, dado el alto grado de dependencia de los impuestos al comercio exterior. Así, ante la insuficiencia de los ingresos fiscales para financiar el gasto público, los procesos inflacionarios surgidos durante los cincuenta se consolidaron y expandieron.

En estas condiciones se llegó a la década de los setenta, donde se gestaron los problemas que afectaron a las economías latinoamericanas durante los años ochenta.

2.2. La década de la crisis internacional

La crisis que afectó a los países industriales durante los años setenta, con su proceso de estanflación, tuvo unos efectos muy distintos en los diferentes países de América Latina.

El alza generalizada del precio del petróleo y de otros productos primarios favoreció el superávit comercial y el crecimiento dinámico de las economías petroleras latinoamericanas, mientras que el resto de los países no productores de petróleo de la región acusaron déficits comerciales y presiones inflacionistas.

Por otro lado, los superávits comerciales de los países petroleros generaron una abundancia de *petrodólares* que debían ser puestos de nuevo en circulación; esto originó una política de créditos baratos por parte de la banca comercial transnacional. Dichos créditos se ofrecieron a tasas de interés muy bajas, e incluso negativas si se descontaba la inflación; además, a diferencia de los créditos procedentes de los organismos de fomento multilateral, los de la banca comercial carecían de condicionalidad, es decir, no estaban condicionados a la adopción de determinados tipos de políticas. Sin embargo, estos créditos incluían unas cláusulas de tipos de interés flotantes, reajustables de acuerdo al tipo vigente al momento del pago de cada cuota, además de ser pagaderos en dólares; éste sería el *caballo de Troya* de la deuda.

Además, no sólo fueron los gobiernos de los países los que acudieron al crédito internacional, sino que también lo hicieron empresas y particulares. Así, ante las buenas expectativas de los precios de las exportaciones y la holgura financiera facilitada por la banca comercial transnacional, estos países experimentaron un proceso de endeudamiento y de fuerte crecimiento.

La abundancia de financiación internacional vino acompañada de ideas liberalizadoras que criticaron el carácter estatista, cerrado y regulado de las economías latinoamericanas; ello originó acciones privatizadoras, aperturistas y desreguladoras, al objeto de combatir las burocracias públicas ineficientes, estimular la iniciativa privada y someter a la economía latinoamericana a la prueba de la competencia internacional.

Ciertos procesos de liberalización que se llevaron a cabo siguiendo las recetas de la economía ortodoxa tuvieron efectos no siempre plausibles. La reducción del Estado generó desempleo, la exposición a la competencia internacional provocó quiebras y desindustrialización, y el apoyo a la iniciativa privada dio lugar a una legislación individualista en detrimento de los derechos sociales y sindicales. Sin embargo, otros procesos menos ortodoxos de liberalización permitieron preservar los aparatos productivos internos y aumentar la competitividad internacional de las manufacturas. El efecto de todo este proceso fue la vulnerabilidad latente de las economías latinoamericanas, endeudadas y dolarizadas, que se hizo patente durante la década de los ochenta.

2.3. La década perdida

A finales de los ochenta, América Latina se encontraba con una situación económica peor que a principios de la década. El crecimiento per cápita había sido negativo, el desempleo había aumentado, la inflación se había disparado, la deuda externa había alcanzado niveles elevadísimos, las transferencias netas de capital se habían vuelto negativas, el nivel de vida había empeorado y las tensiones sociales habían aumentado. Por estos motivos los años ochenta son conocidos en América Latina como *la década perdida*.

La economía latinoamericana presentaba un patrón de inserción externa que conducía a una especialización empobrecedora, un sistema productivo desarticulado, vulnerable, heterogéneo, concentrador del progreso técnico e incapaz de absorber el aumento de la mano de obra, y una distribución del ingreso muy concentrada y excluyente, que ponía de manifiesto la incapacidad del sistema para reducir la pobreza. Las causas de la crisis estarían ligadas al carácter rentista del modelo de desarrollo latinoamericano. A pesar de que la inyección de recursos (ahorro externo) fue mayor en los países latinoamericanos que en otros de industrialización tardía, aquéllos no alcanzaron el dinamismo de éstos, ya que gran parte de dichos recursos, en lugar de destinarse a la inversión, se derivaron hacia un consumo de imitación de patrones de los países desarrollados. Además, el modelo de desarrollo se basó en la renta de los recursos naturales, en el endeudamiento externo, en el desequilibrio financiero, con el consiguiente impuesto que suponía la inflación. Cuando estos elementos se fueron erosionando y se produjo en 1982 el colapso de la deuda externa, el patrón de desarrollo no pudo prolongarse.

Hasta los años ochenta los sectores que habían dinamizado el crecimiento de las economías latinoamericanas eran el sector exportador de productos primarios y la industria manufacturera orientada hacia la demanda interna; sin embargo, durante esta década dichas fuentes de dinamismo tendieron a perder fuerza e incluso a agotarse.

La caída de los precios internacionales de las materias primas, consecuencia de un cambio en la estructura de la demanda de productos básicos, propició la disminución de las cifras de las ventas externas. Este hecho forzó un aumento del volumen de producción para mantener el mismo nivel de ingresos y poder pagar los servicios de la deuda externa, que empezaban a crecer de forma acelerada; la consecuencia fue la inundación del mercado de productos básicos, retroalimentando así la caída de los precios. Esto explica el escaso dinamismo que el sector exterior imprimió al crecimiento económico.

El grado de industrialización, es decir, la participación de la industria manufacturera en el PIB, también disminuyó para el conjunto de la región, desde el 25,2% en 1980 al 23,3% en 1990. La explicación de este fenómeno se encuentra fundamentalmente en la limitación del mercado interior hacia el que se orienta la producción; este hecho se encuentra relacionado con la desigual distribución del ingreso en la región, que limita el crecimiento de la demanda efectiva interna. Así pues, el sector industrial tampoco fue capaz de dar dinamismo al crecimiento.

Bajo estas circunstancias, el PIB de la región creció un 16,3% entre 1981 y 1991; sin embargo, el crecimiento de la población fue de casi un 24%. Estos hechos explican las tasas negativas de crecimiento del PIB per cápita para la mayoría de los países, que para el conjunto de la región fue del –0,9% anual, contrastando el decrecimiento económico acumulado del –8,1% entre 1981 y 1991 con el crecimiento acumulado del 34,3% de la década anterior.

La inflación fue durante los años ochenta uno de los principales problemas de América Latina, por cuanto desestabilizó las economías, perjudicó al sector exterior y empeoró los niveles de vida. La inflación de muchos países llegó a alcanzar en 1990 niveles insospechados (Argentina, 1.344%; Brasil, 1.585%; Nicaragua, 13.490%; Perú, 7.650%). Este fenómeno de crecimiento de los precios por encima del 1.000% es conocido con el nombre de *hiperinflación*, y presenta unas características propias distintas de la inflación de los países desarrollados.

Las causas que explican la persistencia y aceleración de la inflación latinoamericana durante este período son muy diversas, unas comunes a la mayoría de los países y otras específicas de algunos de ellos. Entre las causas comunes de la persistencia tenemos el rezago temporal y el sobreajuste periódico de los precios. Al existir precios vinculados a contratos a término, como salarios y arrendamientos, cuando se renegocian los sujetos tienden a recuperar el poder adquisitivo perdido con la inflación pasada y a protegerse de la futura. Lo mismo ocurre con los precios vinculados a regulación oficial, como el tipo de cambio y las tarifas de los servicios públicos. Por tanto, el rezago y el sobreajuste generan una espiral inflacionista en la que participan las expectativas sobre la inflación.

Otra de las causas comunes de la persistencia es el diferente ritmo de crecimiento de la productividad. Ante un aumento de la productividad en un sector, éste no se traduce en una disminución de los precios, sino en un aumento de los salarios, forzando el alza de éstos en sectores con menor crecimiento de la productividad. Este aumento de los costes salariales, no unido a un aumento de la productividad, se traslada a los precios, haciendo perder poder adquisitivo a los asalariados. Este hecho, a su vez, genera un aumento de la presión al alza de los salarios, originándose otra espiral inflacionista.

Las dos causas anteriores justifican la persistencia, pero no la aceleración de la inflación. Durante los ochenta las economías latinoamericanas se enfrentaron a una reducción de sus ingresos internos, consecuencia fundamentalmente de la crisis de la deuda y de la caída de los precios de los productos primarios; el comportamiento de los gobiernos fue la aplicación de políticas compensatorias para evitar una violenta contracción de la producción y el empleo, aun a expensas de una aceleración de la inflación.

Entre las causas particulares de la inflación de algunos países latinoamericanos está la expansión monetaria; ésta se empleó para provocar un aumento de la demanda efectiva, bajo la creencia de que no repercutiría en la inflación dado el alto nivel de desempleo (Perú, 1985-1988). También el aumento del tipo de cambio, por liberalización de controles, desató presiones reprimidas que participaron en la espiral inflacionista cambio-precios-salarios (México, 1982-1988; Venezuela, 1989). El efecto de la ayuda externa a las guerrillas provocó dificultades en el mantenimiento de una política fiscal, monetaria y de tipo de cambio, al tiempo que dolarizó la economía (El Salvador, Nicaragua).

La inflación también se acelera automáticamente cuando la tasa alcanza un determinado nivel de tolerancia. Cuando esto ocurre, las organizaciones obreras presionan para obtener aumentos salariales antes del vencimiento de sus contratos; se reduce así el intervalo de ajuste, de un año a seis meses, a tres meses, a un mes, a una semana, a un día. A medida que se acorta el intervalo no existen indicadores para el ajuste, por lo que se suele recurrir a la cotización de una moneda extranjera, el dólar (Argentina, Bolivia, Brasil, Nicaragua, Perú).

A todas estas causas pueden sumarse los efectos de la deuda externa privada. Al hacerse cargo los gobiernos de la deuda privada se vieron obligados a obtener de algún modo los recursos, en moneda nacional, equivalentes a los enviados al exterior como pago de este servicio; el procedimiento más usual fue la emisión monetaria a favor del fisco (Brasil).

Por otro lado, el crecimiento demográfico, junto con la gradual incorporación de la mujer al mercado de trabajo, provocó un crecimiento del 2,8%, en promedio, de la población económicamente activa. Este hecho motivó un aumento del desempleo, si bien éste no fue proporcional a la contracción del nivel de actividad económica. La consecuencia fue una disminución de la productividad por trabajador y un rápido crecimiento de la economía informal. Además, la existencia de islotes de modernización productiva, asociados a la producción de bienes no tradicionales, contribuyó a la segmentación del mercado de trabajo.

La falta de dinamismo económico, el desempleo y el subempleo, el crecimiento de los sectores informales, el deterioro del salario real, junto con las restricciones del gasto público, contribuyeron al deterioro de los niveles de vida, al surgimiento de tensiones sociales y al aumento de la pobreza extrema y de la delincuencia.

En el caso de la pobreza, entre 1980 y 1990 el aumento fue tal que erosionó todos los logros de la década de los setenta, pasando de representar el 35% de los hogares latinoamericanos en 1980 al 41% en 1990, concentrándose este aumento esencialmente en las zonas urbanas, aunque el problema siguió siendo más grave en las rurales. También la indigencia o pobreza extrema vio aumentar sus porcentajes del 15% al 18% en el mismo período, afectando con mayor gravedad a las zonas rurales. Entre los países latinoamericanos de los que se disponen datos para 1990 con mayores niveles de pobreza e indigencia destacan Honduras, con valores del 75% y el 54%, respectivamente, o Guatemala, con valores del 63% y el 37%; por el contrario destaca el caso de otro país centroamericano, Costa Rica, que presenta los menores niveles de pobreza e indigencia de América Latina[2] con el 24% y el 10%, respectivamente. Como consecuencia de toda esta situación, se ha producido una creciente migración hacia las zonas ricas del continente americano, Estados Unidos y Canadá. Dichos movimientos migratorios han de sumarse a los causados por motivos políticos y militares, como es el caso de los refugiados y desplazados de Centroamérica.

En el plano financiero, en 1982 estalló la crisis de la deuda; en ese año el Gobierno mexicano, al no poder hacer frente a sus compromisos con la banca comercial transnacional, se vio obligado a declarar una moratoria en el pago de la deuda[3]. La deuda externa latinoamericana desembolsada, que en 1978 era de 150.893 millones de dólares, alcanzó en 1982 los 351.383 millones, llegando en 1990 a los 443.049 millones. Entre los países que desembolsaron en 1990 una mayor deuda se encontraban Brasil (123.910 millones de dólares), México (101.900), Argentina (62.233), Venezuela (32.163), Perú (20.787), Chile (17.319) y Colombia (17.312); la deuda pasó de representar el 24,37% del PIB latinoamericano en 1980, al 43,96% en 1990.

La explicación de esta crisis no se encuentra tanto en el *principal* de la deuda (su valor nominal), como en el *servicio* de ésta (intereses y otros gastos). A principios de los ochenta la Administración Reagan impuso una política de restricción monetaria que provocó la elevación de los tipos de interés internacionales y una apreciación del dólar. Las cláusulas de los créditos concedidos a los países latinoamericanos estipulaban que el pago de la deuda se realizaría en dólares y que las tasas de interés aplicables serían las vigentes a nivel internacional. Los efectos de las medidas adoptadas por los Estados Unidos fueron desastrosos para América Latina. En primer lugar, se produjo un aumento directo del volumen de la deuda pública externa. En segundo lugar, los estados tuvieron que hacerse cargo de gran parte de la deuda privada externa, ya que de no haberlo hecho así hubiese supuesto la quiebra de miles de empresas, con los consiguientes efectos económicos. Y en tercer lugar, los ca-

[2] Se consideran *pobres* aquellos hogares cuyos ingresos están por debajo de dos veces el precio de una canasta básica, e *indigentes* los que poseen unos ingresos que no permiten adquirir dicha canasta básica.

[3] Aunque fue Costa Rica el primer país latinoamericano en declarar una moratoria en el pago de la deuda en 1981, fue la moratoria mexicana la que desató un comportamiento similar en el resto de la región.

pitales internacionales encontraron más rentable dirigirse hacia la economía norte americana, comportamiento que fue imitado por capitales nacionales, dando lugar una importante *fuga de capitales*. El resultado fue el aumento directo e indirecto d la deuda externa y la descapitalización de estas economías.

La imposibilidad de hacer frente al pago de la deuda obligó a los países a rene gociar ésta, dándose la paradoja de tenerse que endeudar aún más para poder paga la deuda. Sin embargo, la negociación se produjo entre partes desiguales: mientra los bancos comerciales formaban un cartel de acreedores, los países se vieron obl gados a negociar de uno en uno.

En el plano comercial, el volumen de las exportaciones en 1980 era de 103,4 m les de millones de dólares y representaba el 5,5% de las exportaciones mundiales mientras que en 1990 era de 157,1 miles de millones y representaba el 3,8%; otr tanto puede decirse del volumen de las importaciones, que pasó del 5,9% en 198 al 3,9% en 1990. Estas cifras revelan, por un lado, la contracción del nivel de act vidad económica, y por otro, un deterioro de la capacidad negociadora de la regió frente a terceros. Pero ante todo constata un hecho: la pérdida de importancia rela tiva de América Latina en la economía mundial. Además de ello, destaca la pérd da de capacidad de compra de las economías latinoamericanas, expresada en los té minos de intercambio; para el caso de América Latina, se observa cómo los precic de las importaciones han aumentado más deprisa que los de las exportaciones, pr duciéndose un deterioro de los términos de intercambio durante los años ochenta que pasan de un índice 139 en 1980 al índice 100 en 1990.

Las causas de estos hechos se encuentran en factores externos, pero también e factores internos, como la política comercial aplicada durante la década.

En un primer momento, y como respuesta a la crisis de la deuda y a la caída d los precios de los productos primarios, los gobiernos optaron por aplicar política comerciales de controles directos, con devaluaciones del tipo de cambio, controle cambiarios, aumento de aranceles y recargos sobre los derechos de importación, mayor uso de las barreras no arancelarias y controles cuantitativos. Esta polític consiguió generar un superávit comercial, no sin una importante contracción de la importaciones y de la actividad económica. Pero a mediados de la década, al poners de manifiesto la ineficacia de las medidas adoptadas, tuvo lugar un proceso de l beralización del sector exterior, que tuvo como consecuencia una fuerte expansió de las exportaciones, en especial la de productos no tradicionales; y así aumenta ron las exportaciones de flores de Colombia, de frutas de Chile o de camarones d Ecuador.

Las graves restricciones financieras soportadas por las economías latinoame ricanas durante el período condujeron al debilitamiento del Estado. Como consecuenc de la recesión, los ingresos fiscales se vieron reducidos, hecho éste que motivó ur serie de reformas fiscales. Los gastos crecieron de manera significativa, en especia por la carga que supuso la deuda externa e interna, influida por la subida de los t pos de interés y la revalorización del dólar. La reducción de los ingresos fiscale y el aumento de los gastos dieron lugar al crecimiento del déficit público, que s tradujo en una reducción de dos partidas de gastos, la inversión pública y los ga tos sociales. Dicha restricción tuvo un alto coste social. Todo este proceso desembocó en la liberalización del sector público, caracterizada por la reducción de la reglamentación, la licitación de concesiones y la privatización de empresas públicas.

La inversión, variable clave para el desarrollo económico, sufrió un fuerte descenso durante los ochenta. La formación bruta de capital cayó desde el 30,2% en 1980 al 20,1% en 1990, alimentando de esta manera la recesión de la actividad económica. El deterioro de los términos de intercambio, el servicio de la deuda y la reducción de los ingresos netos de capital externo, redujeron la disponibilidad de recursos netos externos susceptibles de ser invertidos. La fuga de capitales también drenó las posibilidades internas de inversión. Ante la mala situación económica de la región muchos capitales salieron al exterior buscando mayor seguridad y rentabilidad; ello motivó una política de represión financiera basada en mecanismos de ahorro forzoso que tuvieron como consecuencia la reducción de las disponibilidades de crédito para el sector privado. El déficit fiscal y las distintas formas de financiarlo también incidieron negativamente en la inversión pública y privada. Ante la disminución de los ingresos y el aumento de los gastos fiscales, una de las partidas que se sacrificó, en aras a reducir el déficit, fue la inversión pública. Mientras tanto, la emisión de títulos de deuda pública elevó los tipos de interés y las expectativas de impuestos futuros, desalentando así la inversión privada; en otros casos, la emisión de dinero estimuló la demanda, la inflación y la crisis cambiaria, repercutiendo de esta forma en la inversión.

2.4. La década de las reformas

Los años noventa han constituido, sin duda, una década de reformas en la economía latinoamericana; aunque muchos países se unieron al reformismo durante la segunda mitad de los años ochenta, no es hasta principios de los noventa cuando las reformas se implantan de una forma generalizada en toda América Latina.

La nueva década supuso el triunfo de las recomendaciones del FMI y del Banco Mundial, conocidas como el *Consenso de Washington.* Estos dos organismos, liderados por economistas neoliberales, han contribuido con su influencia política y su apoyo financiero a la implementación a lo largo y ancho de América Latina de diversas políticas de estabilización y ajuste estructural.

Podemos definir como *políticas de estabilización,* aquellas medidas de corto plazo que tienden a favorecer la recuperación de los principales equilibrios macroeconómicos (equilibrio exterior, equilibrio presupuestario, equilibrio en el mercado de capitales, equilibrio en el mercado de trabajo y equilibrio en el mercado de bienes y servicios).

Por el contrario, serían *políticas de ajuste estructural,* aquellas medidas de largo plazo que tienden a reducir o eliminar las distorsiones existentes en una economía (regulación de precios, salarios, tipos de cambio e interés, monopolios, aranceles, impuestos...), ya que impiden el buen funcionamiento de los mercados y, por tanto, una asignación eficiente de los recursos.

En un primer momento, el FMI defendió la necesidad de que las economías recuperasen sus equilibrios macroeconómicos a la mayor brevedad posible, recomendando para ello una serie de políticas de estabilización; recomendaciones que se convirtieron en condiciones en el caso de que los países latinoamericanos firmasen acuerdos de contingencia con los que obtener créditos de este organismo. El FMI consiguió así que, unas ya en los ochenta y otras en los noventa, casi todas las economías latinoamericanas aceptasen aplicar políticas de estabilización más o menos ortodoxas. Los éxitos de las dichas medidas son incuestionables.

Tras el éxito de la estabilización, y dado que las economías latinoamericanas necesitaban generar las divisas con que hacer frente al pago de la deuda, éstas precisaban de una estrategia de crecimiento que les permitiera aumentar sus exportaciones, y aquí fue donde el Banco Mundial tuvo un papel esencial. Este organismo se encargó de promover una estrategia de desarrollo basada en el fomento de las exportaciones y del mercado; con ello se trataba de compensar los excesos intervencionistas y proteccionistas de la política de industrialización por sustitución de importaciones, a la que se responsabilizaba de la crisis de los ochenta. El Banco Mundial otorgó importantes créditos a todos los países que aceptaron aplicar sus Programas de Ajuste Estructural (PAE), que no eran más que un completo paquete de medidas encaminadas a eliminar las distorsiones generadas por la intervención y permitir un ortodoxo funcionamiento del mercado, garantizando así una orientación exportadora de las economías latinoamericanas.

La aceptación por parte de los gobernantes latinoamericanos de las recomendaciones del FMI y del Banco Mundial, a las que tanto se habían opuesto en décadas anteriores, está íntimamente ligada a la crisis de la deuda. Cuando los distintos países comenzaron a renegociar sus deudas con la banca comercial internacional, ésta puso como condición la firma de acuerdos de contingencia con el FMI y de ajuste estructural con el Banco Mundial; había surgido así la denominada *condicionalidad cruzada*. De esta forma, las reformas se convirtieron en el objetivo principal de la política económica latinoamericana de los años noventa.

La implementación de políticas reformistas en los países latinoamericanos ha permitido que se vaya configurando un modelo de desarrollo orientado hacia el mercado que podríamos denominar modelo reformista[4].

El eje central del nuevo modelo económico es la *liberalización del comercio exterior*; ésta se basó en el desmantelamiento más o menos acelerado de las barreras arancelarias y no arancelarias y, por ende, en la depreciación del tipo de cambio (tipo de cambio real efectivo). La exigencia de la depreciación se apoyó en la necesidad de generar un superávit comercial con el que hacer frente al pago de la deuda, al tiempo que hizo más baratos los productos exportables. El desarme arancelario condujo a un abaratamiento de las importaciones, pero la depreciación de tipo de cambio la

[4] En todo este apartado seguiremos la excelente síntesis que hace de dicho modelo V. Bulmer-Thomas (1996). Otro autor, S. Edwards (1997), hace un análisis parecido sólo que identifica como un eje más la privatización del sector público empresarial, en lugar de la atracción de capitales extranjeros; este análisis es el mismo que se sigue en los estudios del Banco Mundial, donde este autor trabajó durante años.

encareció, por lo que no se produjo un aumento desproporcionado de las mismas. El mayor estímulo lo recibieron, por tanto, las exportaciones, en virtud del cambio en los precios relativos de los bienes exportables; de esta forma, la exportaciones se convirtieron en el motor de un crecimiento económico orientado hacia afuera.

Sin embargo, el efecto de la variación de los precios relativos de los productos consecuencia de la apertura comercial, podía desaparecer si persistía una inflación elevada, por lo que el control de la inflación ha sido otro elemento crucial en la estrategia de liberalización comercial. Y esto enlaza con el segundo de los ejes del nuevo modelo económico, la *reforma del Estado.*

El primer paso de la reforma del Estado fue la reforma de los Bancos Centrales, de forma que permitieran la aplicación de una política monetaria ortodoxa, evitando así la monetización del déficit. El siguiente paso fue la reducción del propio déficit fiscal, lo que condujo a la reducción de gastos, al aumento de ingresos y a la privatización del sector público empresarial.

La reducción de gastos estuvo dirigida, por un lado, hacia la reducción tanto del personal que trabajaba directamente para el Estado, como a la congelación de sus salarios; por otro lado, se produjeron importantes recortes presupuestarios, particularmente en gastos sociales, derivando gran parte de la protección social hacia la sociedad civil. La reforma de los sistemas de pensiones, enormemente deficitarios, y su acercamiento hacia diferentes modelos de capitalización, ha sido otra de las medidas destinadas a la reducción del gasto público.

La apertura comercial había debilitado las arcas del Estado ante la reducción de los impuestos de importación y eliminación de los de exportación, por lo que la reforma del sistema impositivo se convirtió en una necesidad. Por su poder recaudatorio, su automatismo y su neutralidad en la distribución del ingreso, el impuesto de ventas pasó a ser la pieza clave del nuevo sistema impositivo; los impuestos directos ocuparon un lugar secundario debido a sus efectos distorsionadores sobre la distribución de ingreso, su desincentivo a la inversión, su incentivo al fraude y su menor poder recaudatorio ante la abundancia de clases bajas y la escasez de clases medias.

La *privatización* del sector público empresarial fue recomendada por tres razones. En primer lugar, se considera buena en sí misma, ya que se supone que el mercado asigna más eficientemente los recursos que el Estado y que el sector privado es mucho más productivo que el sector público. En segundo lugar, al privatizar empresas se obtienen importantes ingresos a corto plazo, por la venta de los activos, y a largo plazo, por los impuestos recibidos procedentes directa o indirectamente de las actividades de las empresas privatizadas. Y en tercer lugar, la privatización supone una reducción de gastos públicos al suprimirse la continuas subvenciones recibidas por el sector público empresarial, bien para cubrir pérdidas, bien para nuevas inversiones.

Sin embargo, esta reforma del Estado, y particularmente las privatizaciones, condujeron al despido de trabajadores, ya que se atribuye parte de la ineficiencia del sector público a la excesiva mano de obra empleada en él. Al mismo tiempo, las empresas necesitaban hacer frente a la competencia internacional, tanto dentro como fuera de las fronteras nacionales, y para ello requerían del abaratamiento del coste del uso de la mano de obra, por lo que la *reforma del mercado de trabajo* se constituyó en el tercer eje del nuevo modelo económico.

La reforma del mercado de trabajo perseguía la reducción del coste del uso del factor trabajo y creación de empleo. El abaratamiento de la mano de obra es otra de las necesidades de la apertura comercial para hacer los productos, exportables e importables, más competitivos, pero al mismo tiempo contribuye a paliar la pobreza, por la vía del empleo, al tratarse de una producción intensiva de mano obra. Esta reforma se ha basado en la eliminación de gran número de requisitos para la contratación y el despido, la proliferación de formas de contratación temporal y a tiempo parcial, la reducción de las contribuciones sociales obligatorias de las empresas, y en el abaratamiento del despido. Sin embargo, el hecho de que las empresas se decidieran a contratar más trabajadores tras la reforma, dependía del tipo de tecnología empleada, intensiva en capital o en trabajo, y del precio relativo del capital; ello entronca con el cuarto eje del nuevo modelo económico, la *liberalización del sistema financiero* y del mercado local de capitales.

La reforma del sistema financiero se basó en la eliminación de las regulaciones y restricciones, de forma tal que se han elevado las tasas pasivas de interés y se ha fomentado el ahorro local, disuadiendo a un tiempo la fuga de capitales. A la vez se producía un aumento en las tasas activas de interés, encareciendo de esta forma el factor capital y favoreciendo las actividades productivas intensivas en mano de obra en detrimento de las intensivas en capital. Sin embargo, la liberalización del sistema financiero no hubiese estado completa si no se liberalizaban también los *movimientos internacionales de capitales,* ya que éstos se convirtieron en un estímulo a la competitividad de la banca nacional y permitieron el acceso de las grandes empresas al crédito internacional. Pero la atracción de capitales extranjeros, como quinto eje del nuevo modelo económico, requería no sólo de la eliminación de restricciones de movilidad, sino que también el desarrollo de los mercados de valores y la estabilidad política y macroeconómica fueron importantes.

Se supone que el desarrollo económico bajo este modelo vendrá dado por la restauración de un crecimiento sostenido, cuyos efectos se irán distribuyendo por toda la economía y por toda la sociedad, mejorando el nivel y la calidad de vida de la población. Se trata, por tanto, de un modelo neoliberal que confía en que el libre funcionamiento del mercado, sin las distorsiones que genera la intervención excesiva del Estado, provocará un proceso de crecimiento sostenido que terminará por distribuir sus frutos a lo largo y ancho de la economía latinoamericana.

Si observamos los indicadores económicos a mediados de los años noventa, podemos comprobar como éstos ya se han recuperado. La economía latinoamericana, lejos de decrecer, crece a ritmos desconocidos desde hacía años. La tasa media acumulada de crecimiento del PIB per cápita para la región entre 1990 y 1995 fue de 1,4%, destacando las de Chile (5,3%), Argentina y Perú (3,3%) o Uruguay y El Salvador (3,2%); tan sólo unos pocos países con características muy peculiares (Cuba, Haití y Nicaragua) presentan tasas de crecimiento negativas.

Los programas de estabilización macroeconómica han conseguido reducir la inflación y el déficit público. Con una inflación moderada, que como media estaría en torno al 18% en 1995, cuando en 1990 se encontraba alrededor del 1.186%, la hiperinflación ha sido desterrada; la inflación más alta en 1995 fue la de México (52%) tras la crisis financiera de 1994, y la más baja la de Panamá (0,8%); destacan las reducciones de inflación de Nicaragua (de 13.490% a 11%), Brasil (de 1.585% a 22%), Argentina (de 1.344% a 1,6%) y Perú (de 7.650% a 10%). El déficit público también se ha reducido significativamente, de forma que en 1995 había países con superávits (Chile, México, Paraguay y Panamá) y con equilibrio presupuestario (Argentina, Perú, El Salvador, República Dominicana y Ecuador); tan sólo destaca el déficit de Brasil (13,3%) tras una política macroeconómica muy heterodoxa.

Sobre la recuperación de los niveles de empleo, el comportamiento ha sido muy desigual según los países, por lo que no parece que el dinamismo económico se esté traduciendo directamente en un aumento generalizado del empleo urbano; aunque algunos estudios apuntan la posibilidad de que el aumento del empleo se haya concentrado en las zonas rurales donde se producen los principales bienes de exportación, responsables del citado dinamismo. Sí parece que se reducen ligeramente los niveles de pobreza e indigencia, del 41% al 39% y del 18% al 17%, respectivamente, entre 1990 y 1994, para el conjunto de la región; sin embargo, dicha reducción varía de unos países a otros: destacan la reducción de la pobreza y la indigencia en Chile, que han pasado del 33% y 11%, respectivamente en 1990, al 24% y 7% en 1994, lo que pone de manifiesto que la implementación de las políticas reformistas a largo plazo terminan por generar efectos sociales positivos, a pesar de los efectos negativos de dichas políticas a corto plazo.

La deuda no parece ser a finales de los noventa un problema grave para América Latina; a pesar de que la región posee el mayor nivel de endeudamiento de su historia (598.483 millones de dólares) y que el peso de la deuda ha pasado de ser casi el 44% del PIB al 51% entre 1990 y 1995, la relación entre los intereses de la deuda y las exportaciones han pasado de representar del 23,5% al 15,5%, por lo que la generación de divisas vía exportaciones (255.200 millones de dólares en 1995) está permitiendo el pago de la deuda sin importantes estrangulamientos; dicho aumento de las exportaciones viene motivado por una mejora generalizada de los términos de intercambio de las economías latinoamericanas. A todo ello hay que añadir la inversión de las transferencias netas de recursos, que gracias a las entradas de inversiones extranjeras, vuelven a ser positivas, pasando de los –17.600 millones de dólares de 1990 a los 18.500 millones de 1995. También contribuye al fácil pago de la deuda el hecho de los tipos interés internacionales hayan pasado de valores superiores al 8% en 1990 a valores inferiores al 4% en 1995, alcanzando mínimos históricos de los últimos treinta años.

Sin embargo, la recuperación de la formación bruta de capital es lenta, tan sólo ha pasado del 20,1% del PIB en 1990 al 22,8% en 1995; ello guarda sin duda relación con el hecho de que un importante volumen de las inversiones extranjeras son inversiones a corto plazo, de carácter especulativo y enormemente volátiles, como se puso de manifiesto en las crisis financieras mexicana y argentina de finales de 1994 y principios de 1995, con sus efectos tequila y tango.

2.5. Perspectivas de futuro

Los años noventa han devuelto la esperanza a la región, y ahora América Latina enfrenta el reto de la competitividad de cara al siglo XXI. El crecimiento sólo será sostenible si se apoya en una *competitividad auténtica,* una competitividad basada en el aumento de la productividad y no en unos bajos salarios o en la abundancia de recursos naturales; y dicha productividad depende a su vez de la calidad de su capital humano y de la incorporación de nuevas tecnologías al aparato productivo.

Pero el crecimiento no es suficiente. América Latina ha de invadir el *casillero vacío del desarrollo,* donde dicho crecimiento es compatible con la mejora de la equidad y donde ésta retroalimenta el crecimiento. La competitividad, la tecnología, la educación y la equidad son retos de la región para el siglo XXI, y de la superación de los mismos dependerá la sostenibilidad del crecimiento y las posibilidades del desarrollo de América Latina.

3. LOS PROCESOS DE INTEGRACIÓN DE LAS AMÉRICAS

Desde que Simón Bolívar lanzara la idea del panamericanismo, muchos han sido los procesos de integración regional iniciados y muy pocos los logros cosechados. La integración regional cobró protagonismo cuando, en los años cincuenta, la CEPAL la recomendó como parte de la estrategia de industrialización por sustitución de importaciones; surgieron así, y se fueron consolidando durante la décadas de los sesenta y setenta, varios procesos de integración entre diferentes países del continente americano y del Caribe (ALALC, Pacto Andino, MERCOMÚN, CARIFTA).

Sin embargo, los nacionalismos existentes, el agotamiento del modelo de industrialización por sustitución de importaciones y la crisis de la deuda terminaron por erosionar los logros alcanzados en décadas anteriores y pusieron en cuestión las bondades del la integración regional.

A finales de los ochenta y en concordancia con el liberalismo económico imperante, el presidente de los Estados Unidos, George Bush, lanza la *Iniciativa para las Américas,* un ambicioso programa, no de integración regional propiamente dicha, sino de creación de un área de libre comercio desde Alaska hasta Tierra de Fuego. Se trata de favorecer los intercambios comerciales entre todos los países del continente americano bajo la filosofía del libre comercio y sin pretensiones de integración regional supranacional.

El modelo de esta propuesta es el acuerdo de libre comercio firmado entre Canadá y Estados Unidos (NAFTA), al que se adhirió México a principios de los noventa y al que Chile ha intentado adherirse sin éxito.

Con un enfoque diferente, ya que aspira a convertirse con el tiempo en un proceso de integración regional, pero con la misma filosofía del libre comercio, nace también a principios de los noventa MERCOSUR, un tratado de libre comercio entre Argentina y Brasil, al que luego se adhirieron Uruguay y Paraguay.

En esta misma línea se han revitalizado otros procesos de integración ahora bajo la bandera del libre comercio (ALADI, MERCOMÚN, CARICOM, Pacto Andino) y se han firmado diferentes acuerdos comerciales, lo que pone de manifiesto el triunfo del libre cambio como modelo de integración.

La filosofía librecambista de este tipo de acuerdos comerciales de los noventa ha sido sintetizada por la CEPAL en su propuesta de *regionalismo abierto,* expresión con la que se quiere compatibilizar la apertura comercial generalizada de los países latinoamericanos con el trato preferencial que se otorga bajo el arrope de un proceso de integración. Así la CEPAL apuesta por formas de integración, que respetando el libre comercio mundial, hagan éste aún más libre dentro del área de integración y cuyo desarrollo institucional venga marcado por las exigencias del desarrollo del mercado.

Una versión actualizada de la Iniciativa para las Américas, y compatible con la propuesta de regionalismo abierto, lo constituye el ALCA, un intento de constitución del Área de Libre Comercio de las Américas, que se viene negociando desde mediados de los noventa.

a) *La NAFTA*

El Acuerdo de Libre Comercio de Norteamérica, o NAFTA, o TLC, está formado por Estados Unidos, Canadá y México, y surge en 1994 tras la adhesión de México al tratado de libre comercio establecido en 1989 entre Canadá y Estados Unidos. La NAFTA agrupa a 384.500 millones de habitantes, en una superficie de 21,298 millones de km^2, y genera 7,78 billones de dólares de PIB. Lo más novedoso de este acuerdo de integración regional, y que marca un cambio en el modelo de integración, es el hecho de que lo forman dos países desarrollados y uno subdesarrollado; hasta este acuerdo los modelos de integración partían del supuesto de que los países tenían similares niveles de desarrollo. Esto puede deberse al hecho de que no tiene vocación de ser más que una zona de libre mercado, por lo que no es necesaria una homogeneidad previa a la integración.

La NAFTA pretende liberalizar la relaciones económicas entre los países miembros, permitiendo en no más de 15 años la libre circulación de capitales, bienes y servicios; y para ello se han establecido reducciones mutuas y progresivas de barreras arancelarias y no arancelarias, y de las limitaciones impuestas a las inversiones extranjeras. Los intereses de México en la NAFTA son las inversiones norteamericanas que puede obtener, mientras que Canadá y Estados Unidos, sobre todo éste, se aseguran la reserva de un importante mercado, al tiempo que generan empleo en las zonas de donde procede gran parte de la inmigración que reciben.

b) *El MERCOMÚN*

El Mercado Común Centroamericano (MERCOMÚN o MCCA) es un acuerdo de integración regional constituido por Guatemala, Nicaragua, El Salvador, Costa Rica y Honduras. El MERCOMÚN agrupa a 30 millones de habitantes, en una superficie de 423.000 km^2, y genera un PIB de 39.041 millones de dólares. Dicho acuerdo nació en 1960 como una zona de libre comercio con vocación de convertirse en un mercado común. Aunque sólo logró ser una unión aduanera, con un arancel exterior común y una reducción de los aranceles internos, sí ha tenido un importante desarrollo institucional y su vocación integradora es clara.

Los primeros resultados del acuerdo fueron muy positivos, pasando de un comercio intrarregional de 36 millones de dólares en 1960 a los 1.000 millones en 1980. Sin embargo, la crisis política y económica que atravesó Centroamérica durante los años ochenta paralizó este acuerdo y redujo significativamente los intercambios; por otro lado, la aplicación de políticas de liberalización comercial en casi todos los países, la reforma y posterior no aplicación generalizada del arancel exterior común y la continua invocación de cláusulas de salvaguardía, han hecho que en la actualidad el MERCOMÚN funcione más como un área de libre comercio que como una unión aduanera, a pesar de los intentos de revitalización institucional surgidos desde 1990.

c) El CARICOM

El Mercado Común Caribeño (CARICOM) se constituyó en 1973 como un paso más en el proceso de integración del Área de Libre Comercio del Caribe (CARIFTA); constituyen el CARICOM las islas caribeñas de Antigua y Barbuda, Bahamas, Barbados, Dominica, Granada, Jamaica, Montserrat, St. Kitts y Nevis, Santa Lucía, San Vicente y las Granadinas, Trinidad y Tobago y los territorios continentales de Guyana y Belice. El CARICOM agrupa a una población algo superior a los 5 millones de habitantes, en una superficie de poco más de 147.000 km^2 y genera un PIB de 15.983 millones de dólares.

Tal vez lo más relevante de este acuerdo de integración sea, por un lado, la flexibilidad del tratado (diferentes ritmos de aplicación de las cláusulas, integraciones parciales más intensas, moneda común en parte de la región...) y, por otro, la separación física entre los países, porque el intercambio intrarregional es muy escaso (máximo intercambio histórico, 380 millones de dólares en 1982) y la mayor parte de las relaciones comerciales de cada país son con los Estados Unidos; esto último se debe a que la Iniciativa para la Cuenca de Caribe favorece por medio de un acuerdo preferencial las relaciones comerciales con este país. Este acuerdo, además de contar con un arancel exterior común y un desarme arancelario intrarregional, ha tenido un importante desarrollo institucional (sistema de crédito y seguro común, banco central y moneda común en parte del territorio, armonización fiscal, cooperación y homogeneización funcional en educación, salud, deportes, cultura, medio ambiente, derechos civiles, asentamientos humanos, relaciones exteriores...).

Sin embargo, los años ochenta supusieron también un retroceso en el proceso de integración, el comercio intrarregional se contrajo en un 63% y el sistema de compensación de pagos dejó de funcionar por problemas de endeudamiento. A comienzos de los noventa se retomaron de nuevo los esfuerzos por revitalizar el CARICOM (reforma del arancel exterior común, aceleración del desarme arancelario interno, restablecimiento del sistema de compensación de pagos, mayor armonización legislativa, libre circulación de personas, incentivos al desarrollo de un sistema intrarregional de transportes, preparación de una moneda común...).

d) *La ALADI*

La Asociación Latinoamericana de Integración (ALADI) surge en 1980 como transformación de la Asociación Latinoamericana de Libre Comercio (ALALC) y está formada por todos los países latinoamericanos de América del Sur (Colombia, Venezuela, Ecuador, Bolivia, Perú, Brasil, Chile, Argentina, Paraguay y Uruguay) y México. Este asociación se crea con el objeto de ir más allá de la conformación de una zona de libre comercio, para crear a largo plazo un mercado común latinoamericano.

Se trata de un proceso de integración flexible, en el que existe una preferencia arancelaria regional y la posibilidad de firmar acuerdos parciales en los que sólo participan algunos de sus miembros (Pacto Andino, MERCOSUR, Grupo de los Tres...). A lo único que obliga la ALADI es a regular el comercio recíproco y a desarrollar acciones para la cooperación de mercado.

Este acuerdo se ha revitalizado también desde principios de los noventa y de él destacan su flexibilidad y el número de países que lo forman; sin embargo, los avances en materia de integración general son bastante modestos.

e) *El Pacto Andino*

El Acuerdo de Cartagena o Pacto Andino es un proceso de integración regional firmado en 1969 por Colombia, Bolivia, Ecuador, Perú y Chile; este último se retiró en 1976, mientras que Venezuela se incorporó en 1973. El Pacto Andino agrupa a 101 millones de habitantes, en una superficie de 4,719 millones de km^2 y genera un PIB de 232.622 millones de dólares. Se trata de un acuerdo de integración con pretensiones de instaurar un mercado común, pero que en su desarrollo no consiguió siquiera la implantación generalizada de un arancel exterior común, y tuvo que enfrentar importantes problemas de heterogeneidad de sus miembros, con tratamientos diferenciados. A finales de los setenta el Pacto Andino sufre una importante crisis política a la que se sumaría la crisis económica de los ochenta, que contraería los intercambios intrarregionales a cifras inferiores al 4%; a pesar de todo ello, el desarrollo institucional continuó durante los ochenta.

A principios de los noventa se revitaliza el Pacto Andino, conformándose una unión aduanera entre Colombia, Ecuador y Venezuela y una zona de libre comercio entre éstos y Bolivia. Perú se ha distanciado mucho del desarrollo del acuerdo estando a punto de retirarse, pero parece que inicia un nuevo acercamiento de cara a aceptar la zona de libre comercio y el arancel exterior común.

f) *El MERCOSUR*

El Mercado Común del Sur (MERCOSUR) surge en 1991 cuando Paraguay y Uruguay deciden participar del proceso de integración iniciado por Brasil y Argentina a mediados de los ochenta. El MERCOSUR agrupa a 202 millones de habitantes, en una superficie de 11,863 millones de km^2 y genera un PIB de 994.735 millones de dólares (1995).

El MERCOSUR es más que una zona de libre comercio, y a pesar de su flexible institucionalidad, puede considerarse el proceso de integración más avanzado e importante de las Américas.

La unión aduanera es un hecho, con un arancel exterior común y liberalización comercial intrarregional importante, en la que existen coordinación de políticas macroeconómicas, sectoriales y exteriores, así como una armonización legislativa. El desarrollo del comercio intrarregional se ha sextuplicado en seis años y se está configurando como el segundo proceso de integración del mundo tras la Unión Europea.

g) Perspectiva de futuro: el ALCA

La Iniciativa para las Américas del presidente Bush tomó forma real bajo la Administración Clinton. A iniciativa norteamericana se reunieron en Miami en 1994 los gobernantes de 34 de los 35 países americanos (a excepción de Cuba) con el objeto de sentar las bases para configurar el Área de Libre Comercio de las Américas (ALCA); se trataría de un proceso de integración (sólo como zona de libre comercio) que englobaría a más de 770 millones de habitantes, en unos 51,3 millones de km^2, generando más de 9,2 billones de dólares de PIB.

La firma del tratado está prevista para el año 2005, y hasta ese momento se celebrarán diferentes rondas de negociación donde han de desarrollarse los cuatro ejes del Plan de Acción acordado (desarrollo democrático, integración económica y libre comercio, erradicación de la pobreza y la discriminación, y desarrollo sostenible). Sin embargo, en las cuatro primeras rondas todo el debate se ha centrado en la liberalización comercial, tratando aspectos como acceso a mercados, procedimientos aduaneros y reglas de origen, inversiones, normas y barreras técnicas, medidas sanitarias y fitosanitarias, subsidios, medidas antidumping y derechos compensatorios, economías pequeñas, compras del sector público, derechos de propiedad intelectual, servicios, política de competencia y solución de controversias. Los otros tres ejes han sido postergados, lo que pone de manifiesto el carácter neoliberal del acuerdo, sólo centrado en el libre comercio a pesar de la declaración de intenciones.

Aun así no deja de ser interesante la conformación de una gran área de libre comercio donde se incluyan países desarrollados y subdesarrollados, cuya complementariedad puede resultar beneficiosa para todas las partes, siempre que existan medidas compensatorias del intercambio desigual, como, por ejemplo, podrían ser fondos de cohesión para los países pobres, fondos estructurales de desarrollo, o una política agrícola común que eleve los menores ingresos de los países agrícolas, fruto de su especialización productiva.

CONCEPTOS

- ALADI
- ALCA
- Aterrizaje suave
- CARICOM
- Competitividad auténtica
- Condicionalidad cruzada
- Consenso de Washington
- Credit crunch
- Hiperinflación
- Indigencia
- Industrialización por sustitución de importaciones
- Iniciativa para las Américas
- Junk bonds
- Leveraged buyout
- MERCOMÚN
- MERCOSUR
- NAFTA
- Pacto Andino
- PAE
- Petrodólares
- Pobreza
- Políticas de ajuste estructural
- Políticas de estabilización
- Políticas reformistas
- Principal de la deuda
- Reaganomics
- Regionalismo abierto
- Servicio de la deuda
- Takeover
- Términos de intercambio

ACITIVIDAD RECOMENDADA

Compare los procesos de integración del continente americano con la integración europea representada por la Unión Europea.

LECTURAS RECOMENDADAS

Bergsten, F. (1988): *America in the World Economy. A Strategy for the 90´s*, Institute for International Economics, Washington D.C.
Calvo Hornero, A. (1994): *Integración económica y regionalismo, Principales acuerdos regionales*, Centro de Estudios Ramón Areces, Madrid.
CEPAL (1990): *Transformación productiva con equidad. La tarea prioritaria del desarrollo de América Latina y el Caribe en los años noventa*, Naciones Unidas-CEPAL, Santiago de Chile.
CEPAL (1996): *América Latina y el Caribe quince años después. De la década perdida a la transformación económica*, Fondo de Cultura Económica, Santiago de Chile.
Edwards, S. (1997): *Crisis y reforma en América Latina. Del desconsuelo a la esperanza*, Emecé Ed., Buenos Aires (1.ª ed. 1995).
Fundación Raúl Prebisch (1988): *Raúl Prebisch. Pensamiento y obra*, Tesis, Buenos Aires.
González Pino, L. (1995): *Crisis y recuperación económica, 1990-1995*, Edieuo, Madrid.
Krugman, P. (1990): *The Age of Diminished Expectations, US Economic Policy in the 90s*, The MIT Press, Cambridge, Mass.
Rosales, O. (1990): *La economía USA en los noventa*, Ciencias Sociales, Madrid.
Rosenthal, G. (1989): «El desarrollo de América Latina y el Caribe en los años ochenta y sus perspectivas», *Revista de CEPAL*, núm. 39, págs. 7-17.
Williamson, J. (1990): *Latin American Adjustment*, Institute of International Economics, Washington D. C.

16 Japón y el Pacífico

Francisco J. Santos Cumplido
Francisco Liñán Alcalde

1. INTRODUCCIÓN

El dinamismo económico que ha experimentado en las tres últimas décadas el Pacífico Occidental ha sido excepcional. Sus resultados se han hecho sentir, en primer lugar, en Japón, país que ha alcanzado e incluso superado el nivel de vida de Estados Unidos, convirtiéndose en una de las principales potencias económicas del mundo. En segundo lugar, en un pequeño grupo de naciones que hoy se conocen con el nombre de «Nuevos Países Industriales de Asia» (NPIA) —Corea del Sur, Taiwan, Hong Kong y Singapur—, las cuales han mostrado unos elevados grados de dinamismo y competencia internacional, logrando establecer un crecimiento económico que los ha distanciado de otros países en vías de desarrollo y, al mismo tiempo, los ha acercado a las potencias del Norte. Por último, aunque más recientemente, otro grupo de cuatro países del Sudeste Asiático también están logrando unos importantes ritmos de crecimiento basados en la industrialización y la exportación, son las llamadas «Economías Dinámicas Asiáticas» (EDA)[1] —Malasia, Indonesia, Tailandia y Filipinas.

Desde que finalizó la Segunda Guerra Mundial la economía sufrió un proceso de internacionalización que se puso de manifiesto con el incremento de los flujos comerciales entre los distintos países. Japón comenzó a imponerse al final de la década de los sesenta en el comercio internacional gracias a su sector industrial, que además demostró una capacidad excepcional para adaptarse a los importantes problemas económicos que surgirían en la década siguiente. Esta misma capacidad de adaptación también la demostraron primero los NPIA y más tarde las EDA, que siguieron en muchos aspectos los planteamientos económicos de Japón, con el que establecieron importantes lazos comerciales.

[1] Según terminología bastante extendida. Véase, por ejemplo, C. García Segura (1995).

No obstante, fue principalmente durante la expansión económica de los años ochenta, momento en el que se inicia una rápida globalización de los mercados, cuando estos países comienzan a demostrar su fuerte potencial de crecimiento, a través de un sector exportador de productos industriales que comenzó a ganar mercados a las empresas occidentales. Esta evolución despertó entre los economistas bastante curiosidad por descubrir cómo estos países habían logrado convertirse en las economías más dinámicas del mundo, cuando alguno de ellos partía de una situación de importante atraso económico.

Durante los años noventa, la recesión económica en la que se vieron inmersos los países más desarrollados ha venido a demostrar que estas economías asiáticas no eran infalibles. Por un lado, Japón atraviesa desde 1992 serios problemas estructurales que le impiden recuperar el dinamismo de etapas anteriores y, por otro lado, la crisis financiera que estalla en 1997 en algunos mercados del Sudeste Asiático ha puesto de manifiesto también algunas debilidades estructurales de los NPIA y las EDA. Como consecuencia de estos acontecimientos, ha comenzado un intenso debate acerca de la evolución futura que puede seguir esta importante área de la economía mundial.

Mientras tanto, relativamente próximos a estos países asiáticos, Australia y Nueva Zelanda, las dos economías principales de Oceanía, con una cultura en muchos aspectos similar a la occidental, se han situado en las últimas décadas entre el grupo de países más desarrollados, basando buena parte de su prosperidad actual en la explotación de sus abundantes recursos naturales y en un sector agropecuario altamente desarrollado y productivo, a partir del cual han sabido desarrollar una industria moderna y disfrutar de un elevado nivel de vida.

A continuación, el objetivo de este capítulo será el de analizar las economías de este conjunto de países de Asía y Pacífico, poniendo especial atención en las claves de su éxito económico hasta comienzos de los noventa y los problemas que tienen que resolver para afrontar el futuro.

2. LA EXPANSIÓN DE LA ECONOMÍA JAPONESA

Tal como se ha señalado, entre todos los países del Pacífico Occidental Japón es el que ha logrado un mayor éxito económico, lo que le ha llevado a situarse entre los países más industrializados. Esta expansión de la economía japonesa en el período postbélico se caracteriza por su rapidez, ya que se inició a finales de los años cincuenta y apenas una década más tarde el país ya se había situado como tercera potencia mundial. Sin embargo, este «milagro económico», tal como se ha denominado, aunque se manifiesta después de la Segunda Guerra Mundial, se asienta sobre las reformas que se realizaron mucho antes, a finales del siglo XIX, período en el que se produjeron en este país numerosos cambios económicos, políticos y sociales.

2.1. De una sociedad feudal a una industrializada

Tal y como afirma MacPherson, «el crecimiento económico de cualquier período siempre tiene sus bases en períodos anteriores»[2]. Durante el siglo XVII, y hasta mediados del siglo XIX, Japón era un país cerrado al exterior, con una estructura socioeconómica feudal, encabezada por la clase de los shogunes (señores político-religiosos) del clan de los Tukogawa. Este grupo constituía la cúspide de la pirámide social que descendiendo se componía por los samuráis (guerreros), los daimios (señores), los campesinos y, en último lugar, por los mercaderes.

Sin embargo, esta última clase adquirió un mayor poder económico y estatus social con el paso del tiempo, consecuencia del importante papel que desempeñaron tanto en la preindustrialización de las estructuras productivas como en el posterior proceso industrializador, que llevó al país, en los años inmediatamente anteriores a la Segunda Guerra Mundial, a ser una de las principales potencias económicas internacionales.

En el período Shogún, la agricultura era la principal fuente de crecimiento. Ésta se fue modernizando al introducir avances tecnológicos en el sistema de regadío, mejores semillas, nuevos métodos de siembra y el uso de insecticidas y fertilizantes. También se modernizaron la industria y el comercio, sobre todo en lo relacionado con una manufactura textil: la seda. Esta peculiar preindustrialización fue un requisito para el desarrollo a partir de 1868. Gracias a ella Japón consiguió buenas comunicaciones interiores y el desarrollo de grandes ciudades como Edo o Kyoto, con unos quinientos mil habitantes, y Osaka, con cuatrocientos mil. Además, el Gobierno se preocupó por la educación de la población, y ya en 1868 del 40 al 50% de los niños y el 15% de las niñas recibieron algún tipo de la misma.

En 1854 una pequeña escuadra norteamericana al mando del comodoro Perry obligó al Japón a la firma de un tratado comercial. Las ventajas concedidas por el gobierno del shogún a los norteamericanos precipitaron una crisis político-económica que culminó en 1868 con la restauración del poder del emperador (el cual previamente había perdido todas sus funciones en favor de los shogunes). Desde ese año, un país recién salido del feudalismo, de escasas dimensiones (sólo constituye el 0,3% de la superficie total de tierras del mundo) y con escasos recursos naturales (es deficitario en prácticamente todos los minerales industriales clave y en fuentes de energía) logra un rápido desarrollo industrial.

Desde la Restauración Meiji, Edo fue rebautizada con el nombre de Tokio y se convirtió en la sede del imperio japonés. Los propósitos del nuevo gobierno eran dos: la unidad espiritual de la nación bajo la autoridad imperial y la modernización política, económica y militar. Este segundo objetivo obligaba a Japón a occidentalizarse y, por esta razón, en 1889 fue promulgada la constitución Meiji de inspiración prusiana. El proceso de unidad y modernización, junto a las victorias sobre China en 1895 y sobre Rusia en 1905, hicieron de este pequeño país una nación respetada y temida.

[2] W. J. MacPherson (1987).

El desarrollo económico que se inicia desde entonces fue guiado en todo momento por el Gobierno surgido de la restauración, que adoptó una actitud muy pragmática, poniendo especial énfasis en el crecimiento y dejando en un segundo plano el bienestar de la población. No obstante, al éxito de esta política contribuyó favorablemente el comportamiento de la sociedad japonesa que, en gran parte, como herencia del período shogún, se basa en el respeto a la autoridad de sus superiores y considera de enorme importancia la subordinación del individuo al grupo.

Los gobernantes supieron aprovechar las peculiaridades de este carácter social, entendiendo que éste facilitaba en gran medida la aplicación de las medidas económicas que se tomaron: construcción de líneas de ferrocarril, sustitución de importaciones de productos manufacturados, búsqueda de empleo para los ex samuráis (eran más de dos millones en el siglo XIX) y fomento de la educación de la población para su mejor cualificación profesional. Todas estas medidas requerían para la consecución del desarrollo económico, además, ser cumplimentadas con actuaciones provenientes de la iniciativa privada, cuya respuesta no se haría esperar.

Efectivamente, con el apoyo estatal empezaron a surgir industrias privadas de grandes dimensiones, los *zaibatsu* o *trusts* empresariales que dieron lugar a una situación oligopolística. Dependientes de los *zaibatsu* existían infinidad de pequeñas empresas que intercambiaban con ellos asistencia técnica, consejos en la administración, maquinaria e, incluso, servicios de diseño y control de calidad. Este grado de concentración favoreció el crecimiento industrial, abaratando los costes de producción, lo que impulsó el aumento de las exportaciones, ya que se ofrecían los productos a precios muy competitivos. Además de esto, otros factores que contribuyeron a la reducción de costes y, por consiguiente, a exportar a mejores precios, fueron la gran competencia existente en el mercado interior y los bajos costes laborales que soportaban las empresas.

No obstante, hay que señalar que este desarrollo industrial también se apoyó en una importante expansión colonial por el continente asiático, lugar en el que obtuvieron los recursos naturales, tanto energéticos como no energéticos, que no tenían en sus fronteras.

Como consecuencia de las medidas adoptadas y de la expansión colonial se empezó a producir un cambio en la estructura económica de Japón. En el período 1887-1938 el sector industrial creció a una tasa promedio anual del 6,34%, el sector servicios al 2,60% y el sector agrícola únicamente creció al 1,36% de promedio anual. Estos datos comenzaban a ser signo evidente de un cierto desarrollo económico, pues el sector agrícola empezaba a perder protagonismo cediéndoselo, fundamentalmente, al sector industrial.

Hasta los años treinta del presente siglo los productos elaborados fueron fundamentalmente alimenticios (sake, salsa de soja, etc.) y textiles (sedas). Sin embargo, desde entonces, fue la industria pesada la que empezó a incrementar más su participación en la producción industrial, que ya no sólo se dirigía al mercado interior, sino que se exportaba a otros países. En el período 1874-1883, el 42,5% de las exportaciones estaba constituido por productos primarios y el 57,5% por productos manufacturados, de los cuales el 42% eran textiles. En el período 1935-1940 la participación de productos primarios había caído hasta el 6,9%, con un incremento de las manufacturas hasta el 93,1%. En estas fechas, el porcentaje de manufacturas pesadas en el total de las exportaciones era del 28,7%.

Por tanto, Japón rompió en un corto período de tiempo con el feudalismo y se convirtió en un país exportador de productos manufacturados. Con el advenimiento de la Segunda Guerra Mundial y la posterior derrota ante los norteamericanos, cambiaron algunas cosas, pero la base para la gran expansión económica de las décadas posteriores ya estaba establecida.

2.2. Una expansión económica muy rápida

Durante el período 1945-1952, Japón estuvo sometido al control militar y político de Estados Unidos. Bajo las órdenes del general McArthur, los vencedores impusieron a Japón una constitución que les prohibía entrar en guerra y establecía la renuncia del emperador a sus plenos poderes. También se garantizó la libertad de opinión y religión, así como el sufragio universal.

Es a partir de los años cincuenta cuando se produce el espectacular crecimiento de la economía japonesa. En efecto, entre 1950 y 1966 Japón crece a una tasa promedio acumulativa anual del 15%, alcanzando un PIB per cápita en 1970 de 1.930 dólares, todavía bastante lejos del norteamericano que ocupaba el primer lugar mundial. Sólo veinte años más tarde, en 1990, el PIB per cápita japonés se situaba en 25.260 dólares, superando al de Estados Unidos, el país que lo venció en la Segunda Guerra Mundial y que ayudó a su reconstrucción económica.

Esta rápida expansión sorprende a pesar de las bases establecidas antes de la Segunda Guerra Mundial, pues como ya señalábamos, no es un país con abundantes recursos naturales ni muy extenso geográficamente, sobre todo si se compara con Estados Unidos. Además, ya no podía contar con los recursos naturales que extraía de su importante imperio colonial, que perdió completamente tras la Guerra.

Como se refleja en la tabla 16.1, Japón tiene escasa superficie dedicada a la agricultura, consecuencia fundamentalmente de su difícil orografía, eminentemente montañosa con abundancia de bosques y situada en una zona donde se producen frecuentes movimientos sísmicos. Tampoco su subsuelo es rico en minerales, pues no tiene aluminio ni níquel e importa más del 95% del mineral de hierro, estaño y cobre (así como la mayor parte de plomo y del cinc) que necesitan sus factorías. Además, Japón es el mayor importador mundial de carbón, gas natural y petróleo.

Ante estos condicionantes naturales, hay que buscar una de las claves de su éxito económico en la población. Ésta, desde un punto de vista cuantitativo, ha crecido a un ritmo muy rápido desde la Segunda Guerra Mundial, situándose actualmente en más de 125 millones de habitantes, dotando al país de una densidad de población de 333 habitantes/km^2. Además, como la población activa supone más del 50% de la población total, la economía japonesa dispone de un contingente de mano de obra muy amplio para realizar las actividades productivas.

Por otro lado, igual que en el período anterior a 1945, los salarios que recibie-

TABLA 16.1

Estadísticas básicas de Japón (1996)

La tierra		
1. Extensión		377.688 km²
2. Tierra dedicada al cultivo (1994)		45.400 km²
3. Bosques (1994)		238.000 km²
4. Distritos densamente habitados (1985)*		10.600 km²
5. Mayores ciudades (estimación para 1993) (miles de habitantes)		
Tokio	8.020	
Yokohama	3.251	
Osaka	2.495	
Nagoya	2.095	
La población		
1. Población total		125.760.000 hab.
2. Densidad		333 hab./km²
3. Población en distritos densamente poblados		60,6%
4. Población activa sobre población total		51,6%
5. Distribución por sectores de la población empleada (1990):		
Sector primario	7,2%	
Sector secundario	33,2%	
Sector terciario	59,3%	

* Áreas cuya densidad de población excede los 5.000 habitantes/km².

FUENTE: Informe OCDE 1991. FMI (1997).

ron los trabajadores nipones en las primeras décadas de su expansión fueron bajos y el número de horas que dedicaron, y todavía dedican, al trabajo ha sido mayor que las dedicadas por las poblaciones activas de los países occidentales. Estos dos aspectos del mercado de trabajo han sido tradicionalmente aceptados por la sociedad japonesa debido al especial carácter de la misma, que como ya apuntábamos basa su comportamiento en la lealtad y respeto a la autoridad. No obstante, como contrapartida a este comportamiento las empresas japonesas establecieron el sistema de empleo vitalicio, que dotaba al mercado de trabajo de una importante estabilidad.

TABLA 16.2

Número de horas trabajadas por hombre y año

País	Horas corrientes	Horas extras	Total
Estados Unidos	1.742	156	1.898
Japón	1.947	225	2.168

FUENTE: T. W. Kang (1989).

Una de las consecuencias de los bajos salarios y dedicación al trabajo es la alt propensión al ahorro y el bajo consumo de las familias, lo que también contrasta co la cultura occidental, mucho más consumista. Esto pone de manifiesto que los ja poneses no se han adaptado a los hábitos occidentales en su totalidad, y han sabid combinar ciertas dosis de occidentalización con su herencia cultural. Así, la tasa d ahorro de la economía japonesa es de las más elevadas de los países de la OCDE Este ahorro le permite una elevada inversión, lo que le ha convertido en un país fuerte mente industrializado que destina a la exportación gran proporción de sus manu facturas.

En el año 1950 el 45% de su población trabajaba en la agricultura, mientras qu en el año 1990 únicamente lo hacía el 7,2% de la misma, creciendo el porcentaje d población dedicada a las actividades industriales y terciarias, como corresponde la estructura de los países desarrollados.

De todas formas, no hay que pensar que la agricultura está al margen de la mo derna estructura industrial de Japón. Las áreas rurales japonesas se han ido trans formando a través de la estrecha relación entre agricultura e industria. Se han im plantado modernos sistemas de cultivo y, además, cada vez es mayor el número d agricultores a tiempo parcial, es decir, personas que combinan el trabajo en los sec tores industrial y servicios con la actividad agrícola (tabla 16.3). De hecho, en el añ 1980 el 87% de las personas dedicadas a la agricultura realizaban esta actividad tiempo parcial. Este fenómeno se ha generalizado en los países desarrollados, aun que donde se encuentra más extendido es en Japón y Taiwan. No obstante, hay qu señalar que, en líneas generales, estos agricultores a tiempo parcial obtienen la ma yor parte de su renta de actividades no agrícolas.

TABLA 16.3

La agricultura a tiempo parcial en Japón y Taiwan

	1950	1960	1970	1980
Japón	50%	66%	84%	87%
Taiwan	—	52%	70%	90%

FUENTE: R. H. Moore (1990), pág. 12..

2.3. La importancia de la industria

Pero ha sido el sector industrial el que ha proporcionado a Japón su actual grado de desarrollo económico y un puesto privilegiado en la economía mundial. El crecimiento industrial japonés comenzó a ser muy importante en el período de los años sesenta (tabla 16.4). Durante el período 1980-1990, el sector secundario creció por encima de la media de los países de la OCDE (siendo el sector manufacturero el que ha experimentado un crecimiento mayor), y ello a pesar de los cambios estructurales que se estaban produciendo en la industria desde las crisis sucesivas que tuvieron lugar en los años setenta.

TABLA 16.4

Crecimiento medio anual del PIB en Japón y la OCDE, por sectores de actividad

	Período 1965-1980				Período 1980-1990				Período 1990-1995			
	PIB	**Agric.**	**Ind.**	**Serv.**	**PIB**	**Agric.**	**Ind.**	**Serv.**	**PIB**	**Agric.**	**Ind.**	**Serv.**
OCDE*	**3,9**	1,2	3,9	4,0	**2,6**	2,1	2,4	2,7	**2,0**	0,6	0,9	2,4
Japón	**6,3**	0,8	8,5	5,2	**4,0**	1,3	4,2	3,9	**1,0**	–2,2	0,0	2,3

* Para el intervalo 1990-1995, «Países de ingreso alto», según terminología de la ONU.

FUENTE: Elaboración propia con datos de: *The Economist Book* (1990), FMI (1997) y Banco Mundial (1997).

Como sabemos, durante el período 1965-1980 ocurrieron acontecimientos que transformaron la estructura industrial mundial. Las sucesivas crisis energéticas de los años setenta parecían demostrar que la etapa de crecimiento económico de las dos décadas precedentes había llegado a su fin. Sin embargo, éstas no afectaron de igual forma a todos los países, pues algunos de ellos —como Japón—, aunque sufrieron sus consecuencias, supieron mantener tasas de crecimiento elevadas. Así, en esta etapa, los países de la OCDE crecieron a una media anual del 3,9% y Japón lo hizo al 6,3%. De los distintos sectores de actividad fue el industrial el más dinámico, creciendo a una tasa media anual del 8,5%, muy superior a la media de los países de la OCDE, que fue sólo del 3,9%.

En el período 1980-1990 Japón sigue manteniendo una tasa media de crecimiento del 4%, bastante elevada, pero no al mismo nivel que en el período anterior. Estos datos demuestran que los cambios de los años setenta afectaron también a Japón aunque en menor medida que al resto de los países de la OCDE, que crecieron a una tasa media anual del 2,6%. Únicamente ha sido en los años noventa cuando se ha puesto de manifiesto una crisis importante de la economía japonesa que, a pesar de todo, no ha impedido que su industria siga ofreciendo productos muy competitivos en los mercados mundiales.

En este sentido, ante este dinamismo industrial cabe plantearse los interrogantes siguientes: ¿qué factores pueden explicar este fenómeno industrializador?, ¿cómo supo soportar este país asiático los cambios que se produjeron en los setenta? Las respuestas a estas preguntas se encuentran rápidamente en algunas cuestiones apuntadas anteriormente, como es la elevada tasa de ahorro (público y privado), la numerosa población que proporciona una abundante mano de obra, los bajos salarios que han soportado los trabajadores, o el carácter social de respeto a la autoridad. Sin embargo, también existen otros elementos que, relacionados con los que se acaba de mencionar, explican este auge industrial:

1. En primer lugar, hay que hacer referencia a la importante relación que siempre ha existido entre el Estado y la industria. El Estado no interviene directament en la economía, pero establece la estrategia que deben seguir los distintos sectore productivos. El Ministerio de Comercio Internacional e Industria (el conocido MITI ha interpretado un papel muy importante para establecer la dirección del desarroll económico de la postguerra, a través de una política económica muy eficaz que h favorecido la concentración empresarial mediante todo tipo de ayudas e incentivo en sectores clave, logrando un intenso desarrollo industrial.

En principio, en los años sesenta, el gobierno fomentó una estrategia industria de sustitución de importaciones de productos manufacturados no duraderos (textiles, calzados) y posteriormente de bienes duraderos (automóviles, electrodomésticos), productos intermedios (acero) y bienes de equipo.

En esta primera etapa se establecieron importantes aranceles a los productos manufacturados que venían del exterior y también importantes barreras a la inversión extranjera. Después de 1964, toda inversión directa que se quisiera realizar en Japón necesitaba la aprobación del Gobierno, difícil de obtener si no se trataba de tecnologías avanzadas. Esta situación se mantuvo hasta 1976, año en el que ya se habían anulado prácticamente todas las restricciones y las empresas extranjeras pudieron establecer filiales de su exclusiva propiedad o hacerse cargo de compañías japonesas

Actualmente Japón tiene aranceles comerciales muy similares a los del resto de los países occidentales, al menos en productos industriales y otros artículos expuestos a la competencia internacional. Sin embargo, los productos importados encuentran dificultades para su comercialización en el mercado interior. Esto se debe principalmente a la fuerte competencia interna entre las firmas nacionales, que ofrecen productos con avanzados diseños y una buena relación calidad-precio. Los consumidores japoneses, por consiguiente, prefieren sus productos a los extranjeros, y únicamente la dedicación, la paciencia y una estrategia a largo plazo pueden conseguir que un producto extranjero logre introducirse en este mercado tan especializado

Una vez que la industria logró un elevado nivel de desarrollo, el gobierno apoyó, en una segunda etapa, a partir de los años setenta la exportación de producto manufacturados a otros países, favoreciendo con ello el crecimiento y la concentración de las empresas en grandes conglomerados industriales, denominados *keiretsus*. Es decir, se siguió con una estrategia de industrialización «hacia fuera», que ha tenido bastante éxito pues los productos japoneses han invadido todos los mercados apoyándose en su favorable relación calidad-precio. Así, la favorable evolución de la balanza comercial durante los años ochenta y parte de los noventa se ha debido fundamentalmente al excelente comportamiento del sector exportador.

De la cifra total de estas exportaciones el mayor volumen corresponde a productos manufacturados, especialmente en maquinaria y equipos de transporte, siendo los productos alimenticios, materias primas y combustibles los más importados, debido a su escasez dentro del país.

2. Un segundo elemento importante para explicar el elevado grado de desarrollo industrial es la prioridad que se ha dado al sector científico-técnico. Japón es uno de los países que más invierte en investigación y desarrollo, campo éste que ha experimentado un rápido crecimiento. Desde un mínimo del 1,5% en 1968, el porcentaje del PNB destinado a I+D se ha incrementado constantemente, superando ya en 1997 el 2,8%.

La mayor parte de las actividades de I+D dependen de las organizaciones comerciales japonesas. Sólo una proporción muy pequeña —aproximadamente un 24%— está financiada por la Administración. Actualmente, en muchas empresas, sobre todo en los grandes conglomerados industriales, tales como Hitachi, Honda o Matsushita Electric, la inversión en I+D es superior al capital que se invierte en instalaciones y equipo.

No sorprende, por tanto, que entre las exportaciones japonesas realizadas hacia Estados Unidos y Europa Occidental, las de mayor cuantía sean, precisamente, las del apartado correspondiente a «maquinaria y equipos», que requieren una intensidad elevada de conocimientos en I+D. De ellas, las exportaciones de vehículos de motor (automóviles, motocicletas, vehículos industriales) son las que presentan una mayor participación, siendo considerados estos productos japoneses una competencia muy temida, pues cada vez están ocupando mayores parcelas de mercado en los países occidentales, a pesar de las numerosas trabas que se suelen imponer a su comercio.

3. Por último, un tercer elemento de gran importancia en el desarrollo industrial es la elevada cualificación de la mano de obra, factor éste estrechamente vinculado a la importancia creciente de la investigación y desarrollo. Los japoneses dedican aproximadamente el 10% del PNB a la inversión en educación pública y privada. El interés por la educación no parte sólo del Gobierno, sino también de la totalidad de la sociedad. Así, desde que los niños empiezan su educación primaria, los padres les facilitan y supervisan los estudios procurando que superen los distintos exámenes hasta el ingreso en la universidad. Un hecho que no deja de ser anecdótico pero que refleja bastante bien la importancia de la educación en el país, es que las madres incluso asisten a clase cuando sus hijos están enfermos para tomar apuntes.

Otro dato es que una gran proporción de estudiantes prefieren ingresar en la universidad, no habiendo tenido excesivo éxito las escuelas de formación profesional, ya que los patrones prefieren adiestrar personalmente a sus empleados. Es decir, las empresas también participan activamente en una mayor cualificación de la mano de obra ofreciendo, las más importantes, numerosos cursos de formación, y cuando los cambios tecnológicos afectan a los puestos de trabajo, cuentan con subsidios del Estado para fomentar la readaptación profesional dentro de la empresa.

2.4. La economía japonesa en los próximos años

Como hemos podido apreciar en la tabla 16.4, en el período 1990-1995, por primera vez en casi medio siglo, el crecimiento de la economía japonesa ha sido inferior al de la media de los países desarrollados. En este sentido, parece que esta economía comienza a mostrar signos de estancamiento y agotamiento para continuar ex plotando su modelo de desarrollo.

Consecuencia de ese modelo de desarrollo ha sido la construcción de una ec nomía sobre la base de un aparato productivo dual. Junto a un sector manufactur ro dinámico y altamente competitivo en los mercados mundiales, fundamentalmen te formado por aquellas industrias que se han enfrentado a una elevada competenci en su propio mercado nacional (donde han adquirido los conocimientos y las capa cidades para competir internacionalmente), ha coexistido todo un conjunto de act vidades, al margen de la competencia, escasamente dinámicas y, por tanto, escasa mente competitivas.

Este conjunto de actividades aisladas de la competencia han estado reguladas intervenidas por el Gobierno, impidiendo una mayor eficiencia y socavando las pc sibilidades de incrementar su productividad. Entre estas actividades, podemos de tacar las reunidas en torno a las industrias tradicionales (alimentación, mobiliari textil, papel...), la construcción y los servicios, especialmente el sector financier

En los últimos años ochenta y primeros años noventa han confluido una serie d factores para frenar el crecimiento de Japón que tienen su base en la «dualidad» d su economía, pues el sector poco eficiente y sin competencia ha frenado el crec miento del otro sector más dinámico. En este sentido, hay que destacar fundamen talmente el importante papel que ha jugado en la crisis el sector financiero. Éste cc menzó a presentar unos graves problemas estructurales que se fundamentaban, pc un lado, en un desarrollo inadecuado de su sistema de regulación y control y, pc otro lado, en un excesivo intervencionismo por parte del Gobierno, que lo ha util zado como instrumento de su política industrial (para financiar a las empresas, ga rantizando suficiente liquidez a las mismas). Fruto de estas dos características, s han venido desarrollando fuertes vinculaciones entre los grandes *keiretsus* y las en tidades financieras. Como consecuencia de estas estrechas relaciones los créditos n han estado siempre concedidos bajo los criterios de rentabilidad, seguridad de la in versión y solvencia del deudor.

Cuando la burbuja especulativa que se había desarrollado en la economía mun dial en los años ochenta estalló a comienzos de los noventa, las empresas japonesa vieron como sus activos perdían gran parte de su valor, por lo que los créditos fa llidos se multiplicaron rápidamente. El efecto de arrastre sobre el conjunto de la eco nomía nipona fue muy fuerte, al estar los grandes *conglomerados* tan interrelacio nados entre ellos y con el sistema financiero. La Bolsa de Tokio perdió más de l mitad de su valor en sólo tres años, manteniéndose en una situación de estanca miento desde entonces.

No obstante, el estancamiento de Japón se debe también en gran parte a otros as pectos adicionales, no menos importantes. Por ejemplo, cabe señalar que en los sec tores actualmente más dinámicos en la economía mundial, tales como telecomuni caciones, informática, biotecnología, etc., Estados Unidos e incluso la Unión Europe están por delante de Japón. Por otra parte, la mejora del nivel de renta de la pobla ción está comenzando a provocar algunos cambios en las pautas de conducta social con una mayor preocupación por la mejora de la calidad de vida.

Para solucionar los graves problemas estructurales manifestados, el Gobierno japonés comenzó a adoptar medidas. Hasta el momento, éstas han estado dirigidas a incrementar la competencia interna y externa en los sectores más protegidos, aunque el proceso de desregulación y liberalización está siendo lento. Un sector especialmente delicado en este sentido es el sistema financiero. Por su papel como canalizador de recursos hacia las actividades más dinámicas y con mayor capacidad exportadora, las reformas en el mismo son más urgentes y necesarias.

En cualquier caso, cabe esperar que esas medidas se irán tomando, por lo cual se espera que Japón recupere su fuerte dinamismo del pasado, aunque al mismo tiempo, en la medida en que nuevas actividades se abran a la competencia exterior, se irán produciendo grandes transformaciones en su economía y su sociedad.

3. LOS NUEVOS PAÍSES INDUSTRIALES DE ASIA

Después de haber explicado las características esenciales de la economía japonesa y mostrado cuál ha sido su evolución, nos vamos a centrar en el análisis de una serie de países, también asiáticos, que han demostrado un avance económico de gran intensidad. Aunque cada uno con sus circunstancias particulares, estos países partían hace tres décadas de una situación de subdesarrollo generalizado, habiendo mejorado actualmente su posición económica respecto a otros países que también han intentado el despegue económico, como es el caso de algunos países latinoamericanos.

Estos países asiáticos son fundamentalmente cuatro: Hong Kong, Singapur, Corea del Sur y Taiwan. El nombre que se ha utilizado para denominarlos ha sido el de Nuevos Países Industriales de Asia (NPIA), debido al fuerte crecimiento de su sector industrial y a la importancia adquirida en la exportación de manufacturas a todos los países del mundo y, especialmente, a los más desarrollados.

3.1. La expansión económica de las tres últimas décadas

«Los cuatro dragones asiáticos», como también se les denomina coloquialmente, partieron en los años cincuenta de una situación de extrema pobreza. Cada uno de ellos intentó reorganizar su actividad económica tras unas serie de vicisitudes históricas que no les favorecieron en absoluto. Por un lado, Corea del Sur y Taiwan fueron colonias de los japoneses durante gran parte de la primera mitad del siglo XX y, por otro lado, Singapur y Hong Kong fueron colonias de Gran Bretaña, esta última hasta junio de 1997, año a partir del cual pertenece a la República Popular China. Sin embargo, todos han alcanzado un nivel de crecimiento económico que ha sido elevado y sostenido si lo comparamos con el crecimiento de los países de la OCDE.

En la tabla 16.5 podemos comparar las tasas de crecimiento anual del PIB tanto de los países de la OCDE como de los países del Este de Asia y del Pacífico, así como de los NPIA, en los últimos treinta años.

TABLA 16.5

Crecimiento medio anual del PIB en los NPIA y países de la OCDE

	1965-1980	1980-1990	1990-1996
OCDE	3,9	3,1	1,9
Este asiático y Pacífico	7,3	7,8	8,2*
Hong Kong	8,6	7,1	5,6*
Singapur	10,0	6,4	8,4
Corea del Sur	9,9	9,7	7,4
Taiwan	9,8	7,1	6,8**

* Los datos corresponden a 1990-1995, «Este asiático y Pacífico» incluye Asia Meridional.
** 1990-1994.

FUENTE: Elaboración propia con datos de Banco Mundial (1992, 1997); «Vital World Statistics», *The Ec nomist Book* (1990); FMI (1997); Bustelo, P. (1994), y *The Economist*, varios números.

Con estos datos se demuestra con facilidad el fuerte crecimiento económico d los países de Asia del Este y Pacífico y, entre ellos, de los cuatro NPIA. La tasa me dia de crecimiento de estos últimos dobla a las tasas de crecimiento de los países d la OCDE, tanto en el período 1965-1980 como en el período 1980-1990, llegando triplicarla o cuadruplicarla en la década de los noventa.

Ahora bien, haciendo especial referencia a estos cuatro países, debemos especi ficar que las condiciones referentes a su realidad sociopolítica y, también, a su ex tensión geográfica son diferentes en cada uno de ellos. Por un lado, tenemos a Sin gapur, antigua colonia británica, actualmente independiente, que se organiza com una ciudad-estado con escasa extensión geográfica y densamente poblada. Por otr lado, Hong Kong, también con escasa extensión geográfica y densamente poblada fue una ciudad-estado bajo el dominio británico hasta 1997, y sin embargo, actual mente es una ciudad más de China, pero con un estatuto político y económico dife rencial respecto al resto de provincias chinas. Por otro lado, Corea del Sur y Taiwa son países de tamaño intermedio, con elevada población y con una densidad tam bién importante, pero no de la misma cuantía que en el caso de los dos anteriores Estos países, que fueron colonias japonesas, han encontrado el apoyo militar y eco nómico de los Estados Unidos tras la Segunda Guerra Mundial por su posición es tratégica frente a la China comunista.

También es de importancia señalar que tanto Hong Kong como Singapur son lo centros comerciales más importantes de Asia por ser puertos francos, es decir, zo nas donde se puede importar todo tipo de productos libres de impuestos. Estos do enclaves, para atraer el comercio internacional, han tenido que dotarse de unos bue nos servicios e infraestructuras, convirtiéndose en la actualidad en lugares de gra desarrollo económico y centros financieros de importancia mundial.

Como consecuencia del auge del comercio, la estructura productiva de Hong Kong y Singapur está dominada por el sector servicios, aunque su sector industrial también es importante, habiéndose instalado en sus territorios numerosas empresas transnacionales, buscando producir a costes más bajos.

TABLA 16.6

Indicadores básicos de los NPIA

	Población (millones de habitantes) 1996	Superficie (miles km²)	PNB por habitante 1995	Inflación media anual		Esperanza de vida al nacer 1995
				1965-1986	1980-1996	
Hong Kong	6,0	1	22.990	8,1	7,8	79
Singapur	3,3	1	26.730	5,1	3,8	76
Corea del Sur	45,5	99	9.700	18,4	5,4	72
Taiwan*	21,3*	36	14.600*	2,9*	4,1*	74*

* Datos para Taiwan: Población en 1994; PNB per cápita en paridad de poder de compra; inflación en 1980-1987 y en 1990-1992; esperanza de vida al nacer en 1989.

FUENTE: Banco Mundial (1990, 1997), FMI (1997), PNUD (1997).

En Corea del Sur y Taiwan la importancia de sector servicios no es tan elevada como en Hong Kong y Singapur. En ellos existe un mayor peso de su sector industrial que ha experimentado en los últimos años un crecimiento muy importante (tabla 16.7). En este caso, las empresas transnacionales también se han instalado en ellos buscando menores costes de producción.

En la tabla 16.7 también se puede apreciar la importancia que tiene el sector agrícola en Corea del Sur y Taiwan. A diferencia de Hong Kong y Singapur, estos dos países sí cuentan con suelos cultivables para desarrollar la actividad agrícola. Antes de la Segunda Guerra Mundial eran países donde la producción de bienes primarios ocupaba el primer lugar en la actividad productiva. Taiwan, durante la ocupación japonesa, proporcionaba fundamentalmente productos tales como arroz, azúcar y bananas. Por otra parte, en Corea del Sur los cultivos más importantes son arroz, tabaco y algodón.

La agricultura en estos dos países padece la consecuencia de la escasez de tierras en relación a la densidad de su población. Por ello, la modernización de su sector agrícola también ha sido indispensable para su desarrollo económico. Durante los decenios de los cincuenta y sesenta los dos países tuvieron unas tasas de crecimiento de la producción agrícola muy elevadas, cercanas al 4,5% anual (tabla 16.8).

Para alcanzar estas elevadas tasas de crecimiento tuvieron que aumentar los rendimientos por cosecha. Esto fue posible debido a un uso intensivo de la tierra, con la introducción de variedades más productivas, la aplicación de nuevos procedimientos de cultivo y el creciente empleo de fertilizantes y pesticidas. También el uso más intensivo del factor trabajo fue otro de los factores que contribuyó a la mejora

TABLA 16.7

Composición del PIB y tasas de crecimiento anual por sectores de actividad

	Agricultura	Industria	Servicios	Agricultura	Industra	Servicios
	Composición del PIB (%)					
	1980			1995		
Hong Kong	1	32	67	0,2	17	83
Singapur	1	38	61	0,3	36	64
Corea del Sur	15	40	45	7	43	50
Taiwan*	10	44,2	45,8	6,1	46,1	47,8
	Tasa anual de crecimiento					
	1980-1990			1990-1995		
Hong Kong**	–5,2	6,5	8,3	—	—	—
Singapur	–6,2	5,4	7,2	0,5	9,2	8,4
Corea del Sur	2,8	13,1	8,2	1,3	7,3	7,9
Taiwan*	1,0	8,0	8,0	—	—	—

* Elaboración propia con datos de *The Economist Book* (1990). Datos sobre «Composición del PIB», 1980 y 1988. Datos sobre «Tasa anual de crecimiento», 1980-1988.

** Tasa anual de crecimiento para el período 1980-1988.

FUENTE: *The Economist Book* (1990), Banco Mundial (1997), PNUD (1997).

TABLA 16.8

Crecimiento de la producción agrícola en algunos países y regiones (%)

	1952-1954 a 1966-1968	1967-1969 a 1972-1974
Corea del Sur	4,5	2,7
Taiwan	4,4	2,6
Filipinas	3,3	4,0
India	2,1	2,1
África	3,0	2,2
América Latina	3,0	2,2
PDEM*	0,2	0,3
Japón	3,5	–0,3

* Países Desarrollados de Economía de Mercado.

FUENTE: FAO. Naciones Unidas (tomado de P. Bustelo, 1989, pág. 612).

de los rendimientos. A consecuencia de ello, a finales de los sesenta comienza un éxodo rural importante a las ciudades.

Todas estas transformaciones agrícolas, como ya había sucedido en otros países actualmente desarrollados, se fundamentaron en unas reformas agrarias que tuvieron lugar en los dos países a finales de los años cuarenta y principios de los cincuenta.

3.2. La producción de manufacturas y el sector exportador

La importancia de la producción de manufacturas sobre el PIB total y sobre las exportaciones totales, así como el fuerte crecimiento de las exportaciones en los últimos veinticinco años, son un rasgo común en los cuatro países asiáticos. A esta situación tan favorable del sector industrial han contribuido en gran medida las estrategias seguidas por las autoridades económicas, que han sido muy eficaces.

Por una parte, estos países supieron utilizar en su propio beneficio el emplazamiento en sus territorios de las empresas multinacionales que buscaban nuevas localizaciones para producir a costes más bajos. Estos países asiáticos les ofrecían mano de obra a bajo precio, buenas condiciones de infraestructura (carreteras de acceso directo a puertos y aeropuertos, servicios de transportes, instalaciones para el suministro de agua y energía, vivienda, etc.), estímulos financieros (exenciones fiscales, libre repatriación de beneficios, exenciones en aranceles) y áreas de libre comercio (zonas francas). A cambio, las transnacionales invirtieron capital y proporcionaron tecnología a través de licencias, dos aspectos muy necesarios para el proceso de industrialización.

Por otro lado, a partir de los años sesenta los gobiernos han seguido, al igual que Japón, estrategias de industrialización orientadas hacia la exportación. Esta decisión coincidió con la rápida expansión de la producción industrial, el comercio mundial y la inversión directa a nivel internacional. Con esta política de industrialización orientada a las exportaciones se buscaba superar el estrecho marco de la demanda interna y sanear la balanza de pagos. Para lograr estos objetivos se adoptaron medidas de estabilización que incluyeron políticas monetarias y fiscales muy austeras. Aunque estas medidas suelen ser muy impopulares y pueden crear numerosos conflictos sociales, la situación estuvo «bajo control» por la existencia de regímenes políticos autoritarios, que se mantuvieron en gran parte gracias a ayuda exterior. Además, otro elemento que contribuyó, como en el caso de Japón, a sostener la paz social en estos países fue el carácter de la población, que cuenta entre sus principios éticos el sacrificio del interés individual por el del grupo. Esta característica, como podemos comprobar, afecta en general a toda la sociedad asiática y deriva en gran parte de su religión: el confucionismo.

En la tabla 16.7 veíamos el importante crecimiento del sector industrial en los años ochenta de los cuatro NPIA, pero el que ha experimentado un mayor crecimiento en su sector manufacturero ha sido Corea del Sur, con una tasa promedio anual en el período 1980-1990 del 13,1%.

Ahora bien, resulta interesante ver la distribución del valor agregado de la producción manufacturera entre los distintos grupos de bienes. Como se puede comprobar en la tabla 16.9, ha habido un cambio en la composición de la producción manufacturera. Ha perdido importancia el grupo «alimentos y agricultura» y también el grupo «textiles y prendas de vestir». Por el contrario, ha ganado importancia la producción de «maquinaria y equipos de transporte». Es decir, se ha producido un desarrollo del sector industrial hacia una producción que requiere unos mayores conocimientos en tecnologías.

TABLA 16.9

Distribución del valor agregado de la producción manufacturera en los NPIA (%)

	Alimentos y agricultura		Textil y prendas de vestir		Maquinaria y equipos de transporte		Productos químicos		Otras manufacturas	
	1970	1989	1970	1989	1970	1989	1970	1989	1970	1989
Hong Kong	4	6	41	38	16	22	2	2	36	32
Singapur	12	5	5	4	28	53	4	11	51	28
Corea del Sur	26	12	17	14	11	30	11	9	36	36
Taiwan	—	—	—	—	—	—	—	—	—	—

FUENTE: Banco Mundial (1992).

Concretamente, Singapur está especializado sobre todo en la producción de bienes de equipo para las industrias extranjeras, y Hong Kong es un gran productor de bienes electrónicos. Por último, Corea del Sur y Taiwan son fabricantes de equipo de todo género, como la industria pesada, construcción naval, electrónica y material de transporte.

No obstante, una diferencia significativa entre Corea del Sur y Taiwan que hay que señalar es la distinta organización de su estructura industrial. Mientras que en Corea del Sur la producción industrial se concentra en grandes conglomerados industriales denominados *chaebol,* similares a los *keiretsu* japoneses, en Taiwan la estructura industrial está dominada por pequeñas y medianas empresas.

Este progreso del sector industrial, unido al apoyo institucional a la exportación, ha logrado que estos países tengan un elevado grado de apertura externa, superior al de muchos países desarrollados. Por consiguiente, el volumen de las exportaciones de los NPIA ha experimentado también un fuerte crecimiento en las tres últimas décadas, siendo superior al de los países de la OCDE y también al de otras zonas como América Latina y Caribe. Estos últimos, cuando iniciaron su expansión en los años sesenta decidieron seguir una política más orientada hacia la producción interior (tabla 16.10).

TABLA 16.10

Tasa media de crecimiento anual de la exportación (%)

	1965-1980	1980-1990	1990-1996
Países de la OCDE	7,2	4,1	6,3
América Latina y Caribe	–1,0	3,0	9,4
Hong Kong	9,1	6,2	14,0
Singapur	4,7	8,6	15,5
Corea del Sur	27,2	12,8	12,2
Taiwan	18,9	12,5	9,5

FUENTE: Banco Mundial (1992, 1997).

Por otra parte, al mismo tiempo que se han ido incrementando las exportaciones se ha producido un cambio en la composición de las mismas. En 1965 estos países (muy especialmente Corea del Sur y Taiwan) iniciaban su estrategia de industrialización hacia fuera, donde los productos que más se exportaban eran bienes de consumo básico, como productos alimenticios, textiles y prendas de vestir. A partir de los años setenta comienzan a exportarse en mayor proporción productos más sofisticados como maquinaria y equipos de transporte.

Una de las consecuencias del importante avance de las exportaciones de estos productos manufacturados han sido los superávits por cuenta corriente que empezaron a obtener estos países a lo largo de la década de los ochenta, lo que contribuyó al fortalecimiento de sus economías y a la reducción de sus niveles de deuda externa. No obstante, hay que señalar que esta favorable evolución se ha visto truncada en los años noventa en algunos de ellos, principalmente en Corea del Sur.

TABLA 16.11

Saldo de la balanza por cuenta corriente de los NPIA (millones de dólares)

	1981	1983	1985	1987	1990	1993	1995
Hong Kong	—	—	—	1.199	—	–1.400	–3.400
Singapur	1.258*	–610	–4	–158	3.097	4.205	15.093
Corea del Sur	–1.470	–1.504	–758	10.092	–1.745	1.016	–8.251
Taiwan	–4.574	4.412	9.195	18.172	10.769	6.300	4.900

* 1980.

FUENTE: Asian Development Bank (1988). Banco Mundial (1997). *The Economist,* varios números.

Una segunda consecuencia, no menos importante, es la fuerte competencia que estos países están haciendo con sus productos manufacturados a los países desarrollados, pues una proporción muy importante de las exportaciones se dirigen hacia ellos. Principalmente, es Estados Unidos el país receptor de la mayor parte de las exportaciones de los NPIA, de forma que, en la actualidad, la posición de los intercambios de Estados Unidos con los NPIA es deficitaria para el primero. Esto mismo está ocurriendo en los intercambios que están manteniendo los NPIA con Gran Bretaña y Alemania. Japón, sin embargo, mantiene una posición de superávit en sus intercambios de manufacturas con estos países.

TABLA 16.12

Importaciones manufactureras totales de los países de la OCDE

	1964	1973	1984	1994
Total países OCDE	93,2	90,1	83,5	78,8
NPIA	1,4	3,8	7,9	19,3
Otros países en desarrollo	3,4	4,0	6,5	—
Países de economía planificada	2,0	2,1	2,1	1,9

FUENTE: OCDE, citado por C. Berzosa (1991), y OMC (1995).

3.3. La importancia de los capitales extranjeros

Hasta el momento, hemos descrito la evolución económica de los NPIA y se han especificado los factores explicativos de dicha evolución. Entre estos últimos se ha destacado, por un lado, el importante papel de las políticas económicas adoptadas por sus gobiernos, que han puesto gran énfasis en una estrategia de industrialización hacia fuera, y, por otro, el efecto positivo que ha supuesto el impulso del comercio internacional tras la Segunda Guerra Mundial y el papel jugado por la inversión de las multinacionales.

Sin embargo, otro elemento importante en el proceso de desarrollo económico de estos países es la importancia de la ayuda oficial procedente de las economías occidentales y, muy especialmente, la procedente de Estados Unidos.

Actualmente, no existe un consenso acerca de los efectos que produce la ayuda exterior en el crecimiento económico de los países en vías de desarrollo. Existen algunos autores que piensan que esta ayuda exterior produce efectos positivos puesto que facilita la acumulación de capital, el control de la inflación, el equilibrio de la balanza de pagos, las transferencias de tecnología, la inversión directa de empresas extranjeras y la estabilidad política. Sin embargo, también hay economistas que piensan que la ayuda extranjera puede no ser tan positiva y provocar efectos indeseados: perjudicar el incremento de la tasa de ahorro interno, permitir al Estado desatender al sector agrícola, favorecer una industrialización muy dependiente de lo países que prestan esa ayuda, permitir una importante presencia militar, retrasar las reformas fiscales, etc.

En relación al estudio del proceso de desarrollo de los NPIA, hasta el momento no se ha puesto excesivo énfasis en el papel desempeñado por la ayuda exterior. En general, cuando se habla de crecimiento de estos países se insiste más en su elección de políticas económicas adecuadas como factor explicativo de su éxito económico. Sin embargo, ya se está empezando a valorar el papel de esta ayuda.

La gran importancia que la región del este de Asia ha tenido para Estados Unidos desde 1945 se explica porque es en esta zona donde se ha polarizado el centro de la lucha mundial entre capitalismo y socialismo. No en vano el Este Asiático ha sido escenario de cinco revoluciones comunistas triunfantes (Corea del Norte, República Popular China, Vietnam, Camboya y Laos) y, a su vez, la zona de crecimiento capitalista más rápida del mundo (Japón y los NPIA).

Ante esta expansión comunista en Asia, Estados Unidos desplegó en el área una ayuda militar y económica muy importante para los países no comunistas, de cuantía superior a las que concedieron a otras zonas poco desarrolladas.

Otra causa de la expansión de la ayuda americana, que se suma a la de la amenaza comunista, es el intento de Estados Unidos de proyectar hacia el exterior su economía. Así, con la inyección de fondos en el sistema internacional los norteamericanos lograron abrir mercados para sus productos y favorecer una política de rearme que ha resultado ser muy beneficiosa para mantener su complejo industrial-militar.

La zona más favorecida por esta circunstancia tras la Segunda Guerra Mundial fue evidentemente Europa, con el Plan Marshall. Sin embargo, dos de los cuatro NPIA resultaron también muy beneficiados: Taiwan y Corea del Sur. Este último ha sido, tal vez, el país en vías de desarrollo más ayudado del mundo, hecho que queda además confirmado con la ayuda económica de 50.000 millones de dólares que le ha facilitado el Fondo Monetario Internacional en 1997 para superar la profunda crisis que ha afectado a su economía.

Desde 1961 Singapur también comenzó a recibir importantes ayudas, sobre todo procedentes del Reino Unido, debido fundamentalmente a los lazos históricos y coloniales. Posteriormente, la ayuda recibida procedía tanto de Estados Unidos como de Japón, que han visto en Singapur un lugar estratégico en las rutas de transporte de crudo y, además, un lugar con inmejorables ventajas fiscales. Esta pequeña ciudad-estado, a diferencia de los otros tres NPIA, ha disfrutado de la ventaja de un mejor clima político, pues no cuenta con la amenaza militar de países comunistas. Esta situación ha permitido que la ayuda militar fuese mínima en relación a la ayuda económica.

En el caso de Hong Kong han sido los capitales y la inmigración masiva de mano de obra que huyó de la República Popular China los que han asumido las funciones desempeñadas por la ayuda extranjera y la agricultura en Corea del Sur y Taiwan. Estos dos elementos contribuyeron muy notablemente al fuerte crecimiento del país en la postguerra.

Pero no es únicamente Estados Unidos el país que ha contribuido con su ayuda al crecimiento de esta zona de Asia. También Japón ha tenido un papel relevante y, actualmente, está adquiriendo mayor importancia a consecuencia de su fuerte expansión económica y el debilitamiento de la presencia de Estados Unidos.

Desde los años setenta, Estados Unidos comienza a tener graves problemas económicos (déficit de la balanza de pagos, déficit público). Japón, sin embargo, es ya una potencia económica pero que no tiene asumida responsabilidades importantes con los países de su área. Ante esta situación se le exige por parte de Estados Unidos que contribuya a sufragar una proporción de los costes de «vigilancia» en la región.

Este «relevo», aún parcial, realizado por Japón en Asia supuso un incremento de su ayuda exterior a la zona, sobre todo a países estratégicos como Corea del Sur y Taiwan, que son precisamente los que siguen modelos de crecimiento económico más parecidos al japonés.

3.4. Perspectivas de futuro

En los últimos años se viene observando una separación de los modelos de crecimiento de los NPIA. Por un lado, Hong Kong y Singapur van evolucionando hacia centros financieros y comerciales de primer orden mundial —sobre todo Hong Kong, en la que los servicios suponen ya alrededor de un 85% de la actividad (véase tabla 16.7).

Corea del Sur y Taiwán, por su parte, basan su crecimiento en una industria exportadora fuerte, a la que los servicios le prestan un importante apoyo. No obstante, los problemas a los que se enfrentan son también distintos. Corea, que ha seguido un modelo muy similar al japonés, presenta los mismos problemas de intervención estatal y falta de eficiencia en los sectores no expuestos a la competencia. Mientras tanto, Taiwan, con una estructura más flexible está dedicando abundantes recursos a la inversión en China a través de empresas interpuestas en Hong Kong, a pesar de estar oficialmente prohibido[3].

No obstante, la crisis iniciada en 1997 en el Sudeste Asiático ha sacudido los cimientos de todas estas naciones, las cuales tendrán que afrontar importantes reformas estructurales que les permitan adaptarse mejor a la nueva dinámica de los mercados.

4. LAS OTRAS ECONOMÍAS DINÁMICAS ASIÁTICAS

Junto a esos cuatro «dragones», que iniciaron su despegue en la década de los sesenta, hay otro grupo de cuatro países que también muestran un gran dinamismo, si bien comenzaron su expansión más tarde.

---

[3] Los chinos continentales residentes en Taiwan salvan esa prohibición a través de Hong Kong. Sin embargo, a propósito de la devolución de esa colonia a China, han comenzado a producirse contactos entre ambos países, pues ambos son conscientes de la conveniencia de no interrumpir ese flujo de inversión.

Estos países —Malasia, Tailandia, Filipinas e Indonesia— son todos de un tamaño intermedio y con un sector agrícola de gran importancia, tanto en su participación en la producción como en el empleo que genera. Están situados en las orillas del mar de la China Meridional, y tienen una renta per cápita muy inferior a la de los NPIA, pues oscila entre los 980 dólares de Indonesia y los 3.890 dólares malayos (tabla 16.13), aunque sus tasas de crecimiento son similares.

TABLA 16.13

Indicadores básicos de las EDA (1995)

	Población (millones)	Superficie (miles km^2)	PNB pc (dólares)	Crecimiento PIB (%)		Inversión bruta (% del PIB)	Exportación manufact.* (% export.)
				1980-1990	1990-1995		
Malasia	20,1	330	3.890	5,2	8,7	41	65
Tailandia	58,2	513	2.740	7,6	8,4	43	73
Filipinas	68,6	300	1.050	1,0	2,3	23	76
Indonesia	193,3	1.905	980	6,1	7,4	38	53

* 1993.

FUENTE: Banco Mundial (1997).

Desde la finalización de la Segunda Guerra Mundial, cuando los japoneses se retiraron de Malasia, Indonesia y Filipinas, estos países han ido accediendo a la independencia con mayor o menor dificultad. Sólo Tailandia es un estado independiente desde el siglo XVIII.

Estos países se han beneficiado del desarrollo japonés y, posteriormente, del de los NPIA, que han visto en ellos una fuente de materias primas y recursos naturales, y también de mano de obra barata y relativamente bien cualificada. De esta forma, han venido trasladando las producciones más intensivas en factor trabajo a estas EDA.

Uno de los factores que más ha contribuido a este proceso es el hecho de que las sociedades de las cuatro EDA tienen importantes rasgos comunes con las de Japón y los NPIA. Están imbuidas de lo que llamamos «cultura asiática» de respeto a la autoridad y supeditación al grupo. Al mismo tiempo, las tasas de inversión son en todos ellos de las más altas del mundo (sobre el 40% de PIB). Por otra parte, la estabilidad económica y política ha estado impuesta por la vía de regímenes autoritarios —con la excepción, quizá, de Malasia— de los que sólo en los años noventa parecen estar saliendo.

Sin embargo, a pesar de estas afinidades, existen importantes diferencias entre ellos. Así, por ejemplo, Malasia es el país menos poblado (20,1 millones de habitantes en 1995) y el de mayor renta per cápita. Es el que presenta un sector industrial más desarrollado y, dentro del mismo, las manufacturas representan mayor proporción que en los otros tres países. Su economía está volcada hacia el sector exterior, representando sus exportaciones el 86,8% del PIB, con un crecimiento del 14,4% anual desde 1980 hasta 1995.

Tailandia presenta una estructura bastante similar, aunque con un sector primario comparativamente mucho menos productivo (más del 60% del empleo, que sólo produce el 11% del valor agregado). A pesar de ello, su producción industrial y, dentro de ésta, de manufacturas, alcanza proporciones cercanas a las de Malasia.

Filipinas e Indonesia, por su parte, tenían en 1995 los niveles del PNB per cápita más bajos —unos mil dólares—. La economía filipina es, a primera vista, la más débil de las cuatro, sobre todo si nos fijamos en las reducidas tasas de crecimiento de su economía. Sin embargo, es necesario apuntar la grave crisis que acompañó a los últimos años de dictadura del presidente Marcos —entre 1984 y 1986—, que retrasó el crecimiento económico del país. Desde esta última fecha, la tasa media de crecimiento se ha recuperado y ha subido hasta el 4% anual de media.

Desde el punto de vista de los intercambios comerciales, las EDA tienen como principal socio a Japón (con la excepción de Filipinas, para la que es el segundo socio), que se abastece de materias primas para su industria y bienes primarios para su consumo interior, pero que también está comenzando a localizar en estos países producciones intensivas en mano de obra, a medida que los costes salariales en los NPIA comienzan a elevarse. Por otra parte, los cuatro «dragones» también comienzan a invertir en estas economías por motivos similares. Se genera así una red de relaciones económicas muy estrechas que va dando lugar a una difusión del crecimiento económico desde Japón.

De esta forma, el cambio en la estructura productiva de estas economías desde los años setenta ha sido de gran importancia. A mediados de esa década las exportaciones de manufacturas no llegaban al 2% del total, mientras que al comienzo de los años noventa su proporción superaba el 65% (excepto en Indonesia, con el 53%), y sólo hacia Japón las exportaciones siguen siendo mayoritariamente de productos minerales y primarios.

No obstante, al igual que le ha sucedido a Japón y a los NPIA, estas economías asiáticas se han visto muy afectadas por la crisis financiera que comenzó en 1997. El problema para estas economías en relación a Japón y los NPIA es la mayor debilidad de sus estructuras económicas, todavía no muy desarrolladas, y sus graves problemas macroeconómicos, entre los cuales la deuda externa es el que puede plantear mayores dificultades.

5. AUSTRALIA Y NUEVA ZELANDA

Las dos grandes naciones que integran Oceanía —Australia y Nueva Zelanda— tienen bastantes rasgos comunes. Por un lado, ambas han sido colonias británicas y aún hoy pertenecen a la *Commonwealth*, manteniendo al monarca británico como jefe del Estado, aunque de forma meramente simbólica, sin poderes efectivos. Al mismo tiempo, desde principios de siglo existen como estados, con constitución y gobierno propios.

Se trata de dos países muy extensos y muy poco poblados, con unas densidades de 2,35 hab./km^2 para Australia y el 13,28 hab./km^2 para Nueva Zelanda. Esta población es, en su inmensa mayoría, de origen europeo, ya que los aborígenes no llegan al 10%. Además, la población se halla muy concentrada en las zonas urbanas costeras, estando el interior de ambos países prácticamente despoblado.

Los dos países disponen de abundantes recursos naturales tanto minerales (hierro, níquel, oro, plomo, zinc, plata...) como energéticos (carbón, petróleo y gas natural). Asimismo, y a pesar de las diferencias climáticas (Australia es considerablemente más seca), disponen de un sector agropecuario de exportación altamente desarrollado y productivo (ganadería, lana, pesca...). La mano de obra empleada en la agricultura en 1995 era del 10% en Nueva Zelanda y del 5% en Australia, con aportaciones a la producción algo menores.

No es de extrañar, por tanto, que una de sus principales fuentes de divisas sea la exportación de minerales y productos primarios. Mientras tanto, las manufacturas representan todavía una proporción relativamente baja de sus exportaciones (tabla 16.14), si la comparamos con Japón y el resto de economías asiáticas estudiadas en este capítulo.

TABLA 16.14

Indicadores básicos de Oceanía (1995)

	Población (millones)	Superficie (miles km^2)	PNB pc (dólares)	Crecimiento PIB (%)		Inversión bruta (% del PIB)	Exportación manufact.* (% export.)
				1980-1990	1990-1995		
Australia	18,1	7.713	18.720	3,4	3,5	23	35
N. Zelanda	3,6	271	14.340	1,8	3,6	24	27

* 1993.

FUENTE: Banco Mundial (1997).

A partir de la Segunda Guerra Mundial, en la que ambos países intervinieron defendiendo al Reino Unido —al igual que en la Primera Guerra Mundial—, el sentimiento nacionalista comienza a crecer paulatinamente. Se reforzaron los lazos con Estados Unidos, tanto políticos como económicos, al tiempo que se debilitaban con la metrópoli colonial. En la actualidad, Japón y Estados Unidos son, por ese orden, los principales socios comerciales de estos dos países —sin tener en cuenta el comercio entre ellos mismos—. Por otra parte, los intercambios con los NPIA y, más recientemente, con las otras EDA han venido creciendo a tasas muy elevadas en los últimos años.

No obstante, hay que señalar que Nueva Zelanda tiene un nivel de desarrollo inferior al de su vecino y una posición de subordinación con respecto al mismo, pues la economía australiana tiene un tamaño seis veces mayor que la neozelandesa. En cualquier caso, las grandes similitudes entre ambas economías justificaba la creación de un zona del libre comercio, la ANZCERTA.

6. EL COMERCIO Y LOS PROCESOS DE INTEGRACIÓN EN LA ZONA ASIA-PACÍFICO

Desde la crisis del petróleo hemos sido testigos de acontecimientos muy importantes en la economía mundial. Estados Unidos ha perdido el papel hegemónico que tenía tras la Segunda Guerra Mundial, surgiendo nuevas zonas de gran dinamismo económico. Este cambio se ha debido, principalmente, a los problemas estructurales de la economía de Estados Unidos, que ha ido perdiendo competitividad frente a otras economías, las cuales supieron adaptarse mejor a las nuevas circunstancias del mercado. La etapa de crecimiento económico iniciada en los años cincuenta llegó a su fin en los años setenta y, como a lo largo de estos años fue Estados Unidos quien dominó la economía internacional, fue este país quien más se desgastó por el esfuerzo realizado.

Entre las nuevas economías de fuerte crecimiento destacan, por un lado, los países de la Unión Europea y, muy especialmente, la antigua República Federal de Alemania, que se ha mostrado como el país más dinámico entre los europeos logrando fuertes superávit comerciales.

Por otro lado, como venimos afirmando, la zona del este de Asia ha sido, a lo largo de los años setenta y ochenta, la otra gran área que ha mostrado un fuerte crecimiento económico. Japón es, por supuesto, la economía dominante, aunque los NPIA también han jugado un papel de gran relevancia.

En la tabla 16.15 se observa la gran diferencia existente entre Japón y el resto de las economías de la zona. Sin embargo, también es cierto el peso importante que empiezan a tener países como los cuatro NPIA, con Singapur a la cabeza en lo que se refiere a PIB per cápita.

Como ya se ha puesto de manifiesto, principalmente Japón pero también los NPIA han tenido superávit de su balanza por cuenta corriente. Fundamentalmente, esto ha sido debido al fuerte incremento de sus exportaciones de manufacturas. Gran parte de estos productos se han exportado a los países occidentales más desarrollados, que han visto sus mercados invadidos por productos asiáticos con una buena relación calidad-precio. Sin embargo, el mercado asiático no ha estado muy abierto a los productos occidentales, lo que ha causado presiones muy fuertes para que estos países reduzcan sus barreras comerciales.

Esto último ha ocurrido, efectivamente, aunque no se dispone de cifras exactas de las medidas que suelen adoptarse para imponer barreras al comercio. Actualmente, las barreras comerciales existentes no son aranceles en su mayor parte, pues-

TABLA 16.15

Producto interior bruto por habitante (dólares)

	1990		1996	
	PIB per cápita	% sobre Japón	PIB per cápita	% sobre Japón
Japón	25.260	100,0	39.640	100,0
Singapur	12.070	47,8	26.730	67,4
Hong Kong	10.320*	40,9	22.990	58,0
Taiwan	7.846	31,1	14.600**	36,8**
Corea del Sur	5.440	21,6	9.700	24,5
Malasia	2.420	9,6	3.890	9,8
Tailandia	1.440	5,7	2.740	6,9
Filipinas	760	3,0	1.050	2,6
Indonesia	550	2,2	980	2,5

* 1989.
** 1995, PIB per cápita en paridad de poder adquisitivo.

FUENTE: AKAL (1992), Banco Mundial (1997).

to que se trata de no incumplir los compromisos que vinculan a la mayoría de los países en el seno de la OMC. Revisten más bien la forma de restricciones voluntarias a la exportación, sistemas de precios mínimos, reglamentos técnicos y sanitarios u obstrucciones administrativas entre otras.

No obstante, la reducción de aranceles y los crecientes superávits de los países del área en los últimos años han estimulado el comercio intraasiático, donde Japón juega un papel muy importante, no sólo desde el punto de vista de los intercambios comerciales, sino también en lo referente a la inversión directa en todos los países asiáticos.

El volumen más importante de transacciones comerciales se produce entre Japón y los NPIA. Así, desde mediados de los años ochenta Japón ha ido estrechando sus lazos comerciales con estas economías. Hasta el momento, el saldo comercial es favorable para Japón, pues exporta a los NPIA y a las EDA, fundamentalmente maquinaria y equipos de transporte necesarios para el desarrollo de estas economías, comparativamente más atrasadas que Japón. En cambio, los NPIA exportan a Japón productos o componentes cuyos procesos de producción requieren un uso intensivo de mano de obra, mientras que las EDA venden a Japón materias primas y productos primarios.

Ahora bien, a pesar del incremento de las exportaciones desde estos países a Japón, Estados Unidos sigue siendo el principal cliente de productos manufacturados de las ocho economías referidas. Esta circunstancia sitúa a estos países en una posición difícil durante los períodos de realineamiento en los tipos de cambio de las principales monedas. Por ejemplo, una depreciación del dólar respecto al yen puede tener un significativo efecto negativo sobre los términos de intercambio de los NPIA y EDA, a menos que sean capaces de reconducir sus exportaciones de manufacturas hacia el país de moneda más fuerte, es decir, Japón. Durante la década de los años setenta, los NPIA llevaron a cabo una política de tipo de cambio que trataba de mantener la paridad de sus monedas respecto al dólar, lo que perjudicaba a sus empresas cuando bajaba el tipo de cambio de esta moneda respecto al yen, haciendo más caros los productos japoneses, muy necesarios para su progreso económico. Durante los años ochenta han cambiado su política de tipo de cambio. Cuando el dólar cayó de nuevo frente al yen en la mitad de la década, estos países permitieron una apreciación de sus monedas respecto al dólar, induciendo a una elevación de sus exportaciones hacia Japón. Sin embargo, en la práctica, las ocho economías siguen muy ligadas al dólar, por lo que los movimientos bruscos de esta moneda les afectan gravemente.

Este creciente comercio intraasiático, donde Japón es el principal baluarte, ha llevado a pensar que este país está en proceso de crear su propio bloque económico. Como Japón no tiene acuerdos comerciales formales con los países del este de Asia, este bloque potencial sería el resultado de las inversiones de empresas japonesas en la región que están aprovechando los menores costes de mano de obra en estos países para mantener su competitividad (los costes laborales se han incrementado rápidamente en Japón en los últimos años) y continuar aumentando sus exportaciones a Estados Unidos y Europa. No obstante, también cabe señalar la necesidad que tiene Japón de potenciar un mercado que cuenta con un elevado número de consumidores.

En los últimos años están surgiendo los primeros intentos de institucionalizar esa creciente integración de las economías asiáticas. En este sentido, en 1989 surgió una iniciativa australiana apoyada rápidamente por los Estados Unidos que vieron en esta idea la forma de incrementar sus relaciones comerciales con las economías asiáticas de rápido crecimiento y evitar, al mismo tiempo, que éstas crearan un bloque comercial independiente, el acuerdo Cooperación Económica de Asia y el Pacífico (APEC). Este amplio acuerdo comercial está suscrito por Japón, los NPIA, las EDA y China, a las que hay que añadir Australia y Nueva Zelanda, Canadá, Estados Unidos, México y Chile, y algunos otros países asiáticos de menor tamaño.

El objetivo de la APEC es el incremento en el volumen de los intercambios regionales, a través de la eliminación de obstáculos al comercio y a las inversiones. Sin embargo, la amplia diversidad de sus miembros no ha permitido todavía superar el estrecho marco de las buenas intenciones. En cualquier caso, la importancia de un foro que agrupa al 40% de la población y del comercio mundiales, y a más de la mitad de la producción, es indudable y, además, es el primer acuerdo comercial de carácter regional que suscribe Japón.

No obstante, hay que señalar que anteriormente a la APEC ya existían en Asia y Pacífico otros procesos de integración que en estos momentos están más avanzados que aquél. Por un lado, la ASEAN (Asociación de Naciones del Sudeste Asiático), que fue creada en 1967 por los cuatro países que hoy se conocen como Economías Dinámicas Asiáticas (EDA), y Singapur, con el objetivo de acelerar el crecimiento económico de sus miembros y fomentar la paz y estabilidad regionales. En un principio, su ámbito de actuación consistía en el apoyo a los proyectos industriales propuestos por sus miembros.

El éxito cosechado por la ASEAN ha llevado a una serie de ampliaciones: en 1984 se unió Brunei, en 1995 lo hizo Vietnam, y en 1997 se incorporaron Laos, Camboya y Myanmar/Birmania. Además, estableció un foro conjunto con Japón en 1977, y desde 1980 tiene un acuerdo de cooperación con la Unión Europea. Por último, en 1993 la ASEAN acordó crear una zona de libre comercio entre sus miembros, con unos aranceles máximos para productos industriales del 5%, y con un período transitorio de hasta ocho años, lo que dio un nuevo impulso a esta agrupación que engloba a más de 460 millones de habitantes, con economías de rápido crecimiento.

Por otro lado, otro proceso de integración anterior a la creación de la APEC y situado en la orilla occidental del Pacífico es la ANZCERTA (zona de libre comercio de Australia y Nueva Zelanda), establecida en 1983 y cuyo antecedente es un acuerdo de menor amplitud firmado en 1966. Sin embargo, existen importantes limitaciones en su funcionamiento, ya que no se extiende a todos los productos básicos, y tampoco contempla la movilidad de otros factores.

No obstante, todavía está pendiente de formación un auténtico bloque regional en esta zona del mundo, al igual que se ha formado en Europa o en América del Norte. De todas formas, parece evidente que más tarde o temprano se formará, para lo cual Japón y, no olvidemos, China serán sus principales impulsores.

TABLA 16.16

Población y PIB en dólares en 1995 (porcentaje sobre el total mundial)

	Población	**PIB**
Japón	2,21	18,3
Corea del Sur	0,8	1,6
Taiwan	n.d.	n.d.
Hong Kong	0,1	0,5
Singapur	0,05	0,3
Nuevos Países Industriales de Asia	**1,0**	**2,5**
Malasia	0,4	0,3
Tailandia	1,0	0,6
Indonesia	3,4	0,7
Filipinas	1,2	0,3
Economías Dinámicas Asiáticas	**6,0**	**1,9**
Australia	0,3	1,3
Nueva Zelanda	0,06	0,2
Oceanía	**0,4**	**1,5**
Total	**9,5**	**24,1**

n.d: No disponible. Los datos acumulados no incluyen Taiwan.

FUENTE: Banco Mundial (1997).

CONCEPTOS

ANZCERTA
APEC
ASEAN
Ciudad-estado
EDA
Industrialización «hacia afuera»
Industrialización sustitutiva de importaciones
Keiretsu
MITI
NPIA
Puerto franco
Sector aislado
Sector expuesto
Zaibatsu

ACTIVIDAD RECOMENDADA

1. ¿Que motivos inducen a Japón a modernizarse a finales del siglo XIX? ¿Hubiese sido posible mantener por más tiempo su estructura feudal?
2. ¿Por qué crees que el sector privado japonés sigue, después de la Segunda Guerra Mundial, la estrategia industrial establecida por el MITI?
3. ¿Se considera actualmente a Japón como un país proteccionista?
4. ¿Cuál es la relación existente entre la industria y el sistema financiero en Japón?
5. ¿Por qué los NPIA logran un fuerte desarrollo a partir de los años setenta? ¿Qué factor diferenció sus estrategias de desarrollo respecto a las otras economías emergentes de Iberoamérica?
6. ¿Hubiese sido posible el desarrollo de los NPIA sin la ayuda económica exterior?
7. ¿Que similitudes y diferencias existen entre los NPIA y las EDA?
8. ¿Que similitudes y diferencias existen entre los países de Oceanía, Australia y Nueva Zelanda, y los países asiáticos estudiados?
9. ¿Piensas que la zona del Sudeste Asiático superará sus dificultades y seguirá siendo la zona más dinámica del mundo?
10. ¿Crees que Estados Unidos mantendrá el control económico de la zona a través de la APEC o será Japón quien logre crear un nuevo bloque regional? ¿Qué papel podría desempeñar China en este proceso?

LECTURAS RECOMENDADAS

Balassa, B. (1988): *Los países de industrialización reciente en la Economía Mundial,* Fondo de Cultura Económica, México.

Berzosa, C. (1991): *Los nuevos competidores internacionales: hacia un cambio en la estructura industrial mundial*, Ciencias Sociales, Madrid.

Bustelo, P. (1990): *Economía política de los nuevos países industriales asiáticos,* Siglo XXI, Madrid.

Bustelo, P. (1996): *Desarrollo económico e integración comercial en Asia Oriental,* Agencia Española de Cooperación Internacional, Madrid.

Moore, R. H. (1990): *Japanese Agriculture: Patterns of Rural Development,* Westview Press, San Francisco.

17 China, el socialismo de mercado

María José Asensio Coto

Cuando Confucio fue a Wei, Ruan You le conducía en su carro. Confucio exclamó: «¡Que numerosa es la gente!»

Ruan You dijo: «Cuando es tan numerosa, ¿qué otro beneficio podemos desear?»

«Que sean también ricos», respondió el Maestro.

Analectas[1]

El objetivo de este capítulo es ofrecer una caracterización general de la realidad económica de China. Un país con más de 1.200 millones de habitantes, 9.596.961 kilómetros cuadrados de extensión (19 veces la extensión de España) con una historia milenaria y, por tanto, de unas características socioculturales muy especiales en las que hemos de buscar gran parte de las causas de la situación que atraviesa en la actualidad.

Como veremos a lo largo del capítulo, el proceso económico y social que atraviesa China en este fin de siglo despierta un extraordinario interés en la mayoría de los analistas económicos por diversas razones.

En primer lugar, el gran peso económico de China a nivel mundial y fundamentalmente su potencialidad de crecimiento lo convierten en la primera potencia emergente en el contexto internacional. Este hecho alcanza una mayor importancia debido a la dimensión demográfica del país.

En segundo lugar, el éxito espectacular de las transformaciones del modelo económico chino que configuran un proceso de reforma sin precedentes en el resto del mundo. La reforma económica china es considerada como una de las revoluciones económicas más singulares de la historia.

[1] Tomado de Lynn Pan (1988).

A todo lo anterior se añade el difícil equilibrio que supone, desde la perspectiva económica, el mantenimiento de una economía centralizada en convivencia con grandes parcelas de economía de mercado. Asimismo, desde la perspectiva social, la ausencia de libertades políticas en convivencia con la apertura económica y al exterior. Finalmente, se trata de una gran potencia militar con una gran independencia política del resto del mundo.

Tras realizar un breve apunte histórico analizaremos las causas, desarrollo y consecuencias de la proclamación en 1949 de la República Popular y de las transformaciones realizadas a partir de otra fecha clave en la historia reciente de China (1978), hasta llegar a la situación actual.

Finalmente intentaremos analizar la posible trayectoria que recorrerá la sociedad y la economía de este gran país que se encuentra de nuevo inmerso en un proceso transformador.

1. BREVE APUNTE HISTÓRICO

El gran imperio feudal chino se asentaba sobre una sólida base sociocultural, el confucionismo. La filosofía que sustenta la religiosidad de este pueblo marca las pautas de comportamiento individual y colectivo así como la estructura social del mismo, favoreciendo el autoritarismo y la supeditación del individuo a la colectividad.

La estructura feudal en el imperio llega hasta el último eslabón de la cadena, el grupo familiar, en el que también existe una fuerte supeditación a la autoridad.

Hasta el siglo XVI las relaciones con el mundo occidental se habían efectuado siempre de forma indirecta a través de pueblos intermedios, sobre todo árabes. Son los navegantes portugueses los primeros en comerciar directamente con China buscando casi siempre sus productos artesanales.

A finales del siglo XVIII comienza la colonización del imperio. Rusia y Gran Bretaña son los primeros, seguidos por Alemania y Japón. La influencia de estos países sobre la estructura económico-social y cultural de China se ve limitada por dos aspectos: las características de los propios pueblos colonizadores y la gran extensión del territorio a colonizar.

Las colonizaciones llevadas a cabo por estos pueblos son casi exclusivamente de tipo comercial y estratégico. Con esto no queremos decir que no penetren en la estructura social del país colonizado, sino que su influencia en este aspecto es relativamente superficial.

La gran extensión del territorio impide la colonización completa del mismo, por lo que las diferentes potencias se instalan en distintas zonas (Gran Bretaña en Hong Kong, Rusia en el norte de Amur, Japón en Corea, Formosa, etc.), al principio por la fuerza y a finales del siglo a través de concesiones comerciales e instalación de bases militares, aprovechando la política de puertas abiertas practicada por el Gobierno chino.

El siglo XIX es un período convulsivo en el que se mantienen enfrentamientos continuos con los países colonizadores. La consecuencia de todo este proceso es que China acaba el siglo convertida en un país «semicolonial».

El período comprendido entre 1900 y 1912 (fecha en la que se proclama la República en China) se caracteriza por:

— División económica y administrativa debido a la estructura semicolonial con la que termina el siglo XIX que provoca el desmoronamiento general de la administración imperial.
— Los jefes militares locales son los beneficiados por esta situación ejerciendo el dominio personal sobre toda su zona de influencia.
— El campesinado (en su gran mayoría sin tierras) junto con los pequeños núcleos de obreros industriales localizados fundamentalmente en el litoral, se encuentran en una situación de total indefensión ante quienes ejercen el poder.

En este contexto se proclama, en febrero de 1912, la República China presidida por Sun Yat Sen al frente del Kuomintang, partido de ideología nacionalista.

2. DE REPÚBLICA NACIONAL A REPÚBLICA POPULAR

Durante los 37 años de República Nacional, China sigue siendo un país dividido territorial e ideológicamente. Parte del territorio sigue estando bajo la influencia de las potencias extranjeras y además existen grupos ideológicos enfrentados con el Kuomintang que no reconocen la República.

China de nuevo se ve inmersa en un proceso bélico que culmina en 1949 con la proclamación de la República Popular presidida por Mao Tse-Tung. Las causas de esta revolución debemos buscarlas en la situación política del país durante los años de República Nacional y la situación de precariedad económica en la que se encontraba el pueblo chino a finales de los cuarenta.

La situación política se caracterizaba por la existencia de tres grupos enfrentados:

— El partido en el poder Kuomintang (KMT), de corte nacionalista.
— Los jefes militares locales (señores de la guerra) que no aceptan la República ya que no les interesa perder la posición privilegiada de la que parten.
— El Partido Comunista Chino (PCCh) fundado en 1921. En él coexisten dos corrientes ideológicas, la corriente prosoviética partidaria de la colaboración con el partido nacionalista que dirige la República, asentada fundamentalmente sobre el proletariado urbano, y la corriente revolucionaria liderada por Mao Tse-Tung, que sienta sus bases sobre las masas campesinas. Ambas son de corte marxista; no obstante, los seguidores de Mao son partidarios del cambio revolucionario y, por tanto, del enfrentamiento con el partido en el

poder. Esta facción del partido, con objeto de realizar la revolución e instaurar gobiernos locales tipo sóviet, crea el Ejército de Liberación Popular (ELP) de base campesina.

Así, en el corto período de tiempo que va desde 1927 hasta 1946, como consecuencia de esta situación de división ideológica y territorial, se suceden tres guerras:

— De 1927 a 1934, guerra civil que culmina con la derrota del ELP frente al Ejército Nacional. Tras esta derrota el ELP emprende la «larga marcha», que constituye el germen de la revolución popular de 1949. El ELP replegado (unos 90.000 soldados) marcha hacia la ciudad de Yenan, situada al norte del país, recorriendo más de 3.500 km. A su paso van propagando entre el campesinado la ideología marxista. Las bases ideológicas de la revolución quedan así asentadas sobre los núcleos de campesinos y el liderazgo de Mao al frente de ellos se ve totalmente fortalecido.
— De 1937 hasta el final de la Segunda Guerra Mundial, guerra contra Japón. El KMT y el ELP se unen frente al enemigo común. Al finalizar la guerra el ELP y el PCCh salen fortalecidos frente al KMT, que sufre un serio deterioro.
— En 1946 estalla de nuevo la guerra civil. De nuevo se enfrentan el partido en el poder y el PCCh, pero el resultado de este conflicto es bien distinto. El PCCh se hace con el gobierno del país y en 1949 se proclama la República Popular presidida por Mao. China es unificada de forma definitiva casi por completo (quedan algunos territorios fuera de la influencia del nuevo Gobierno).

La situación económica que atravesaba el país a finales de los cuarenta es el detonante de una revolución popular que, como hemos visto, ideológicamente ya estaba planteada. La población rusa del 1917 no tenía nada que envidiar a la China de 1947. La renta per cápita (40 dólares/año) era seis veces inferior al promedio mundial; el 90% de la población era analfabeta; la crisis de la agricultura se cebaba sobre unos campesinos que soportaban arrendamientos insostenibles; apenas existía inversión y la situación del trabajador en la industria se asemejaba cada vez más a la de Europa del siglo XIX que tanto influyó en la formación del pensamiento de Karl Marx.

La implantación del comunismo en China se llevó a cabo, como hemos visto, de una forma muy diferente a lo que ocurrió en la URSS y su área de influencia. Si bien es cierto que la Revolución de Octubre en Rusia tiene un origen popular, la culminación del proceso revolucionario es muy diferente. En la Rusia zarista es el Partido Bolchevique el que toma el poder a través de un golpe de Estado. A partir de ese momento la propagación ideológica se realiza en sentido inverso, es decir, desde el poder hacia el pueblo. El nuevo Estado se encarga de imponer en todo el territorio una ideología oficial que no era mayoritaria en sus inicios. Por otra parte, la unificación administrativa y política que se produce en China con el triunfo de la revolución se basa en una unidad cultural ya existente. A pesar de la existencia de numerosas minorías nacionales (en la actualidad hay una lengua común oficial, ocho dialectos con numerosas variantes y 55 minorías nacionales con su propia lengua), la unidad cultural y social del pueblo chino tiene muchos siglos de historia. El caso de la URSS e bien distinto. El poder queda en manos fundamentalmente de rusos y ucranianos que tras la incorporación a la URSS de pueblos con grandes diferencias étnicas, culturales y lingüísticas, se encargan de imponer a todos ellos la nueva cultura soviética

3. LA REPÚBLICA POPULAR DE MAO

3.1. La práctica de la revolución

El éxito del PCCh se debió al apoyo del campesinado que veía en la reforma agraria la única posibilidad de mejorar su situación. Carecían de tierra, por lo que tenían que soportar el alto coste de los arrendamiento que los grandes terratenientes imponían (40 o 50% de la cosecha). Los altos tipos de interés de los usureros locale (35 o 40%) mermaban sus posibilidades de inversión e incluso de supervivencia e tiempos de malas cosechas. La falta de infraestructuras hidráulicas y de transporte hacía que en cada localidad se dependiera casi exclusivamente de las condiciones meteorológicas de la zona.

La reforma agraria no se hizo esperar. En 1953 culminaba con el reparto de la tierras, otorgando los títulos de propiedad a las familias campesinas. La difusión d la propiedad privada de la tierra se desarrolla al máximo, con lo que las explotaciones agrarias quedan infradimensionadas. Surge así la formación de cooperativas voluntarias (de 20 a 50 propietarios) con objeto de mejorar el rendimiento de las explotaciones. El cooperativismo agrario aparece, por tanto, de forma espontánea y posteriormente es apoyado y extendido a todo el país por el Gobierno. En esta primera etapa la propiedad privada no desaparece.

En la industria se procede a la nacionalización de toda la red industrial del país excepto las pequeñas y medianas explotaciones que quedan en manos privadas. Paralelamente se acometen las obras que le dotarán de la necesaria infraestructura de transportes así como la red de canalización y distribución de los recursos hidráulicos

Con la puesta en marcha del primer plan quinquenal (1953-1957) culmina la primera etapa, en la que se sientan las bases de una economía de dirección central. Est primera etapa se caracteriza por una política industrial inspirada en el modelo soviético y una política agrícola sustancialmente diferente. La reforma agraria en l URSS se lleva a cabo por medio de nacionalizaciones e intervención directa del Estado en la colectivización de las explotaciones, mientras que en China se hace mediante la difusión de la propiedad privada y el cooperativismo voluntario.

3.2. El Gran Salto Adelante (1958-1960)

Tras el éxito político y económico obtenido en los primeros años de gobierno se elabora un ambicioso proyecto de desarrollo en el que se intentan volcar todas la fuerzas productivas del país en la industria para obtener el despegue definitivo y ace lerar la implantación del comunismo integral en el país. El segundo plan quinquenal (1958-1962) contempla las medidas necesarias para llevar a cabo el Gran Salto Adelante (GSA) con base en la intensificación de la colectivización agraria con objeto de incrementar la generación de recursos para el desarrollo de la industria pesada.

El GSA se produce en un ambiente de antiintelectualismo promovido por el propio Mao. Las reformas realizadas hasta el momento en el país no habían alcanzado al sistema educativo. Los intelectuales y estudiantes se habían manifestado en contra del sistema. Se imponía la necesidad de formar una nueva generación de intelectuales verdaderamente leales al partido. Asimismo, la facción moderada del Partido Comunista Chino manifiesta una clara oposición, con lo que el GSA es precedido de un intenso movimiento de represión. En 1957 dentro del mismo PCCh se planteó la conveniencia de acercar más el desarrollo del comunismo del país al modelo soviético. Mao era partidario del avance revolucionario y se opuso a lo que consideraba un retroceso, eliminando la libertad de crítica dentro del partido e imponiendo su forma de entender el comunismo.

En la agricultura, el GSA se traduce en un intento de aumentar la producción mediante la utilización masiva de mano de obra incentivada por la «firmeza revolucionaria», sustituyendo así el incentivo económico por el incentivo moral. En 1958 se implantan las comunas como forma de explotación agrícola, con lo que desaparece la propiedad privada. La puesta en práctica de esta reorganización de la agricultura dio malos resultados. La producción agrícola descendió considerablemente por lo que hubo que introducir cambios (se permitieron ciertas formas de propiedad privada).

Otra de las tareas acometidas durante el GSA fue la descentralización burocrática y económica. Los extremos a los que se llevó esta política descentralizadora dejaron al país en una difícil situación de falta de control, ya que no se hizo de forma racional y organizada.

En cuanto al desarrollo industrial, el PCCh no era partidario de implantar el modelo estalinista debido a que las realidades económicas de ambos países eran muy diferentes. La clase dirigente, de origen campesino, intenta aplicar a la industria los criterios que reformaron la agricultura. La producción industrial experimentó un incremento considerable, pero no se alcanzaron los objetivos establecidos previamente.

Los resultados económicos del GSA fueron desastrosos y ya en 1959 se manifiesta claramente la crisis económica. El descenso de la producción agrícola junto con la descoordinación que dominó la política económica del país, dieron origen a un gran aumento de la mortalidad por inanición y debilitamiento de la población a causa de la escasez de alimentos. No obstante, se consiguieron éxitos relativos en el terreno político, ya que se dio un gran paso hacia la colectivización y la consolidación del socialismo.

Las tesis de Mao se alejaban cada vez más de la URSS, esta última más moderada tanto en lo referente a política interior como exterior. Este enfrentamiento trae como consecuencia el enfriamiento de las relaciones entre ambos países y en 1960 la retirada de la ayuda soviética a China.

El fracaso del proyecto global y el enfrentamiento con la URSS provocan divisiones dentro del PCCh de las que sale perjudicado Mao Tse-Tung, que abandona la presidencia de la República aunque no la del partido. El período 1963-1965 en el que Deng Xiaoping y Liu Shaoqi, la línea moderada del partido, toman el relevo en la dirección del país se caracteriza por una liberalización económica en un intento de reequilibrar los sectores productivos. El éxito económico del cambio de rumbo es notable. «Este período de "restauración moderada" fue breve pero de gran importancia para el desarrollo posterior de China, puesto que en él se encuentra el germen del espectacular programa de reforma económica iniciado por Deng Xiaoping en 1978»[2].

Llevado por el temor a una vuelta atrás en el proceso revolucionario y la necesidad de fortalecer su posición dentro del propio partido, Mao emprende desde Shanghai la «Revolución Cultural» (1966-1968). Había que educar ideológicamente a la juventud que no había conocido el capitalismo y pueden caer en la tentación de simpatizar con él. Este fenómeno provocó en Occidente opiniones encontradas. ¿Fue un verdadero movimiento de masas en el que el pueblo toma protagonismo en la lucha revolucionaria?, o, por el contrario, ¿fue simplemente una lucha por el poder a través de la manipulación de los jóvenes y la persecución de los disidentes?

Finalmente, Mao vuelve a alcanzar la presidencia de la República en 1969. En los años que van desde 1969 hasta la muerte de Mao (septiembre de 1976), la lucha por la sucesión dentro del partido marca la vida política del país. En 1978 Deng Xiaoping, cuya lealtad había sido cuestionada durante la Revolución Cultural, se hace con el poder y comienza una nueva era de reformas.

4. VEINTE AÑOS DE REFORMAS

Al final de la etapa maoísta la situación económica del país se había deteriorado considerablemente. Tras los primeros éxitos económicos de la revolución se experimentó, en los últimos 20 años, un fuerte retroceso. Durante este último período el crecimiento de la producción agrícola fue prácticamente nulo, la superficie de tierras cultivadas descendió en un 11% y se produjo un fuerte estancamiento de la productividad. La población creció a un ritmo desconocido hasta entonces (de 586 millones de habitantes en 1953 se pasa a más de 1.000 millones a principios de los ochenta). China se encuentra así con mano de obra abundante muy poco cualificada (el 25% de la población era analfabeta), un gran índice de desempleo (de 40 a 90 millones en zonas rurales y de 10 a 30 millones en las ciudades) y graves dificultades para alimentar a la población.

[2] E. Fanjul (1997), pág. 30.

4.1. El espíritu de la reforma

Al entrar en el poder la línea pragmática del partido encabezada por Deng Xiaoping, los temas políticos pasan a un segundo plano otorgándosele prioridad absoluta a la cuestión económica. El objetivo de todos los cambios que se operan en el país es la modernización del mismo sin abandonar el fin último de alcanzar el comunismo pleno. Se considera que el país se encuentra en una etapa primaria del socialismo durante la cual el desarrollo económico debe ser tarea fundamental, abandonando las prisas por ir quemando etapas políticamente a un ritmo que la economía no pudiese soportar. Se pretende llevar a cabo una profunda *reforma económica sin reforma política.*

Las líneas de actuación se enfocan en dos direcciones: reforma económica y apertura exterior, que se concretan en cinco objetivos formulados por el primer ministro Zhao Zigang:

— Superar la ideología igualitarista que durante mucho tiempo consideró la igualdad social fin y medio para la solución de todos los problemas y la lucha revolucionaria como único instrumento.
— Reestructurar la gestión de las industrias de construcción estableciendo un nuevo sistema de incentivos.
— Reformar el sistema de circulación de bienes y dinero que se había convertido en cuello de botella para la economía del país.
— Potenciar el contacto con el exterior con idea de obtener recursos financieros para el desarrollo interno y colocar a China en el lugar que le corresponde dentro del contexto mundial.
— Potenciar el papel de los intelectuales que la Revolución Cultural había intentado destruir.

En la práctica, la reforma se concreta en dos direcciones.

Por un lado se abandona la tradicional autarquía del país emprendiendo un proceso de apertura al exterior tanto en términos comerciales como financieros: *política de puertas abiertas*. La apertura comercial y financiera tienen como objetivo fundamental la obtención de recursos para acometer el conjunto de medidas necesarias para transformar el país. El papel que durante los treinta años anteriores jugó la agricultura de la que se detraen los recursos necesarios para el desarrollo del país, en esta nueva etapa se le atribuye al sector exterior en un intento de evitar repetir errores del pasado.

Por otro lado se toma un conjunto de medidas liberalizadoras en el campo de la agricultura, la industria, la defensa y la ciencia y tecnología: *las cuatro modernizaciones.*

Paralelamente se pone en marcha una serie de medidas de acompañamiento en el campo de la organización del Estado, inversiones en infraestructuras y cambio institucional. Esto último, el proceso de cambio institucional, presenta extraordinarias dificultades y, por tanto, se produce con una mayor lentitud, debido fundamentalmente a la ausencia de cambio político. La ideología que dirige la reforma se encuentra con serios problemas para asumir ciertas instituciones que parecen ser necesarias para completar la reforma, como, por ejemplo, la existencia de propiedad privada.

En lo que se refiere a la forma de implementar todas estas medidas, el gobierno chino emprende un nuevo modelo de transición. Dado que no existe precedente en el contexto internacional, y debido a la magnitud de la economía que se pretende reformar así como la magnitud en términos cualitativos de la propia reforma, la opción que se elige está caracterizada por el *gradualismo,* tanto en términos temporales como geográficos y sectoriales, y la *experimentación,* para lo que los instrumentos principales, como veremos más adelante, son el sector agrícola y las Zonas Económicas Especiales.

4.2. Apertura exterior

El proceso de apertura exterior que se inicia con la reforma de 1978 no tiene precedente en la trayectoria histórica de China. La tendencia al aislamiento, que en un principio pudo tener su origen en razones geográficas se manifiesta en un fuerte sentimiento nacionalista y xenófobo del pueblo chino.

Incluso en la época de máximo explendor del imperio, la actitud hacia el extranjero fue siempre defensiva con una falta de tradición imperialista que contrasta con las tendencias a la expansión de las demás potencias. Durante el siglo XIX la historia de las relaciones exteriores de China está plagada de derrotas y humillaciones infligidas por los pueblos extranjeros.

La consecuencia de este aislamiento fue el desarrollo de una cultura china diferenciada que, como apuntábamos al principio de este capítulo, a pesar de encontrarse administrativamente dividida hasta 1949, no presentó dificultades a la hora de la unificación.

Este fuerte sentimiento nacionalista impregna la revolución popular de 1949 y la política autárquica y antiimperialista de Mao, quien siempre quería llegar más allá en este sentido.

Ésta fue precisamente una de las causas de la ruptura (en 1960) con la URSS. La afirmación de la supremacía de la revolución comunista china, basada en la exaltación de su herencia cultural, sobre el modelo soviético dio origen al «comunismo nacional» propugnado por Mao, en el que pesaba tanto la ideología comunista como el sentimiento nacionalista.

Durante la etapa revolucionaria la actitud de la comunidad internacional hacia China no era muy diferente. Es significativo el hecho de que hasta 1971 no fue reconocida la República Popular, de forma que era la China Nacional (actual Taiwan), aún gobernada por el KMT, con poco más de 14 millones de habitantes, la que representaba al país en la ONU.

Reconocer que una de las causas del retraso económico de la nación puede encontrarse en esta tradición aislacionista y comenzar la apertura al exterior fue una de las bases fundamentales de los cambios que Deng Xiaoping introduce en la po lítica económica del país. El objetivo es promover el desarrollo económico, para lo que es necesario combatir las grandes carencias que lo impiden: tecnología, métodos de gestión, capitales, maquinaria y equipos. El proceso de apertura, por tanto, debe ir en dos direcciones. Por un lado se impone la necesidad de realizar un gran volumen de importaciones y, por otro, obtener divisas para no deteriorar en demasía la balanza de pagos.

Con objeto de obtener financiación para el desarrollo económico y divisas para las importaciones, se actúa en tres frentes: fomento de la exportación, impulso del turismo y obtención de créditos en el exterior. Este último recurso hace que la deuda exterior del país se incremente notablemente. El Estado se conduce con cautela en este terreno ya que aún existe cierto recelo ante el extranjero. Esto, unido al fuerte crecimiento económico, hace que el endeudamiento no llegue a ser excesivo medido en términos relativos.

En lo que se refiere a la apertura comercial, a la falta de experiencia del conjunto de la economía del país en el mercado internacional y la inexistencia de una moneda nacional convertible hay que añadir una tercera dificultad: ¿qué productos se exportan?

El sector agrícola aún tiene serias dificultades para abastecer las necesidades primarias de la población del país que ejerce una extraordinaria presión sobre este sector. Y, en cualquier caso, la exportación de productos primarios presenta mayores dificultades en el mercado internacional y no es una buena opción a largo plazo, ya que genera menores valores añadidos que los productos que es necesario importar (tecnología, bienes de equipo, etc.).

No obstante, el modelo industrial tradicional basado en la industria pesada, hacia la que se han dirigido durante treinta años la mayor parte de los recursos, impidió el desarrollo de una industria manufacturera que podría, ahora, en tiempo de apertura comercial, tener un papel similar al que ha ejercido en otros países del entorno asiático.

Por tanto, en los primeros años de apertura son los productos agrícolas los que constituyen el mayor número de exportaciones del país mientras se impulsa decididamente el desarrollo de la industria manufacturera, que se considera el futuro del sector exterior chino. Para ello, la reforma económica comienza en el sector agrícola con objeto de incrementar los rendimientos del mismo y hacer posible así la exportación de productos primarios.

Paralelamente, se fomenta la creación de empresas de capital mixto (nacional y extranjero) con objeto de combatir la falta de capitalización de la economía así como la falta de experiencia en la gestión, necesidades de divisas y la necesidad de introducir una cultura exportadora en el país.

En lo que se refiere a las importaciones, se fomentan las importaciones de bienes de capital y tecnología y se establece un riguroso control a las de bienes de consumo. El déficit comercial es admisible en aras de las necesidades de desarrollo industrial del país, pero no se permite el incremento del mismo para satisfacer las necesidades de consumo de la población surgidas a raíz de un incremento del nivel de vida.

Durante una década el volumen de importaciones creció de forma continuada. China ofrece un gran atractivo a las empresas extranjeras, ya que se les abre la posibilidad de introducir sus productos en un inmenso mercado que mantiene unas buenas condiciones de solvencia. El Estado sabe aprovecharse de la posición de fuerza que esto representa a la hora de negociar los precios de los productos importados.

De hecho, hasta 1990 la balanza de pagos es deficitaria debido al mayor peso en las exportaciones de los productos agrícolas, pero a partir de ese año el peso de los textiles y las manufacturas (80%) en las exportaciones permiten un superávit comercial que ha continuado prácticamente de forma ininterrumpida hasta ahora.

Se abre así una etapa económica muy favorable. La mejora de las perspectivas, el fuerte crecimiento económico y la existencia de gran cantidad de mano de obra barata, hacen de China un país atractivo a la inversión extranjera. El Gobierno pone en práctica una política de fomento de la inversión extranjera con objeto de obtener el capital necesario para el desarrollo del país. Esta política se instrumentaliza fundamentalmente a través de la creación de Zonas Económicas Especiales (ZEE), en las que se instalan la mayor parte de las empresas extranjeras. Las ZEE constituyen una especie de ensayos para posteriormente introducirse en el resto del país. Se favorecen las actividades intensivas en capital, de alta tecnología y orientadas a la exportación. Se sitúan fundamentalmente en el litoral. El éxito de las ZEE es claro. Ya en 1990 se habían establecido en ellas 5.700 proyectos con inversión extranjera (el 25% de todo el país) y aportaban el 10% de las exportaciones. En la primera mitad de la década de los noventa el crecimiento del PIB en las ZEE supera el 15%.

Existían, no obstante, ciertos obstáculos que dificultaban las gestiones de los inversores. Las negociaciones para el establecimiento de las empresas a veces duran años debido a la excesiva regulación (estatal, provincial y municipal) que aún perdura. Se producen a veces problemas de abastecimiento de materias primas y en diferente concepción en temas de personal. Finalmente, el Estado impone a las empresas extranjeras la obtención de divisas, por lo que han de recurrir a la exportación para financiar sus propias importaciones.

En todo este proceso, Hong Kong se constituye en intermediario tanto del tráfico de bienes como de capitales. Las primeras ZEE se sitúan cerca de la plaza británica para obtener ventajas de ese gran centro financiero y preparar la economía de la zona para el retorno de la soberanía que se produce el 1 de julio de 1997.

4.3. La reforma en la agricultura

A finales de la década de los setenta el coste de los desajustes en la agricultura se mide aún en vidas humanas. La supervivencia de la población sigue dependiendo de la producción agrícola. Tras los desastres acaecidos durante el GSA, la agricultura es el primer sector donde se realiza la reforma que introduce cambios en la estructura administrativa y cierta liberalización del mercado.

El sistema de comunas queda definitivamente desmantelado. Se vuelve a la explotación familiar, base de la estructura productiva que surge de la primera reforma agraria llevada a cabo por Mao. No obstante, en esta ocasión la propiedad no es repartida como se hizo en 1949. Los campesinos se convierten en arrendatarios de tierras cuyo propietario es el Estado. A pesar de que no existe la propiedad privada de la tierra, la capacidad de actuación que se le otorga al campesino hace que este sistema de tenencia de tierras se asemeje a la plena propiedad. A partir de 1988 se permite la transferencia del derecho de arrendamiento que puede prorrogarse hasta cincuenta años y se puede transmitir de padres a hijos, e incluso se reconoce la posibilidad de alquilar mano de obra.

El sistema de planificación es sustituido por un sistema de responsabilidad. Las relaciones del campesino con las agencias estatales se realizan a partir de ahora a través de contratos. En virtud de estos contratos un porcentaje de la producción queda disponible para ser vendida en el mercado libre donde los precios no están intervenidos por el Estado. A finales de los ochenta el 60% de la producción agrícola se vende en mercados libres.

Una vez más se ha trasladado la responsabilidad hacia abajo (explotación familiar) y el incentivo moral se complementa con el económico a través del mercado. En 1989 hay ya 70.000 mercados agrícolas, en los que los precios fluctúan en función de la oferta y la demanda, y 15 millones de empresas rurales que emplean a 89 millones de personas, lo que denota una fuerte expansión de la empresa rural. La producción agraria creció entre 1978 y 1981 al 7,5% anual, crecimiento que es superado durante el siguiente plan quinquenal (1981-1985) en el que se alcanza una tasa del 10,8%. Los resultados son muy favorables; no obstante, desde mediados de los ochenta se aprecia un descenso en la tasa de crecimiento. La mejora de la gestión que supuso la reforma en la agricultura ha de ser complementada ahora con inversiones en mecanización e infraestructuras combatiendo la falta de capitalización agraria y los efectos negativos que produce la pequeña dimensión de las explotaciones familiares.

4.4. La reforma en la industria

La idea de que la industria pesada construye el futuro mientras que los bienes de consumo lo retrasan ha sido la base de la política industrial llevada a cabo hasta la reforma de 1978. El crecimiento de la tasa de inversión en la industria pesada se había estado manteniendo a pesar del descenso de la renta nacional en los últimos años, por lo que la cantidad disponible para el consumo era cada vez menor. El equipamiento industrial obsoleto e ineficaz y el descenso de la producción de bienes de consumo completan el conjunto de problemas a los que ha de hacer frente la nueva política industrial.

El éxito obtenido con la reforma de la agricultura da paso, a mediados de los ochenta (1984), a la reforma del sector industrial siguiendo la idea de gradualismo sectorial a la que aludimos anteriormente. La reforma en la industria se orienta principalmente en tres direcciones:

— Proceso desregulador que intenta eliminar las rigideces del sistema de planificación central e introducir nuevos incentivos.
— Descentralización del sistema bancario con objeto de facilitar la financiación.
— Fomento de la inversión industrial en las ZEE.

Con la desregulación se pretende trasladar la responsabilidad hacia abajo. Se permite a las empresas tomar decisiones en materia de inversión disponiendo de un porcentaje del beneficio obtenido, así como la venta en el mercado libre de la producción que exceda de un límite establecido. Esto se traduce en un incentivo a la producción de bienes de consumo de los que se pueden obtener mayores excedentes, que constituyen el margen de maniobra de las empresas. Éstas a su vez pueden establecer pluses que incentiven al trabajador abandonándose así definitivamente la idea de la cuestión moral como único estímulo al trabajo. Se promociona la iniciativa local dándole más libertad de acción a las actividades locales en detrimento del control central absoluto.

En materia de política financiera destaca la formación de una incipiente bolsa de valores y la descentralización del sistema bancario. Los diferentes sectores económicos obtienen, a partir de ahora, financiación de bancos especializados (industria, comercio, intercambio exterior, inversiones internacionales, agricultura, seguros y construcción) cuya actividad es supervisada por el Banco del Pueblo de China. Los subsidios a través de los que el Estado prestaba ayuda financiera a la industria son sustituidos por préstamos a interés, otra manifestación del deseo de trasladar la responsabilidad.

Todos estos cambios se introducen de forma gradual experimentando en algunas ciudades antes de extenderlos al resto de la economía. Hemos visto anteriormente cómo el esfuerzo industrializador se centra en las ZEE, en las que se sitúa la mayor parte de la inversión extranjera dirigida fundamentalmente a sectores intensivos en capital, por lo que no vamos a detenernos más en ello.

El primer paso se orienta a la transformación de los canales de distribución. Se fomenta el desarrollo del mercado libre industrial en convivencia con los canales de distribución estatales ya existentes.

El siguiente paso es la liberalización parcial de los precios industriales. Se permite la formación en el mercado libre de precios de mercado a la vez que siguen existiendo los precios administrados (más bajos) para los productos distribuidos por el Estado. La corrupción, que se produce a raíz de esta dualización de los precios en las zonas en las que fue permitida, fue la causa de que se abandonara este sistema para volver a un sistema único de precios administrados que se elevaron gradualmente para acercarse a los precios que surgen del juego del mercado.

En tercer lugar se emprende la eliminación de los monopolios territoriales (hasta ahora cada factoría sólo podía distribuir su producción en una zona determinada sin que existieran solapamientos entre ellas) con objeto de fomentar la competencia.

Los resultados obtenidos durante la década de los ochenta en materia industrial son altamente satisfactorios. La industria pesada ha perdido importancia frente a la producción de bienes de consumo y bienes exportables. No obstante, la pérdida de control central sobre las empresas locales ha traído como consecuencia un crecimiento de la clase administrativa local y de su poder, que traen de nuevo problemas de corrupción local.

Una vez más, es la reforma de los sistemas de gestión y organización empresarial así como la reforma de las instituciones lo que queda pendiente. Fundamentalmente en lo que se refiere a la responsabilidad de los resultados empresariales y a la implantación de la propiedad privada.

En el primer caso la dificultad principal radica en la función social que realizan las empresas en el sistema de protección del país. Éstas asumen por completo la cobertura en materia de sanidad, vivienda, educación, pensiones, etc., de todos sus trabajadores. Es, por tanto, extraordinariamente complicado aplicar la ley de quiebra (de reciente creación), que supondría la desaparición de aquellas empresas que no se mantengan por sí mismas en el mercado al dejar el Estado de asumir las pérdidas. El noveno plan quinquenal (1996-2000) acomete en parte la reforma creando un incipiente sistema de protección social a nivel nacional.

En lo que se refiere a la propiedad privada, se opta por un sistema de semiprivatización implementado a través del desarrollo de las cooperativas que está teniendo un gran éxito como forma de propiedad empresarial combinado con las empresas de capital mixto. De esta forma se evita el conflicto ideológico que supone la implantación de la propiedad privada como forma generalizada de propiedad de los factores productivos.

5. LOS RESULTADOS DE LA REFORMA

5.1. Una economía sensible a los ajustes

El nuevo sistema económico, que surge de la reforma al que sus propios artífices han denominado mercantil-socialismo, establece un difícil equilibrio entre la economía de mercado y la economía de dirección central. Como consecuencia de estos cambios, China atraviesa una etapa de paz y crecimiento que no se recordaba desde hacía mucho tiempo. En la década de los ochenta la eficiencia general del sistema económico aumentó considerablemente. El PNB creció a una tasa media del 10% y hubo una gran expansión de la producción de bienes de consumo. Estos diez primeros años de reforma suponen un gran impulso a la prosperidad y el bienestar del pueblo chino.

Sin embargo, en 1988 empiezan a detectarse síntomas de agotamiento y desequilibrios que desembocan en una profunda crisis que pone en peligro la continuidad de la reforma. Vuelven a surgir dudas sobre la viabilidad de un proyecto para el que no existen modelos a seguir y sobre la capacidad del propio PCCh de llevarlo a cabo manteniendo la estructura política del país y el liderazgo ideológico.

Los cambios operados en el país producen una serie de efectos indeseados[3] tanto en el terreno social como económico. Corrupción, delincuencia, pérdida de liderazgo del partido, occidentalización de las costumbres y desigualdades en la distribución de la renta, son causas del descontento creciente de la población. A pesar de los esfuerzos gubernamentales para evitarlo, la apertura provoca una cierta occidentalización de las costumbres, fundamentalmente en las ciudades costeras en la que se da un mayor contacto con el exterior. El PCCh había girado hacia un pragmatismo político en el que la prioridad pasa a ser de tipo material, el progreso económico, con lo que pierde legitimidad para ejercer el liderazgo moral como había hecho durante los últimos cuarenta años. Esto, unido a la falta de asistencia que en los últimos años de pragmatismo se había prestado a la educación, hace que los estudiantes, símbolo de la austeridad, se constituyan en catalizadores de la conciencia moral del país. El crecimiento económico no había beneficiado a la población de forma homogénea. Las ZEE constituyen un foco de grandes diferencias territoriales, ya que en el interior el desarrollo no es tan patente. A los desequilibrios territoriales hay que sumar los que se producen dentro de una misma comunidad. Los que tienen acceso a sectores más liberalizados gozan de una posición más favorable. La elevada tasa de inflación agrava las desigualdades. Existen, por tanto, fuertes desequilibrios económicos que unidos a la crisis social e ideológica desembocan, en la primavera de 1989, en los trágicos acontecimientos acaecidos en la plaza de Tiananmen.

En junio de 1989, el V Pleno del Comité Central elabora un programa de reajustes económicos cuyos objetivos son los siguientes:

— Reducir la inflación, como prioritario.
— Reducir el déficit presupuestario.
— Paliar la desigualdad en la distribución de la renta.
— Corregir la falta de operatividad de la Administración.
— Corregir los desequilibrios de la balanza comercial.
— Evitar volver al aislamiento exterior.

Para reducir la inflación se ralentiza el ritmo de crecimiento de la economía y se establecen frenos administrativos a la demanda. En un tiempo muy breve se obtienen respuestas significativas. En 1990 la tasa de inflación, que había alcanzado anteriormente tasas de dos dígitos (20% en 1988), se situó en el 2%. Esto fue posible gracias al control que el Estado ejerce sobre todos los sectores económicos. En el comportamiento de los indicadores económicos que incluimos en la tabla 17.1 se aprecia claramente el fuerte impacto que sobre la economía del país tiene la crisis y la rápida reacción a los ajustes.

[3] E. Fanjul (1991) analiza en profundidad estos efectos indeseados.

TABLA 17.1

China, variación anual de algunos indicadores económicos, 1988-1991 (porcentajes)

	1988	1989	1990
Producto Nacional Bruto*	12	3,9	3,7
Producción industrial	20,8	8,5	7,6
Producción agrícola	3,9	3,1	6,9
Inversión fija (cifras brutas)	23,5	–8,0	4,5
Índice de precios consumidor	18,5	17,8	2,1
Valor de las exportaciones	20,5	10,6	18,1
Valor de las importaciones	27,9	7,0	–9,8

* Previsto por la Oficina Estatal de Estadística.

FUENTE: Oficina Estatal de Estadística de China (1990) y AKAL (1996).

La descentralización administrativa que se operó durante la primera etapa de la reforma trajo consigo el incremento de la corrupción local y la pérdida de eficiencia por descoordinación y solapamiento entre los diferentes organismos. Para corregirlo se elabora una fuerte campaña contra la corrupción y se refuerzan los mecanismos de control administrativo.

La reforma de los precios y la empresa que estaba siendo acometida a finales de los ochenta se pospone para evitar la pérdida del control necesario para corregir los desequilibrios.

Todas estas medidas de política económica se acompañan de una campaña de adoctrinamiento político y propaganda encaminada a paliar la crisis ideológica del país que parecía estar alejándose de la revolución.

Finalmente, en el terreno de la política exterior se intenta limpiar la imagen del país con una actitud moderada de las autoridades ante una comunidad internacional de la que se sigue necesitando ayuda financiera y relaciones comerciales.

Las tensiones inflacionistas vuelven a aparecer posteriormente en 1993. En los años en que la economía China supera una tasa de crecimiento del 12% la inflación se sitúa una vez más en tasas de dos dígitos. Los datos que se presentan en la tabla 17.2 nos permiten obtener dos características que se manifiestan en el comportamiento del nuevo sistema económico del país:

- En primer lugar, la senda de crecimiento rápido por la que se ha optado desde el Gobierno genera periódicamente importantes tensiones inflacionistas y empiezan a aparecer crisis de precios en la economía china.
- En segundo lugar, el sistema presenta una gran capacidad de reacción a las medidas de ajuste implementadas desde la dirección central presentando respuestas rápidas e intensas en los dos períodos inflacionistas contemplados.

TABLA 17.2

China. Producto Nacional Bruto e inflación, 1980-1998 (porcentajes)

	1980	1988	1989	1990	1991	1992	1993	1994	1998*
PNB	7,8	12	3,9	3,7	7,3	12,8	13	12	9
Inflación	7,4	20	16,3	2	3,4	5,4	13	18,7	1

* Previsto por la Oficina Estatal de Estadística.

FUENTE: AKAL (1996).

5.2. Cambio de posición en el contexto internacional

A la hora de movernos dentro del contexto mundial, debemos distinguir entre e país en conjunto, que se sitúa junto a las grandes potencias mundiales, y la pobla ción, cuyo nivel económico aún está muy lejos de alcanzar el de la población de lo países desarrollados. Asimismo, es importante contemplar la trayectoria de esta eco nomía, capaz de crecer más rápido que ninguna otra en un período de 20 años.

En 1989 China se había situado en el grupo de los 10 países con mayor PNB qu acumulan el 75% mundial: Estados Unidos (26%), Japón (14,7%), URSS (7,6%), Ale mania (7%), Francia (5%), Italia (4,4%), Reino Unido (4,2%), Canadá (2,5%), Chi na (2%) y Brasil (1,8%).

En la actualidad, como se observa en la tabla 17.3, el PNB de China represent un 2,72% del total mundial, por delante de Canadá, con lo que el país asiático pas de la novena posición en 1989 a la séptima tras la desaparición de la URSS.

Pero quizá el dato más relevante sea el que se presenta en la columna de la de recha de dicha tabla, en la que podemos observar una tasa de crecimiento en la úl tima década muy superior al resto de las grandes economías del mundo. Si añadi mos la producción de Hong Kong (que también presenta un alto ritmo de crecimient continuado), el tamaño de la economía unida se situaría prácticamente pareja a l italiana en el sexto lugar.

En el comercio mundial también hay que situar a China en los primeros lugares En la tabla 17.4 vemos que, a pesar de su tardía incorporación, en 1991 el valor de comercio de mercancías de China ya representa casi el 2% del total, tanto en las im portaciones como en las exportaciones, lo que le sitúa entre los 15 primeros de mundo. Es significativo, en la misma tabla, el porcentaje de incremento de las im portaciones y las exportaciones entre los años 1990 y 1991 (19,5% y 16%, respec tivamente), que supera incluso al de los principales exportadores asiáticos de ma nufacturas (17% y 14,5%).

El peso de China en el comercio internacional de mercancías se muestra en l

TABLA 17.3

Los 10 primeros países según PNB (1995)

Número de orden	País	PNB (% sobre total)	PNB (% acumulado)	PNB* (crecimiento 85-95)
1	Estados Unidos	25,91	25,91	1,4
2	Japón	18,11	44,02	2,4
3	Alemania	8,22	52,24	—
4	Francia	5,29	57,53	1,5
5	Reino Unido	3,99	61,53	1,4
6	Italia	3,97	65,50	1,7
7	CHINA	2,72	68,21	8
8	Brasil	2,12	70,33	–0,7
9	Canadá	2,09	72,42	0,4
10	España	1,94	74,37	2,6
26	Hong-Kong	0,52	—	4,8
—	China + Hong Kong	3,24	—	—

* Tasa real media de crecimiento anual. (FUENTE: Banco Mundial, 1997.)

TABLA 17.4

Valor del comercio de mercancías de grupos de países y países, 1991

Grupos de países	Exportaciones			Importaciones		
	Miles de millones ($)	Porcentaje	Porcentaje 1991/1990	Miles de millones ($)	Porcentaje	Porcentaje 1991/1990
América del Norte	555	15,72	5,5	625	17,08	–2,5
América Latina	140	3,97	–4,0	145	3,96	12,0
Europa Occidental	1.610	45,61	–1,5	1.705	46,58	0,5
CE	1.365	38,67	–1,0	1.450	39,62	1,5
EFTA	215	6,09	–4,0	215	5,87	–5,5
Europa Central-Oriental/URSS*	130	3,68	–20,0	130	3,55	–25,0
URSS	80	2,27	–25,0	70	1,91	–42,0
África	90	2,55	–3,5	90	2,46	–1,0
Oriente Medio	120	3,40	–9,5	120	3,28	16,5
Asia	885	25,07	11,5	825	22,54	8,5
Japón	315	8,92	9,5	235	6,42	0,5
Principales exportadores asiáticos de manufacturas**	370	10,84	14,5	385	10,52	17,0
CHINA	70	1,98	16,0	65	1,78	19,5
Total	3.530	100 %	1,5	3.660	100 %	1,5

* Estimaciones. ** Hong Kong, República de Corea del Sur, Malasia y Tailandia.
FUENTE: GATT, 1991.

tabla 17.5, en la que se han incluido los 11 primeros países en exportaciones de mer cancías.

TABLA 17.5

Los 11 primeros países exportadores 1996

Número de orden	País	Exportaciones (% sobre total)	Exportaciones (% acumulado)
1	Estados Unidos	11,85	11,85
2	Alemania	9,89	21,74
3	Japón	7,80	29,54
4	Francia	5,51	35,05
5	Reino Unido	4,97	40,02
6	Italia	4,76	44,78
7	Canadá	3,83	48,61
8	Holanda	3,75	52,35
9	Hong Kong	3,43	55,79
10	Bélgica + Luxemburgo	3,21	59,00
11	CHINA	2,87	61,87
—	China + Hong Kong	6,20	—

FUENTE: Banco Mundial (1997).

El salto cuantitativo que supone la reciente incorporación de Hong Kong al te rritorio chino en materia de comercio exterior queda sobradamente reflejado en di cha tabla, en cuanto que sitúa a la China actual (con Hong Kong) en el cuarto luga del mundo con un 6,20% del total del las exportaciones, sólo superada por Alema nia, Estados Unidos y Japón. No obstante, aunque aún no existen cifras oficiales d comercio exterior de la economía resultante de la unión de ambos territorios, es d esperar que la eliminación de la doble contabilización debida a la intensa activida reexportadora de productos chinos que se realiza desde Hong Kong suponga un des censo de la cifra total.

A pesar de lo que se desprende de los datos globales, los indicadores per cápit sitúan a la población china entre las más pobres del mundo. El PNB de China, com hemos visto en la tabla 17.2, se sitúa entre los ocho primeros a nivel mundial, per la realidad difiere bastante de la equidistribución, y las cifras varían desde los 41.21 dólares per cápita de Japón hasta los 80 dólares en Mozambique. En lo que se re fiere al grupo de países con mayor PNB, el dato per cápita varía desde los 39.64 dólares de Japón hasta los 620 de China, que, al ser el país más poblado de la tierr con más del 21% de la población mundial, se sitúa entre los más pobres, a lo qu hay que añadir el hecho de que existen casi 100 millones de personas en este paí por debajo de la línea de pobreza.

El crecimiento de la población, a pesar de los fuertes controles administrativos impuestos sobre la natalidad (ley del hijo único de 1979), sigue siendo un problema acuciante al que se enfrentan las autoridades chinas. Entre 1953 y 1989 la población pasó de 586 a 1.105,067 millones de habitantes, y en la actualidad, con más de 1.200 millones, sigue creciendo a un ritmo de 14 millones de personas al año. En el capítulo 10 se analizó la estructura de la población de los países subdesarrollados y sus causas, por lo que no profundizaremos aquí en el tema. Únicamente queremos constatar la existencia del problema y la necesidad de controlar este fuerte crecimiento para hacer realidad la mejora de la calidad de vida del pueblo chino.

6. LAS PERSPECTIVAS

A pesar de los desequilibrios económicos y las fuertes convulsiones sociales, el proceso de reforma sigue adelante. El mercantil-socialismo ha dado al país una prosperidad desconocida hasta entonces. Las autoridades chinas parecen decididas a afianzar la posición del país en el contexto internacional, que tras los acontecimientos de 1989 se había deteriorado considerablemente. La apertura exterior es irreversible no sólo porque perdura la voluntad aperturista de los dirigentes, sino también por el alto coste que supondría una vuelta atrás.

A partir de 1989 la comunidad internacional impone sanciones económicas al país debido a la fuerte represión que siguió a los acontecimientos de la plaza de Tiananmen. Esto se traduce en un recorte de la ayuda financiera al desarrollo que venía obteniendo por conductos oficiales, a pesar de lo cual sigue entrando capital extranjero en el país debido al atractivo que supone el potencial económico del mismo para las entidades financieras privadas. Actualmente, debido a la atracción que ejercen los países del Este europeo y la pérdida de valor estratégico que ha supuesto el cambio de rumbo de las relaciones entre las dos grandes potencias, China ha perdido la posición privilegiada de la que gozaba a mediados de los ochenta.

Al margen de los problemas financieros que puedan surgir, el futuro de la reforma parece aclararse en gran medida con la nueva situación política surgida tras la sucesión de Deng Xiaoping, que en 1990 abandonó la presidencia de la república manteniéndose como árbitro del régimen hasta su fallecimiento del 19 de febrero de 1997 a los 92 años de edad. A raíz de la crisis de 1989 el Ejército volvió a tomar protagonismo en la vida política y dentro del PCCh surgen enfrentamientos políticos entre conservadores y reformistas. La cuestión de la sucesión de Deng era especialmente delicada en un país en el que la figura del líder desempeña un papel tan importante.

No obstante, el nuevo líder, el presidente Jiang Zeming, de 70 años, que se consolida como nuevo hombre fuerte de China, ha protagonizado una sucesión sin sobresaltos. Considerado como un tecnócrata, su llegada a la presidencia del país puede significar la consolidación de la ya famosa expresión «un país, dos sistemas» que constituye la máxima de la nueva articulación económica del país.

La coexistencia de la economía de mercado con la estructura de control del sis tema de planificación central se ha esgrimido como causa de las crisis de la refor ma. Algunos economistas han llegado más lejos afirmando que las reformas parcia les que relajan la disciplina de la planificación pero no la sustituyen por la disciplin del mercado provocan desajustes, por lo que el cambio hacia una economía de mer cado no debe hacerse de forma gradual.

Sin embargo, comparando la evolución de la economía soviética (que signific una reforma simultánea del sistema) con la de la economía china, podríamos dedu cir lo contrario. Aunque es claro que se producen desajustes, también lo es que l rápida salida de la crisis fue posible gracias a la capacidad de intervención del Es tado en todos los sectores.

Simultáneamente asistimos a la desintegración de la URSS frente al llamad «milagro chino». El colapso de la economía soviética contrasta con las altas tasa de crecimiento de China y la gran capacidad de reacción que ha demostrado el sis tema. Sería simplificar demasiado las cosas si pretendiéramos explicar la diferent trayectoria de ambos países por los acontecimientos de los últimos años. A lo larg de todo el capítulo hemos visto las particularidades culturales, sociales y política en las que se desarrolla el proceso revolucionario chino que dan una mayor solide al sistema surgido de él.

La transición hacia el mercantil-socialismo es considerada desde el PCCh com una etapa hacia el comunismo pleno durante la que se pretende alcanzar un desa rrollo económico que permita continuar con los cambios políticos; al menos ésa e la base ideológica de la reforma. No obstante, puede convertirse en un proceso irre versible no sólo por cuestiones económicas. De la capacidad del PCCh para segui ejerciendo el liderazgo del país y corrigiendo los desequilibrios que surjan de lo cambios dependerá el rumbo que tome la economía en los próximos años y el pape que desempeñe en el nuevo orden mundial en el que parece perfilarse la gravitació asiática de los grandes centros de decisión.

CONCEPTOS

Cuatro modernizaciones
Gran Salto Adelante
Precios administrados
Reforma: experimentación
Reforma: gradualismo
Revolución cultural

ACTIVIDAD RECOMENDADA

1. En términos globales y en relación a las cuestiones planteadas en la tercera parte de este libro (capítulos 9 y 10), ¿cómo analizarías los posibles efectos de la senda hacia el desarrollo emprendida por China?
2. Haz un análisis comparativo del proceso de reforma económica chino y el proceso seguido por las llamadas «economías en transición» (capítulo 14).
3. Comenta la siguiente tabla.

*China, comercio exterior**

Indicador	1970	1980	1993
Total importaciones	2,3	19,9	105,8[a]
Productos agrícolas	37,5	47,7	5,9
Energía	0,5	0,1	5,6
Productos manufacturados	—	69,2[b]	84,0
Total exportaciones	2,3	18,1	111,0
Productos agrícolas	40,7	32,4	12,7
Productos energéticos	12,5	25,9	4,5
Productos manufacturados	41,8[c]	47,5	80,5

* Miles de millones de dólares.
[a] 1994.
[b] 1984.
[c] 1975.

FUENTE: *El estado del mundo,* 1996.

LECTURAS RECOMENDADAS

AKAL: *El estado del mundo. Anuario económico y geopolítico mundial, 1990-1996,* Ediciones AKAL, Madrid.

Berzosa, C.; Bustelo, P., y De la Iglesia, J. (1996): «La transición (II): el caso de China», en *Estructura económica mundial* (1996), Síntesis, Madrid.

Bollarín Marcial, A. (1988): *China, otra perestroika,* San Martín, Madrid.

Bustelo, P., y Fernández Lommen, Y. (1996): *La economía China ante el siglo XXI. Veinte años de reforma,* Síntesis, Madrid.

Espárrago, L. (1997): «Idealismo contra pragmatismo en la China de la apertura; el factor nacionalista», *Jornadas sobre desarrollo y cooperación en Asia,* Vigo, abril de 1997.

Fanjul Martín, E. (1991): *Reforma y crisis en China,* Arias Montano Editores, Madrid.

Fanjul Martín, E. (1994): *Revolución en la revolución. China, del maoísmo a la era de la reforma,* Alianza Editorial, Madrid.

Fanjul Martín, E., y Fernández Lommen, Y. (1997): *España en la reforma económica china,* Pirámide, Madrid.

Fernández Lommen, Y. (1997). «La reforma económica china: liberalización y apertura», *Jornadas sobre desarrollo y cooperación en Asia,* Vigo, abril 1997.

Fisac Badell, T., y otros (1995): *Mujeres en China,* Ediciones Cooperación al Desarrollo, AECI Madrid.

Ferreiro Piñeiro, J. A. (1997): «Aceleración histórica y apertura económica en China», *Jornadas sobre desarrollo y cooperación en Asia,* Vigo, abril 1997.

Gernet, J.(1994): *El mundo chino,* Crítica, Barcelona.

Ministerio de Economía y Hacienda: *Boletín Información Comercial Española.*

Ministerio de Economía y Hacienda (1993): «Colección países», suplemento al núm. 2.398, marzo.

Ministerio de Economía y Hacienda (1996): *El área económica China,* varios artículos, núm 2.492, marzo.

Pan, L. (1988): *China después de Mao. Una nueva revolución,* Planeta, Barcelona.

Ríos, X. (1993): «China, ¿una larga marcha hacia el capitalismo?», *Papeles para la paz,* núm. 49 octubre.

Ríos, X. (1997): *China, ¿superpotencia del siglo XXI?,* Icaria, Barcelona.

Tamames, R. (1995): «República Popular China», en *Estructura económica mundial,* Alianza Universidad.

18 Otros países en desarrollo. Asia y África

María de la O Barroso González

1. INTRODUCCIÓN

En 1980, Willy Brandt afirmaba que «la suerte de 800 millones de desahuciados del Tercer Mundo parece escapar a toda solución». En la actualidad, la cifra alcanzada llega a los 1.000 millones, siendo aproximadamente el 20% de la población de todo el mundo.

Esta afirmación tan tajante recogía el sentir de no pocos políticos y altos dirigentes internacionales y condenaba definitivamente al llamado «Cuarto Mundo» a la más absoluta abstracción. Han pasado casi dos décadas y el discurso y, lo que es peor, la acción no parece que hayan cambiado mucho.

El Cuarto Mundo continúa en la misma situación de marginación y abandono de entonces, con el agravamiento de las condiciones de vida debido a las persistentes sequías en algunas zonas, la carga insoportable de la deuda en otras y las guerras internas generalizadas en estas zonas periféricas.

No obstante, no por ignorados los problemas se resuelven y menos cuando adquieren esta magnitud. Más de la cuarta parte de la población del mundo en desarrollo sigue viviendo en la pobreza, medida por el Índice de Pobreza Humana (IPH) y alrededor de un tercio, 1.300 millones de personas, viven con un ingreso inferior a 1 dólar diario.

En este capítulo no vamos a dar fórmulas mágicas para la lucha contra la desigualdad; ni siquiera vamos a intentar predecir cómo va a evolucionar el mapa mundial en los próximos años. Teniendo en cuenta los rápidos cambios efectuados en el orbe mundial en cuanto a regímenes políticos y económicos y los eventos que aún nos quedan por vivir en un mundo con tanta disparidad económica y social como en el que vivimos, sólo intentaremos estudiar la dimensión del problema en tres zonas concretas, donde se hace prioritaria la actuación mundial: África, Magreb, Oriente Medio y el desarrollo de los países del Asia Meridional. Haremos un análisis de alguno de los datos más significativos, su evolución histórica y las causas por las que se encuentran en esta situación. Presentaremos también algunas previsiones de futuro y apuntes sobre posibles soluciones. Todo ello desde una perspectiva claramente económica, aunque sin abandonar las otras facetas de la realidad.

2. CLAVES Y DATOS SOBRE EL CUARTO MUNDO

En este capítulo usaremos mucho el término «Cuarto Mundo» como aquel conjunto de países que encontrándose en la periferia del contexto mundial, no cuenta ni siquiera con los recursos mínimos necesarios para poder alcanzar unos mínimos de desarrollo. Estos países se diferencian de los subdesarrollados del Tercer Mundo en que estos últimos sí que cuentan con recursos físicos y humanos, aunque no con la forma óptima de explotación de los mismos que les podría proporcionar algún beneficio.

La dificultad al intentar delimitar los países que se incluyen en el Cuarto Mundo es grande. Ésta se deriva de la inexistencia de un indicador estandarizado que nos ayude a cuantificar el grado de subdesarrollo que soporta cada país. Por tanto, la percepción de la pobreza varía de un territorio a otro y su umbral, que delimitará las prioridades a nivel internacional, es abstracto. Lo que sí nos vemos obligados a afirmar es que el Cuarto Mundo existe, derivado sobre todo (figura 18.1) por largos períodos de estancamiento que han ocasionado gran retroceso en el ámbito internacional, y períodos de progreso, dependientes de los intereses de países occidentales que los utilizaban como productores de mano de obra barata y materias primas.

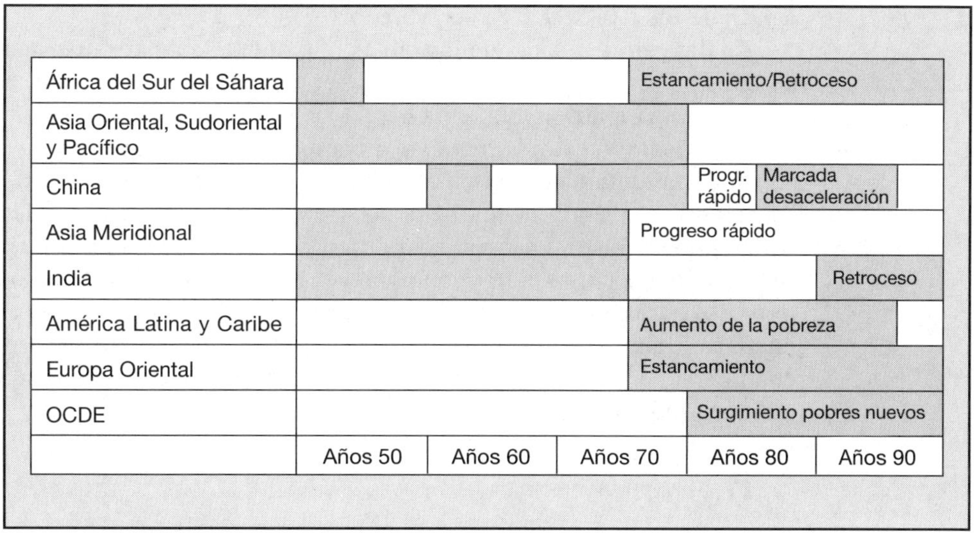

FUENTE: PNUD, (1997).

Figura 18.1. Períodos de estancamiento y progreso en la economía mundial.

Esto nos lleva, en algunas ocasiones, a fundamentar la existencia del Cuart Mundo en función de los datos que se transmiten a través de los medios de comu nicación de los países desarrollados, de los datos estadísticos que recibimos de di versas fuentes internacionales y de la situación crítica a las que llega su població en momentos determinados de guerra civil.

Antes de particularizar el estudio en las zonas enumeradas en la introducción hemos de analizar los datos editados por algunas organizaciones internacionales, qu nos posibilitarán conocer algo más las circunstancias que caracterizan a estos países

a) *Producto Nacional Bruto per cápita*

El primer dato observable en temas de pobreza es el PNB per cápita. El Banc Mundial clasifica los diversos países que conforman el contexto mundial en tre grupos, según el nivel medio de renta per cápita que obtienen sus habitantes: eco nomías de ingresos bajos (son los que en 1995 tenían un PNB per cápita de hast 765 dólares); países de ingreso mediano (los que tenían en esta misma fecha entr 766 y 9.385 dólares) y los países de ingresos alto (los que superan los 9.386 dóla res de renta per cápita).

Como podemos apreciar los países con mayor pobreza de ingresos se sitúan e Asia Meridional (con el 39,6% de la población pobre del contexto internacional una media de 350 dólares per cápita de renta anual) y los países que comprenden e África Subsahariana (con el 17% de la población pobre y 490 dólares per cápita)

Las economías de ingresos bajos agruparían a los países con peores condicione económicas y sociales, «casi» sin posibilidad de mejora y con reducidos recurso sobre los que apoyar su desarrollo, que a su vez coincide con los de inferior rent dentro de los países del Tercer Mundo.

Analizando los datos de las tablas del Anexo, cabe resaltar que la renta medi de estos países asciende a 430 dólares per cápita en 1995; cifra sin duda preocupan te si la comparamos con la renta media alcanzada por la totalidad de países del glo bo, que supera los 4.880 dólares per cápita. A esto hay que unir la distribución de sigual de la renta entre países cercanos (mientras la renta media en Egipto se sitú en 790 dólares, en el vecino país de Arabia Saudita la renta es de 7.040 dólares Como podemos ver, una distancia difícil de salvar, teniendo en cuenta que los pa ses más pobres del mundo se empobrecen cada vez más por el peso de la deuda ex terna, los bajos precios de las materias primas y la limitación en sus capacidades pro ductivas (puntos que estudiaremos más profundamente a lo largo del capítulo), e contraposición con los países ricos que se caracterizan por economías altamente es tables económica y socialmente.

b) *Territorio*

Como siguiente matiz identificativo, como ya hemos comentado anteriormen conviene señalar que la mayoría de los países que engloban este Cuarto Mundo s encuentran situados en los continentes de África y Asia.

Más concretamente los encontramos ubicados en el Sudeste Asiático (Afganistán, Pakistán, India, Nepal, Bangladesh, Bhutan...) y repartidos en el extenso territorio africano entre la zona inmediatamente inferior al Sáhara, el llamado Cuerno Africano (situado en el este del continente) y el sur. Esta zonas son reconocidas a nivel internacional como áreas de extrema pobreza, abarcando una cifra absoluta de 31.045.000 km^2, aproximadamente el 23% de las tierras emergidas.

c) La sequía y el hambre como realidad social

La sequía es una realidad en el continente africano; a consecuencia de la falta de lluvia y unido al mal aprovechamiento de los recursos hídricos existentes, se produce un avance espectacular del proceso erosivo, altos niveles de deforestación y degradación del suelo. Esto hace que África en cuarenta años (1950-1990) haya perdido 650.000 km^2 de tierra productiva con la consiguiente evolución del desierto, que se expande hacia el norte y el sur del continente.

Esta reducción del terreno explotable, la sequía y la falta de una política agraria eficaz lleva a estos territorios a una situación límite, poniendo en peligro la vida de sesenta millones de personas, casi el 80% de la población africana. Estas cifras alcanzan una crudeza extrema, sin posibilidad de solución, a falta de la ayuda y la cooperación externa.

En la actualidad, y según los informes editados por las diversas organizaciones, los países más afectados se encuentran en el sur y oeste de África. Una gran parte de estos países ya se encontraban inmersos en esta banda de pobreza en la década de los sesenta, setenta y, posteriormente, en la de los ochenta, sin conseguir elevar su calidad de vida durante ese largo período de tiempo.

El problema del hambre se agrava con el creciente número de refugiados que se agolpan en países como Kenia (200.000 refugiados de Somalia y del sur de Etiopía) o en Malawi (cerca de un millón de mozambiqueños) y los países de la región de los Grandes Lagos, el incremento de la población nómada, que ante la falta de recursos tiende a cobijarse en las grandes ciudades, sin esperanzas ni garantías de futuro.

La salida de este proceso de desertización y hambre pasa por acuerdos internacionales realistas que sufraguen las aproximadamente 13,5 millones de toneladas métricas de grano necesarias para paliar, en primera instancia, el hambre en esos territorios. Y unida a esta ayuda internacional, y a modo de reto para el próximo siglo XXI, apremia una política hidráulica que intente corregir los desequilibrios entre las cuencas del continente y aumentar el aprovechamiento de los recursos existentes.

d) Población

Alguno de estos países que hace cuestión de diez años podríamos ubicarlos entre los más pobres del mundo, como puede ser el caso de China, han evolucionado muy positivamente. La tasa de crecimiento del PNB de este país en el período que va desde 1985 a 1995 alcanzó el 8,3% anual, mientras que la media mundial tan sólo se cifra en 0,8%; pero no en todos se ha producido este crecimiento tan vigoroso e incluso en algunos de ellos nos encontramos con tasa negativas de crecimiento, lo que provoca una mayor dependencia del comercio exterior.

Existen algunos países en los que la mayoría de sus habitantes viven en pobreza extrema. La población afectada se mueve alrededor del 35% de los habitantes de la tierra. De ellos solamente una quinta parte vive en zonas urbanas; el resto lo hace o en zonas periféricas o en zonas rurales donde la calidad de vida no llega a los límites inferiores exigidos.

Si a esto añadimos que la población de estos países va creciendo a un ritmo medio anual superior al 2%, mientras que en los países desarrollados el crecimiento demográfico está cercano a cero, podemos comprender la observación realizada por el Instituto WorldWatch: «... entre 2050 y 2075 la mitad de la humanidad podría estar sumida en la pobreza absoluta».

Con referencia a la tasa bruta de natalidad media de estos países, hemos de destacar la enorme diferencia existente entre el 45 por mil en 1989 de algunos países del Cuarto Mundo y el 12 por mil que se registra en algunos países desarrollados en 1995. Esta diferencia se fundamenta en la importancia que, en su marco de vida tradicional, obtiene la máxima fecundidad como único modo de garantizar la inmortalidad del clan y como principal riqueza en la dignidad del marido. Todo esto, unido a la poca información y a los reducidos medios con los que cuentan estas familias para planificar sus vidas, hace una diferencia tan abultada y, por tanto, un crecimiento demográfico alarmante.

Adicionalmente, tal y como ocurre en otras regiones del Tercer Mundo con características demográficas similares, la población es eminentemente joven. Según estudios realizados por diversos organismos internacionales, la esperanza de vida de los jóvenes nacidos en el entorno del Cuarto Mundo se cifra en 56 años; estos mismos datos para los países desarrollados se sitúan en la decena de los setenta como media (España 77, Japón 80, Francia 78, Estados Unidos 77, etc.).

Esta esperanza de vida tan baja viene propiciada por el hambre y la desnutrición (la tasa de malnutrición oscila entre el 67,8% y el 89,9%), afectando en mayor medida a los niños menores de cinco años. Además, son muchas las enfermedades que les afectan, tales como diarreas, malaria, turberculosis, problemas respiratorios y además, como enfermedad estrella, el sida, donde los muertos se cuentan por miles.

Teniendo en cuenta que no se dispone de los recursos humanos ni materiales para combatirlas en el momento y las circunstancias adecuadas, la alta tasa de mortalidad que afecta a estos países parece inevitable (la media oscila sobre el 16 por mil). Un ejemplo concreto son las cifras comparadas del volumen de muertes a causa del parto producidas en África, que se elevan a uno sobre veinte, mientras en las naciones industrializadas es de uno sobre dos mil mujeres. Lógicamente, esta disparidad viene asociada, entre otras cosas, a la diferencia de hospitales implantados en cada una de las zonas y la proporción de médicos por habitante.

Tendríamos que romper un lanza a favor de las ONG dedicadas al ámbito sanitario; gracias a las cuales se ha conseguido reducir en los últimos años en gran medida la tasa de mortalidad de estos países, incrementándose, por tanto, la esperanza de vida.

Otro aspecto al que tendríamos que atender entre las características de esta población es el alto grado de analfabetismo con que cuentan, elevándose al 34% de media en contraposición a la tasa media de los países desarrollados, que no sobrepasan el 5%. Esta diferencia es consecuencia del reducido montante designado a la educación que estos gobiernos presupuestan anualmente.

e) Deuda externa

Uno de los problemas principales con los que se encuentran los países estudiados, y con mayor necesidad de solución, es la cuantía de su deuda exterior, que alcanza cifras tan altas que supera ampliamente sus posibilidades de pago. A estos países les urge un alivio sobre la carga de intereses y, de esa manera, recobrar capacidad para reducir esta deuda y alcanzar un nivel de crecimiento aceptable.

La deuda externa de los países de ingresos bajos se ha incrementado en los últimos quince años (1980-1995) en un 403%, pasando de 106.209 millones de dólares a 534.794 millones. Cifra esta última que representa un 38,7% del PNB y un 183,9% de las exportaciones de bienes y servicios que se realizan desde estos países. De esta forma si hablamos de los intereses que ocasiona esta deuda externa (África gasta en reembolso de la deuda cuatro veces más que lo presupuestado en salud y educación, según datos del PNUD) y la reducción progresiva de los precios de los productos exportados (que estudiaremos más adelante), da como resultado la situación extrema en que se encuentran algunos de estos países, con horizontes cercanos nada halagüeños.

Prueba de ello, y tras la evaluación realizada en Río de Janeiro (Brasil), en la Cumbre de la Tierra, se llega a la conclusión de adoptar una acción multilateral efectiva para reducir esta deuda y paralelamente solucionar los problemas ecológicos de los países desarrollados.

En esta resolución se observa que los países desarrollados necesitan la ayuda de los pobres en temas de medio ambiente, pero éstos no pueden ser obligados a trabajar en desarrollo ecológico cuando están situados bajo mínimos en temas culturales, sociales y económicos. Por tanto, se plantea una posible solución consistente en la financiación de parte de la deuda de estos países, mediante condonación, a cambio de medidas de protección de los recursos naturales que les son necesarios a los países desarrollados.

f) Estudio de la producción

Hemos hablado anteriormente de los problemas ocasionados por la persistente sequía, entre los que destaca el destrozo ocasionado en la agricultura de los países exportadores de cereales (sobre todo Sudáfrica y Zimbabue), que en los últimos años suministraban su producción a los países vecinos afectados por el hambre. Ahora estos países se encuentran con la necesidad de importarlos, con el consiguiente aumento del coste para los respectivos países. Esto trae consigo el desplazamiento, en gran medida, de la ingestión de alimentos por el consumo del kat, planta importada de Kenia que produce ciertos efectos alucinógenos y eufóricos, que en cierta medida reduce la ansiedad en la población.

Según datos aportados por la UNCTAD, la capacidad de generar mayor número de divisas a partir de la exportación de materias primas obtenidas en estos territorios se va incrementando con el tiempo. Pero a esto hay que hacer una salvedad en el tiempo y en el espacio; esta situación se da solamente en algunos países como es el caso de Bhután, que ha incrementado sus exportaciones de energía hidroeléctrica, pero en la mayoría de los países no sólo se reduce el nivel de exportaciones (a causa de problemas estudiados anteriormente como pueden ser la sequía, la erosión o la guerra), sino que el precio de éstas también lo hace (debido a su sustitución por nuevos productos y avances tecnológicos).

De esta forma, se llega a un incremento muy escaso del nivel de exportaciones que alcanza una tasa de incremento del 10% en el período de quince años (1980-1995). El montante de las importaciones se ha incrementado en un 31,5% en esos años, dando lugar a un déficit exterior muy alto, que provoca la necesidad de fuentes alternativas para financiar la reducción de la pobreza y la capacidad de generar desarrollo en esos países.

Analizando los datos tabulados en las tablas del anexo, referentes al porcentaje del PIB que pertenece a cada uno de los sectores más importantes de producción, cabe señalar el inmenso peso del sector primario, soportando en gran medida la base de la economía de los países que nos ocupan. La base de esta economía agraria se apoya en el cultivo del cacao, azúcar, banana, té y algunos cereales. Este sector se ocupa la gran mayoría de la población activa de estos países; con una media del 67% en 1990 del total, en contraposición al 49% que se obtiene de media a nivel internacional.

La segunda posición dentro del PIB se la lleva el sector servicios. Esto nos podría hacer pensar que estas economías se van acercando a las características de países desarrollados (un porcentaje muy alto del PIB corresponde al sector servicios, seguido a bastante distancia del sector industrial y con unas dimensiones muy pequeñas del sector primario); pero tendríamos que abordar la realidad de un sector servicios creado para «servir a las transnacionales», totalmente marginal, dependiente de los países desarrollados, atrofiado y sin dinamismo; creado para absorber a la población que no puede emplear el sector secundario y ha sido expulsada de la agricultura (21% de población activa) pero con un rendimiento muy inferior al sector servicios profesionalizado de los países desarrollados. Éstas son características que lo diferencian de los países más avanzados y a su vez, que ocasionan un sector servicios marginal con una aportación muy pequeña al PIB de estos países.

Y, en último lugar, el sector industrial con unas cifras raquíticas en la casi totalidad de los países, es el sector que más produce hacia el exterior y mayor valor añadido genera, pero que menos repercusión tiene en el PIB de estas economías. Las transnacionales, que implantan sus filiales en los territorios del Cuarto Mundo, van buscando el incremento de sus beneficios adoptando una tecnología intensiva en capital y la extracción de los recursos al menor coste posible, con la utilización de una mano de obra muy reducida, alcanzando sólo el 12% de la población activa en 1990; y, por tanto, no posibilitando la reducción de la pobreza en estas regiones.

g) Evolución política

Durante la segunda mitad del siglo XIX las potencias europeas se lanzaron hacia la colonización de los territorios africanos y asiáticos, con la consiguiente destrucción de la estructura económica autóctona y los lazos comerciales existente entre los distintos países del continente.

Tras el final de la Primera Guerra Mundial se empezaron a producir cambios en las políticas coloniales de los países europeos y a despertar la voluntad independentista de los territorios colonizados con anterioridad. La respuesta a estos deseos se produce con la entrada en vigor del sistema de partido único y la instauración de regímenes autoritarios.

Esta forma de gobernar se basa en la alta cifra de analfabetos existentes en estos estados. Los gobernantes de estas tierras se apoyaban en esta incultura para mermar la posible respuesta a la población afectada.

Por añadidura, los organismos internacionales implantaban políticas de ajuste estructural centradas en fomentar a cualquier precio el desarrollo, olvidándose de las inversiones en partidas poco productivas como la salud y la educación. De esta forma, en los años comprendidos entre 1972 y 1985 los presupuestos en educación se rebajaron del 13,2% al 7,6% en los países menos avanzados, llegando al 5,4% en 1994.

El proceso independentista llegó a modificar desde la base el mapa político de África y Asia, pero no ha logrado superar las diferencias reales entre etnias tradicionalmente enfrentadas y obligadas a convivir en un mismo territorio. Esto ha dado lugar al derrumbe del anterior sistema para pasar a una nueva opción pluripartidista, dando respuesta a la exigencias democráticas de estos pueblos, que, aunque viven en situación pésima, deben tener los mismos derechos y libertades que el resto de los ciudadanos del mundo. Este acontecimiento, novedoso en estos parajes, se está convirtiendo en apuesta unánime a favor de la democracia por parte de todos los gobiernos y dirigentes afroasiáticos.

Esta sucesión de hechos ha generado situaciones de debilidad política y dependencia económica provocando innumerables guerras civiles que arrasan el territorio africano. Prueba de ello, los quince millones y medio de mozambiqueños que han vivido en guerra durante los últimos treinta años, la guerra civil en Liberia que ha provocado quince mil muertos en los dos últimos años, los continuos enfrentamientos en países como Sierra Leona, Ruanda, Burundi, República Democrática del Congo, Chad, Mali o las luchas internas entre clanes en Somalia.

La democracia, por sí sola, no es ninguna panacea; solamente sienta las bases para la solución a corto plazo de la crisis económica que asola los países afroasiáticos, y, por otra parte, ayuda a superar las grandes rivalidades étnicas que se están produciendo en estos territorios.

3. ÁFRICA SUBSAHARINA

El continente africano ha sido la prueba efectiva, y más concreta, de la situación de algunos países del «Cuarto Mundo» que caracterizábamos en el apartado anterior. El hundimiento del área subsahariana ha sido uno de los elementos diferenciadores de los últimos avatares de la economía mundial en la historia más reciente. Estos países observan el aumento de la brecha Norte-Sur, sin encontrar el camino de un desarrollo sostenible, que erradique la pobreza de sus economías domésticas.

Podemos apreciar en la tabla 18.1 cómo la esperanza de vida alcanza unos niveles muy bajos con referencia a lo que ocurre en el grupo de países desarrollados, en contra de lo ocurrido con la tasa de mortalidad infantil de unos países con respecto a otros. Atendiendo a estos aspectos hemos de rescatar la importancia de los avances médicos y la incorporación del trabajo de numerosas organizaciones no gubernamentales, que está suponiendo para estas zonas un «boom» demográfico difícil de sostener, ocasionando una reducción entre estas variables pero dando lugar a un nuevo problema, que repercutirá en el contexto mundial, como es la emigración hacia países europeos. Esta nueva irrupción en el panorama internacional ha propiciado numerosos acuerdos de cooperación entre los países del África Subsahariana y los países de Europa Occidental (a este aspecto le dedicaremos el siguiente apartado).

TABLA 18.1

Perfil de desarrollo del África Subsahariana (1995)

	África Subsahariana	Países desarrollados
Esperanza de vida	52	77
Analfabetismo	43	< 5
PNB per cápita	490	24.930
Tasa de mortalidad infantil	92	7
Importaciones (mill. de dólares)	77.574	4.037.671
Exportaciones (mill. de dólares)	72.847	3.997.288
Porcentaje exportaciones sobre el PIB	28	22
Deuda externa (mill. de dólares)	226.483	

FUENTE: PNUD (1997).

Si analizamos la renta per cápita y el nivel de importaciones y exportaciones podemos observar los niveles tan ínfimos con los que se juega, consecuencia de la reducida importancia de su aparato productivo y comercial. Si a esto le unimos la mala organización de sus economías y el aislamiento comercial que soportan, esta situación provoca una desfavorable relación de intercambio, especializados en transacciones comerciales con Europa sobre todo de materias primas y productos básicos, que provoca los altos niveles de deuda externa con la que cuentan estos países, dando lugar al pago de altos intereses que hace inviable la amortización de estos montantes.

La carencia de infraestructuras y la problemática en el reparto del poder hace que estos países no sean atractivos para la inversión privada, y sea sólo a través de la ayuda oficial al desarrollo (AOD) como obtienen una financiación a todas luces insuficiente. Este aspecto nos ha llevado a una nueva forma de dependencia de los países desarrollados, la incorporación de economías subvencionadas al igual que ocurriera con la colonización en épocas anteriores.

Si hemos de atender a la posible importancia de las relaciones de estos países con la Unión Europa, como medida de salvación y mecanismo de integración con el mundo occidental. Los principales foros de debate y de intervención se podrían analizar desde: los acuerdos de preferencia aduanera con los países de la ACP (África, Caribe y Pacífico) y la relación con la zona monetaria del franco CFA (Comunidad Financiera Africana).

3.1. Los acuerdos de preferencia aduanera con los países de la ACP y los Acuerdos de Lomé

Las antiguas colonias francesas y británicas situadas en el continente africano, que logran su independencia en los años sesenta pero no su progreso económico, han visto cómo a lo largo de los años su situación internacional ha ido degradándose por sus disputas internas y su escasez de recursos. Esta situación provoca numerosos obstáculos que hacen prácticamente imposible su incorporación en el contexto y en el mercado internacional con una cierta garantía de desarrollo.

Su alta deuda externa, las continuas devaluaciones de sus monedas y su especialización en el sector agrícola (más del 60% de su población activa se centra en este sector) hacen que su relación real de intercambio sea cada vez peor y su relación comercial con el resto de los países se caracterice por un intercambio desigual, que provoca un mayor desequilibrio en su balanza de pagos con el exterior. Una posible salida a esta situación pasa por seguir teniendo una relación estrecha con el viejo continente a través de los acuerdos preferenciales con la Unión Europea. Gran parte de estos países (47 miembros situados en el continente africano de los 70 que son los que conforman la ACP) regulan sus relaciones de la última década del siglo XX (1990-2000) con la Unión Europea a través de los Acuerdos de Lomé IV, mediante los cuales se consigue expandir el mercado africano hacia Europa con plena libertad de acción sin tener que soportar las mismas reglas en el sentido contrario; aspecto que se identifica con la declaración de intenciones de los estados miembros de la Unión Europea con respecto a las ayudas al desarrollo hacia los países del Cuarto Mundo, en este caso concreto con el continente africano.

Este acuerdo firmado, en primer lugar el 15 de diciembre de 1989 en Lomé y posteriormente revisados en noviembre de 1995 en Mauritius, confluye en la utilización de una serie de mecanismos preferenciales que procuran asegurar una cierta estabilidad en los ingresos por exportaciones de productos primarios (STABEX en lo que se refiere a productos primarios y materias primas y el SYMIN referidos a los productos extraídos del sector minero) de estos países, que cubriría una parte del mercado exportador.

En esta última revisión, en el período 1995-2000 se han transferido un total de 12.967 millones de ecus a través del Fondo Europeo de Desarrollo, concediéndose estos recursos para atender a diversas partidas, como pueden ser: créditos STABEX, 1.800 millones; créditos SYSMIN, 575 millones; para reformas estructurales, 1.400 millones, y cooperación regional, 1.300 millones.

Atendiendo al destino de estos montantes y a la necesidad de estos países de intercambio comercial, podemos llegar a la conclusión de la importancia y la necesidad de la cooperación económica entre estos países del África Subsaharina y los europeos para definir un espacio abonado para el desarrollo y el comercio de sus productos primarios y, de esta forma, el despegue económico y democrático de los países africanos.

No podemos concluir este apartado sin hacer una breve mención al resto de tratados de régimen interno entre los países del continente, que intentan unir fuerzas para encarrilar de una forma más efectiva la armonización comercial y monetaria. Estas iniciativas, que se recogen en el siguiente cuadro tienen entre sus objetivos fundamentales el incremento de las relaciones comerciales entre ellos y, en segundo lugar, el incremento de su participación en el comercio internacional.

TABLA 18.2

Principales acuerdos entre países africanos

	Iniciativa	Año	Objetivo primordial
CEAO	Comunidad Económica del África Occidental.	1973	Promover el desarrollo económico equilibrado y armónico, a través de la creación de un mercado regional.
CEDEAO	Comunidad Económica de los Estados del África Occidental.	1975	Creación de un mercado común por etapas en un plazo de quince años.
ZCP	Zona Comercial Preferencial para los Estados del África Oriental y Meridional.	1984	Establecer un mercado común y, más tarde, una unión económica mediante la armonización de las políticas económicas.
UDEAC	Unión Aduanera y Económica del África Central.	1964	Establecer una unión económica y un arancel exterior común (TEC).
UAAM	Unión Aduanera del África Meridional.	1910	Establecer un arancel exterior común y mantener integrados los mercados de bienes y factores.

FUENTE: Elaboración propia a partir de A. Calvo Hornero (1994).

4. ASIA MERIDIONAL

En este apartado tenemos que nombrar algunos países que, situados en el continente asiático, ya estudiado en otros capítulos de este manual, por abarcar realidades tan dispersas en cuanto a sus características poblacionales, económicas y políticas tendríamos que incorporarlos en el entramado del «Cuarto Mundo», con las dificultades que nos origina por referirnos a países dispersos en la geografía asiática y, por tanto, ser poco estudiados en su conjunto en contra de lo que ocurre con otros bloques (dragones asiáticos, China o Japón), que consiguen mayor dinamismo en los últimos años.

En este apartado estamos recogiendo la realidad de los países incorporados a la South Asian Association for Regional Cooperation (SAARC) en 1985 (Pakistán, Nepal, Bhután, Bangladesh, Sri Lanka, Maldivas e India); todos con realidades muy diferentes pero con un desarrollo económico y político muy ligado a la tradición y a su religión, lo que origina un intervencionismo excesivo del Estado en todos los aspectos que condicionarán su desarrollo posterior. Este aspecto se conforma en condicionante primordial en su relación con los países occidentales y en su influencia en la cooperación económica con ellos.

Podemos observar en la tabla 18.3 cómo el conjunto de estos países siguen a mucha distancia la estela de los países en desarrollo, sobre todo por tener que soportar altas tasas de crecimiento demográfico y ocasionar esto una necesidad mucho mayor de incremento en el producto interior bruto de estos países. Estos países centran su especialización económica sobre todo en el sector primario y, en segundo lugar, seguido muy de lejos, en una industria armamentística que sostienen las distintas guerras surgidas en el territorio.

Pero en estos países lo importante es el análisis individual de cada uno de ellos, por las grandes divergencias que se producen entre ellos mismos, que dan lugar a

TABLA 18.3

Perfil de desarrollo de Asia Meridional (1995)

	Asia Meridional	Países de ingresos altos
Esperanza de vida	61	77
Analfabetismo	51	< 5
PNB per cápita	2.220	24.930
Tasa de mortalidad infantil	75	7
Importaciones (mill. de dólares)	60.512	4.037.671
Exportaciones (mill. de dólares)	46.455	3.997.288
Porcentaje exportaciones sobre el PIB	14	22
Deuda externa (mill. de dólares)	156.778	

FUENTE: PNUD.

diferencias muy marcadas entre las distintas regiones de un país y a grandes desequilibrios sociales entre su población, lo que ocasiona grandes dificultades en el avance de los mismos. Para este análisis podemos centrarnos en la tabla 18.4 que a continuación perfilamos.

TABLA 18.4

Indicadores por países de Asia Meridional. 1995

	Población (millones)	Crecimiento medio anual. PNB per cápita (1985-1995)	Porcentaje de personas que viven con menos de 1 dólar al día (1981-1995)
Bangladesh	119,8	2,1	
India	929,4	3,2	52,5
Nepal	21,5	2,4	53,1
Pakistán	129,9	1,2	11,6
Sri Lanka	18,1	2,6	4,0

FUENTE: Banco Mundial (1997).

Como podemos observar, el único país que altera el comportamiento depresivo de estos países es la India, sobrepasando la cifra del 3% de crecimiento medio necesario para que se produzca una crecimiento real de su economía. Esta situación se sostiene sobre todo por sus buenas relaciones comerciales con el resto de los países provocando, por tanto, un incremento de sus exportaciones, que soportan un mayor equilibrio en su balanza de pagos y un mayor acercamiento a los corredores comerciales del mundo occidental. En este aspecto se puede ahondar, atendiendo al importante esfuerzo que ha tenido que realizar la economía de este país para sufragar los gastos alimenticios por la alta tasa de población que soporta el país (929 millones de personas en 1995), y de ahí el alto porcentaje de personas que tienen que sobrevivir con menos de un dólar por día (52,5%), sólo sobrepasado por países del África Subsahariana ya analizados anteriormente.

5. LA SITUACIÓN SOCIOECONÓMICA DEL MAGREB Y ORIENTE MEDIO

Consideramos como a los países que componen el «Mundo Islámico» a todos aquellos que situándose en el Noreste de África y en Oriente Medio procesan el islamismo como religión y régimen político predominante. De esta forma, nos encontramos con innumerables dificultades para delimitar estos países, sobre todo atendiendo a lo cambiante de sus circunstancias políticas y la problemática que subyace en esta zona (procesos de paz, cuestión palestina, etc.), pero podemos intentar dividir esta zona en tres grandes grupos de países, atendiendo a su situación geográfica: por un lado, el Magreb, compuesto por Marruecos, Argelia, Túnez, Libia y Mauritania; en segundo lugar, la región del Nilo, donde incorporamos los países bañados por dicho río (Egipto, Sudán, Etiopía y Somalia), mientras que el tercer grupo lo constituyen los «pequeños estados» del Golfo junto con Jordania, Siria, Líbano, Irak, Irán, Arabia Saudí, Yemen y Omán.

La característica básica de estas sociedades es el papel central que ocupa la religión en todos los ámbitos de la sociedad, ya sea en el aspecto social, civil, mercantil o político. El Islam se ha convertido en una mezcla entre religión y política hasta tal punto que el rey Hassán II llegó a firmar: «El día en que un estado musulmán separe la religión de las cosas del mundo, ese día, si alguna vez llegase, justificaría que celebrásemos por anticipado el funeral de ese estado»[1]. A esto le unimos los conflictos de política interior y el constante flujo migratorio hacia Europa de su población y nos lleva a configurar la situación político-económica que viven estos países calificados por algunos autores como «el vecino incómodo» de la Unión Europea.

En el mundo islámico existen dos formas de gobiernos predominantes: por un lado, una república modernizante, con tintes más o menos socialistas, vinculadas al estamento militar pero con organizaciones similares a las occidentales, como puede ser el caso de Mauritania, Argelia y Túnez; y en segundo lugar, una monarquía tradicional (Marruecos), que sin ser monarquías parlamentarias al uso de las que se dan en los países occidentales (España, Dinamarca...), cuentan con una forma de estado con rasgos similares a las monarquías europeas. En este apartado tendríamos que reflexionar sobre el caso del Sáhara, puesto que a pesar de estar reconocida en muchos foros internacionales la República Árabe Saharaui Democrática, el pueblo saharaui sigue viviendo una situación complicada de represión y guerra por la negativa de Marruecos a su independencia.

En cuanto a sus economías hemos de recalcar su reducida homogeneidad en lo que respecta a su estructura productiva; mientras algunos países (Marruecos, Túnez y Jordania) sostienen su economía con una industria diversificada, sobre todo orientada a la demanda proveniente del exterior y a la sustitución de importaciones de productos semielaborados (textil y cuero), otros como puede ser el caso de Mauritania se centran en la exportación a la Unión Europea de productos hortícolas y pesqueros, aunque la mayoría de ellos centran sus economías en la importancia de la industria de extracción petrolífera de sus yacimientos, sobre todo en el caso de los países incorporados a la OPEP (Omán, Arabia Saudí, Kuwait...).

Esta situación la podemos observar más detenidamente en la tabla 18.5, donde podemos cuantificar las diferencias obtenidas en el PIB del sector primario y las obtenidas de la industria orientada a la extracción del petróleo, que aunque cataloga-

[1] Hassán II, discurso de Marrakuech, 1 de febrero de 1990, en *Le Matin du Sahara,* 3 de febrero de 1990.

TABLA 18.5

Estructura de la economía. Distribución del PIB (1995)

País	Agricultura	Industria	Manufacturas	Servicios
No petroleros				
Egipto	20	21	15	59
Jordania	8	27	14	65
Marruecos	14	33	19	53
Mauritania	27	30	13	43
Siria*	28	22	—	50
Túnez	12	29	19	59
Yemen	22	27	14	51
Petroleros				
Arabia Saudí	8	45	—	48
Argelia	13	47	9	41
EAU	2	57	8	40
Irán*	21	21	—	58
Omán*	3	80	—	17
Kuwait	0	53	11	46

* Los datos pertenecientes a estos países corresponden con 1992, por no disponer de los mismos para 1995

FUENTE: Banco Mundial (1997).

da como poco avanzada y muy centrada en la producción primaria de derivados del petróleo, se sitúan como principal motor de su economía.

La combinación de la preponderancia del Estado (derivando de ello una ineficacia grande del sector público) y la dependencia del petróleo, como elemento fundamental en sus economías, provoca unos grandes desequilibrios macroeconómicos según el mercado internacional, que dan como resultado las luchas internas por el poder, la marginación de las minorías étnicas y las desigualdades internas entre su numerosa población.

Otro aspecto destacable es la gran dimensión del sector servicios, aportando aproximadamente la mitad del valor añadido producido en estos países. Estas dimensiones se originan gracias al conjunto de servicios públicos gestionados por el sector privado (enseñanza), el sector financiero (Kuwait, Emiratos Árabes Unidos...) y los ingresos procedentes del sector turístico (Marruecos, Túnez...), que no obstante se han visto afectados en estos últimos años por el fenómeno integrista que se vive en esta sociedad y que repercute negativamente en la zona.

En cuanto a los principales gastos públicos de estos territorios hemos de redundar en el importante porcentaje destinado a gastos militares, provocados sobre todo por los conflictos de Israel, Libia, Irak, Irán y el Sáhara por su independencia de Marruecos. Contrarrestado por el reducido Estado de Bienestar que preconizan, puesto que no cuentan con Seguridad Social, ni una serie de actuaciones, que en los países occidentales tenemos catalogadas como de primera necesidad y, por tanto, cubiertas por el sector público. Esto provoca la insatisfacción de la población y el creciente desarrollo del fenómeno migratorio hacia la Unión Europa, situación vivida con mucha preocupación por las autoridades comunitarias e islámicas.

Estas economías están condenadas, por el momento, a mantener la gran dependencia que tienen con el exterior. Sólo a través de la importación de nuevas tecnologías, encaminadas a la elaboración de los productos petrolíferos, y la apertura del mercado europeo, estos países pueden tomar la senda del desarrollo. Aunque también es verdad que la influencia de estos países en la Unión Europea es mayor que la que realmente se le otorga en los distintos foros internacionales; prueba de ello son los acuerdos pesqueros firmados con Marruecos en los últimos años, los acuerdos de preferencias aduaneras referentes sobre todo a productos agrarios o la dependencia de los países occidentales del crudo (su precio y comercialización) extraído de estos territorios. Esta interdependencia se materializó en la Cumbre Euromediterránea de Barcelona celebrada en noviembre de 1995, que reunió a los quince países de la Unión Europea y a los doce de la ribera sur del Mediterráneo.

En esta cumbre, tras numerosas negociaciones intermedias, se acordó crear una zona de librecambio sin trabas aduaneras (con la excepción de los productos agrícolas y pesqueros) antes de los primeros diez años del siglo XXI, conceder a los agentes económicos privados un montante de 1,5 billones de pesetas en los tres años siguientes, a fondo perdido y mediante créditos blandos, que aseguraran el crecimiento y el desarrollo económico y social, y por último, el apoyo para la recuperación de la democracia y la eliminación del terrorismo islámico que tanto daño está provocando en estos territorios.

6. SOLUCIONES APORTADAS Y COOPERACIÓN INTERNACIONAL

A lo largo de los últimos cuarenta años, el mundo ha ido tomando conciencia del peso que tienen los países pobres en la población mundial y a raíz de ello se empiezan a originar diversas tendencias con el fin primordial de reducir la pobreza en estas áreas más desfavorecidas. Según el momento histórico y social en el que nos encontremos, unas tendencias van a tener más fuerza que otras.

En las décadas de los cincuenta y sesenta, se consideraba el crecimiento como principal variable a estudiar para la consecución del objetivo prioritario de reducción de la pobreza y la mejora de la calidad de vida. En los años setenta, estas políticas se desviaron hacia el incremento de los servicios de salud, nutrición y educación. Lógicamente, este incremento era importante, pero no considerado como variable independiente, sino relacionado con el aumento del ingreso de los pobres.

En el decenio de los ochenta, las estrategias a seguir están fundamentadas en dos conceptos: promover al máximo el trabajo entre los habitantes del territorio en cuesción y aumentar el suministro de los servicios sociales a la población. El buen fin de estas estrategias está en función de la interdependencia de las anteriores variables.

En los años en que vivimos, los países subdesarrollados se encuentran ante necesidades extremas de zonas donde el hambre y la guerra son los pilares de la economía y la sociedad. «La ausencia de compromiso político, y no la falta de recursos financieros, es con frecuencia la causa verdadera del abandono en que se encuentra el hombre», según datos obtenidos del Informe elaborado por el Programa de las Naciones Unidas para el Desarrollo en 1991. Ante esta realidad, las organizaciones y gobiernos mundiales se plantean la ayuda internacional en los siguientes términos: fomentar el diálogo y entendimiento político entre las diversas partes del conflicto interno, apoyar las variables que puedan influir en el desarrollo económico de estos países y, por último, y en ocasiones más urgentes, prestar ayuda humanitaria a las poblaciones más afectadas.

La ayuda internacional que llega a estos países se distribuye con dificultad e incluso en algunos casos, y ante la indignación de las organizaciones humanitarias, se utiliza como botín de guerra y pago para conseguir armamento por parte de los bandos armados.

Probablemente la ayuda de terceros países no sea suficiente para la resolución de los problemas, si se tienen en cuenta las extorsiones entre los propios gobernantes, la baja tasa de ahorro (por deficiencias productivas) y la carencia de infraestructuras que disminuyen la atracción de capitales privados que modernicen la economía del país.

En el Informe Brandt, realizado en 1980, se enumeraron una serie de recomendaciones con la intención de potenciar el flujo de la ayuda oficial al desarrollo. Una de éstas afirmaba la ejecución «de programas para incrementar el nivel de la asistencia oficial al desarrollo por parte de los países industrializados hasta un 0,7% del PNB para 1985, y a un 1% antes de que finalice este siglo». Pero ¿hasta qué punto este consejo está convirtiéndose en realidad? El Gobierno español fijó para el año 1992 la cuantía de 140.000 millones de pesetas para ayudar a países subdesarrollados. Esta ayuda supone aproximadamente un 0,23% del PIB, muy por debajo del porcentaje aconsejado por las Naciones Unidas y de la media de los demás países pertenecientes a la OCDE.

7. CONCLUSIONES Y PERSPECTIVAS DE FUTURO

La teoría centro-periferia constituye en centro de partida para explicar la situación en que se encuentran los países del Cuarto Mundo. Generalmente los países se organizan al servicio y bajo las necesidades e intereses de los centros.

Estas zonas siempre han sido una fuente de materias primas hacia países más desarrollados, desplazando sus propias riquezas hacia otras fronteras. La misión impuesta y primordial de la economía del Cuarto Mundo, dentro del contexto mundial, consiste en la explotación de sus recursos mineros y agrícolas en función de los países colonizadores, que les hace crear una serie de estructuras de dependencia con respecto al exterior, que caracterizan su propio mercado.

Esto hace que la situación de los países del Cuarto Mundo sea precaria; las necesidades de alimentos se elevan gradualmente mientras que el crecimiento de la producción es menor a las necesidades de la población, que crece a un ritmo superior al 3% anual. De seguir esta evolución, y si no cambian las políticas que orientan el camino de estos países, África y Asia Meridional se van a convertir en zonas siempre dependientes de los países occidentales.

La mayoría de los países del Sur tendrán que ir despertando con vistas al desarrollo necesario en el umbral del siglo XXI. El Sur necesita un progreso sin límites en temas como la agricultura, la utilización de los recursos naturales y la industria. Pero tienen que emplear políticas e ideas innovadoras; aquí no valen modelos prefabricados, creados y utilizados en el mundo occidental.

La solución de estos países está en la reforma de los mecanismos políticos y económicos propios junto con la compatibilización del sistema de valores de estos pueblos haciendo que el Sur olvide su impotencia y marginación. Y esta solución pasa por la condonación parcial de la deuda mediante acuerdos internacionales, la eliminación de los obstáculos arancelarios y, por último, reducir los pagos por los servicios de la deuda alcanzando un pequeño porcentaje de los nuevos montantes.

CONCEPTOS

Acuerdos de Lomé
África Subsahariana
Asia Meridional
Cooperación internacional
Cuarto Mundo
Deuda externa
Descolonización
Nivel de pobreza
Organizaciones No Gubernamentales
Producto Nacional Bruto
Renta Real de Intercambio
Tasa demográfica

ACTIVIDAD RECOMENDADA

Analizar y comentar el texto siguiente atendiendo a las diversas circunstancias político-económicas que se estudian en el capítulo.

«La época colonial —empezando a fines de los cincuenta, desarrollándose en los sesenta— se presentó a las mujeres y hombre progresistas de todo el mundo como un horizonte de esperanza. Fue precedido por una magna revolución intelectual que pretendió, y logró, establecer un principio de rectitud ética y cultural: que cada cultura fuese juzgada no por su proximidad a la occidental, sino en relación con sus propias estructuras y valores. El imperialismo, por el contrario, descalificaba a la diversidad. Su tendencia era o el gobierno indirecto —y la táctica del divide y vencerás— o la asimilación, esa versión secularizada de la evangelización. La descolonización iba a consagrar la pluralidad dentro de una calificación de cada unidad nacional: es decir, el verdadero advenimiento del *mundo uno.*

»Es verdad que el mimetismo económico de las nuevas unidades respecto al mundo desarrollado y la subsistencia de la tensión entre nacionalismo y tribalismo ya hacía pensar a los autores más lúcidos, como Renée Dumont, en la época en que África había comenzado mal.

»Desde entonces mitos como el del socialismo africano (Nkruhma, Nyerere, Sekou Touré) han plegado sus banderas. Y el capitalismo africano sigue siendo mimético del metropolitano y asentado en relaciones de dependencia. (*La conducta mimética*, típica de la colonización, sigue operando.)

»Hoy los tímidos esfuerzos de democratización se acompañan de rebrotes de tribalismo y de una constatación de impotencia. Y de desinterés occidental. Nunca se ha estado tan lejos. Salvo la tensión constructiva de las ONG. Hay, con todo, una esperanza: la reconstrucción política y moral de Sudáfrica. Tal vez el hecho más positivo y esperanzador de cuanto ocurre hoy en el mundo».

Fernando Morán
Solidaridad, Ed. Anaya

LECTURAS RECOMENDADAS

Berzosa, C. et alia (1996): *Estructura económica mundial,* Síntesis, Madrid.
Comisión Sur (1991): *Desafío para el Sur,* Fondo de Cultura Económica, México.
Plaza Cerezo, S. (1997): *Los bloques comerciales en la economía mundial,* Síntesis, Madrid.
PNUD (1997): *Informe Desarrollo Humano,* Mundi-Prensa, Madrid.
Revista The Courier, núm. 155 (1996) y núm. 166 (1997).
Tugores Ques, J. (1995): *Economía Internacional e Integración Económica,* McGraw-Hill, Madrid.
Vidal Villa, J., y Martínez Peinado, J. (1990): *Hacia una economía mundial,* Plaza y Janés, Madrid.

Epílogo

Desde hace relativamente unos pocos años, la globalización es uno de los términos más utilizados en la literatura económica. No sólo porque se ha puesto de moda, como ha sucedido con otros fenómenos en el pasado, sino porque objetivamente refleja los múltiples cambios que se vienen produciendo desde hace pocos decenios y los que previsiblemente se van a producir en el próximo futuro. Por eso es acertado enmarcar en ese fenómeno global la evolución de la economía mundial en el momento en que está a punto de finalizar el presente siglo y encarar el siglo XXI desde esa perspectiva.

Pero si, por una parte, el proceso de globalización impregna todos los análisis, por otra, se debería tener en cuenta que se trata de un fenómeno muy complejo y de múltiples facetas y consecuencias. En muchas ocasiones se utiliza el término con poco rigor y conocimiento profundo de lo que realmente implica. Es un gran desconocido para muchos, a pesar de que la literatura socioeconómica, cualquiera que sea el objeto de análisis, lo utiliza indiscriminadamente.

Se ha prestado una especial atención a las bondades y efectos positivos del fenómeno para muchos colectivos de la sociedad humana. Este enfoque o visión parcial de la globalización oculta o enmascara los efectos perniciosos que el fenómeno en sí está acarreando para la mayor parte de la población mundial. Porque si bien es cierto que se están produciendo importantes avances en determinados sectores económicos y en el bienestar social y material de las poblaciones de las áreas más desarrolladas del mundo, también lo es que el proceso está provocando un mayor empobrecimiento de la mayor parte de la población mundial.

Es evidente que la globalización presenta sus mejores resultados en sectores básicos de la economía mundial, a saber, las telecomunicaciones, el comercio internacional y las finanzas, con la consiguiente repercusión en prácticamente todas las actividades económicas.

La génesis y evolución del proceso se encuentran, en mi opinión, en los grandes avances de la tecnología del siglo que está a punto de acabar, que han dejado obsoletas las unidades organizativas que durante mucho tiempo constituyeron los soportes básicos de las actividades productivas. Hace ya unos treinta años, el profesor J. L. Sampedro y yo, en un estudio sobre la economía española en relación con Europa, poníamos de manifiesto que las dos unidades básicas —la provincia y la nación— habían empezado su declive y que estaba empezando una fase en la que estaban siendo sustituidas por otras dos unidades, la región económica (que desde un punto de vista político serían lo que hoy se conoce como comunidades autonómicas) y la supranación. En otras palabras, las fronteras clásicas han dejado de jugar el papel que tenían y cada vez más vamos hacia una «aldea global», idea subyacente en todo el proceso de la mundialización.

Ese proceso se ha venido apoyando no sólo en los grandes avances de la tecnología, sino también en la plena consolidación del sistema económico imperante a lo largo de todo el siglo (salvo alguna excepción), particularmente en los últimos decenios, que coincide, y no por casualidad, con el mayor auge del proceso globalizador. La continua expansión geográfica en la aplicación de los principios de la economía de mercado —mayor competitividad, pérdida relativa del papel de los estados nacionales en la economía, liberalización, productividad, libre juego de la oferta y demanda, transparencia y el beneficio como norte de la orientación de todos los sectores económicos, entre otros— constituye un soporte adicional, en una relación de interdependencia, de la globalización.

Donde se manifiesta más claramente y con resultados posiblemente más espectaculares la globalización es en el mundo de las telecomunicaciones, donde los rápidos avances de la tecnología y el apetito y necesidad de estar mejor informados y comunicados nos han llevado a vivir en un mundo sin fronteras. Sus efectos son tan intensos que va perdiendo fuerza la importancia de «lo específico de cada estructura», parafraseando a Celso Furtado, incluso en los valores culturales que se consideraban permanentes e inamovibles. Pero, por otro lado, esa información y comunicación más amplia y de mayor calidad nos acerca más a todos los habitantes del planeta, lo que nos debería hacer más solidarios con nuestros semejantes.

Desafortunadamente no está sucediendo así, sino que, por el contrario, la tendencia es encerrarnos en nuestro propio bienestar socioeconómico. Nos preocupamos casi exclusivamente de nuestro entorno y de su problemática específica, asistiendo como testigos pasivos a la marginación y explotación de amplias capas de la población del mundo subdesarrollado.

El continuo incremento de las relaciones comerciales y de servicios constituye otra de las características de la economía mundial desde hace 50 años, después de una serie de acuerdos internacionales que culminaron con la creación de la OMC. El proceso de globalización comercial ha sido relativamente más lento y viene explicado por la cooperación (y en un estado más avanzado, en algunas zonas, por la integración) entre prácticamente todas las naciones. Pero esa cooperación no se ha producido entre partes iguales, sino que ha consolidado y acrecentado las diferencias internacionales que tienen su origen desde el inicio de la Revolución Industrial, de forma tal que la aplicación de la división internacional del trabajo ha dado lugar a que el crecimiento del comercio mundial, más del doble de la producción del planeta, favorezca particularmente a aquellos que partieron con una ventaja inicial, mientras que otros, los subdesarrollados, se han estancado o, incluso, han retrocedido en sus niveles económicos.

En el sector financiero donde la globalización y sus efectos dispares y contradictorios se manifiestan con mayor virulencia, hace ya tiempo que los movimientos de capital han dejado de respetar las fronteras nacionales, moviéndose a aquellas áreas que presentan mejores perspectivas de rentabilidad y de seguridad. Los inversores huyen de los países que no reúnen esas condiciones, aplicando los criterios ortodoxos de las colocaciones financieras, que son los que determinan las decisiones de los grandes centros financieros ubicados en los países más desarrollados.

Lo sucedido en los dos últimos decenios es un claro reflejo de que la globalización a nivel planetario ha provocado una concentración de la riqueza y de la renta nunca registrada en el pasado. A pesar de todos los adelantos técnicos y culturales, en ningún momento de la historia de la humanidad ha habido tantos seres humanos con los niveles de pobreza, marginación, explotación y dependencia cultural que existen en la actualidad.

En el decenio de los ochenta, la crisis se manifestó con toda crudeza en la problemática de la deuda externa, que hipotecó durante quince años la evolución de las economías subdesarrolladas, particularmente de Iberoamérica y el continente africano. En la primera mitad de los noventa parecía que el problema estaba controlado, pues al ciclo expansivo de las economías occidentales se unía el fuerte crecimiento que estaban experimentando algunos países asiáticos, hacia donde se dirigían importantes volúmenes de inversiones financieras, aplicando los criterios citados.

Pero todas las previsiones que se hacían se acabaron derrumbando y los crecimientos reales de algunas economías de Asia que eran hasta hace poco del 7/10% van a ser en 1998, según las estimaciones más recientes, nulas o negativas (en algún caso, el PIB puede llegar a descender hasta un 10%). Los conflictos sociales, el despido masivo en muchas empresas, las tensiones inflacionistas, la inestabilidad política, la desaparición de las reservas internacionales y el endeudamiento externo son hoy algunas de las características de esas sociedades. Contrasta esta situación con los pronósticos que hacían hace poco más de un año los organismos internacionales, las empresas especializadas y los bancos de inversiones.

Recuerda lo que está pasando, con algunas diferencias, con los pronósticos y previsiones de los principales organismos internacionales a finales de la década de los setenta, cuando se destacaba que Iberoamérica, que entonces estaba registrando fuertes ritmos de crecimiento, iba a alcanzar a finales del presente siglo los niveles económicos de los países desarrollados. Además del rotundo fracaso de aquellas predicciones y de las más recientes sobre los «tigres» asiáticos, cabe señalar que por el propio proceso de globalización, las crisis ya no afectan sólo a un área o áreas específicas, sino que repercuten, en mayor o menor medida, en todas las economías, si bien su efecto es muy diferente según cual sea el nivel económico de cada una. No es lo mismo un descenso del PIB por habitante cuando se disfruta de una situación económica holgada y más que suficiente que cuando se esté en el umbral de la pobreza.

Desde un punto de vista global, la raza humana en su conjunto no puede esta orgullosa de los resultados alcanzados. Sí lo están las poblaciones de los bloques d países más desarrollados, cuyo bienestar económico no deja de crecer, mientras que al mismo tiempo, más del 80% de la población mundial retrocede o, en el mejor d los casos, se estanca. Lo más grave es que no existen esperanzas de que se produzca un cambio de las actuales perspectivas, y sin esperanza no hay futuro.

Se comprende que para la mayor parte de la población de nuestro planeta, la globalización se ve con grandes recelos pues están sufriendo sus efectos perversos. Po eso, en la última Conferencia Mundial de la Sociedad Internacional para el Desarrollo (1997) que se celebró en Santiago de Compostela, el tema central fue ¿Qu globalización? Destacados especialistas pusieron de manifiesto que el proceso si ningún control sólo podía llevar a una mayor concentración política y económica e las áreas y centros que ya dominan hoy el mundo. El gran interrogante, sin respuesta, es cuánto tiempo puede durar ese proceso y si el comienzo del siglo XXI v a ser una continuación del anterior, despilfarrando los limitados recursos materiale y el medio ambiente en aras a la mejora material de unos pocos. Si así sucede, habremos hipotecado el futuro de las generaciones venideras.

Madrid, junio de 1998.

RAFAEL MARTÍNEZ CORTIÑA

ANEXO: La economía mundial en cifras

Juan J. García del Hoyo
Félix García Ordaz
María D. González Galán

1. ALGUNAS PRECISIONES SOBRE LOS DATOS RECOGIDAS EN ESTE ANEXO

1.1. Agrupaciones de países

De todas las fuentes estadísticas, la que proporciona datos más completos sobr la situación socioeconómica de los distintos países es, sin lugar a dudas, la ofrecid por el Banco Mundial en los sucesivos Informes sobre el Desarrollo. Ofrece infor mación detallada sobre aquellos países miembros agrupándolos según Producto Na cional Bruto (PNB) per cápita de 1995, en las siguientes categorías:

— Países de ingreso bajo (hasta 765 dólares anuales).
— Países de ingreso mediano bajo (de 766 a 3.035 dólares).
— Países de ingreso mediano alto (de 3.036 a 9.385 dólares).
— Países de ingreso alto (más de 9.386 dólares).

El Banco Mundial también suele agrupar los países como pertenecientes a dis tintas áreas geográficas tales como[1]:

— África al sur del Sáhara.
— Europa, Oriente Medio y Norte de África.

[1] No incluimos las listas de países pertenecientes a cada una de dichas zonas geográficas. No obstant para cualquier consulta relacionada puede consultarse la publicación *World Development Indicators* (199 del Banco Mundial.

— Asia Oriental.
— Asia Meridional.
— América Latina y el Caribe.

La información monetaria suministrada en los informes del Banco Mundial está expresada en dólares USA corrientes. Sin embargo, cuando se presentan tasas de incremento, éstas se obtienen a través de observaciones en precios constantes de los años referidos. La mayoría de los datos anteriores han sido recogidos por el Banco Mundial, basándose en un punto de referencia, dólares de 1995, determinado en el Proyecto de Comparación Internacional (PCI) o, en su caso, en las estimaciones realizadas por Maddison (1989), así como en la base de datos del Banco Mundial.

Por lo que se refiere a la información extraída del GATT, proviene en su mayoría de las diferentes bases de datos del FMI, y se clasifican basándose en las definiciones contenidas en el *Manual de Balanza de Pagos* (1977). La valoración de los diferentes productos se realiza mediante índices de precios de mercado al contado, obtenidos de las *International Financial Statistics* del FMI, y el volumen de transacciones se obtiene deflactando las series estimadas del comercio mundial de cada país mediante los índices de precios representativos.

Relación de países de ingreso bajo		
Afganistán	Etiopía	Nepal
Albania	Gambia	Nicaragua
Armenia	Georgia	Níger
Angola	Ghana	Nigeria
Azerbayán	Guinea	Pakistán
Bangladesh	Guinea-Bissau	Ruanda
Benin	Guyana	Santo Tomé y Príncipe
Bhután	Haití	Senegal
Bosnia y Herzegovina	Honduras	Sierra Leona
Burkina Faso	India	Somalia
Burundi	Kenya	Sri Lanka
Camboya	Kirguizia	Sudán
Camerún	Laos	Tayikistán
Rep. Central Africana	Liberia	Tanzania
Chad	Madagascar	Togo
China	Malawi	Uganda
Comoras	Malí	Vietnam
Congo	Mauritania	Yemen
Costa de Marfil	Mongolia	Zaire
Guinea Ecuatorial	Mozambique	Zambia
Eritrea	Myanmar	Zimbabue

Relación de países de ingreso mediano bajo		
Argelia	Guatemala	Perú
Belice	Indonesia	Polonia
Bielorrusia	Irán	Rumania
Bolivia	Irak	Federación Rusa
Botswana	Jamaica	Islas Salomón
Bulgaria	Jordán	San Vicente
Cabo Verde	Kazajstán	Surinam
Colombia	Kiribati	Swazilandia
Corea	Letonia	Siria
Costa Rica	Líbano	Tailandia
Cuba	Lesotho	Tonga
Djibuti	Lituania	Túnez
Dominica	Macedonia	Turquía
República Dominicana	Maldivas	Turkmenistán
Ecuador	Islas Marshall	Ucrania
Egipto	Micronesia	Uzbekistán
El Salvador	Moldova	Vanuatu
República Eslovaca	Marruecos	Venezuela
Estonia	Namibia	West Bank y Gaza
Fiji	Panamá	Samoa Occidental
Filipinas	Papúa Nueva Guinea	Yugoslavia
Granada	Paraguay	

Relación de países con ingreso mediano alto		
Antigua y Barbuda	Gabón	México
Argentina	Grecia	Omán
Arabia Saudí	Guadalupe	Puerto Rico
Bahrein	Hungría	Seychelles
Barbados	Isla de Man	Samoa Americana
Brasil	Libia	Santa Lucía
Chile	Malasia	Sudáfrica
Croacia	Malta	St. Kitts y Nevis
República Checa	Mauricio	Trinidad y Tobago
Eslovenia	Mayotte	Uruguay

Relación de países con ingreso alto		
Alemania	Finlandia	Kuwait
Andorra	Francia	Liechtenstein
Antillas Holandesas	Groenlandia	Luxemburgo
Aruba	Guam	Macao
Australia	Guinea Francesa	Martinica
Austria	Holanda	Mónaco
Bahamas	Hong Kong	Noruega
Bélgica	Irlanda	Nueva Caldeonia
Bermuda	Islandia	Nueva Zelanda
Brunei	Islas Caimán	Polinesia Francesa
Canadá	Islas Channel	Portugal
Corea del Sur	Islas Feroe	Qatar
Chipre	Islas Mariana	Reino Unido
Dinamarca	Islas Vírgenes	Reunión
Emiratos Árabes Unidos	Israel	Singapur
España	Italia	Suecia
Estados Unidos	Japón	Suiza

2. ÍNDICE

E) Población

F) Desarrollo humano

TABLA A.1

Principales indicadores macroeconómicos (1993-1995)

	Balanza por cta. corriente % del PIB	Ahorro interno bruto % del PIB	Inversión interna bruta % del PIB	Déficit fiscal global % del PIB	Deuda externa (v. presente) % del PIB	Deflactor del PIB Tasa media anual de crec. (%)	Tipo de cambio real 1990 = 100	Tipo de interés real %
Albania	–2,8	–21,0	14,3		41,3	22,4		–14,7
Alemania	–0,9	22,5	21,8				114,5	
Angola		35,2	18,7		218,2	1.534,4		
Arabia Saudí	–9,9	28,5	22,1			2,9	94,4	
Argelia	–2,8	27,9	31,0		56,2	28,2		
Argentina	–2,7	17,5	18,8		26,7	3,1		5,7
Armenia	–7,5	–20,8	9,8		10,2	943,8		
Australia	–4,8	20,6	21,6	–2,0		1,0	85,2	
Austria	–1,2	25,7	25,9	–3,6		2,8	94,9	–0,5
Azerbayán	–5,8	1,3	16,1		3,8	935,1		
Bangladesh	–2,6	8,3	15,4		32,5	6,6		2,5
Bélgica		23,0	17,7	–2,3		2,4	104,1	2,3
Benin	–0,0	5,6	15,9		41,7	34,5		
Bielorrusia	–1,6	19,2	30,8		4,5	1.142,1	–83,4	
Bolivia	–7,8	6,8	15,2	–2,6	62,4	8,9	94,8	10,5
Bosnia y Herzegovina								
Botswana	9,1	23,5	25,3		13,1	13,0		–0,2
Brasil	–0,9	21,9	21,0		27,1	542,4		55,0
Bulgaria	–2,6	18,8	20,3	–7,3	103,3	65,7		
Burkina Faso	–0,8	7,6	22,2		26,4	17,5		
Burundi	–1,8	–6,7	12,6		49,4	13,7	92,4	
Camboya	–6,0	6,7	14,5		69,2	8,6		
Camerún	–3,9	18,7	15,5		72,2	13,4	71,2	–1,9
Canadá	–3,0	19,7	18,8			1,8	82,8	4,3
Chad	–6,8				37,7	23,6		–6,2
Chile	–1,8	28,0	27,6	1,9	39,4	13,1	114,6	2,6
China	–0,4	41,5	41,2	–2,0	16,4	16,0		–3,7

TABLA A.1 *(continuación)*

	Balanza por cta. corriente % del PIB	Ahorro interno bruto % del PIB	Inversión interna bruta % del PIB	Déficit fiscal global % del PIB	Deuda externa (v. presente) % del PIB	Deflactor del PIB Tasa media anual de crec. (%)	Tipo de cambio real 1990 = 100	Tipo de interés real %
Colombia	–4,7	16,2	19,9		27,6	21,7	128,5	5,2
Congo	–30,9	21,8	35,3		222,8	22,1		–5,1
Costa de Marfil	–3,5	16,8	11,2		177,5	27,8	76,7	
Costa Rica	–4,2	23,1	27,2	–2,9	42,0	20,3	100,7	2,1
Croacia	–2,6	8,9	14,0	–0,0	16,5			
Cuba								
Dinamarca	2,1	21,0	14,9	–2,2		1,6	103,3	3,3
Ecuador	–4,5	21,5	19,6	0,2	80,7	25,3	128,5	5,5
Egipto	–0,9	5,8	17,1		54,7	8,3		2,4
El Salvador	–0,9	4,7	18,9	–0,6	21,5	10,4		2,7
Emiratos Árabes Unidos		32,6	25,3	0,3				
Eritrea		–28,8	15,1					
Eslovenia	1,7	21,5	21,0		14,8			
España	–0,8	20,4	20,5			4,3	90,2	3,6
Estados Unidos	–2,0			–3,1		2,3	96,1	
Estonia	–2,9	19,4	27,3	0,2	5,2	37,2		
Etiopía	–1,4	5,0	15,5	–7,6	60,0	9,3		0,7
Federación Rusa	2,1	29,9	27,7		26,0	249,6		
Filipinas	–4,3	16,0	23,5		56,1	8,7	116,0	1,3
Finlandia	1,5	22,1	15,5			2,0	68,0	1,6
Francia	0,8	19,8	17,6	–4,9		1,6	99,9	2,6
Gabón	5,1	43,7	24,4		76,3	32,3	67,7	–9,2
Gambia	–0,5	4,3	21,0		59,4	6,5	99,4	6,3
Georgia		–20,2	3,3		37,4	1.477,9		
Ghana	–6,6	4,5	16,4		53,7	33,1		–4,0
Grecia	–1,5	8,0	18,4			9,6	96,1	6,1
Guatemala	–5,0	8,9	17,5	–0,5	19,9	11,0		–1,7
Guinea	–4,8	10,2	14,9		57,8	5,2		11,6
Guinea-Bissau	–21,4	–1,2	20,6		220,5	32,7		–2,1
Haití	–1,4	–8,4	3,1		24,4	30,4		
Holanda	4,2	26,2	20,3	–2,1		2,2	102,1	1,9
Honduras	–8,0	15,4	26,3	–0,1	95,5	27,0		–8,5
Hong Kong		33,6	31,5			6,0		
Hungría	–8,9	16,0	21,6		65,7	21,8	129,7	–0,8
India	–1,2	21,3	23,0	–6,5	24,9	9,5		
Indonesia	–2,2	35,6	35,1		50,7	7,9		
Irak								
Irán		30,3	27,6	–0,2		37,6		
Irlanda	3,0	27,6	13,8			1,2	80,3	–1,1
Islas Mauricio	–3,4	23,4	29,5	–0,5	33,9	5,7		3,9
Israel	–4,5	13,9	23,2	–3,1		10,6		2,0
Italia	1,6	21,1	17,4	–10,6		4,2	77,5	2,5

TABLA A.1 *(continuación)*

	Balanza por cta. corriente % del PIB	Ahorro interno bruto % del PIB	Inversión interna bruta % del PIB	Déficit fiscal global % del PIB	Deuda externa (v. presente) % del PIB	Deflactor del PIB Tasa media anual de crec. (%)	Tipo de cambio real 1990 = 100	Tipo de interés real %
Jamaica	–3,2	14,0	19,9		86,8	27,2		0,3
Japón	2,7	31,1	29,1			–0,1	145,6	1,4
Jordania	–16,0	2,7	30,9	2,7	102,5	4,3		–1,2
Kazajstán	–3,3	17,7	24,1		10,8	575,8		
Kenya	–0,6	18,9	18,5	–2,3	74,7	14,3		
Kuwait	11,3	21,1	15,2			2,7		9,2
Kirguizia	–7,6	9,3	15,8		11,3	97,3		
Laos	–13,7				42,7	13,4		2,0
Lesotho	7,0	–15,2	85,3		37,8	8,0	110,9	1,0
Letonia	3,5	20,7	16,4		5,5	31,3		–10,9
Líbano	–44,7	–31,1	24,1		21,3			
Libia								
Lituania	–3,8	14,3	20,4		6,6	46,9		–37,0
Macedonia		6,5	17,0		48,9			
Madagascar	–8,5	2,7	11,1		93,8	44,2		
Malasia	–4,7	36,7	38,1	2,1	34,5	5,1	103,3	
Malawi	–19,5	0,3	14,3		60,6	59,2	75,2	–10,0
Mali	–8,6	7,8	24,8		71,6	22,4		
Marruecos	–3,0	14,9	21,1		64,8	3,5	109,1	
Mauritania	–9,3	9,4	18,0		158,5	5,5		
México	–4,8	18,6	20,6		42,2	20,7		4,4
Moldova		–2,2	7,3		11,5			
Mongolia	5,4			–3,3	40,4	47,1		0,3
Mozambique		4,4	57,7		280,5	47,5		
Myanmar		11,8	12,6	–2,9		16,4		
Namibia	4,1	12,1	18,6			10,1		0,7
Nepal	–7,7	13,5	23,0		27,8	7,0		
Nicaragua	–37,4	–10,9	17,9	–2,1	496,4	10,8	88,3	–2,2
Níger	–6,5				52,2	17,3		
Nigeria	–3,7				105,5	76,9	114,0	–22,9
Noruega	2,4					1,3	100,0	3,4
Nueva Zelanda	–4,6	24,6	22,4	0,3		–0,0	94,5	6,8
Omán	–9,2	26,4	17,7	–12,2	23,9	0,7		7,4
Pakistán	–4,5	15,7	19,6	–6,9	40,2	13,3		
Panamá		23,1	24,5		98,5	2,1		3,7
Papúa Nueva Guinea	12,2	33,8	19,4	–5,0	45,9	10,8	98,3	2,4
Paraguay	–14,9	12,8	23,1		23,4	15,5	112,1	4,7
Perú	–5,9	14,6	19,0	0,5	45,9	15,5		1,7
Polonia	–4,4	17,3	16,1		37,8	28,3	184,0	1,8
Portugal	–0,6					4,5	113,0	3,6
Puerto Rico								
Reino Unido	–0,8					2,4	89,5	1,2

TABLA A.1 *(continuación)*

	Balanza por cta. corriente % del PIB	Ahorro interno bruto % del PIB	Inversión interna bruta % del PIB	Déficit fiscal global % del PIB	Deuda externa (v. presente) % del PIB	Deflactor del PIB Tasa media anual de crec. (%)	Tipo de cambio real 1990 = 100	Tipo de interés real %
Rep. de Corea	–0,8	35,6	36,1	0,2		5,5		3,1
Rep. Dem. de Corea								
Rep. Centroafricana	–3,4	5,0	12,5		45,1	20,1	69,9	–5,2
República Checa	–0,4	20,2	21,2	1,3	31,0	10,0		–4,5
República de Yemen	–6,8	–4,0	14,2		107,6			
República Dominicana	–2,1	16,8	20,8		38,4	8,2	109,9	
República Eslovaca	1,4	26,9	26,3		28,6	11,6		–3,4
Ruanda		–19,7	11,4		41,5	34,2		
Rumania	–3,3	23,4	27,2	–1,0	16,5	79,8		
Senegal	–2,8	7,5	14,2		53,1	16,7		
Sierra Leona	–6,1	0,2	8,4	–4,6	115,8	22,5	108,4	–6,7
Singapur	13,9		34,9	5,3		3,1		–0,6
Siria	–2,4			–0,7	115,1	11,5		
Sri Lanka	–4,3	15,1	25,9	–5,0	41,9	9,1		6,6
Sudáfrica	–0,5	19,0	17,1	–8,6		10,3	101,8	1,4
Sudán						90,6		
Suecia	0,1	17,9	13,9	–11,5		3,3	74,2	2,3
Suiza	7,3	27,4	22,9			0,8	107,9	1,5
Tailandia	–6,3	36,2	41,6	2,3	38,0	5,5		4,6
Tanzania	–19,4	–0,2	31,6		149,4	28,3		
Tayikistán	–4,9	2,4	20,9		22,4	236,7		
Togo	–9,0	4,3	9,7		66,7	34,9	75,7	
Trinidad y Tobago	4,1	23,4	13,6		44,4	8,2	87,2	–1,6
Túnez	–5,5	21,2	25,8		50,8	5,1		
Turkmenistán	11,3				7,5	1.230,5		
Turquía	–1,0	21,3	24,4	–3,5	40,0	93,6		–4,8
Ucrania					6,1	616,6		–76,2
Uganda	–9,1	4,2	15,5		45,7	7,5	87,2	–2,7
Uruguay	–2,2	13,7	14,4	–0,9	30,8	41,2	151,9	–3,7
Uzbekistán	–1,2	24,7	31,3		5,5	639,1		
Venezuela	1,3	20,2	16,0	–3,5	54,5	56,5	123,0	–5,0
Vietnam	–8,6	16,7	24,4		137,0	17,0		
West Bank y Gaza								
Yugoslavia								
Zaire							100,0	
Zambia		5,0	9,7		137,5	51,3	110,8	
Zimbabue	–7,2				62,0			–0,0

FUENTE: Banco Mundial, *Informe sobre el desarrollo mundial.*

TABLA A.2

Indicadores de calidad de vida

	Densidad de población	PNB per cápita	Pobreza	Tasa de mortalidad infantil		Tasa de fertilidad total		Tasa de analfabetismo		Acceso a la sanidad
	Número de personas por km²	Dólares	% de personas con menos de 1 dólar diario	Por cada 1.000 nacidos vivos		Nacidos por mujer		% sobre personas con 15 años o más		% del total de población
								Hombres	Mujeres	
	1995	1995	1981-1995	1970	1995	1970	1995	1995	1995	1995
Afganistán	36			198	158	7,1	6,9	53	85	8
Albania	119	670		66	30	5,2	2,6			100
Alemania	234	27.510		23	6	2,0	1,2			100
Andorra	142									
Angola	9	410		178	124	6,5	6,9			16
Antigua y Barbuda	157				18	2,6	1,7			
Antillas Holandesas	250			24	11	2,9	2,1			
Arabia Saudí	9	7.040		119	21	7,3	6,2	29	50	78
Argelia	12	1.600	1,6	139	34	7,4	3,5	26	51	
Argentina	13	8.030		52	22	3,1	2,7	4	4	89
Armenia	133	730			16	3,2	1,8			
Aruba	421									
Australia	2	18.720		18	6	2,9	1,9			90
Austria	97	26.890		26	6	2,3	1,5			100
Azerbayán	87	480			25	4,7	2,3			
Bahamas	28	11.940		35	15	3,5	2,0	2	2	98
Bahrein	836	7.840		64	19	6,5	3,1	11	21	100
Bangladesh	920	240		140	79	7,0	3,5	51	74	30
Barbados	607	6.560		38	13	3,0	1,8	2	3	
Bélgica		24.710		21	8	2,2	1,6			100
Belize	9	2.630			36	6,9	3,9			57
Benin	49	370		155	95	6,9	6,0	51	74	22
Bermuda	1.260									
Bhután	15	420					44	72	22	
Bielorrusia	50	2.070			13	2,4	1,4			100
Bolivia	7	800	7,1	153	69	6,5	4,5	10	24	44
Bosnia y Herzegovina										

TABLA A.2 *(continuación)*

	Densidad de población	PNB per cápita	Pobreza	Tasa de mortalidad infantil		Tasa de fertilidad total		Tasa de analfabetismo		Acceso a la sanidad
	Número de personas por km²	Dólares	% de personas con menos de 1 dólar diario	Por cada 1.000 nacidos vivos		Nacidos por mujer		% sobre personas con 15 años o más		% del total de población
								Hombres	Mujeres	
	1995	1995	1981-1995	1970	1995	1970	1995	1995	1995	1995
Botswana	3	3.020	34,7	95	56	6,9	4,4	20	40	55
Brasil	19	3.640	28,7	95	44	5,0	2,4	17	17	73
Brunei	54			57	9	5,6	2,9	7	17	
Bulgaria	76	1.330	2,6	27	15	2,2	1,2			99
Burkina Faso	38	230		141	99	7,0	6,7	71	91	14
Burundi	244	160		138	98	6,8	6,5	51	78	48
Cabo Verde	94	960		86	46	7,0	4,0	19	36	24
Camboya	57	270		161	108	5,8	4,7	20	47	
Camerún	29	650		126	56	5,8	5,7	25	48	40
Canadá	3	19.380		19	6	2,3	1,7			85
Chad	5	180		171	117	6,0	5,9	38	65	32
Chile	19	4.160	15,0	77	12	4,0	2,3	5	5	71
China	129	620	29,4	69	34	5,8	1,9	10	27	
Chipre	79			29	8	2,6	2,2			100
Colombia	35	1.910	7,4	74	26	5,3	2,8	9	9	70
Comoros	224	470		87		5,9	36	50	83	
Congo	8	680		101	90	5,9	6,0	17	33	9
Costa de Marfil	44	660	17,7	135	86	7,4	5,3	50	70	54
Costa Rica	67	2.610	18,9	62	13	4,9	2,8	5	5	99
Croacia	85	3.250		16		1,5			68	
Cuba	100			39	9	3,8	1,7	4	5	66
Dinamarca	123	29.890		14	6	2,0	1,8			100
Djibuti	27			159	108	6,6	5,8	40	67	
Dominica	99	2.990			17	5,5	2,3			
Ecuador	41	1.390	30,4	100	36	6,3	3,2	8	12	64
Egipto	58	790	7,6	158	56	5,9	3,4	36	61	
El Salvador	271	1.610		103	36	6,3	3,7	27	30	73
Emiratos Árabes Unidos	29	17.400		87	16	6,5	3,6	21	20	95

TABLA A.2 *(continuación)*

	Densidad de población	PNB per cápita	Pobreza	Tasa de mortalidad infantil		Tasa de fertilidad total		Tasa de analfabetismo		Acceso a la sanidad
	Número de personas por km²	Dólares	% de personas con menos de 1 dólar diario	Por cada 1.000 nacidos vivos		Nacidos por mujer		% sobre personas con 15 años o más		% del total de población
								Hombres	Mujeres	
	1995	1995	1981-1995	1970	1995	1970	1995	1995	1995	1995
Eritrea										
Eslovenia	99	8.200		24	7	2,2	1,3			90
España	78	13.580		28	7	2,8	1,2			97
Estados Unidos	29	26.980		20	8	2,5	2,1			85
Estonia	35	2.860	6,0	20	14	2,1	1,3			
Etiopía	56	100	33,8	158	112	5,8	7,0	55	75	10
Federación Rusa	9	2.240	1,1		18	2,0	1,4			
Fiji	42	2.440		49	21	4,1	2,7	6	11	
Filipinas	230	1.050	27,5	66	39	6,4	3,7	5	6	75
Finlandia	17	20.580		13	5	1,8	1,8			100
Francia	106	24.990		18	6	2,5	1,7			96
Gabón	4	3.490		138	89	4,2	5,2	26	47	76
Gambia	111	320		185	126	6,5	5,3	47	75	34
Georgia	77	440			18	2,6	1,9			
Ghana	75	390		111	73	6,7	5,1	24	47	29
Granada	268	2.980								
Grecia	81	8.210		30	8	2,3	1,4			96
Groenlandia	0									
Guadalupe	253			42	11	4,5	2,1			
Guam	273			22	9	4,7	2,7			
Guatemala	98	1.340	53,3	100	44	6,5	4,7	38	51	71
Guayana Francesa	2			44						
Guinea	27	550	26,3	181	128	6,0	6,5	50	78	6
Guinea Ecuatorial	14	380		163	111	5,7	5,9	10	32	50
Guinea-Bissau	38	250	87,0	185	136	5,9	6,0	32	58	20
Guyana	4	590		80	60	5,4	2,4	1	3	90
Haití	260	250		141	72	6,0	4,4	52	58	24
Holanda	456	24.000		13	6	2,6	1,6			100

TABLA A.2 *(continuación)*

	Densidad de población	PNB per cápita	Pobreza	Tasa de mortalidad infantil		Tasa de fertilidad total		Tasa de analfabetismo		Acceso a la sanidad
	Número de personas por km²	Dólares	% de personas con menos de 1 dólar diario	Por cada 1.000 nacidos vivos		Nacidos por mujer		% sobre personas con 15 años o más		% del total de población
								Hombres	Mujeres	
	1995	1995	1981-1995	1970	1995	1970	1995	1995	1995	1995
Honduras	53	600	46,5	110	45	7,2	4,6	27	27	68
Hong Kong	6.252	22.990		19	5	3,3	1,2	4	12	
Hungría	111	4.120	0,7	36	11	2,0	1,6			94
India	313	340	52,5	137	68	5,8	3,2	35	62	29
Indonesia	107	980	14,5	118	51	5,5	2,7	10	22	55
Irak	46			102	108	7,1	5,4	29	55	36
Irán	39			131	45	6,7	4,5	22	34	82
Irlanda	52	14.710		20	6	3,9	1,9			100
Isla de Man										
Islandia	3	24.950		13	4	2,8	2,1			95
Islas Caimán	127									
Islas Channel				19	7	2,0	1,7			
Islas Feroe	32									
Islas Mariana										
Islas Marshall										
Islas Mauricio	556	3.380		60	16	3,6	2,2	13	21	100
Islas Salomón	13	910			41		5,1			
Islas Vírgenes	291				19	5,3	2,4			
Israel	268	15.920		25	8	3,8	2,4			70
Italia	195	19.020		30	7	2,4	1,2			100
Jamaica	233	1.510	4,7	43	13	5,3	2,4	19	11	74
Japón	333	39.640		13	4	2,1	1,5			85
Jordan	47	1.510	2,5		31		4,8	7	21	30
Kazajstán	6	1.330			27	3,4	2,3			
Kenya	47	280	50,2	102	58	8,1	4,7	14	30	43
Kirguizia	24	700	18,9		30	4,9	3,3			53
Kiribati	107	920		105	55		3,8			100
Kuwait	93	17.390		48	11	7,1	3,0	18	25	

TABLA A.2 *(continuación)*

	Densidad de población	PNB per cápita	Pobreza	Tasa de mortalidad infantil		Tasa de fertilidad total		Tasa de analfabetismo		Acceso a la sanidad
	Número de personas por km²	Dólares	% de personas con menos de 1 dólar diario	Por cada 1.000 nacidos vivos		Nacidos por mujer		% sobre personas con 15 años o más		% del total de población
								Hombres	Mujeres	
	1995	1995	1981-1995	1970	1995	1970	1995	1995	1995	1995
Laos	21	350		146	90	6,2	6,5	31	56	30
Lesotho	65	770	50,4	134	76	5,7	4,6	19	38	35
Letonia	41	2.270		21	16	1,9	1,3			
Líbano	391	2.660		50	32	5,4	2,8	5	10	
Liberia	29			178	172	6,8	6,5	46	78	24
Libia	3			122	61	7,5	6,1	12	37	
Liechtenstein	194									
Lituania	57	1.900	2,1	24	14	2,4	1,5			
Luxemburgo		41.210		25	6	2,0	1,7			100
Macao	20.750				7	4,5	1,8			
Macedonia	83	860			23	3,1	2,2			
Madagascar	23	230	72,3	181	89	6,6	5,8			17
Malasia	61	3.890	5,6	45	12	5,5	3,4	11	22	94
Malawi	104	170		193	133	7,8	6,5	28	58	63
Maldivas	850	990		127	52	7,0	6,6	7	7	40
Mali	8	250		204	123	7,1	6,8	61	77	44
Malta	1.163			28	9	2,0	1,9			100
Martinica	364			38	7	4,4	2,0			
Marruecos	60	1.110	1,1	128	55	7,0	3,4	43	69	63
Mauritania	2	460	31,4	148	96	6,5	5,2	50	74	64
Mayotte										
México	48	3.320	14,9	72	33	6,5	3,0	8	13	70
Micronesia					32		4,6			39
Moldova	132	920	6,8		22	2,6	2,0			50
Mónaco										100
Mongolia	2	310		102	55	5,8	3,4			
Mozambique	21	80		171	113	6,5	6,2	42	77	23
Myanmar	69			128	83	5,9	3,4	11	22	42

TABLA A.2 *(continuación)*

	Densidad de población	PNB per cápita	Pobreza	Tasa de mortalidad infantil		Tasa de fertilidad total		Tasa de analfabetismo		Acceso a la sanidad
	Número de personas por km²	Dólares	% de personas con menos de 1 dólar diario	Por cada 1.000 nacidos vivos		Nacidos por mujer		% sobre personas con 15 años o más		% del total de población
								Hombres	Mujeres	
	1995	1995	1981-1995	1970	1995	1970	1995	1995	1995	1995
Namibia	2	2.000		118	62	6,0	5,0			36
Nepal	157	200	53,1	166	91	6,4	5,3	59	86	6
Nicaragua	36	380	43,8	106	46	6,9	4,1	35	33	
Níger	7	220	61,5	170	119	7,2	7,4	79	93	15
Nigeria	122	260	28,9	139	80	6,9	5,5	33	53	63
Noruega	14	31.250		13	5	2,5	1,9			100
Nueva Caledonia	10				15	4,3	2,5			
Nueva Zelanda	13	14.340		17	7	3,2	2,1			
Omán	10	4.820		119	18	8,4	7,0			72
Pakistán	169	460	11,6	142	90	7,0	5,2	50	76	30
Panamá	35	2.750	25,6	47	23	5,2	2,7	9	10	87
Papúa Nueva Guinea	9	1.160		112	64	6,1	4,8	19	37	26
Paraguay	12	1.690		55	41	6,0	4,0	7	9	30
Perú	19	2.310	49,4	108	47	6,0	3,1	6	17	47
Polinesia Francesa	61				17	5,6	3,0			
Polonia	127	2.790	6,8	33	14	2,2	1,6			100
Portugal	108	9.740		56	7	2,8	1,4			100
Puerto Rico	420			29	11	3,2	2,1			
Qatar	59	11.600		68	18	6,8	3,9	21	20	100
Reino Unido	242	18.700		19	6	2,4	1,7			96
Rep. de Corea	454	9.700		46	10	4,3	1,8	1	3	100
Rep. Dem. de Corea	198			51	26	6,2	2,2	1	3	100
República Centroafricana	5	340		139	98	5,7	5,1	32	48	
República Checa	134	3.870	3,1	21	8	1,9	1,3			
República de Yemen	29	260		186	100	7,7	7,4			51
República Dominicana	162	1.460	19,9	98	37	6,0	2,9	18	18	85
República Eslovaca	112	2.950	12,8	25	11	2,4	1,5			51
Reunión	3			54	8	4,3	2,2			

TABLA A.2 *(continuación)*

	Densidad de población	PNB per cápita	Pobreza	Tasa de mortalidad infantil		Tasa de fertilidad total		Tasa de analfabetismo		Acceso a la sanidad
	Número de personas por km²	Dólares	% de personas con menos de 1 dólar diario	Por cada 1.000 nacidos vivos		Nacidos por mujer		% sobre personas con 15 años o más		% del total de población
								Hombres	Mujeres	
	1995	1995	1981-1995	1970	1995	1970	1995	1995	1995	1995
Ruanda	259	180	45,7	142	133	8,2	6,2	30	48	
Rumania	99	1.480	17,7	49	23	2,9	1,4			49
Samoa Americana	285									
Samoa Occidental	59	1.120			22	6,7	4,2			
San Vicente y Granada	285	2.280			19	5,0	2,3			
Santa Lucía	272	3.370			17	5,5	2,9			
Senegal	44	600	54,0	135	62	6,5	5,7	57	77	
Seychelles	169	6.620			15		2,4			92
Sierra Leona	59	180		197	179	6,5	6,5	55	82	
Singapur	4.896	26.730		20	4	3,1	1,7	4	14	100
Siria	77	1.120		96	32	7,7	4,8	14	44	78
Somalia	14	158		128	7,0	7,0				
Sri Lanka	280	700	4,0	53	16	4,3	2,3	7	13	66
St. Kitts and Nevis	114	5.170			31	3,5	2,4			
Sto. Tomé y Príncipe	172	350			60		4,8			21
Sudáfrica	34	3.160	23,7	79	50	5,7	3,9	18	18	46
Swazilandia	55	1.170		139	69	6,5	4,6	22	24	63
Sudán	11			118	77	6,7	4,8	42	65	
Suecia	21	23.750		11	4	1,9	1,7			100
Suiza	178	40.630		15	6	2,1	1,5			100
Surinam	3	880		53	33	5,6	2,6	5	9	56
Tailandia	114	2.740	0,1	73	35	5,5	1,8	4	8	87
Tanzania	34	120	16,4	129	82	6,8	5,8	21	43	86
Tayikistán	42	340			42	6,8	4,2			62
Togo	75	310		134	88	6,6	6,4	33	63	20
Tonga	144	1.630			18		3,3			100
Trinidad y Tobago	251	3.770		52	13	3,6	2,1	1	3	56
Túnez	58	1.820	3,9	121	39	6,4	2,9	21	45	72

TABLA A.2 *(continuación)*

	Densidad de población	PNB per cápita	Pobreza	Tasa de mortalidad infantil		Tasa de fertilidad total		Tasa de analfabetismo		Acceso a la sanidad
	Número de personas por km²	Dólares	% de personas con menos de 1 dólar diario	Por cada 1.000 nacidos vivos		Nacidos por mujer		% sobre personas con 15 años o más		% del total de población
								Hombres	Mujeres	
	1995	1995	1981-1995	1970	1995	1970	1995	1995	1995	1995
Turkmenistán	10	920	4,9		46	6,3	3,8			60
Turquía	79	2.780		144	48	5,3	2,7	8	28	94
Ucrania	89	1.630		22	15	2,0	1,5			49
Uganda	96	240	50,0	109	98	7,1	6,7	26	50	60
Uruguay	18	5.170		46	18	2,9	2,2	3	2	82
Uzbekistán	55	970			30	5,7	3,7			18
Vanuatu	14	1.200			41		5,0			
Venezuela	25	3.020	11,8	53	23	5,3	3,1	8	10	55
Vietnam	226	240		104	41	5,9	3,1	4	9	21
West Bank y Gaza					28		6,2			
Yugoslavia	103			53	18	2,4	1,9			100
Zaire	19	120		131		6,2		13	32	9
Zambia	12	400	84,6	106	109	6,8	5,7	14	29	42
Zimbabue	28	540	41,0	96	55	7,7	3,8	10	20	58

FUENTE: Banco Mundial, *Informe sobre el desarrollo mundial*.

TABLA B.1

Estructura de la producción por países

	Producto Interior Bruto		Agricultura		Industria		Manufacturas		Servicios	
	Tasa media anual de crecimiento (%)		Tasa media anual de crecimiento (%)		Tasa media anual de crecimiento (%)		Tasa media anual de crecimiento (%)		Tasa media anual de crecimiento (%)	
	1980-90	1990-95	1980-90	1990-95	1980-90	1990-95	1980-90	1990-95	1980-90	1990-95
Albania	3,0	1,4	2,4	7,6	3,2	–15,6			3,2	5,9
Alemania[a]	2,2		1,7		1,2				2,9	
Angola	3,7	–4,1	0,5	–1,8	6,4	0,9	–11,1	–11,1	2,2	–10,8
Arabia Saudí	–1,2	1,7	13,4		–2,3		7,5		–1,2	
Argelia	2,8	0,1	4,6	1,3	2,3	–1,1	3,3	–9,0	3,8	1,3
Argentina	–0,3	5,7	0,9	0,5	–0,9	5,9	–0,5		–0,0	6,4
Armenia	3,3	–21,2	–3,9	–0,6	5,1	–28,7			4,6	–19,7
Australia	3,4	3,5	3,3	–2,4	2,8	3,3	1,9	4,4	3,7	3,7
Austria	2,1	1,9	1,1	–1,8	1,9	1,7	2,4	0,5	2,3	2,2
Azerbayán		–20,2								
Bangladesh	4,3	4,1	2,7	1,1	4,9	7,3	2,8	7,4	5,7	5,4
Bélgica	1,9	1,1	1,8	4,0	2,2		3,0		1,8	
Benin	2,6	4,1	5,1	4,9	2,1	3,5	5,1	5,3	1,2	3,5
Bielorrusia		–9,3		–11,2		–10,9				–6,9
Bolivia	–0,0	3,8	2,0		–2,9		–1,6		–0,1	
Bosnia y Herzegovina										
Botswana	10,3	4,2	2,2	0,7	11,4	1,4	8,8	2,2	11,0	7,7
Brasil	2,7	2,7	2,8	3,7	2,0	1,7	1,6	1,7	3,5	3,6
Bulgaria	4,0	–4,3	–2,1	–1,9	5,2	–7,5			7,2	–20,7
Burkina Faso	3,7	2,6	3,1	4,6	3,7	1,4	2,0	1,1	4,7	1,7
Burundi	4,4	–2,3	3,1	–4,1	4,5	–5,0	5,7	–7,2	5,4	–1,5
Camboya		6,4		2,1		11,3		6,9		8,3
Camerún	3,1	–1,8	2,2	2,2	5,9	–6,8	12,6	–2,2	2,1	–1,4
Canadá	3,4	1,8	1,5	0,3	2,9	1,2	3,2	1,7	3,7	1,8
Chad	6,3	1,9	2,7	6,9	8,0	–9,9	4,4	–9,2	9,9	1,2
Chile	4,1	7,3	5,6	5,2	3,7	6,1	3,4	6,3	4,2	8,4
China	10,2	12,8	5,9	4,3	11,1	18,1	10,7	17,2	13,6	10,0
Colombia	3,7	4,6	2,9	1,4	5,0	3,0	3,5	3,3	3,1	6,4
Congo	3,6	–0,6	3,4	–0,9	5,2	1,2	6,9	–5,3	2,5	–2,1
Costa de Marfil	0,1	0,7	–0,5	0,3	4,4	1,7	4,6	–2,2	–1,3	0,2
Costa Rica	3,0	5,1	3,1	3,6	2,8	5,2	3,0	5,5	3,1	5,6
Croacia										
Cuba										
Dinamarca	2,4	2,0	3,1	0,3	2,9	1,6	1,4	0,9	2,3	1,3
Ecuador	2,0	3,4	4,4	2,5	1,2	4,9	–0,0	3,2	1,8	2,7
Egipto	5,0	1,3	1,5	2,1	2,6	0,4		0,0	8,4	1,5
El Salvador	0,2	6,3	–1,1	1,2	0,1	2,9	–0,7		0,7	9,3
Emiratos Árabes Unidos	–2,0		9,6	9,3	–4,2	–1,8	3,1	1,3	3,4	4,9
Eritrea										

TABLA B.1 *(continuación)*

	Producto Interior Bruto		Agricultura		Industria		Manufacturas		Servicios	
	Tasa media anual de crecimiento (%)		Tasa media anual de crecimiento (%)		Tasa media anual de crecimiento (%)		Tasa media anual de crecimiento (%)		Tasa media anual de crecimiento (%)	
	1980-90	1990-95	1980-90	1990-95	1980-90	1990-95	1980-90	1990-95	1980-90	1990-95
Eslovenia										
España	3,2	1,1		–1,7						
Estados Unidos	3,0	2,6	4,0	3,6	2,8	1,2	3,1	1,6	3,1	2,1
Estonia	2,1	–9,2		–8,9		–14,9				–3,8
Etiopía[b]	2,3		1,4		1,8		1,2		3,1	
Federación Rusa	1,9	–9,8								
Filipinas	1,0	2,3	1,0	1,6	–0,9	2,2	0,2	1,8	2,8	2,7
Finlandia	3,3	–0,5	–0,2	–0,0	3,3	–1,2	3,4	2,1	5,3	–2,7
Francia	2,4	1,0	2,0	–1,1	1,1	–1,0	0,8	–0,9	3,0	1,5
Gabón	0,5	–2,5	1,7	–0,2	1,0	2,7	9,8	–0,2	–0,3	–10,0
Gambia	3,4	1,6	0,4	2,6	6,0	0,4	7,2	1,2	3,9	2,5
Georgia	0,5	–26,9	0,7	–31,4	1,8	–34,1	0,3	–29,3	–1,4	–22,3
Ghana	3,0	4,3	1,0	2,4	3,3	4,4	3,9	2,5	6,4	6,5
Grecia	1,4	1,1	–0,1	3,1	1,3	–0,8	0,5	–1,7	4,9	0,6
Guatemala	0,8	4,0	2,3	2,5	2,1	4,2			2,1	4,9
Guinea	4,5	3,5	6,7	4,8	0,4	1,9		0,5	3,3	2,2
Guinea-Bissau		3,8		4,5		2,3				4,5
Haití	–0,2	–6,5								
Holanda	2,3	1,8	3,4	3,0	1,6	0,4	2,3	0,3	2,6	2,1
Honduras	2,7	3,5	2,7	2,9	3,3	4,9	3,7	3,2	2,5	1,3
Hong Kong	6,9	5,6								
Hungría	1,6	–1,0	0,6	–7,0	–2,6	0,5			3,6	–4,6
India	5,8	4,6	3,1	3,1	7,1	5,1	7,4	5,4	6,7	6,1
Indonesia	6,1	7,6	3,4	2,9	6,9	10,1	12,6	11,2	7,0	7,4
Irak	–6,8									
Irán	1,5	4,2	4,5	4,8	3,3	3,8	4,5	4,6	–0,4	6,0
Irlanda	3,1	4,7								
Islas Mauricio	6,2	4,9	2,9	–1,4	10,3	5,6	11,1	5,2	5,4	6,4
Israel	3,5	6,4								
Italia	2,4	1,0	0,6	1,6			3,0	0,3		
Jamaica	2,0	2,9	0,6	8,3	2,4	–0,5	2,7	–1,9	1,9	6,0
Japón	4,0	1,0	1,3	–2,2	4,2	–0,0	4,8	–0,9	3,9	2,3
Jordania	–1,5	8,2	13,2	10,2	–1,3	7,9	2,4	7,7	–8,2	6,2
Kazajstán		–11,9		–18,0		–19,2		–23,2		6,1
Kenya	4,2	1,4	3,3	–0,4	3,9	1,5	4,9	2,3	4,9	3,1
Kirguizia		–14,7		–7,6						
Kuwait	0,9	12,2	14,7		1,0		2,3		0,9	
Laos		6,5								
Lesotho	4,3	7,5	2,6	–3,4	7,2	12,3	13,5	9,1	5,2	6,1
Letonia	3,4	–13,7	2,3	–16,4	4,3	–25,1	4,4	–25,1	3,1	–2,1

TABLA B.1 *(continuación)*

	Producto Interior Bruto		Agricultura		Industria		Manufacturas		Servicios	
	Tasa media anual de crecimiento (%)		Tasa media anual de crecimiento (%)		Tasa media anual de crecimiento (%)		Tasa media anual de crecimiento (%)		Tasa media anual de crecimiento (%)	
	1980-90	1990-95	1980-90	1990-95	1980-90	1990-95	1980-90	1990-95	1980-90	1990-95
Líbano										
Libia	–5,7									
Lituania		–9,7								
Macedonia										
Madagascar	1,3	0,1	2,5	1,6	0,9	0,5	1,9	2,5	0,8	–0,6
Malasia	5,2	8,7	3,8	2,6	7,2	11,0	8,9	13,2	4,2	8,6
Malawi	2,3	0,7	2,0	1,7	2,9	0,4	3,6	–0,2	3,4	–1,0
Mali	1,8	2,5	4,3	3,1	2,7	5,3	4,1	4,8	–1,7	1,2
Marruecos	4,2	1,2	6,7	–5,9	3,0	1,7	4,1	2,2	4,2	2,8
Mauritania	1,7	4,0	1,7	4,9	4,9	3,9	–2,1	1,5	0,4	3,2
México	1,0	1,1	0,6	0,4	1,0	0,5	1,4	0,7	1,1	1,5
Moldova										
Mongolia	5,5	–3,3	2,9		4,6					
Mozambique	–0,2	7,1	1,6	2,4	–9,8	–2,4			–0,1	15,0
Myanmar	0,6	5,7	0,5	5,1	0,5	9,4	–0,2	7,0	0,7	5,5
Namibia	1,1	3,8	1,8	6,8	–1,1	2,9	5,3	8,4	2,7	4,6
Nepal	4,6	5,1	4,0	1,5	6,0	9,3	3,7	14,1	4,8	7,2
Nicaragua	–2,0	1,1	–2,2	0,3	–1,7	–4,4	–3,1	–0,7	–2,0	2,2
Níger	–1,1	0,5	1,8		–3,3				–5,2	
Nigeria	1,6	1,6	3,3	2,3	–1,0	–1,2	4,6	–0,7	3,2	4,5
Noruega	2,9	3,5	0,9		3,5		0,6		2,6	
Nueva Zelanda	1,8	3,6	4,4	0,9	1,3	3,8	0,6	4,2	1,7	3,5
Omán	8,3	6,0	7,9		10,3		20,6		6,0	
Pakistán	6,3	4,6	4,3	3,4	7,3	5,7	7,7	5,8	6,8	5,0
Panamá	0,3	6,3		4,4		14,9				5,5
Papúa Nueva Guinea	1,9	9,3	1,8	4,7	1,9	17,8	0,1	5,9	2,0	4,8
Paraguay	2,5	3,1	3,6	1,4	–0,3	1,9	2,1	1,2	3,4	4,1
Perú	–0,2	5,3								
Polonia	1,9	2,4	–0,1	–2,0	–0,9	3,7			5,1	2,4
Portugal	2,9	0,8								
Puerto Rico	4,1	3,0	1,8		3,6		1,5		4,6	
Reino Unido	3,2	1,4								
Rep. de Corea	9,4	7,2	2,8	1,3	13,1	7,3	13,2	7,6	8,2	7,9
Rep. Dem. de Corea										
Rep. Centroafricana	1,7	1,0	2,7	1,5	3,1	–4,6			–0,1	–1,6
República Checa	1,7	–2,6								
República de Yemen										
República Dominicana	2,7	3,9	0,4	2,5	2,2	3,3	0,9	3,6	3,7	4,5
República Eslovaca	2,0	–2,8	1,6	1,0	2,0	–10,4			0,8	6,2
Ruanda	2,3	–12,8	0,7	–10,8	1,8	–17,0	2,6	–16,4	5,4	–12,3

TABLA B.1 *(continuación)*

	Producto Interior Bruto		Agricultura		Industria		Manufacturas		Servicios	
	Tasa media anual de crecimiento (%)		Tasa media anual de crecimiento (%)		Tasa media anual de crecimiento (%)		Tasa media anual de crecimiento (%)		Tasa media anual de crecimiento (%)	
	1980-90	1990-95	1980-90	1990-95	1980-90	1990-95	1980-90	1990-95	1980-90	1990-95
Rumania	0,5	–1,4		–0,4		–2,1				–2,8
Senegal	3,1	1,9	2,8	1,3	3,7	2,0	4,7	1,6	3,0	2,0
Sierra Leona	1,6	–4,2	4,4	–2,8	5,7	–2,8	3,4	4,4	–1,1	–5,9
Singapur	6,4	8,7	–6,2	0,5	5,4	9,2	6,6	8,3	7,2	8,4
Siria	1,5	7,4	–0,6		6,6					
Sri Lanka	4,2	4,8	2,2	2,4	4,6	6,5	6,3	9,1	4,7	6,3
Sudáfrica	1,3	0,6	3,0	–0,3	–1,1	–0,1	–0,1	–0,2	3,1	0,9
Sudán	0,6	6,8	–0,0		2,8		3,7		1,5	
Suecia	2,3	–0,1	1,5	–1,9	2,8	–0,7	2,6	0,8	2,5	–0,1
Suiza	2,2	0,1								
Tailandia	7,6	8,4	4,0	3,1	9,9	10,8	9,5	11,6	7,3	7,8
Tanzania	3,8	3,2	4,9	4,1	3,4	8,4	1,1	3,6	1,6	1,7
Tayikistán		–18,1								
Togo	1,8	–3,4	5,6	3,3	1,1	–6,0	1,7	–7,7	–0,3	–8,6
Trinidad y Tobago	–2,5	1,0	–5,8	1,3	–5,5	0,2	–10,1	–0,6	–3,3	–0,1
Túnez	3,3	3,9	2,8	–2,1	3,1	4,0	3,7	5,3	3,6	5,6
Turkmenistán		–10,6								
Turquía	5,3	3,2	1,3	0,9	7,8	4,2	7,9	4,7	4,4	3,3
Ucrania		–14,3		–9,7		–21,6		–20,2		
Uganda	3,1	6,6	2,3	3,8	6,0	11,0	4,0	12,2	3,0	8,2
Uruguay	0,4	4,0	0,0	4,5	–0,2	0,1	0,4	–1,6	0,9	6,2
Uzbekistán		–4,4		–0,9		–6,7		–5,3		–6,6
Venezuela	1,1	2,4	3,0	1,9	1,6	3,4	4,3	1,8	0,5	1,7
Vietnam		8,3		5,2						
West Bank y Gaza										
Yugoslavia										
Zaire	1,7		2,5		2,3		2,3		1,6	
Zambia	0,8	–0,2	3,6	–0,5	1,0	–1,2	4,0	–1,0	0,1	0,7
Zimbabue	3,5	1,0	2,4	1,6	3,6	–3,6	2,9	–5,6	2,9	1,7

[a] Los datos anteriores a 1990 se refieren a la República Federal de Alemania antes de la unificación.
[b] Los datos anteriores a 1992 incluyen Eritrea.

FUENTE: Banco Mundial, *Informe sobre el desarrollo mundial.*

TABLA B.2

Estructura de la producción mundial

	Producto Interior Bruto		Agricultura		Industria		Manufacturas		Servicios	
	Tasa media anual de crecimiento (%)		Tasa media anual de crecimiento (%)		Tasa media anual de crecimiento (%)		Tasa media anual de crecimiento (%)		Tasa media anual de crecimiento (%)	
	1980-1990	1990-1995	1980-1990	1990-1995	1980-1990	1990-1995	1980-1990	1990-1995	1980-1990	1990-1995
Todo el mundo	*3,1*	*2,0*	*2,8*	*1,3*	*3,3*	*1,4*	*3,6*	*1,3*	*3,4*	*2,6*
Economías de ingreso bajo	6,0	6,8	3,6	3,1	7,7	11,6	8,5	12,7	6,9	6,4
Excluyendo China e India	2,7	1,8	2,6	1,9	2,9				2,8	
Economías de ingreso medio	1,9	0,1		0,9					2,6	3,9
Ingreso medio. Límite inferior	2,3	–1,5		0,5						
Ingreso medio. Límite superior	1,3	2,6	2,4	1,8	0,7	2,6	1,2	2,7	2,0	3,4
Economías de ingreso bajo y medio	2,8	2,1	3,1	2,0	3,9	4,9			3,6	4,5
Asia Oriental y Pacífico	7,6	10,3	4,8	3,9	8,9	15,0	9,7	15,1	9,0	8,4
Europa y Asia Central	2,3	–6,5								
Latinoamérica y Caribe	1,7	3,2	2,0	2,3	1,4	2,5	1,1	2,2	1,9	3,8
Oriente Medio y el norte de África	0,2	2,3	4,5	3,3	1,1		5,0	1,6	1,2	
Asia del Sur	5,7	4,6	3,2	3,0	6,9	5,3	7,2	5,6	6,6	6,0
África Subsahariana	1,7	1,4	1,9	1,5	0,6	0,2	1,7	–0,0	2,5	1,5
Economías de ingreso alto	3,2	2,0	2,3	0,6	3,2	0,7	3,5	0,5	3,4	2,3

FUENTE: Banco Mundial, *Informe sobre el desarrollo económico.*

TABLA C.1

Crecimiento del comercio internacional de mercancías entre países

	Volumen de exportaciones		Volumen de importaciones		Valor de las exportaciones		Valor de las importaciones		Relación neta de intercambio	
	% medio de crecimiento anual		% medio de crecimiento anual		% medio de crecimiento anual		% medio de crecimiento anual		1987 = 100	
	1980-90	1990-95	1980-90	1990-95	1980-90	1990-95	1980-90	1990-95	1980	1995
Albania					–1,7	0,5	1,0	13,3		
Alemania[a]	4,6	2,2	4,9	2,9	9,2	3,8	7,1	3,7	86	96
Angola	11,3	4,2	–3,4	–4,1	6,4	–3,6	–1,2	2,2	149	86
Arabia Saudí	–8,2	4,0	–8,4	5,9	–13,4	–0,8	–6,1	–0,5	155	92
Argelia	2,5	–0,8	–5,1	–5,7	–4,0	–9,7	–3,0	0,0	171	83
Argentina	3,1	–1,0	–8,6	45,8	2,1	10,5	–6,5	36,8	142	120
Armenia										
Australia	5,8	8,1	4,9	5,1	6,6	5,2	6,4	7,9	123	101
Austria	6,4	3,9	5,8	1,9	10,2	1,6	8,7	2,0	93	93
Azerbayán										
Bangladesh	7,5	12,7	1,8	5,3	7,5	14,2	3,7	12,0	121	94
Bélgica[b]	4,4	4,2	4,0	0,3	7,8	2,5			96	101
Benin	7,7	–0,3	–6,3	29,4	9,9	31,4	–4,9	24,3	108	110
Bielorrusia										
Bolivia	1,7	–5,4	–2,8	18,9	–1,9	4,3	–0,3	13,4	173	67
Bosnia y Herzegovina										
Botswana	11,4	–0,8	7,7	–5,6	17,9	2,6	9,4	–1,9	99	152
Brasil	6,1	6,6	–1,5	8,5	5,1	9,0	–1,9	18,3	111	101
Bulgaria					4,4	–12,6	4,2	–10,4		
Burkina Faso	5,4	1,3	2,1	8,3	7,2	–2,3	3,8	–2,3	102	103
Burundi	7,4	–4,8	1,4	–14,6	2,6	6,4	2,3	–0,9	133	52
Camboya						50,1		41,0		
Camerún	4,5	–1,7	–1,4	–11,2	2,5	1,8	0,6	–5,2	145	79
Canadá	5,7	8,4	6,2	6,3	6,8	8,7	7,9	6,8	113	100
Chad	5,4	–10,0	10,5	–12,1	9,4	–7,3	12,6	–8,4	87	103
Chile	5,7	10,5	1,4	14,5	8,0	12,0	2,7	14,9	120	94
China	11,4	14,3	10,0	24,8	12,9	19,1	13,5	20,7	115	105
Colombia	9,7	4,8	–1,9	22,3	7,8	6,8	–0,0	24,3	131	80
Congo	5,5	9,7	–2,0	2,5	0,4	–0,2	–0,5	3,2	142	93
Costa de Marfil	3,3	–7,5	–4,0	5,4	1,7	3,5	–1,4	3,0	128	81
Costa Rica	4,9	10,1	2,8	15,1	4,6	12,2	4,5	12,3	123	92
Croacia						3,8		12,2		
Cuba	–1,1	–36,9	–0,4	–34,0	–0,9	–33,2	1,7	–29,0	136	109
Dinamarca	4,4	5,4	3,6	3,4	8,5	5,9	6,3	4,5	91	100
Ecuador	3,0	8,9	–3,9	10,0	–0,4	9,4	–1,4	16,6	147	71
Egipto	–0,2	–0,1	–0,7	–2,9	–3,7	2,7	1,4	5,8	142	95
El Salvador	–2,8	13,0	1,3	16,2	–4,6	12,1	2,4	18,7	158	89
Emiratos Árabes Unidos	6,1	6,3	–1,3	21,0	–0,8	1,4	0,7	17,5	179	93
Eritrea										

TABLA C.1 *(continuación)*

	Volumen de exportaciones		Volumen de importaciones		Valor de las exportaciones		Valor de las importaciones		Relación neta de intercambio	
	% medio de crecimiento anual		% medio de crecimiento anual		% medio de crecimiento anual		% medio de crecimiento anual		1987 = 100	
	1980-90	1990-95	1980-90	1990-95	1980-90	1990-95	1980-90	1990-95	1980	1995
Eslovenia						16,7		20,1		
España	6,9	11,2	10,1	5,3	10,9	9,0	10,6	3,2	92	114
Estados Unidos	3,6	5,6	7,2	7,4	5,7	7,7	8,2	8,9	89	102
Estonia						57,9		80,2		
Etiopía[c]	1,2	–9,4	3,3	–3,3	–0,8	11,9	4,3	4,3	145	74
Federación Rusa										
Filipinas	2,9	10,2	2,4	15,2	3,9	16,2	2,9	18,0	115	114
Finlandia	2,3	8,7	4,4	–1,9	7,4	8,1	6,9	0,6	86	95
Francia	4,1	2,3	5,0	0,8	7,6	4,5	6,5	1,8	90	106
Gabón	0,6	5,7	–2,0	2,0	–3,3	2,0	1,1	–0,9	152	90
Gambia	2,3	26,9	1,0	9,0	1,2	–14,8	2,8	–5,1	123	111
Georgia										
Ghana	3,9	9,1	1,6	12,8	0,3	7,3	2,8	8,6	156	64
Grecia	5,1	11,9	5,8	12,8	5,8	2,7	6,6	1,8	98	111
Guatemala	–1,3	8,2	–0,6	19,3	–2,2	11,6	0,6	13,7	142	93
Guinea	–3,6	–8,6	–2,9	–2,8	4,0	–4,1	9,9	–1,1	150	91
Guinea-Bissau	–5,1	–18,3	1,3	–5,4	3,8	9,5	3,6	–1,1	37	92
Haití	–2,9	–11,2	–4,4	–6,8	–1,3	–10,6	–2,9	6,6	92	52
Holanda	4,5	5,8	4,6	4,3	6,5	7,1	6,3	5,6	97	103
Honduras	1,3	10,7	–1,0	7,0	1,6	4,2	0,6	5,0	122	77
Hong Kong	15,4	15,3	11,0	15,8	16,8	15,9	15,0	18,1	116	87
Hungría	3,0	–1,8	0,7	7,9	1,7	3,6	0,1	10,9	112	97
India	6,3	7,0	4,5	2,7	7,2	11,5	4,2	8,0	96	150
Indonesia	5,3	21,3	1,2	9,1	–0,3	11,7	2,6	11,5	146	79
Irak	0,2	–55,2	–13,2	–28,9	–5,9	–45,0	–11,1	–35,1	163	93
Irán	7,4	10,2	–4,0	15,7	2,5	–0,6	0,1	–11,0	191	90
Irlanda	9,3	11,4	4,7	5,6	12,7	12,7	7,0	8,4	93	90
Islas Mauricio	8,6	2,0	11,0	2,5	14,4	4,8	12,8	4,7	82	103
Israel	5,9	10,0	4,6	12,3	8,3	11,0	5,9	11,5	95	109
Italia	4,3	6,0	5,3	–1,7	8,7	5,4	6,9	0,3	85	107
Jamaica	1,2	1,3	3,1	7,0	0,7	4,2	2,9	9,9	122	105
Japón	5,0	0,4	6,5	4,0	9,0	8,7	5,1	6,7	65	127
Jordania	7,4	7,1	–3,1	13,0	6,1	9,8	–1,9	8,1	133	128
Kazajstán										
Kenya	2,6	16,6	1,1	–5,6	–1,1	12,5	1,5	6,5	136	98
Kirguizia										
Kuwait	–2,0	42,3	–6,3	23,0	–7,6	35,3	–4,1	13,3	156	88
Laos					10,3	38,5	20,3	29,3		
Lesotho					3,4	27,5	1,8	4,9		
Letonia										

TABLA C.1 *(continuación)*

	Volumen de exportaciones		Volumen de importaciones		Valor de las exportaciones		Valor de las importaciones		Relación neta de intercambio	
	% medio de crecimiento anual		% medio de crecimiento anual		% medio de crecimiento anual		% medio de crecimiento anual		1987 = 100	
	1980-90	1990-95	1980-90	1990-95	1980-90	1990-95	1980-90	1990-95	1980	1995
Líbano	–1,2	–7,8	–7,4	23,5	–3,6	13,7	–5,4	19,4	125	95
Libia	0,2	–11,0	–6,4	7,7	–7,2	–16,5	–4,2	–0,1	189	93
Lituania								65,0		
Macedonia						4,0		4,2		
Madagascar	–0,1	–6,8	–4,6	–5,6	–1,1	4,8	–2,8	–2,2	121	82
Malasia	11,5	17,8	6,0	15,7	8,6	20,0	7,7	20,3	139	92
Malawi	0,1	–1,8	1,3	–1,6	2,0	–8,5	3,2	–5,7	96	87
Mali	2,6	–3,7	1,2	–3,4	6,0	–0,9	2,9	–0,9	91	103
Marruecos	4,2	0,8	2,9	1,7	6,1	1,1	3,6	3,5	96	90
Mauritania	7,8	3,5	1,1	4,4	8,2	–3,7	2,8	3,9	114	106
México	12,2	14,7	5,7	18,7	8,2	13,7	8,6	12,8	146	92
Moldova										
Mongolia					–0,4	–12,5	–3,8	–24,7		
Mozambique	–10,5	–0,3	–1,0	2,9	–9,6	3,4	0,1	–0,2	121	124
Myanmar	–7,0	27,2	–7,0	38,7	–7,9	21,1	–4,5	29,9	155	107
Namibia						3,8		0,9		
Nepal	7,8	22,1	4,9	6,8	8,2	10,6	7,0	15,0	107	85
Nicaragua	–4,4	–8,7	–4,1	7,3	–5,8	9,6	–3,1	6,9	151	95
Níger	–6,4	–2,0	–4,5	2,5	–5,4	–8,1	–3,5	–8,0	113	101
Nigeria	–2,4	–1,9	–17,5	7,6	–8,4	–5,0	–15,6	2,9	178	86
Noruega	6,8	6,5	4,2	0,7	5,3	2,8	6,2	3,0	123	95
Nueva Zelanda	3,6	5,4	4,6	5,5	6,2	7,8	5,4	9,0	96	108
Omán	13,1	9,8	–1,6	18,5	2,9	2,4	0,7	9,0	210	77
Pakistán	9,5	8,8	2,1	10,3	8,1	6,1	3,0	7,0	122	114
Panamá	2,6	23,3	–4,1	14,3	–0,4	14,1	–3,6	10,7	129	86
Papúa Nueva Guinea	4,5	19,3	–0,2	2,1	4,8	20,6	1,3	2,0	120	90
Paraguay	9,9	–1,9	3,2	7,3	11,6	–3,3	4,2	13,6	113	101
Perú	–1,9	11,0	–1,0	12,1	–1,5	11,1	1,3	19,7	131	83
Polonia	4,8	3,9	1,5	26,4	1,4	9,2	–3,1	23,2	95	109
Portugal	12,2	0,5	9,8	2,4	15,1	5,0	10,3	3,3	99	92
Puerto Rico										
Reino Unido	4,4	1,8	6,3	0,9	5,8	4,7	8,4	2,9	105	102
Rep. de Corea	13,7	7,4	11,2	7,7	15,0	12,8	11,9	12,1	94	102
Rep. Dem. de Corea										
Rep. Centroafricana	2,5	3,5	6,0	–3,3	3,3	8,6	7,6	4,9	116	91
República Checa										
República de Yemen	1,5	7,2	–5,9	11,1		9,0		2,3	141	84
República Dominicana	–1,0	–10,2	2,6	8,9	–2,1	–0,0	3,3	7,9	143	123
República Eslovaca										
Ruanda	5,6	–19,6	1,3	–1,9	2,9	–19,9	2,7	0,6	192	75

TABLA C.1 *(continuación)*

	Volumen de exportaciones		Volumen de importaciones		Valor de las exportaciones		Valor de las importaciones		Relación neta de intercambio	
	% medio de crecimiento anual		% medio de crecimiento anual		% medio de crecimiento anual		% medio de crecimiento anual		1987 = 100	
	1980-90	1990-95	1980-90	1990-95	1980-90	1990-95	1980-90	1990-95	1980	1995
Rumania	–6,8	–4,7	–0,9	–5,3	–3,8	7,3	–3,8	2,4	64	111
Senegal	2,6	3,6	1,0	6,1	3,4	–18,0	1,6	–13,1	105	107
Sierra Leona	–2,1	–4,3	–9,9	–1,1	–2,4	–17,8	–8,7	–2,1	113	89
Singapur	12,2	16,2	8,6	12,1	9,9	17,6	8,0	15,5	109	89
Siria	6,4	–3,2	–9,3	22,3	2,4	–1,1	–8,5	17,2	138	78
Sri Lanka	6,3	17,0	2,0	15,0	5,5	14,6	2,7	14,6	107	88
Sudáfrica	0,9	2,8	–0,8	5,3	0,8	3,2	–1,3	9,6	109	111
Sudán	–1,3	–7,4	–6,7	5,1	–0,8	–2,9	–5,3	5,3	132	105
Suecia	4,6	7,4	4,9	5,0	8,0	5,4	6,7	2,3	91	102
Suiza	6,0	3,3	4,9	–6,7	9,5	3,4	8,8	0,9	79	60
Tailandia	14,3	21,6	12,1	12,7	14,0	18,6	12,7	15,3	125	100
Taiwan/China	11,6	5,9	12,8	14,1	14,8	9,5	12,3	12,7	78	112
Tanzania	–1,8	10,0	–3,3	12,7	–4,1	10,5	–2,0	6,5	142	83
Tayikistán										
Togo	4,9	9,0	1,1	–11,2	1,2	–9,0	2,0	–13,1	159	90
Trinidad y Tobago	–4,3	4,9	–12,1	8,1	–9,9	4,2	–12,0	2,8	146	86
Túnez	6,2	7,7	1,3	6,4	3,5	8,4	2,7	7,3	131	91
Turkmenistán										
Turquía	12,0	8,8	11,3	11,2	14,0	10,3	9,3	8,7	88	109
Ucrania										
Uganda	–1,4	3,9	–0,6	28,7	–4,3	26,4	1,4	43,5	157	58
Uruguay	2,9	–3,1	–2,0	21,7	4,4	4,8	–1,3	17,1	108	112
Uzbekistán										
Venezuela	1,6	–0,1	–6,1	19,3	–4,4	1,4	–3,2	5,1	168	82
Vietnam					18,8	16,9	8,8	24,2		
West Bank y Gaza										
Yugoslavia						–2,0		2,7		
Zaire	1,8	–26,6	1,5	–26,8	3,3	–16,5	3,6	–15,7	118	85
Zambia	–3,5	26,9	–5,0	–6,2	1,4	–11,8	–3,5	0,5	118	85
Zimbabue	2,2	–6,6	–2,2	–5,1	2,5	2,0	–0,4	2,7	120	84

[a] Los datos anteriores a 1990 se refieren a la República Federal de Alemania antes de la unificación.
[b] Incluye Luxemburgo.
[c] Los datos anteriores a 1992 incluyen Eritrea.

FUENTE: Banco Mundial, *World Development Indicators*, 1997.

TABLA C.2

Crecimiento del comercio internacional de mercancías entre agrupaciones de países

	Volumen de exportaciones		Volumen de importaciones		Valor de las exportaciones		Valor de las importaciones		Relación neta de intercambio	
	% medio de crecimiento anual		% medio de crecimiento anual		% medio de crecimiento anual		% medio de crecimiento anual		1987 = 100	
	1980-1990	1990-1995	1980-1990	1990-1995	1980-1990	1990-1995	1980-1990	1990-1995	1980	1995
Todo el mundo	*4,7*	*6,0*	*4,9*	*5,8*	*6,3*	*7,3*	*6,2*	*7,2*		
Economías de ingreso bajo	5,3	8,3	1,6	13,0	5,1	12,7	3,9	13,4	121,2	91
Excluyendo China e India	1,4	2,7	–4,2	5,0	–0,7	3,0	–2,1	6,6	121,6	91
Economías de ingreso medio	2,6	6,9	–0,2	11,0	–0,3	7,6	0,8	10,8	130,7	94
Ingreso medio. Límite inferior										
Ingreso medio. Límite superior	1,7	7,3	–0,6	12,6	–1,5	8,5	0,6	12,9	134,4	95
Economías de ingreso bajo y medio	3,0	7,2	0,2	11,4	0,7	8,8	1,5	11,4	123,5	93
Asia Oriental y Pacífico	9,3	17,8	7,1	17,0	8,0	17,8	9,1	17,9		
Europa y Asia Central										
Latinoamérica y Caribe	5,2	6,6	–0,5	15,1	3,0	9,1	1,1	14,3	134,2	94
Oriente Medio y el norte de África	–2,0	1,1	–5,8	5,9	–7,6	–4,0	–3,7	0,6	141,6	92
Asia del Sur	6,6	8,6	3,5	5,3	6,8	10,7	3,8	8,8	107,1	94
África Subsahariana	0,9	0,9	–3,8	1,9	–0,7	0,9	–2,8	5,0	120,5	91
Economías de ingreso alto	5,2	5,4	6,2	4,6	7,8	6,9	7,5	6,2	95,0	97

FUENTE: Banco Mundial, *World Development Indicators*, 1997.

TABLA D.1

Estructura de la deuda externa por países

	Deuda externa total		Deuda a largo plazo		Deuda pública		Deuda externa privada y no garantizada		Valor actual de la deuda	
	Millones de dólares		Millones de dólares		Total mill. dólares		Millones de dólares		% del PNB	
	1980	1995	1980	1995	1980	1995	1980	1995	1993	1995
Albania		709		557		557			46,5	32,1
Alemania										
Angola		11.482		9.533	150	9.533			314,6	260,0
Arabia Saudí										
Argelia	19.365	32.610	17.040	30.442	17.040	30.442			51,7	63,9
Argentina	27.157	89.747	16.774	73.446	10.181	62.181	6.593	11.265	26,5	30,6
Armenia		374		300		300			6,9	13,7
Australia										
Austria										
Azerbayán		321		206		206			0,7	8,0
Bangladesh	4.230	16.370	3.594	15.543	3.594	15.543	33,5	31,5		
Bélgica										
Benin	424	1.646	334	1.514	334	1.514			38,6	45,7
Bielorrusia		1.648		1.255		1.255	2,7	6,4		
Bolivia	2.702	5.266	2.273	4.692	2.181	4.452	92	239	62,2	67,1
Bosnia y Herzegovina		552		472		472				
Botswana	147	699	143	682	143	682			13,4	13,1
Brasil	71.520	159.131	57.981	128.495	41.375	96.609	16.605	31.887	35,2	22,9
Bulgaria		10.887	392	9.574	392	9.574			130,9	87,3
Burkina Faso	330	1.267	281	1.136	281	1.136	21,1	28,0		
Burundi	166	1.157	118	1.095	118	1.095	50,4	49,8		
Camboya		2.031		1.942		1.942	77,5	52,0		
Camerún	2.588	9.350	2.251	8.258	2.073	8.060	178	197	54,8	96,6
Canadá										
Chad	285	908	260	840	260	840	32,3	39,6		
Chile	12.081	25.562	9.399	18.607	4.705	7.178	4.693	11.429	43,8	41,3
China	4.504	118.090	4.504	95.764	4.504	94.675	1.090	17,9	16,4	
Colombia	6.940	20.760	4.604	15.486	4.088	12.983	515	2.503	30,5	27,0
Congo	1.526	6.031	1.257	4.955	1.257	4.955	201,8	324,9		
Costa de Marfil	7.462	18.952	6.339	14.559	4.327	11.899	2.012	2.660	188,1	184,9
Costa Rica	2.744	3.800	2.112	3.346	1.700	3.132	412	214	48,1	39,6
Croacia		3.662		2.950		1.693	1.257	16,5	18,1	
Cuba										
Dinamarca										
Ecuador	5.997	13.957	4.422	12.471	3.300	12.032	1.122	440	97,1	75,8
Egipto	19.131	34.116	14.693	31.638	14.428	31.325	265	313	58,9	55,6
El Salvador	911	2.583	659	2.060	499	2.055	161	5	22,3	22,0
Emiratos Árabes Unidos										
Eritrea										

TABLA D.1 *(continuación)*

	Deuda externa total		Deuda a largo plazo		Deuda pública		Deuda externa privada y no garantizada		Valor actual de la deuda	
	Millones de dólares		Millones de dólares		Total mill. dólares		Millones de dólares		% del PNB	
	1980	1995	1980	1995	1980	1995	1980	1995	1993	1995
Eslovenia		3.489		2.966		1.491		1.475	11,4	18,0
España										
Estados Unidos										
Estonia		309		187		182		6	3,8	6,5
Etiopía[a]	824	5.221	688	4.958	688	4.958			50,4	65,7
Federación Rusa		120.461		100.279		100.279			20,4	34,9
Filipinas	17.417	39.445	8.817	33.438	6.363	29.908	2.454	3.531	61,7	49,4
Finlandia										
Francia										
Gabón	1.514	4.492	1.272	4.099	1.272	4.099			71,7	89,1
Gambia	137	426	97	384	97	384			64,9	59,3
Georgia		1.189		988		988			19,8	44,4
Ghana	1.398	5.874	1.162	4.595	1.152	4.568	10	27	51,4	61,1
Grecia										
Guatemala	1.166	3.275	831	2.635	549	2.493	282	142	21,6	19,0
Guinea	1.133	3.242	1.019	2.975	1.019	2.975			60,7	59,4
Guinea-Bissau	145	894	138	849	138	849			219,1	230,2
Haití	303	807	242	752	242	752			29,3	19,5
Holanda										
Honduras	1.472	4.567	1.168	4.093	976	3.979	191	114	101,0	101,2
Hong Kong										
Hungría	9.764	31.248	6.416	27.660	6.416	23.572		4.088	64,7	72,4
India	20.581	93.766	18.333	86.343	17.997	79.725	336	6.618	27,9	22,6
Indonesia	20.938	107.831	18.163	85.481	15.021	65.347	3.142	20.134	54,0	54,5
Irak										
Irán	4.500	21.935	4.500	17.392	4.500	17.078		314	14,6	14,6
Irlanda										
Islas Mauricio	467	1.801	318	1.449	294	1.182	24	267		
Israel										
Italia										
Jamaica	1.913	4.270	1.505	3.537	1.430	3.409	75	128	90,4	123,1
Japón										
Jordan	1.971	7.944	1.486	6.904	1.486	6.904			116,0	108,4
Kazajstán		3.712		2.899		2.833		65	6,1	21,8
Kenya	3.383	7.381	2.489	6.372	2.052	5.927	437	445	106,3	72,3
Kirguizia		610		474		474			6,8	14,9
Kuwait										
Laos	350	2.165	333	2.091	333	2.091			46,4	42,9
Lesotho	72	659	58	611	58	611			22,5	26,0
Letonia		462		270		270			4,0	7,0

TABLA D.1 *(continuación)*

	Deuda externa total		Deuda a largo plazo		Deuda pública		Deuda externa privada y no garantizada		Valor actual de la deuda	
	Millones de dólares		Millones de dólares		Total mill. dólares		Millones de dólares		% del PNB	
	1980	1995	1980	1995	1980	1995	1980	1995	1993	1995
Líbano	510	2.966	216	1.600	216	1.550		50	17,1	24,8
Libia										
Lituania		802		491		491			3,4	8,8
Macedonia		1.213		1.062		773		289	51,9	56,6
Madagascar	1.241	4.302	911	3.691	911	3.691			86,0	105,0
Malasia	6.611	34.351	5.256	27.077	4.008	15.857	1.248	11.220	37,7	38,6
Malawi	821	2.140	625	1.978	625	1.978			42,1	79,3
Mali	732	3.066	669	2.840	669	2.840			58,2	74,7
Marruecos	9.247	22.147	8.013	21.678	7.863	21.347	150	331	73,9	61,7
Mauritania	843	2.467	717	2.184	717	2.184			177,3	166,2
México	57.378	165.743	41.215	112.614	33.915	94.027	7.300	18.587	33,0	67,2
Moldova		691		455		455			5,2	16,1
Mongolia		512		452		452			44,3	39,5
Mozambique		5.781		5.299		5.251		48	316,2	339,9
Myanmar	1.500	5.771	1.390	5.378	1.390	5.378			7,7	6,5
Namibia										
Nepal	205	2.398	156	2.328	156	2.328			25,4	26,2
Nicaragua	2.192	9.287	1.671	7.937	1.671	7.937			687,8	520,3
Níger	863	1.634	687	1.509	383	1.376	305	133	46,3	56,7
Nigeria	8.921	35.005	5.368	29.002	4.271	28.701	1.097	301	109,9	132,3
Noruega										
Nueva Zelanda										
Omán	599	3.107	436	2.566	436	2.563		3	26,5	28,0
Pakistán	9.930	30.152	8.519	25.305	8.501	23.711	18	1.593	39,3	38,4
Panamá	2.975	7.180	2.271	3.905	2.271	3.905			110,1	98,2
Papúa Nueva Guinea	719	2.431	624	2.303	486	1.614	139	689	58,2	45,1
Paraguay	954	2.288	780	1.504	630	1.488	151	17	20,4	27,2
Perú	9.386	30.831	6.828	20.199	6.218	18.929	610	1.270	47,1	52,2
Polonia		42.291		42.085		41.073		1.012	47,8	30,5
Portugal										
Puerto Rico										
Reino Unido										
Rep. de Corea										
Rep. Dem. de Corea										
Rep. Centroafricana	195	944	147	852	147	852			40,2	52,2
República Checa		16.576		11.504		9.610		1.894	29,0	36,0
República de Yemen	1.684	6.212	1.453	5.528	1.453	5.528			150,0	127,7
República Dominicana	2.002	4.259	1.473	3.570	1.220	3.550	254	19	47,5	33,1
República Eslovaca	670	5.827		3.656		3.570		85	27,6	31,3
Ruanda	190	1.008	150	948	150	948			21,9	42,4

TABLA D.1 *(continuación)*

	Deuda externa total		Deuda a largo plazo		Deuda pública		Deuda externa privada y no garantizada		Valor actual de la deuda	
	Millones de dólares		Millones de dólares		Total mill. dólares		Millones de dólares		% del PNB	
	1980	1995	1980	1995	1980	1995	1980	1995	1993	1995
Rumania	9.762	6.653	7.131	4.311	7.131	3.896		416	15,3	18,3
Senegal	1.473	3.845	1.114	3.235	1.105	3.191	9	44	47,2	53,7
Sierra Leona	435	1.226	323	968	323	968			156,4	100,0
Singapur										
Siria	3.552	21.318	2.921	16.757	2.921	16.757			132,1	118,3
Sri Lanka	1.841	8.230	1.230	7.099	1.227	7.010	3	90	42,4	43,6
Sudáfrica										
Sudán	5.177	17.623	4.147	10.275	3.822	9.779	325	496	244,1	244,1
Suecia										
Suiza										
Tailandia	8.297	56.789	5.646	38.476	3.943	17.231	1.702	21.245	38,5	35,3
Tanzania	2.460	7.333	1.970	6.129	1.886	6.085	84	44		
Tayikistán		665		612		612			12,3	33,0
Togo	1.052	1.486	899	1.297	899	1.297			65,5	74,8
Trinidad y Tobago	829	2.556	712	1.849	712	1.759		90	47,6	52,2
Túnez	3.526	9.938	3.390	9.007	3.210	8.814	180	193	54,4	51,8
Turkmenistán		393		375		375			4,5	9,4
Turquía	19.131	73.592	15.575	57.207	15.040	50.128	535	7.079	36,2	42,8
Ucrania		8.434		6.668		6.585		84	2,8	10,0
Uganda	689	3.564	537	3.054	537	3.054			57,1	33,4
Uruguay	1.660	5.307	1.338	3.950	1.127	3.823	211	127	35,8	31,2
Uzbekistán		1.630		1.260		1.260			4,1	6,9
Venezuela	29.344	35.842	13.795	30.508	10.614	28.494	3.181	2.013	62,6	46,8
Vietnam		26.495		22.962		22.962			161,0	114,6
West Bank y Gaza										
Yugoslavia[b]										
Zaire	4.770	13.137	4.071	9.621	4.071	9.621			173,9	226,0
Zambia	3.261	6.853	2.227	5.091	2.141	5.077	87	14	164,3	138,6
Zimbabue	786	4.885	696	3.741	696	3.360		381	68,0	64,9

[a] Incluye Eritrea.
[b] Los datos se refieren a Yugoslavia.

FUENTE: Banco Mundial, *World Development Indicators*.

TABLA D.2

Estructura de la deuda externa por agrupaciones de países

	Deuda externa total		Deuda a largo plazo		Deuda pública		Deuda externa privada y no garantizada	
	Millones de dólares		Millones de dólares		Total millones de dólares		Millones de dólares	
	1980	1995	1980	1995	1980	1995	1980	1995
Todo el mundo								
Economías de ingreso bajo	106.209	534.794	87.521	452.108	82.430	437.814	5.091	14.294
Excluyendo China e India								
Economías de ingreso medio	509.503	1.530.883	364.768	1.174.269	301.591	1.010.832	63.176	163.437
Ingreso medio. Límite inferior								
Ingreso medio. Límite superior								
Economías de ingreso bajo y medio								
Asia Oriental y Pacífico	64.600	404.457	48.438	322.568	39.687	264.542	8.751	58.026
Europa y Asia Central	87.919	425.319	63.299	330.224	51.759	309.715	11.540	20.509
Latinoamérica y Caribe	257.266	636.594	187.256	490.344	144.798	409.830	42.458	80.514
Oriente Medio y el norte de África	83.793	216.046	61.733	165.088	61.138	161.825	595	3.263
Asia del Sur	38.014	156.778	33.052	142.435	32.695	134.134	357	8.301
África Subsahariana	84.119	226.483	58.509	175.717	53.942	168.600	4.567	7.117
Economías de ingreso alto								

FUENTE: Banco Mundial, *World Development Indicators*.

TABLA E.1

Estado de la población por países

	Población total			Tasa media anual de crecimiento (%)		Tasa bruta de defunción (%)		Tasa bruta de nacimientos (%)		Expectativas de vida al nacer			
	Millones			(%)		Por 1.000 personas		Por 1.000 personas		Hombres		Mujeres	
	1980	1995	2010	1980-1995	1995-2010	1980	1995	1980	1995	1980	1995	1980	1995
Albania	3	3	4	1,3	1,0	6	6	29	21	68	70	72	76
Alemania	78	82	82	0,3	0,0	12	11	11	9	69	73	76	79
Angola	7	11	16	2,9	2,8	23	19	50	49	40	45	43	48
Arabia Saudí	9	19	31	4,7	3,3	9	5	43	36	60	69	62	71
Argelia	19	28	36	2,7	1,7	12	5	42	26	58	68	60	71
Argentina	28	35	40	1,4	1,0	9	8	24	20	66	69	73	76
Armenia	3	4	4	1,3	0,8	6	7	23	14	70	68	76	74
Australia	15	18	20	1,4	0,8	7	7	15	15	71	74	78	80
Austria	8	8	8	0,4	0,1	12	10	12	11	69	74	76	80
Azerbayán	6	8	9	1,3	1,0	7	7	25	21	64	66	72	75
Bangladesh	87	120	150	2,2	1,5	18	10	44	28	49	57	48	58
Bélgica	10	10	10	0,2	0,1	12	11	13	12	70	73	77	80
Benin	3	5	8	3,1	2,6	19	15	49	43	46	49	49	52
Bielorrusia	10	10	10	0,5	0,1	10	12	16	11	66	64	76	75
Bolivia	5	7	10	2,2	2,1	15	10	39	35	50	59	54	62
Bosnia y Herzegovina													
Botswana	1	1	2	3,2	1,7	14	12	48	34	56	50	60	53
Brasil	121	159	190	1,8	1,2	9	7	31	21	60	63	66	71
Bulgaria	9	8	8	–0,3	–0,3	11	13	15	10	69	68	74	75
Burkina Faso	7	10	15	2,7	2,6	20	18	47	46	43	45	45	47
Burundi	4	6	9	2,8	2,5	18	17	46	44	45	45	49	48
Camboya	6	10	14	2,9	2,0	27	13	39	40	39	52	42	54
Camerún	9	13	20	2,8	2,9	15	11	47	41	49	55	52	58
Canadá	25	30	32	1,2	0,6	7	7	15	13	71	76	78	82
Chad	4	6	9	2,4	2,4	22	18	44	43	41	47	44	50
Chile	11	14	17	1,6	1,1	7	6	24	20	66	72	73	78
China	981	1.200	1.347	1,3	0,8	6	7	18	17	66	68	68	71
Colombia	28	37	45	1,8	1,3	7	7	30	23	63	67	68	73
Congo	2	3	4	3,0	2,6	16	16	46	47	47	49	53	54

TABLA E.1 *(continuación)*

	Población total			Tasa media anual de crecimiento (%)		Tasa bruta de defunción (%)		Tasa bruta de nacimientos (%)		Expectativas de vida al nacer			
	Millones			(%)		Por 1.000 personas		Por 1.000 personas		Hombres		Mujeres	
	1980	1995	2010	1980-1995	1995-2010	1980	1995	1980	1995	1980	1995	1980	1995
Costa de Marfil	8	14	19	3,6	2,2	16	12	51	37	50	53	53	56
Costa Rica	2	3	4	2,7	1,5	4	4	30	25	71	74	75	79
Croacia	5	5	5	0,3	0,0		11		11	66	70	74	78
Cuba	10	11	12	0,8	0,6	6	7	14	14	72	74	75	78
Dinamarca	5	5	5	0,1	0,1	11	12	11	13	71	72	77	78
Ecuador	8	11	15	2,4	1,7	9	6	36	27	61	67	65	72
Egipto	41	58	73	2,3	1,6	13	8	39	26	54	64	57	66
El Salvador	5	6	8	1,4	2,0	11	6	39	30	51	66	63	72
Emiratos Árabes Unidos	1	2	3	5,7	2,2	5	3	30	20	66	74	70	76
Eritrea													
Eslovenia	2	2	2	0,3	0,0	10	10	15	10	66	70	75	78
España	37	39	39	0,3	0,0	8	9	15	10	73	74	79	81
Estados Unidos	228	263	297	1,0	0,8	9	8	16	15	70	74	78	80
Estonia	1	1	1	0,0	–0,5	12	14	15	10	64	65	74	76
Etiopía	38	56	86	2,7	2,8	20	17	47	47	39	47	42	51
Federación Rusa	139	148	145	0,4	–0,1	11	15	16	9	62	58	73	72
Filipinas	48	69	90	2,3	1,8	9	7	35	29	59	64	63	68
Finlandia	5	5	5	0,4	0,2	9	10	13	13	69	73	77	80
Francia	54	58	60	0,5	0,3	10	9	15	12	70	74	78	82
Gabón	1	1	2	3,0	2,3	18	15	33	39	47	53	50	56
Gambia	1	1	2	3,7	2,1	24	18	48	41	39	45	42	48
Georgia	5	5	6	0,4	0,1	9	9	18	11	67	69	75	78
Ghana	11	17	25	3,1	2,4	15	10	45	37	51	57	54	61
Grecia	10	10	11	0,5	0,2	9	9	15	10	72	75	77	81
Guatemala	7	11	15	2,9	2,5	11	7	43	35	56	63	60	68
Guinea	4	7	10	2,6	2,8	24	20	46	48	39	44	40	45
Guinea-Bissau	1	1	1	1,9	2,1	25	25	43	45	37	42	40	45
Haití	5	7	9	1,9	1,3	15	12	37	35	50	54	54	57
Holanda	14	15	16	0,6	0,3	8	9	13	12	72	75	79	81
Honduras	4	6	9	3,2	2,5	10	6	43	35	58	64	62	69
Hong Kong	5	6	6	1,4	0,2	5	5	17	11	71	76	77	81

TABLA E.1 (continuación)

	Población total			Tasa media anual de crecimiento (%)		Tasa bruta de defunción (%)		Tasa bruta de nacimientos (%)		Expectativas de vida al nacer			
	Millones			(%)		Por 1.000 personas		Por 1.000 personas		Hombres		Mujeres	
	1980	1995	2010	1980-1995	1995-2010	1980	1995	1980	1995	1980	1995	1980	1995
Hungría	11	10	10	–0,3	–0,2	14	14	14	11	66	66	73	74
India	687	929	1.127	2,0	1,3	13	9	35	26	55	62	54	63
Indonesia	148	193	235	1,8	1,3	12	8	34	23	53	62	56	66
Irak	13	20	31	2,9	3,0	9	8	41	38	61	60	63	62
Irán	39	64	91	3,3	2,4	11	6	44	32	59	68	61	69
Irlanda	3	4	4	0,4	0,7	10	9	22	14	70	74	75	79
Islas Mauricio	1	1	1	1,0	1,0	6	7	24	19	63	68	69	75
Israel	4	6	7	2,4	1,4	7	6	24	20	70	75	76	79
Italia	56	57	56	0,1	–0,1	10	10	11	9	71	75	77	81
Jamaica	2	3	3	1,1	1,0	7	6	28	22	69	72	73	77
Japón	117	125	128	0,5	0,1	6	7	14	10	73	77	79	83
Jordania	2	4	6	4,4	2,4		5		31		69		72
Kazajstán	15	17	18	0,7	0,7	8	9	24	18	62	64	72	74
Kenya	17	27	37	3,2	2,2	13	9	51	35	53	57	57	60
Kirguizia	4	5	5	1,5	1,1	9	8	30	25	61	63	70	72
Kuwait	1	2	2	1,3	2,6	4	3	37	22	69	74	73	79
Laos	3	5	7	2,8	2,8	20	14	45	44	44	51	47	54
Lesotho	1	2	3	2,5	2,1	15	11	41	33	51	57	55	60
Letonia	3	3	2	–0,1	–0,7	13	16	15	9	64	63	74	75
Líbano	3	4	5	2,3	1,3	9	8	30	26	63	68	67	71
Libia	3	5	9	3,8	3,2	12	7	46	41	56	63	59	67
Lituania	3	4	4	0,6	–0,1	10	12	16	11	66	63	76	75
Macedonia	2	2	2	0,8	0,8	7	7	21	16		71		75
Madagascar	9	14	21	3,0	2,8	16	11	46	41	49	56	52	59
Malasia	14	20	26	2,5	1,8	6	5	31	26	65	69	69	74
Malawi	6	10	14	3,1	2,4	23	20	57	47	43	43	45	44
Mali	7	10	15	2,6	3,0	22	17	49	49	41	48	43	51
Marruecos	19	27	34	2,1	1,6	12	7	38	27	56	64	60	68
Mauritania	2	2	3	2,6	2,3	19	14	43	38	45	51	48	54
México	67	92	114	2,1	1,5	7	5	33	26	64	69	70	75
Moldova	4	4	5	0,5	0,3	10	11	20	14	62	65	69	73

TABLA E.1 *(continuación)*

	Población total			Tasa media anual de crecimiento (%)		Tasa bruta de defunción (%)		Tasa bruta de nacimientos (%)		Expectativas de vida al nacer			
	Millones			(%)		Por 1.000 personas		Por 1.000 personas		Hombres		Mujeres	
	1980	1995	2010	1980-1995	1995-2010	1980	1995	1980	1995	1980	1995	1980	1995
Mongolia	2	2	3	2,6	1,8	11	7	38	27	57	64	59	66
Mozambique	12	16	23	1,9	2,4	20	18	46	44	42	45	46	48
Myanmar	34	45	57	1,9	1,6	14	10	36	28	51	58	54	61
Namibia	1	2	2	2,7	2,3	14	12	41	37	52	55	54	57
Nepal	15	21	30	2,5	2,2	18	12	44	36	49	57	47	56
Nicaragua	3	4	6	3,0	2,4	11	6	45	33	56	65	62	70
Níger	6	9	15	3,3	3,2	23	19	51	52	40	44	43	49
Nigeria	71	111	164	3,0	2,6	18	13	50	42	44	51	48	54
Noruega	4	4	5	0,4	0,3	10	10	12	14	73	75	79	81
Nueva Zelanda	3	4	4	1,0	0,8	9	8	16	16	70	73	76	79
Omán	1	2	4	4,6	3,8	10	4	45	44	58	68	61	73
Pakistán	83	130	190	3,0	2,5	15	8	47	38	55	62	56	64
Panamá	2	3	3	2,0	1,3	6	5	29	23	68	71	72	76
Papúa Nueva Guinea	3	4	6	2,2	2,0	14	10	37	33	51	56	52	58
Paraguay	3	5	7	2,9	2,1	7	5	36	31	65	67	69	72
Perú	17	24	30	2,1	1,6	11	6	35	26	57	65	61	68
Polonia	36	39	40	0,5	0,3	10	10	19	13	67	67	75	76
Portugal	10	10	10	0,1	0,1	10	10	16	11	68	72	75	79
Puerto Rico	3	4	4	1,0	0,8	6	8	23	17	70	72	77	80
Reino Unido	56	59	60	0,3	0,2	12	11	13	13	71	74	77	79
Rep. de Corea	38	45	50	1,1	0,8	6	6	22	16	64	68	70	76
Rep. Dem. de Corea	18	24	29	1,8	1,3	6	6	22	22	64	67	70	74
República Centroafrica	2	3	4	2,3	2,0	19	17	43	38	43	46	49	51
República Checa	10	10	10	0,1	0,0	13	11	15	10	67	70	74	77
República de Yemen	9	15	25	3,9	3,3	19	13	53	48	47	53	50	54
República Dominicana	6	8	9	2,1	1,3	7	5	33	24	62	68	66	73
República Eslovaca	5	5	6	0,5	0,2	10	10	19	12	67	68	74	76
Ruanda	5	6	11	1,4	3,5	19	22	51	41	44	38	48	40
Rumania	22	23	22	0,1	–0,1	10	12	18	11	67	66	72	74
Senegal	6	8	12	2,8	2,5	20	14	46	40	44	49	46	51
Sierra Leona	3	4	6	1,7	2,7	29	29	49	48	34	35	37	38

TABLA E.1 *(continuación)*

	Población total			Tasa media anual de crecimiento (%)		Tasa bruta de defunción (%)		Tasa bruta de nacimientos (%)		Expectativas de vida al nacer			
	Millones			(%)		Por 1.000 personas		Por 1.000 personas		Hombres		Mujeres	
	1980	1995	2010	1980-1995	1995-2010	1980	1995	1980	1995	1980	1995	1980	1995
Singapur	2	3	3	1,8	1,0	5	5	17	16	69	74	74	79
Siria	9	14	21	3,2	2,7	9	5	46	39	60	66	63	71
Sri Lanka	15	18	21	1,4	1,1	6	6	28	19	66	70	70	75
Sudáfrica	29	41	55	2,3	1,9	12	8	36	30	54	61	60	67
Sudán	19	27	37	2,4	2,2	17	12	45	35	47	52	50	55
Suecia	8	9	9	0,4	0,2	11	10	12	13	73	76	79	81
Suiza	6	7	7	0,7	0,2	9	9	12	12	73	75	79	82
Tailandia	47	58	65	1,5	0,7	8	6	28	17	61	67	66	72
Tayikistán	4	6	8	2,6	1,9	8	7	37	28	64	66	69	66
Tanzania	19	30	44	3,1	2,6	15	14	47	42	48	50	52	52
Togo	3	4	6	3,0	2,7	16	15	45	44	48	49	51	52
Trinidad y Tobago	1	1	1	1,2	1,0	7	6	29	19	66	70	71	75
Túnez	6	9	11	2,3	1,5	9	6	35	24	61	68	62	70
Turkmenistán	3	5	6	3,0	2,3	8	7	34	31	61	62	68	69
Turquía	44	61	75	2,1	1,4	10	7	32	23	59	66	64	71
Ucrania	50	52	50	0,2	–0,2	11	14	15	10	65	64	74	74
Uganda	13	19	28	2,7	2,6	18	19	49	49	48	44	49	44
Uruguay	3	3	3	0,6	0,6	10	10	19	16	67	70	74	77
Uzbekistán	16	23	31	2,4	2,0	8	6	34	29	64	66	71	72
Venezuela	15	22	28	2,5	1,7	6	5	33	25	65	70	71	75
Vietnam	54	73	93	2,1	1,6	8	7	36	26	61	65	65	70
West Bank y Gaza							6		45				
Yugoslavia	10	11	11	0,7	0,2	10	10	18	14	68	70	73	75
Zaire	27	44		3,2		17		48		47		51	
Zambia	6	9	12	3,0	2,1	15	18	50	45	49	45	52	46
Zimbabue	7	11	14	3,0	1,6	13	10	49	31	53	56	57	58

FUENTE: Banco Mundial, *Informe sobre el desarrollo mundial.*

TABLA E.2

Estado de la población mundial

	Población total			Tasa media anual de crecimiento (%)		Tasa bruta de defunción (%)		Tasa bruta de nacimientos (%)		Expectativas de vida al nacer			
	Millones			(%)		Por 1.000 personas		Por 1.000 personas		Hombres		Mujeres	
	1980	1995	2010	1980-1995	1995-2010	1980	1995	1980	1995	1980	1995	1980	1995
Todo el mundo	*4.429*	*5.673*	*6.850*	*1,6*	*1,3*	*12*	*9*	*27*	*23*	*59*	*65*	*64*	*69*
Economías de ingreso bajo	2.378	3.180	3.971	1,9	1,5	13	10	31	26	57	62	59	64
Excluyendo China e India	709	1.050	1.479	2,6	2,3	17	13	45	37	50	55	52	57
Economías de ingreso medio	1.236	1.591	1.916	1,7	1,2	10	8	29	22	61	65	67	71
Ingreso medio. Límite inferior	905	1.153	1.378	1,6	1,2	10	8	28	22	60	64	66	70
Ingreso medio. Límite superior	331	438	539	1,9	1,4	9	7	30	23	62	66	68	73
Eco. de ingreso bajo y medio	3.614	4.771	5.887	1,9	1,4	12	9	30	25	56	63	59	66
Asia Oriental y Pacífico	1.360	1.706	1.974	1,5	1,0	8	7	22	19	63	66	66	70
Europa y Asia Central	437	488	511	0,7	0,3	10	11	20	14	64	64	72	73
Latinoamérica y Caribe	358	478	587	1,9	1,4	8	7	31	24	62	66	68	72
Oriente Med. y el N. de África	175	272	383	3,0	2,3	12	7	41	32	57	65	60	68
Asia del Sur	903	1.243	1.572	2,1	1,6	14	9	37	28	54	61	54	62
África Subsahariana	381	583	860	2,8	2,6	18	15	47	41	46	50	49	53
Economías de ingreso alto	816	902	963	0,7	0,4	9	8	15	13	70	74	77	81

FUENTE: Banco Mundial, *Informe sobre el desarrollo mundial*.

TABLA E.3

Empleo y población activa

	Población entre 15-64 años		Población activa					Empleadores y trabajadores por cuenta propia			
			Total millones			Tasa media anual de crecimiento		Hombres % s/pob. act.		Mujeres % s/pob. act.	
	1980	1995	1980	1995	2010	1980-1995	1995-2010	1980	1993	1980	1993
Albania	1,6	2,0	1,2	1,6	2,0	2,0	1,3				
Alemania	51,6	56,0	37,5	40,5	40,9	0,5	0,1				
Angola	3,7	5,3	3,5	5,0	7,6	2,4	2,9				
Arabia Saudí	5,0	10,0	2,8	6,3	10,4	5,4	3,4				
Argelia	9,3	16,2	4,9	8,6	15,0	3,8	3,7				
Argentina	17,3	21,4	10,7	13,5	18,2	1,6	2,0				
Armenia	2,0	2,4	1,4	1,8	2,2	1,4	1,3				
Australia	9,6	12,1	6,7	9,1	10,4	2,0	0,9	10,0	9,7	4,2	4,6
Austria	4,8	5,4	3,4	3,7	3,7	0,5	0,0		6,3		3,4
Azerbayán	3,7	4,7	2,7	3,3	4,3	1,2	1,9				
Bangladesh	43,8	63,9	40,9	59,9	81,4	2,5	2,0	36,9	23,8	2,0	2,5
Bélgica	6,5	6,7	3,9	4,1	4,1	0,3	–0,1	8,8	9,3	3,0	3,5
Benin	1,8	2,8	1,7	2,5	3,7	2,7	2,6		31,2		27,2
Bielorrusia	6,4	6,8	5,1	5,4	5,6	0,4	0,3				
Bolivia	2,9	4,1	2,0	3,0	4,4	2,6	2,6		18,4		17,2
Bosnia y Herzegovina			1,6	2,0	2,2	1,6	0,5				
Botswana	0,4	0,8	0,4	0,6	0,9	3,1	2,1	1,9	3,3	1,2	3,2
Brasil	70,6	101,4	47,9	71,2	87,1	2,6	1,3				
Bulgaria	5,9	5,6	4,6	4,3	4,0	–0,4	–0,5				
Burkina Faso	3,7	5,3	4,0	5,4	7,5	2,0	2,2				
Burundi	2,1	3,2	2,3	3,4	5,2	2,6	2,9	25,8		9,8	
Camboya	3,5	5,4	3,3	5,0	7,2	2,7	2,5				
Camerún	4,5	6,9	3,6	5,4	8,6	2,6	3,1	38,2		22,0	
Canadá	16,7	19,9	12,2	15,5	16,6	1,6	0,5	6,1	6,1	2,6	3,5
Chad	2,4	3,4	2,2	3,1	4,6	2,3	2,5				
Chile	6,8	9,0	3,8	5,6	7,5	2,5	2,0	17,1	19,3	5,0	6,6
China	586,3	811,0	538,7	709,3	802,3	1,8	0,8				
Colombia	15,7	22,0	9,2	15,6	21,8	3,5	2,2		18,1		9,8
Congo	0,9	1,3	0,7	1,1	1,7	2,9	2,8				
Costa de Marfil	4,2	7,0	3,3	5,0	7,0	2,8	2,2				
Costa Rica	1,3	2,1	0,8	1,3	1,8	3,4	2,1		18,1		5,6
Croacia	3,1	3,2	2,2	2,2	2,2	0,2	–0,0				
Cuba	5,9	7,5	3,7	5,2	6,0	2,2	1,0	4,5		0,3	
Dinamarca	3,3	3,5	2,7	2,9	2,8	0,5	–0,3	9,5	6,8	1,3	1,5
Ecuador	4,2	6,9	2,5	4,2	6,5	3,4	2,8	31,8		5,4	
Egipto	23,1	33,6	14,3	21,0	31,2	2,5	2,6	27,3	29,2	1,0	2,0
El Salvador	2,3	3,2	1,5	2,2	3,5	2,3	3,1	16,0	15,6	12,3	11,5
Emiratos Árabes Unidos	0,7	2,0	0,6	1,1	1,6	4,7	2,1	6,8		0,0	
Eritrea			1,2	1,8	2,8	2,6	3,0				

TABLA E.3 *(continuación)*

	Población entre 15-64 años		Población activa					Empleadores y trabajadores por cuenta propia			
			Total millones			Tasa media anual de crecimiento		Hombres % s/pob. act.		Mujeres % s/pob. act.	
	1980	1995	1980	1995	2010	1980-1995	1995-2010	1980	1993	1980	1993
Eslovenia	1,2	1,4	1,0	1,0	1,0	0,3	–0,2				
España	23,5	26,9	14,0	16,6	17,7	1,2	0,4	15,4	12,7	4,1	4,4
Estados Unidos	150,8	172,3	109,9	133,1	151,5	1,3	0,9	5,9	5,6	2,1	2,6
Estonia	1,0	1,0	0,8	0,8	0,8	–0,0	–0,5				
Etiopía	19,3	27,8	16,9	25,4	37,9	2,7	2,7				
Federación Rusa	94,7	98,7	76,0	77,3	78,8	0,1	0,1				
Filipinas	26,7	40,0	18,9	28,3	41,0	2,7	2,5	25,7	25,6	9,1	11,0
Finlandia	3,2	3,4	2,4	2,6	2,5	0,5	–0,3	6,0	8,6	4,1	3,9
Francia	34,3	38,2	23,8	25,7	27,2	0,5	0,4				
Gabón	0,4	0,7	0,4	0,5	0,7	2,0	1,8				
Gambia	0,3	0,6	0,3	0,5	0,8	3,4	2,4		43,6		34,4
Georgia	3,3	3,5	2,6	2,7	2,8	0,3	0,3				
Ghana	5,6	8,9	5,1	8,0	11,9	3,0	2,7				
Grecia	6,2	7,1	3,8	4,4	4,7	1,1	0,5	30,4	26,1	6,0	6,4
Guatemala	3,5	5,5	2,4	3,8	6,3	3,1	3,4	27,4	35,9	10,3	3,8
Guinea	2,3	3,4	2,0	3,0	5,0	2,2	2,7				
Guinea-Bissau	0,5	0,6	0,0	1,0	1,0	1,5	2,1	50,7		0,6	
Haití	2,9	4,0	2,5	3,1	3,9	1,4	1,4	36,1		23,3	
Holanda	9,4	10,6	5,6	7,1	7,2	1,5	0,1	8,1	7,3	1,5	2,2
Honduras	1,8	3,2	1,2	2,1	3,7	3,6	3,6				
Hong Kong	3,4	4,4	2,5	3,1	3,4	1,5	0,6	8,3	9,1	1,5	1,2
Hungría	6,9	6,9	5,1	4,8	4,6	–0,5	–0,3	1,6	7,2	0,6	3,8
India	394,5	562,0	299,5	398,4	517,9	1,9	1,7				
Indonesia	82,5	120,4	58,6	88,7	122,8	2,8	2,2	37,5	28,4	15,0	11,0
Irak	6,7	11,1	3,5	5,4	9,3	2,8	3,6				
Irán	20,2	33,6	11,7	19,3	34,7	3,3	3,9				
Irlanda	2,0	2,3	1,3	1,4	1,7	0,8	1,3	16,5	18,7	1,7	2,0
Islas Mauricio	0,6	0,8	0,3	0,5	0,6	2,1	1,3				
Israel	2,3	3,5	1,5	2,2	3,2	2,7	2,5	15,0	11,0	4,2	3,7
Italia	36,4	39,3	22,6	24,9	24,6	0,7	–0,1	16,3	16,4	4,6	5,2
Jamaica	1,1	1,6	1,0	1,3	1,7	2,0	1,6	16,5		5,4	
Japón	78,7	87,0	57,2	66,1	66,9	1,0	0,1	11,6	8,5	5,2	3,8
Jordania	1,0	2,3	0,5	1,1	2,0	5,0	3,9	22,5		0,3	
Kazajstán	9,2	10,4	7,0	8,1	9,4	0,9	1,0				
Kenya	7,7	13,5	7,8	12,8	18,6	3,3	2,5				
Kirguizia	2,1	2,5	1,5	1,9	2,5	1,5	1,8				
Kuwait	0,8	1,1	0,5	0,8	1,1	3,3	2,1	9,9		0,0	
Laos	1,8	2,5	1,7	2,4	3,8	2,5	3,0				
Lesotho	0,7	1,1	0,6	0,8	1,2	2,3	2,4				
Letonia	1,7	1,7	1,4	1,4	1,3	–0,2	–0,6				

TABLA E.3 *(continuación)*

	Población entre 15-64 años		Población activa					Empleadores y trabajadores por cuenta propia			
			Total millones			Tasa media anual de crecimiento		Hombres % s/pob. act.		Mujeres % s/pob. act.	
	1980	1995	1980	1995	2010	1980-1995	1995-2010	1980	1993	1980	1993
Líbano	1,5	2,4	0,8	1,3	2,0	3,3	2,7				
Libia	1,6	2,8	0,9	1,5	2,6	3,3	3,5				
Lituania	2,2	2,5	1,8	1,9	1,9	0,4	–0,1				
Macedonia	1,2	1,4	0,8	1,0	1,1	1,2	1,0		44,6		27,2
Madagascar	4,5	6,9	4,3	6,5	10,2	2,7	3,0				
Malasia	7,8	11,7	5,3	8,0	12,1	2,8	2,7	20,4	16,4	8,3	4,7
Malawi	3,1	4,9	3,1	4,7	6,8	2,8	2,4				
Mali	3,3	4,9	3,4	4,9	7,5	2,4	2,9				
Marruecos	10,2	16,1	7,0	10,3	15,1	2,6	2,5	24,2	27,6	2,9	3,1
Mauritania	0,8	1,2	0,7	1,0	1,5	2,2	2,5				
México	34,5	55,0	22,1	35,8	51,8	3,2	2,5	20,3	22,9	6,7	7,2
Moldova	2,6	2,8	2,1	2,1	2,3	0,2	0,5				
Mongolia	0,9	1,4	0,8	1,2	1,8	3,0	2,5				
Mozambique	6,5	8,0	6,7	8,5	12,2	1,6	2,4				
Myanmar	19,1	27,2	17,1	23,0	30,3	2,0	1,8				
Namibia	0,5	0,8	0,4	0,6	0,9	2,4	2,5				
Nepal	7,8	11,8	7,0	10,1	14,4	2,4	2,4				
Nicaragua	1,4	2,2	1,0	1,6	2,7	3,3	3,6				
Níger	2,8	4,4	2,8	4,3	7,0	3,0	3,2				
Nigeria	37,8	58,2	29,5	44,1	66,9	2,7	2,8				
Noruega	2,6	2,8	1,9	2,2	2,3	0,9	0,3	8,0	6,3	1,6	2,0
Nueva Zelanda	2,0	2,3	1,3	1,7	2,1	1,9	1,1		37,4		33,9
Omán	0,6	1,1	0,3	0,6	1,1	4,0	4,6				
Pakistán	43,6	70,0	29,3	46,3	76,5	3,1	3,4				
Panamá	1,1	1,6	0,7	1,1	1,4	2,9	2,1				
Papúa Nueva Guinea	1,7	2,5	1,5	2,1	2,9	2,2	2,1				
Paraguay	1,7	2,7	1,2	1,8	2,8	2,9	2,8	36,6	16,1	6,6	11,8
Perú	9,4	14,4	5,4	8,7	13,0	3,1	2,7		21,5		14,4
Polonia	18,7	25,5	18,5	19,3	20,5	0,3	0,4	8,9	13,3	4,3	8,7
Portugal	6,2	6,7	4,6	4,9	5,1	0,4	0,2	12,5	13,6	3,5	9,5
Puerto Rico	1,9	2,3	1,0	1,3	1,7	1,8	1,5	11,8	11,7	1,5	2,3
Reino Unido	36,1	37,9	26,9	29,1	29,9	0,5	0,2	5,6	8,4	1,4	2,9
Rep. de Corea	23,7	31,8	15,5	21,6	26,3	2,2	1,3	23,7	20,2	8,4	7,4
Rep. Dem. de Corea	10,2	15,8	7,8	11,8	14,9	2,8	1,5				
Rep. Centroafricana		1,8	1,2	1,6	2,1	1,7	1,9				
República Checa	6,5	7,0	5,3	5,6	5,5	0,3	–0,1		1,7		0,5
República de Yemen	4,0	7,6	2,5	4,6	8,6	4,1	4,2		33,8		3,1
República Dominicana	3,1	4,8	2,1	3,3	4,5	2,9	2,2	29,3		7,2	
República Eslovaca	3,2	3,6	2,5	2,8	2,9	0,8	0,3		7,8		5,5
Ruanda	2,5	3,0	2,6	4,0	6,0	2,8	2,7				

TABLA E.3 *(continuación)*

	Población entre 15-64 años		Población activa					Empleadores y trabajadores por cuenta propia			
			Total millones			Tasa media anual de crecimiento		Hombres % s/pob. act.		Mujeres % s/pob. act.	
	1980	1995	1980	1995	2010	1980-1995	1995-2010	1980	1993	1980	1993
Rumania	14,0	15,3	10,9	10,7	10,8	–0,1	0,1		5,8		8,1
Senegal	2,9	4,3	2,5	3,8	5,6	2,7	2,6				
Sierra Leona	1,7	2,4	1,2	1,7	2,4	1,9	2,5				
Singapur	1,6	2,1	1,1	1,4	1,7	2,1	1,0	10,3	10,3	1,8	2,0
Siria	4,2	7,1	2,5	4,0	6,9	3,2	3,6				
Sri Lanka	8,9	11,7	5,4	7,5	9,9	2,2	1,8	20,5	22,1	3,2	4,9
Sudáfrica	16,3	24,2	10,9	16,2	22,7	2,6	2,3				
Sudán	9,8	14,0	6,8	9,9	14,7	2,5	2,6				
Suecia	5,3	5,6	4,2	4,7	4,7	0,8	–0,0	5,5	7,1	1,8	2,4
Suiza	4,2	4,8	3,1	3,7	3,8	1,3	0,2	8,4		1,3	
Tailandia	26,4	39,3	24,4	33,8	38,4	2,2	0,8	23,0	21,1	6,8	10,1
Tanzania	9,3	15,3	9,5	15,2	22,9	3,1	2,7				
Tayikistán	2,1	3,1	1,5	2,1	3,3	2,2	2,9				
Togo	1,4	2,1	1,1	1,7	2,6	2,6	2,9				
Trinidad y Tobago	0,7	0,8	0,4	0,5	0,7	1,4	2,0				
Túnez	3,5	5,4	2,2	3,3	5,0	2,8	2,7				
Turkmenistán	1,6	2,6	1,2	1,8	3,1	2,9	3,4				
Turquía	24,9	37,9	18,7	27,8	37,3	2,6	2,0		24,9		2,6
Ucrania	33,4	34,0	26,4	25,8	25,5	–0,2	–0,1				
Uganda	6,4	9,3	6,6	9,5	14,2	2,4	2,7				
Uruguay	1,8	2,0	1,2	1,4	1,7	1,4	1,0		14,9		8,0
Uzbekistán	8,6	12,0	6,5	9,3	14,4	2,4	2,9				
Venezuela	8,3	13,2	5,1	8,4	12,5	3,3	2,7				
Vietnam	28,3	42,6	25,6	36,9	47,7	2,4	1,7				
West Bank y Gaza		1,0									
Yugoslavia	6,3	7,1	4,3	4,9	5,2	0,9	0,3	12,1		5,1	
Zaire	13,8	21,6	12,0	18,5	30,4	2,9	3,3				
Zambia	2,8	4,8	2,4	3,7	5,5	3,0	2,6				
Zimbabue	3,5	6,0	3,1	5,0	6,9	3,1	2,1				

FUENTE: Banco Mundial, *Informe sobre el desarrollo mundial.*

TABLA E.4

Estructura de la población activa mundial

	Población entre 15-64 años		Población activa				
			Total millones			Tasa media anual de crecimiento	
	1980	1995	1980	1995	2010	1980-1995	1995-2010
Todo el mundo	*2.590,4*	*3.521,2*	*2.036,7*	*2.695,4*	*3.364,9*	*1,9*	*1,5*
Economías de ingreso bajo	1.351,5	1.934,4	1.155,6	1.574,8	2.005,0	2,1	1,6
Excluyendo China e India	370,7	562,7	317,4	467,1	684,7	2,6	2,5
Economías de ingreso medio	717,2	981,3	512,9	688,4	894,5	2,0	1,7
Ingreso medio. Límite inferior	526,7	711,8	387,1	506,8	656,9	1,8	1,7
Ingreso medio. Límite superior	190,5	269,4	125,8	181,6	237,6	2,4	1,8
Economías de ingreso bajo y medio	2.068,7	2.915,7	1.668,5	2.263,2	2.899,5	2,0	1,7
Asia Oriental y Pacífico	795,8	1.119,0	703,9	951,0	1.125,9	2,0	1,1
Europa y Asia Central	277,0	316,6	218,7	238,4	262,3	0,6	0,6
Latinoamérica y Caribe	201,5	293,0	130,1	196,8	266,1	2,8	2,0
Oriente Medio y el norte de África	91,1	150,7	54,0	87,5	144,0	3,2	3,3
Asia del Sur	507,6	731,8	389,3	532,5	715,9	2,1	2,0
África Subsahariana	195,7	304,6	172,6	257,1	385,3	2,7	2,7
Economías de ingreso alto	521,7	605,5	368,2	432,2	465,5	1,1	0,5

FUENTE: Banco Mundial, *Informe sobre el desarrollo mundial.*

TABLA F.1

Índice de Desarrollo Humano (IDH)

Núm. orden	Países	IDH (1994)	Nún. orden	Países	IDH (1994)
1	Canadá	0,960	16	Suiza	0,930
2	Francia	0,946	17	Irlanda	0,929
3	Noruega	0,943	18	Dinamarca	0,927
4	Estados Unidos	0,942	19	Alemania	0,924
5	Islandia	0,942	20	Grecia	0,923
6	Países Bajos	0,940	21	Italia	0,921
7	Japón	0,940	22	Hong Kong	0,914
8	Finlandia	0,940	23	Israel	0,913
9	Nueva Zelanda	0,937	24	Chipre	0,907
10	Suecia	0,936	25	Barbados	0,907
11	España	0,934	26	Singapur	0,900
12	Austria	0,932	27	Luxemburgo	0,899
13	Bélgica	0,932	28	Bahamas	0,894
14	Australia	0,931	29	Antigua y Barbuda	0,892
15	Reino Unido	0,931	30	Chile	0,891

TABLA F.1 *(continuación)*

Núm. orden	Países	IDH (1994)	Núm. orden	Países	IDH (1994)
31	Portugal	0,890	76	Lituania	0,762
32	Rep. de Corea	0,890	77	Croacia	0,760
33	Costa Rica	0,889	78	Siria	0,755
34	Malta	0,887	79	Rumania	0,748
35	Eslovenia	0,886	80	Macedonia	0,748
36	Argentina	0,884	81	Túnez	0,748
37	Uruguay	0,883	82	Argelia	0,737
38	Brunei	0,882	83	Jamaica	0,736
39	República Checa	0,882	84	Jordania	0,730
40	Trinidad y Tobago	0,880	85	Turkmenistán	0,723
41	Dominica	0,873	86	Cuba	0,723
42	Eslovaquia	0,873	87	República Dominicana	0,718
43	Bahrein	0,870	88	Omán	0,718
44	Emiratos Árabes Unidos	0,866	89	Perú	0,717
45	Panamá	0,874	90	Sudáfrica	0,716
46	Fiji	0,863	91	Sri Lanka	0,711
47	Venezuela	0,861	92	Letonia	0,711
48	Hungría	0,857	93	Kazajstán	0,709
49	St. Kitts and Nevis	0,853	94	Paraguay	0,706
50	México	0,853	95	Ucrania	0,689
51	Colombia	0,848	96	Samoa Occidental	0,684
52	Seychelles	0,845	97	Botswana	0,673
53	Kuwait	0,844	98	Filipinas	0,672
54	Granada	0,843	99	Indonesia	0,668
55	Qatar	0,840	100	Uzbekistán	0,662
56	Santa Lucía	0,838	101	Mongolia	0,661
57	San Vicente y las Granadinas		102	Albania	0,655
		0,836	103	Armenia	0,651
58	Polonia	0,834	104	Guyana	0,649
59	Tailandia	0,833	105	Georgia	0,637
60	Malasia	0,832	106	Azarbayán	0,636
61	Mauricio	0,831	107	Kinguistán	0,635
62	Bielorrusia	0,806	108	China	0,626
63	Belice	0,806	109	Egipto	0,614
64	Jamahiriya Árabe Libia	0,801	110	Moldova	0,612
65	Líbano	0,794	111	Maldivas	0,611
66	Surinam	0,792	112	El Salvador	0,592
67	Federación Rusa	0,792	113	Bolivia	0,589
68	Brasil	0,783	114	Swazilandia	0,582
69	Bulgaria	0,780	115	Tayikistán	0,580
70	Irán	0,780	116	Honduras	0,575
71	Estonia	0,776	117	Guatemala	0,572
72	Ecuador	0,775	118	Namibia	0,570
73	Arabia Saudita	0,774	119	Marruecos	0,566
74	Turquía	0,772	120	Gabón	0,562
75	Rep. Pop. Dem. de Corea	0,765	121	Vietnam	0,557

TABLA F.1 *(continuación)*

Núm. orden	Países	IDH (1994)	Núm. orden	Países	IDH (1994)
122	Islas Salomón	0,556	149	Tanzania	0,357
123	Cabo Verde	0,547	150	Mauritania	0,355
124	Vanuatu	0,547	151	República Centroafricana	0,355
125	Santo Tomé y Príncipe	0,534	152	Madagascar	0,350
126	Irak	0,531	153	Camboya	0,348
127	Nicaragua	0,530	154	Nepal	0,347
128	Papúa Nueva Guinea	0,525	155	Bhután	0,338
129	Zimbabue	0,513	156	Haití	0,338
130	Congo	0,500	157	Angola	0,335
131	Mayanmar	0,475	158	Sudán	0,333
132	Ghana	0,468	159	Uganda	0,328
133	Camerún	0,468	160	Senegal	0,326
134	Kenya	0,463	161	Malawi	0,320
135	Guinea Ecuatorial	0,046	162	Djibuti	0,319
136	Laos	0,460	163	Guinea-Bissau	0,291
137	Lesotho	0,457	164	Chad	0,288
138	India	0,446	165	Gambia	0,281
139	Pakistán	0,445	166	Mozambique	0,281
140	Comoras	0,412	167	Guinea	0,271
141	Nigeria	0,393	168	Eritrea	0,269
142	Zaire	0,381	169	Burundi	0,247
143	Zambia	0,369	170	Etiopía	0,244
144	Bangladesh	0,368	171	Malí	0,229
145	Costa de Marfil	0,368	172	Burkina Faso	0,221
146	Benin	0,368	173	Níger	0,206
147	Togo	0,365	174	Ruanda	0,187
148	Yemen	0,361	175	Sierra Leona	0,176

FUENTE: Naciones Unidas, *Informe sobre el desarrollo humano*, 1997.

Bibliografía

Aglietta, M. (1979): *Regulación y crisis del capitalismo,* Siglo XXI, Madrid.

Agosin, M. R. (1990): «Cambios estructurales y nueva dinámica del Comercio Mundial», *Pensamiento Iberoamericano,* núm. 18.

Aguilera Klink, F., y Alcántara, V. (1994): *De la economía ambiental a la economía ecológica,* Icaria, Barcelona.

Albert, M. (1992): *Capitalismo contra capitalismo,* Paidós, Barcelona.

Albi, E. et alia (1992): *Europa y la competitividad de la economía española,* Ariel, Barcelona.

Alburquerque Llorens, F. (1981): *El análisis dialéctico estructural de la realidad económica,* Facultad de Ciencias Económicas y Empresariales, Madrid.

Alburquerque Llorens, F. (1992):» La situación económica actual de América Latina y el Caribe», *Documento de trabajo del CSIC,* núm. 92/01, Madrid.

Almuni, R. (1983): *La banca y el comercio internacional,* Cámara de Comercio, Barcelona.

Alonso, R. (1997): *Apuntes sobre la China actual,* Universitas, Madrid.

Alonso Rodríguez, J. A. (1994): «La Ayuda Oficial al Desarrollo española», en VV.AA. (1994), *La cooperación internacional para el desarrollo: ámbito y configuración.*

Anisi, D. (1993): «La posibilidad actual de un nuevo pacto keynesiano», en Muñoz de Bustillo, R. (1993), *Crisis y futuro del Estado de Bienestar,* Alianza, Madrid.

Anisi, D. (1994): *Trabajar con red. Un panfleto sobre la crisis,* Alianza, Madrid.

Anisi, D. (1995): *Creadores de la escasez,* Alianza, Madrid.

Ansari, J. (1982): *Países ricos y pobres,* Pirámide, Madrid.

Anuario Económico y Geopolítico Mundial (1990-1997): *El estado del Mundo,* Akal, Madrid.

Appleyard, D., y Field, A. (1995): *Economía Internacional,* Irwin.

Arcos, M. C. (1992): «De la Comunidad Europea a la Unión Europea», *Cuadernos de Derecho,* número 6, Universidad Nacional de Educación a Distancia, Centro Asociado de Sevilla, páginas 20-50.

Arendt, H. (1982): *Los orígenes del totalitarismo,* Alianza, Madrid.

Arrizabalo, X. (ed.) (1997): *Crisis y ajuste en la economía mundial. Implicaciones y significado de las políticas del FMI y el BM,* Síntesis, Madrid.

Assael, H. (1990): «Elementos estructurales de la aceleración de la inflación», *Revista de la CEPAL,* núm. 42, diciembre, págs. 141-145.

Azqueta, D., y Ferreiro, A. (1994): *Análisis económico y gestión de recursos naturales,* Alianza Editorial, Madrid.

Backhouse, R. (1988): *Historia del análisis económico moderno,* Alianza Editorial, Madrid.
Baiget, F.: «Estructura económica de Tunez», *Boletín ICE Económico,* pág. 1934.
Balandier, G. (1989): *El desorden: la teoría del caos y las ciencias sociales. Elogio a la fecundidad del movimiento,* Gedisa, Barcelona.
Balassa, B. (1988): *Los países de industrialización reciente en la economía mundial,* Fondo de Cultura Económica, México.
Banco Exterior de España (1979): *Economía latinoamericana,* Servicio de Estudios Económicos del Banco Exterior de España, Madrid.
Banco Exterior de España (1986): *La economía china: de la revolución a las cuatro modernizaciones,* BEX, Madrid.
Banco de España (1997): *La Unión Monetaria Europea,* Banco de España, Madrid.
Banco de Santander (1994): *República Popular China,* Banco de Santander, Madrid.
Banco Mundial (1990-1997): *Informe sobre el desarrollo mundial,* Banco Mundial, Washington D.C.
Barbera, M. (1990): «La inserción comercial de América Latina», *Revista de la CEPAL,* núm. 41, agosto.
Barnes, H. E. (1973): *Historia de la Economía del Mundo Occidental,* Unión Tipográfica-Editorial Hispano Americana, México (1.ª ed. 1955).
BBV (1992): *Mercado Único Europeo,* BBV, Madrid (1.ª ed. 1989).
Ben Ali, D.: «La economía marroquí en busca de un nuevo aliento», *Boletín ICE Económico,* página 1929.
Berges, A. et alia (1990): *Internalización de la Banca. El caso español,* Espasa Calpe, Madrid.
Bergspm, A. (1984): «Income Inequality Under Soviet Socialism», *Journal of Economic Literature,* vol. 22, septiembre.
Bergson, A. (1970): «Economía del Socialismo», en Ellis, H. S. (ed.) (1970): *Compendio de Economía Contemporánea,* 2 vol., Aguilar, Madrid.
Bergson, A., y Levine, H. S. (ed.) (1983): *The Soviet Economy: Toward the Year 2000,* Allen and Unwin, Londres.
Bergsten, F. (1988): *America in the World Economy. A Strategy for the 90´s,* Institute for International Economics, Washington D.C.
Berzosa, C. (1991): *Los nuevos competidores internacionales,* Ediciones de las Ciencias Sociales, Madrid.
Berzosa, C. (1993): «El comercio internacional, ¿beneficioso o perjudicial para los países del Tercer Mundo?», en González, S. (1993): *Temas de Organización Económica Internacional,* McGraw-Hill, Madrid.
Berzosa, C. (coord.) (1994): *La economía mundial en los noventa. Tendencias y desafíos,* Icaria, Barcelona.
Berzosa, C. (1994): «La cooperación en el sistema de las relaciones internacionales», en VV.AA. (1994), *La cooperación internacional para el desarrollo: ámbito y configuración.*
Berzosa, C. et alia (1996): *Estructura Económica Mundial,* Síntesis, Madrid.
Blanchard, O. et alia (1991): *Reform in Eastern Europe,* MIT Press, Cambridge.
Blanes, A. et alia (1996): «Población y actividad en España: evolución y perspectivas», *La Caixa, Colección Estudios e Informes,* núm. 5, Barcelona.
Blunden, C., y Elvin, M. (1989): «China, gigante milenario», *Atlas culturales del mundo,* Barcelona.
Bollarín Marcial, A. (1988): *China, otra perestroika,* San Martín, Madrid.
Bolton, P., y Roland, G. (1992): «Privatization in Central and Eastern Europe», *Economic Policy,* número 15, octubre.
Bose, A. (1975): *Economía política marxiana y postmarxiana,* Alianza Editorial, Madrid.
Boulding, K. E. (1992): *Towards a New Economics,* Edward Elgar, Hants.
Bourenane, N.: «La economía argelina a la hora de las grandes decisiones», *Boletín ICE Económico,* pág. 1922.

Brockway, G. P. (1993): *The End of Economic Man,* W. W. Norton (1.ª edición 1991), Nueva York.
Brown, L. R. et alia (1991-1993): *La situación en el Mundo,* Ediciones Apóstrofe, Barcelona.
Boyer, R. (1986): *Capitalismes, fin de siècle,* PUF, París.
Boyer, R., y Durand, J. P. (1994): *L'après fordisme,* Syros, París.
Boyer, R., y Saillard, Y. (dir.) (1995): *Théories de la régulation: l'état des savoirs,* La Découverte, París.
Buchanan, J. (1996): *Ética y progreso económico,* Ariel, Barcelona.
Buitelaar, R. et alia (1992): «Una obsesión por el crecimiento y la justicia social: el legado intelectual de Fernando Fajnzylber», *Pensamiento Iberoamericano,* núm. 21, págs. 263-276.
Bulmer-Thomas, V. (1996): *The New Economic Model in Latin America and its Impact on Income Distribution and Poverty,* Institute of Latin American Studies, MacMillan Press Ltd., Londres.
Burtless, G. (1990): *A future of lousy jobs? The changing structure of US wages,* Brookings Institution, Washington.
Bustelo, P. (1989): *Los nuevos países industriales asiáticos desde 1945: ¿Milagros económicos o modelos de desarrollo?,* Tesis Doctoral, Universidad Complutense, Madrid.
Bustelo, P. (1990): *Economía Política de los Nuevos Países Industriales Asiáticos,* Siglo XXI, Madrid.
Bustelo, P. (1993): «El área económica china: ¿una potencia industrial?», *Cuadernos de estudios empresariales,* núm. 3.
Bustelo, P. (1996): *Desarrollo Económico e Integración Comercial en Asia Oriental,* Agencia Española de Cooperación Internacional, Madrid.
Bustelo, P. (1996): «La transición (II): el caso de China», en Berzosa, C. et alia (1996), *Estructura económica mundial,* Síntesis, Madrid.
Bustelo, F. (1998): *Introducción a la historia económica mundial y de España (siglos XIX-XX),* Síntesis, Madrid.
Bustelo, P. (1998): *Teorías contemporáneas del desarrollo económico,* Síntesis, Madrid.
Bustelo, P., y Fernández Lommen, Y. (1996): *La economía China ante el siglo XXI. Veinte años de reforma,* Síntesis, Madrid.
Bustelo, P., y Fernández Lommen, Y. (1997): «Gradualismo y factores estructurales en la reforma económica china (1978-1995)», *Documento de trabajo de la Facultad de Ciencias Económicas y Empresariales,* Universidad Complutense de Madrid, Madrid.
Calatrava, A.: «El sector textil como motor de las manufacturas», *Boletín ICE Económico,* pág. 1950.
Calvo, G. A., y Coricelli, F. (1992): «Stabilizing a previously centrally planned economy: Poland 1990», *Economic Policy,* núm. 14, abril.
Calvo Hornero, A. (1994): *Integración económica y regionalismo, Principales acuerdos regionales,* Centro de Estudios Ramón Areces, Madrid.
Calvo Hornero, A. (1997): *Organización de la Unión Europea,* Madrid.
Cameron, R. (1992): *Historia Económica Mundial, desde el Paleolítico hasta el presente,* Alianza, Madrid (1.ª ed. 1989).
Cambridge (1986): *Historia del Mundo Moderno,* Sopena, Barcelona.
Cantero, P. (1993): «El sistema de cooperación e integración económica», en De Paz Báñez, M. A. (1993), *Economía Mundial,* Pirámide, Madrid.
Canto Rubio, J. (1997): *La Unión Europea. Roma-Amsterdam,* Salamanca.
Carderera Soler, L.: «La Organización Mundial del Comercio», *Boletín Económico del ICe,* número extraordinario.
Cardoso, F. H., y Faletto, E. (1969): *Dependencia y desarrollo en América Latina,* Siglo XXI, México.
Carpentier, J., y Lebrun, F. (dirs.) (1994): *Breve Historia de Europa,* Alianza Editorial, Madrid.
Carr, E. H. (1985): *La Revolución Bolchevique (1917-1923),* 50 edición.
Carrrere D'Encaise, H. (1991): *El triunfo de las Nacionalidades,* Rialp, Madrid.

Castro y Lessa (1973): *Introducción a la Economía,* Siglo XXI, Madrid.
CECA-CEE (1957): *Tratado de Roma,* CECA-CEE, Bruselas-Luxemburgo.
CECA-CEE (1990): *La Nueva Economía Europea de 1992,* CECA-CEE, Bruselas-Luxemburgo.
Cecco, M. (1991): *El Sistema Financiero Internacional,* Oikos-Tau, Barcelona.
CEPAL (1985-1997): *Estudio económico de América Latina y el Caribe,* CEPAL, Santiago de Chile.
CEPAL (1983-1997): *Anuario estadístico de America Latina y el Caribe,* CEPAL, Santiago de Chile.
CEPAL (1990): *Transformación Productiva con Equidad,* CEPAL, Santiago de Chile.
CEPAL (1992): *Equidad y transformación productiva: un enfoque integrado,* CEPAL, Santiago de Chile.
CEPAL (1994): *El regionalismo abierto en América Latina y el Caribe. La integración económica al servicio de la transformación productiva con equidad,* CEPAL, Santiago de Chile.
CEPAL (1996): *América Latina y el Caribe quince años después. De la década perdida a la transformación económica,* Fondo de Cultura Económica, Santiago de Chile.
Chaliard et alia (1986): *Atlas estratégico y geopolítico,* Alianza, Madrid.
Chao, H., y Ali, I. (1989): «The newly industrializing economies and Asian developmens: Issues and options», *Asian Development Review,* vol. 7, núm. 2.
Chomsky, N. (1984): *La segunda guerra fría. Crítica de la política exterior norteamericana, sus mitos y su propaganda,* Crítica, Barcelona.
CIDOB (1996): *Anuario internacional CIDOB. Claves para interpretar la política exterior española y las relaciones internacionales en 1995,* Fundació CIDOB, Barcelona.
Cipolla, C. M. (varios años): *Historia económica de Europa,* 6 volúmenes, Ariel, Barcelona.
Cipolla, C. M. (1974): *Historia económica de la población mundial,* Crítica, Barcelona (1.ª ed. 1962).
Clinton, B. (1998): *The State of the Union, 1998,* The White House, Office of the Press Secretary.
Collins (1988): *Dictionary of Economics,* Collins, Londres.
Comisión Brandt (1981): *Diálogo Norte-Sur,* Nueva Imagen, México.
Comisión del Sur (1991): *Desafío para el Sur,* Fondo de Cultura Económica, México.
Comisión Europea (1990): *Libro Blanco de la Economía Europea. Retos y pistas para entrar en el siglo XXI,* Comisión Europea, Bruselas.
Comisión Mundial del Medio Ambiente y del Desarrollo (1988): *Nuestro futuro común,* Alianza Editorial, Madrid.
Cooper, R. N. (1987): *The International Monetary System,* MIT Press, Cambridge.
Coriat, B.(1979): *El taller y el cronómetro. Ensayo sobre el taylorismo, el fordismo y la producción en masa,* Siglo XXI, Madrid.
Cornia, J. A., et alia (1987): *Ajuste con rostro humano,* Unicef-Siglo XXI, Madrid.
Costanza, R. (1991): *Ecological Economics,* Columbia University Press, Nueva York.
Cropper, M. L., y Oates, W. E. (1992): «Environmental Economics: A survey», *Journal of Economic Literature,* núm. 30, págs. 675-740.
Cuadernos del Este (1994): «China en movimiento», *Cuadernos del Este,* núm. 13.
Cuadernos de Información Económica (1998): *El camino hacia el Euro,* Fundación de Cajas de Ahorros Confederadas para la Investigación Económica y Social, Madrid.
Cypher, J. M., y Dietz, J. L. (1997): *The Process of Economic Development*, Fondo Editorial, Londres.
Dalton, G. (1974): *Sistemas Económicos y Sociedad,* Alianza Editorial, Madrid.
Daly, H. E. (1989): *Economía, Ecología y Ética. Ensayos acerca una economía del estado estacionario,* Fondo de Cultura Económica, México (1.ª ed. 1980).
Davrieux, A. (1991): «Perspectivas del restablecimiento del crecimiento económico de América Latina», *Desarrollo,* núm. 18/19, págs. 87-101.
De Paz Báñez, M. A. (1989): *¿Hacia una economía compleja?,* Sevilla, Departamento de Economía Aplicada, Mimio.
De Paz Báñez, M. A. (1995): *La concepción compleja de la ciencia económica,* Huelva, Departamento de Economía e Historia de las Instituciones Económicas, Mimio.

De Senillosa, I.: *Dossier,* Haize Hegoa, Mimio.
Delaje, F. (1997): «China y la seguridad de Asia orientral», *Jornadas sobre Desarrollo y Cooperación en Asia,* Vigo, abril 1997.
Departamento de Comercio de Estados Unidos: *Survey of Current Business,* varios números.
Deutscher, I. (1986): «La Revolución Soviética», *Historia del mundo moderno,* tomo 12, cap. 14, Sopena, Barcelona.
Desai, P. (1992): «Reforming the Soviet Grain Economy: Performance, Problems, and Solutions», *American Economic Review,* vol. 82, núm. 2.
Devlin, R., y Guerguil, M. (1991): «América Latina y las nuevas corrientes financieras y comerciales internacionales», *Revista de la CEPAL,* núm. 43, abril, págs. 23-50.
Dezcallar, R. (1984): «Las limitaciones del diálogo Norte-Sur», *Sistema,* núm. 54.
Díaz Mier, M. A. (1997): «Organización Mundial de Comercio: Singapur, parada y fonda», *Cuaderno de Información Económica,* enero.
Díaz Mier, M. A. (1998): *Del GATT a la OMC,* Síntesis, Madrid.
Dill, S. (1906): *Roman Society in the Last Century of the Western Empire,* McMillan, Londres.
Dorner, P. (1974): *Reforma agraria y desarrollo económico,* Alianza Editorial, Madrid.
Dosi, G.; Pavitt, K., y Soete, L. (1990): *The Economics of Technical Change and International Trade,* Harvester Wheatsheaf, Londres.
Edwards, S. (1997): *Crisis y reforma en América Latina. Del desconsuelo a la esperanza,* Emecé Ed., Buenos Aires (1.ª ed. 1995).
El Karm, A.: «La economía tunecina y las oportunidades de inversión para España», *Boletín ICE Económico,* pág. 1938.
El Mundo (1990-1998): *Anuario,* Diario El Mundo, Madrid.
El País (1989): «La soga de la deuda». *El País: Temas de nuestra época,* Diario El País, Madrid, 7 de septiembre.
El País (1990-1998): *Anuario,* Ediciones El País, Madrid.
Elgan, E., y Bergson, A. (1984): «Income inequality under Soviet Socialism», *Journal of Economic Literature,* vol. 23, septiembre.
Espárrago, L. (1997): «Idealismo contra pragmatismo en la China de la apertura; el factor nacionalista», *Jornadas sobre Desarrollo y Cooperación en Asia,* Vigo, abril de 1997.
Esteve, F. (1993): «Bienestar y economía posicional», en Muñoz de Bustillo (comp.) (1993): *Crisis y futuro del estado de Bienestar,* Alianza, Madrid.
Fairbank, J. K. (1990): *Historia de China. Siglos XIX y XX,* Alianza, Madrid.
Fajnzylber, F. (1990): «Industrialización en América Latina: de la "caja negra" al "casillero vacío"», *Cuadernos de la CEPAL,* núm. 60, Naciones Unidas-CEPAL, Santiago de Chile.
Fanjul, E. (1991): *Reforma y Crisis en China,* Arias Montano Editores, Barcelona.
Fanjul, E. (1994): *Revolución en la revolución. China, del maoísmo a la era de la reforma,* Alianza Editorial, Madrid.
Fanjul, E. (1997): «Perspectivas comerciales de China, el papel de España», *Jornadas sobre desarrollo y Cooperación en Asia,* Vigo, abril 1997.
Fanjul, E., y Fernández Lommen, Y. (1997): *España en la reforma económica china,* Pirámide, Madrid.
Federal Reserve Bank of Boston (1990): «Why has productivity growth declined? Productivity and public investment», *New England Economic Review,* enero/febrero.
Fei, J. C. H. (1997): *Growth and Development from an Evolutionary Perspective,* Blackwell, Oxford.
Ferguson, C. (1989): «America's High-Tech Decline», *Foreign Policy,* núm. 74.
Fernández Arufe, J. E. (coord.) (1995): *Economía y Sociedad: España y Europa en la década de los noventa,* Consejo Social de la Universidad de Valladolid y Real Academia de Ciencias Morales y Políticas, Valladolid.
Fernández Lommen, Y. (1997). «La reforma económica china: liberalización y apertura», *Jornadas sobre Desarrollo y Cooperación en Asia,* Vigo, abril 1997.

Fernández Díaz, A. (1994): *La economía de la complejidad. Economía dinámica caótica,* McGraw-Hill, Madrid.

Fernández Díaz, A. et alia (1995): *Política Económica,* McGraw-Hill, Madrid.

Ferreiro Piñeiro, J. A. (1997): «Aceleración histórica y apertura económica en China», *Jornadas sobre Desarrollo y Cooperación en Asia,* Vigo, abril 1997.

Ferrer, M. (1975): *La explosión demográfica en China,* Salvat, Madrid.

FIES (1992): «La Batalla de Maastricht y los problemas de la economía española», *Papeles de Economía Española,* núm. 52-53.

FIES (1997): *Perspectivas del sistema financiero, 1997. Los retos de la Unión Monetaria,* Fundación de Cajas de Ahorros Confederadas para la Investigación Económica y Social, Madrid.

Field, B. C. (1995): *Economía Ambiental. Una introducción,* McGraw-Hill, Bogotá.

Fine, D. (1993): *President Clinton´s New Beginning,* Donald Fine, Nueva York.

Fisac Badell, T. (1997): «Una reflexión sobre los cambiantes condicionamientos políticos de la cultura china contemporánea», *Jornadas sobre Desarrollo y Cooperación en Asia,* Vigo, abril 1997.

Fisac Badell, T. et alia (1995): *Mujeres en China,* Ediciones Cooperación al Desarrollo, AECI, Madrid.

Fischer, W. et alia (1986): *Historia Económica Mundial del siglo XX,* Crítica, Barcelona.

Fisher, S., y Frenkel, J. (1992): «Macroeconomic Issues of Soviet Reform», *American Economic Review,* vol. 82, núm. 2.

Fisher, A. C., y Peterson, F. M. (1976): «The environment in economics: A survey», *The Journal of Economic Literature,* 14(1): 1-33.

FMI (1990-1997): *Perspectiva de la economía mundial,* FMI, Washington D. C.

FMI (1990-1997): *Estadísticas financieras internacionales: Anuario,* FMI, Washington D.C.

FMI (1993): *World Economic Outlook,* FMI, Washington, D.C.

FMI (1995): *Informe anual, 1995,* FMI, Washington, D.C.

Fontela, E. (1997): *Los ciclos económicos en la economía moderna,* Fundación Argentaria, Biblioteca Nueva, Madrid.

Fontela, E., y Gabus, A. (1976): *The World Problematique in World Modeling: A Dialogue,* Churchman-Mason, Amsterdam.

Foreman-Peck, J. (1985): *Historia de la Economía Mundial,* Ariel, Barcelona.

Frankel, J. A. (1998): *The Regionalization of the World Economy,* Chicago.

Franz, U. (1988): *Deng Xiaoping, reformador de China,* El País-Aguilar, Madrid.

Freeman, C., y Soete, L. (1996): *Cambio tecnológico y empleo, una estrategia de empleo para el siglo XXI,* BT-Fundación Universidad Empresa, Madrid.

Frei, D. (1986): *Perceived Images: U. S. and Soviet Assumptions and Perception in Disarmament,* Rowman and Allanheld, Totowa (N. Y.).

Fuentes Quintana, E. (coord.) (1995): *Problemas Económicos Españoles en la década de los noventa,* Real Academia de Ciencias Morales y Políticas y Círculo de Lectores, Madrid.

Fundación Raúl Prebisch (1988): *Raúl Prebisch. Pensamiento y obra,* Tesis, Buenos Aires.

Furtado, C. (1972): *Teoría y política del desarrollo económico,* Siglo XXI, México.

Furtado, C. (1978): *Prefacio a una nueva economía política,* Siglo XXI, México.

Fusi, J. P. (1991): «El mito de la Revolución Soviética», *Política Exterior,* vol. 5, núm. 22.

Galduf, J. (1994): *Economía de la Unión Europea,* Civitas, Madrid.

Galera Peral, F. (1992): *Modelos económicos de dinámica compleja. Fluctuaciones caóticas y ajustes de mercado,* Ediciones Internacionales Universitarias, Barcelona.

Gámir Casares, L. (coord.) (1993): *Política Económica de España,* Alianza Universidad, Madrid.

García de la Cruz, J. M., y Gayo Lafée, D. (1996): «Regionalismo o globalidad en el comercio internacional», *Boletín Económico de ICE,* núm. 2496.

García Delgado, J. L. (coord.) (1993): *Lecciones de Economía Española,* Civitas, Madrid.

García Segura, C. (1995): «El proceso de integración regional del Pacific Rim Asiático. El Triángulo de Crecimiento: Japón - NIEs - DAEs», *Anuario Fundación CIDOB,* Barcelona, págs. 547-571.
Gernet, J. (1991): *El mundo chino,* Crítica, Barcelona.
Giner Abati, F. (1997): «Antropología de China e Indonesia: desde los orígenes para comprender el presente», *Jornadas sobre Desarrollo y Cooperación en Asia,* Vigo, abril 1997.
Godet, M. (1997): *Manuel de Prospective Stratégique. 1. Une indiscipline intellectuelle,* Dunod, París.
Gómez-Pallete, F. (1995): *La evolución de las organizaciones,* Noesis, Madrid.
González Pino, L. (1995): *Crisis y recuperación económica, 1990-1995,* Edieuo, Madrid.
González Seara, L. (1991): *China, cien flores que emergen,* Tecnos, Madrid.
Ground, R. L. (1984): «Los programas ortodoxos de ajuste en América Latina: un examen crítico de las políticas del Fondo Monetario Internacional», *Revista de la CEPAL,* núm. 23, págs. 47-84.
Ground, R. L. (1988): «La génesis de la sustitución de importaciones en América Latina», *Revista de la CEPAL,* núm. 36, págs. 181-207.
Grupo de Lisboa (1996): *Los límites de la competitividad,* Sudamericana, Buenos Aires.
Guerrero, D. (1997): *Historia del pensamiento económico heterodoxo,* Trotta, Madrid.
Haare, P. (1991): «Microeconomics of transition in Eastern Europe», *Oxford Review of Economic Policy,* vol. 7, núm. 4, Londres.
Halm, G. N. (1964): *Sistemas Económicos,* Rialp, Madrid.
Hare, P., y Revesz, T. (1992): «Hungary's transition to the market: The case against a big-bang», *Economic Policy,* núm. 14, abril.
Hatsopoulos, G.; Krugman, P., y Summers, I. (1988): «U.S. competitiveness: Beyond the trade deficit», *Science,* 15 de julio.
Hawkins, E. K. (1974): *Los principios de la ayuda al desarrollo,* Alianza Editorial, Madrid.
Helleiner, G. K. (1976): *¿Hacia un nuevo orden económico internacional?,* Siglo XXI, México.
Herrman, R. K. (1992): «Soviet Behavior in Regional Conflicts. Old Questions, New Strategies, and Important Lessons», *World Politics,* abril, vol. 44, núm. 3.
Hodgson, G. M. (1995): *Economía y evolución. Revitalizando la economía,* Celeste, Madrid (1.ª edición 1993).
Hughes, H. (1989): «Catching up: The Asian newly industrializing economies in the 1990's», *Asian Development Revew,* vol. 7, núm. 2.
Iglesia, J. (ed.) (1998): *El orden económico y mundial: FMI, Banco Mundial y GATT,* Síntesis, Madrid.
Instituto de Análisis Económico (1994): *Crecimiento y Convergencia Regional en España y en la Unión Europea,* CSIC, Barcelona.
Instituto del Tercer Mundo (1990): *Guía del Tercer Mundo 91/92*, G.T.M., Montevideo.
Instituto Español de Comercio Exterior (ICEX) (1994): *Colección guía de negocios, «China»,* ICEX, Madrid.
Insulza, J. M. (1991): «Estados Unidos y América Latina en los noventa», *Pensamiento Iberoamericano,* núm. 19, págs. 217-233.
International Monetary Found (1980-1988): *Government Finance Statistics,* IMF, Washintong D.C.
International Monetary Found et alia (1991): *A Study of the Soviet Economy. International Monetary Found, the World Bank, Organization for Economic Cooperation and Development and European Bank for Reconstruction and Development,* París.
Jiménez Herrero, L. M. (1998): *Desarrollo sostenible y economía ecológica,* Síntesis, Madrid.
Jordan, J. M.: «Agricultura tradicional versus agricultura moderna», *Boletín ICE Económico,* página 1943.
Kang, T. W. (1989): *¿Será Corea el próximo Japón?,* Norma, Bogotá.
Kapuscinski, R. (1997): «África: el corazón de las Tinieblas», *Claves de Razón Práctica,* núm. 69.
Kasser, M. y Allsopp, Ch. (1992): «Macroeconomics Transition in Eastern Europe», *Oxford Review of Economic Policy,* vol. 8, núm. 1.

Kaul, I. et alia (1992): *Rapport Mondial Sur le Developpement Humain 1992*, Económica, París
Keynes, J. M. (1981): «Las posibilidades económicas de nuestros hijos», *Papeles de Economía* número 6.
Kichter (1992): «Perpetuating the Cold War: Domestic Sources of International Patterns of Behavior», *Political Science Quaterly*, vol. 107, núm. 2.
Kigby, T. J. (1990): *The Changing Soviet System: Mono-organizational Socialism from Its Origins to Gorbachev's Restructuring*, Edward Elgan, Brookfield.
King Fairbank, J. (1990): *Historia de China. Siglos XIX y XX*, Alianza Universidad, Madrid.
Kliksberg, B. (1997): *El rediseño del estado. Una perspectiva internacional*, Madrid.
Kneese, A. V., y Sweeney, J. L. (eds.) (1985): *Handbook of Natural Resource and Energy Economics*, vol. I y II, Elsevier Science Publishers B. V., Amsterdam.
Kneese, A. V., y Sweeney, J. L. (eds.) (1993): *Handbook of Natural Resource and Energy Economics*, vol. III. Elsevier Science Publishers B. V., Amsterdam.
Kornai, J. (1980): *Economics of Shortage*, North Holland, Amsterdam.
Kornai, J. (1992): «The postsocialist transition and the state: Reflections in the light of Hungarian fiscal problems», *American Economic Review*, vol. 82, núm. 2.
Krause, L. B. (1972): *The Multinational Corporation*, Brooking Institution, Washington.
Krueger, A. (1997): *La economía política de la reforma en los países en desarrollo*, Alianza, Madrid.
Krugman, P. (1990): *The Age of Diminished Expectations, US Economic Policy in the 90's*, The MIT Press, Cambridge, Massachusetts.
Krugman, P. (1994): *Vendiendo prosperidad*, Ariel, Barcelona.
Krugman, P. (1996): «Productividad y el futuro de América Latina», *Libertad económica y progreso*, págs. 159-179.
Krugman, P. (1997): *El internacionalismo moderno. La economía internacional y las mentiras de la competitividad*, Madrid.
Krugman, P. R., y Obstfeld, M. (1995): *Economía Internacional. Teoría y Política*, McGraw-Hill, Madrid.
Kuczinski, J. (1974): *Breve historia de la economía*, Castellote Editorial, Madrid.
Lagares Calvo, M. J. (1996): *Una reforma a fondo del sistema fiscal español*, Asociación española de Economía Pública (AEP) y Fundación FIES, Madrid, 1996.
Lakatos, I. (1989): *La metodología de los programas de investigación científica*, Alianza Editorial, Madrid (1.ª edición 1983).
Lavigne, M. (1996): *Del socialismo al mercado. La difícil transición económica de la Europa del Este*, Madrid.
Leeman, W. A. (ed.) (1970): *Capitalismo, socialismo de mercado y planificación central*, Gustavo Gili, Barcelona.
Leeming, F. (1985): *Rural China Today*.
León, P. (1978): *Historia Económica y Social del Mundo (4). La dominación del capitalismo 1840-1914*, Encuentro, Madrid.
Leontief, W. (1977): *El futuro de la economía mundial*, Siglo XXI, México.
Lerner, A. P. (1951): *Teoría Económica del Control*, Fondo de Cultura Económica, México.
Lew, R. (1988): *China. De Mao a las desmaoización*, Revolución, Madrid.
Lewis, M. K., y Davis, K. T. (1987): *Domestic and International Banking*, Philip Allan, Oxford
Livi-Bacci, M. (1990): *Historia mínima de la población mundial*, Ariel, Barcelona.
Lodge, G. C. (1996): *Administrando la globalización en la era de la interdependencia*, México.
Lukács, G. (1985): *Historia y conciencia de clase*, Orbis, Barcelona.
MacPherson, W. J. (1987): *The Economic Development of Japan: 1868-1941*, The Economic History Society, U.K.
Maestre, J. (1984): *China de ayer y hoy*, Fundamentos, Madrid.

Maestro Yarza, I. (1995): «La Estructura Económica Mundial (III). Cooperación y Ayuda al Desarrollo», en Martínez Peinado, J. et alia (1995), *Economía Mundial,* McGraw-Hill, Madrid.

Mandel, E. (1980): *Tratado de economía marxista,* Era, México.

Mangas, A., y Liñan, D. J. (1996): *Instituciones y Derecho de la Unión Europea,* McGraw-Hill, Madrid.

Mankiw, N. G. (1997): *Macroeconomía,* Antoni Bosch, Barcelona (1.ª ed. 1992).

Mannermaa, M. (1988): «Complexity and systems thinking in futures research: From «neutral» scenarios to value considerations», *Systems Practice,* vol. 18, núm. 4, mayo, págs. 349-372.

Maraver, A. (1994): «La China de Mao», *Cuadernos del Mundo Actual,* núm. 43, Informaciones y Revistas, Historia 16, Madrid.

Marimón, R. et alia: *Economía Española: Una visión diferente,* Bosch y Crei, Barcelona.

Marinero Martín, M. J. (1994): «China después de Mao», *Cuadernos del Mundo Actual,* núm. 74, Información e historia, Historia 16, Madrid.

Marquina, A. (1993): *El Magreb: Concertación, cooperación y desafíos,* Agencia Española de Cooperación Internacional, Madrid.

Marrama, V. (1969): *Política Económica de los países subdesarrollados,* Aguilar, Madrid.

Martín Muñoz, G.: «Transformaciones políticas en el norte de África: ¿Un modelo arabo-islámico de transición?», *Boletín ICE Económico,* pág. 1909.

Martín Valenzuela, F.: «La reforma de las Naciones Unidas», *Sistema,* núm. 127-128.

Martínez Chacón, E. (1995): *Lecciones de Economía Mundial,* Eunsa, Pamplona.

Martínez Cortiña, R. (1972): *Áreas económicas en el mundo,* Planeta, Barcelona.

Martínez González-Tablas, A. (coord.) (1995): *Visión global de la cooperación para el desarrollo. La experiencia internacional y el caso español,* Icaria, Barcelona.

Martínez Peinado, J. (1998): *Desarrollo económico y superpoblación,* Síntesis, Madrid.

Martínez Peinado, J. et alia (1995): *Economía mundial,* McGraw-Hill, Madrid.

Meadows, D. et alia (1972): *Los límites del crecimiento,* Fondo de Cultura Económica, México.

Meadows, D. et alia (1992): *Más allá de los límites del crecimiento,* El País/Aguilar, Madrid.

Méndez, R. (1997): *Geografía económica. La lógica espacial del capitalismo global,* Ariel, Barcelona.

Messarovitch, Y., y Vallaud, P. (1991): *L'économie internationale en mouvemet*, Hachette.

Miedes Ugarte, B. (1996): «La concepción compleja de la ciencia en la economía», tesis de licenciatura presentada en el Departamento de Economía e Historia de las Instituciones Económicas de la Universidad de Huelva, Mimio.

Miedes Ugarte, B. (1993): «La ausencia de soluciones nuevas: crisis en la ciencia económica» en De Paz Báñez, M. A. (1993), *Economía Mundial,* Madrid, Pirámide.

Millet Soler, M. (1991): «Las cumbres económicas y las relaciones económicas internacionales», en Valera, M. (1991), *Organización Económica Internacional,* Pirámide, Madrid.

Millet Soler, M. (1993): «Las negociaciones sobre el comercio agrícola, textil y de servicios en la Ronda de Uruguay», en González, S. (1993), *Temas de Organización Económica Internacional,* McGraw-Hill, Madrid.

Ministerio de Economía y Hacienda (1992): *Programa de Convergencia 1992-1996,* Ministerio de Economía y Hacienda, Madrid.

Ministerio de Economía y Hacienda (1993): «Colección países», *Boletín Información Comercial Española*, suplemento al núm. 2.398, marzo.

Ministerio de Economía y Hacienda (1993): «España en la reforma china», *Boletín Información Comercial Española,* núm. 2.358, marzo.

Ministerio de Economía y Hacienda (1994): «El área económica china y sus relaciones con España», *Boletín Información Comercial Española,* núm. 2.422, julio.

Ministerio de Economía y Hacienda (1994): *Actualización del Programa de Convergencia,* Ministerio de Economía y Hacienda, Madrid.

Ministerio de Economía y Hacienda (1995): «El impulso comercial España-China», *Boletín Información Comercial Española,* núm. 2.464, julio.
Ministerio de Economía y Hacienda (1996): «El área económica China», *Boletín Información Comercial Española,* núm. 2.492, marzo.
Molina del Pozo, C. F. (coord.) (1997): *La Unión Europea en los albores de un nuevo siglo. 40 años de la firma de los Tratados de Roma,* Madrid.
Moore, R. H. (1990): *Japonese Agriculture: Patterns of Rural Development,* Westview Press, San Francisco.
Moreno, L. (1997): *Unión Europea y Estado del Bienestar,* Madrid.
Moreno García, J. (1992): *China contemporánea 1916-1990*, Istano, Madrid.
Moreno García, J. (1994): *La China del siglo XX,* Akal, Madrid.
Morín, E. (1992): *Las Ideas,* Cátedra, Madrid.
Morlino, L. (1985): «Los autoritarismos», en Pasquino, G. et al. (1985), *Manual de Ciencia Política,* Alianza, Madrid.
Muns, J. (1986): «El problema del endeudamiento de los países en vías de desarrollo: especial referencia a América Latina», *Papeles de Economía,* núm. 28.
Muñoz Cidad, C. (1988): «La estadística económica en España», en García Delgado, J. L. (1988) *España Economía,* Espasa, Madrid.
Muñoz Cidad, C. (1992): *Estructura Económica Internacional. Introducción al crecimiento económico moderno,* Cívitas, Madrid.
Muñoz de Bustillo, R. (compág.) (1993): *Crisis y futuro del Estado de Bienestar,* Alianza, Madrid
Muñoz de Bustillo, R. y Bonete Perales, R. (1997): *Introducción a la Unión Europea. Un análisis desde la economía,* Madrid.
Myina, H. (1965): *Economía de los países en desarrollo,* Rialp, Madrid.
Naciones Unidas (1972): *Declaración de la Conferencia de las Naciones Unidas sobre el Medio Ambiente,* Naciones Unidas, Estocolmo.
Naciones Unidas (1990-1997): *Estudio económico y social mundial. 1997. Tendencias y políticas en la economía mundial,* Naciones Unidas, Nueva York.
Naredo, J. M. (1987): *La economía en evolución. Historia y categorías básicas del pensamiento económico,* Siglo XXI, Madrid.
Navarro, V. (1997): *Neoliberalismo y Estado del Bienestar,* Ariel, Barcelona.
Neme, J. y C. (1974): *Organizaciones económicas internacionales,* Ariel, Barcelona.
Neumann, M. (1997): *The Rise and Fall of the Wealth of Nations. Long Waves in Economics and International Politics,* Cheltenham.
Nieto Solís, J. A. (1997): *La economía española ante la UME,* Síntesis, Madrid.
Nolland, M.: «Política comercial y desarrollo en la región Asia-Pacífico», *Pensamiento Iberoamericano,* núm. 21.
Nove, A. (1980): *The Soviet Economic System,* Allen and Unwin, Londres.
Núñez Villaverde, J.: «El turismo en el Magreb: un instrumento de futuro», *Boletín ICE Económico*, pág. 1957.
Oates, W. E. (ed.) (1994): *The Economics of the Environment,* Edward Elgar, Ingalterra (1.ª ed. 1992).
OCDE (1987): *Ajuste estructural y comportamiento de la economía.*
OCDE (1991): «Technology in a changing world», *TEP, The Technology/Economy Programe,* París.
OCDE (1992): *Informe de la economía japonesa 1991.*
OCDE (1996): *Historical Statistics 1960-1995.*
Odom, W. E. (1992): «Soviet Politics and after. Old and new concepts», *World Politics,* octubre, volumen. 45, núm. 1.
OECD (1992): *Economic Surveys, United States 1991/1992*, OECD, París.
Ofer, G. (1987): «Soviet Economic Growth: 1928-1985», *Journal of Economic Literature,* vol. 25, diciembre.

Ontiveros, E. et alia (1991): *Mercados Financieros Internacionales,* Espasa Calpe, Madrid.
Ontiveros, E., y Valero, F. J. (1997): *La Guía del Euro,* Escuela de Finanzas Aplicadas, El Monte, Sevilla.
Ordaz Romay, M. A. (1997): «Claves de la historia contemporánea de China», *Jornadas sobre desarrollo y Cooperación en Asia,* Vigo, abril 1997.
Ortega y Gasset, J. (1966): «Meditación de Europa», *Revista de Occidente,* Madrid.
OMC (1995): *El Comercio Internacional: Tendencias y Estadísticas,* OMC.
Organización Mundial del Comercio: «Capítulo especial: Comercio e inversiones extranjeras».
Oyarzun de Laiglesia, J. (1993): «Los modelos de comercio internacional: un resumen histórico», en González, S. (1993): *Temas de Organización Económica Internacional,* McGraw-Hill, Madrid.
Palazuelos, E. (ed.) (1986): *Las economías capitalistas durante el período de expansión 1945-1970,* Akal, Madrid.
Palazuelos E. (1988) (coord.): *Dinámica capitalista y crisis actual,* Akal, Madrid.
Palazuelos, E. (ed.) (1991): *Europa del Este ante el cambio económico,* Colegio de Economistas, Madrid.
Palazuelos, E. (1991): «Características demográficas de la Unión Soviética», *Boletín Económico de Información Comercial,* núm. 2.275, 15-21 abril.
Palmer, R., y Colton, J. (1980): *Historia contemporánea,* Akal, Madrid.
Pampillón, R. (1995): *Economía Mundial. Temas y casos prácticos,* Universitas, Madrid.
Pan, L. (1988): *China después de Mao. Una nueva revolución,* Planeta, Barcelona.
Parker, G. (1988): *The Geopolitics of Domination,* Routlegde, Londres.
Pasquino, G. et alia (1985): *Manual de Ciencia Política,* Alianza, Madrid.
Pazos, F. (1990): «El desborde inflacionario: experiencias y opciones», *Revista de la CEPAL,* número 42, diciembre, págs. 121-139.
Pearce, D. W., y Turner, R. K. (1990): *Economics of Natural Resources and the Environment,* Harvester Wheatsheaf, Londres.
Pereira, J. C. (1987): *Historia y presente de la Guerra Fría,* Istmo, Madrid.
Perelman, M. (1997): *El fin de la economía,* Ariel, Barcelona.
Pérez Campanero, J.: «El Sistema Monetario Europeo y el ECU: Descripción y funcionamiento», *Cuadernos de Economía y Finanzas,* núm. 2, FEDEA.
Perroux, F. (1984): *El desarrollo y la nueva concepción de la dinámica económica,* Unesco/Serbal, Barcelona.
Peterson, F. M., y Fisher, A. C. (1977): «The exploitation of extractive resources a survey», *The Economic Journal,* 87: 681-721.
Piero, M. J., y Sabel, C. F. (1990): *La segunda ruptura industrial,* Alianza, Madrid.
Pinder, J. (1976): «Europa en la economía mundial. 1920-1970», en Cipolla (1985).
Pinto, A. (1970): «Naturaleza e implicaciones de la "heterogeneidad estructural" de la América Latina», en *El Trimestre Económico,* vol. XXXVII, núm. 145, enero-marzo, págs. 83-100.
Pipitone, U. (1996): *Asia y América latina. Entre el desarrollo y la frustación,* Madrid.
Plaza Cerezo, S. (1997): *Los bloques comerciales en la economía mundial,* Síntesis, Madrid.
PNUD (1990-1997): *Informe sobre el Desarrollo Humano,* varias editoriales y lugares.
Porter, M. E. (1991): *La Ventaja Competitiva de las Naciones,* Plaza y Janés. Barcelona.
Portes, R. (1992): «Structural reform in Central and Eastern Europe», *European Economic Review,* volumen 36.
Prebisch, R. (1949): «El desarrollo de América Latina y algunos de sus principales problemas», *El Trimestre Económico,* 16 (3), núm. 63.
Prebisch, R. (1985): «La periferia latinoamericana en la crisis global del capitalismo». *Revista de la CEPAL,* núm. 26, agosto, págs. 65-90.
Price, H. B.(1955): *The Marshall Plan and its Meaning,* Cornell University Press, Ithaca, Nueva York.

Prigogine, I. (1993): *¿Tan sólo una ilusión? Una exploración del caos al orden,* Tusquets, Barcelona (1.ª ed. 1983).

Prigogine, I., y Stengern, I. (1983). *La nueva alianza. La metamorfosis de la ciencia,* Alianza Editorial, Madrid (1.ª ed. 1979).

Pulido, A. (1997): *Así entramos en la Comunidad Europea,* Pirámide, Madrid.

Pulido, A. (1997): *Claves de la economía mundial y española,* Pirámide, Madrid.

Pulido, A. (1997): *En el umbral del siglo XXI. Nuevos mercados, nuevas ideas,* Pirámide, Madrid.

Qingxian Meng (1997): «Desarrollo económico de China y las relaciones económicas y comerciales con el exterior», *Jornadas sobre desarrollo y cooperación en Asia,* Vigo, abril de 1997.

Rana, P. B., y Dowling, J. M. Jr. (1990): «Foreign capital and Asian economic growth», *Asian Development Review,* vol. 8, núm. 2.

Rawski, T. G. (1981): *Crecimiento económico y empleo en China,* Tecnos, Madrid.

Reich, R. (1991): *A Nation's Role is to Improve its Citizens' Standard of Living by Enhancing the Value of what they Contribute to the World Economy. The Work of Nations,*Vintage Books, Nueva York.

Requeijo, J. (1986): «¿Hacia un mundo de altas barreras comerciales?», *Papeles de Economía Española,* núm. 28.

Requeijo, J. (1995): *Economía Mundial. Un análisis entre dos siglos,* McGraw-Hill, Madrid.

Requeijo, J. (1997): *Estructura Económica Mundial,* McGraw-Hill, Madrid.

Revista de Occidente (1995): «China: la apuesta por el cambio», núm. 172, septiembre.

Revista Desarrollo (1988): «África: recuperación y desarrollo», núm. 13.

Revista The Courier, núm. 155 (1996) y núm. 166 (1997).

Revuelta, J. M. (1991): «Evolución de la Economía Mundial: los organismos económicos internacionales», en Valera, M. (1991), *Organización Económica Internacional,* Pirámide, Madrid.

Revuelta, J. M. (1993): «Interpretaciones del concepto Nuevo Orden Económico Internacional», en González, S. (coord.) (1993), *Temas de Organización Económica Internacional,* McGraw-Hill, Madrid.

Reynolds, L. (1986): *El crecimiento económico en el Tercer Mundo,* Alianza Universidad, Madrid.

Riedel, J. (1991): «Intra-asian trade and foreign direct investment», *Asian Development Revew,* volumen 9, núm. 1.

Ríos, X. (1993): «China, ¿una larga marcha hacia el capitalismo?», *Papeles para la Paz,* núm. 49, octubre.

Ríos, X. (1997): *China, ¿superpotencia del siglo XXI?,* Icaria, Barcelona.

Rodrigo Bauxali, B. (1992): *Invertir en Zonas Especiales en China,* Instituto Español de Comercio Exterior (ICEX), Madrid.

Rodríguez Cabrero, G. (comp.) (1991): *Estado, Privatización y Bienestar. Un debate de la Europa actual,* Icaria, Barcelona.

Rodríguez Carmona, A. (1995): «Experiencias Internacionales de Cooperación», en Martínez González-Tablas, A. (coord.) (1995), *Visión global de la cooperación para el desarrollo,* Icaria, Madrid.

Romer, P. (1990): «Endogenous Technological Change», *Journal of Political Economy,* 98.

Rörig, F. (1933): *Mittelalterliche Weltmirts Chaft,* Jena.

Ros Hombravella, J. (1987): *Materiales de Política Económica,* Oikos Tau, Barcelona.

Rosales, O. (1990): *La economía de Estados Unidos en los 90,* Ciencias Sociales, Madrid.

Rosavallón, P. (1995): *La crisis del Estado Providencia,* Cívitas, Madrid.

Rosenthal, G. (1989): «El desarrollo de América Latina y el Caribe en los años ochenta y sus perspectivas», *Revista de CEPAL,* núm. 39, diciembre, págs. 7-17.

Rosser, J. B. Jr. (1994): *From Catastrophe to Chaos: General Theory of Economic Discontinuities,* Kluwer Academic Publishers, Massachusetts (1.ª ed. 1991).

Ruesga, S. M. et alia (1993): *España ante el Mercado Único,* Pirámide, Madrid.

Safir, N.: «Factores demográficos en el Mediterráneo occidental», *Boletín ICE Económico,* pág. 1916.

Sahn, D. E. (1996): *Economic Reform and the Poor in Africa,* Oxford, Clarendon Press.
Salgado, G. (1992): «América Latina: todavía en el laberinto», *Desarrollo,* núm. 21, págs. 30-35.
Sampedro, J. L., y Martínez Cortiña, R. (1975): *Estructura Económica. Teoría básica y estructura mundial,* Ariel, Barcelona (1.ª ed. 1969).
Sánchez Cervello, J. (1997): *Descolonización y surgimiento del Tercer Mundo,* Barcelona.
Scammell, W. M. (1975): *International Monetary Policy. Bretton Woods and After,* MacMillan, Londres.
Schumacher, E. F. (1994): *Lo pequeño es hermoso,* Tursen/Hermann Blume, Madrid (1.ª ed. 1973).
Schumpeter, J. A. (1983): *Capitalismo, Socialismo y Democracia,* Orbis, Barcelona.
Screpanti, E., y Zamagni, S. (1997): *Panorama de historia del pensamiento económico,* Ariel Economía, Barcelona.
Sebastián, L. (1997): *Neoliberalismo global. Apuntes críticos de economía internacional,* Madrid.
Sen, A. (1989): *Sobre ética y economía,* Alianza Editorial, Madrid (1.ª ed. 1987).
Sevilla Segura, J. (1994): «Crítica de la cooperación oficial al desarrollo», *Economistas,* núm. 61.
Sid-Ahmed, A. (1985): *Norte-Sur: Los grandes desafíos,* Fondo de Cultura Económica, México.
Sinclear, H. (1988): *El río amarillo. Un viaje de 5.000 años a través de China,* Destino, Barcelona.
Shapiro, L. (1984): *The Russian Revolution of 1917: The Origins of Modern Communism,* DATOS.
Skidelsky, R. (1996): *El mundo después del comunismo,* Ariel, Barcelona.
Sociedad de Naciones (1945): *Industrialization an Foreign Trade,* SDN, Nueva York.
Sokolof, G. (1977): *La economía de la URSS al desnudo. Decisiones políticas y vida económica,* Dopesa, Barcelona.
Stone, R. (1980): «Political economy, economics and beyond», *Economic Journal,* 90, diciembre.
Sunkel, O. (comp.) (1991): *El desarrollo desde dentro. Un enfoque neoestructuralista para la América Latina,* Fondo de Cultura Económica, México.
Sunkel, O., y Paz, P. (1973): *El subdesarrollo latinoamericano y la teoría del desarrollo,* Siglo XXI, Madrid.
Sunkel, O., y Zuleta, G. (1990): «Neoestructuralismo versus neoliberalismo en los años noventa», *Revista de la CEPAL,* núm. 42, págs. 35-52.
Talavera, P., y Martínez Peinado, J. (1995): «La Estructura Económica Mundial (I): El Comercio Centro-Periferia» en Martínez Peinado, J. y Vidal Villa, J. M. (1995), *Economía Mundial,* McGraw-Hill, Madrid.
Talavera, P. (1995): «La regulación del Comercio Internacional», en Martínez Peinado, J., y Vidal Villa, J. M. (1995), *Economía Mundial,* McGraw-Hill, Madrid.
Tamames, R. (1979): *Ecología y desarrollo,* Alianza Editorial, Madrid (1.ª ed. 1974).
Tamames, R. (1989): *Fundamentos de Estructura Económica,* Alianza Editorial, Madrid.
Tamames, R. (1991): *Un nuevo orden mundial,* Espasa Calpe, Madrid.
Tamames, R. (1994): *La Unión Europea,* Alianza Editorial, Madrid.
Tamames, R. (1997): *Unión monetaria y el euro: en la recta final,* Madrid.
Tamames, R. (1997): *Estructura económica internacional,* Editorial Alianza, Madrid.
Tamames, R. et alia (1984): *El libro de la Naturaleza,* El País, Madrid.
Terceiro, J. B. (1976): *Estructura Económica: teoría general y técnicas básicas,* Pirámide, Madrid.
Terzi, M. (1989): *El imperio chino,* Incafo, Madrid.
The Economist (1992): «Freeing India's economy», 23 de mayo.
Therborn, G. (1990): «Los retos del Estado de Bienestar. La contrarrevolución que fracasa, las causas del malestar y la economía política de las presiones de cambio», en Muñoz de Bustillo, R. (comp.) (1993): *Crisis y futuro del Estado de Bienestar,* Alianza, Madrid.
Thierry de Montbrial et alia (1991): *Ramses 91. Sistema económico y estrategias,* Ciencias de la Dirección, Madrid.
Thurow, L. C. (1990): «The big lie that caused the budget catastrophe», *The Washington Post,* 7 de octubre.

Thurow, L. (1996): *El futuro del capitalismo,* Ariel, Barcelona.
Tindergen, J. (1976): *Reestructuración del orden internacional,* Fondo de Cultura Económica, México.
Todaro, M. P. (1988): *El desarrollo económico del Tercer Mundo,* Alianza Editorial, Madrid.
Torrero, A. (1989): *Estudios sobre el sistema financiero,* Espasa Calpe, Madrid.
Tugores, J. (1997): *Economía Internacional e Integración Económica,* McGraw-Hill, Madrid.
Turner, R. K., et alia (1994): *Environmental Economics,* Harvester Wheatsheaf, Londres.
UNCTAD (1993): *Handbook of Trade and Development Statistics.*
United Nations (1949): *International Capital Movements During the Inter-war Period,* ONU, Nueva York.
Unión Europea (1992): *El Tratado de la Unión Europea,* Unión Europea, Bruselas-Luxemburgo.
Unión Europea (1997): *Tratado de Amsterdam por el que se modifican el Tratado de la Unión Europea, los tratados constitutivos de las Comunidades Europeas y determinados actos conexos,* Unión Europea, Bruselas.
Vallés Ferrer, J. (1993): «La Economía Europea», en De Paz Báñez, M. A. (1993), *Economía Mundial,* Pirámide, Madrid.
Vallés Ferrer, J. (1994): «España ante los retos europeos de los años 90: el Plan de Convergencia de la economía española», en VV.AA. (1994), *Economía Española Actual,* Fundación El Monte, Sevilla.
Vallés Ferrer, J. (coord.) (1997): *Economía Española,* McGraw-Hill, Madrid.
Vallés Ferrer, J. (coord.) (1998): *Economía Andaluza,* Algaida, Sevilla.
Varela, M. (1968): *El Fondo Monetario Internacional,* Guadiana, Madrid.
Varela, M. (1991): *Organización Económica Internacional,* Pirámide, Madrid.
Varela, M. (1997): *El Fondo Monetario Internacional, el Banco Mundial y la economía española,* Pirámide, Madrid.
Valera, F., y Valera, M. (1998): *Sistema monetario y financiación internacional,* Pirámide, Madrid.
Vargas, P. et alia (1993): *Guía Mundial 92*, Abril Cinco, Bogotá.
Vázquez de Prada, V. (1972): *Historia económica mundial,* Rialp, Madrid (1.ª ed. 1966).
Velarde, J. et alia (1990): *La industria española: recuperación, estructura y mercado de trabajo,* Colección de Economistas, Libros, Colegio de Economistas de Madrid, Madrid.
Vence Deza, X. (1995): *Economía de la innovación y del cambio tecnológico,* Siglo XXI, Madrid.
Vidal Villa, J. M. (1990): *Hacia una Economía Mundial,* Plaza y Janés, Madrid.
Vidal Villa, J., y Martínez Peinado, J. (1998): *Estructura económica y sistema capitalista mundial,* Pirámide, Madrid.
Viladomiu Canela, L. (1994): «Diez años de reforma de la PAC», *Agricultura y Sociedad,* núm. 70, enero-marzo.
Villaverde, A. et alia (1990): *Guía del Tercer Mundo 91/92*, Instituto del Tercer Mundo, Montevideo.
Viñals, J. (1993): «La competitividad, sus determinantes y el papel de la política macroeconómica», *Papeles de Economía Española,* núm. 56, págs. 278-294.
Viñas, A. (1996): «Cincuenta años de Naciones Unidas: un balance», en CIDOB (1996), *Anuario Internacional 1995*.
Vozmediano Gómez-Feu, J. (coord.) (1992): *Las ONGs españolas ante la Conferencia Mundial de Medio Ambiente,* Universidad Hispanoamericana Santa María de la Rábida, Huelva.
VV.AA. (1985): *Foreign Trade and Investment Economic Growth in the Newly Industrializing Asian Countries,* The University of Wisconsin Press, Wisconsin.
VV.AA. (1988): *Japón de negocios,* The Economist Publications.
VV.AA. (1991): *Estudio de los conflictos internacionales,* DATOS.
VV.AA. (1993): *Empresas y empresarios en la encrucijada de los noventa,* DATOS.
Wagensberg, J. (1994): *Ideas sobre la complejidad del mundo,* Tusquets, Barcelona (1.ª ed. 1985).

Walder, A. (1996): *China's Transitional Economy*, Oxford University Press, Nueva York.
Wallerstein, I. (1997): *El futuro de la sociedad capitalista,* Icaria, Barcelona.
Ward, B. (1983): *¿Qué le ocurre a la teoría económica?,* Alianza Editorial, Madrid.
Weiben, C. (1997): «China, ante el umbral del siglo XXI», *Jornadas sobre Desarrollo y Cooperación en Asia,* Vigo, abril 1997.
Weidlich, W. (1991): «Spatial Dynamics of Social Processes», *Socio-Spatial Dynamics,* vol. 2, número 2, diciembre.
Weidlich, W., y Haag, G. (1983): *Concepts and Methods of a Quantitative Sociology,* Springer-Verlag, Berlín.
Williamson, J. (1990): *Latin American Adjustment,* Institute of International Economics, Washington.
Winiecki, J. (1989): *Las distorsiones en las economías de tipo soviético,* Civilización, Barcelona.
Wolff, A. (1992): «A Clinton Perspective on Trade», *The Journal of Commerce,* 29 de octubre.
Wood, A. (1979): *The Russian Revolution,* Londres.
Woodruff, W. (1971): «La aparición de una economía internacional, 1700-1914», en Cipolla, C. M. (ed.) (1989), *Historia Económica de Europa (4). El nacimiento de las sociedades industriales,* Ariel, Barcelona.
Yeager, L. B. (1984): *Relaciones monetarias internacionales,* Alianza Editorial, Madrid (1.ª ed. 1976).
Yeager, L. B. (1990): «La nueva economía europea de 1992», *Colección Perspectivas Europeas,* CECA-CEE, Bruselas-Luxemburgo.
Yeager, L. B. (1992): «La batalla de Maastricht y los problemas de la economía española», *Papeles de Economía Española,* FIES, núm. 52-53.
Zarkovich, S. S. (1982): «Nuevos puntos de vista sobre el impulso internacional al desarrollo estadístico», *Estadística Española,* 94.

TÍTULOS PUBLICADOS

ADMINISTRACIÓN DE EMPRESAS, *J. Díez de Castro y C. Redondo López.*
ADMINISTRACIÓN DE EMPRESAS. LIBRO DE ACTIVIDADES, *J. Díez de Castro y C. Redondo López.*
ANÁLISIS Y ADOPCIÓN DE DECISIONES, *M. López Cachero.*
ANÁLISIS DE BALANCES Y ESTADOS COMPLEMENTARIOS, *P. Rivero Torre.*
ANÁLISIS DE DATOS ECONÓMICOS I. Métodos descriptivos, *R. Pérez Suárez y cols.*
ANÁLISIS DE DATOS ECONÓMICOS II. Métodos inferenciales, *R. Pérez Suárez y A. J. López Menéndez.*
ANÁLISIS DE LA EMPRESA A TRAVÉS DE SU INFORMACIÓN ECONÓMICO-FINANCIERA, *J. González Pascual.*
ANÁLISIS DE ESTADOS CONTABLES, *F. J. Martínez.*
ANÁLISIS INPUT-OUTPUT. Modelos, datos y aplicaciones, *A. Pulido y E. Fontela.*
ANÁLISIS E INTERPRETACIÓN DE LA INFORMACIÓN CONTABLE, *G. Sánchez Arroyo.*
APLICACIONES DEL PLAN GENERAL DE CONTABILIDAD, *M. Cubedo Tortonda.*
AUTOFINANCIACIÓN Y TESORERÍA EN LA EMPRESA: EL CASH-FLOW, *L. Cañibano y E. Bueno.*
CASOS Y CUESTIONES DE ECONOMÍA DE LA EMPRESA, *C. Barroso Castro* (coordinación).
CASOS PRÁCTICOS DE INVERSIÓN Y FINANCIACIÓN EN LA EMPRESA, *C. García-Gutiérrez, J. Mascareñas y E. Pérez Gorostegui.*
CÓDIGO DE LEYES DE CONTABILIDAD. Plan General de Contabilidad y otros textos relacionados, *E. Fernández Peña.*
COMUNICACIÓN PUBLICITARIA, *E. Ortega.*
CONTABILIDAD AGRARIA, *J. F. Juliá y R. J. Server.*
CONTABILIDAD. ANÁLISIS CONTABLE DE LA REALIDAD ECONÓMICA, *L. Cañibano.*
CONTABILIDAD BÁSICA, *J. M.ª Codera Martín.*
CONTABILIDAD. COMENTARIOS, ESQUEMAS, EJERCICIOS Y CUESTIONES, *F. J. Martínez, J. A. Garay e I. García.*
CONTABILIDAD DE COSTES, *M.ª T. Iruretagoyena.*
CONTABILIDAD DE COSTES, *C. Mallo y M.ª A. Jiménez.*
CONTABILIDAD DE COSTES. Análisis y control, *M.ª I. Blanco Dopico.*
CONTABILIDAD. CUESTIONES Y EJERCICIOS RESUELTOS, *L. Cañibano y J. A. Gonzalo.*
CONTABILIDAD FINANCIERA, *J. Urías Valiente.*
CONTABILIDAD FINANCIERA Y DE SOCIEDADES I y II, *M. A. Besteiro Varela y G. Sánchez Arroyo.*
CONTABILIDAD E INFLACIÓN, *F. J. Quesada Sánchez* (dirección y coordinación).
CONTABILIDAD DE SOCIEDADES ANÓNIMAS Y DE RESPONSABILIDAD LIMITADA, *J. Loring Miró.*
CUESTIONES DE CÁLCULO, *P. Sanz y F. J. Vázquez.*
CUESTIONES Y EJERCICIOS DE TEORÍA ECONÓMICA, *J. D. Jiménez Aguilera y J. Sánchez Campillo.*
CURSO DE AUDITORÍA CONTABLE, *L. Cañibano.*
CURSO DE AUDITORÍA CONTABLE. CASOS PRÁCTICOS, *L. Cañibano.*
CURSO BÁSICO DE ECONOMÍA DE LA EMPRESA, *E. Bueno.*
CURSO BÁSICO DE MATEMÁTICAS PARA LA ECONOMÍA Y DIRECCIÓN DE EMPRESAS I, *M. López Cachero y A. Vegas Pérez.*
CURSO BÁSICO DE MATEMÁTICAS PARA LA ECONOMÍA Y DIRECCIÓN DE EMPRESAS II. EJERCICIOS, *M. López Cachero y A. Vegas Pérez.*
CURSO BÁSICO DE PROBABILIDAD, *R. Gutiérrez Jaímez, A. Martínez Almécija y C. Rodríguez Torreblanca.*
CURSO DE ECONOMÍA DE LA EMPRESA, *A. S. Suárez Suárez.*
CURSO DE MATEMÁTICA EMPRESARIAL. Operaciones financieras y optimización, *E. Lora Espinosa y J. I. Pérez Garzón.*
CURSO DE MATEMÁTICA FINANCIERA, *M.ª J. Vázquez.*
DECISIONES ÓPTIMAS DE INVERSIÓN Y FINANCIACIÓN EN LA EMPRESA, A. S. Suárez Suárez.
DICCIONARIO DE LAS COMUNIDADES EUROPEAS, *J. P. López de Silanes.*
DICCIONARIO DE CONTABILIDAD, *J. M.ª Codera Martín.*
DICCIONARIO DE ECONOMÍA Y EMPRESA, *M. Ahijado y M. Aguer.*
DICCIONARIO DE TEORÍA ECONÓMICA, *M. Ahijado y otros.*
DIEZ TEMAS MASTER DE MARKETING, *E. Ortega.*
DIRECCIÓN CONTABLE Y FINANCIERA DE EMPRESAS AGROALIMENTARIAS, *J. F. Juliá y R. J. Server.*
DIRECCIÓN DE EMPRESAS. Bases en un entorno abierto y dinámico, *J. Cabanelas Omil.*
DIRECCIÓN ESTRATÉGICA DE LA EMPRESA. Metodología, técnicas y casos, *E. Bueno Campos.*
DIRECCIÓN FINANCIERA DE LA EMPRESA, *M. Fernández Blanco* (dirección y coordinación).
DIRECCIÓN FINANCIERA DE LA EMPRESA. Inversiones, *F. Blanco Ramos y M. Ferrando Bolado.*
DOCUMENTACIÓN Y SUS TECNOLOGÍAS, LA, *N. Amat Noguera.*
DYANE. Diseño y análisis de encuestas en investigación social y de mercados, *M. Santesmases.*
ECONOMÍA Y DIRECCIÓN FINANCIERA DE LA EMPRESA, *J. J. Durán.*
ECONOMÍA DE LA EDUCACIÓN, *J. L. Moreno Becerra.*
ECONOMÍA DE LA EMPRESA, *E. Bueno, I. Cruz y J. J. Durán.*
ECONOMÍA FINANCIERA INTERNACIONAL, *J. R. Aragonés.*
ECONOMÍA MUNDIAL, *M. A. de Paz Báñez.*
ECONOMÍA Y TRABAJO, *S. M. Ruesga* (coordinador).
EJERCICIOS DE CONTABILIDAD DE COSTES Y DE GESTIÓN, *E. López González, C. Mendaya Cuervo y M. A. Rodríguez Fernández.*
EJERCICIOS DE ECONOMETRÍA I, *A. Aznar Grasa, A. García Ferrer y A. Martín Arroyo.*
EJERCICIOS DE ECONOMETRÍA II, *A. Aznar Grasa, A. García Ferrer y A. Martín Arroyo.*
ESTADÍSTICA APLICADA A LA HISTORIA Y A LAS CIENCIAS SOCIALES, *S. Coll y M. Guijarro.*
ESTADÍSTICA APLICADA PARA ORDENADORES PERSONALES, *A. Pulido y J. Santos.*
ESTADOS FINANCIEROS COMPLEMENTARIOS, LOS, *J. L. Gallizo* (dirección y coordinación).
ESTRUCTURA ECONÓMICA Y SISTEMA CAPITALISTA MUNDIAL, *J. M. Vidal Villa y J. Martínez Peinado.*
FISCALIDAD DE COOPERATIVAS. Teoría y práctica, *J. F. Juliá y R. J. Server.*
FONDO MONETARIO INTERNACIONAL, EL BANCO MUNDIAL Y LA ECONOMÍA ESPAÑOLA, EL, *M. Varela* (coordinación).
FUNDAMENTOS DE ECONOMÍA Y ADMINISTRACIÓN DE EMPRESAS, *A. Aguirre Sádaba* (dirección y coordinación).
FUNDAMENTOS DE ECONOMÍA DE LA EMPRESA. APLICACIONES PRÁCTICAS, *C. Rodrigo Illera y M.ª T. Nogueras Lozano.*
FUNDAMENTOS DE ECONOMÍA DE LA EMPRESA. UNA PERSPECTIVA TEÓRICA, *C. Rodrigo Illera.*
FUNDAMENTOS Y MÉTODOS DE ESTADÍSTICA, *M. López Cachero.*
GESTIÓN FINANCIERA EN LOTUS 1-2-3. Cálculos de TAE, rentabilidad y presupuestos, *M. Ferrando Bolado* (coordinador).
GRAFOS NEURONALES PARA LA ECONOMÍA Y LA GESTIÓN DE EMPRESAS, *A. Kaufmann y J. Gil Aluja.*
GRANDES ECONOMISTAS, *C. Rodríguez Braun.*
INFERENCIA ESTADÍSTICA. Un enfoque clásico, *A. Martínez Almécija, C. Rodríguez Torreblanca y R. Gutiérrez Jaímez.*
INTRODUCCIÓN A LA CONTABILIDAD, *J. Urías Valiente.*
INTRODUCCIÓN A LA ECONOMÍA, *D. Such y J. Berenguer* (coordinadores).
INTRODUCCIÓN A LA ECONOMÍA DE LA EMPRESA I y II, *E. Díez de Castro, J. L. Galán González y E. Martín Armario.*

INTRODUCCIÓN A LA ECONOMÍA MATEMÁTICA, *M. A. San Millán y F. Viejo.*

MANUAL DE ÁLGEBRA LINEAL PARA LA ECONOMÍA Y LA EMPRESA, *F. M.ª Guerrero y M.ª J. Vázquez.*

MANUAL DE CONTABILIDAD I y II. Nuevo Plan General, *J. Buireu Guarro y S. Buireu Buades.*

MANUAL DE CONTABILIDAD GENERAL, *J. L. Wanden-Berghe* (dirección y coordinación).

MANUAL DE CONTABILIDAD PÚBLICA, *B. Benito López.*

MANUAL DE INVESTIGACIÓN COMERCIAL, *E. Ortega y cols.*

MARKETING: CONCEPTOS Y ESTRATEGIAS, *M. Santesmases.*

MARKETING ESTRATÉGICO: TEORÍA Y CASOS, *J. L. Munuera y A. I. Rodríguez.*

MARKETING INTERNACIONAL, *A. Nieto y O. Llamazares.*

MARKETING INTERNACIONAL. Casos y ejercicios prácticos, *A. Nieto, O. Llamazares y J. Cerviño.*

MARKETING PARA EL NUEVO MILENIO. Nuevas técnicas para la gestión comercial en la incertidumbre, *J. Gil Lafuente.*

MARKETING Y TECNOLOGÍA, *J. L. Hernández Neira y J. Saiz Saiz.*

MATEMÁTICA DE LA FINANCIACIÓN E INVERSIÓN, *Julio G. Villalón.*

MATEMÁTICA FINANCIERA, *A. Terceño* (coordinación).

MATEMÁTICAS APLICADAS A LA ECONOMÍA Y A LA EMPRESA, *R. E. Caballero, S. Calderón, T. P. Galache, A. C. González, M. L. Rey y F. Ruiz de la Rúa.*

MATEMÁTICAS PARA ECONOMISTAS, *E. Costa Reparaz.*

MERCADO DE TRABAJO, RECLUTAMIENTO Y FORMACIÓN EN ESPAÑA, *M. Alcaide Castro, M. González Rendón e I. Flórez Saborido.*

MERCADOS DE FUTUROS EN INSTRUMENTOS FINANCIEROS, *A. Bergés y E. Ontiveros.*

MÉTODOS Y EJERCICIOS DE ECONOMÍA APLICADA, *T. Domingo, I. Fernández, L. García, M. Sanchís y C. Suárez.*

MÉTODOS DE VALORACIÓN DE EMPRESAS, *V. Caballer.*

MODELOS ECONOMÉTRICOS, *A. Pulido.*

NUEVA MACROECONOMÍA CLÁSICA, LA, *C. Usabiaga y J. M. O'Kean.*

NUEVO DICCIONARIO BILINGÜE DE ECONOMÍA Y EMPRESA (Inglés-Español/Español-Inglés), *J. M.ª Lozano Irueste.*

NUEVO PLAN GENERAL DE CONTABILIDAD. Análisis comparativo con el Plan de 1973, *A. Martínez Arias y J. M. Prado Lorenzo.*

OPCIONES FINANCIERAS, *M. Casanovas.*

OPERACIONES DE SEGUROS CLÁSICAS Y MODERNAS, *Julio G. Villalón.*

ORGANIZACIÓN ECONÓMICA INTERNACIONAL. Problemas actuales de la economía mundial, *M. Varela* (coordinador).

ORGANIZACIÓN DE EMPRESAS. Estructura, procesos y modelos, *E. Bueno Campos.*

ORGANIZACIÓN SOCIAL DEL TRABAJO, LA, *L. Finkel.*

PLAN GENERAL DE CONTABILIDAD. Comentarios y casos prácticos, *C. Cubillo.*

PLANIFICACIÓN PUBLICITARIA, *E. C. Díez de Castro y E. Martín Armario.*

POLÍTICA ECONÓMICA-LOCAL, *A. Vázquez Barquero.*

PRÁCTICAS DE CONTABILIDAD, *L. Cañibano y J. A. Gonzalo.*

PRÁCTICAS DE ECONOMÍA DE LA EMPRESA, *E. Pérez Gorostegui.*

PRÁCTICAS DE GESTIÓN DE EMPRESAS, *A. M. Castillo Clavero, I. Martín Rojo, F. Moreno Lorente, A. Ruiz Molina y D. Tous Zamora.*

PREDICCIÓN ECONÓMICA Y EMPRESARIAL, *A. Pulido.*

PROBLEMAS BÁSICOS RESUELTOS DE CONTABILIDAD SUPERIOR. Nuevo Plan de Contabilidad, *J. Buireu y S. Buireu.*

PROBLEMAS Y CUESTIONES DE MATEMÁTICAS PARA ECONOMISTAS, *E. Costa Reparaz.*

PROBLEMAS DE ECONOMÍA APLICADA, *R. Fuentes y M. Hidalgo* (coordinación).

PROBLEMAS DE ECONOMÍA DE LA EMPRESA, *E. Martín Armario y J. L. Galán González* (coordinación).

PROBLEMAS DE ESTADÍSTICA, *J. López de la Manzanara.*

PROBLEMAS DE ESTADÍSTICA. Descriptiva, probabilidad e inferencia, *J. M. Casas, C. García, L. F. Rivera y A. I. Zamora.*

PROBLEMAS DE ESTADÍSTICAS ECONÓMICAS, *J. Rodríguez Ruiz y C. Arenales Abad.*

QUÉ ES LA ECONOMÍA, *R. Febrero* (ed.).

REPÚBLICA DE TAXONIA, LA. Ejercicios de matemáticas aplicadas a la economía, *J. Borrell Fontelles.*

SERVICIOS EN ESPAÑA, LOS, *J. R. Cuadrado y C. del Río.*

SISTEMAS DE OPTIMIZACIÓN PARA LA PLANIFICACIÓN Y TOMA DE DECISIONES, *D. Villalba y M. Jerez.*

SOCIOLOGÍA INDUSTRIAL, *W. Burisch.*

SUBSISTEMA COMERCIAL EN LA EMPRESA, EL. Problemas y fundamentos teóricos, *J. A. Domínguez, S. Durbán y E. Martín.*

SUBSISTEMA DE INVERSIÓN Y FINANCIACIÓN EN LA EMPRESA, EL. Problemas y fundamentos teóricos, *J. A. Domínguez, S. Durbán y E. Martín.*

SUBSISTEMA PRODUCTIVO DE LA EMPRESA, EL. Problemas y fundamentos teóricos, *J. A. Domínguez, S. Durbán y E. Martín.*

SUPUESTOS DE CONTABILIDAD, *J. L. Wanden-Berghe* (dirección y coordinación).

SUPUESTOS DE CONTABILIDAD FINANCIERA, *A. Martínez Arias y J. García Díez.*

SUPUESTOS DE ECONOMÍA DE LA EMPRESA, *M.ª F. Madrid Garre y J. A. López Yepes.*

TÉCNICAS DE PROGRAMACIÓN Y CONTROL DE PROYECTOS, *C. Romero.*

TEORÍA Y PRÁCTICA DE LA AUDITORÍA I y II, *J. L. Sánchez Fernández de Valderrama.*

TÉRMINOS DE MARKETING. Diccionario-Base de datos, *M. Santesmases.*